DROIT DES BIENS

DROIT CIVIL

DROIT DES BIENS

Philippe Malaurie
Professeur émérite à l'Université Panthéon-Assas (Paris II)
Laurent Aynès
Professeur à l'École de droit de la Sorbonne (Paris I)

7e édition

À jour au 1er juillet 2017

LGDJ une marque de lextenso

DROIT CIVIL

Philippe MALAURIE • Laurent AYNÈS

Présentation de la collection

La collection de Droit civil réunit, outre Philippe Malaurie et Laurent Aynès, des auteurs qui ont le souci de renouveler l'exposé du droit positif et des questions qu'il suscite.
Les ouvrages s'adressent à ceux qui – étudiants, universitaires, professionnels – ont le désir de comprendre, en suivant une méthode vivante et rigoureuse, ce qui demeure l'armature du corps social.

Ouvrages parus

Introduction au droit
Droit des personnes – La protection des mineurs et des majeurs
Droit des biens
Droit des obligations
Droit des contrats spéciaux
Droit des sûretés
Droit de la famille
Droit des successions et des libéralités
Droit des régimes matrimoniaux

De Philippe Malaurie
Anthologie de la pensée juridique, Cujas, 2e édition, 1996
Droit et littérature, Cujas, 1997
Dictionnaire d'un droit humaniste, Université Panthéon-Assas, Paris II, LGDJ, 2015
De Philippe Malaurie, avec la collaboration de Philippe Delestre
Droit civil illustré, Defrénois, 2011
De Philippe Malaurie et Jean Rogues
Le vent souffle où il veut, Parole et Silence, 2016

70, rue du Gouverneur Général Éboué
92131 Issy-les-Moulineaux Cedex
ISBN : 978-2-275-04594-8
ISSN : 1958-9905

SOMMAIRE

PRINCIPALES ABRÉVIATIONS

Sources du droit (Codes, Constitutions...)

ACP = Ancien Code pénal
ACPC = Ancien Code de procédure civile
BGB = Bürgerliches Gesetzbuch (Code civil allemand)
CASF = Code de l'action sociale et des familles
C. assur. = Code des assurances
C. aviation = Code de l'aviation civile et commerciale
CCH = Code de la construction et de l'habitation
C. civ. = Code civil
C. com. = Code de commerce
C. communes = Code des communes
C. consom. = Code de la consommation
Ccs = Code civil suisse
C. déb. boiss. = Code des débits de boissons
C. dom. Ét. = Code du domaine de l'État
C. dr. can. = Code de droit canonique
C. env. = Code de l'environnement
C. fam. = ancien Code de la famille et de l'aide sociale
C. for. = Code forestier
CGCT = Code général des collectivités territoriales
CGI = Code général des impôts
CGPPP = Code général de la propriété des personnes publiques
Circ. = circulaire
C. minier = Code minier
C. mon. fin. = Code monétaire et financier
C. Nap. = Code Napoléon (édition de 1804)
C. nat. = Code de la nationalité
C.O. = Code suisse des obligations
Const. = Constitution
C. org. jud. = Code de l'organisation judiciaire
Conv. EDH = Convention européenne des droits de l'homme
C. patr. : Code du patrimoine.
C. pén. = Code pénal
CPC = Code de procédure civile
C. pr. pén. = Code de procédure pénale
C. propr. intell. = Code de la propriété intellectuelle
C. rur. et pêch. = Code rural et de la pêche maritime
C. santé publ. = Code de la santé publique
CSS = Code de la sécurité sociale
C. tour. = Code du tourisme.
C. trav. = Code du travail
C. trib. adm. = Code des tribunaux administratifs et des cours administratives d'appel (ancien)
C. urb. = Code de l'urbanisme
D. = décret
D.-L. = décret-loi
DDH = Déclaration des droits de l'homme et du citoyen (1789)
DUDH = Déclaration universelle des droits de l'homme et du citoyen
L. = loi
LPF = Livre des procédures fiscales
NC pén. = Nouveau Code pénal
Ord. = ordonnance
réd. L. 9 avr. 1898 = rédaction de la loi du 9 avril 1898
Rép. min. = réponse ministérielle écrite

Publications (Annales, Recueils, Répertoires, Revues, Grands arrêts...)

Administrer = Revue Administrer
AIJC = Annuaire international de justice constitutionnelle
AJDA = Actualité juridique de droit administratif
AJPI = Actualité juridique de la propriété immobilière
ALD = Actualité législative Dalloz
Ann. dr. com. = Annales du droit commercial
Annuaire fr. dr. int. = Annuaire français de droit international
Ann. propr. ind. = Annales de la propriété industrielle
Arch. phil. dr. = Archives de philosophie du droit
Arch. pol. crim. = Archives de police criminelle
ATF = Annales du Tribunal fédéral (Suisse)
BOCC = Bulletin officiel de la concurrence et de la consommation
BOSP = Bulletin officiel du service des prix
Bull. cass. Ass. plén. = Bulletin des arrêts de la Cour de cassation (assemblée plénière)

Bull. civ. = Bulletin des arrêts de la Cour de cassation (chambres civiles)
Bull. crim. = Bulletin des arrêts de la Cour de cassation (chambre criminelle)
Bull. Joly Sociétés = Bulletin mensuel Joly Sociétés
Cah. dr. auteur = Cahiers du droit d'auteur
Cah. dr. entr. = Cahiers de droit de l'entreprise
Cah. dr. eur. = Cahiers de droit européen
CJEG = Cahiers juridiques de l'électricité et du gaz
Comm. com. électr. = Communication – Commerce électronique
Contrats, conc. consom. = Contrats, concurrence, consommation
D. = Recueil Dalloz
DA = Recueil Dalloz analytique
D. Aff. = Dalloz Affaires
Dalloz Jur. gén. = Dalloz Jurisprudence générale
DC = Recueil Dalloz critique
Defrénois = Répertoire général du notariat Defrénois
DH = Recueil Dalloz hebdomadaire
Dig. = Digeste
DMF = Droit maritime français
Doc. fr. = La documentation française
DP = Recueil Dalloz périodique
Dr. adm. = Droit administratif
Dr. et patr. = Droit et patrimoine
Dr. Famille = Droit de la famille
Droits = Revue Droits
Dr. ouvrier = Droit ouvrier
Dr. pén. = Droit pénal
Dr. prat. com. int. = Droit et pratique du commerce international
Dr. soc. = Droit social
Dr. sociétés = Droit des sociétés
EDCE = Études et documents du Conseil d'État
GAJA = Grands arrêts – Jurisprudence administrative
GAJ civ. = Grands arrêts – Jurisprudence civile
GACEDH = Grands arrêts – Jurisprudence de la Cour européenne des droits de l'homme
GAJCJCE = Grands arrêts – Jurisprudence de la Cour de justice des Communautés européennes
GAJDIP = Grands arrêts – Jurisprudence française de droit international privé
Gaz. Pal. = Gazette du Palais
GDCC = Grandes décisions du Conseil constitutionnel
J.-Cl. civil = Jurisclasseur civil
J.-Cl. com. = Jurisclasseur commercial
JCP E = Jurisclasseur périodique (semaine juridique), édition entreprises
JCP G = Jurisclasseur périodique (semaine juridique), édition générale
JCP N = Jurisclasseur périodique (semaine juridique), édition notariale
JDI = Journal de droit international (Clunet)
JO = Journal officiel de la République française (lois et règlements)
JOAN Q/JO Sénat Q = Journal officiel de la République française (questions écrites au ministre, Assemblée nationale, Sénat)
JOCE = Journal officiel des Communautés européennes
JO déb. = Journal officiel de la République française (débats parlementaires)
Journ. not. = Journal des notaires et des avocats
LPA = *Les Petites Affiches*
Lebon = Recueil des décisions du Conseil d'État
Quot. jur. = Quotidien juridique
RD bancaire et bourse = Revue de droit bancaire et de la bourse
RDC = Revue des contrats
RDI = Revue de droit immobilier
RDP = Revue du droit public
R. dr. can. = Revue de droit canonique
RD rur. = Revue de droit rural
RDSS = Revue de droit sanitaire et social
RD uniforme = Revue du droit uniforme
Rec. CJCE = Recueil des arrêts de la Cour de justice des Communautés européennes
Rec. Cons. const. = Recueil des décisions du Conseil constitutionnel
Rec. cours La Haye = Recueil des cours de l'Académie de droit international de La Haye
Rép. civ. Dalloz = Répertoire Dalloz de droit civil
Rép. com. Dalloz = Répertoire Dalloz de droit commercial
Rép. pén. Dalloz = Répertoire Dalloz de droit pénal
Rép. pr. civ. Dalloz = Répertoire Dalloz de procédure civile
Rép. sociétés Dalloz = Répertoire Dalloz du droit des sociétés
Rép. trav. Dalloz = Répertoire Dalloz de droit du travail
Rev. arb. = Revue de l'arbitrage
Rev. crit. = Revue critique de législation et de jurisprudence
Rev. crit. DIP = Revue critique de droit international privé
Rev. dr. fam. = Revue du droit de la famille
Rev. hist. fac. droit = Revue d'histoire des facultés de droit et de la science juridique
Rev. loyers = Revue des loyers
Rev. proc. coll. = Revue des procédures collectives
Rev. sc. mor. et polit. = Revue des sciences morales et politiques
Rev. sociétés = Revue des sociétés
RFDA = Revue française de droit administratif

RFD aérien = Revue française de droit aérien
RFD const. = Revue française de droit constitutionnel
RGAT = Revue générale des assurances terrestres
RGD int. publ. = Revue générale de droit international public
RGDP = Revue générale des procédures
RHD = Revue historique du droit
RIDA = Revue internationale du droit d'auteur
RID comp. = Revue internationale de droit comparé
RID éco. = Revue internationale de droit économique
RID pén. = Revue internationale de droit pénal
RJ com. = Revue de jurisprudence commerciale
RJDA = Revue de jurisprudence de Droit des Affaires (Francis Lefebvre)
RJF = Revue de jurisprudence fiscale
RJPF = Revue juridique Personnes et Famille
RJS = Revue de jurisprudence sociale
RRJ = Revue de recherche juridique (Aix-en-Provence)
RSC = Revue de science criminelle et de droit pénal comparé
R. sociologie = Revue française de sociologie
RTD civ. = Revue trimestrielle de droit civil
RTD com. = Revue trimestrielle de droit commercial et de droit économique
RTD eur. = Revue trimestrielle de droit européen
RTDH = Revue trimestrielle des droits de l'homme
S. = Recueil Sirey

Juridictions

CA = arrêt de la *Court of Appeal* (Grande-Bretagne)
CA = arrêt d'une cour d'appel
CAA = arrêt d'une cour administrative d'appel
Cass. Ass. plén. = arrêt de l'assemblée plénière de la Cour de cassation
Cass. ch. mixte = arrêt d'une chambre mixte de la Cour de cassation
Cass. ch. réunies = arrêt des chambres réunies de la Cour de cassation
Cass. civ. = arrêt d'une chambre civile de la Cour de cassation
Cass. com. = arrêt de la chambre commerciale et financière de la Cour de cassation
Cass. crim. = arrêt de la chambre criminelle de la Cour de cassation
Cass. soc. = arrêt de la chambre sociale de la Cour de cassation
CE = arrêt du Conseil d'État
CEDH = arrêt de la Cour européenne des droits de l'homme
CJCE = arrêt de la Cour de justice des Communautés européennes
Cons. const. = décision du Conseil constitutionnel
Cons. prud'h. = Conseil des prud'hommes
JAF = décision d'un juge aux affaires familiales
J.d.t. = décision d'un juge des tutelles
KB = arrêt du *King's bench* (Banc du roi) (Grande-Bretagne)
QB = arrêt du *Queen's Bench* (Banc de la reine) (Grande-Bretagne)
Réf. = ordonnance d'un juge des référés
Req. = arrêt de la chambre des requêtes de la Cour de cassation
Sent. arb. = sentence arbitrale
Sol. impl. = solution implicite
TA = jugement d'un tribunal administratif
T. civ. = jugement d'un tribunal civil
T. com. = jugement d'un tribunal de commerce
T. confl. = décision du Tribunal des conflits
T. corr. = jugement d'un tribunal de grande instance, chambre correctionnelle
T.f. = arrêt du Tribunal fédéral (Suisse)
TGI = jugement d'un tribunal de grande instance
TI = jugement d'un tribunal d'instance
TPICE = Tribunal de première instance des communautés européennes

Acronymes

AFNOR = Association française de normalisation
CCI = Chambre de commerce internationale
Ccne = Comité consultatif national d'éthique pour les sciences de la vie et de la santé
CEE = Communauté économique européenne
DASS = Direction de l'action sanitaire et sociale
DPU = Droit de préemption urbain
IRPI = Institut de recherche en propriété intellectuelle
OPE = offre publique d'échange de valeurs mobilières
POS = plan d'occupation des sols
PUAM = Presses universitaires de l'Université d'Aix-Marseille

PUF = Presses universitaires de France
SA = société anonyme
SARL = société à responsabilité limitée
SAS = société anonyme simplifiée
SCI = société civile immobilière
SNC = société en nom collectif

Abréviations usuelles

A. = arrêté
Adde = ajouter
Aff. = affaire
al. = alinéa
Ann. = annales
Appr. = approbative (note)
Arg. = argument
Art. = article
Art. cit. = article cité
Av. gal. = avocat général
cbné = combiné
cf. = se reporter à
chron. = chronique
col. = colonne
comp. = comparer
concl. = conclusions
cons. = consorts
Contra = solution contraire
crit. = critique (note)
DIP = Droit international public/Droit international privé
doctr. = doctrine
éd. = édition
eod. vo = *eodem verbo* = au même mot
Et. = Mélanges
ib. = *ibid.* = *ibidem* = au même endroit
infra = ci-dessous
IR = informations rapides
loc. cit. = *loco citato* = à l'endroit cité
m. n. /déc. /concl. = même note/ décision/ conclusion
n. = note
n.p.B. = non publié au Bulletin des arrêts de la Cour de cassation
op. cit. = *opere citato* = dans l'ouvrage cité
passim = çà et là
préc. = précité
pub. = publié
rapp. = rapport
Sect. = section
sté = société
somm. = sommaires
supra = ci-dessus
TCF DIP = Travaux du Comité français de DIP
th. = thèse
V. = voyez
v = *versus* = contre
vo = *verbo* = mot (*vis* = *verbis* = mots)

* et ** = décisions particulièrement importantes
Sauf indication contraire, les articles cités se réfèrent au Code civil.

BIBLIOGRAPHIE GÉNÉRALE

Manuels. P. Berlioz, *Droit des biens*, Ellipses, 2014 ; J. Carbonnier, m. titre, Thémis, PUF, 19e éd., 2000 ; W. Dross, *Droit des biens*, Montchrestien, 2e éd., 2014 ; C. Grimaldi, *Les biens*, Lextenso, 2016 ; J.-B. Seube, *Droit des biens*, LexisNexis, 6e éd., 2014 ; Y. Strickler, *Les biens*, Thémis, PUF, 2006 ; Fr. Terré et Ph. Simler, *Les biens*, Dalloz, 9e éd., 2014 ; Fr. Zénati et Th. Revet, *Les biens*, Droit fondamental, PUF, 3e éd., 2008

Traités. J.-L. Bergel, M. Bruschi et S. Cimamonti, *Les biens*, *in Traité de droit civil*, dir. J. Ghestin, LGDJ, 2e éd., 2010 ; W. Dross, *Droit civil, Les choses*, LGDJ, 2012 ; M. Picard, *Les biens*, *in Traité pratique de droit civil*, de Planiol et Ripert, t. III, LGDJ, 1952.

PREMIÈRES VUES SUR LES BIENS

« L'homme ne vit pas seulement de pain »[1]

1. Éthique du droit des biens. – De toutes les distinctions juridiques, la plus importante oppose les personnes et les biens. Plus qu'une distinction, elle est une hiérarchie : la personne est la plus grande des richesses car elle a une valeur infinie. Les richesses du monde sont données à l'homme pour qu'il en soit le maître[2] ; mais parfois, elles en deviennent la maîtresse.

L'objet, la raison d'être et l'avenir du droit des biens ne sont pas seulement la recherche de la prospérité et son adaptation aux mutations contemporaines en accélération constante : des perspectives qui seraient purement économiques. Il doit aussi avoir une éthique : laisser le monde en meilleur état que celui où nous l'avons trouvé ; un monde plus juste, plus paisible et plus stable. Question capitale, dominant tout le droit des biens, en un temps où le modèle français et occidental est concurrencé par d'autres systèmes – musulman et chinois notamment.

2. *Beati possidentes !* – Le mot « bien » a de nombreux sens[3] ; il en a au moins deux, moral et juridique[4]. Dans le premier, il désigne ce qui possède une valeur morale, qui doit être approuvé et que la morale prescrit : il s'oppose au mal. Dans le second, il désigne ce qui est utile, et satisfait les besoins matériels de l'homme.

---

1. *Deutéronome*, VIII, 3 ; *Saint Matthieu*, IV, 4.
2. *Génèse*, I, 23 : « *Remplissez la terre et soumettez-la* ».
3. A.-M. Patault, *Introduction historique au droit des biens*, PUF, Droit fondamental, 1989, n° 84 : « *L'histoire confirme combien le sens du mot " bien " est mouvant. Aux yeux des Francs, les biens s'identifient au patrimoine personnel,* catalla, *tout ce qui n'est pas la terre et qui est objet de maîtrise individuelle totale. Au Moyen Âge, dans la plupart des coutumes, l'héritage est devenu le bien par excellence, le mot désigne indistinctement la terre et les possibilités juridiques d'en tirer profit* » ; de la même, n° 1 : « *Notre droit de l'immeuble repose, ainsi, sur deux grandes familles de législation, l'une coutumière, l'autre organisée par la loi révolutionnaire ou par le Code civil en référence au droit romain.* »
4. Dans d'autres langues aussi. Ex. : latin : *bona* ; italien : *beni* ; anglais : *goods* ; allemand : *güter*. Trois mots latins sont liés : *bonus, bene, bellus* = bon, bien, beau.

Pour la plupart des gens, ces deux sens se confondent. Pour eux, il est bon d'avoir du bien ; ce serait un bien moral que de posséder de la richesse. Les avantages qu'elle procure devraient être encouragés et approuvés : Beati possidentes ! Bienheureux les riches ! Cette béatitude anti-évangélique est une foi, la seule de beaucoup d'hommes : un veau d'or[5] ; pour un grand nombre, le pauvre serait, soit un fainéant ou un imbécile que l'on méprise, soit un malchanceux dont on a pitié et que l'on aide.

3. Pauvreté et exclusion. – **1°** Il y a toujours eu des pauvres[6]. La **pauvreté** est une notion difficile à définir, parce qu'elle est relative : elle diffère selon les lieux et selon les temps et elle a ses contradictions internes. L'attitude de la société est également variable.

La notion a beaucoup de sens : une infériorité aux riches (de pouvoir, de savoir ou d'avoir) ; une subordination sans défense aux puissants ; ne rien avoir (*have not*) ; avoir moins que le niveau moyen de subsistance ; avoir moins que le niveau moyen de subsistance du milieu dans lequel on vit ; l'humble ; le pauvre doux ; le pauvre résigné ; le pauvre anéanti ; le pauvre parasite ; le pauvre révolté ; l'économiquement faible ; le nécessiteux ; l'indigent ; le misérable ; le désespéré ; le vagabond ; le gueux ; le mendiant ; le clochard ; le chômeur ; le pauvre volontaire qui a faim et soif de Dieu et de sa justice ; le pauvre de la campagne, de la forêt ou celui de la ville ; le pauvre de Paris ou celui de Calcutta ; le pauvre de la cour des Miracles, celui de l'hospice ; le compagnon d'Emmaüs ; le pauvre isolé et solitaire ou les pauvres groupés ; le pauvre paresseux ; le pauvre sénile ; la pauvresse ; le pauvre entouré ; le pauvre dangereux (c'est surtout la « classe » des pauvres, jugée dangereuse) ; le pauvre dramatique ; le meurt-de-faim ; le mauvais pauvre ; le bon pauvre ; le surendetté ; l'ancien pauvre ; le nouveau pauvre, etc. Aujourd'hui, avec des arrière-pensées politiques, on parle aussi d'*exclus*, victimes de la société, par hypothèse toujours coupable.

La pauvreté peut être chez le pauvre volontaire un enrichissement spirituel (saint François et sainte Claire d'Assise...) ; elle peut l'être aussi pour le riche charitable[7]. Lorsqu'elle est imposée – hypothèse la plus courante –, elle est une cause d'exploitation, d'infinie tristesse, de désespoir, de déchéances physiques et morales, d'épidémie, de mort, de violences (contre les riches et les autres pauvres, contre la société et contre soi-même)[8].

---

5. Ex. : *Exode* XXXII, 2 : « *Aaron leur répondit : " Ôtez les anneaux d'or qui pendent aux oreilles de vos femmes, de vos fils et de vos filles, et apportez-les-moi." Tous ôtèrent donc les anneaux qu'ils avaient aux oreilles et les apportèrent à Aaron. Celui-ci, les ayant reçus de leurs mains, fit fondre le métal dans un moule et en coula une statue de veau. Alors ils s'écrièrent : " Voici ton Dieu, Israël, celui qui t'a fait monter du pays d'Égypte."* » Dans la Bible, le veau d'or était une idole analogue au bœuf Apis, que vénéraient les Égyptiens, au milieu desquels le peuple d'Israël venait de vivre ; dans le sens qu'il a pris aujourd'hui – le culte de l'argent – il est devenu une autre idole. *Beati possidentes* était le titre d'une chronique de René Savatier, *Métamorphoses économiques et sociales*, t. 1, Dalloz, 1956.

6. **Étymologie** de pauvre : du latin *pauper, is* = pauvre ; littéralement : qui produit peu ; s'est d'abord dit de la terre et des animaux, puis celui qui possède peu (et non celui qui n'a rien), puis, dans la société médiévale, la pauvreté en esprit, s'inspirant du *Sermon sur la montagne*, glissant ainsi vers la notion d'humilité. **Statistique :** aujourd'hui plus d'un milliard d'individus (25 % de la population mondiale) vit dans la pauvreté absolue, en recul depuis une cinquantaine d'années : 660 millions en Asie, 204 millions en Afrique noire, 75 en Amérique latine. Les pays riches voient la pauvreté gagner (si l'on ose dire) du terrain. En France, plus de 2 millions de RSAistes et près de 9 millions sous le seuil officiel de la pauvreté (ressources inférieures à 50 % de la médiane des revenus en France soit 840 € mensuel). **Biblio. :** considérable ; à peu près toujours idéaliste : la lutte contre la pauvreté ; ex. : **Histoire :** M. Mollat, *Les pauvres au Moyen Âge*, Hachette, 1987 ; D. Pierrard, *Les pauvres et leur histoire, de Jean Valjean à l'abbé Pierre*, Bayard, 2005. **Époque contemporaine :** L. Camplong, *Pauvres en France*, Hatier, 1992 ; J. Fierens, *Droit et pauvreté ; droits de l'homme ; sécurité sociale ; aide sociale*, Bruxelles, Bruylant, 1992 ; S. Milano, *La pauvreté en France*, Sycomore, 1982 ; du m. : *La pauvreté absolue*, Hachette, 1983 ; du m. : *La pauvreté dans les pays riches*, Nathan, 1992 ; S. Ponthieux : *« La pauvreté en termes de condition »*. Données sociales, *2002 (Insee) p. 417s.*

7. Bossuet, *Sermon sur l'éminente dignité des pauvres*, 1659 : « *Riches [...], si vous partagez avec les pauvres le poids de leur pauvreté, en prenant part à leur misère, vous méritez tous ensemble de participer à leurs privilèges.* ». Aujourd'hui, quelques-uns des plus gros riches du monde, surtout aux États-Unis (par ex. Bill Gates et Mars Zuckerberg) affectent une partie de leur énorme richesse à des fondations caritatives qu'ils ont créées pour combattre la pauvreté et la maladie en Asie et en Afrique.

8. Ex. Ch. Péguy, *De Jean Coste*. Cahiers de la quinzaine, 1901, republié *in Œuvres complètes en prose*, La pléiade, t. I 1987, p. 1011 et s., sp. 1017 : « *La misère ne rend pas seulement les misérables*

L'attitude de la société est également variable : ignorance ; indifférence ; mépris ; peur ; embarras ; verbalisme ; vertueux ; suspicion ; répression ; enfermement ; compassion ; sublimation ; philanthropie ; charité (individuelle ou collective) ; condamnation des riches[9] ; assistance ; solidarité ; réinsertion. La société craint parfois, lorsqu'elle est libérale, les effets pervers de l'assistance, qu'elle ne devienne une incitation à la paresse[10]. Aujourd'hui, la préoccupation majeure est internationale : éradiquer dans le monde la grande pauvreté[11]. Comme tous les problèmes humains fondamentaux, cette politique est complexe et relève de plusieurs ordres : la morale, l'économie, la politique et le droit.

Dans les pays anglo-saxons et protestants, la richesse est une valeur morale existant en soi : c'est le monde du libéralisme économique (« laissez-faire, laissez-passer » ; la « main invisible » avait dit Adam Smith).

2° De nombreux textes entendent lutter en France contre la pauvreté ; un des plus significatifs est la loi du 29 juillet 1998 contre l'**exclusion** qui commence par une de ces déclarations solennelles, verbeuses et emphatiques dont le législateur contemporain est friand – un exorcisme verbal – : « *La lutte contre les exclusions est un impératif national fondé sur le respect de l'égale dignité de tous les êtres humains* » (art. 1, al. 1) : la misère est la négation de la personne. La loi souligne l'antagonisme entre le droit au logement et le droit de propriété, contradiction dont a connu le Conseil constitutionnel[12].

4. Pauvreté : combats politiques ; revenu universel

1° La pauvreté a souvent suscité les violences des pauvres contre les riches, et réciproquement. Elle a aussi fait naître des combats politiques qui, aujourd'hui (juillet 2017) sont dans le monde entier récurrents et essentiels, opposant selon de très diverses modalités le libéralisme au socialisme. À la dictature de l'argent que l'on impute souvent au régime capitaliste, se sont souvent substitués les dictatures de l'État, du parti et de la technique. Dans la France actuelle, certains (à droite de l'échiquier politique) pensent que la lutte contre la pauvreté ne peut réussir que par le développement économique – ce qui n'est pourtant pas toujours démontré par les faits. D'autres (surtout à gauche), croient que ce sont les prestations sociales qui peuvent corriger les maux causés par la pauvreté – ce qui, là non plus, n'est pas toujours démontré par les faits : par exemple, la France est actuellement le pays qui fait le plus de dépenses sociales mais où, pourtant, le chômage et la pauvreté sont très importants.

2° Certains, comme l'avaient fait dans l'Angleterre du XVIe siècle Thomas More (*L'Utopie*) et dans celle de la Révolution française Thomas Paine, puis, en France, au XIXe siècle, lors de la révolution industrielle Charles Fourrier (son « socialisme utopique »), puis aujourd'hui, lors de la révolution numérique Guy Standing, économiste anglais spécialiste en droit du travail (le *Basic Income Erth Network*) tous ont, chacun à sa manière, envisagé de donner à tous les citoyens un **revenu universel** auquel est souvent reproché un utopisme (le mot a été créé, précisément, par Thomas More) bien qu'il soit actuellement testé par plusieurs pays (ex. Finlande) on y voit aussi une incitation à la paresse (« mieux vaudrait faire du sport que travailler »), sans compter la catastrophe des finances publiques. En outre, il méconnaît la richesse humaniste que

---

malheureux, ce qui est grave ; elle rend les misérables mauvais, laids, faibles, ce qui n'est pas moins grave ; un bourgeois peut s'imaginer loyalement et logiquement que la misère est un moyen de culture, un exercice de vertus ; nous, socialistes, nous savons que la misère économique est un empêchement sans faute à l'amélioration morale et mentale, parce qu'elle est un instrument de servitude sans défaut [...]. *Tout affranchissement moral et mental est précaire s'il n'est pas accompagné d'un affranchissement économique.* »

9. C'est le mot de l'Évangile : *Vae vobis divitibus* ! Malheur à vous, les riches ! Saint Ambroise, un Père de l'Église du IVe siècle, avait eu une expression violente qui sera souvent reprise : « *Le mépris du pauvre est un assassinat [...] Ce n'est pas seulement un pauvre que Naboth a tué ; mais chaque jour qu'il en a méprisé un, il en a tué un.* » De même saint Paul, I, *Timothée*, 6, 10, « *La racine de tous les maux, c'est l'amour de l'argent* ».

10. Ex. : A. de Tocqueville, *Mémoires sur le paupérisme*, 1835 : « *Toute mesure de charité légale crée une classe oisive et paresseuse, vivant aux dépens de la classe industrielle et travaillante* ».

11. Là aussi la bibliographie est considérable. Ex. : J. K. Galbraith, *The nature of mass poverty*, 1979 ; *La voix des pauvres ; ce qu'ils ont à nous dire sur l'économie*, trad. fr., Gallimard, 1983.

12. *Infra*, n° 411.

procure le travail et le désordre spirituel qui peut résulter de l'oisiveté « la mère de tous les vices ».

5. L'être et l'avoir ; la démesure. – Le plus grand des biens, c'est d'exister, puis d'être libre, dans un monde paisible et sûr, riche de sa santé, de sa culture, de ses enfants, de ses espoirs et de sa foi. La richesse n'est pas que l'avoir, elle est aussi l'être, le pouvoir et le savoir. Seul l'avoir se traduit en chiffres et en argent ; le reste, l'existence, le pouvoir et le savoir sont incalculables.

Avoir des biens est la condition de la liberté[13] et du bonheur, tandis que la misère est l'esclavage. Le contraire est aussi vrai : la possession aliène et il n'y a de vraies libertés que dans le détachement. Le pouvoir que l'on a sur les choses libère ou asservit, selon l'usage que l'on en fait. À partir d'un certain seuil (l'*ubris* disaient les grecs de l'Antiquité), l'argent infecte la personne, et, sauf de rares exceptions, la désagrège.

6. Robots et intelligence artificielle. – **1° Le robot** est une machine qui peut accomplir un travail : c'est une chose, non une personne.

Il peut exercer une grande partie de l'activité humaine répétitive : industrielle, agricole, maritime, ménagère, médicale, conseil, gestion, transport, militaire, *etc.* Parfois, il singe la personne humaine en en ayant l'apparence, par exemple un androïde anthropomorphique, parfois capable de parler, voire de prendre des décisions, en ayant même une fonction cognitive : un « robot intelligent ».

Certains robots ont leur particularisme, par exemple, le robot de soins (médicaux ou chirurgicaux) ne fera pas disparaître les médecins ou les chirurgiens, mais seulement quelques infirmières ou infirmier – autre particularisme –, les robots de guerre (systèmes d'armes létales autonomes/SACA) suscitent d'importants débats de droit humanitaire[14].

Les robots détruiront sans doute beaucoup d'emplois, mais peut-être et au contraire en créeront-ils beaucoup d'autres[15] comme l'avait fait la révolution industrielle au XIXe siècle, pour avoir fait disparaître beaucoup de paysans et fait apparaître beaucoup d'ouvriers : mais n'est pas non plus impossible la complète « robotisation » du travail humain : le robot deviendrait un travailleur, le travailleur un robot détruisant l'essentiel de l'humanisme[16]. L'homme a créé des robots à son image, mais le robot sera toujours subordonné à l'homme. La notion d'« homme artificiel » n'a pas de sens.

Le Parlement européen a adopté (16 février 2017) un « cadre législatif » des robots. Une personnalité juridique leur serait propre (des « *personnes électroniques responsables de réparer tout dommage causé à un tiers* ») et qui relève d'une sorte de pathologie juridique, voulant mettre du droit partout. Il propose aussi d'instituer une « Agence européenne pour la robotique » et des règles pour la responsabilité, la protection des données, mais a refusé de taxer le travail accompli par les robots.

2° Se développe aussi l'**intelligence artificielle** d'origine américaine et construite à partir des mathématiques de l'algorithme qui peut inventer des « programmes autonomes » (ex. les caissières des supermarchés, les traducteurs automatiques, les contrats d'investissement, les appareils ménagers automatiques, les drones autonomes – c'est-à-dire exécutant l'ensemble de leurs tâches sans intervention humaine –, les voitures sans chauffeurs, etc.). Cette intelligence n'est efficace que si de nombreuses informations lui sont données, ce qui comporte une limite, en ne devant pas porter sur les droits de la personnalité.

---

13. Ex. : PORTALIS, *Exposé des motifs de la loi relative à la propriété* (travaux préparatoires du Code civil), *Jur. gén., v° Propriété*, n° 34, n° 31 « *C'est à leur respect pour la propriété que les nations modernes sont redevables de cet esprit de justice et de liberté qui, dans les temps même de barbarie, sut les défendre contre les violences et les entreprises du plus fort.* »

14. G. LOISEAU et M. BOURGEOIS, « Du robot en droit à un droit des robots », *JCP* G 2014.11310 ; A. BENSOUSSAN, « Droit des robots : science fiction ou anticipation ? », D. n° 28, 10 juill. 2013 ; *JCP* G 2016.1403 ; Ph. MALAURIE, *Dictionnaire d'un droit humaniste*, LGDJ, 2015, *v°* Robot.

15. **1** C. DELZANNO, « Robots-conseillers : concurrents des gestionnaires du patrimoine ? », *Dr. et patr.*, n° 257, p. 6. **2** L'Allemagne a un taux de robotisation très supérieur au notre et pourtant un chômage deux fois inférieur.

16. Pour l'application de l'intelligence artificielle à la justice, D. SOULEZ-LARIVIERE, « Avis du commité d'éthique du Bareau de Paris sur l'utilisation de l'intelligence artificielle par et pour la justice », *JCP* G 2016.976.

Elle dépasse – et de loin – les capacités intellectuelles de l'homme. Elle comprend ses propres erreurs et ses réussites et sait en tirer des conséquences. Elle ne supprime pas, pour autant, le besoin essentiel qu'ont tous les hommes d'avoir des relations humaines et de la confiance. Elle risque de préparer un monde apocalyptique, le « monde après l'homme » qu'avait prophétisé Kafka[17].

Les biens sont divers ; leur domaine ne cesse de s'accroître et leur régime comporte des contradictions, ce qui amène à rechercher les facteurs non juridiques qui les dominent et tenter de les définir (Section I), puis définir le cadre qui les contient, le patrimoine (Section II), avant d'en décrire l'évolution (Section III).

Section I
DÉFINITIONS

7. Décroissance ? – La croissance est une aspiration universelle et, semble-t-il, intemporelle, particulièrement lorsqu'elle est en panne. Elle est contredite par la décroissance, aujourd'hui défendue par quelques écologistes, très minoritaires ; la décroissance repose sur le principe que la croissance infinie n'est pas tenable dans un monde fini, car elle n'a pas de fondements, ne sert à rien, enrichit les riches, mène à la misère et, surtout, à la longue, détruira la planète[18] ; elle a aussi un fondement moral, dénonçant les illusions éthique de la croissance qui fesait naître la tolérance, alors que la décroissance provoquait l'intolérance, les discrimination et le racisme. Réponse de la croissance : tout ce qui ne croît pas stagne et tout ce qui stagne meurt.

Aujourd'hui, la croissance est une nécessité évidente ; mais sur la durée, la décroissance est inévitable et vitale.

8. Le paysage de la France et la philosophie des biens. – Dans une première approximation, le droit des biens est celui des richesses servant à l'usage des hommes. Si rudimentaire que soit cette définition, elle révèle plusieurs données non juridiques importantes car le droit des biens est lié au paysage de la France, historique, économique, géographique, politique et philosophique.

1° Il dépend de facteurs **historiques, économiques et techniques**. Il ne peut être le même dans une petite société pastorale comme le fut la Rome primitive et dans la société française contemporaine. Au moins deux facteurs sont en cause. D'une part, de nouvelles richesses sont constamment découvertes, à cause du pouvoir de l'homme : les atomes, les ondes, les fluides, les micro-organismes ; sans compter les innombrables biens incorporels liés à l'intelligence et à l'esprit créatif. Toutes produisent des effets à la fois bénéfiques et pervers. D'autre part, la civilisation contemporaine devient un monde de l'éphémère, du prêt-à-jeter et des déchets ; la société de consommation a besoin, pour son développement, de biens condamnés à un prompt dépérissement[19] : automobiles, réfrigérateurs, machines à coudre, à laver, etc., et même beaucoup de bâtiments modernes.

2° Il existe entre le territoire et le droit des biens un syndrome. Le régime des biens commande et subit le **paysage français**, le dessin de ses champs, la configuration de ses villes et du même coup le mode de vie de ses habitants. Le droit des biens d'une société urbaine ne peut être le même que celui d'une société rurale. À travers lui apparaît le visage de la France, ses beautés et ses laideurs.

17. A. Bensoussan et G. Loiseau, « L'intelligence artificielle. Faut-il légiférer ? », D. 2017.581 ; « L'intelligence artificielle et la morale éthique », D. 2017.1371.

18. J. Ellul, *Le bluff technologique*, Hachette, 1988, p. 643.

19. A. Toffler, *Le choc du futur*, traduit de l'américain, 1971, p. 61-82.

3° La **politique** l'investit de toutes parts, ne serait-ce que parce qu'il est lié à la légitimité et à l'étendue du droit de propriété et maintenant à la protection de l'environnement et à la recherche du développement durable.

4° Les relations entre la personne et les choses ont des implications **philosophiques** complexes. Ex. : 1° Existe-t-il une différence radicale entre la personne et les choses ? L'antiquité l'avait nié et d'une certaine manière les temps contemporains aussi. Descartes disait : « *Je suis une chose qui pense* ». Une chose qui pense est-elle encore une chose ? **2°** Il y a aujourd'hui une « patrimonialisation » de la personne (droits de la personnalité et utilisation médicale des éléments du corps humain), une « réification » de la personne. 3° La force de travail est-elle réifiée[20] ?

9. L'animal. – L'animal est une chose animée et sensible et n'est pas une personne. Aux termes de l'article 515-14, al I, L. 16 février 2015, « *Les animaux sont des êtres vivants doués de sensibilité. Sous réserve des lois qui les protègent, les animaux sont soumis au régime des biens.* » Leur différence avec l'homme est irréductible, ce qui n'empêche pas qu'ils doivent être respectés. À la différence des animaux, l'homme a une marche bipède, utilise des outils, construit des systèmes sociaux complexes, connaît le rire, pour partager ce qu'il a avec autrui, et sait distinguer le bien du mal. Mais comme l'homme, l'animal a une sensibilité, éprouve le plaisir et la souffrance, a, chez certains, des possibilités cognitives et peut-être une parole intelligible[21].

La loi pénale *de Gramont* du 2 juillet 1850 (C. pén., art. 521-1) punit les mauvais traitements infligés aux animaux ; la loi du 10 juillet 1976 (art. 9) qualifie l'animal d'« *être sensible qui doit être placé par un propriétaire dans des conditions compatibles avec les impératifs biologiques de son espèce* » ; la loi *Pitbull* du 6 janvier 1999 a voulu davantage distinguer l'animal de la chose inanimée en modifiant les articles 524 et 528 du Code civil ; mais juridiquement l'animal est un bien, non une personne, et donc par essence, une chose[22]. Cependant, l'animal sauvage fait désormais partie du patrimoine biologique de l'humanité, et les espèces menacées de disparition doivent être préservées[23]. L'animal n'en est pas moins soumis au régime des biens[24].

10. Droit de l'environnement.[25] – Les relations entre le droit et la nature ont un double visage : l'homme a un pouvoir sur la nature, qui n'est pas absolu.

---

20. Non : Th. Revet, *La force de travail*, th. Montpellier, Litec, 1992, préf. Fr. Zénati ; ex. : Toulouse, 26 avr. 2001, *D.* 2002.1795, obs. B. de Lamy : « *Le temps ou la force de travail d'une personne ne saurait être assimilé à une personne au sens de ce texte* » (C. pén., art. 314-1 : abus de confiance) : en l'espèce, jugé que le chef d'atelier d'un garage qui avait utilisé le « *temps de travail* » des salariés de l'entreprise pour son usage personnel ne commettait pas un abus de confiance. Sur la capitalisation de la force de travail : *infra*, n° 18.

21. **Biblio. :** J.-P. Marguenaud, *L'animal en droit privé*, th. Limoges, PUF, 1992, préf. J.-C. Lombois ; du même auteur, « La personnalité juridique des animaux », *D.* 1998, chr. 205 ; du même, avec ses étudiants de DEA de Paris I, « La protection juridique du lien d'affection envers un animal », *D.* 2004.3008. P.-J. Delage, *La condition animale, Essai juridique sur les justes places de l'Homme et de l'animal*, 2015, Limoges, Mare et Martin, pref. J.-P Marguénaud, avant-propos L. Cadiet ; Ph. Reigné, « Les animaux et le Code civil », *JCP* G 2015. 242 ; J.-P. Marguénaud, « Une révolution théorique : l'extension masquée ds animaux dans la catégorie des biens », *JCP* G 2015. 305. *Contra*, A.-M. Sohm-Bourgeois, « La personnification de l'animal : une tentation à repousser », *D.* 1990, chr. 33.

22. Th. Revet, *RTD civ.* 1999.479. Au contraire, favorable à la loi : S. Antoine, « La loi du 6 janvier 1999 et la protection animale », *D.* 1999, chr. 167. Le même auteur (« L'animal et le droit des biens », *D.* 2003.2051) estime que 1°) l'animal domestique entre mal dans les catégories actuelles du droit des biens et devrait être qualifié d'être vivant, sensible et appropriable, 2°) l'animal sauvage devrait être qualifié de « *bien naturel* » pour éviter le mot « sauvage », jugé péjoratif.

23. *Infra*, n° 591.

24. Sur l'introduction dans le Code civil d'une définition de l'animal à l'article 515-14 : Ph. Malinvaud, « L'animal va-t-il s'égarer dans le Code civil ? », *D. 2015. 87*.

25. M. Mekki, « L'avenir de l'environnement et le droit des biens » in *L'avenir du droit des biens*, colloque Lille (2014), 2016, LGDJ, p. 181 s. : le droit de l'environnement perturberait les principes fondamentaux du droit des biens.

En rupture avec la politique rurale et industrielle des XIXe et XXe siècles, le respect de l'environnement devient l'objet de nombreuses lois, de plusieurs directives européennes et d'une « Charte de l'environnement », du 1er mars 2005 rattachée à la Constitution[26], qui, conformément à l'article 34 de la Constitution, réserve à la loi la protection de l'environnement (art. 3 de la Charte) et la réparation des dommages qui lui sont causés (*ib.*, art. 4)[27]. La loi française confère à cette protection le pouvoir de porter atteinte à ce qui pour la CEDH serait un bien[28]. A été ainsi vivement disputée la conformité à l'environnement des OGM (organismes génétiquement modifiés)[29]. Contrairement au droit civil, ce droit ne considère pas les choses dans leur signification économique – leur circulation et leur commerce –, mais dans leur valeur écologique, la protection des biens naturels afin d'assurer la survie de l'humanité[30]. L'écologie contemporaine pratique généralement souvent l'apocalypse et la prophétie de la famine qui seraient pour demain en raison du réchauffement climatique, etc. Quelques écologistes sont plus pondérés ; ils pensent que la situation s'améliore lentement[31]. D'autres, actuellement minoritaires, constatent l'actuel réchauffement climatique mais refusent de l'annoncer pour l'avenir lointain ou de ne lui attribuer que des causes humaines : « *dès lors qu'on est incapable de prédire le temps de façon sérieuse au-delà de quatre jours, anticiper le climat à un siècle de distance est une imposture.* »[32].

26. Art. 5 (principe de précaution) : « *Lorsque la réalisation d'un dommage, bien qu'incertaine en l'état des connaissances scientifiques, pourrait affecter de manière grave et irréversible l'environnement, les autorités publiques veillent, par application du principe de précaution, à l'adoption de mesures provisoires et proportionnées afin d'éviter la réalisation du dommage ainsi qu'à la mise en œuvre de procédures d'évaluation des risques encourus.* » Ph. Feldman, « Le principe de loi constitutionnelle relatif à la Charte de l'environnement », *D.* 2004.971 (critique le principe de précaution) : « *Une démarche malthusienne, guidée par une conception animiste de la nature [...] Si l'homme avait dû réfléchir aux risques qu'il prenait en dominant le feu, il n'aurait pas quitté la préhistoire [...] Il remplace l'ancestrale responsabilité individuelle par une responsabilité collective.* ». V. *Droit civil illustré*, n° 4. Sur le principe de précaution, v. aussi *infra*, nos 39 et 1071.

27. Le partage de compétences entre la loi et le règlement suscite ici de surprenantes difficultés. Ex. : CE ass., 22 juill. 2013, *Féd. nationale de la pêche en France*, *JCP* G 2013. 1215, n. L. Janicot, où il s'agissait de juger si la règlementation de la pêche de l'anguille (de moins de 12 cm et de l'anguille argentée) relevait du pouvoir exécutif.

28. Cons. const., 11 oct. 2012, *Gaz de schiste et fracturation hydraulique*, 2013.346 QPC, *JCP* G 2013.1124, n. L. Fonbaustier ; *JCP* G 2014. 467, n° 1, obs. crit. H. Périnet-Marquet ; *JCP* G 2012.1187, n° 1, mêmes obs. : une entreprise ayant recu le permis d'utiliser la fracturation hydraulique a vainement contesté la constitutionnalité de la loi qui ultérieurement a prohibé cette technique : « *les autorisations de recherche minière accordées dans des périmètres définis et pour une durée limitée par l'autorité administrative ne sauraient être assimilées à des biens objets pour leurs titulaires d'un droit de propriété* » ; *contra* pour la CEDH, *infra*, n° 13.

29. Est un OGM l'introduction d'un gène extérieur dans une plante. Depuis les années 1970, est apparu sur le marché (d'abord et surtout agricole avec des semences, puis animal, par exemple les poissons, avec les saumons) des OGM permettant une importante croissance. De même, des pesticides détruisent les parasites. Ils ont aussi des effets secondaires nocifs suscitant des polémiques extrêmement vives, pas seulement scientifiques. Leurs adversaires leur imputent de nombreux vices : des dangers pour la santé humaine, des mutations des espèces, parfois leur disparition (par exemple les abeilles), le recul progressif de la biodiversité, la lente contamination de la planète. De nombreuses publications, très polémiques en font le réquisitoire ; ex. Gh. Poissonnier, « Tribunal Monsanto : vers une définition de l'écocide », D. 2016.2512 : un « tribunal citoyen » (fictif) siégeant à La Haye condamne la société Monsanto, puissante société fabricant et vendant des semences d'OGM. En l'état, une seule est interdite : le maïs génétiquement modifié (L. 2 juin 2014) ; sont également interdits les produits phytopharmaceutiques (C. rur., art. L. 353-8). La commercialisation des OGM est soumise à autorisation administrative. Le Conseil d'État (3 oct. 2016, *RD rur.*, 2017, p. 45, n. C. Hermon) demande à la Cour de justice de l'Union européenne d'interpréter les textes régissant les OGM.

30. M. J. del Rey-Bouchentout, « Les biens naturels », *D.* 2004.1615 (une remise en cause des classifications : biens et choses, meubles et immeubles, corps certains ou choses de genre, fruits ou produits). V. aussi sa thèse : *Droit des biens et droit de l'environnement*, th. Paris I, 2002.

31. B. Lomborg, *L'écologie sceptique*, traduit de l'américain, 2003.

32. Cl. Allègre, *L'imposture climatique*, Plon, 2010. De même, J. de Kervasdoué, *Ils croient que la nature est bonne*, 2016, R. Laffont : « *il y a d'un côté le "bien" avec ses mots vertueux – écologie, environnement, éolienne, lanceur d'alerte, santé – et leurs qualificatifs, tout aussi positifs – vert,*

Le pouvoir que l'homme exerce sur la nature grâce à son intelligence et à sa force de travail lui permet de l'exploiter : maîtrisant la matière et développant l'énergie, il en tire les richesses. Il a ainsi donné une extraordinaire prospérité à l'humanité[33]. Il produit aussi des effets pervers : la pollution, les déchets et la destruction ; comme tous les pouvoirs, il est susceptible d'abus. L'écologie[34] rappelle que l'homme ne doit ni faire mourir ni gaspiller la nature, qu'il a l'obligation d'en connaître les lois et les valeurs et qu'avec les développements techniques l'environnement devient fragile[35]. À l'inverse, pas plus que le pouvoir de l'homme, la nature ne saurait constituer un absolu, suscitant un conservatisme rigide. La protection de l'environnement devient un objectif des autorités nationales, européennes et mondiales[36]. Comme toujours en droit, un équilibre doit être trouvé entre les pouvoirs de l'homme et les réalités de la nature. Ce que rappelle la CEDH : « *Ni l'art. 8 ni aucune autre disposition de la Convention ne garantit spécifiquement une protection générale de l'environnement en tant que telle* »[37].

Le droit remodèle la nature ; presque tous les paysages français ont été soumis au pouvoir de l'homme. Mais la nature a ses lois qui ne se tournent pas facilement et se vengent des lois humaines. Le droit des biens entend gouverner la nature, mais sans omnipotence. À la suite de plusieurs catastrophes maritimes – par exemple, les marées noires à répétition causées par les naufrages de pétroliers ou les explosions de puits pétroliers *off-shore* –, peu à peu s'élabore de manière fragmentaire et empirique un droit de l'environnement. Sont énoncés en droit international, le protocole de Kyoto (11 décembre 1997) et en droit interne, avec l'emphase habituelle, une disposition constitutionnelle (un « *droit à l'environnement* ») et une incrimination forte (un « *crime contre l'environnement* », comparable au crime contre l'humanité – plus un effet d'annonce qu'une véritable politique criminelle) ; en outre de nombreuses règles réellement normatives existent depuis longtemps, en droit administratif et en droit civil (par exemple, les troubles

naturel, durable, circulaire, biodynamique, biologique, photo voltaïque, recyclé, économe, local, associatif, décentralisé... – et de l'autre le "mal" – particules, O.G.M., nucléaire, pollution, croissance, climato-septique – et ses qualificatifs négatifs – polluant, dangereux, intensif, capitaliste, cancérigène, corrompu... ! – Alors que d'immenses progrès – sanitaires et éducatifs – ont été accomplis sur la planète depuis une dizaine d'années (Afrique, Chine, etc.*), la mondialisation n'est pas toujours malheureuse : les malheurs causés à la planète ne sont pas tous causés par l'homme.* »

33. Ex. : *Genèse* 1,28 : Dieu dit à Adam et à Ève : « *Emplissez la terre et soumettez-la ; dominez sur les poissons de la mer, les oiseaux du ciel et tous les animaux qui rampent sur la terre* ».

34. **Définition :** étude des rapports entre les êtres vivants et le milieu dans lequel ils vivent. **Étymologie :** du grec oicos = maison + logos = étude. **Mythologie :** la tétralogie wagnérienne : au commencement, Alberich le Nibelung (le nain) renonce à l'amour (le grand sacrilège) ; il dérobe l'or du Rhin (il rompt l'équilibre de la nature) et forge l'anneau qui confère la domination mondiale ; Wotan, le premier des dieux, s'en empare et construit le Walhalla, le séjour des dieux. À la fin du drame, les filles du Rhin reprennent l'anneau ; après avoir fait retentir les leitmotives violents du Walhalla et de Siegfried, la musique devient douce et paisible, d'une grande douceur et d'une paix sereine ; la nature a retrouvé son équilibre et l'amour sa puissance ; c'est la fin du crépuscule des dieux. **Biblio. :** considérable ; ex. : Fr. Caballero, *Essai sur la notion juridique de nuisance*, th. Paris, LGDJ, 1981, préf. J. Rivéro ; B. Edelman et M.-A. Hermitte, *L'homme, la nature et le droit*, 1988 ; Y. Jegouzo, *Propriété et environnement*, *Defrénois* 1994, art. 35764 ; J. de Malafosse, *Le droit à la nature*, Montchrestien, 1979.

35. Ex. : Fr. G. Trébulle, « La propriété à l'épreuve du patrimoine commun », *in Mélanges Ph. Malinvaud*, Litec, 2007, 659 s., spéc. p. 666 : « *certaines choses, certains territoires insoupçonnés, ont été ouverts à la conquête (antarctique, richesses sous-marines [...] plus tard corps célestes), l'homme s'est progressivement doté des moyens permettant non seulement d'améliorer l'exploitation de la nature, mais aussi de détruire le milieu dans lequel il se trouve d'une manière parfois irrémédiable* ».

36. CJCE, 13 sept. 2005, *JCP* G 2005.II.10168, n. J.-Cl. Zarka : le législateur communautaire a le pouvoir de prendre des mesures pénales destinées à assurer la protection de l'environnement « *l'un des objectifs essentiels de la Communauté* ».

37. CEDH, 3 juill. 2012, *Martinez c. Espagne*, *D.* 2012.2557, obs. Fr. G. Trébulle.

de voisinage et la responsabilité civile[38]). A été adopté en 1999 un Code de l'environnement. Deux dispositions liminaires énoncent les cinq principes qui le dominent : de précaution, d'action préventive et de correction, pollueur-payeur, de participation (C. env., art. L 110-1) et celui « *d'équilibre harmonieux entre les zones urbaines et les zones rurales* » (art. L 110-2). Depuis, une pluie de lois vertueuses très verbeuses : 3 août 2009 (*Grenelle* I), 12 juillet 2010 (*Grenelle* II), 17 août 2015 (*transition énergétique pour la croissance verte*[39]), 8 août 2016 (*Reconquête* [sic] *de la biodiversité, de la nature et des paysages*[40]) ; ou bien encore, la Convention-cadre des Nations Unies du 11 avril 2016 (Paris, COP21) sur les changements climatiques, entend limiter le réchauffement de la planète à 1,5 °C à partir de 2020. Cette convention est devenue contestée par l'actuel président des États-Unis, Donald Trump. Au contraire, comme beaucoup d'autres, un auteur en souligne l'importance[41].

11. Droit du développement durable. – Le droit du développement est jeune[42] ; il combat la politique et la croyance en une croissance illimitée sur une planète dont les ressources naturelles seraient limitées. Depuis 1970 (Conférence de Rio des Nations unies sur l'environnement et le développement), il est devenu une annexe du droit des biens, constituant un ordre juridique complexe, recherchant un développement durable et un équilibre biologique. La nature, dit ainsi la loi, fait « *partie du patrimoine commun de la nation* » (C. env. art. L 110-1, I)[43]. Ce droit a subi beaucoup d'influences européennes (Traité de Rome, art. 174-176, Acte unique européen de 1987), étrangères, morales et de nombreuses Conventions internationales.

Le droit de l'environnement et celui du développement durable ont un effet pervers en produisant une régression économique et sociale s'ils entraînent une décroissance.

12. Définitions : biens, choses et droits. – Dans un sens courant, le mot « *biens* » désigne « *les choses* » qui servent à l'usage des hommes ; la chose est ce qui est distinct de la personne. Selon cette première vue, les biens seraient avant tout corporels, c'est-à-dire des objets que nous pouvons percevoir par nos sens, surtout ceux qu'on peut toucher de la main. Ce n'est pas ainsi que le droit les considère. Un mot de Portalis est révélateur : « *Les choses ne seraient rien pour le législateur sans l'utilité qu'en tirent les hommes* » : elles ne sont des biens que si elles ont une valeur et sont susceptibles d'appropriation ; par exemple, les choses communes appartenant à personne, l'usage en étant commun à tous, comme l'air, ne sont pas des biens (art. 714). Aussi, les biens constituent toujours des droits, évaluables en argent ; le bien est donc une chose objet d'un droit[44].

38. Ex. Cass. crim., 22 mars 2016, n° 13-87.650, *Bull. crim.*, n° 97, *JCP* G 2016. 647, n. M. Bacache, 648, n. B. Parance : rupture d'un tuyau d'une raffinierie exploitée par Total polluant l'estuaire de la Loire, réparation des dommages causés à la flore, à la faune et aux oiseaux.

39. L. Fonbaustier, « Une volonté politique énergique et croissante aux effets incertains », *JCP G* 2015. 1053.

40. M. Hautereau-Boutonnet, « La reconquête de la biodiversité par la conquête du droit civil », *JCP* G 2016. 918.

41. P. Catala, « La revanche des choses », *in Jean Foyer, in memoriam*, Litec, 2010, p. 75-85 : « *Le xxie siècle sera celui de la revanche des choses ou il ne sera pas* [...]. *La bataille pour la vie des hommes sur la planète se livrera sur quatre fronts : la terre, l'eau, l'air et le vivant* [...]. *Ainsi, le « savoir juridique » (si l'on ose encore cette expression) sera de plus en plus émietté selon les activités entre des praticiens spécialistes qui attendront une moisson annuelle de normes nouvelles comme les fiscalistes font de la loi de finances. La revanche des choses a un prix. Elle sera une "forêt de normes"* ».

42. **Biblio. :** M. Prieur, *Droit de l'environnement*, Dalloz, 7e éd., 2016 ; A. Kiss et J.-P. Beurier, *Droit international de l'environnement*, Pedone, 5e éd., 2017.

43. *Infra*, n° 14.

44. Toute définition est difficile : les romains (Javolenus) l'avaient dit « *omnis definitio periculosa est* ». Ex : V. P. Berlioz, *La notion de bien*, th. Paris I, LGDJ, 2007, préf. L. Aynès : le bien serait une chose à la fois appropriée par son propriétaire et saisissable par les créanciers. W. Dross intitule son traité sur le droit des biens *Les choses* : « *Une chose est tout ce qui n'est pas une personne* ». Il est pourtant difficile de dire qu'une propriété intellectuelle est une « chose », sauf à retirer aux mots leur

Une relation s'établit entre le droit et la chose : dans son sens primitif et le plus étroit, il n'y a de biens que lorsqu'existe une chose corporelle sur laquelle porte un droit, qui est alors un droit réel ; c'est ainsi que le conçoit le Code civil ; le livre II, relatif aux biens (art. 516 à 710), n'intéresse que les droits réels. La relation la plus simple est celle de la propriété. D'autres rapports existent, plus complexes. Supposons que je sois propriétaire d'un fonds de terre ; je peux donner à mon voisin le droit de passer (il y a une servitude). Je peux vouloir donner mon domaine à mon fils à la condition qu'il en laisse la jouissance à ma femme et à moi tant que nous serons en vie (il y a une réserve d'usufruit). Je peux le donner à mon fils pour que nous soyons tous deux en même temps copropriétaires (il y a une indivision). Je peux constituer avec mon fils une société qui aura la propriété du domaine (ex. une société civile immobilière (SCI). Je peux conserver le terrain et céder le droit de construire à un tiers en prévoyant, par exemple, qu'au bout de vingt ans j'aurai le choix entre demander la destruction des bâtiments ou en devenir propriétaire (par ex. au moyen d'un droit de superficie). Il peut ainsi exister une superposition de droits sur la chose et chacun de ses titulaires peut céder le sien. Le mot « *biens* » a maintenant une signification plus étendue, comprenant deux autres catégories de droits. D'une part, des droits incorporels qui ne portent pas sur une chose matérielle, mais sur une activité : fonds de commerce, clientèle d'une profession libérale, propriété littéraire et artistique, brevet d'invention, marque de fabrique, tout ce que l'on appelle aujourd'hui les propriétés incorporelles. D'autre part, les droits de créance ayant une valeur pécuniaire ; ce sont des biens, quoiqu'ils ne soient pas des droits réels mais des droits personnels[45].

Dans une conception instinctive, sous-jacente à l'ensemble du Code civil, le bien est toujours susceptible d'être évalué et sa valeur vénale est positive, même très faiblement (1 euro). Apparaissent aussi des biens « à valeur vénale négative » (dettes, déchets, terrains pollués...) dont la propriété est « un calvaire »[46]. Faut-il les soumettre à un régime juridique particulier (par exemple, les règles de la vente paraissent inappropriées) ?

13. Convention et Cour européennes des droits de l'homme. – À l'égard de la Conv. EDH et de la jurisprudence de la CEDH, le mot « *bien* » a un sens encore plus large, « *autonome* », souvent obscur, résultant de décisions de la Cour presque toujours complexes et imprécises. Il désigne tous les droits ayant une valeur patrimoniale : les droits réels, les propriétés incorporelles et les créances[47], même incertaines, lorsqu'elles font naître une « *espérance légitime* »[48] « *tout intérêt substantiel* »[49]. Mais ne sont pas des « *biens* » les avantages intimement attachés à la

sens. De même, R. Boffa, « Quel avenir pour la notion de bien ? » in *L'avenir du droit des biens*, colloque Lille (2014), 2016, LGDJ, p. 48, n° 8 détenir le bien par l'appropriabilité.

45. V. Mazeaud, « Droit réel, propriété et créance dans la jurisprudence du Conseil constitutionnel », *RTD civ.* 2014.29.

46. D. Chilstein, « Les biens à valeur vénale négative », *RTD civ.* 2006, p. 663.

47. Ex. : CEDH, 4 juin 2002, *Vessels-Bergervoet c. Pays-Bas*, *JCP* G 2002.I.157, n° 22, obs. Fr. Sudre : le droit à une pension de vieillesse est un bien ; de même... le droit de construire : CEDH, 18 nov. 2010, *Cts Richet et Le Ber c/France*, *D.* 2011. 2302, obs. N. Reboul-Maupin ; *RTD civ.* 2011. 150, obs. Th. Revet... « *"toute espérance légitime" rattachée à des intérêts patrimoniaux* », CEDH, 26 avr. 2011, *D.* 2011. 2303, obs. N. Reboul-Maupin ; *RDI* 2011. 387, obs. crit. R. Hostiou... une autorisation de construire sur le domaine public malgré sa précarité si elle s'est longtemps prolongée : CEDH, 29 mars 2010, gde ch., *Brosse-Triboulet c. France*, *JCP* G 2010. 1162, n° 6, obs. H. Périnet-Marquet ; 18 juin 2002, *Oneryildiz c. Turquie*, *GACEDH*, 7e éd., 2015, n° 66, 126 ; *RTD civ.* 2005. 422, obs. Th. Revet ; le droit au respect de ses biens peut être invoqué, même en l'absence d'un quelconque titre juridique (un taudis construit sur un terrain appartenant au Trésor public : *infra*, n° 411). V. C. Quézel-Ambrunaz, « L'acception européenne du "bien" en mal de définition », *D.* 2010. 2024.

48. Jurisprudence plusieurs fois réitérée. Ex. : CEDH, 29 nov. 1995, *Pressos Compania Naviera SA et autres c. Belgique*, série A, n° 332 : jugé qu'est un « *bien* », dès la survenance du dommage, une créance délictuelle que le juge n'avait pourtant ni constatée, ni liquidée, car elle a pu faire naître une « espérance légitime ». Le droit français comme le droit belge sont en sens contraire. Ex : Cons. const., 11 oct. 2013, *Gaz de schiste et fracturation hydraulique*, cité *supra* n° 9 ; Cass. civ. 1re, 20 juin 2000, *Bull. civ.* I, n° 191 ; *D.* 2000.699, n. M.-L. Niboyet ; *JCP* G 2000.II.10454, n. A. Gouriau ; *RTD civ.* 2000.670, obs. N. Molfessis ; 676, obs. R. Libchaber ; 933, obs. J.-P. Marguénaud ; CE, 31 mars 2014, *JCP* G 2014.665, n. A. Zollinger.

49. CEDH, grd ch., 30 nov. 2004, préc.

personne, parce qu'ils ne sont pas susceptibles d'évaluation en argent ; par exemple, ceux que procurent l'intelligence, la beauté, l'honneur, le milieu social ou l'éducation (comp. art. 852). Par application de la Conv. EDH, les tribunaux apprécient s'il y a une « proportionnelle » dans l'atteinte au droit du domicile dans l'application des servitudes administratives[50].

Cet ouvrage a pour objet les droits réels ; il traite aussi, mais sommairement, des propriétés incorporelles qui relèvent maintenant de disciplines autonomes (propriété commerciale, littéraire, industrielle, etc.) ; l'examen des droits de créance fait partie de la théorie générale des obligations.

14. Conseil constitutionnel. – Le Conseil constitutionnel est souvent saisi de la constitutionnalité de lois relatives aux biens[51]. Ainsi, en 1982, il a jugé que la nationalisation des banques imposait une indemnisation convenable des actionnaires[52]. Les questions prioritaires de constitutionnalité ont développé cette constitutionnalisation du droit des biens. Pour ne citer que celles qui ont censuré une loi, elles intéressent surtout le droit de l'urbanisme : par exemple, celle qui autorise la cession forcée et gratuite d'une partie d'un terrain par un constructeur au profit d'une commune (C. urb., art. L. 332-6-1)[53]. Quelques auteurs approuvent cette « constitutionnalisation » du droit des biens[54]. En décembre 2012, il a censuré les fiscalités confiscatoires de François Hollande[55].

SECTION II
PATRIMOINE

15. Une théorie discutée et un mot aux sens multiples. – Toutes les richesses faisant l'objet d'une appropriation privée tombent dans le patrimoine[56] d'une personne. Juridiquement, le patrimoine est l'ensemble des droits et des obligations appartenant à une personne et ayant une valeur pécuniaire.

La théorie du patrimoine est récente. Elle était ignorée du droit coutumier[57], mais connue du droit romain, notamment celui du Moyen Âge[58]. Elle a été essentiellement l'œuvre au XIXe siècle d'Aubry et Rau[59], puis a été critiquée[60]. Maintenant elle décline en droit civil et se développe

50. *Infra*, n° 1190.

51. N. MOLFESSIS, *Le Conseil constitutionnel et le droit privé*, th. Paris, LGDJ, 1998, préf. M. Gobert.

52. * Cons. const., 16 janv. 1982, *Loi de nationalisation* citée *infra*, n° 411.

53. Cons. const., 22 sept. 2010, n° 2010, QPC, *D.* 2011, n. E. Carpentier, 2289, obs. Bl. Mallet-Bricout.

54. Ex. : D. CHAUCHIS et L. BRIAND, « Question prioritaire de constitutionnalité et droit des biens : un dialogue fructueux », *RDI* 2011, 360.

55. *Infra*, n° 411.

56. **Étymologie :** du latin *patrimonium, ii* = patrimoine du père, lui-même dérivé de *pater, tris* = père : ce qui vient des aïeux ; aspect religieux : *Jupiter = Zeus pater.*

57. A.-M. PATAULT, *op. cit., supra*, n° 2, n° 85 « .. *Le droit coutumier est rebelle à l'idée d'unicité du patrimoine. Il appréhende les biens d'un individu par fractions, selon leur finalité ; il distingue les alleux et les tenures, les biens nobles et les biens roturiers, les propres et les acquêts, les meubles et les immeubles. Chaque catégorie a son régime propre et ses héritiers. Longtemps le passif n'a pesé que sur les meubles.* »

58. J.-Ph. LÉVY et A. CASTALDO, *Histoire du droit civil*, Dalloz, 2e éd., 2010, n° 221.

59. *Cours de droit civil français* ; la dernière édition qui l'ait éxposée complètement était la 5e par E. Bartin (t. IX, 1917, §§ 573-576). La 6e (1953) par P. Esmein l'a abandonnée.

60. Fr. ZENATI, « Mise en perspective et perspectives de la théorie du patrimoine », *RTD civ.* 2003, 667 et s ; D. HIEZ, *Étude critique de la notion de patrimoine en droit privé actuel*, th. Paris II, LGDJ, 2003, préf. Ph. Jestaz ; B. FROMION-HEBRARD, *Essai sur le patrimoine en droit privé*, th. Paris II, LGDJ, 2003, préf. M. Grimaldi ; A. SERIAUX, *RTD civ.* 1994.801. Comme d'autres, ex. B. ROMAN, « Le patrimoine dans l'avant-projet de réforme du droit des biens », *Defrénois* 2009.504, ces auteurs restreignent le patrimoine à l'actif en excluant le passif ; l'article 2284 n'aurait donc pas de rapports avec

ailleurs, avec d'autres sens, moins précis et moins juridiques[61], désignant les « *valeurs* » humaines venant de nos ancêtres pour être transmises aux générations futures : le cœur de notre civilisation. Par exemple, le patrimoine moral : les règles de conduite admises par nos prédécesseurs et que nous devons enseigner à nos enfants ; ou bien en droit public, communautaire et international le patrimoine culturel : les richesses artistiques et intellectuelles qui nous viennent du passé et doivent être sauvegardées (C. patr., art. L. 111-1 : « *le patrimoine s'entend* [...] *de l'ensemble des biens mobiliers et immobiliers relevant de la propriété publique ou privée qui présente un intérêt historique, artistique, archéologique, esthétique, scientifique ou technique* »), par exemple la langue française « *un élément fondamental de la personnalité et du patrimoine de la France* » (L. 4 août 1994, art. 1) ; ou le patrimoine littéraire de l'Europe ; ou le patrimoine génétique : les forces vitales qui nous rattachent à nos origines et sont transmises à nos descendants ; ou le « *patrimoine commun de l'humanité* » (Convention de l'UNESCO ; 16 nov. 1972[62]) ; ou bien encore le *patrimoine faunistique, floristique* (C. environnement, art. L. 411-5), *piscicole* (art. L. 430-1), *naturel* (art. L. 411-5) et *biologique de la nation* (art. L. 411-1) ; « *le patrimoine collectif que constituent les ressources halieutiques* » (C. rur. et pêch., art. L. 911-2, al. 1)[63]. Le législateur va jusqu'à dire « *le territoire français est le patrimoine commun de la nation* » (C. urb., art. L. 110-1), ce qui n'a qu'une valeur symbolique, n'excluant pas la propriété privée du sol. Ces nouvelles acceptions traduisent une idée de stabilité, d'enracinement des valeurs et de piété pour le passé parce qu'il est le passé, alors qu'au sens civil le patrimoine n'est qu'un cadre n'ayant pour objet que ce qui est évaluable en argent.

On exposera la théorie classique (§ 1) avant de la discuter (§ 2).

§ 1. Théorie classique

Selon l'analyse classique, le patrimoine constitue un ensemble (I), lié à une personnalité (II) qui ne saurait comprendre des éléments purement personnels (III).

I. — Le patrimoine est un ensemble

16. Un actif et un passif. – L'aspect le plus visible de la théorie classique du patrimoine, le plus important en pratique, est que le patrimoine est un ensemble liant l'actif et le passif.

Il est souvent dit que le patrimoine constitue une universalité, en précisant qu'il est une universalité de droit, par opposition aux universalités de fait. L'« universalité de fait » est une notion un peu obscure et archaïque : un groupement de biens (un troupeau, une bibliothèque) devient un ensemble par la volonté de son propriétaire, laissant pourtant et parfois apparaître l'individualité des biens la composant ; à la différence du patrimoine, elle ne comprend que des biens corporels, non les créances et encore moins les dettes qui, sauf disposition légale ou conventionnelle, ne sont pas transmises au cessionnaire ou à un créancier nanti de l'universalité[64]. Dans

---

la théorie du patrimoine. Ce qui est mutiler les notions : le patrimoine étant l'expression de la personnalité de l'homme, on ne peut prétendre qu'une personne ne comporte que des vertus sans tenir compte de ses défauts, pas plus qu'on ne peut réduire le patrimoine à l'actif : le patrimoine et la personne constituent tous deux un ensemble d'actif et de passif. Pour la défense du principe traditionnel : M. Mekki, « Le patrimoine aujourd'hui », *JCP* N 2011. 1327.

61. M. J. del Rey, « La notion controversée de patrimoine commun », *D.* 2006.338.

62. A. Kiss, « La notion de patrimoine commun de l'humanité », *Rec. Cours de l'académie de La Haye*, 1982, t. CL XXXV, p. 99 et s ; M.-J. del Rey, préc.

63. R. Laulier, « Le régime juridique de l'accès aux ressources halieutiques à l'épreuve de la théorie classique du patrimoine », *RD rur.* déc. 2011, p. 28, qui, paradoxalement, conclut en la non-patrimonialisation des licences de pêche et « *la nécessité d'oublier Aubry et Rau* » (mais serait patrimonial le quota des captures).

64. Ex. Le fonds de commerce est une universalité de fait : *infra*, n° 211. Ex. d'universalité de fait un portefeuille de valeurs mobilières : * Cass. civ. 1re, 12 nov. 1998, *Bull. civ.* I, n° 315 ; *D.* 1999.167,

l'universalité de droit, il existe, au contraire, une cohésion étroite entre ses divers éléments (l'actif répond du passif) ; grâce à la subrogation réelle, un bien est remplacé par un autre, ce qui explique que le gage général des créanciers chirographaires en suive les variations.

Parce que le patrimoine est un ensemble, le droit n'envisage pas isolément chacun des biens appartenant à une personne ni chacune de ses dettes, mais tout son actif et tout son passif, parce que, conformément à l'article 2284, la totalité de l'actif répond de la totalité du passif : « *Quiconque s'est obligé personnellement est tenu de remplir son engagement sur tous ses biens mobiliers et immobiliers, présents et à venir.* »

L'actif, ce sont les biens présents, c'est-à-dire ceux dont le débiteur est propriétaire lors de la naissance de la dette, et les biens futurs, c'est-à-dire ceux qu'il acquerra par la suite. Le passif comprend la totalité des dettes. Chaque créancier d'une personne peut donc saisir tous les biens du patrimoine de son débiteur, ceux que ce dernier avait lors de la naissance de la dette et dont il est demeuré propriétaire, et ceux qu'il a acquis après la naissance de cette dette.

II. — Le patrimoine est lié à la personnalité

Le droit français classique souligne fortement le lien entre le patrimoine et la personnalité[65] en énonçant trois règles : toute personne a un patrimoine, toute personne n'a qu'un patrimoine et tout patrimoine appartient à une personne. Cette théorie traditionnelle a depuis une vingtaine d'années évolué, au moins dans deux de ses aspects majeurs : l'étroitesse des rapports entre la personne et le patrimoine et surtout l'indivisibilité et l'unicité du patrimoine.

17. Patrimoine et personnalité. – Le rapport étroit entre le patrimoine et la personnalité a été altéré par la Cour de cassation quand elle a décidé que la révélation par la presse de la fortune d'autrui ne portait atteinte à ses droits de la personnalité que lorsqu'elle mettait en cause « *la vie et la personnalité de l'intéressé* »[66] ; dans la théorie d'Aubry et Rau le patrimoine était au contraire toujours l'expression juridique de la personne ; sa révélation aurait donc dû toujours être considérée comme une atteinte à sa personnalité.

A. Toute personne a un patrimoine

18. Le patrimoine du prolétaire. – Même sans biens, ou avec plus de dettes que de biens, toute personne a un patrimoine. Par exemple, l'enfant qui vient de naître a déjà, au jour de sa naissance, un patrimoine. Le prolétaire aussi[67]. Par conséquent, le patrimoine est un cadre qui

n. L. Aynès ; *infra*, n° 814 ; de même, un troupeau (art. 616) ou une collection d'œuvres d'art ; ex. : Paris, 25 mai 1988, *D.* 1988.542, n. B. Edelman : collection d'automobiles anciennes appartenant aux frères Schlumpf et transmise à un musée ; de même, un trésor archéologique constitué par des pièces gauloises : TGI Mans, 7 sept. 1999, *JCP* G 2000.II.10258, n. crit. C. Saujot ; *infra*, n° 592.

65. Aubry et Rau, préc., § 573, n° 17, p. 334 : le patrimoine est « *dans sa plus haute expression la personnalité même de l'homme considérée dans ses rapports avec les objets extérieurs sur lesquels il a eu ou il pourra avoir des droits à exercer* », « *la même personne ne peut pas avoir qu'un patrimoine au sens propre du terme* » (*ib.*) ; « *Le patrimoine est un et indivisible comme la personne elle-même* », § 574, § 576, p. 347 : « *Le patrimoine qui, comme universalité de biens, prend son fondement dans la personnalité* », etc.

66. Ex. : Cass. civ. 1re, 28 mai 1991, *aff. du plus riche des Caldoches*, *Bull. civ.* I, n° 173 ; *D.* 1999.213, n. crit. P. Kayser ; *JCP* G 1992.II.21845, n. Fr. Ringel : « *Le respect dû à la vie privée de chacun n'est pas atteint par la publication de renseignements d'ordre purement patrimonial ne comportant aucune allusion à la vie et à la personnalité de l'intéressé* » ; jugé qu'il n'y avait donc pas eu atteinte à ses droits de la personnalité.

67. J. Carbonnier, n° 8, 4° : « *À défaut de la force de travail, une créance d'aliments pourrait sembler constituer l'irréductible patrimoine du* have-not *intégral* [...]. *Le patrimoine du prolétaire se ramènerait*

peut être vide : il n'est qu'une aptitude à être un sujet de droit, une « *besace* », qu'il acquiert au jour de sa naissance, porte tout au long de sa vie et transmet à ses héritiers, ce qui révèle son lien avec la personnalité.

B. Toute personne n'a qu'un patrimoine

Dire qu'une personne n'a qu'un seul patrimoine a pour double conséquence que le patrimoine est incessible (ce qui demeure incontestable) et indivisible ce qui maintenant l'est moins : l'unicité du patrimoine est aujourd'hui mise en doute et même en accusation.

19. Incessibilité et transmissibilité. – **1°** Le patrimoine est **incessible** entre vifs. Seuls, les éléments le composant peuvent, à titre particulier, être aliénés : chacun des biens qui le constitue peut faire l'objet d'une aliénation à titre onéreux ou à titre gratuit.

Celui qui a acquis un bien est l'ayant cause à titre particulier de celui qui l'a aliéné (son auteur). Les aliénations peuvent avoir pour objet la totalité de chacun des éléments constituant le patrimoine, mais subsiste toujours « *le cadre* », le patrimoine.

2° Mais le patrimoine est **transmissible** à cause de mort ; la transmission est alors faite à titre universel, c'est-à-dire qu'elle porte sur un ensemble, tout l'actif et tout le passif, au profit d'un ayant cause à titre universel. Pour les personnes physiques, la seule cause de transmission universelle est la mort ; de là vient l'origine du mot patrimoine, qui évoque une transmission héréditaire, de père en fils.

20. Indivisibilité et unicité ? – Le patrimoine est indivisible[68], ce que manifestaient deux anciennes règles longtemps jugées essentielles, dont la première est aujourd'hui très altérée et la seconde en recul.

1° D'une part, naguère, la succession ne se fragmentait pas : aux termes de l'article 732 ancien, « *la loi ne considère ni la nature, ni l'origine des biens pour en régler la succession* » ; cette **indivisibilité** de la succession rompait avec l'Ancien droit où chaque catégorie de biens (héritages, propres, acquêts, cateux et meubles) comportait une règle distincte de transmission successorale. La loi du 3 décembre 2001 sur les successions a fait disparaître ce texte qui ne traduisait plus la réalité ; par exemple, en droit international privé, les successions présentant un caractère international sont depuis longtemps fragmentées : les successions mobilières sont régies par une loi différente (la loi du dernier domicile du défunt) de celle qui gouverne les successions immobilières (la loi du lieu de l'immeuble) ; les autorités européennes (règlement du 4 juillet 2012 applicable au 7 août 2015) ont fait disparaître en Europe cette fragmentation en soumettant pour tous les membres de l'Union européenne (sauf le Royaume-Uni, le Danemark et l'Irlande) les successions à une loi unique, celle de la dernière résidence du défunt, sauf si ce dernier a fait le choix exprès de la loi nationale pour régir sa succession.

---

ainsi, en dernière analyse, à une créance contre la société ». Comp. la loi du 1er décembre 2008, qui donne un « *revenu de solidarité active* (ancien revenu minimu d'insertion, RMI) » (le RSA) aux pauvres qui ne peuvent travailler ; comp. Th. Revet, *La force de travail*, th. Montpellier, Bibl. dr. de l'entreprise, Litec, préf. Fr. Zénati, 1992, pour lequel la force de travail serait ambivalente, à la fois personnelle et patrimoniale.

68. Aubry et Rau, 5e éd. par Bartin, préc., § 574, p. 336 : « *Le patrimoine est un et indivisible comme la personnalité même* ».

2° D'autre part, lorsqu'il s'agit de régler le passif, tel ou tel bien n'échappe pas à telle ou telle dette : tous les biens répondent de toutes les dettes (art. 2284). Les éléments du patrimoine, présents et futurs, actifs et passifs, personnels ou professionnels, constituent un **unique** ensemble : tous les biens répondent de toutes les dettes.

L'unicité du patrimoine a longtemps été un des fondements du droit français du crédit et de la sécurité commerciale : par exemple, le commerçant n'a pas un patrimoine civil réservé à ses créanciers civils et un patrimoine commercial (le fonds de commerce) affecté à ses créanciers commerciaux. Il n'a qu'un seul patrimoine affecté à tous ses créanciers, civils et commerciaux.

L'unicité du patrimoine exprime les exigences de l'honnêteté dans les affaires : on doit payer toutes ses dettes dont doivent répondre tous ses biens. Elle n'a pu s'adapter aux transformations des relations d'affaires et à la société industrielle contemporaine que parce qu'au même moment s'était structurée la théorie de la personnalité morale qui avait permis de détacher le patrimoine de la personne physique en créant une personne morale chaque fois que cela était nécessaire. Mais depuis une vingtaine d'années, même l'unicité est peu à peu abandonnée, en raison notamment de la concurrence des droits étrangers qui admettent qu'une personne puisse avoir plusieurs patrimoines.

21. Unicité du patrimoine et personnalité. – Malgré sa rigueur, l'unicité du patrimoine n'a pas entravé le développement de l'activité économique. Si l'entrepreneur veut, comme il arrive souvent, éviter de soumettre aux aléas du commerce les biens qu'il entend constituer en réserve pour sa famille, il a un moyen d'éluder l'indivisibilité et l'unité du patrimoine : il lui suffit de constituer avec un ou plusieurs tiers une société – civile[69], anonyme ou à responsabilité limitée – qui sera propriétaire du fonds de commerce ou de l'entreprise, car elle est une personne juridique qui, seule, répondra du passif professionnel.

22. Les sociétés de façade. – Pour les petites et moyennes entreprises, généralement des entreprises individuelles, le recours à la personnalité morale des sociétés a révélé les inconvénients de l'artifice. La société peut n'être qu'une société de façade, où l'entrepreneur possède la quasi-totalité des parts sociales ou des actions ; les autres associés n'en ayant qu'un petit nombre, voire infime : l'entrepreneur est, en fait, le maître absolu de son entreprise, bien qu'elle appartienne à une personne morale.

Peu à peu, la pratique a dénoncé la lourdeur et le coût de cet artifice. Par exemple, l'obligation de réunir chaque année une assemblée des prétendus associés n'a guère de sens, pas plus que la nécessité de respecter les autres règles du droit des sociétés.

En réalité, la société de façade est une dérive dévoyée du droit des sociétés.

23. Discussions sur l'unicité du patrimoine. – Au début du XXe siècle, sous l'influence allemande, plusieurs auteurs dont Raymond Saleilles[70] et Léon Duguit[71] avaient entendu détacher le patrimoine de la personne au moyen de la théorie du patrimoine d'affectation ; la personne morale aurait été un patrimoine sans sujet, où une masse de biens aurait été affectée à certaines fins ; en outre, il n'y aurait pas d'unicité du patrimoine.

69. J. PRIEUR, « Le notaire et la société civile : maîtriser les aspects juridiques », *JCP* N 2011. 1316.

70. R. SALEILLES, *De la personnalité juridique*, Rousseau, 2e éd., 1922, p. 478.

71. L. DUGUIT, *Traité de droit constitutionnel*, de Boccard, t. III, 2e éd., 1913, p. 309 : « *Dans le patrimoine, il n'y a pas, en réalité, autre chose que l'affectation socialement protégée d'une certaine quantité de richesses à un but déterminé* ».

Aujourd'hui, l'unicité du patrimoine est remise en cause, en raison des nombreuses atteintes que lui porte le droit positif. Elle doit cependant demeurer, dans son attache à la personne, quitte à subir des aménagements[72].

24. Exceptions à l'unicité du patrimoine. – Comme Aubry et Rau eux-mêmes l'avaient remarqué[73], l'unicité du patrimoine est plus souple qu'il ne paraît ; elle comporte en raison des nécessités pratiques plusieurs exceptions. On n'en indiquera que six : la première est traditionnelle ; la seconde a une vingtaine d'années ; les dernières sont plus récentes.

En droit maritime, en raison du risque considérable que comporte le commerce maritime, l'armateur a longtemps pu, selon une très ancienne tradition, échapper à sa responsabilité illimitée tenant aux fautes du capitaine en abandonnant son navire aux créanciers : il y avait ainsi une distinction entre la « fortune de mer » et la « fortune de terre ». La loi du 3 janvier 1967 (art. 62 à 64) a substitué à ce régime celui d'« *un fonds de limitation* » sur lequel les créanciers vont pouvoir se payer. Bien que ses modalités soient modifiées, le principe n'a pas changé : l'armateur peut soustraire son patrimoine à l'emprise de ses créanciers.

Ce fut surtout à la fin du xxe siècle que plusieurs lois se sont succédées pour mettre les biens personnels des entrepreneurs à l'abri de l'aléa qu'impose le commerce.

25. Demande de subsidiarité et d'insaisissabilité. – Afin de faciliter le développement de l'entreprise individuelle, une série de lois successives a permis à l'entrepreneur de protéger ses biens personnels à l'égard des dettes contractuelles tenant à son activité professionnelle.

En premier lieu, la loi du 10 février 1994 (*L. Madelin*) lui permet de demander que l'exécution soit poursuivie d'abord sur les biens affectés à cette activité (art. 22-1, L. 9 juillet 1991 relative aux procédures d'exécution). La poursuite prioritaire sur les biens professionnels n'empêche pas, si elle est insuffisante, que les autres biens répondent de la dette : il s'agit donc seulement d'un bénéfice de discussion, ne remettant pas en cause l'unicité du patrimoine.

Puis la loi du 1er août 2003 sur l'« *initiative économique* » (*L. Dutreil*) est allée plus loin : elle permet à une personne physique exerçant une activité professionnelle lorsqu'elle est immatriculée sur un registre de publicité légale (ex. registre de commerce, répertoire des métiers, registre des agents commerciaux, etc.) de déclarer insaisissables sa résidence principale et, depuis une loi du 4 août 2008, *« tout bien foncier [...] non affecté à son usage professionnel »*. Cette mention doit être établie par un acte notarié et publiée au registre des hypothèques. Puis la loi *Macron* du 6 août 2015 (C. civ., art. L. 526-1 *pour la croissance, l'activité et l'égalité des chances économiques*) a rendu de plein droit insaisissable la résidence principale pour les dettes professionnelles d'une personne physique exerçant une profession[74] Il y a donc à l'égard de l'obligation aux dettes un éclatement du patrimoine, sauvegardant les biens civils des risques professionnels. Mais le professionnel peut y renoncer, à la demande de la banque qu'il ne manque pas de le faire chaque fois qu'il sollicite un crédit.

La Cour de cassation a décidé que cette déclaration d'insaisissabilité était opposable à une procédure collective (par ex., une liquidation des biens) si elle avait été effectuée avant le jugement prononçant la procédure collectrice[75].

---

72. V. A.-L. Thomat-Raynaud, *L'unicité du patrimoine : essai critique*, th. Toulouse, éd. Defrénois 2007, préf. D. Tomasin.

73. *Op. cit., supra*, n° 15, § 573, 2°.

74. Fr. Pérochon, « L'insaisissabilité après la loi *Macron* », *Defrénois,* 2016.532 ; D. Bert et S. Kherbouche, « L'insaisissabilité du droit de la résidence principale de l'entrepreneur individuel, une réforme insaisissable ? » *RTD com.* 2016.241.

75. Cass. com., 28 juin 2011, n° 10-15.482, *Bull. civ.* IV, n° 109 ; *D.* 2011. 1751, n. A. Lienhard ; *JCP* N 2011.1239, n. Ch. Lebel ; *JCP* E 2011. 1551, n. Fr. Pérochon ; *Defrénois* 2011.1292, chr. Fr. Vauvillé ; « *Le débiteur peut opposer la déclaration d'insaisissabilité qu'il a effectuée en application de l'art. L. 526-1 C. com. avant qu'il ne soit mis en liquidation judiciaire, en dépit de la règle du dessaisissement* ». Dans une chronique « Déclaration notariée d'insaisissabilité ou/et statut d'EIRL. Quelle

En fait, cette déclaration est peu pratiquée (en 2009, environ 10 000 chefs d'entreprise y ont eu recours).

26. Fiducie. – Allant plus loin, la loi du 19 février 2007 sur la fiducie a permis la constitution d'un « *patrimoine fiduciaire* » distinct du patrimoine du constituant[76].

27. EURL et avatars. – Surtout, et ce fut sans doute l'innovation la plus importante, la loi du 11 juillet 1985 a créé l'entreprise unipersonnelle à responsabilité limitée (EURL), qu'a complétée en 2008 (L. 4 août 2008) la société à responsabilité limitée unipersonnelle (SARLU) (C. com., art. L. 223-1, al. 2) ; cette même loi a permis de constituer une société par actions simplifiée unipersonnelle (SASU, *ib.*). La loi de 1985 a également créé une institution jumelle de l'EURL, l'exploitation agricole à responsabilité limitée (EARL, C. rur., art. L. 324-1 et s.).

La personne qui veut exploiter elle-même son entreprise, son fonds de commerce ou son exploitation rurale et limiter sa responsabilité affecte certains de ses biens à une EURL, SARLU, SASU ou EARL. Grâce à l'écran que constitue la personnalité morale, ses créanciers personnels ne peuvent poursuivre les biens affectés à l'entreprise ; à l'inverse et surtout, les créanciers de l'entreprise ne peuvent saisir les biens personnels de l'entrepreneur : l'entrepreneur est ainsi à la tête de deux patrimoines : son patrimoine civil et son patrimoine professionnel. L'unicité du patrimoine a volé en éclats.

En fait, la limitation de responsabilité que permettent l'EURL et ses avatars est illusoire. Les fournisseurs de crédit (les banques) exigent souvent (pas toujours) en pratique que l'entrepreneur engage aussi ses biens personnels, par exemple en cautionnant les dettes de la personne morale. De même, s'il y a « *faillite* » de l'entreprise (toute espèce de procédures collectives), les tribunaux l'étendent presque toujours aux biens personnels de l'entrepreneur. Comme la déclaration d'insaisissabilité, l'EURL a été peu pratiqué (7 % des entreprises).

28. EIRL. – Constatant le semi-échec de l'EURL (et de la SARLU) – 185 000 ont été créés depuis vingt-cinq ans, soit seulement 6,2 % du total des entreprises – le gouvernement a suscité la création d'une nouvelle formule juridique, l'entrepreneur individuel à responsabilité limitée (EIRL, C. com., art. L. 526-6 à L. 526-19 ; L. 15 juin 2010, L. *Novelli*), qui est une véritable atteinte au lien entre la personne et le patrimoine et à l'unicité du patrimoine, puisque tout entrepreneur pourra avoir une (ou plusieurs) EIRL, sans avoir à constituer de personnes morales. Ce patrimoine d'affectation présente une autonomie telle qu'il peut être cédé à titre onéreux ou à titre gratuit, sans liquidation : le cessionnaire devient débiteur « *en lieu et place* » de l'entrepreneur individuel (C. com., art. L. 526-17-1). Dans une EIRL, le patrimoine affecté à l'activité professionnelle comporte les « *biens, droits, obligations ou sûretés* » nécessaires à cette activité ou utilisés pour l'exercice de celle-ci et que l'entrepreneur déclare affecter ; cette déclaration fait l'objet d'une publicité.

Ainsi, un patrimoine spécial est constitué sans aliénation (à la différence de la fiducie) même formelle (à la différence de l'EURL). Cette création est opposable aux créanciers postérieurs, et même aux créanciers antérieurs, qui peuvent toutefois former opposition. Les créanciers professionnels ont pour seul gage le patrimoine affecté. Les autres créanciers ont pour seul gage le patrimoine non affecté (C. com., art. L. 526-11) ; en cas d'insuffisance, les bénéfices du dernier exercice clos peuvent aussi être saisis par ceux-ci.

---

technique choisir après l'arrêt du 28 juin 2011 ? », V. Legrand et J. Vallansan estiment que cette jurisprudence rend moins utile le nouveau statut d'EIRL.

76. *Infra*, n° 767.

La loi a voulu corriger la complexité des précédentes réformes. Elle a complètement échoué : l'EIRL n'est pratiquement pas utilisée[77].

29. Conclusion. – Cette succession de réformes destinées à promouvoir la création d'entreprises, en limitant les risques à une partie du patrimoine de l'entrepreneur, donne une impression de désordre.

C. Tout patrimoine appartient à une personne

30. Personnes physique et morale. – Tout patrimoine appartient à une personne, qu'elle soit physique ou morale. Une personne physique évidemment, une personne morale aussi, bien que l'évidence ne soit pas aussi sensible et relève de la construction juridique ; ainsi en est-il des sociétés, des associations et des fondations, ce qui souligne la relation intime qui existe entre la personnalité juridique et le patrimoine. Ce lien a complètement disparu avec la « personnalité électronique » que le Parlement européen voudrait conférer aux robots[78]. Pendant très longtemps (jusqu'à l'EIRL), l'identité était totale : là où il y avait une personne juridique, existait nécessairement un patrimoine ; là où il y avait patrimoine, existait nécessairement une personne juridique.

Il n'empêche que l'individu reste la personne essentielle, la seule vraie personne. La personne morale comporte une part d'artifice et ne saurait avoir la réalité, l'unité et l'indivisibilité de la personne physique.

31. Patrimoine d'affectation et fondations. – Le patrimoine d'affectation estime inutile de lier le patrimoine à la personne et affecte une partie (« une masse ») des biens d'une personne à un but déterminé sans que cette masse soit rattachée à une personne. Le droit français a longtemps été hostile à ce type d'affectation sans personne physique ou morale, à la différence de la *Common Law*. L'aversion révolutionnaire à l'encontre des biens de mainmorte, de même que des considérations fiscales ont longtemps interdit ce type de groupement de biens. Mais l'engagement des fonds publics pour certaines missions d'intérêt général impliquant un investissement long et stable conduit aujourd'hui à leur admission parcimonieuse : avec les fondations (L. 23 juill. 1997 sur le mécénat souvent modifiée) où des biens sont affectés à une mission d'intérêt général[79], les fonds de dotation créés par la loi du 4 août 2008, qui ont pour objet le financement d'activités philanthropiques[80].

---

77. Le plus souvent les commentateurs sont **défavorables**. Ex. *Spécial EIRL*, *Defrénois* 2011, 529-632 : notamment Cath. Barreau, « Les dispositifs tendant à limiter le risque entrepreneurial », 521, concl. (p. 553) : « *L'entrepreneur doit rester entrepreneur et courir le risque de la ruine pour se mesurer à celui de la réussite. Il ne faut pas tuer le mythe de l'entrepreneur mais au contraire le laisser prospérer.* ». Dubarry et Flume, « Patrimoine + publicité = responsabilité limitée : une démystification de l'EIRL », *RLDC* 2011, n° 4364. Dossier *L'EIRL ; la nouvelle donne pour l'entrepreneur* ; Th. Revet, « Rapport introductif » ; J. Prieur, « La création de l'EIRL » ; S. Schiller Plagnet, « Le régime fiscal de l'EIRL » ; A. Sériaux, « Rapport de synthèse » ; V. Legrand, « L'EIRL à patrimoines multiples ou questionnaire à choix multiples ?, *D.* 2012.2402 ; « EIRL et déclaration d'insaisissabilité », *JCP* N 2014.1101. Au contraire, **favorables** : Fr. Roussel et Ph. Van Steenland, « La loi *Novelli* du 15 juin 2010, le droit français à l'heure du xxie siècle », *JCP* N 2012. 1327 ; C. Kuhn, « Des patrimoines et des hommes », *Dr. et patr.* févr. 2012, 30.

78. *Supra*, n° 6.

79. *Droit des personnes – Les personnes protégées*, coll. Droit civil.

80. M. Dadoit, « Fonds de dotation : la générosité à la portée de tous » *Dr. et patr.* 2009, n° 182, p. 36.

III. — Les éléments purement personnels sont exclus du patrimoine

32. Droits extra-patrimoniaux. – Tous les droits n'entrent pas dans le patrimoine, qui ne comprend que ceux ayant une valeur économique ; il y a des droits présentant un caractère très personnel, dépourvus de caractère pécuniaire : ils sont en dehors du patrimoine. On les appelle des droits extra-patrimoniaux[81]. Ainsi en est-il des droits de nature politique (la citoyenneté, le droit d'être un électeur), des droits à avoir un état déterminé ou à exercer une autorité familiale (autorité parentale ou tutélaire) ; ainsi en est-il aussi des droits de la personnalité, bien qu'ils comportent des conséquences patrimoniales croissantes.

Puisque les droits extra-patrimoniaux n'entrent pas dans le patrimoine, ils ne sont ni transmissibles à cause de mort, ni saisissables par les créanciers ; seul leur titulaire peut les exercer, non leurs créanciers (art. 1341-1 nouv., 1166 anc.). Aubry et Rau estimaient que le lien entre la personne et le patrimoine était si fort que celui-ci aurait dû comprendre les droits de la personnalité, qu'ils appelaient « *des biens innés* »[82]. Mais ils n'entraient dans le patrimoine que lorsque leur lésion avait ouvert droit à une indemnité.

33. Relativité de la patrimonialité. – L'opposition entre la patrimonialité et l'extra-patrimonialité est devenue relative car la patrimonialité comporte des degrés.

La pleine patrimonialité d'un droit implique trois caractères : que le droit puisse être... évalué en argent (ce que l'on appelle la vénalité) ... cédé entre vifs (ce que l'on appelle la cessibilité)... transmis à cause de mort (ce que l'on appelle la transmissibilité).

Lorsqu'un droit est à la fois vénal, cessible et transmissible, il est complètement patrimonial : ainsi en est-il du droit de propriété. À l'inverse, lorsqu'un droit est attaché à la personne, il est entièrement extra-patrimonial parce qu'il ne présente aucun caractère pécuniaire : ainsi en est-il d'un droit politique, tel que le droit de vote. Mais il existe des situations intermédiaires : des droits ayant une valeur pécuniaire sans être pourtant cessibles ; par exemple, le droit... aux aliments... au maintien dans les lieux d'un locataire[83], ... à une sépulture ; ils sont évaluables en argent mais ne sont pas cessibles.

Parfois, la relativité est encore plus accusée : la propriété littéraire et artistique est un droit vénal, cessible et transmissible, mais les droits du cessionnaire sont limités par les prérogatives maintenues à l'auteur : son droit moral (ils doivent respecter l'intégrité de l'œuvre) et le droit de suite des héritiers[84].

34. Aliénabilité et inaliénabilité. – Dans l'Ancien droit, de nombreux immeubles étaient, à perpétuité, inaliénables en droit, sans l'avoir été complètement en fait ; ainsi en était-il des biens soumis à la mainmorte ecclésiastique. Ce système était devenu incompatible avec les fondements et les objectifs politiques, économiques et sociaux de la Révolution, qui l'a prohibé.

Aussi, dans le Code civil, l'aliénabilité est-elle devenue le principe (art. 537, al. 1).

Parfois, la loi la supprime pour des raisons d'intérêt général (santé publique, sécurités publique et juridique, ordre public, moralité) ; ainsi en est-il des stupéfiants ou des biens faisant

81. **Biblio.** : R. Nerson, *Les droits extra-patrimoniaux*, th. Lyon, Sirey, 1939.

82. *Op. cit.*, *supra*, n° 15, n° 8 : « *Les expressions biens, droits et actions, tous les biens, les biens qui se lisent aux articles 724, 2092 et 2093* [auj. 724, 2284, 2285] *ne comprennent évidemment pas les biens innés. Les rédacteurs du Code paraissent être partis de l'idée que de pareils biens, d'un prix inestimable, doivent être exclus du patrimoine, comme n'étant pas, en eux-mêmes et* a priori, *susceptibles d'appréciation pécuniaire, et comme ne pouvant donner lieu à une pareille appréciation, qu'autant qu'il y a été apporté quelque dommage, et dans la mesure seulement de ce dommage.* »

83. Ex. : Paris, 14 janv. 1963, *Gaz. Pal.* 1963.I.454 : si le droit au maintien dans les lieux « *n'a pas de valeur vénale, il est néanmoins évaluable pécuniairement* ».

84. *Infra*, n° 218.

partie du domaine public[85]. L'inaliénabilité peut aussi résulter d'un acte juridique que l'on appelle une clause d'inaliénabilité ; elle est valable si elle est justifiée par un intérêt sérieux et légitime et limitée dans le temps[86] : l'aliénation qui ne respecterait pas cette clause serait nulle. Le fait qu'un bien soit inaliénable ne lui retire pas sa nature de bien, ce qui est une nouvelle manifestation du caractère relatif de la patrimonialité : pour être indisponible, un bien n'en continue pas moins à faire partie du patrimoine.

35. Souvenirs de famille. – Les souvenirs de famille sont indisponibles, sauf au profit des membres de la famille et d'institutions spécialisées[87] : ce ne sont pas des biens comme les autres ; ils sont, dit la Cour de cassation, confiés à titre de dépôt à « *celui des membres de la famille que les tribunaux estiment le plus qualifié* »[88] et ne doivent pas être dispersés contre la volonté de ses membres.

Bien que la notion prenne une importance croissante, elle demeure floue et prétorienne. Il s'agit de biens dont la signification familiale, morale et affective est si profonde qu'elle éclipse leur valeur vénale, si importante puisse-t-elle être : la « *mémoire de la famille* », le « *musée familial* » : ces documents et ces meubles qui contribuent à l'honneur et à l'histoire d'une famille, adressés à un de ses membres ou en provenant. Pendant longtemps, il s'agissait uniquement d'une règle de dévolution et de partage successoral dérogatoire au droit commun ; elle touche maintenant la libre disposition à titre onéreux, en empêche la saisie par les créanciers du « *dépositaire* » ; une sorte de copropriété familiale (un « *domaine familial* » pourrait-on dire comme il y a un domaine public).

§ 2. Discussion

36. Une discussion évanescente. – Depuis la fin du XIXe siècle, la théorie d'Aubry et Rau a été vivement combattue[89]. On lui a d'abord reproché son abstraction et surtout sa systématisation. On a dit aussi que ce qui constituait le patrimoine, c'étaient les biens qui le composaient, plus que la personne qui en était titulaire. On a surtout dénoncé sa rigidité qui avait empêché qu'une personne pût avoir plusieurs patrimoines, ou qu'il y eût des patrimoines sans sujet, tels que les patrimoines d'affectation.

Aussi prône-t-on souvent une conception « objective » du patrimoine, comme en *Common Law* et en Allemagne, objective parce que les liens avec la personne devraient être relâchés et qu'au contraire devraient être renforcés ceux du patrimoine avec les biens qui le composent.

---

85. *Infra*, n° 166.

86. Jurisprudence constante : Ex. : Cass civ. 1re, 31 oct. 2007, n° 05-14.238, *Bull civ.* I n° 337 ; *D.* 2008.963, n. A.-L. Thomat-Raynaud ; *RDC* 2008.248, obs. Y.M. Laithier ; *RTD civ.* 2008.125, obs. Th. Revet : « *Dès lors qu'elle est limitée dans le temps et qu'elle est justifiée par un intérêt sérieux et légitime, une clause d'inaliénabilité peut être stipulée dans un acte à titre onéreux* », (Cf. C. civ., art. 900-1) : « *Les clauses d'inaliénabilité affectant un bien donné ou légué ne sont valables que si elles sont temporaires et justifiées par un intérêt sérieux et légitime* ». Sur cette disposition, v. *Droit des successions et des libéralités*, coll. Droit civil.

87. Ex. : * Cass. civ. 2e, 29 mars 1995, *aff. des souvenirs de famille de la maison d'Orléans*, *Bull. civ.* II, n° 115 ; *D.* 1995, somm., 330, obs. M. Grimaldi ; en l'espèce, le comte et la comtesse de Paris avaient voulu vendre aux enchères publiques un certain nombre de biens mobiliers leur appartenant et qui avaient illustré la maison d'Orléans (des souvenirs de Joinville et du duc d'Aumale (tous deux fils de Louis-Philippe), et une parure de la reine Marie-Amélie) ; jugé que certains de leurs enfants pouvaient s'y opposer parce qu'il s'agissait de souvenirs de famille. Mais, toujours pour les biens de la famille d'Orléans : Cass. civ. 1re, 12 nov. 1998, *Bull. civ.* I, n° 311 ; *D.* 1999.624, n. Robichez : « *Pas plus le caractère historique des biens litigieux, où la seule perpétuation de leur possession par la famille d'Orléans, l'apposition des armes de la famille sur ces objets, ne suffisaient à établir que chacun de ces meubles ait revêtu pour celle-ci une valeur morale telle qu'ils pourraient être qualifiés de souvenir de famille* ». V. aussi sur l'inapplicabilité aux souvenirs de famille de l'art. 2276 (anc. 2279), *infra*, n° 574.

88. Cass. civ. 1re, 21 févr. 1978, *Bull. civ.* I, n° 71 ; *D.* 1978.505, n. R. Lindon ; *JCP* G 1978.II.18336.

89. Ex. : H. Gazin, *Essai critique sur la notion de patrimoine dans la doctrine classique*, th. Lyon, 1911 ; A. Seriaux, cité *supra*, n° 15.

On peut combiner, de manière éclectique, les deux conceptions, celle qui est « *personnaliste* » et celle qui est « *matérialiste* ». La théorie d'Aubry et Rau n'a pu survivre dans le capitalisme que parce que s'est développée la théorie de la personnalité morale, qui a fait du lien entre la personne et le patrimoine un rapport purement juridique, puisqu'il existe des personnes qui ne sont pas physiques (les personnes morales).

Malgré ces attaques, la théorie d'Aubry et Rau demeure la règle vivante, quotidiennement appliquée par les banquiers prêteurs d'argent[90] : tous les biens présents et futurs répondent de toutes les dettes présentes et futures de leur propriétaire.

SECTION III
ÉVOLUTION

Depuis 1804, le droit des biens subit une évolution d'autant plus importante qu'elle est peu visible : le recul des campagnes, la prolétarisation, l'intervention de l'État, la dématérialisation et la diversification.

37. 1°) Recul des campagnes. – Le Code civil a été rédigé pour une société rurale ; beaucoup de ses dispositions sentent fort la campagne[91]. Elles constituent souvent un tableau champêtre, où Gérard Cornu[92] avait découvert les styles de La Fontaine[93], d'Alexandre Dumas père[94] et de Saint-Exupéry[95]. La lettre de ces dispositions n'a guère changé depuis 1804 et s'applique maintenant à une société industrielle et post-industrielle. Le livre II du Code civil devient anachronique.

Que vont devenir « *les pigeons des colombiers, les lapins des garennes, les ruches à miel* » ? (art. 524). Vont-ils disparaître comme la marine à voile et la lampe à huile ? Les « *poissons des étangs* », que visait l'article 524 sont devenus, depuis une loi du 29 juin 1984, « *les poissons des eaux non visées à l'article 402 du Code rural* (auj. art. L 231-3) *et des plans d'eaux visés aux articles 432 et 433 du même code* (auj. art. L 231-6 et L 231-7) » : ce texte rédigé par des technocrates perd tout charme et toute intelligibilité.

38. 2°) Prolétarisation. – Dans la réalité sociologique contemporaine, les biens durables occupent dans les patrimoines privés une place décroissante. Pas tous : il

90. Comp. J. CARBONNIER, n° 16 : « *On ne dira pas pour autant que la théorie d'Aubry et Rau avait fait alliance avec le crédit chirographaire et la Banque, tandis que la théorie objective traduisait la forte pression des commerçants moyens* » cf. aussi M. LEBEL, « Le principe de l'unité du patrimoine à l'épreuve des procédures collectives », *Et. Goubeaux*, Dalloz, LGDJ, 2009.332.

91. Ex. : l'article 524 énumère les immeubles par destination (*infra*, n° 138) ; presque tous sont ruraux : « *Les animaux attachés à la culture ; les ustensiles aratoires ; les semences données aux fermiers ou aux colons partiaires ; les pigeons des colombiers ; les lapins des garennes ; les ruches à miel* [...] ; *les pressoirs, chaudières, alambics, cuves et tonnes* ; [...] *les pailles et engrais* ». Dans la liste, un seul évoque l'industrie : « *Les ustensiles nécessaires à l'exploitation des forges, papeteries et autres usines* » ; v. *Droit civil illustré*, n° 105. De même l'article 1754 définissant les réparations locatives : « *Âtres, contrecœurs, chambranles et tablettes des cheminées* ».

92. « La lettre du Code à l'épreuve du temps », *in Ét. R. Savatier*, Dalloz, 1965, p. 157 et s., spéc. p. 170.

93. Ainsi la définition que le Code donne des alluvions, dont la propriété est acquise par le propriétaire de la rive : « *Les relais que forme l'eau courante qui se retire insensiblement de l'une de ses rives pour aller sur l'autre* » (art. 557).

94. L'article 540 dit que font partie du domaine public « *les portes, murs, fossés, remparts des places de guerre et forteresses* ».

95. « *La servitude de puiser l'eau à la fontaine d'autrui* » (art. 696).

en existe au moins deux types qui demeurent des parties essentielles du patrimoine. D'abord le logement, devenu un des éléments importants du patrimoine de beaucoup de Français. Puis le sol, longtemps le bien par excellence, celui où la personne a avec les choses une relation étroite, presque charnelle ; sa valeur augmente constamment ; pourtant, aujourd'hui, il appartient souvent à des groupements dotés de la personnalité morale.

D'une manière générale, la valeur des autres biens durables est décroissante. Ce que l'on appelle « la prolétarisation » du droit des biens, où la fortune acquise compte de moins en moins ; la fortune constituée par le travail, de plus en plus. Phénomène qui n'est pas particulier à la France. Pierre Catala estimait que de la Californie à l'Oural, tous les « *bons pères de famille* » avaient à peu près le même patrimoine standardisé, formé d'un logement, d'un emploi, de biens de consommation et de loisirs[96], souvent aussi maintenant un petit portefeuille de valeurs mobilières. Les statistiques de l'Insee montrent qu'en France les revenus moyens des ménages croissent régulièrement et qu'au contraire la valeur moyenne des patrimoines ne cesse de lentement diminuer. Les achats financiers (ex. valeurs mobilières, épargne) représentaient en 1997 la moitié de la richesse des particuliers, les terrains 3,5 %, les logements 40 %. Chez les ménages modestes ou moyens la fortune est surtout composée d'actifs à usage domestique (résidences principale et secondaire, compte chèque) ; au contraire, chez les ménages riches, la fortune est davantage composée de biens de rapport (logements locatifs et surtout actifs financiers)[97]. Tout le monde, ou presque, constate le déclin des immeubles dans la composition des patrimoines[98].

39. 3°) Interventions de la puissance publique : urbanisme, environnement, nationalisation. – La puissance publique – l'État surtout – intervient de plus en plus dans le droit des biens. Souvent, il restreint le droit de propriété ; par exemple, par les droits de l'urbanisme et de l'environnement et par les nationalisations.

1° Afin d'empêcher l'anarchie des constructions urbaines qui défigurent beaucoup de villes et de banlieues étrangères, de très nombreuses lois ont, à partir de 1919, organisé l'aménagement urbain ; elles sont aujourd'hui compilées dans trois codes, le Code de l'urbanisme (surtout), celui de la construction et de l'habitat et plus accessoirement celui de l'environnement. Au nom de l'intérêt général (notamment la protection de l'environnement), le **droit de l'urbanisme** limite le droit de la propriété immobilière[99], particulièrement celui de construire[100]. Ainsi, il prévoit une planification administrative de l'utilisation du sol urbain (avec toutes sortes de « plans » : « plan local d'urbanisme », « schéma de cohérence territoriale » (SCoT), naguère « plan d'occupation des sols » et « coefficient d'occupation des sols », aujourd'hui disparus (L. *Alur* du 24 mars 2014), qui, selon la conjoncture et les lieux, encourage ou décourage la densité de la construction[101] ; il soumet le droit de construire à une autorisation administrative, le permis de

96. Art. cité, *supra*, n° 10.

97. G. Chabaz et *al.*, « Le revenu et le patrimoine des ménages », *Données sociales* (Insee), 1999, p. 274 et s.

98. Ex. R. Libchaber « La recodification du droit des biens » *in Le bicentenaire du Code civil*, Dalloz, 2005, 297 et s., sp 299 ; *Contra* J. Carbonnier, « Le droit de propriété depuis 1914 », *in Flexible droit*, LGDJ, 10e éd., 2001, 315 et s.

99. C. urb., art. L. 110 : « *Le territoire français est le patrimoine commun de la nation* [...] ».

100. *Ib.*, art. L. 112-1, al. 1 : « *Le droit de construire est attaché à la propriété du sol. Il s'exerce dans le respect des dispositions législatives et réglementaires relatives à l'utilisation du sol* ».

101. *Ib.*, art. L. 123-1, al. 1 : « *Les plans d'occupation des sols fixent, dans le cadre des orientations des schémas directeurs ou de schémas de secteur, s'il en existe, les règles générales et les servitudes d'utilisation des sols, qui peuvent notamment comporter l'interdiction de construire* ».

construire[102] ; il en fait autant pour le lotissement[103] et la mise en copropriété. Il est l'objet de réformes importantes, notamment la loi du 24 juillet 2010, dite Grenelle II[104], qui voudrait sur la longue durée changer les mentalités, mais dans l'immédiat a suscité de vives critiques : ces réformes sont trop nombreuses[105], caricaturent les nouveaux principes du droit des biens, tels que le principe de précaution[106] et le respect de l'environnement[107]. **2° Le Code de l'environnement** soumet à autorisation administrative les installations dangereuses pour la nature et l'environnement (C. env., art. L. 512-1) ; se multiplient aussi, les « quotas de production » faisant naître des monopoles susceptibles d'aliénation (quotas laitiers, betteraviers etc.)[108].

3° En outre, une catégorie importante de biens a été soustraite à la propriété privée par les **nationalisations**, soumises aux fluctuations politiques du pays. Aux termes du préambule de la Constitution de 1946, auquel se réfère celle de 1958 : « *Tout bien, toute entreprise dont l'exploitation a ou acquiert les caractères d'un service public national ou d'un monopole de fait doit devenir la propriété de la collectivité* ». Aux lendemains de 1945, d'importantes nationalisations, essentiellement celles de l'énergie et des plus grandes banques, avaient été effectuées. En 1981, la majorité de gauche avait procédé à de nouvelles nationalisations, élargissant les notions de service public et de monopole de fait. La nouvelle majorité en 1986 avait, au contraire, entrepris une politique de « *privatisation* » interrompue en 1988 par le retour des socialistes au pouvoir. La majorité élue en 1993 est revenue à un système de privatisation partielle. Depuis 1996, le mouvement a été ralenti (ex. : certains aéroports, France Télécom, Air France, autoroutes). Le préambule de la Constitution de 1946 est devenu anachronique.

40. 4°) Dématérialisation. – L'extension du droit des biens a pour conséquence sa dématérialisation : beaucoup de biens deviennent incorporels[109], ce que Jean Carbonnier avait appelé, d'une expression un peu mystérieuse, « *l'entrée dans le monde juridique de ces objets qui n'en sont pas* »[110]. Cette « *dématérialisation* » apparaît surtout avec les meubles – les meubles incorporels – ; plus récemment et à un moindre égard, elle s'est étendue aux immeubles : droits sur les volumes[111] et sur le lot dans la copropriété immobilière[112]. Des biens incorporels nouveaux sont apparus dans les patrimoines, liés à l'intelligence, au talent et à l'activité de leur titulaire : la « *propriété* » commerciale, littéraire, artistique, l'exploitation des brevets d'invention, des marques de fabrique, du *know-how*, les valeurs

102. *Ib.*, art. L. 421-1, al. 1 : « *Quiconque désire entreprendre ou implanter une construction à usage d'habitation ou non, même ne comportant pas des fondations, doit, au préalable, obtenir un permis de construire* [...] ».

103. *Ib.*, art. R. 315-3 : « *La création d'un lotissement est subordonnée à une autorisation délivrée dans les conditions définies au présent chapitre.* »

104. V. Broussolle, « La loi portant engagement national pour l'environnement (Grenelle II) », *Defrénois* 2010. 1757-1775.

105. Ex. Y. Jégouzo, « Le droit de l'urbanisme au péril du transitoire », *RDI* 2012. 301 : « *Ne serait-il pas salutaire pour le droit de l'urbanisme de laisser aux textes le temps de s'appliquer avant de les réformer ?* ».

106. P. Soler-Couteaux, « Principe de précaution : l'urbanisme est-il à la hauteur de l'enjeu ? », *RDI* 2012. 241 : « *Un urbanisme décentralisé n'est certainement pas le bon niveau pour une mise en œuvre à la fois objective, scientifique et raisonnable du principe de précaution* ».

107. R. Degron, « L'urbanisme en projet », *JCP* N 2011.539 : « *Il est à craindre que la réforme envisagée ne soit une boîte de Pandore dont jaillissent des quartiers, des zones d'activités et des aménagements mal conçus, d'autant plus difficiles à contrecarrer que les recours contentieux tendent à être jugulés [...]. Le terreau dans lequel s'enracine le projet de réformes du droit de l'urbanisme ne paraît pas porteur de projets d'aménagement de qualité, c'est-à-dire maîtrisés et économes d'espace [...]. Les précisions livrées paraissent sombres.* »

108. *Infra*, n° 444.

109. « Le droit et l'immatériel », *Arch. phil. dr*, t. 43, 1999 : J. M. Bruguière, « L'immatériel à la trappe », *D.* 2006.2804.

110. J. Carbonnier, *Les biens*, n° 254, p. 394.

111. *Infra*, n° 905.

112. *Infra*, n° 718.

mobilières, la propriété de l'information, tous produits de l'activité humaine[113], etc. Les deux institutions fondamentales du droit des biens connaissent cette dématérialisation : la propriété (on parle, par exemple, de « *propriétés intellectuelles* »[114] et de « *revendication* » de meubles incorporels[115]) et la possession ; on possède maintenant même des biens incorporels[116]. Souvent ces droits parviennent à capitaliser l'exercice du travail, permettant à ceux qui sont en place de « *présenter* » leur successeur, moyennant rémunération ; cette nouvelle forme de biens apparaît surtout dans les professions libérales soumises à un *numerus clausus* (le nombre de personnes pouvant exercer cette profession est limité) : par exemple, les notaires – la présentation est licite – ou les chauffeurs de taxi – la présentation s'exerce sans droit et se pratique en fait[117].

Les valeurs mobilières sont aussi devenues dématérialisées, et donc des biens incorporels. Le phénomène a commencé en 1941. La loi du 30 décembre 1981 a généralisé cette « *scripturatisation* » en l'étendant à l'ensemble des « *instruments financiers* » (C. mon. fin., art. L. 211-4) ; le transfert de propriété résulte désormais, non de la remise d'un titre – qui n'existe plus –, mais d'un virement de compte à compte (art. L. 431-1). Ces valeurs ne sont donc cessibles que si elles comportent une représentation comptable, ce qu'un auteur a appelé leur « *corporalisation* »[118], expression excessive, car l'écriture comptable continue à ne remplir qu'une fonction probatoire[119] ; elle ne constitue pas un *corpus*, ce qui la rend inapte à toute détention[120].

41. 5°) Diversification et fragmentation. – Dans son histoire, le droit des biens a utilisé deux méthodes, suivant une évolution dialectique. Ce mouvement pendulaire existe aussi bien dans le très Ancien droit qu'après le Code civil.

1° Tantôt il se réfère à une notion **abstraite** de la chose, générale, incolore, dépourvue de ses particularités propres, où tous les biens sont soumis à un même statut : telle était la tendance romaine (avec beaucoup d'exceptions, car en la matière la diversification est inévitable).

2° Tantôt au contraire, et telle était la conception germanique primitive, la chose était comprise d'une manière plus **concrète** : il y avait un pullulement de statuts différents sans règles communes, à ce point que le nom juridique du droit que l'on exerçait sur les choses changeait selon leur nature ; par exemple, dans les anciens droits germaniques, la propriété des biens sur

113. Ex. : Cass. crim., 14 nov. 2000, *Bull. crim.* n° 438, *D.* 2001.1423, n. B. de Lamy ; *RTD civ.* 2001.912, obs. Th. Revet : « *les dispositions de l'article 314-1 du Code pénal s'appliquent à un bien quelconque et non pas seulement à un bien corporel* » : jugé que le détournement d'un n° de carte de crédit constituait un abus de confiance (C. pén., art. 314-1, punissant le détournement d'un « *bien quelconque* ») ; un n° de carte de crédit est donc désormais un bien (un meuble incorporel). De même, Cass. crim., 22 sept. 2004, *D.* 2005.411, n. B. de Lamy ; *RTD civ.* 2005.164, obs. Th. Revet, pour un projet industriel (comp. la définition du « bien » donnée par la CEDH, *supra* n° 13) ; G. Beaussonie, *La prise en compte de la dématérialisation des biens par le droit pénal*, th. Toulouse, LGDJ, 2012, préf. B. de Lamy.

114. *Infra*, n°s 207 à 209.

115. *Infra*, n°s 227 et 574.

116. *Infra*, n° 574.

117. Les tribunaux annulent les cessions d'un « *droit de présentation* » lorsque ce droit n'existe pas. Ex. : Cass. civ. 1re, 20 févr. 1973, *Bull. civ.* I, n° 103 ; *D.* 1974.37, n. Ph. Malaurie : « *présentation* » d'un successeur par le concierge démissionnaire.

118. D. R. Martin, « Du corporel », *D.* 2004 1284 ; v. aussi E. Agostini, « Corporel et incorporel. Être, voir et avoir », *D.* 2004.821.

119. Cass. com., 10 juin 1997, *Bull. civ.* IV n° 86 ; *D.* 1999.89, n. H. Causse ; en l'espèce, un actionnaire, M. Aubertin, a vainement essayé de démontrer qu'il était le véritable propriétaire des actions inscrites au registre de la société au nom de M. Lepage : « *l'inscription des actions litigieuses au nom de M. Lepage sur le registre des transferts de la société constituait au bénéfice du titulaire une présomption de propriété à l'encontre de laquelle M. Aubertin n'avait pas rapporté de preuve* ».

120. P.-Gr. Marly, *Fongibilité et volonté individuelle*, th. Paris I, LGDJ, 2004, préf. P. Delebecque, n° 265.

lesquels on avait une pleine maîtrise s'appelait *Habe*, en français « cateux », plus tard meubles, et ceux qui physiquement échappaient à la libre maîtrise de l'individu s'appelaient *Erbe*, en français « héritage » (au sens de l'Ancien droit), plus tard immeubles[121].

Le Code a combiné les deux méthodes, la théorie générale comportant des règles communes à l'ensemble des biens, et des statuts spéciaux comportant des règles particulières aux immeubles et aux meubles ; de même, les règles qui gouvernent les droits réels sont différentes de celles qui régissent les droits personnels. La diversification du droit existait donc déjà en 1804, mais n'était pas prononcée. Aujourd'hui, la spécialisation et la fragmentation du droit des biens sont beaucoup plus accusées, phénomène que l'on retrouve dans l'ensemble du droit contemporain. Ainsi, la théorie générale des obligations recule-t-elle au profit du droit des contrats spéciaux (vente, bail, prêt, etc.) qui, eux-mêmes, tendent à se diversifier.

Le droit contemporain des biens tend à se spécialiser et à se compliquer. L'immeuble, archétype des biens, voit son régime se diversifier selon son emplacement, sa fonction ou sa nature : l'immeuble urbain et l'immeuble rural n'ont plus le même statut ; un statut particulier s'élabore pour le logement familial et l'exploitation agricole de petite et moyenne importance ; la propriété indivise est différente de la copropriété, etc. L'observation est encore plus saisissante lorsqu'il s'agit des meubles corporels[122] et surtout incorporels. La diversification est particulièrement nette dans les propriétés intellectuelles et dans les produits bancaires et financiers – où se multiplient en se différenciant de nombreux produits d'épargne et d'assurances sur la vie. Georges Ripert s'était moqué de cette évolution[123] qui jamais ne s'achève.

42. L'avenir du droit des biens ?[124] – Une constante dans la littérature juridique contemporaine dénonce l'inaptitude du Code civil pour régir les richesses de notre monde et de notre temps. Le Livre II du Code serait suranné et lié à une civilisation révolue : un monde agraire, avec de grandes fortunes essentiellement foncières, dominé par la stabilité et faisant dépendre la liberté de la propriété immobilière. Alors que notre société serait devenue urbaine, industrielle, innovante et commerciale, instable, fragile, dominée par les revenus viagers plus que par la propriété familiale, mobilière, immatérielle, où les grandes fortunes se raréfient au profit des classes modestes ou moyennes, où le pouvoir de la personne humaine est dépassé par la puissance des personnes morales, qui seules détiennent les très grandes richesses, souvent sources du pouvoir.

Malgré ce transformisme, habituel à la pensée moderne, reste constant un principe essentiel du Code civil, acquis en 1804, la définition de la propriété (article 544), où la souveraineté du propriétaire est cantonnée par les nécessités de l'intérêt public, selon un équilibre qui s'est toujours adapté aux évolutions sociales et économiques. Le nouveau est le recul de la propriété immobilière, au profit des multiples propriétés mobilières, surtout son extension aux droits incorporels, notamment la propriété intellectuelle, la plus créatrice et innovante.

La maîtrise que l'homme entend exercer sur les richesses de la nature pour mieux l'exploiter constitue de nouveaux biens, innovations de l'intelligence ; maîtrisant l'information, pénétrant les mystères du corps humain et de la vie : par exemple, le développement de l'informatisation de l'économie, des nouvelles technologies de l'information et de la communication, les

121. A. Dufour, « Notion et division des choses en droit germanique », *in Arch. phil. dr.*, 1979, p. 95 et s., spéc. p. 110-111 ; v. *infra*, n° 112.

122. J. Carbonnier, n° 225, proposait de distinguer un droit de l'*animal*, un droit de l'*automobile*, un droit de l'*or*, un droit de l'*objet d'art*, un droit *des déchets*. On pourrait aussi concevoir un droit des *produits pétroliers, ... agricoles, ... alimentaires, ...* de *l'eau, ...* des *forêts*, etc., ce qui serait un retour au très ancien droit germanique *(supra)*. Ex. : Les biens *culturels* sont l'objet d'un statut particulier, ayant pour raison d'être d'en empêcher le pillage (*infra*, n° 100).

123. G. Ripert, *Le déclin du droit*, LGDJ, 1949, p. 72 et s. : « *On apprend à distinguer les huiles blanches, pures, vierges, de friture, de qualité, de choix ; les fromages gras, pâte grasse, crème et double-crème, croûte et glace* ».

124. *L'avenir du droit des biens*, dir. Boffa, LGDJ, 2016.

nanotechnologies, les cellules-souches, les organismes génétiquement modifiés, les gaz de schiste, les nouvelles ressources d'énergie, les quotas (de gaz de serre, de certains produits agricoles).

Les nouveaux biens se heurtent à de multiples exigences. En dépit de ces incertitudes, une proposition de réforme du Livre II du Code civil a été élaborée et publiée le 31 octobre 2008, sous l'égide de l'Association Capitant[125]. Elle met à jour le droit existant sans proposer de réelles innovations.

43. Plan. – Les biens reposent sur des données physiques et économiques qui s'imposent au droit ; celui-ci les classe et les qualifie. La première partie de cet ouvrage fait l'inventaire des richesses qui composent le patrimoine (Livre I). Sur ces richesses, les hommes disposent de pouvoirs organisés, de plus en plus complexes : les droits (Livre II).

N°s 44-99. réservés.

125. Proposition de la commission présidée par H. Périnet-Marquet, www.henricapitant.org ; W. Dross et Bl. Mallet-Bricourt, *Avant-projet de réforme du droit des biens, premier regard critique*, *D.* 2009, 508. H. Périnet-Marquet, « L'impact des propositions Capitant sur l'avenir du droit des biens », in *L'avenir du droit des biens* ; préc. ; du même : « Regard sur les nouveaux biens », *JCP* G 2010. 1100 : les « nouveaux » biens seraient « *les nanoparticules, les OGM, la fibre optique, les quotas, l'information, les téléphones mobiles et les droits à la retraite* » (n° 4) ; il y a de très nombreux autres « nouveaux biens », par exemple les robots, les produits de l'intelligence artificielle (*supra*, n° 6), la reconnaissance vocale des objets connectés, et toutes les créations de la technologie contemporaine, que stimule une vive concurrence mondiale (*Apple*, *Google*, Alexa, etc.).

LIVRE I

LES RICHESSES

100. Les innombrables richesses de l'univers et leurs nombreuses classifications. – **1° Les richesses de l'univers** sont innombrables et les choses constituent un « *monde bariolé* »[1]. Pour en faire l'inventaire, il faut les classer, c'est-à-dire regrouper celles qui ont une même nature et donc soumises à un même régime juridique.

2° Le pouvoir qu'a l'homme d'exercer sa maîtrise sur les choses est si varié que l'on peut faire de **nombreuses classifications**. Pêle-mêle : les biens de très grande valeur, ceux qui n'en ont pas beaucoup et ceux qui n'en ont pas du tout ; ceux qui sont durables et ceux qui sont éphémères ; ceux qui sont liés au travail humain et ceux qui ne le sont pas ; les anciens et les nouveaux ; ceux qui bougent et ceux qui sont immobiles ; ceux qui sont individualisés et ceux qui ne le sont pas ; l'argent et le reste ; ceux qui se perçoivent par les sens et ceux qui sont immatériels (c'est-à-dire les biens corporels et les biens incorporels) ; ceux qui ont un caractère familial et ceux qui n'en ont pas ; ceux qui donnent du pouvoir et ceux qui donnent de l'agrément ; le capital et les revenus ; ceux qui sont publics et ceux qui sont privés ; les biens profanes et ceux qui sont sacrés ; les choses belles et celles qui sont laides ; celles qui sont appropriées et celles qui sont à tout le monde ; celles qui sont à la ville et celles qui sont à la campagne ; celles qui sont isolées et celles qui sont groupées ; les choses inanimées et les animaux ; ce qui vit et ce qui est inerte ; les choses naturelles et les biens créés par l'homme ; les biens culturels et ceux qui ne le sont pas[2] ceux qui constituent des richesses et ceux qui ont une valeur vénale négative, etc.

---

1. J. Carbonnier, n°s 45-46, *État des questions*, a ; *Droit civil illustré*, n° 104. Comp. L. 8 août 2016, *Pour la reconquête de la biodiversité, de la nature et des paysages*, art 1, C. env., art L. 110-1, I, al. 3, définit la biodiversité : « *la variabilité des organismes vivants de toute origine, y compris les écosystèmes terrestres, marins et autres écosystèmes aquatiques, ainsi que les complexes écologiques dont ils font partie. Elle comprend la diversité au sein des espèces et entre espèces, la diversité des écosystèmes ainsi que les interactions entre les organismes vivants.* » bla, bla, bla, comme tant de lois contemporaines. Comp. B. Grimonprez, « Étude d'impact sur l'agriculture de la loi "biodiversité" », *RD rur.* 2017. 33.

2. **Biblio. :** J. et Fr. Chatelain, *Œuvres d'art et objets de collections en droit français*, Berger-Levrault, 2e éd., 1990 ; Marie Cornu, *Le droit culturel des biens, L'intérêt culturel juridiquement protégé*, Bruylant, 1996 ; J.-Fr. Poli, *La protection des biens culturels meubles*, LGDJ, 1996 ; C. Saujot, « Biens culturels et droit civil », *Clés sur le siècle*, Dalloz, 2000, p. 79 ; J. Untermaier, *La qualification des biens culturels en droit français, Droit du patrimoine culturel immobilier*, Economica, 1986 ; Travaux de l'Ass H. Capitant, *La protection des biens culturels*, t. XI, Economica, 1989. **Définition :** voici celle qu'en donnait Jean Chatelain – ancien directeur des musées de France – (concl. des Journées H. Capitant, préc., p.2) : « *Est bien culturel dans un État donné, à un moment donné, celui qui a été déclaré comme tel par l'autorité qui a reçu compétence pour le faire.* ». *Dr et patr*, dec. 2016, p. 48 et s, *Dossier sur le marché de l'art* ; s'inquiète du déclin de la place de Paris dans le marché de l'art ; plusieurs contributions, notamment M. Cornu, « *La notion juridique d'œuvre et droit sur le marché* », *p. 56* se *demande si « la notion d'œuvre d'art dans le commerce devrait [...] recevoir une définition propre, démarquée de l'œuvre " patrimoniale "* » Mais conclut : « *le marché de l'art met en circulation des objets sensiblement identiques à ceux qui identifie et classe le droit du patrimoine et pour lesquels la jauge de valeur est parfois très proche* ».

101. Huit classifications. – De ces très nombreuses distinctions, le droit n'en retient que huit. Elles n'ont pas toutes la même importance et la place qu'elles occupent dépend de facteurs historiques et de leurs conséquences sociales, politiques et économiques. Les classifications juridiques majeures sont les distinctions entre... meubles et immeubles... biens corporels et incorporels... choses consomptibles et non consomptibles... fongibles et non fongibles... capital et revenus... choses appropriées et non appropriées... choses dans et hors commerce... biens publics et biens privés.

Elles se regroupent parfois. Par exemple, un bien immobilier peut être à la fois un immeuble, un capital, un bien durable et corporel, généralement productif et presque toujours individualisé, conférant souvent un pouvoir (hier plus qu'aujourd'hui), ayant souvent aussi un caractère familial étant alors le plus ancien de tous les biens.

102. Critères physiques et retouches. – Presque toutes ces classifications se fondent sur des données physiques (ex. : mobilité, aptitude à être consommé, perception par les sens), sauf la distinction entre les biens publics et les biens privés, qui est purement juridique : ce n'est plus la nature physique des biens qui l'impose, mais une politique législative.

La loi, le juge et à d'étroites conditions la volonté humaine peuvent retoucher ces données ; par exemple, un meuble peut juridiquement devenir un immeuble en étant un immeuble par destination ou inversement un immeuble peut juridiquement devenir un meuble en étant un meuble par anticipation[3]. Cette relativité connaît une limite, les biens incorporels, qui ne peuvent jamais être corporels car leur existence est purement juridique, et comme les biens publics, elle dépend non de données physiques, mais d'une politique législative.

Cette importance respective des données physiques et leurs retouches sociales et volontaires est l'effet de la définition du bien : une chose que l'homme exploite en la maîtrisant.

103. Droit anglais. – Les classifications des biens prévues par le droit anglais sont différentes de celles du droit français et, pour des Français, difficiles à comprendre. Il en existe deux principales. La première oppose les droits de propriété en droit *(legal)* et en *Equity* ; elle est liée à l'histoire et aux pouvoirs qu'ont eus les *Courts of Chancery*, appliquant l'*Equity* (qui n'est pas l'équité[4] au sens français du terme). La seconde oppose la *real property* (les droits garantis par les actions réelles – pratiquement les droits immobiliers, sauf ceux qui résultent d'un bail) et la *personal property* (les autres droits).

104. Plan. – La classification longtemps la plus importante en France et qui peut-être le demeure est la distinction entre les meubles et les immeubles ; presque aussi anciennes mais secondaires, il en existe d'autres (Titre I). La classification la plus moderne est celle qui distingue les biens corporels et les biens incorporels ; elle est la plus vivante et traduit un des aspects essentiels de la richesse contemporaine, l'esprit créatif de l'homme moderne (Titre II).

Il est difficile de savoir quelle est la plus importante, celle qui distingue les meubles et les immeubles, ou celle qui distingue les biens corporels et les biens incorporels. Celle qui présente le plus de particularisme est sans doute la seconde ; c'est une des raisons pour lesquelles le plan de cet ouvrage ne l'a pas rattachée aux classifications dites secondaires. La tradition et le Code civil font de la première la *summa divisio* : elle est, dans les deux sens du mot (historique et pratique), la première. La monnaie constitue une richesse qui a une nature particulière[5] et échappe à ces classifications.

N°s 105-108. réservés.

3. *Infra*, n°s 134 à 141.
4. *Droit civil illustré*, n° 5.
5. J. CARBONNIER, *op. cit.*, n°s 9 à 37.

TITRE I

MEUBLES ET IMMEUBLES ET DISTINCTIONS SECONDAIRES

Entretenant des analogies avec la distinction économique entre les biens de production et de consommation, la distinction juridique entre les meubles et les immeubles constitue encore aujourd'hui la classification majeure (Chapitre I). Il en existe d'autres qui, bien qu'on les dise secondaires, produisent des conséquences importantes (Chapitre II).

CHAPITRE I

MEUBLES ET IMMEUBLES

109. *Summa divisio* et déclin. – Aux termes de l'article 516 : « *Tous les biens sont meubles ou immeubles.* » Telle est la distinction principale faite par le Code civil entre les biens ; bien que critiquée et en recul, elle demeure la division **majeure** du droit civil des biens.

Dans une première approximation, les meubles[1] sont les choses susceptibles d'être déplacées ; les immeubles celles qui ne le peuvent pas. Le critère est physique. Il paraît singulier que des effets majeurs soient attachés à cette donnée physique, dont on voit mal, *a priori*, pourquoi elle produit de si grandes conséquences politiques, économiques et sociales. En réalité, l'importance de la distinction est à plusieurs égards plus rationnelle qu'il ne paraît, mais l'histoire surtout l'explique ; aussi comprend-on que depuis plus de soixante ans certains intérêts attachés à la classification disparaissent ou diminuent : probablement, le commencement d'un **déclin**.

Après en avoir exposé l'origine et les intérêts (Section I), on pourra comprendre les critères sur lesquels elle repose (Section II).

SECTION I
ORIGINE ET INTÉRÊTS

§ 1. ORIGINE HISTORIQUE

110. Liste close et choses précieuses. – Toutes les classifications des biens obéissent dans l'histoire à une loi à peu près constante, ou plutôt à trois lois. Les différents systèmes juridiques dans tous les temps et dans tous les lieux ont fondé la classification majeure des biens sur la même idée, en utilisant la même méthode, qui a constamment eu le même sort. **1)** Le droit établit toujours, d'une manière ou d'une autre, une distinction entre les choses les plus précieuses les plus durables et les plus productives, d'une part, et les autres, d'autre part. **2)** Il fixe la liste des choses précieuses, de manière limitative. **3)** Avec le temps cette

1. **Étymologie :** du latin *mobilis, is, e* = mobile, lui-même dérivé du verbe *moveo, ere* = mettre en mouvement.

liste se sclérose peu à peu, de par sa minutie même ; après quelque temps, la distinction, à cause de sa précision, ne rend plus compte des réalités économiques, changeantes par nature. On retrouve cette discussion dans le débat très actuel de la liste des droits réels, avec les arrêts de 2012 et 2016 *Maison de Poésie*[2].

On trouve ce triple phénomène en droit romain (I), dans l'Ancien droit (II) et le droit civil contemporain (III)[3].

I. — Droit romain

111. *Res mancipi* et *nec mancipi*. – Le droit romain connaissait la distinction des meubles et des immeubles, mais elle avait une portée très secondaire. La classification essentielle n'était pas là. Elle se trouvait dans celle des *res mancipi* et des *res nec mancipi*, qui aujourd'hui nous paraît bizarre. Les *res mancipi* étaient les choses dont le transfert de propriété s'effectuait *per aes et libram* (l'airain et la balance), ce qui s'appelait la mancipation (un acte symbolique et rituel) ; elles étaient les choses qui, au début de la République romaine, constituaient la richesse majeure ; la liste en était limitativement donnée : fonds de terre italiques, esclaves et bêtes utiles à l'agriculture (chevaux, ânes et mulets). Une fois posée, la liste des *res mancipi* s'était figée et ne s'était pas adaptée aux changements économiques. Par exemple, lorsqu'au milieu de la République, Rome connut les éléphants, ils furent qualifiés de *res nec mancipi*, la seule catégorie ouverte, bien qu'ils fûssent plus précieux que les autres bêtes de somme. Cet exemple permet de comprendre la rigidité et la sclérose à laquelle aboutit la méthode légale de la liste limitative ; pourtant, elle se répète à chacune des périodes historiques, parce qu'elle donne au droit la précision dont il a besoin.

Une situation analogue se retrouve dans l'Ancien droit, plus utile à connaître car c'est lui qui fonde la distinction actuelle entre meubles et immeubles.

II. — Ancien droit

L'origine de la classification des biens faite par l'Ancien droit entre les meubles et les immeubles (B) se trouve dans une distinction encore plus ancienne entre les héritages et les autres biens (A).

A. Héritages et autres biens

112. La terre et les cateux. – Dans le très Ancien droit coutumier comme dans les droits germaniques[4], le bien essentiel, celui qui ne pouvait appartenir qu'aux hommes libres, qui conférait la puissance économique et politique, source de la richesse et de la souveraineté, et traduisant une union presque mystique entre l'homme et la nature, était la terre, au moins lorsqu'elle était productrice. Elle était ce que l'on appelait « *l'héritage* », parce qu'elle était destinée aux descendants et devait être conservée dans les familles.

C'était un bien impérissable, au caractère familial très prononcé et on ne pouvait en disposer qu'à des conditions très strictes (autorisation de l'autorité publique et publicité) ; en outre, il était pratiquement insaisissable. Ce qui caractérisait « *l'héritage* » était donc sa maîtrise familiale.

Tous les autres biens étaient des « *cateux* », qui étaient périssables, dont tout individu, libre ou non, pouvait se rendre physiquement maître et en disposer.

---

2. *Infra*, n° 359

3. Sur l'histoire des classifications, notamment celle des meubles et des immeubles : J.-Ph. Lévy et A. Castaldo, *Histoire du droit civil*, *op. cit.*, nos 209-220.

4. A. Dufour, « Notion et division des choses en droit germanique », *Arch. phil. dr.* 1979, 95 et s., spéc.

B. Meubles et immeubles

113. Données économiques et familiales. – À cette distinction qui traduisait les réalités profondes et complexes des choses s'est imperceptiblement substituée, à partir du XIIIe siècle[5], une classification plus physique et plus simple, entre les meubles et les immeubles. Ce qui caractérise l'immeuble, c'est, comme le mot l'implique, sa fixité. Empruntée à un concept romain de portée mineure, la notion a conservé certains traits de la classification germanique originaire : dans toute sa carrière, la distinction portera le poids de cette double origine, romaine et germanique, génératrice d'ambiguïtés[6].

Le fondement demeure pourtant constant ; l'immeuble est le bien précieux, permanent et productif de revenus ; le meuble a une valeur moindre et est périssable : *res mobilis res vilis* (la valeur des meubles est faible), disait-on[7].

De nombreuses conséquences découlaient de la place particulière faite aux immeubles, dont les deux les plus importantes étaient : d'une part, le principe de la conservation des biens dans les familles, qui produisait des effets dans le régime matrimonial et la dévolution successorale ; d'autre part, le principe selon lequel les meubles répondaient seuls des dettes (« *meubles sont siège de dettes* »). Ces deux principes traduisaient, l'un et l'autre, la même préoccupation : rendre moins facile le pouvoir de disposition qu'un individu pouvait avoir sur les immeubles et, au contraire, élargir la liberté de disposer des meubles, à titre gratuit comme à titre onéreux, notamment dans l'activité commerciale.

114. Critère physique... – L'immeuble paraît être une notion exclusivement physique : le sol et ce qui lui est attaché. Mais la raison d'être de la notion a entraîné d'importantes retouches au critère, pour qu'effectivement ne se trouvent dans la catégorie des immeubles que des biens de grande valeur et qu'ils s'y trouvent tous.

115. ... et retouches. – D'une part, dans les coutumes septentrionales, des biens qui selon le critère physique auraient dû être des immeubles parce qu'ils étaient attachés au sol étaient soumis au régime des meubles en raison de leur médiocre valeur : c'étaient les cateux[8]. D'autre part, des biens, qui, selon le critère physique, auraient dû être des meubles parce qu'ils n'étaient pas attachés au sol, ont été assimilés à des immeubles : les offices et les rentes ; or, physiquement, ce sont des biens incorporels pour lesquels la différence entre la fixité et la mobilité n'a pas de sens : physiquement, ils n'étaient ni immeubles, ni meubles.

Ainsi la distinction des meubles et des immeubles, dans l'Ancien droit, répondait à une idée de valeur, qui s'exprimait au moyen d'un critère physique retouché.

III. — Code civil

Le Code civil a recueilli à ces solutions de l'Ancien droit, mais à peu près seulement. Le fait qu'il ne les ait pas toutes adoptées en a transformé la physionomie.

5. Beaumanoir, *Coutumes de Beauvoisis*, 1283, n° 672 : « *Héritages sont choses qui ne peuvent être mues* » ; n° 671 : « *Meubles sont toutes choses qui peuvent être mutées de lieu en un autre* ». Il ajoute ; n° 678 : « *Héritages valent par année* (c'est-à-dire qu'ils sont productifs) ; *héritage ne peut faillir* (c'est-à-dire qu'il est perpétuel) ». **Biblio. :** J.-Ph. Lévy et A. Castaldo, *op. cit.*

6. A.-M. Patault, *Introduction historique au droit des biens*, PUF, 1989, n° 74 : « *L'habillage artificiel par une technique romaine d'une réalité coutumière irréductible au droit romain* ».

7. La raison d'être du statut particulier des meubles a surtout été, plus qu'une question de valeur, un souci de commerce. À partir du XIVe siècle, les biens mobiliers ont pris une plus-value économique importante. L'Ancien droit n'a pas voulu les soumettre à des règles qui en eûssent entravé la circulation : A.-M. Patault, *op. cit.*, n° 240.

8. Ex. : les bâtiments légers, les jeunes arbres, les clôtures, les semences en terre, les récoltes non coupées. **Étymologie :** de *catalla*, lui-même dérivé de *capitalis, is, e* = le principal d'un bien. Dérivés contemporains : les mots... anglais : *chattels* = meubles corporels... espagnols : *caudal*. Aujourd'hui, le mot français « cheptel » désigne le bétail (cheptel vif) et le matériel agricole (cheptel mort).

116. Conservations et transformations. – **1°**Quatre traits essentiels sont **maintenus** par le Code : **1)** la classification majeure demeure la distinction entre les meubles et les immeubles ; **2)** la distinction des biens continue à dépendre d'un élément physique, la possibilité de déplacement et l'attachement au sol ; **3)** les immeubles sont soumis à un régime juridique tenant compte de leur valeur, rendant moins facile le pouvoir de disposition ; **4)** la liste des immeubles est fermée : tout ce qui n'est pas immeuble est meuble.

2° Il existe cependant une **différence** capitale : le Code civil n'a pas admis toutes les retouches que l'Ancien droit avait apportées au critère naturel. Les cateux disparaissent : désormais tout ce qui est incorporé au sol est immeuble ; à l'inverse, tous les biens incorporels sont meubles parce qu'ils ne sont pas incorporés au sol. Si bien que le régime juridique des immeubles continue à être fondé sur l'idée que seuls ces biens ont une valeur importante, alors que leur définition maintient le critère physique, pourtant dépourvu de lien avec la valeur[9]. Le système est devenu boiteux.

Les nouveaux biens tenant à la protection de l'environnement – les installations éoliennes ou photovoltaïques – sont des immeubles parce qu'ils sont attachés au sol[10].

117. Déséquilibres et critiques. – **1°** Le **déséquilibre** s'est par la suite accusé : pendant les XIXe et XXe siècles et aujourd'hui encore plus, la fortune mobilière s'est considérablement développée ; la propriété incorporelle, c'est-à-dire les richesses nouvelles (propriétés intellectuelles, fonds de commerce, instruments financiers) est longtemps tombée dans le régime des meubles parce que c'était la catégorie ouverte, alors qu'elle constituait souvent des biens productifs de grande valeur (mais beaucoup moins durables qu'un fonds de terre).

2° Aujourd'hui, presque tout le monde[11] **critique** la distinction, lui reprochant essentiellement de dater d'une société agraire, devenue inadaptée à une société industrielle. On aurait pu modifier la définition des immeubles, par exemple en apportant au critère physique des retouches importantes, qui n'auraient pas été les mêmes que celles de l'Ancien droit. Ce ne fut pas la méthode qui a été suivie. La définition est demeurée inchangée, mais les intérêts attachés à la classification ont diminué. Cependant la fortune immobilière continue, et de beaucoup, à être la plus importante : à en croire des chiffres récents, 62,5 % de la fortune des ménages[12] et c'est elle qui a le mieux résisté à la crise financière commencée en 2008.

§ 2. Intérêts

Deux sortes d'intérêts dépendent de la classification, traduisant chacune ces deux aspects. Les uns sont la conséquence de la différence physique qu'il y a entre les meubles et les immeubles : imposés par la nature des choses, ils n'ont guère changé au cours des temps, bien que même ici une évolution apparaisse (I). Les autres découlent de la différence de valeur qui est le postulat sur lequel

9. A.-M. Patault, *op. cit.*, *supra*, n° 113, n° 82 : « *D'un côté les biens territoriaux sur lesquels le propriétaire doit composer avec le groupe, de l'autre tout le reste, soumis à la maîtrise individuelle quasi totale* ».

10. E. Ravanas, « Problématiques immobilières dans les projets éoliens ou photovoltaïques », *JCP* N 2009-1275.

11. Le seul auteur contemporain à défendre la conception du C. civ. est Jean Carbonnier (n°s 17 et 21).

12. **Biblio. :** D. Kessler et A. Masson, « Le patrimoine des Français : faits et controverses », *Données sociales*, 1989. *Cf.* aussi D. Kessler, A. Masson et D. Strauss-Kahn, *Accumulation et répartition des patrimoines*, Economica, 1982, notamment la conclusion d'A. Babeau (p. 582) : « *Les logements paraissent occuper dans de très nombreux pays une place comprise entre 40 et 50 % du patrimoine brut global* ». V. aussi INSEE première, n° 29, juin 1989, *Montant et composition des patrimoines.*

repose la différence entre meubles et immeubles ; c'est là où la classification a le plus vieilli et où le régime juridique des meubles et des immeubles tend à s'unifier, diminuant les intérêts de la distinction (II).

I. — Différence physique

À la différence des meubles, l'immeuble est situé en un lieu ; trois conséquences en découlent, relatives à la publicité légale (A), aux sûretés (B) et à la possession (C).

S'ajoutent les règles qui intéressent la compétence judiciaire (C. pr. civ., art. 44), relevant de la procédure civile, et la loi applicable dépendant du droit international privé.

A. Publicité légale

L'objet d'une publicité relative aux biens est de permettre à un certain nombre de personnes de savoir quels droits réels sont relatifs à un bien déterminé, par exemple qui en est propriétaire. La publicité ne peut, en raison de la nature physique des choses, être organisée de la même manière pour les immeubles (1) et pour les meubles (2).

1) Immeubles

118. Publicité foncière. – L'immeuble occupe une situation géodésique qui permet son individualisation ; il peut être désigné par son emplacement sur des fiches, autrefois des registres. Il est la base de la publicité foncière (D. 4 janv. 1955).

2) Meubles

Au contraire, lorsqu'il s'agit de meubles, la publicité a le plus grand mal à se raccrocher à un lieu déterminé ; il en existe pourtant quelques hypothèses.

119. Meubles corporels. – La règle générale a pour objet les meubles corporels, dont la mobilité rend difficile l'identification par le lieu où ils se trouvent. Aussi est-ce la possession qui est le signe de la propriété, comme l'énonce l'article 2276, al. 1 (anc. 2279, al. 1) : « *En fait de meubles, la possession vaut titre.* »

Cependant, un certain nombre de meubles, importants et mobiles par nature parce qu'ils sont des instruments de transport (navires et aéronefs) comportent un point d'attache administratif autour duquel s'organise une publicité ; on parle de « meubles immatriculés »[13].

120. Meubles incorporels. – Il existe des meubles incorporels auxquels on peut trouver un emplacement dans l'espace, par exemple le fonds de commerce. Il en est d'autres qu'il est, semble-t-il, impossible de situer dans l'espace. Par exemple, où localiser un droit d'auteur ? Le droit est parvenu à des localisations artificielles, par exemple pour le droit d'auteur, le lieu de la première publication.

Ainsi, même pour une question comme la publicité, où la classification semble imposée par la nature des choses, entre les immeubles et les meubles corporels des catégories intermédiaires apparaissent (les meubles immatriculés et les meubles incorporels) : toujours, le droit remodèle la nature. La notion de meubles incorporels est une catégorie hétérogène, réunissant des biens

13. R. Jambu-Merlin, « Le navire, hybride de meuble et d'immeuble », *in Ét. J. Flour*, éd. Defrénois, 1979, p. 305.

de nature différente (créances, propriétés intellectuelles, fonds de commerce) ; leur seul élément commun est d'être immatériels.

B. Sûretés réelles

121. Hypothèque et gage. – L'efficacité d'une sûreté réelle dépend de sa publicité, indispensable pour qu'elle puisse être opposée aux tiers. Il y a là une autre différence entre le régime juridique des immeubles et celui des meubles. Des sûretés réelles peuvent grever un immeuble, sans que la dépossession du débiteur soit nécessaire, ce qui est un grand avantage pour tout le monde. Le modèle de cette sûreté est l'hypothèque (art. 2397) dont la publicité est organisée par l'inscription à la publicité foncière. Rien de tel pour les meubles qui, de par leur nature, ne peuvent être hypothéqués : la publicité de la sûreté ne résulte donc, en principe, que de la dépossession ; cette sûreté est le gage, sauf lorsqu'il s'agit de meubles immatriculés, qui connaissent des gages sans dépossession, précisément parce que la publicité peut être faite au lieu de l'immatriculation ; la loi a aussi organisé des dépossessions fictives qui facilitent les sûretés mobilières.

C. Possession

Certains effets de la possession sont différents selon qu'il s'agit d'immeubles ou de meubles.

122. Action en revendication. – Contre l'usurpateur de son bien, le propriétaire peut exercer une action en revendication[14], afin de se le faire restituer ; il s'agit d'une action réelle, où le demandeur exerce un droit réel, droit à opposabilité absolue. Cependant, lorsque l'usurpateur est possesseur, sa possession peut lui avoir fait acquérir la propriété et donc rendre impossible la revendication, d'une manière très différente selon qu'il s'agit d'immeuble ou de meuble.

1° En matière **immobilière**, la possession ne fait acquérir la propriété – constituant ainsi un obstacle à la revendication – que si elle a été durable (en principe, trente ans), ce que l'on appelle l'usucapion ; par conséquent, celui qui a acquis un immeuble d'une personne qui n'en était pas propriétaire (l'ayant cause de l'usurpateur) ne le devient pas instantanément ; il aurait du examiner les titres de son auteur : *nemo plus juris transferre quam ipse habet* (nul ne peut transférer à autrui plus de droits qu'il n'en a). Ce n'est que si elle est trentenaire que la possession porte atteinte au principe général de la revendication ; le droit civil protège donc assez bien le propriétaire d'immeuble contre les usurpateurs.

2° Rien de tel pour les **meubles corporels**, où généralement la possession fait immédiatement acquérir la propriété (art. 2276, al. 1, anc. 2279, al. 1), ce qui exclut habituellement leur revendication[15]. La protection que le droit civil assure à la propriété est alors faible. Aussi, le droit pénal prend-il le relais ; une incrimination particulière, le vol, a pour objet la « *soustraction frauduleuse* » des meubles (C. pén., art. 311-1) qui n'existe pas en matière immobilière. L'atteinte aux propriétés intellectuelles (qui sont des meubles incorporels) est aujourd'hui sanctionnée par une revendication, dont le dessin n'est pas très ferme[16] ; elle est surtout sanctionnée par une action pénale – l'action en contrefaçon qui ressemble au vol – et des actions civiles – en responsabilité civile et en concurrence déloyale.

14. **Étymologie :** du latin *re* + *vindico, are* = réclamer en justice ; lui-même dérivé de *vis, is* = violence. Le *vindex* (vengeur en justice) révèle au juge la violence faite à son client. Dans le mot de revendication, il y a aussi *res*, impliquant qu'un droit réel est en jeu.

15. *Infra*, n° 576.

16. *Infra*, n°s 227 et 574.

3° Dans les **procédures collectives** (redressement et liquidation judiciaires), il existe aussi une revendication, dont l'objet et la nature sont toutes différentes : il ne s'agit pas d'une action contre l'usurpateur, mais de soustraire certains créanciers et fournisseurs impayés à la règle générale de l'égalité des créanciers (entraînant la diminution ou la disparition de leur créance), puisque l'entreprise débitrice ou fournie n'a plus, par hypothèse, les moyens de payer ce qu'elle doit. Par exemple, celui qui a livré des marchandises à une entreprise mise en redressement ou liquidation judiciaires sans avoir été payé peut, sous certaines conditions, « revendiquer » le bien (C. com., art. L. 624-12), action grâce à laquelle il retrouve ses marchandises ; cette revendication soulève des difficultés particulières lorsqu'il s'agit de choses fongibles[17].

II. — Différences de valeur

123. Intérêts disparus : incapacités et communauté conjugale. – Pendant longtemps, les droits des incapacités et des régimes matrimoniaux différenciaient les meubles et les immeubles à cause de leurs différences de valeur ; ces différences ont disparu.

1° Dans la réglementation que le Code Napoléon donnait aux **incapacités**, l'aliénation des immeubles était soumise à des formalités plus lourdes que celles des meubles ; à cet égard, les lois du 14 décembre 1964 et du 3 janvier 1968 sur les protections des mineurs et des majeurs vulnérables ont prévu un régime identique pour les immeubles et ceux des meubles ayant une valeur importante. **2°** De même pour les **régimes matrimoniaux** ; jusqu'en 1965, la communauté conjugale légale était constituée par les meubles et les acquêts ; dans le Code Napoléon les époux n'avaient donc en propre que les immeubles qu'ils possédaient lors du mariage et ceux qu'ils acquéraient par succession ou donation. Depuis la loi du 13 juillet 1965, chaque époux conserve en propre tous les biens meubles et immeubles qu'il possédait lors du mariage (art. 1405) ; le régime légal est devenu une communauté d'acquêts.

La raison qui explique ces assimilations nouvelles entre meubles et immeubles est qu'il y a maintenant des meubles ayant autant de valeur que des immeubles. Mais la vieille idée selon laquelle les meubles et les immeubles ont une différence de valeur continue à expliquer les règles de la vente et de la saisie.

124. Intérêts maintenus : vente et saisie. – La **vente** d'un immeuble peut être rescindée pour cause de lésion (art. 1674) ; il faut empêcher que l'acheteur d'un immeuble ne l'achète à vil prix en profitant du dénuement du vendeur. La règle ne s'applique pas aux ventes de meubles, afin de ne pas compromettre la sécurité du commerce. De même, la **saisie** immobilière comporte plus de garanties de procédure que les saisies mobilières.

Il n'est pas dit que ces règles survivront à l'avenir sans modifications : il n'est en effet pas rationnel que seule la vente d'un immeuble soit rescindable pour cause de lésion, non la cession d'un fonds de commerce. D'une manière plus générale, on comprend de plus en plus mal que des règles dont le fondement est économique aient un critère de définition purement physique. Sauf cette explication, un peu approximative : que les biens physiquement stables ont généralement une valeur économique également stable.

17. *Infra*, n° 157.

Section II
CRITÈRE DE LA DISTINCTION

Le critère que retient le Code civil pour distinguer les meubles des immeubles est essentiellement physique (§ 1), sauf quelques retouches (§ 2).

125. Rôle de la volonté. – La loi, non la volonté du propriétaire, détermine ce que sont les meubles et les immeubles[18], ce qui n'empêche pas la volonté d'avoir un rôle, déterminé par la loi, dans l'immobilisation par destination et la mobilisation par anticipation[19].

§ 1. Critère physique

Ce qui d'abord caractérise la classification est sa méthode. La loi énumère limitativement les immeubles qui constituent donc une liste close. Le critère physique s'applique facilement aux choses (I), avec plus d'artifice aux droits (II).

I. — Choses

126. La terre et ses attaches. – La définition de l'immeuble est physique. Pour les choses, sont immeubles par nature le sol (art. 518) et tout ce qui s'y attache (bâtiments et végétaux) et y est incorporé[20] (art. 519, 520, 521, 523). Est meuble

18. * Cass. civ. 3e, 26 juin 1991, *épx Pelloux, Bull. civ.* III, n° 197 ; *D.* 1993.93, n. crit. I. Freij-Dalloz ; *JCP* G 1992.II.21825, n. J.-F. Barbiéri ; *RTD civ.* 1992.144, obs. crit. Fr. Zénati : « *La nature, immobilière ou mobilière, d'un bien est définie par la loi et la convention des parties ne peut avoir d'incidence à cet égard* ». En l'espèce, la construction et l'acquisition de vérandas avaient été financées par un crédit soumis à la protection du consommateur relevant du crédit *mobilier*, avec une clause de réserve de propriété ; à la suite de malfaçons, l'acquéreur avait assigné l'établissement financier en annulation du crédit pour non-respect des règles relatives au crédit *immobilier ;* la cour d'appel l'avait débouté, en raison de la clause de réserve de propriété ; « *les vérandas conservent jusqu'au règlement de la dernière mensualité du prêt un caractère mobilier* » ; cassation. La jurisprudence du XIXe siècle était plus souple. Ex. : Req., 14 févr. 1899, *DP* 1899.I.246 : « *Le caractère mobilier ou immobilier des biens se détermine avant tout par le point de vue auquel les ont considérés les parties contractantes, et par la destination qu'elles leur ont attribuée* ». V. M. Mestrot, « Le rôle de la volonté dans la distinction des biens meubles et immeubles », *RRJ* 1995.809.

19. *Infra*, nos 138 et s.

20. Il est parfois difficile de savoir s'il y a immeuble, meuble par nature, ou immeuble par incorporation, ou par destination, ce qui suscite quatre combinaisons. **1°) Immeuble par destination ou meuble par nature ?** * Cass. Ass. plén., 15 avr. 1988, *aff. des fresques catalanes, Bull. civ. Ass. plén.*, n° 4 ; *D.* 1988.325, concl. J. Cabannes, n. appr. J. Maury ; *JCP* G 1988.II.21066, rap. Grégoire, n. crit. J.-F. Barbiéri ; *RTD civ.* 1989.345, obs. Fr. Zénati, cassant Montpellier, 18 déc. 1984, *D.* 1985.208, n. crit. J. Maury : « *Les fresques, immeubles par nature, sont devenues des meubles du fait de leur arrachement* ». En l'espèce, un antiquaire avait acheté bon marché à des paysans les fresques romanes d'une chapelle catalane, les avait détachées du mur et vendues, pour un prix très élevé, à deux musées suisses. Les vendeurs initiaux ont alors exercé une action en revendication devant le tribunal de grande instance de Perpignan ; les défendeurs ont soutenu que la chose vendue étant un meuble, les juridictions suisses (celles des domiciles des défendeurs) étaient seules compétentes. L'arrêt de la cour de Montpellier qui avait décidé qu'il s'agissait d'immeubles par destination et que les juridictions françaises étaient donc compétentes a été cassé. **2°) Immeuble par nature ou immeuble par destination ?** CE, 24 févr. 1999, *aff. des bas reliefs du château de la Roche-Guyon, JCP* G 1999.I.175, n° 1, obs. crit. H. Périnet-Marquet ; 2000.II.10232, n. crit. P. Deumier ; afin d'appliquer la L. 31 décembre 1913 sur le classement d'un monument historique, jugé qu'étaient des immeubles par nature et non par destination des bas-reliefs réalisés au XVIIIe siècle afin d'être placés dans le grand salon du château. **3°) Immeuble par incorporation ou immeuble par destination ?** Cass. civ., 4 mai 1926, *DP* 1927.I.125 : « *L'incorporation* (d'un orgue à l'église), *jointe à son affectation à l'exercice du culte, lui a imprimé le caractère d'immeuble par destination* ». **4°) Immeuble par incorporation ou meuble**

par nature tout objet pouvant se déplacer ou être déplacé (art. 528 ; ex. : animaux, meubles meublants, courant électrique ou matériaux détachés d'un immeuble[21]).

II. — Droits

Ce qui caractérise la nature juridique d'un droit tient à la nature physique de son objet. Ce qui va tout seul lorsqu'il s'agit d'un droit réel (A), mais d'une application plus difficile lorsqu'il s'agit d'un droit personnel (B) et aboutit à l'artifice pour les propriétés incorporelles (C).

A. Droit réel

127. La nature de la chose. – Tout droit réel a la nature juridique de la chose sur laquelle il porte. Ainsi le droit de propriété est mobilier ou immobilier selon que la chose qu'il a pour objet est mobilière ou immobilière. Pour les autres droits réels, il faut distinguer ; il existe des droits toujours immobiliers, parce qu'ils ne peuvent porter que sur des immeubles : les servitudes, les hypothèques et les droits d'usage et d'habitation. À l'inverse, il existe des droits réels toujours mobiliers, par exemple le gage, qui ne peut porter que sur des meubles.

B. Droit personnel

Dire que la nature du droit personnel dépend de celle de la chose sur laquelle il porte serait irréaliste ; par définition, un droit personnel ne porte pas sur une chose mais existe contre une personne. Pour que cette méthode soit réaliste, il faut distinguer suivant l'objet de l'obligation, selon qu'il s'agit d'une obligation de faire ou de ne pas faire, ou d'une obligation de donner.

128. Obligation de faire ou ne pas faire. – Les obligations de faire ou de ne pas faire ne sont jamais immobilières, même si elles ont été contractées à propos d'un immeuble ; par exemple, l'obligation d'un architecte, celle d'un entrepreneur de bâtiments ou d'un bailleur d'immeuble sont toujours mobilières, bien qu'elles soient toutes relatives à un immeuble.

129. Obligation de donner. – L'obligation de donner a pour objet le transfert de la propriété. À la différence de l'obligation de faire, elle peut avoir une nature immobilière : il lui suffit d'être relative à un immeuble.

Ce qui arrive rarement, car dans notre droit, lorsqu'il s'agit d'un corps certain, le contrat est immédiatement translatif de la propriété (art. 1196, anc. 1138 et 1583) : l'obligation de donner est donc exécutée (et par conséquent éteinte) au moment même de sa naissance. Peu importe que la chose ne soit pas remise à l'acquéreur, car l'obligation de livrer est une obligation de faire, ce qui ramène au problème précédent.

---

par nature ? Cass. com., 12 févr. 1991, *Bull. civ.* IV, n° 69 : « *Une fixation de la rotative au sol par tout un ensemble de boulonnerie, et bien que cet ensemble ait été consolidé par un matériau dur noyant par endroits les infrastructures de la machine et tendant à l'unir étroitement avec le sol, n'était pas suffisante pour en déduire qu'il y avait eu incorporation* » ; jugé que la réserve de propriété au profit du vendeur devait produire son effet puisqu'elle n'est valable que si elle a un meuble par objet et qu'en l'espèce ce bien était un meuble.

21. Ex. : art. 520, al. 1 : « *Les récoltes pendantes par les racines, et les fruits des arbres non encore recueillis, sont pareillement immeubles.* » Art. 521 : « *Les coupes ordinaires des bois taillis ou de futaies mises en coupes réglées ne deviennent meubles qu'au fur et à mesure que les arbres sont abattus.* »

Quand peut-on parler d'obligation de donner immobilière ? Il faut d'abord, bien entendu, qu'il y ait eu un contrat translatif de propriété, qui seul fait naître une obligation de donner ; il faut en outre que le contrat n'entraîne pas un transfert automatique de la propriété (sinon, l'obligation s'exécuterait par sa naissance même), parce que le contrat était relatif à une chose de genre immobilière ; les immeubles choses de genre, il n'y en a pas beaucoup... Il faut imaginer que l'acquéreur ait, par l'effet du contrat, le droit de prendre une certaine quantité d'immeuble (par exemple 1 000 m^2 de terre) dans un espace plus vaste (par exemple un lot de 10 ha) et que les différents mètres carrés soient fongibles[22], sinon la chose aliénée serait indéterminée (ce que serait la vente d'un appartement de 200 m^2 à prendre dans un immeuble en construction, sans que l'appartement ait été désigné par son emplacement : la vente serait nulle).

C. Propriétés incorporelles

Traditionnellement, on estimait que toutes les propriétés incorporelles étaient mobilières, parce qu'aucune n'était attachée au sol ; ainsi en est-il des créances de sommes d'argent, des fonds de commerce et de toutes les propriétés intellectuelles (droits d'auteur, marques de fabrique, brevets d'invention, savoir-faire, etc.). Mais il est aujourd'hui admis que les droits sur les volumes sont immobiliers malgré leur caractère incorporel[23].

130. Droits sociaux. – Ainsi en est-il surtout de toutes les actions de sociétés et parts d'intérêts. En énonçant que les droits d'associé ont un caractère mobilier, l'article 529 implique que la société a la personnalité morale. L'associé a en effet un double droit de créance contre la personne morale (la société) : pendant la durée de la société, il a droit à une fraction des bénéfices sociaux et à participer à la gestion ; lors de la dissolution, il a droit à une fraction de l'actif social ; ce double droit de créance est de nature mobilière. Il en est de même si tout l'actif social est immobilier, ce qui est le cas des sociétés immobilières, car l'associé n'a pas de droits portant directement sur l'actif social, mais seulement un droit contre la société. La solution est depuis longtemps acquise en jurisprudence.

Quelques auteurs et plusieurs notaires estiment aujourd'hui que dans les sociétés immobilières, la nature mobilière des droits sociaux est parfois « rattrapée » par la nature immobilière des actifs détenus[24].

131. Sociétés d'attribution et transparences. – La règle a été étendue, non sans mal, aux sociétés civiles immobilières d'attribution[25], où le droit de jouissance et la vocation à l'attribution de l'associé portent sur un élément individualisé de l'immeuble mis en société, par exemple, un appartement déterminé.

Certains auteurs avaient trouvé fictif l'écran qu'établit la société entre l'associé et l'appartement ; ils estimaient que dans ces sociétés, la part de l'associé aurait dû avoir une nature immobilière : ce que l'on avait appelé la théorie de la transparence. Elle a été accueillie par le droit fiscal qui soumet à des droits de mutation identiques la vente d'un appartement et la cession de parts sociales représentatives d'un appartement (CGI, art. 728). Mais la Cour de cassation s'est refusée à la transparence civile et a estimé qu'il était impossible de faire abstraction de la

22. Ex. : Cass. civ. 3e, 17 juill. 1968, *Bull. civ.* III, n° 354 ; *Gaz. Pal.* 1968.II.291 ; *RTD civ.* 1969.137, obs. G. Cornu : « *L'accord créant à la charge de la société venderesse l'obligation de délivrer* (à l'acheteur) *une superficie déterminée de terrain dans un domaine déterminé, c'est à bon droit que la cour d'appel a considéré que l'objet de la vente était lui-même déterminé.* »

23. *Infra*, n° 905.

24. A. Couret, « La frontière entre meubles et immeubles à l'épreuve des sociétés immobilières », *Defrénois* 2009.265.

25. Originairement régies par la loi du 28 juin 1938, elles sont maintenant gouvernées par le titre II de la loi du 16 juillet 1971 (CCH, art. L. 212-1 et s.). **Biblio. :** Ph. Malinvaud, « La distinction des meubles et des immeubles à l'épreuve des sociétés d'attribution », *in Ét. R. Houin*, Dalloz, 1985, p. 201 et s.

personnalité morale de la société : par conséquent, en droit civil, ces parts ne sont pas soumises au régime juridique des immeubles[26]. Cette solution présentait deux inconvénients. D'une part, elle était artificielle ; on a du mal à faire comprendre aux non-juristes que si leur appartement fait partie d'une copropriété, leur droit est immobilier[27], alors que s'il appartient à une société civile immobilière d'attribution dont ils sont associés, leur droit est mobilier. D'autre part, elle est parfois injuste ; ainsi, la cession de parts est-elle considérée comme une cession de créance et ne fait donc pas naître la garantie des vices rédhibitoires (art. 1649) ; la solution était tellement spoliatrice des intérêts de l'acheteur qu'elle a été écartée par le législateur, lorsque le cédant était un promoteur (art. 1831-1, al. 1, *in fine,* L. 16 juill. 1971).

132. Valeurs mobilières et instruments financiers. – **1°)** Les **valeurs mobilières** – actions et obligations émises par une société par actions – sont aujourd'hui « *dématérialisées* », c'est-à-dire qu'elles n'ont plus le support matériel qu'avaient naguère (avant la loi du 30 déc. 1981, art. 94-II, auj., C. mon. fin., art. L. 211-4) les actions au porteur, incorporées dans une feuille de papier qui étaient transférées par la remise du titre. Elles sont devenues des meubles incorporels, inscrites au compte de la société émettrice ou d'un organisme intermédiaire (p. ex. une sté Sicav). Elles peuvent être nominatives ; l'inscription du nom de l'actionnaire sur les registres de la société vaut alors présomption de propriété[28]. **2°)** Depuis la loi du 2 juillet 1994 (dite *de modernisation financière,* art. L. 212-2, al. 1), ces valeurs font partie de la notion plus vaste d'« **instruments financiers** », d'origine communautaire, énumérés par ce texte, dématérialisés et constitués par une inscription en compte.

§ 2. Retouches au critère physique

133. Destination. – La loi retouche le critère physique en raison de la destination d'un bien pour cause d'utilité économique.

La destination d'un bien a parfois pour conséquences que le droit lui confère une nature juridique différente de sa nature physique[29]. Ou bien, elle est celle qui est envisagée dans l'avenir : un immeuble appelé à devenir meuble ; on anticipe sur le futur, au moyen des meubles par anticipation (on ne parle jamais d'immeuble par anticipation) (I). Ou bien, elle est celle de l'utilisation actuelle ; parce qu'un meuble est l'accessoire d'un immeuble, il est soumis à son régime ; ce que l'on appelle un immeuble par destination (on ne parle jamais de meubles par destination, parce qu'un immeuble est toujours le principal)[30] (II). Ou bien, la destination provient d'un remplacement ; lorsqu'un meuble remplace un immeuble, il peut avoir, à certains égards, la même affectation juridique que l'immeuble ancien, par subrogation réelle ; le meuble a, non une nature d'immeuble, mais est, en partie, soumis à son régime (III).

I. — Meubles par anticipation

134. Destination future. – Les meubles par anticipation sont des biens qui, par leur nature physique, sont des immeubles, mais qui, à certains égards, sont soumis

26. Ex. : Cass. civ. 3e, 9 avr. 1970, *Bull. civ.* III, n° 234 ; *JCP* G 1971.II.16925, n. Petot-Fontaine : « *Pour reconnaître au droit ainsi cédé un caractère mobilier, la cour d'appel relève justement qu'il s'agit des parts d'un associé dans une société civile qui n'est pas dissoute* ».

27. Ex. : Cass. civ. 3e, 15 nov. 1989, *Bull. civ.* III, n° 213 ; *JCP* G 1989.IV.13.

28. Cass. com., 10 juin 1997, *Bull. civ.* IV, n° 186 ; *D.* 1999.89, n. H. Causse : « *L'inscription des actions litigieuses au nom de M. Lepage sur le registre des transferts de la société constituait au bénéfice du titulaire une présomption de propriété* ».

29. *Infra*, pour l'usufruit, n° 813, et pour les servitudes, n° 1159.

30. Ex. : un fonds de commerce (universalité qui est toujours un meuble) ne peut comprendre la propriété d'un immeuble.

au régime juridique des meubles parce qu'ils sont destinés à le devenir dans un avenir prochain[31]. Par exemple, des moissons sur pied, des coupes de bois avant abattage, des produits d'une carrière qui n'ont pas encore été extraits, des matériaux à provenir de la démolition d'une maison : une destination future. La nature physique du bien se transforme : d'immeuble, il va devenir meuble. La loi ou la volonté individuelle peuvent anticiper cet événement en donnant, par avance, à ce bien la nature juridique de meuble.

Dans l'Ancien droit, selon quelques coutumes septentrionales, les récoltes parvenues à un certain degré de maturité étaient des cateux (les cateux verts, par opposition aux cateux secs). Au contraire, le Code civil paraît exclure que des immeubles par nature puissent par anticipation être traités comme des meubles. Par exemple, l'article 521 dispose que « *les coupes ordinaires des bois taillis ou de futaies mises en coupes réglées ne deviennent meubles qu'au fur et à mesure que les arbres sont abattus* » (*cf.* aussi l'art. 520, al. 2 : les grains et les fruits ne sont meubles que lorsqu'ils sont coupés ou détachés). Malgré cette exclusion légale, l'institution a survécu dans la jurisprudence, systématisée par la doctrine.

À partir de quelques textes épars du Code civil et du Code de procédure civile et d'une jurisprudence décousue, la doctrine a construit une théorie de la mobilisation par anticipation. Peuvent avoir un caractère mobilier la vente et la saisie ayant pour objet des fractions d'un immeuble destinées à s'en détacher prochainement. La difficulté majeure est l'opposabilité aux tiers qui n'est généralement admise que lorsque la mobilisation est apparente : à l'égard des tiers, la mobilisation par anticipation non apparente est dépourvue d'effets.

A. Vente

On donnera deux exemples des conflits qui opposent l'acquéreur de meubles par anticipation à un tiers : l'achat d'arbres à abattre et la concession d'une carrière.

135. Achat d'arbres à abattre. – La vente d'une coupe d'arbres non abattus est mobilière[32] : c'est en quoi l'arbre est un meuble par anticipation. L'acquéreur peut entrer en conflits avec un tiers qui a acquis un droit sur la forêt (c'est-à-dire l'immeuble qui la porte), par exemple, un créancier hypothécaire ou un acquéreur de l'immeuble. Qui doit l'emporter ? Celui qui a un droit sur le meuble ou celui qui a un droit sur l'immeuble ? Si cette coupe a pour objet la totalité des arbres (une coupe blanche, dans le langage forestier), sa vente n'est opposable aux tiers que si l'acquéreur a pris possession des arbres abattus avant que le tiers n'ait publié son titre[33] ; à cet égard, une possession fictive (par exemple, le martelage des arbres) ne suffirait pas[34] : l'abattage est nécessaire pour qu'il y ait possession.

Ainsi, lorsqu'une hypothèque a pour objet une forêt ou un terrain boisé, les droits du créancier hypothécaire s'étendent aux arbres, même s'ils avaient été vendus à un tiers avant leur coupe ; ses droits ne cessent que lorsque les arbres ont été abattus et livrés à l'acquéreur.

---

31. **Biblio. :** M. Fréjaville, *Des meubles par anticipation*, th. Paris, 1927 ; *Droit civil illustré*, n° 106.

32. Ex. : Req., 14 févr. 1899, cité *supra*, n° 125.

33. Agen, 9 déc. 1992, *JCP* G 1993.IV.1772.

34. * Cass. civ., 2 juin 1934, *Veuve Anduze*, *DP* 1935.I.65, n. M. Fréjaville ; *S.* 1934.I.270 : « *Si un propriétaire peut, nonobstant l'hypothèque, et jusqu'à la transcription de la saisie, vendre, même sur pied, des arbres de haute futaie à couper à intervalles réguliers, zone par zone, selon un aménagement qui assure la conservation, par renouvellement incessant, de la forêt hypothéquée, le créancier hypothécaire est fondé à s'opposer à l'exécution du contrat par lequel ledit propriétaire conférerait à l'acheteur le droit d'abattre, en une fois, ou en des conditions de temps non réglées, soit la totalité des arbres de la forêt, soit une quantité d'arbres telle que l'opération, non assimilable à une récolte de fruits, aurait pour conséquence forcée la diminution de la valeur de l'immeuble hypothéqué ; en ce dernier cas, le droit du créancier hypothécaire ne pourrait être paralysé que par le jeu de l'article 2279* (aujourd'hui 2276), *si l'acheteur était déjà entré de bonne foi en possession des arbres coupés* ».

136. Concession de carrière. – Conférer à un tiers le droit d'exploiter une carrière (sables ou pierres) ou une mine constitue certainement une vente, non un bail, parce que le droit du concessionnaire épuise progressivement la chose. Est-elle une vente immobilière ou mobilière ? La question est moins claire ; elle donne lieu à une jurisprudence constante que la doctrine, en général, continue à critiquer[35]. Les arrêts distinguent entre les parties et les tiers ; les auteurs ont du mal à admettre qu'un acte puisse avoir une double nature, sorte de chauve-souris, tantôt oiseau, tantôt souris.

Entre les parties, la vente est mobilière[36], notamment en droit[37], ce qui est appliquer la théorie des meubles par anticipation. **À l'égard des tiers**, elle est immobilière et ne leur est opposable que si a été accomplie la publicité foncière[38], ce qui est soumettre ce bien au régime juridique dépendant de sa nature actuelle sans en considérer l'anticipation. De même, comme pour les arbres à abattre, la carrière concédée n'est pas, envers les tiers, un meuble par anticipation, alors qu'elle l'est entre les parties.

B. Saisie

137. Saisie des récoltes sur pied. – Voici qu'un créancier veut saisir des récoltes mûres qui ne sont pas encore moissonnées ; dans sa rédaction initiale, le Code de procédure civile n'avait pas soumis cette saisie au lourd régime des saisies immobilières ; il avait organisé une saisie spéciale, la saisie-brandon, qui avait les caractères d'une saisie mobilière ; la loi du 9 juillet 1991 sur les procédures d'exécution a conservé (art. 134 et s.) cette saisie des récoltes sur pied, en lui retirant son appellation imagée mais archaïque.

II. — Immeubles par destination

Les immeubles par destination sont des biens qui, physiquement, sont des meubles, mais que le droit considère fictivement comme des immeubles parce qu'ils sont l'accessoire d'un fonds et qu'il est opportun de maintenir ce lien entre le fonds et ses accessoires (art. 524)[39]. L'immobilisation par destination est un des procédés qui permettent de conserver sa cohérence à un ensemble de biens[40].

138. Pigeons, lapins, ruches et quotas. – Par exemple, s'agissant d'une exploitation rurale, hypothèse à laquelle a surtout songé le Code civil, apparaissent ses

35. Ex. : M. Picard, *in* Planiol et Ripert, t. III, n° 105.

36. * Cass. civ. 3e, 30 mai 1969, *cons. Reignoux*, *Bull. civ.* III, n° 437 ; *D.* 1969.561 ; *JCP* G 1970.II.16173, n. G. Hubrecht ; *RTD civ.* 1970.188, obs. G. Cornu : « *L'arrêt* (attaqué) *n'a pas tiré les conséquences juridiques que comportait le contrat litigieux, qui constituait une vente de matériaux à extraire, envisagés dans leur état futur de meubles, comme meubles par anticipation, et ce moyennant une redevance calculée d'après la quantité de produits extraits* » ; cassation. Cass. civ. 1re, 12 janv. 1954, *JCP* G 1954.II.8026, n. E. Becqué, rédigé presque à l'identique, précise que cette qualification vaut « *à l'égard des parties* ».

37. Ex. : Cass. com., 4 févr. 1963, *Bull. civ.* III, n° 81.

38. Cass. civ., 28 nov. 1949, *D.* 1950.38 ; *RTD civ.* 1950.203, obs. H. Solus : « *Une telle mobilisation, anticipée et fictive, ne saurait prévaloir, à l'égard des tiers, contre la nature réelle, immobilière de la cession, laquelle comporte une aliénation partielle du sol, désormais diminué dans sa masse, et dépouillé irrévocablement de ce qui lui donnait tout ou partie de sa valeur ; en décidant qu'une telle cession d'un droit, immobilier à l'égard des tiers, ne pouvait, faute de transcription, être opposée à l'acquéreur postérieur du fonds ayant régulièrement transcrit son titre d'acquisition, l'arrêt attaqué, loin d'avoir violé les dispositions de la loi du 23 mars 1855 et les autres textes visés au moyen, en a fait, au contraire, une exacte application* ». Rejet du pourvoi.

39. **Biblio. :** P. Gulphe, *L'immobilisation par destination*, th. Paris, 1943 ; S. Guinchard, *L'affectation des biens en droit privé français*, th. Lyon, LGDJ, 1976, préf. R. Nerson, nos 77 et s., 332 et s. ; G. Goubeaux, *La règle de l'accessoire en droit privé*, th. Nancy, LGDJ, 1969, préf. D. Tallon.

40. *Cf.* la justification qu'en donne une historienne (bien que le bétail et les instruments aratoires ne fûssent pas dans l'Ancien droit des immeubles par destination) : A. M. Patault, *op. cit.*, *supra*, n° 113, n° 83 : « *Pourtant l'idée est familière aux juristes coutumiers d'associer la terre et ceux qui la mettent en valeur. Au Moyen Âge, on donne couramment la terre avec les hommes qui y travaillent.* »

accessoires, régis par les dispositions les plus poétiques du Code[41] « *les pigeons des colombiers, les lapins des garennes, les ruches à miel, les poissons des eaux...* », etc., c'est-à-dire « *les animaux attachés à la culture* » ; il y a aussi « *les pressoirs, chaudières, alambics, cuves et tonnes* [...], *les pailles et engrais* », etc. (art. 524). Tous ces accessoires de l'exploitation sont des immeubles par destination, c'est-à-dire qu'ils ont, sauf volonté contraire du propriétaire, le même destin que l'immeuble. La règle s'explique aisément : il est opportun que le cheptel, vif ou mort, suive le sort du fonds agricole auquel il est affecté, parce que ces deux biens constituent un ensemble dont l'élément accessoire doit suivre le principal : *accessorium sequitur principale*. Or, quelles que soient leurs valeurs respectives, c'est, en droit, toujours le meuble qui est l'accessoire de l'immeuble, jamais l'inverse. On va, fictivement, considérer que le cheptel est un immeuble, afin qu'il suive le reste du fonds.

Des situations identiques se trouvent dans d'autres formes d'exploitations : commerciale[42] ; par exemple, il est opportun que le matériel d'exploitation (literie) suive le sort du fonds (si le bâtiment s'aménage en hôtel) ; ou industrielle[43] ; ou dans un ensemble civil[44]. Sont également des immeubles par destination les nouveaux droits créés par la législation moderne, les droits à des quotas (par ex. betteraviers) qu'accorde l'administration afin de rationaliser la production agricole[45].

139. Perpétuelle demeure. – Est aussi immeuble par destination le meuble attaché « *à perpétuelle demeure* » (art. 525, al. 1), c'est-à-dire « *quand un bâtiment n'est pas complet sans le meuble considéré* »[46], par exemple des statues « *lorsqu'elles sont placées dans une niche pratiquée exprès pour les recevoir* » (art. 525, al. 4), ce qui n'est pas le cas d'un meuble placé dans un bâtiment d'une manière temporaire.

140. Conditions. – L'immobilisation par destination suppose que soient réunies deux conditions : **1°)** L'immeuble et le meuble doivent appartenir au même

41. *Supra*, n° 36. *Droit civil illustré*, n° 105. La jurisprudence sur l'immeuble par destination en matière rurale révèle la diversité (hier plus qu'aujourd'hui) de l'agriculture française. Ex. : semences de blé ; oignons à fleur ; tubercules de toutes sortes ; terre de bruyère ; perches et échelles à houblon ; barriques et tonneaux ; outils... d'un verger... d'un jardin... d'un potager... d'un parc ; vers à soie et feuilles de mûrier ; tracteurs, batteuses, moissonneuses, etc. Tout cela peut être immeuble par destination.

42. Les exemples jurisprudentiels d'immobilisation par destination commerciale sont moins colorés que ceux du monde rural : matériel... de brasserie (siphons d'eau gazeuse, tables, chaises, vaisselle, casseroles)... d'hôtellerie (literie, meubles meublants)... de plagiste (bateaux, parasols, pliants)... de clinique (instruments d'opération)... décors de théâtre... sacs d'une cimenterie... emballages... créances de réservation (hôtel) : Cass. com. 10 mars 2009, n° 08-14.180 ; *Bull. civ.* I, n° 47 ; *Dr. et patr.*, juin 2009.81, obs. J.-B. Seube ; v. aussi Cass. civ. 3e, 28 avr. 1993, *Bull. civ.* III, n° 56 ; *JCP* G 1993.II.22103 ; jugé qu'une maison mobile n'est pas « *un ouvrage immobilier au sens de l'article 1792* » ; elle pourrait cependant être un immeuble par destination ou par accessoire.

43. Qu'évoquent succinctement « *les ustensiles nécessaires à l'exploitation des forges, papeteries et autres usines* ». Le Code civil de 1804 était à la veille de la révolution industrielle, comme l'ont été les jolis contes de la comtesse de Ségur (surtout son dernier ouvrage, *La fortune de Gaspard*, 1866). *Cf.* M. Soriano, *La comtesse de Ségur*, 1972.

44. Ex. Bibliothèque conçue pour meubler la pièce d'un château. Ex. : Cass. civ. 1re, 5 mars 1991, *Bull. civ.* I, n° 81 ; *D.* 1991, som., 304, obs. A. Robert ; *Defrénois* 1991, art. 35062, n° 48, obs. H. Souleau.

45. Ex. : Cass. civ. 3e, 17 avr. 1996, *Bull. civ.* III, n° 105 ; *D.* 1997.318. n. E. Agostini : la cour d'appel avait décidé « *que les droits de plantation et de replantation après arrachage doivent être considérés comme ayant un caractère mobilier appartenant à l'exploitant en considération de la personne duquel ils avaient été accordés, qu'il soit propriétaire ou fermier* » (c'est-à-dire qu'ils auraient été accordés *intuitu personae*). Cassation : ces droits « *sont attachés à l'exploitation viticole* ». Dans sa note, M. Agostini y voit des immeubles par destination. Jean Carbonnier y voyait « *un immeuble par l'objet auquel il s'applique* » (n° 58, p 105) ajoutant que le dernier mot n'avait pas encore été dit.

46. Aubry et Rau, t. II, 6e éd., par P. Esmein, n° 21.

propriétaire[47] ; sinon, l'immobilisation n'aurait aucun sens ; les créanciers du propriétaire d'un immeuble n'ont évidemment pas le droit de saisir un meuble qui n'appartient pas à leur débiteur. **2°)** Le meuble doit être affecté au service de l'immeuble[48] : il doit être indispensable (non seulement utile) à l'exploitation[49].

L'immobilisation cesse lorsque disparaît l'affectation du meuble au service de l'immeuble, ce qui impose un acte (matériel ou juridique) de séparation[50]. Le fait que le meuble doive être affecté au service d'un immeuble explique que l'immobilisation par destination ne joue que rarement lorsque le meuble est utilisé en vue d'une activité commerciale. Le plus souvent, l'immeuble est susceptible d'être utilisé pour n'importe quelle activité commerciale, de sorte que le meuble n'est pas indispensable à l'exploitation de cet immeuble. Aussi, la jurisprudence a-t-elle longtemps refusé de faire jouer l'immobilisation par destination en matière commerciale[51]. Elle comprend aujourd'hui plus largement l'immobilisation par destination dans un fonds de commerce lorsque l'aménagement de l'immeuble ne permet pas – ou au prix d'une dépense trop importante – un autre type d'exploitation[52].

47. Ex. : Cass. civ. 3e, 5 mars 1980, *Bull. civ.* III, n° 51 ; *D.* 1980, IR, 477, obs. A. Robert : « *Vu l'article 524 ; il résulte de ce texte que seul peut conférer à des objets mobiliers le caractère d'immeubles par destination celui qui est propriétaire à la fois des objets mobiliers et de l'immeuble au service duquel il les a placés* ». En l'espèce, un créancier hypothécaire n'a pu exercer son droit de préférence sur le matériel commercial garnissant l'immeuble grevé d'hypothèques, parce que ce matériel avait été loué (et non vendu) au débiteur hypothécaire, propriétaire de l'immeuble hypothéqué : le débiteur n'en était pas propriétaire.

48. Il faut que le propriétaire ait eu l'intention de faire cette immobilisation : Cass. civ. 3e, 3 juin 1958, *Bull. civ.* III, n° 283. Mais, à elle seule, l'intention ne serait pas suffisante. Ex. : Cass. civ., 27 juin 1944, *DC,* 1944.93, n. A. C. ; *JCP* G 1945.II.2782, n. Toujas ; *RTD civ.* 1945.127, obs. H. Solus : « *la qualité d'immeuble par destination dépend de conditions fixées par la loi et la seule volonté du propriétaire, impuissante à créer arbitrairement des immeubles par destination, ne saurait non plus suffire à leur faire perdre cette qualité s'il n'y a pas eu soit séparation effective entre l'immeuble par nature et l'immeuble par destination, soit aliénation de l'un ou de l'autre* » ; sur le rôle de la volonté dans la classification des biens, *supra,* n° 125.

49. * Req., 19 oct. 1938, *Tiersonnier, l'affaire des 20 vaches, DH* 1938.613 ; *S.* 1938.I.334 ; *Gaz. Pal.* 1938.II.857 : « *On ne peut étendre les dispositions de l'article 524 à d'autres animaux que ceux qui ont été placés par le propriétaire sur son fonds à titre d'accessoires nécessaires à l'exploitation de ce fonds ; la cour d'appel ayant constaté souverainement en fait que le cheptel placé par Tiersonnier sur son domaine se composait de quatre-vingts bêtes à cornes, que sur ce nombre soixante suffisaient à la culture ou à l'élevage et que le surplus composé de vingt vaches avec leurs veaux n'étaient pas indispensables à l'exploitation agricole, en a déduit, à bon droit, que ces vingt animaux avec leurs produits ne constituaient pas un immeuble par destination et avaient fait valablement l'objet d'une saisie-exécution* ». En l'espèce, l'intérêt de la question tenait à ce que la saisie-exécution (aujourd'hui, la saisie-vente) ne pouvait porter que sur des meubles ; elle avait porté sur 20 des 80 vaches du débiteur, qui a vainement prétendu que tout son troupeau étant un immeuble par destination aurait dû échapper à cette saisie mobilière. La différence entre ce qui est indispensable et simplement utile à une exploitation est parfois subtile : Ex. : des tonneaux sont nécessaires à une brasserie et sont donc des immeubles par destination : Cass. civ., 24 janv. 1912, *DP* 1913.I.337, n. F. P. ; non le stock de cognac pour une exploitation vinicole : Cass. civ. 1re, 10 déc. 1976, *Bull. civ.* I, n° 382 ; *JCP* G 1977.II.18735, concl. Gulphe ; *RTD civ.* 1978.158, obs. Cl. Giverdon. Le stock est destiné à être vendu ; il est donc plus utile au fonds de commerce qu'à l'immeuble.

50. Cass. civ. 1re, 7 avr. 1998, *Bull. civ.* I, n° 143 ; *JCP* G 1998.I.171, n° 1, obs. H. Périnet-Marquet : « *La seule volonté du propriétaire ne pouvait faire perdre aux machines en cause leur qualité d'immeubles par destination, laquelle, en l'absence d'enlèvement effectivement réalisé, ne disparaissait qu'après la vente* ».

51. Ex. pour un hôtel : Cass. civ., 9 nov. 1885, *DP* 1886.I.125 : « *Le caractère d'immeubles par destination ne peut être attribué aux meubles garnissant une hôtellerie annexée à un établissement thermal, ces meubles ne constituant pas un "accessoire nécessaire de l'établissement thermal "* ».

52. Ex. : pour un hôtel : Cass. civ. 3e, 29 oct. 1984, *Bull. civ.* III, n° 177 ; *Defrénois* 1985, art. 33543, n° 50, obs. H. Souleau ; *RTD civ.* 1985.739, obs. Cl. Giverdon et D. Salvage-Gerest : « *L'immobilisation s'étend aux meubles affectés à une exploitation commerciale lorsque les objets ont été placés dans l'immeuble par le propriétaire pour le service de son fonds* ».

141. Effets : un ensemble fictif. – Cette immobilisation produit ses effets dans trois actes juridiques, constituant trois actes de disposition, pour en déterminer la portée : l'hypothèque, la saisie et la vente. **1°)** L'**hypothèque** s'étend de plein droit aux immeubles par destination (art. 2397)[53]. **2°)** En cas de **saisie** de l'immeuble, le créancier saisissant peut saisir les immeubles par destination (L. 9 juill. 1991, art. 14). **3°)** En cas de **vente**, de donation, de legs ou d'attribution par partage d'un immeuble, si l'acte ne comporte pas de précision il englobe les immeubles par destination (arg., art. 1615).

Cette immobilisation est fictive : elle n'empêche pas que de sa vraie nature (physique et juridique) le bien soit un meuble. Ainsi, la soustraction frauduleuse d'un immeuble par destination constitue un vol, bien que le vol ne puisse avoir pour objet un immeuble[54]. De même, le propriétaire peut mettre fin à l'immobilisation en séparant les biens (séparation matérielle ou aliénation à des acquéreurs différents)[55]. Surtout, les droits dont le meuble a pu être grevé ne sont pas tous anéantis par l'immobilisation. Par exemple, si l'acquéreur de l'immeuble par destination n'en paye pas le prix, le vendeur a un privilège qui s'exerce par voie de saisie mobilière, malgré l'immobilisation (L. 9 juill. 1991, art. 14, *in fine*) : il y a résurgence de la nature physique mobilière de l'immeuble par destination[56].

Les problèmes de nature juridique ne sont pas académiques mais pratiques et apparaissent en cas de conflits avec les créanciers (ici entre ceux qui ont un droit sur l'immeuble et ceux qui ont un droit sur le meuble). Ce que confirme le mécanisme de la subrogation réelle.

III. — Subrogation réelle

142. Remplacement. – Il y a subrogation[57] réelle lorsqu'un bien nouveau remplace un bien ancien ; le bien nouveau est, à certains égards, soumis au même régime juridique que le bien ancien : les droits qui portaient sur le premier sont reportés sur le second.

C'est un mécanisme d'une portée générale, qui n'intéresse pas seulement la distinction des biens. Par exemple, une universalité n'est pas altérée par les variations de son contenu : un troupeau reste le même lorsque les animaux qui le composent sont remplacés par d'autres ; de

53. Ex. : Cass. com., 18 mai 1978, *Bull. civ.* IV, n° 138 ; en l'espèce, un débiteur avait consenti à ses différents prêteurs des hypothèques sur ses immeubles « *ainsi que sur les biens meubles immobilisés par destination dont l'énumération était donnée dans les constitutions d'hypothèque* » ; puis il tomba en faillite et le tribunal ordonna « *la vente des immeubles par nature et séparément celle du matériel les garnissant* » ; les créanciers hypothécaires demandèrent « *que leur soit alloué le montant de la vente dudit matériel, en alléguant que celui-ci était immeuble par destination* » ; la cour d'appel refusa : « *le propriétaire qui peut seul conférer le caractère immobilier aux meubles affectés au service de son fonds reste libre de les détacher et de faire cesser leur immobilisation, spécialement en acceptant de les vendre séparément* ». Cassation : la cour d'appel n'avait pas recherché « *si les créanciers hypothécaires avaient, en laissant procéder à la vente séparée des immeubles par nature, renoncé sans équivoque à se prévaloir de leur droit de préférence sur les immeubles par destination vendus séparément* ».

54. *Supra*, n° 122.

55. Cass. civ., 27 juin 1944, cité *supra*, n° 140.

56. Ce n'est pas toujours vrai. Le commerçant propriétaire de l'immeuble dans lequel est exploité le fonds de commerce ne peut comprendre dans le nantissement du fonds (qui ne peut porter que sur des meubles) les immeubles par destination (bien que de leur nature physique ils soient des meubles) : Req., 20 janv. 1913, *S.* 1913.I.33, n. A. Wahl.

57. **Étymologie :** du latin *subrogo, are* = substituer. **Biblio. :** M. Lauriol, *La subrogation réelle*, th. Alger, 1954, préf. A. Breton ; Rives, « Subrogation réelle à titre particulier et propriété immobilière », *RTD civ.* 1968.613 ; V. Ranouil, *La subrogation réelle en droit civil français*, th. Paris, LGDJ, 1985, préf. Ph. Malaurie ; Gr. Marly, thèse citée *infra* n° 154, n° 89.

même, dans la communauté conjugale, lorsque, pendant la durée du régime, un bien propre est vendu, le bien acquis au moyen du prix de vente est lui-même propre si les formalités du remploi ont été remplies (art. 1434), alors que normalement un bien acquis pendant la durée du régime est commun : de même, si des marchandises affectées en gage sont détruites ou altérées, le créancier gagiste reporte son droit sur des marchandises ou les espèces monétaires de remplacement[58].

La subrogation réelle corrige le critère physique sur lequel repose la classification des biens en soumettant, à certains égards, un meuble au régime juridique de l'immeuble qu'il remplace. Par exemple, lorsqu'un immeuble hypothéqué est détruit, les droits des créanciers hypothécaires se reportent sur l'indemnité due au propriétaire (d'assurance ou de responsabilité) alors que de sa nature une indemnité est un meuble et que, normalement, les meubles ne peuvent être grevés d'hypothèque.

N°s 143-149. réservés.

58. Req., 10 mars 1915, *D.P.* 1916 I, 241 ; *S.* 1916 I 54, n. Ch. Lyon-Caen : « *lorsque [...] des marchandises sortent du gage, elles y sont en vertu d'une subrogation réelle, qui trouve son fondement dans leur fongibilité, remplacées par les marchandises acquises, qui rentrent, et restent, comme celles auxquelles elles sont substituées, dans la possession du créancier* ».

▪ CHAPITRE II ▪

DISTINCTIONS SECONDAIRES

150. ***Ut singuli et ut universi.*** – Il y a deux manières d'envisager les biens, soit *ut singuli,* soit *ut universi*[1]. *Ut singuli,* c'est-à-dire isolément : tel bien particulier considéré dans son individualité. *Ut universi,* c'est-à-dire un ensemble, que l'on appelle aussi une universalité : soit homogène, un troupeau, une bibliothèque ; soit hétérogène, l'immeuble par destination[2] ou le fonds de commerce (matériel d'exploitation, marchandises, nom commercial, clientèle, droit au bail, etc.)[3] ; l'ensemble le plus achevé est le patrimoine, universalité de droit, où l'actif est affecté au passif[4].

L'universalité de fait est une notion qui n'est guère utilisée ; le seul exemple important est le fonds de commerce dont se rapprochent plusieurs institutions récentes et cousines : les fonds artisanal et libéral ; à un moindre degré, les souvenirs de famille, une bibliothèque, un troupeau, une collection d'œuvres d'art, un portefeuille de valeurs mobilières : un ensemble de biens ayant une commune affectation, distincte de ses composantes. Généralement les biens sont envisagés *ut singuli.*

---

1. Comp. J. Prévert, « Inventaire », *in Paroles,* 1949 :
« *Une pierre*
deux maisons
trois ruines
quatre fossoyeurs
un jardin
des fleurs
un raton laveur
une douzaine d'huîtres
un citron un pain
un rayon de soleil
une lame de fond
six musiciens
une porte avec son paillasson
un monsieur décoré de la Légion d'honneur
un autre raton laveur
et
plusieurs ratons laveurs. »
2. *Supra,* n°s 138 à 141.
3. *Infra,* n° 211.
4. *Supra,* n°s 15 à 36.

151. Six distinctions. – Bien qu'elles n'aient pas le rôle capital qu'exerce la distinction entre les meubles et les immeubles, six autres classifications de biens produisent des conséquences importantes : les choses consomptibles et non consomptibles (Section I), les choses fongibles et non fongibles (Section II), le capital, les revenus et les produits (Section III), les choses appropriées et celles qui ne le sont pas (Section IV), les choses dans et hors le commerce (Section V), les biens publics et privés (Section VI).

Section I

CHOSES CONSOMPTIBLES ET NON CONSOMPTIBLES

La distinction entre choses consomptibles et non consomptibles paraît, à première vue, constituer une distinction dualiste (§ 1). Aujourd'hui, il existe une nouvelle catégorie, intermédiaire, les biens de consommation (§ 2).

§ 1. Dualisme

152. Destruction, aliénation et utilisation. – La distinction dualiste entre choses consomptibles et non consomptibles se fonde sur les conséquences physiques résultant de l'utilisation des choses. Il est, d'une part, des choses dont on ne peut user qu'en exerçant l'*abusus*, attribut caractéristique de la propriété : ce sont les choses consomptibles[5]. Soit une **destruction** physique : ainsi en est-il des aliments qui se consomment par le premier usage. Soit une **aliénation** : la monnaie n'est utilisée que par son dessaisissement. Il existe, d'autre part, des choses qui ne se détruisent pas par leur utilisation, même répétée ; ainsi en est-il des fonds de terre : ce sont des choses non consomptibles.

Il en est de même des valeurs mobilières[6], puisqu'on peut en percevoir les revenus sans avoir à les aliéner. Toutefois, la pratique, afin d'en faciliter la donation ou la gestion, a imaginé de les soumettre à un quasi-usufruit[7], où l'usufruitier a le droit de les aliéner, à condition d'en conserver la substance, les traitant ainsi de biens consomptibles : à nouveau, la volonté individuelle a un certain pouvoir pour qualifier un bien.

153. Restitution. – La distinction présente deux intérêts pratiques. L'intérêt majeur concerne les restitutions : les choses consomptibles n'étant pas susceptibles d'usage temporaire, leur restitution ne peut être faite en nature, à l'identique. Par conséquent, seules les choses non consomptibles sont susceptibles de prêt à usage[8] ou d'usufruit ; les choses consomptibles ne sont susceptibles que de prêt de consommation ou de quasi-usufruit, car la restitution porte non sur la chose

5. **Étymologie :** du latin *consumptio, nis* = destruction, lui-même dérivé de *consumo, ere* = qui signifie à la fois faire disparaître quelque chose en s'en servant, et dépenser de l'argent. **Biblio. :** H. Humbert, *Essai sur la fongibilité et la consomptibilité des meubles*, th. Paris, 1940 ; P. Jaubert, « Deux notions du droit des biens ; la consomptibilité et la fongibilité », *RTD civ.* 1945.75 et s.

6. Ex. :* Cass. civ. 1re, 3 déc. 2002, *dame Malet, Bull. civ.* I, n° 315 ; ex. : l'usufruit d'un portefeuille de valeurs mobilières, lesquelles ne sont pas consomptibles par le premier usage ; v. *infra*, n° 814.

7. *Infra*, n° 814.

8. Le prêt à usage est le prêt d'un corps certain, qui doit être restitué en nature ; naguère, on l'appelait aussi le commodat (art. 1875). Le prêt de consommation est le prêt d'une somme d'argent ou d'autres choses consomptibles, à charge pour l'emprunteur de restituer la même somme ou autant de choses de « *même espèce et qualité* » (art. 1892).

remise, mais sur des choses équivalentes (art. 587 et 1892)[9]. Par conséquent, le droit d'usage d'une chose consomptible implique le transfert de la propriété de celle-ci : *usus* et *abusus* deviennent indissociables.

La jurisprudence en a déduit que lorsque le contrat imposait une restitution en nature, il ne pouvait avoir pour objet une chose consomptible. Ainsi en est-il du bail qui, à l'expiration du contrat, oblige le locataire à restituer en nature les biens loués : il ne peut avoir pour objet une chose consomptible[10].

La consomptibilité tient en partie à la nature des choses, mais en partie seulement[11]. Car, s'agissant de l'objet de la restitution – la chose elle-même ou son équivalent – la volonté des parties peut jouer un rôle dans la qualification : soit en rendant consomptibles des choses qui ne le sont pas naturellement (ex. : le prêt d'une chose déterminée, s'il a été stipulé que la restitution se fera en argent : le prêt à usage devient un prêt de consommation) ; soit, au contraire, en ôtant à des choses naturellement consomptibles (ex. : de la monnaie) leur consomptibilité (ex. : en imposant à l'emprunteur d'une somme d'argent l'obligation de placer ou d'employer)[12] : les parties ont comme pour la fongibilité[13] une liberté (limitée) de qualification.

§ 2. Biens de consommation

Il existe entre les choses consomptibles et les choses non consomptibles une catégorie intermédiaire : des choses qui, sans être détruites par le premier usage, connaissent un dépérissement rapide, les biens de consommation : par exemple une automobile ou un appareil ménager. Du fait de leur obsolescence, leur restitution soulève des difficultés.

154. Obsolescence. – La dévalorisation par vétusté et par usage est la marque de presque toutes les choses mobilières corporelles. Il est rare que la vieillesse d'un meuble en augmente la valeur ; telles sont pourtant les antiquités ou les bouteilles de vins de grande qualité, dont souvent la valeur est d'autant plus grande qu'elles sont plus anciennes. Mais habituellement, les choses en vieillissant se déprécient, et il existe même des choses dont le dépérissement, sans pourtant être instantané, est très rapide. Cette catégorie de biens de consommation a toujours existé (*cf.* art. 589) ; elle a pris, à l'époque contemporaine, une extension considérable avec le développement de la société de consommation.

Le régime de restitution auquel est soumise cette catégorie de biens a été prévu par le Code dans l'usufruit, où l'on voit clairement la différence entre les choses non consomptibles, les biens de consommation et les choses consomptibles. Lors de l'expiration de l'usufruit, une restitution est due, sauf si son objet a péri par force majeure[14]. S'il s'agit de **choses non consomptibles**, la restitution doit porter sur la chose même qui était l'objet de l'usufruit, dans l'état où elle se trouvait lors du commencement de l'usufruit : la charge de la vétusté pèse donc sur l'usufruitier. S'il s'agit de **biens de consommation**, c'est aussi la chose même qui était l'objet de l'usufruit qui doit être restituée, mais dans l'état où elle se trouve à l'expiration de l'usufruit (art. 589) : la charge de la vétusté pèse alors sur le nu-propriétaire. S'il s'agit de **choses consomptibles**, ce n'est

9. *Infra*, n° 813.

10. Ex. : Cass. civ. 3e, 30 mai 1969, *cons. Reignoux*, cité *supra*, n° 136 ; jugé que le contrat permettant l'exploitation d'une carrière ne pouvait être qualifié de bail : « *Vu l'article 1713 ; malgré la généralité de ce texte, il est des biens qui sont insusceptibles de faire l'objet d'un contrat de louage, notamment lorsqu'il est impossible de jouir de la chose louée sans en consommer la substance.* »

11. Ex. : « *Un ébéniste qui utilise du bois, à la fois pour se chauffer et pour fabriquer des meubles, traite la matière comme consomptible dans le premier cas, mais comme durable dans le second.* » *Rép. civ. Dalloz, v° Biens*, n° 35, par R. Libchaber.

12. V., en matière d'usufruit, *infra*, n° 814.

13. *Infra*, n° 156.

14. *Infra*, n° 834.

pas la chose elle-même qui doit être restituée, mais, au choix de l'usufruitier, une autre chose consomptible de même nature, ou de l'argent.

SECTION II
CHOSES FONGIBLES ET NON FONGIBLES

Une chose n'est pas fongible[15] ou non fongible en elle-même ; elle l'est avec une autre. On présentera successivement la définition de la fongibilité (§ 1), puis les intérêts pratiques attachés à la distinction (§ 2) et enfin la combinaison qu'elle peut avoir avec la distinction précédente (§ 3).

§ 1. DÉFINITION

Des choses sont fongibles entre elles quand elles sont interchangeables et que l'une peut aussi bien que l'autre être admise en payement : il y a équivalence entre elles. Le critère est physique (I), mais peut être corrigé par la volonté (II).

I. — Critère physique

155. Choses de genre. – Les choses fongibles sont les choses de genre (ex. : du lait, du blé), qui s'opposent aux corps certains et se définissent par l'espèce à laquelle elles appartiennent et par leur quantité : leur nombre, leur poids ou leur mesure (aussi, dit-on souvent qu'elles se comptent, se pèsent et se mesurent : art. 1585). Catégorie que l'époque industrielle a considérablement développée, avec l'ensemble des choses normalisées résultant d'une fabrication en série (une production de masse).

Il en est de même de beaucoup d'instruments financiers contemporains ; la loi le dit clairement pour les valeurs mobilières : elles « *confèrent des droits identiques par catégories* » (C. mon. fin., art. L. 212-1, al. 1). La fongibilité est toujours relative : un bien est fongible avec un autre de la même espèce, non avec tous les biens de quelque espèce qu'ils soient. Cependant, il existe un bien, un seul, absolument fongible, c'est l'argent ; non seulement parce que les espèces monétaires sont fongibles entre elles, mais aussi parce qu'elles sont convertibles avec toute autre espèce de bien. À l'inverse, il a longtemps paru que les immeubles étaient absolument infongibles. Chacun étant déterminé par sa situation géographique, aucun ne pouvait être équivalent à un autre ; cependant, la jurisprudence a parfois admis une certaine fongibilité entre deux terrains de même qualité, d'égale superficie et provenant du même domaine[16].

La chose de genre s'oppose au corps certain qui est une chose individualisée au moment de l'accord de volonté l'ayant pour objet, parce qu'elle est déterminée dans son individualité.

---

15. **Étymologie :** du latin *fungibilis, is, e* = qui se consomme ; lui-même dérivé du verbe latin *fungor, fungi* = s'acquitter de (lequel a donné *defunctus, a, um* = qui s'est acquitté de la vie = mort). **Biblio. :** A. LAUDE, « La fongibilité », *RTD com.* 1995.307 ; P.-Gr. MARLY, *Fongibilité et volonté individuelle. Étude sur la qualification juridique des biens*, th. Paris I, LGDJ, 2004, préf. Ph. Delebecque critique le pouvoir de la volonté en la matière.

16. Ex. Cass. civ. 3e, 17 juill. 1968, *Bull. civ.* III, n° 354 ; *RTD civ.* 1969.137, obs. G. Cornu.

II. — Correctif volontaire

156. *Commercialiter*. – Malgré les apparences et les critiques contemporaines, le critère n'est pas seulement physique, mais aussi volontaire. La fongibilité peut être prise *commercialiter*, non *naturaliter*.

D'abord, parce qu'une même chose peut être prise successivement sous ces deux aspects. Ainsi des marchandises[17] sont d'abord considérées comme une chose de genre au moment où est conclu le marché qui les a pour objet; puis elles deviennent individualisées lors de l'exécution du contrat: les sacs de blé livrés sont devenus des corps certains.

Ensuite, selon que la volonté fait ou non abstraction de certaines qualités d'une chose, il y a ou non fongibilité : par exemple, si les parties ont stipulé que sera restituée par équivalent une autre chose individualisée, elles ont transformé un corps certain en une chose fongible[18].

Il est parfois important de savoir s'il y a ou non fongibilité, à cause des intérêts pratiques attachés à la distinction.

§ 2. Intérêts pratiques

157. Compensation, restitution, propriété, risques. – Quatre sortes d'intérêts pratiques sont attachées à la distinction : les régimes de la compensation, des restitutions, du transfert de la propriété et des risques.

1° Il n'y a **compensation** entre deux obligations en sens contraires que s'il existe une fongibilité entre leurs objets respectifs (art. 1347-1 nouv., 1291 anc.)[19].

2° Lorsqu'une demande **en restitution** ou une revendication a pour objet un corps certain ou une chose fongible identifiée[20] ou une somme d'argent isolée afin d'être identifiable[21], c'est la chose elle-même qui doit être restituée. Au contraire, s'il s'agit d'une chose de genre ou d'une chose fongible non identifiée ou d'une somme d'argent, le créancier exerce un droit personnel et ne bénéficie d'aucun droit de préférence[22].

---

17. Ex. : un quintal de blé Minnesota, catégorie A.

18. Ex. : Req. 30 mars 1926, *DH*, 1926.217 ; *Gaz. Pal.* 1926.II.51 : « *Les choses qui ne sont pas fongibles par leur nature peuvent devenir telles par la convention des parties* ». Critique de P.-Gr. Marly, *op. cit., supra* note 15, conclusion, p. 328 : « *il est donc erroné de prétendre que la fongibilité est affaire de volonté [...] La nature fongible ou non fongible des biens repose exclusivement sur des critères objectifs* ».

19. Ex. : Je veux acheter le cheval qui en 2017 a gagné le Grand prix de l'Arc de Triomphe : c'est un corps certain. Je veux acheter un cheval percheron âgé d'un an : c'est une chose de genre.

20. Ex. : je te dois 1 300 € ; tu me dois 600 € ; il y a compensation : je te dois seulement 700 €, c'est-à-dire l'excédent de la somme la plus élevée. Au contraire, il n'y a pas compensation dans les deux hypothèses suivantes : je te dois 10 pommes, tu me dois 8 poires ; ou bien je te dois 1 000 €, tu me dois des marchandises d'une valeur de 1 000 €, parce que dans ces deux exemples les deux dettes réciproques n'ont pas pour objet des choses fongibles entre elles (Ex. : Cass. civ. 1re, 24 févr. 1993, *Bull. civ.* I, n° 82 ; *D.* 1994, som. 19, obs. V. Lasserre-Kiesow : la Cour refuse la compensation entre une créance de somme d'argent et une dette portant sur des bons anonymes : « *La dette de M. Rousset avait pour objet les bons litigieux eux-mêmes et non leur valeur* ».

21. Cass. com., 25 mars 1997, *Bull. civ.* IV, n° 84 ; *D.* 1997.482, n. crit. D. R. Martin ; *JCP* E 1997 II, n° 991, n. Ph. Petel : « *si le caractère fongible d'un bien ne fait pas par lui-même obstacle à sa revendication, celle-ci ne peut aboutir que dans la mesure où le bien en cause n'a pas été confondu avec d'autres de la même espèce* ».

22. Ex. : Cass. civ., 6 mai 1930, *DH*, 1930.412 ; *S.* 1930 I 248 : « *Toute somme d'argent ou toute quantité de choses fongibles reçue à un titre quelconque se confond, dès qu'elle ne peut plus être*

Dans les procédures collectives (redressement et liquidation judiciaires, l'ancienne faillite), une revendication d'une nature particulière permet, à certaines conditions, au vendeur d'une marchandise impayée d'échapper à la loi de l'égalité des créanciers[23] ; par exemple si avait été stipulée une clause de réserve de propriété, le vendeur peut reprendre la marchandise si elle se retrouve en nature dans le patrimoine du débiteur (C. com., art. L. 624-16) ; s'il s'agit de choses fongibles – ce qui est le cas courant – elles peuvent ne pas être identiquement les mêmes : il faut qu'elles soient de la même espèce et de la même qualité que celles qu'il avait livrées[24] : l'identité « de nature » est comprise par la Cour de cassation d'une manière « judiciaire », différente de la nature véritable[25]. S'il s'agit d'une somme d'argent, elle peut être revendiquée si elle a été individualisée[26], et disent certains arrêts, dans le cas d'un dépôt-séquestre, même si cette somme avait été confondue avec d'autres valeurs du patrimoine[27].

3° Surtout, dans un contrat translatif de **propriété** (par exemple une vente), le moment du transfert de propriété n'est pas le même pour les deux espèces de choses. Lorsqu'il s'agit d'un corps certain, le transfert de propriété a lieu lors de la conclusion du contrat, s'il n'y a pas de stipulations contraires telles que la clause de réserve de propriété (art. 1196 nouv., al. 1, 1138 anc. et 1583). Lorsqu'il s'agit de choses de genre ou d'une chose fongible, le transfert de propriété n'a lieu qu'au moment où les marchandises vendues ont été individualisées, « *spécifiées* » : jusqu'alors déterminée uniquement par leur quantité et leur espèce, elles deviennent individualisées. Comme souvent il s'agit de vente à distance, la spécification résulte en général de la remise de la chose au transporteur[28].

4° La charge des **risques** (au sens de la perte fortuite de la chose) est liée au transfert de propriété dans les contrats translatifs de propriété s'il n'y a pas de convention contraire. Lorsqu'il s'agit de choses de genre ou d'une chose fongible, elle pèse sur le vendeur ; au contraire, lorsqu'il s'agit d'un corps certain, elle pèse sur l'acheteur (art. 1196, al. 3 nouv., 1138, al. 2 anc.).

identifiée, avec les autres valeurs composant le patrimoine de celui qui la reçoit ; la personne qui prétend en poursuivre la répétition ne peut invoquer sur cette somme aucun droit de préférence. ».

23. *Supra*, n° 122.

24. * Cass. com., 5 mars 2002, *des Buit*, *Bull. civ.* IV, n° 48 ; *D.* 2002. AJ 1139, obs. A. Lienhard ; *RTD civ.* 2002.327, obs. Th. Revet : « *L'article L. 621-122, al. 3* in fine *C. com.* (auj. L. 624-16) *énonce une règle de fond, attribuant au revendiquant la propriété des biens fongibles qui se trouvent entre les mains de l'acheteur dès lors que ceux-ci sont de même espèce et de même qualité que ceux qu'il a livrés* » ; en l'espèce, la Cour exclut la revendication auprès de l'officine de pharmacie mise en liquidation judiciaire, de médicaments fournis par le grossiste non payé, invoquant pourtant une clause de réserve de propriété.

25. Cass. com., 11 juill. 2006, *Bull. civ.* IV, n° 181 ; *RTD civ.* 2006.794, obs. Th. Revet ; en l'espèce, des viticulteurs avaient apporté leur récolte de raisin à une coopérative vinicole pour sa vinification ; après la mise en liquidation judiciaire de la coopérative, jugé que les adhérents pouvaient revendiquer leurs stocks de vin au prorata de leurs apports respectifs : « *Les marchandises revendiquées se trouvaient encore en nature dans les caves de la coopérative, dès lors que l'incorporation des moûts les uns aux autres et le processus d'évolution et de vinification des récoltes apportées n'avaient pas transformé leur substance* ».

26. Cass. com., 25 mars 1997, cité *supra* note 21.

27. Cass. com., 13 nov. 2001, *Bull. civ.* IV, n° 177 : « *Le séquestre conventionnel oblige le dépositaire, même en redressement judiciaire, à rendre la chose contentieuse* (en l'espèce, une somme d'argent) *déposée entre ses mains, à la personne qui sera jugée devoir l'obtenir, sans qu'il y ait lieu à concours entre les créanciers de ce dépositaire* » ; cf. D. R. Martin, « De la revendication des sommes d'argent », *D.* 2002.3279 (favorable à la « revendication » d'une somme d'argent).

28. Jurisprudence constante ; ex. Cass. civ., 31 déc. 1894, deux arrêts, *DP* 1895.I.409, n. crit. E. Thaller : « *Dans les ventes sur commande de choses qui se comptent, se pèsent ou se mesurent, la propriété n'est, en principe, transférée à l'acheteur que lorsque la marchandise est sortie des magasins du vendeur et a été remise au voiturier.* »

§ 3. Rapports entre fongibilité et consomptibilité

158. Associées et dissociées. – La fongibilité et la consomptibilité diffèrent l'une de l'autre ; selon la première, une chose peut en remplacer une autre ; les choses qui relèvent de la seconde notion se détruisent par le premier usage. Elles sont généralement réunies. Ainsi en est-il de la plupart des denrées : elles sont à la fois consomptibles et fongibles. Au contraire, un fonds de terre est à la fois non consomptible et non fongible. Ces deux qualités ne sont pas toujours associées. Ainsi, le dernier fût de vin d'un cru déterminé est une chose consomptible qui n'est pas fongible, car il est seul de son espèce.

Section III

CAPITAL, REVENUS ET PRODUITS

159. Capital ; revenus. – La distinction entre capital[29] et revenus[30] est d'ordre économique et a pourtant d'importantes conséquences juridiques, notamment en droit fiscal, mais aussi en droit civil. Par exemple, la gestion du patrimoine d'une personne protégée (autrefois appelée un incapable) n'obéit pas aux mêmes règles, selon qu'il s'agit de capitaux ou de revenus.

Un capital est normalement destiné à être conservé et à fructifier : « il fait des petits », mais peut être dissipé. Le revenu est normalement destiné à être dépensé, mais peut être épargné. Il y a donc d'étroites relations entre capital et revenus.

Le **capital** est constitué par les richesses acquises. Il est parfois stérile[31] ; le plus souvent, il est frugifère, c'est-à-dire qu'il produit des revenus[32]. Ce fut pendant longtemps le bien par excellence, celui qui constituait une fortune. Aujourd'hui, l'élément essentiel de la richesse réside plutôt dans les **revenus**, c'est-à-dire les ressources qui se renouvellent périodiquement. Il en existe deux variétés, ceux du travail, par exemple un salaire, et ceux, plus oisifs, produits par le capital, les seuls à être véritablement des fruits. Le revenu actuellement le plus important est celui du travail ; à la différence de ce qui se passait au XIXe siècle, il est devenu le plus sûr, malgré les aléas du chômage, de la maladie et de la vieillesse, et la certitude de la mort.

Les deux notions de capital et de revenus ne s'opposent pas radicalement et on peut passer de l'un à l'autre. Le capital se transforme en revenus dans la vente moyennant rente viagère ; inversement, lorsqu'ils sont épargnés, les revenus deviennent un capital (ils sont « capitalisés »). Par exemple, dans le régime de la communauté conjugale, les acquêts proviennent « *des économies faites sur les fruits et revenus de leurs biens propres* » (art. 1401) et la loi prévoit que les « *fruits perçus et non consommés* » sont des biens communs (art. 1403, al. 2), ce qui participe de la même notion.

La différence entre capital et revenus implique une autre distinction : entre les fruits, qui sont des revenus, et les produits, qui s'apparentent plutôt au capital.

29. **Étymologie :** du latin *capitalis, is, e* = où il y va de la vie (*cf.* la peine « capitale »), lui-même dérivé de *caput, itis* = tête, la personne tout entière.

30. **Biblio. :** P. Catala, « La transformation du patrimoine dans le droit civil moderne », *RTD civ.* 1965.185 et s., spéc. n°s 3-18 ; Ch. Croisat, *La notion de fruits en droit civil, en droit commercial et en droit fiscal*, th., Lyon, Dalloz, 1925.

31. Ex. : une bibliothèque.

32. Ex. : un immeuble loué.

160. Fruits et produits. – Le droit civil a surtout précisé la différence entre les fruits et les produits. Comme la classification entre immeuble et meuble, le critère est physique mais comporte un correctif tiré de la volonté.

1° Les **fruits** sont les revenus périodiques qu'une chose fournit sans altération ni diminution sensible de sa substance. Ils comportent donc deux caractères : la périodicité (plus ou moins régulière) et la conservation de la substance de la chose qui les fait naître. Ils connaissent deux sous-distinctions. D'une part, les fruits naturels et industriels (art. 583) qui ont pour caractère commun de sortir directement du capital sans l'intermédiaire d'autrui ; soit spontanément, ils sont naturels[33], soit par la culture[34], ils sont industriels ; cette distinction est artificielle, car tous les fruits, sauf lorsqu'ils sont sauvages, résultent du concours de l'homme et de la chose. D'autre part, les fruits civils résultent de la rémunération que des tiers donnent de la jouissance de la chose (art. 584) : par exemple, le loyer d'un immeuble, ou l'intérêt d'une somme prêtée[35].

2° Les **produits** n'ont pas de périodicité et leur perception altère la substance même de la chose[36]. Le sens juridique est donc un peu différent du sens littéral : le propre du produit est de ne pas se reproduire. Mais la nature n'est pas tout ; en droit, elle est souvent ce qu'en fait l'activité humaine.

161. 3° Correctif volontaire. – Le caractère de fruit ou de produit ne tient pas seulement à la nature, mais aussi à la manière dont les choses sont exploitées. Deux exemples le montrent : les arbres d'une forêt et les produits d'une carrière.

Les **arbres** sont des fruits si leur exploitation est régulière, suivant le mode de culture auquel ils doivent être soumis, qu'évoquent les articles 590 à 592 en distinguant les taillis, les pépinières et les hautes futaies ; par exemple, pour ces dernières, une coupe réglée (c'est-à-dire régulière et organisée) est un fruit, une coupe définitive[37] est un produit. De même, les biens extraits du **sous-sol** sont, de par leur nature physique, des produits puisqu'ils épuisent progressivement la substance de la chose. Mais le propriétaire peut en faire un fruit en organisant l'exploitation de la carrière (art. 598, al. 1).

162. Dividendes. – Les dividendes sont les bénéfices de la société que les associés décident de distribuer après avoir approuvé les comptes de l'exercice annuel. Pour chaque associé, ils sont une richesse résultant de leurs droits sociaux qui n'en entame pas la substance. Ils ont donc la nature de fruits[38].

La Cour de cassation utilise une expression prudente : ils « *participent de la nature des fruits* »[39] et doivent donc, par exemple, être attribués à l'usufruitier de droits sociaux.

33. Ex. : les pommes d'un pommier.

34. Ex. : les légumes du jardin.

35. L'article 584 donne comme ex. : « *Les loyers des maisons, les intérêts des sommes exigibles, les arrérages des rentes* ».

36. Ex. : les matériaux provenant de la démolition d'un bâtiment ; le minerai extrait du sol.

37. Le sens courant du mot coupe défigure son sens forestier, selon lequel une coupe sombre est un éclaircissage léger de la forêt (le sous-bois reste sombre) ; elle précède la coupe claire, elle-même parfois suivie de la coupe définitive (souvent appelée coupe blanche), après laquelle il ne reste rien. Ex. : Cass. civ. 1re, 3 déc. 1963, *Bull. civ.* I, n° 532 ; *D.* 1964.164, n. Barrot ; *JCP* G 1964.II.13487, n. R.-L. : les peupliers sont des arbres de haute futaie ; si la peupleraie n'avait pas été aménagée, leur coupe constituerait un produit et n'appartiendrait donc pas à l'usufruitier.

38. S. Pellet, « Les bénéfices ne sont pas des fruits... des parts sociales », *Dr. et patr.* 2009, n° 182, p. 40 : ce seraient des fruits de l'actif social, qui se transforment en fruits des droits sociaux par la décision des associés.

39. Jurisprudence constante ; ex. : Cass. com., 5 oct. 1999, *Bull. civ.* IV, n° 163 ; *D.* 2000.552, n. G. Morris-Becquet ; *JCP* G 2000.I.205, n° 2, obs. A. Viandier et Caussain ; *Defrénois* 2000, art. 37090, n° 1, obs. P. Le Cannu : « *Les sommes qui, faisant partie du bénéfice distribuable, sont, soit en vertu des statuts, soit après décision de l'assemblée générale, réparties entre les actionnaires, participent de la nature des fruits* ».

Mais il est impossible de les ranger dans l'une des catégories de fruits prévues par les articles 583 et 584. En particulier, ce ne sont pas des fruits civils, lesquels s'acquièrent au jour le jour[40] ; alors que les dividendes s'acquièrent en une seule fois. Ils n'existent en effet qu'en vertu d'une décision de l'assemblée générale des associés approuvant les comptes, constatant l'existence de sommes distribuables et déterminant la part attribuée à chaque associé. Avant cette décision, ils n'ont pas d'existence juridique[41]. Par conséquent, les associés n'ont avant cette décision aucun droit sur les bénéfices sociaux, dont ils disposeront par l'exercice de leur droit de vote.

En somme, ce sont des fruits d'une nature particulière : des fruits par décision.

163. Intérêts pratiques. – Capital, fruits, produits, tout appartient en général au propriétaire de la chose (art. 546). Dans certains cas cependant, il y a dissociation : une personne peut avoir droit aux fruits, non aux produits : ainsi en est-il de l'usufruitier (art. 586)[42] et du possesseur de bonne foi obligé de restituer la chose au véritable propriétaire (art. 549)[43]. La distinction est également utile pour définir les pouvoirs du tuteur (art. 456, al. 2) et les meubles par anticipation[44].

SECTION IV
CHOSES APPROPRIÉES ET NON APPROPRIÉES

164. Choses communes ; *res nullius ;* choses abandonnées ; déchets. – Seules les choses susceptibles d'appropriation constituent des biens. L'absence d'appropriation peut tenir à la nature même de la chose (les choses communes), ou à des circonstances de fait (les biens vacants)[45].

1° Les **choses communes** sont si abondantes que l'usage en est commun à tous les hommes (art. 714) ; l'appropriation n'aurait pas alors de sens : l'air, la lumière, l'eau de la mer, l'eau de pluie, les eaux courantes et la chaleur solaire[46].

La loi du 3 janvier 1992 sur l'eau plusieurs fois modifiée, intégrée dans le Code de l'environnement (art. L. 210-1s), emploie une autre expression, selon le style emphatique familier au droit

40. Cass. com., 23 oct. 1990, n° 89-13.999, *Bull. civ.* IV, n° 247 ; *D.* 1991.173, n. Y. Reinhard ; *RTD civ.* 1991.361, obs. Fr. Zenati : « *c'est la décision de l'assemblée générale de distribuer tout ou partie des bénéfices réalisés au cours de l'exercice sous forme de dividendes qui confère à ceux-ci l'existence juridique* »... ; jugé que la succession d'un actionnaire décédé au cours de l'exercice dont les bénéfices ont été distribués par une décision postérieure à son décès ne comportait aucun dividende : « *la créance des dividendes n'existait pas à la date du décès* ».

41. Jurisprudence constante, ex. : Cass. com., 10 févr. 2009, n° 07-21-806, *Bull. civ.* IV, n° 19 ; *D.* 2009, 1512, n. Barabé-Bouchard ; 2300, n. Bl. Mallet-Bricout ; 2444, n. D. Martin ; *RTD civ.* 2009, 348, obs. Th. Revet ; *JCP* N 2009, n° 11, 28, n. H. Hovasse : « *les bénéfices réalisés par une société ne participent de la nature des fruits que lors de leur attribution sous forme de dividendes, lesquels n'ont pas d'existence juridique avant l'approbation des comptes de l'exercice par l'assemblée générale, la constatation par celle-ci de l'existence de sommes distribuables et la détermination de la part qui est attribuée à chaque associé ; [qu']il s'ensuit qu'avant cette attribution, l'usufruitier des parts sociales n'a pas de droit sur les bénéfices » ;* en votant la mise en réserve de ces bénéfices, il ne consent aucune donation au nu-propriétaire.

42. *Infra*, n° 834.

43. *Infra*, n° 516.

44. *Supra*, n°s 134 à 137.

45. A. SERIAUX, « "Mille choses sans maître". Enquête sur un principe cardinal de l'ordre juridique », *Et. Goubeaux*, Dalloz LGDJ, 2009 p. 482 s.

46. **Biblio. :** M.-A. CHARDEAUX, *Les choses communes*, th. Paris I, LGDJ, 2006, préf. Grég. Loiseau.

de l'environnement[47] : « *L'eau fait partie du patrimoine commun de la nation* ». Elle restreint, au nom de l'intérêt général, les droits des personnes privées.

Selon un auteur, les choses communes ne peuvent être appropriées « *parce qu'il est de leur nature de profiter à tous* »[48] ; il en a ainsi une compréhension plus large que celle qu'on en a habituellement. Ainsi en serait-il... du « *dévoilement du donné naturel* » (mais il y a les certificats d'obtention végétale et la brevetabilité du vivant)... de l'information[49]... des idées[50]... et peut-être du « *développement des choses nouvelles* » (cette expression mystérieuse désigne les dons d'organes humains)[51].

2° En France, il n'y a pas d'immeubles vacants, car les immeubles sans propriétaire appartiennent à l'État (art. 539 et 713). Si le propriétaire d'un terrain l'abandonne, la propriété appartient de plein droit à l'État[52]. Depuis une loi de 1898 (C. env., art. L. 215-2, al. 1), le lit des cours d'eau non domaniaux appartient aux riverains.

Seuls les meubles peuvent être des biens vacants ; il en existe deux variétés. Ou des biens qui n'ont jamais été appropriés, mais le seront peut-être ; par exemple, les produits de la chasse ou de la pêche, ce qu'à la suite du droit romain qui y voyait des ***res nullius***, s'appelle des biens sans maître : ces animaux n'appartiennent à personne et peuvent donc être capturés par tout le monde. Ou des biens qui ont été appropriés mais ne le sont plus à la suite de leur abandon : ce sont les choses abandonnées (***res derelictae***) : le propriétaire en a délibérément abandonné la propriété, ce qui les distingue des objets perdus (les épaves) et de ceux qui ont été abandonnés sous l'empire de la force majeure[53]. Ces distinctions sont critiquées par les écologistes et les défenseurs de la nature[54].

---

47. *Supra*, n° 10.

48. R. Libchaber, « La recodification du droit des biens », *in 1804-2004, Le livre du bicentenaire du Code civil*, Dalloz, 2005, 297s., p. 346-350.

49. *Infra*, n° 200.

50. *Infra*, n° 218.

51. V. *Droit des personnes, les personnes protégées*, coll. Droit civil.

52. Ex. : Cass. civ. 3e, 18 juin 2003, *Bull. civ.* III, n° 129 ; en l'espèce, une association syndicale libre avait acquis une parcelle « *à usage d'espace vert* », puis se dissolva et décida d'abandonner ce bien à l'État ; jugé que « *la propriété de ce bien sans maître était dévolue à l'État par application des art. 539 et 713* ».

53. Ex. : la chose délaissée pour cause de guerre : Dijon, 2 déc. 1942, *DC*, 1944.30, n. H. Lalou, 1er arrêt. En l'espèce, en juin 1940, lors de la débâcle de l'armée française, pendant qu'un automobiliste se réfugiait dans un abri lors d'un bombardement allemand, sa voiture disparut ; ultérieurement, il la retrouva entre les mains d'un tiers qui l'avait acquise des « *autorités allemandes* » ; il la revendiqua et la cour accueillit sa demande en décidant que l'article 2279 (auj. 2276) était inapplicable : « *Boulet ne s'est pas dessaisi volontairement de sa voiture ; [...] n'ayant pas abandonné à titre définitif sa voiture, et n'ayant pas l'intention d'en perdre la propriété, celle-ci ne constituait pas un objet sans maître, ni une épave, et doit être considérée comme une chose perdue, au sens de l'article 2279 (al. 2).* » (aujourd'hui 2276).

54. Ex. : J. de Malafosse, *Le droit à la nature*, Montchrestien, 1973, p. 186 : « *Un tel principe est en totale contradiction avec la plus élémentaire politique de protection de la nature. La* res nullius *est une conception qui convenait parfaitement à l'époque romaine où gibier et poisson pouvaient être assimilés à des produits de cueillette. Il ne peut plus y avoir d'usage banal des ressources naturelles* » (p. 211). Ultérieurement (*Res nullius, in Ét. Jean Gaudemet*, PUF, 1999, p. 417 et s.), l'auteur a au contraire souligné l'utilité de la notion pour la protection des équilibres naturels, à la condition d'être précisée par la concertation : « *La notion coutumière de* res nullius *a fait la preuve de sa souplesse en tant qu'objet d'une politique de protection de la nature. Elle doit pouvoir être utilisée afin de préciser contractuellement les responsabilités des différentes catégories de gestionnaires des espaces naturels et de la faune* [...] ». Comp. G. Proutière-Maulion, « L'évolution de la nature juridique du poisson de mer », *D.* 2000, chr. 647 ; le poisson de mer devrait être une *res collectivis* (non une *res nullius*) ; v. aussi *infra*, nos 590 à 591.

Pendant des millénaires, l'abandon d'un meuble a été un mode d'acquisition de la propriété : on qualifiait la **chose abandonnée** de *res derelicta* afin d'en permettre l'appropriation. Aujourd'hui, la perspective a changé. L'abandon est aussi une source de responsabilité[55] ; le déchet engage la responsabilité de celui qui l'a produit ou le détient. Le **déchet** est devenu une des questions majeures de la société contemporaine, encore mal maîtrisée, suscitant une réglementation abondante et évolutive française (C. envir. art. L. 541 à 542-14) et européenne, imposant leur récupération (les déchets à traiter)[56] ou leur élimination (les déchets ultimes et les déchets dangereux). Le droit de l'environnement en a une compréhension large : un résidu de production qui ne peut plus être réutilisé ultérieurement sans transformation économiquement rentable[57]. Longtemps, l'abandon a été un des critères du déchet, mais il perd de son importance car il devient souvent « *le prélude d'un système d'opérations réglementées* [...] *qui s'accompagne généralement d'un transfert de propriété* » : le déchet peut redevenir un bien[58]. Dans l'Union européenne, c'est à la réglementation européenne de définir ce qui distingue les déchets « *en fin de vie* » des déchets « *valorisés* ».

SECTION V
CHOSES DANS ET HORS DU COMMERCE

165. Ne peuvent faire l'objet de conventions. – 1° Les choses **hors du commerce** ne peuvent faire l'objet de conventions[59] ni être acquises par prescription ; c'est une notion aujourd'hui assez hétéroclite. Lors de son origine romaine, la notion avait un caractère religieux : *res divini juris (sacrae, religiosae, sanctae)* ; des choses soustraites au pouvoir des hommes, car elles appartenaient aux dieux (ex. : les temples, les sépultures, les limites de Rome et des champs) : elles ne pouvaient faire l'objet d'aucun acte juridique.

La laïcisation du droit moderne a eu pendant longtemps pour conséquence qu'étaient hors du commerce la personne humaine et tout ce qui concernait sa liberté et sa dignité : le corps humain, les sépultures, les souvenirs de famille, les droits de la personnalité (respect de la vie privée, droit à l'image, au nom, à la clientèle civile). La tradition mettait aussi hors du commerce le domaine public, la fonction publique et les choses communes (art. 714 ; ex. : l'air, la lumière du jour).

2° Comme les autres choses, le **contenu du commerce** juridique change peu à peu avec le temps. La notion de sacré est en recul, et même en voie de quasi-disparition, au bénéfice des réalités économiques. Dans une époque aussi marchande que la nôtre, aspirant à la liberté des échanges, la « *chose hors du*

55. Ex. : Cass. civ. 2e, 10 févr. 1982, *Bull. civ.* II, n° 21 ; *JCP* G 1983.II.20069, n. A. Cœuret. En l'espèce, il s'agissait d'une bouteille vide, jetée dans la rue, sur laquelle un enfant avait donné un coup de pied, provoquant la cécité d'un de ses camarades. Lors de l'action en responsabilité exercée par le père de la victime, la Cour de cassation a qualifié cette bouteille de *res nullius*, à tort, dit justement A. Cœuret (n. préc.), qui y voit une *res derelicta*. Peu importait en l'espèce, puisque ces deux sortes de choses étaient soumises, au regard des règles sur la responsabilité civile, au même régime.

56. C. env., art. L. 541, 3° : « *valoriser les déchets par réemploi, recyclage ou toute autre action visant à obtenir à partir des déchets des matériaux réutilisables ou de l'énergie* ».

57. Ex. : Cass. civ. 3e, 17 déc. 2008, *Commune de Mesquer*, n° 04-12.315, *Bull. civ.* III, n° 206 ; *JCP* G 2009.II.10079, n. A. Chamineau, statuant sur la responsabilité de la société Total-France affréteur de l'*Erika*, pétrolier, dont le naufrage a pollué une portion du littoral atlantique.

58. D. CHILSTEIN, « Les biens à valeur vénale négative » *RTD civ.* 2006.663 ; *supra*, n° 2.

59. **Biblio. :** I. MOINE, *Les choses hors commerce*, th. Dijon, LGDJ, 1997, préf. E. Loquin ; Gr. LOISEAU, « Typologie des choses hors du commerce », *RTD civ.* 2000.47 et s. ; Fr. PAUL, *Les choses qui sont dans le commerce au sens de l'article 1128 du Code civil* (auj. disparu), th. Paris I, LGDJ, 2002, préf. J. Ghestin. **Étymologie :** commerce, du latin *commercium*, lui-même dérivé de *merx, mercis* = marchandise ; il est excessif d'opposer, comme on le fait parfois, commerce à marché.

commerce » devient une notion relative ; mais la recherche de l'humanisme en maintient l'existence et parfois même en accroît le domaine.

Exemples de recul : la licéité... de la cession de clientèle civile[60]... des conventions sur les produits du corps humain (ex. : depuis les lois des 29 juillet 1994 sur la bioéthique, les dons du sang et du sperme). En outre la notion est devenue relative : parfois une chose n'est que partiellement hors du commerce ; par ex. : les conventions sur les produits du corps humain sont prohibées lorsqu'elles sont faites à titre onéreux, mais valables à titre gratuit si elles ont une justification thérapeutique. Certaines des prohibitions antérieures (domaine et fonction publics) demeurent ; notamment une personne ne doit jamais être traitée comme une chose, que ce soit à titre gratuit ou onéreux[61]. S'y ajoutent de nouvelles mises hors du commerce : par exemple les marchandises contrefaites[62]..., les fichiers informatiques non déclarés à la Commission nationale de l'informatique et des libertés (CNIL)[63], les immeubles comportant de l'amiante (D. 7 févr. 1996), parce qu'est en cause la santé des personnes (l'inhalation des poussières d'amiante est néfaste).

Section VI

BIENS PRIVÉS ET BIENS PUBLICS

166. Une politique de la propriété publique ? – Les biens sont, en principe, privés. Il en est d'autres dont la valeur est aujourd'hui considérable, les biens publics, dont le caractère public est plus ou moins accusé[64]. Plus l'État intervient dans la vie économique, plus il y a des biens publics, d'une importance croissante. Il faut mettre à part ceux des entreprises nationalisées[65] ; la loi les soumet à un régime différent de celui des biens privés : évolutif – selon la conjoncture politique, économique et sociale – et complexe – l'affectation à une utilité commune qui est sa nature première, et la valorisation du patrimoine public[66].

Il y a propriété publique chaque fois qu'une collectivité publique est propriétaire d'un bien. Ces biens font l'objet d'un droit de propriété différent de celui du droit civil, puisqu'ils sont inaliénables et insaisissables, même si la personne publique qui en est propriétaire exerce une activité industrielle et commerciale (les EPIC : établissements publics industriels et

60. *Infra*, n° 212.

61. Ex. : Cass. Ass. plén., 31 mai 1991, *aff. des mères porteuses, Bull. civ. Ass. plén.*, n° 4 ; *D.* 1991.417, rap. Y. Chartier, n. D. Thouvenin ; *JCP* G 1991.II.21752, concl. H. Dontenville, n. Fr. Terré : « *Vu les articles 6 et 1128, ensemble l'article 353 ; la convention par laquelle une femme s'engage, fût-ce à titre gratuit, à concevoir et à porter un enfant pour l'abandonner à sa naissance contrevient tant au principe d'ordre public de l'indisponibilité du corps humain qu'à celui de l'indisponibilité de l'état des personnes* » ; cf. depuis, la L. 29 juillet 1994, l'article 16-7, Code civil : « *Toute convention portant sur la procréation ou la gestation pour le compte d'autrui est nulle* ».

62. Cass. com., 24 sept. 2003, *Bull. civ.* IV, n° 147 ; *D.* 2004.2683, n. Chr. Caron ; *RTD civ.* 2003, obs. J. Mestre et B. Fages, 2004.117, obs. Th. Revet : « *La marchandise contrefaite ne peut faire l'objet d'une vente* » ; en l'espèce, un négociant, vendant du prêt-à-porter, avait acquis un lot de vêtements, qui se révélèrent la contrefaçon d'un modèle déposé ; la cour d'appel refusa d'annuler la vente que demandait l'acquéreur, estimant que le vendeur n'avait pas commis de dol et que l'acquéreur n'avait pas commis d'erreur sur la propriété du modèle. Cassation.

63. Cass. com., 25 juin 2013, n° 12-17.037, *Bull. civ.* IV, n° 108 ; *JCP* G 2013.930, n. A. Debet, qui trouve « *génial* » cet arrêt.

64. Duguit, célèbre auteur de droit public au XXe siècle, avait une image : « *L'échelle de la domanialité* », allant de la domanialité publique complète à la propriété privée du Code civil.

65. *Infra*, n° 169.

66. Y. Gaudemet, « L'avenir du droit de propriété publique », *in Ét. Fr. Terré*, Dalloz et *al.*, 1999, p. 568 et s.

commerciaux)[67]. Des assouplissements ont été progressivement apportés à ce régime, élargis et systématisés par le nouveau Code général de la propriété des personnes publiques (CGPPP)[68]. Le droit des biens publics a été simplifié mais reste compliqué. La propriété publique traditionnelle dont le particularisme est le plus accusé est le domaine public.

167. Domaine public et domaine privé. – Le Code civil (art. 537 à 542) distingue les biens qui appartiennent aux particuliers de ceux qui appartiennent à l'État, aux collectivités publiques et aux établissements publics. Des premiers, leurs propriétaires font en principe ce qu'ils veulent (art. 537, al. 1). Les seconds relèvent d'un régime juridique particulier, surtout quand ils font partie du domaine public, par opposition au domaine privé[69]. Les biens du domaine public sont affectés au public et par conséquent échappent à la compétence des tribunaux judiciaires, et sont inaliénables et imprescriptibles.

L'inaliénabilité et l'imprescriptibilité du domaine public ont, au fil des temps, changé de nature : elles étaient initialement des règles fiscales et ont eu ensuite pour raison d'être l'affectation de certains biens à l'utilité publique. Elles ont pour origine l'édit de Moulins (1566)[70], en un temps où les revenus des domaines royaux, sans distinction, étaient nécessaires pour couvrir les dépenses publiques. Lorsque ces ressources n'ont plus eu dans le budget de l'État une importance suffisante, un auteur du XIXe siècle, Proudhon, a orienté la règle dans un autre sens[71] : l'affectation de certains biens à l'usage de tous interdisait que fût acquis sur eux un droit privatif. Ce qui a amené à distinguer le domaine public du domaine privé[72].

Le régime de la domanialité publique a été l'œuvre de la doctrine et de la jurisprudence, qui ont inspiré la codification de 2006 (Code général de la propriété des personnes publiques : CGPPP) et demeurent importantes même après cette intervention législative, car la frontière entre les domaines public et privé demeure difficile à tracer. On n'en donnera qu'une vue élémentaire.

Le principe est simple : un bien fait partie du domaine public quand il est affecté à l'utilité publique ou à un service public : par exemple, les collections des musées publics[73], des bibliothèques publiques et des archives publiques.

67. Ex. : Cass. civ. 1re, 21 déc. 1987, *BRGM*, *Bull. civ.* I, n° 348 : « *Vu le principe général du droit suivant lequel les biens des personnes publiques sont insaisissables* [...] ; *les biens n'appartenant pas à des personnes privées sont administrés et aliénés dans les formes et suivant les règles qui leur sont particulières ; s'agissant de biens appartenant à des personnes publiques, même exerçant une activité industrielle et commerciale, le principe de l'insaisissabilité ne permet pas de recourir aux voies d'exécution de droit privé* ».

68. **Biblio. :** Nos spéciaux 2006 d'*AJDA* et de *RFDA* 2006 ; Ph. Yolka, *JCP* G 2006.I.249.

69. CGPPP, art. L. 2111-1 : « *Le domaine public d'une personne publique* [...] *est constitué des biens lui appartenant qui sont soit affectés à l'usage direct du public, soit affectés à un service pourvu qu'en ce cas ils fassent l'objet d'un aménagement indispensable à l'exécution de ce service public* ».

70. Charles IX... « *A. 1 : Le domaine de notre couronne ne peut être aliéné qu'en deux cas seulement, l'un pour appanage des puisnez mâles de la maison de France* [...] ; *l'autre pour aliénation à deniers comptans pour la nécessité de la guerre...* »

71. J.-B. Proudhon, *Traité du domaine public*, 1833, 5 vol., particulièrement t. I, 2e éd., 1843, Ch. XV, n° 202, p. 241 : « *Le domaine public, matériellement considéré, s'entend donc des choses qui appartiennent à l'être moral et collectif que nous appelons* le public ».

72. **Biblio. :** les ouvrages de droit administratif : R. Chapus, *Droit administratif général*, t. II, Montchrestien, 15e éd., 2001, nos 376 et s. ; Y. Gaudemet, *Droit administratif des biens*, LGDJ, 15e éd., 2014 ; J.-M. Auby et Bon, *Droit administratif des biens*, Dalloz, 7e éd., 2016 ; C. Debbasch et autres, *Droit administratif des biens*, PUF, Thémis, 3e éd., 1999.

73. Ex. : Cass. civ. 1re, 2 avr. 1963, *aff. de la demoiselle de la Grande Jatte*, *Bull. civ.* I, n° 203 ; *AJDA*, 1963.II.486, n. J. Dufau : « *Les biens des établissements publics font partie du domaine public dès lors que, comme en l'espèce, leur conservation et présentation au public sont l'objet même du service public* ». En l'espèce, un particulier avait verbalement légué au Musée du Louvre une esquisse du peintre Seurat, « *la demoiselle de la Grande Jatte* » ; or, en droit français, le legs verbal est nul. Après son décès, ses héritiers déclarèrent au musée qu'ils avaient l'intention d'exécuter ce legs, qui devenait

L'inaliénabilité et l'imprescriptibilité ont pour sanction une nullité, qui ne peut être demandée que par la puissance publique[74], ou même une inopposabilité, qui, elle, peut être invoquée par tout intéressé. Elles sont les conséquences de l'affectation au public et ne durent qu'autant qu'elles. L'affectation peut cesser de deux façons différentes : un phénomène naturel[75] ou un acte administratif, le déclassement[76].

168. Régime des eaux. – Reprenant une distinction remontant à l'Ancien régime, le Code Napoléon avait distingué les cours d'eau navigables et flottables (ceux sur lesquels on pouvait naviguer ou faire descendre des trains de bois ou des radeaux qui, avant l'ordonnance du 21 avril 2006 portant Code général de la propriété des personnes publiques, relevaient du domaine public (art. 538 anc.), et les cours d'eau ni navigables ni flottables, susceptibles d'appropriation privée (art. 644 et 645). À cette distinction, les lois du 16 décembre 1964 et du 3 janvier 1992, maintenant intégrées dans le Code de l'environnement, ont substitué celle des cours d'eau domaniaux et non domaniaux. Les premiers relèvent du droit administratif, les seconds du droit civil, de plus en plus encadré par le droit de l'environnement.

L'eau est aujourd'hui une des questions majeures de la société internationale[77].

Lorsque le cours d'eau relève du droit privé, le lit, depuis la loi du 8 avril 1898, appartient au propriétaire des deux rives, ou, si les rives appartiennent à des personnes différentes, il constitue une propriété divise à partir de la ligne médiane (C. env., art. L. 215-2). L'eau, le propriétaire de la rive en a l'usage « *à charge de la rendre, à la sortie de ses fonds, à son cours ordinaire* » (art. 644) ; ce droit est limité par celui des autres[78], par la théorie de l'abus des droits[79] et surtout par les règles de l'environnement assurant la conservation et la pureté des eaux (C. env., art. L. 245-7). En cas de conflits entre riverains, les tribunaux judiciaires ont le pouvoir d'imposer un règlement (art. 645), pouvoir exceptionnel au regard de l'article 5 du Code civil.

169. Nationalisations. – De nombreuses nationalisations ont été accomplies en 1937, 1944, 1982 et 1985. Elles n'ont pas rendu applicables les règles de la domanialité publique :

---

ainsi valable ; avant que la « demoiselle » ne fut remise au Louvre, l'un des héritiers fut interné pour cause d'aliénation mentale et un administrateur provisoire vendit le tableau à un brocanteur, qui le revendit à un tiers ; jugé que la Réunion des musées nationaux pouvait revendiquer le tableau qui était tombé dans le domaine public et comme tel devenu inaliénable. La condition de l'aménagement spécial est exigée lorsque le bien n'est pas affecté à un service public.

74. Req., 25 mars 1942, *S.* 1942.I.115 : « *Cette inaliénabilité* (des biens du domaine public) *ne peut être invoquée par les simples particuliers dans leurs contestations privées portant sur la propriété des éléments de ce domaine ; ils ne sont pas admissibles, en effet, à se prévaloir d'une inaliénabilité qui n'existe qu'au profit de l'intérêt public* ».

75. Ex. : le bord de mer, quand la mer se retire ; le fleuve, quand il change de lit.

76. C. Saujot, « Faut-il atténuer le principe de l'inaliénabilité des œuvres muséales ? » *JCP* G 2008.I.137 : les collections des musées de France appartenant au domaine public sont inaliénables et leurs déclassements exceptionnels.

77. P. Catala, « La revanche des choses », in *Jean Foyer* in memoriam, Litec, p. 73-85, sp. 80. « *Les pays européens ne manqueront pas d'eau douce grâce aux pluies et à la neige qu'ils reçoivent du ciel, à l'exception peut-être de certaines franges méridionales plus exposées à la sécheresse [...]. Sur cette matière, la césure est profonde entre l'Europe et les autres continents, plus nettes il est vrai, où de grands espaces manquent d'eau et où la désertification des sols progresse. Dans ces contrées, la rareté de la ressource en fait un objet d'extrême convoitise, véritable* casus belli *s'il met en concurrence deux États.* »

78. Ex. : Req., 19 janv. 1874, *DP* 1874.117 : « *le propriétaire dont l'héritage est traversé par un cours d'eau non dépendant du domaine public, peut user des eaux, à leur passage, aussi bien pour ses établissements industriels que pour ses exploitations agricoles* [...] *pourvu qu'il ménage dans une juste mesure le droit des riverains inférieurs* ».

79. Ex. : Cass. civ. 3e, 4 févr. 1975, *Bull. civ.* III, n° 40 : « *C'est à bon droit que les juges du second degré ont recherché* [...] *si les riverains situés en amont n'avaient pas abusé de leur droit d'irrigation* ».

l'inaliénabilité eut été en effet incompatible avec la gestion commerciale d'une entreprise, fût-elle nationalisée[80]. Il n'en est autrement que pour les entreprises concessionnaires d'un service public ou pour les biens affectés à l'usage du public. La loi interdit seulement aux entreprises nationales d'aliéner leur capital social, non les éléments constituant leur actif social.

La loi du 2 juillet 1986 a, en son article 7, réglementé ce qu'on a appelé « *la respiration du secteur public* » *(sic)* ou sa « *privatisation* », c'est-à-dire le transfert à des personnes de droit privé (ce que la loi appelle le « *secteur privé* ») d'entreprises du secteur public. En simplifiant, une autorisation est nécessaire pour ce transfert ; elle est donnée par la loi ou une autorité administrative, selon que l'État a la propriété de plus ou de moins de la moitié de l'entreprise en cause. La fin du monopole que l'Union européenne impose désormais aux entreprises nationalisées donne un intérêt nouveau à ces questions.

N°s 170-199. réservés.

80. CE, avis de la C. cass. du 16 mars 1948, sous Cass. soc., 26 mars 1948, *S.* 1949.I.77 : « *il n'est pas possible de supposer que le législateur en confiant des exploitations industrielles et commerciales à des établissements publics créés pour cet objet ait voulu paralyser le fonctionnement de ces exploitations en empêchant les établissements chargés de leur gestion de renouveler et de moderniser leur matériel et leurs installations ou de réaliser les éléments du patrimoine mobilier ou immobilier de l'entreprise devenus inutilisables pour en investir la valeur au profit de celle-ci* ».

TITRE II

BIENS CORPORELS ET PROPRIÉTÉS INCORPORELLES

200. ***Corpus***. – Selon un critère physique qui remonte au droit romain, les richesses peuvent être classées en deux catégories. D'une part, les biens corporels[1], c'est-à-dire les biens tangibles, qui peuvent être perçus par les sens, notamment par la main : ils ont un *corpus* et sont susceptibles d'une appréhension matérielle : sol, immeubles bâtis, meubles meublants, bijoux, or, matières premières, véhicules automobiles[2], etc. D'autre part, ceux qui ne comportent aucune matière, les biens incorporels, dont le droit reconnaît l'existence par une opération intellectuelle et abstraite. Certains constituent un droit contre un tiers, c'est-à-dire un droit de créance ou un droit d'associé ou d'actionnaire dans une société ; leur régime relève de la théorie générale des obligations et du droit des sociétés. Les autres forment la catégorie vivante et toujours renouvelée des « *propriétés* » incorporelles.

La distinction entre les choses corporelles et incorporelles est essentielle, car le droit français attache une grande importance à la possession ; or, traditionnellement, seules les choses corporelles pouvaient être possédées ; mais le droit, à cet égard, évolue[3]. Ce qui demeure constant est que les droits sur les meubles incorporels s'exercent d'une manière originale, à commencer la propriété.

Un fonds de commerce, une clientèle civile, un office ministériel, un droit d'auteur, un brevet d'invention, un dessin industriel, une marque de fabrique, un nom commercial et même, une information[4] (à la condition de ne pas être confidentielle[5]) représentent tous des richesses incorporelles, parfois très importantes.

---

1. **Étymologie :** du latin *corpus, oris* = corps. Dans la langue latine, *corpus* s'est d'abord opposé à *anima* (le corps physique, distingué de l'âme) ; aussi a-t-il désigné le corps inanimé, le cadavre ; l'opposition avec *anima* a eu, ensuite, pour conséquence de désigner tout objet matériel, par opposition à ce qui est insaisissable par les sens.

2. Des droits incorporels peuvent être attachés à un bien corporel : par exemple, un vignoble est une terre, donc un bien corporel ; s'il bénéficie d'une appellation contrôlée (droit incorporel délivré par l'administration), sa valeur s'en trouve considérablement augmentée. E. Agostini, « Corporel et incorporel. Être, voir et avoir », *D.* 2004.821 ; D. Martin, « Du corporel » *D.* 2004.1284.

3. *Infra*, n° 574.

4. P. Catala, « La "propriété" de l'information », *in Ét. P. Raynaud*, Dalloz, 1985, p. 97 et s. ; « Ébauche d'une théorie juridique de l'information », *D.* 1984, chr. 97 et s. ; J.-Ch. Galloux, « L'information comme objet de droit privatif », *D.* 1994, chr. 229 et s.

5. La liberté d'expression cesse lorsque l'information est confidentielle (Conv. EDH, art. 10, § 2) sauf si elle contribue à un débat d'intérêt général (Cass. com., 15 déc. 2015, n° 14-11.500, *Bull. civ.* IV ; *JCP*

201. L'avenir du monde. – Ces propriétés incorporelles constituent une incitation à l'intelligence et à la faculté créatrice, une des conditions essentielles du développement du monde, notamment de l'Occident[6]. Pas de progrès sans innovation, stimulée lorsque son auteur bénéficie d'un monopole ; tel est l'effet presque constant du profit. Mais tout monopole porte, par définition, une atteinte à la concurrence à laquelle ces propriétés peuvent donner un frein.

L'influence du droit de la concurrence est particulièrement sensible depuis le traité de Rome : les législations nationales sur les propriétés intellectuelles doivent se combiner avec le principe de la libre circulation des marchandises à l'intérieur du marché commun[7].

202. Histoire. – Ces droits sont relativement récents[8] ; ils ont une histoire parallèle à celle de l'activité économique. Ils sont devenus des biens – des monopoles d'exploitation – avec des lois datant de la Révolution française. Depuis, ils ont eu une extension constante et, après un siècle paisible, connu des transformations rapides. Beaucoup des lois qui les ont longtemps régis datent du commencement et du milieu du XIXe siècle et sont contemporaines de la naissance du machinisme industriel. La plupart ont duré plus de cent ans ; celles qui les remplacent sont éphémères et leur objet de plus en plus spécialisé[9]. Le droit des propriétés incorporelles devient agité et s'atomise.

Ces droits suscitent deux questions principales. Ont-ils une nature analogue à la propriété (Section I) ? Présentent-ils en dépit de leur variété une certaine unité (Section II) ?

SECTION I
NATURE JURIDIQUE

203. Une double discussion. – La nature juridique de ces richesses soulève traditionnellement une double discussion. D'abord, un débat conceptuel : la notion de bien incorporel est controversée (§ 1). Elle pose aussi une question de qualification ; on se demande si ces richesses constituent des propriétés ou simplement des monopoles d'exploitation (§ 2). Ces deux discussions présentent un aspect théorique, sans guère de conséquences pratiques.

G 2016.216, n. G. LOISEAU : une médiation, pourtant confidentielle par nature, peut être publiée si est en cause un « débat d'intérêt général ».

6. GOLDFINGER, *L'utile et le futile, L'économie de l'immatériel*, O. Jacob, 1994 ; M. VIVANT, « L'irrésistible ascension des propriétés intellectuelles », *in Ét. Chr. Mouly*, Litec, 1998, p. 441 et s.

7. La question se pose surtout pour la propriété industrielle, notamment le droit des marques. **Biblio. :** J. SCHAPIRA, G. LE TALLEC, J.-B. BLAISE, *Droit européen des affaires*, PUF, 4e éd., 1994, p. 420 et s. ; A. FRANÇON, « L'épuisement des droits de marques », *JCP* G 1990.I.3428.

8. V. toutefois J. CARBONNIER, n° 56, *Sociologie* : « *On aurait tort de croire que la propriété des biens incorporels est le produit d'une civilisation juridique raffinée et intellectuelle. Les primitifs connaissent le phénomène et peut-être à un plus haut degré que nous ; plus facilement que nous, ils conçoivent que le nom soit la propriété magique de celui qui le porte ; certains chants, certaines danses, certaines actions rituelles appartiennent en propre à une famille, de telle sorte qu'aucune autre n'ait le droit de les accomplir.* »

9. Ex. : autrefois, on avait fait une loi unique... pour les brevets d'invention ; maintenant, on régit spécialement les obtentions végétales et les produits semi-conducteurs (les circuits intégrés : L. 4 nov. 1987) ; ... pour le droit d'auteur, maintenant, on régit spécialement les logiciels (*infra*, n° 219) ; ... pour les dessins et modèles, maintenant, on régit spécialement les dessins de modes (*infra*, n° 223).

§ 1. Biens incorporels

204. Une richesse immatérielle. – Les droits intellectuels sont des biens incorporels car ils ne portent pas directement sur des choses matérielles : ils sont immatériels.

Par exemple, le droit d'auteur n'a pas pour objet la partition du musicien, le manuscrit de l'écrivain, la toile du peintre ou le marbre du sculpteur (C. propr. intell., art. L. 111-3, al. 3 : « *La propriété incorporelle définie par l'art. L. 111-1* (la propriété littéraire et artistique) *est indépendante de la propriété de l'objet matériel* »)[10] ; il est le droit d'en défendre l'intégrité, d'exploiter cette œuvre et d'en tirer des profits pécuniaires. De même, la propriété d'un fonds de commerce ne consiste pas seulement en la propriété du matériel ou des marchandises destinées à être vendues ; elle tient essentiellement à la possibilité de faire venir et conserver la clientèle, ce que parfois on appelle « la propriété d'une clientèle » ; ce langage est approximatif, car la clientèle est libre de conserver sa fidélité (*cf.* l'expression anglaise de *Goodwill of customers* = bon vouloir des clients) : elle n'est pas appropriée.

On voit combien la propriété est une notion inadaptée à la matière.

205. Une discussion académique (I). – La notion de bien incorporel suscite d'interminables controverses[11], peut-être, comme l'a suggéré un auteur, parce qu'elle met en cause une transformation radicale de la propriété[12]. Elle nous vient de Rome, où elle signifiait que certains modes d'acquisition de la propriété et la plupart des effets de la possession n'intéressaient que les choses corporelles, celles qui avaient une réalité physique et pouvaient donc faire l'objet d'une maîtrise effective. Seule la propriété avait une nature corporelle ; les servitudes, l'usufruit et les obligations étaient incorporels, c'est-à-dire uniquement des rapports de droit, non une maîtrise de la chose.

Quelques auteurs contemporains jugent inutile la distinction entre les biens corporels et les biens incorporels, parce qu'ils estiment qu'en droit, tous les biens seraient incorporels[13]. Mais si on veut avoir une vision vivante et réaliste du droit des biens, il est utile de distinguer les choses corporelles et les droits incorporels. Chacun sent bien que la propriété d'un fonds de terre n'est pas celle d'un brevet d'invention ; chacun sent bien qu'une même chose peut être l'objet de droits très différents, l'un corporel et l'autre incorporel : une statue est d'abord, dans sa matière, une chose matérielle, pouvant faire l'objet de droits réels (la propriété, par exemple) ; elle est aussi un élément de beauté susceptible d'autres droits (de reproduction, par exemple).

Nier toute différence entre les biens corporels et les biens incorporels, ce serait, en la généralisant, exagérer la dématérialisation du droit des biens. Celle-ci est un phénomène contemporain incontestable, qui ne se présente pas cependant de la même manière pour les deux espèces de biens. La notion de bien corporel traduit une maîtrise immédiate et directe du propriétaire sur la

10. Ex. : Cass. civ. 1re, 25 janv. 2005, *Bull. civ.* I, n° 44 ; *D.* 2005.959, obs. Ph. Allaeys : « *la propriété intellectuelle est indépendante de la propriété matérielle* » ; en l'espèce, le fils de Sonia Delaunay (une artiste peintre, dont la peinture jouait avec les abstractions géométriques et les rythmes colorés) avait donné son manteau d'été au musée de la Mode qui, en en ayant autorisé la reproduction photographique, fut condamné pour contrefaçon au profit de la sté titulaire des droits de reproduction de l'artiste.

11. M. Villey, *Le* jus in re, Public. institut droit rom. de l'Univ. de Paris, t. VI, 1950, p. 215 ; *Gaïus et le droit subjectif, in Leçons d'histoire de la philosophie du droit*, Dalloz, 2e éd., 1962, p. 177 et s.

12. A.-M. Patault, *Introduction historique au droit des biens*, PUF, 1989, n° 92, p. 110 : « *Derrière la substitution de la propriété – construction juridique* (qui était celle du droit médiéval) *à la propriété chose corporelle* (qui était celle du droit romain), *il y a la substitution d'un monde à un autre ; la conception chrétienne et l'humilité de l'homme médiéval, l'idée que le pouvoir de l'homme sur la terre n'est pas immédiat et qu'il n'existe que par délégation du domaine divin, l'idée aussi que la terre n'est à l'homme qu'à travers la solidarité du groupe, à travers les rapports entre les hommes.* »

13. Ex. : Flour, Aubert et Savaux, *Les obligations*, t. I, *L'acte juridique*, A. Colin, 15e éd., 2012, n° 4.

chose, plus forte que celle que l'on peut exercer sur un bien incorporel, qui est un pouvoir plus intellectuel, et juridiquement se décompose donc plus facilement, est moins durable et plus dépendant de données juridiques et de la conjoncture.

§ 2. Propriété ou monopole d'exploitation ?

206. Une discussion académique (II). – Depuis plus de deux cents ans, on se demande si ces droits sont de véritables propriétés ou s'il ne s'agit pas de monopoles d'exploitation : une discussion interminable et passablement académique. Car tout le monde est d'accord pour dire qu'il s'agit de biens, de richesses appropriées, susceptibles d'être cédées entre des contractants et d'être protégées contre les usurpations des tiers. Tout le monde est d'accord aussi pour dire que ces biens sont diversifiés et composites. Ce qui est controversé est de savoir s'il s'agit de propriétés,

207. Propriété ? – Beaucoup d'auteurs voient dans ces droits des propriétés[14]. L'usage est d'ailleurs d'utiliser à leur propos le terme de propriété ; on parle ainsi de la « propriété intellectuelle » de l'auteur d'une œuvre ou du titulaire d'un brevet d'invention. Si l'on définit la propriété comme le droit d'user, de jouir et de disposer d'un bien, on peut reconnaître par exemple à l'inventeur qui a déposé un brevet un droit de propriété : il peut exploiter le brevet *(usus)*, ou en jouir en concédant à un tiers une licence d'exploitation moyennant le versement d'une redevance *(fructus)* ou encore le céder (*abusus*, au sens juridique). Tous les ingrédients de la propriété paraissent réunis.

C'est ce parti que prend la codification à droit constant (L. 1er juillet 1992) dénommée « Code de la propriété intellectuelle » comprenant la propriété littéraire et artistique et la propriété industrielle. C'est ce que dit aussi la Cour européenne des droits de l'homme lorsqu'elle applique le protocole n° 1 dont l'article premier affirme que « *toute personne physique ou morale a droit au respect de ses biens* ». Sur le fondement de ce texte, la Cour a indistinctement protégé la propriété des biens corporels et celle des biens incorporels[15]. Le Conseil constitutionnel a adopté, lui aussi, cette conception extensive[16].

Ces droits ne confèrent pourtant pas à leur titulaire des pouvoirs identiques sur tous les points à ceux qui sont attachés à la propriété des biens corporels. On peut en trouver cinq signes, dont le sens est variable : leur caractère temporaire, leur dépendance aux tiers, leur inaptitude à la possession, leur dépendance à la personnalité et au travail de leur auteur et au droit.

1° Ils sont généralement **temporaires** alors que, normalement, la propriété est perpétuelle. Le droit d'auteur disparaît soixante-dix ans après la mort de l'auteur et l'œuvre tombe alors dans le domaine public ; le monopole lié au dépôt du brevet d'invention disparaît au bout de vingt ans, etc.

---

14. Ex. ; J. Foyer et M. Vivant, *Le droit des brevets*, PUF, 2e éd., 2005 ; J.- M. Mousseron, J. Raynard, Th. Revet, « De la propriété comme modèle », *in Ét. A. Colomer*, Litec, 1993, p. 281 et s. ; Chr. Caron, « Du droit des biens en tant que droit commun de la propriété intellectuelle », *JCP* G 2004.I.162.

15. Jurisprudence souvent réitérée. Ex. CEDH 26 juin 1986, *Van der Marle et autres c/ Pays-Bas, Recueil* A. n° 101, 949 : « *Grâce à leur travail, les intéressés avaient réussi à constituer une clientèle ; revêtant à beaucoup d'égards le caractère d'un droit privé, elle s'analysait en une valeur patrimoniale, donc en un bien au sens de la première phrase de l'art. 1* ». V. L. Marino, « Les droits fondamentaux émancipant le juge : l'exemple du droit d'auteur », *JCP* G 2010. 429 : l'auteur insiste sur la « jurisprudentialisation » de ce droit.

16. Cons. const., 27 juill. 2006, *Loi relative aux droits d'auteur et aux droits voisins dans la société de l'information, D.* 2006.2157, n. C. Castets-Renard ; *RTD civ.* 2006.791, obs. Th. Revet.

Cette donnée n'est pas décisive. D'une part, la propriété temporaire des biens corporels n'est pas inconnue ; ainsi, le preneur, dans un bail à construction[17] est-il propriétaire pendant la durée du bail des constructions qu'il s'est engagé à édifier ; il peut donc exercer toutes les prérogatives d'un propriétaire sous réserve du terme du contrat qui fera entrer l'immeuble dans le patrimoine du bailleur. D'autre part, certains droits incorporels ne s'éteignent pas avec le temps : nom commercial, fonds de commerce, marque[18]. Mais, à la différence de la propriété ordinaire, ces droits sont affectés par leur non-usage[19], ils sont ainsi dépendants du temps.

2° Ils n'ont de consistance que par la participation de **tiers :** les clients. Un fonds de commerce sans clientèle n'existe pas ; une marque n'a de sens que si une clientèle lui attache de l'importance. Au contraire, la propriété d'un bien corporel existe en elle-même, que le bien soit ou non exploité ou utilisé. Pour ces biens, en user ou pas, c'est toujours faire acte de propriétaire.

3° N'étant pas corporels, on a longtemps estimé qu'ils étaient insusceptibles de **possession véritable** ; leur protection possessoire empruntait la forme de succédanés : actions en contrefaçon, en concurrence déloyale ou en responsabilité civile ; mais la jurisprudence évolue[20]. Surtout, on ne conçoit pas la possibilité d'une prescription acquisitive. Capter la clientèle d'un autre, fût-ce par des procédés loyaux, ne revient pas à acquérir le bien d'autrui, mais, plus prosaïquement, à développer le sien. Si la prescription joue ici, ce n'est que sous la forme de la prescription extinctive des actions en concurrence déloyale, en responsabilité civile ou en contrefaçon.

La facilité avec laquelle ces biens peuvent être usurpés en raison de leur ubiquité conduit à donner au droit pénal un rôle qu'il n'a guère en matière de propriété. En outre, traditionnellement, l'action en revendication des droits incorporels est rejetée ; pourtant, dans le droit contemporain, elle est admise à l'intérieur des procédures collectives[21].

4° Au contraire de la propriété ordinaire, ils sont généralement liés **au travail et à la personnalité** de leur titulaire.

Ce lien est d'une inégale intensité. Certains biens incorporels entrent dans la patrimonialité pure (la propriété industrielle, le nom commercial) tandis que d'autres conservent avec leur titulaire des rapports, qui se maintiennent au-delà des actes de disposition. Tel est le cas de la propriété littéraire et artistique, dont le régime atteste, par de nombreux aspects, la persistance du lien entre l'artiste et sa création (par exemple, le droit de suite sur l'œuvre d'art[22], la révision de la rémunération en cas de cession à forfait d'une œuvre susceptible d'exploitation, la persistance du droit moral de l'auteur : autant de règles qui traduisent la volonté d'associer l'auteur au destin de son œuvre, même après en avoir disposé). Le lien entre le bien incorporel et l'activité de son

17. *Infra*, n° 903.

18. Pour les marques de fabrique, le dépôt ne produit effet que pendant dix ans, mais il peut être indéfiniment renouvelé (C. propr. intell., art. L. 712, al. 2) : *infra*, n° 213.

19. Avec des nuances toutefois pour la propriété littéraire et artistique. Ex. Cass. civ. 1re, 13 nov. 1973, *cons. Renoir c. Guino*, *Bull. civ.* I, n° 302 ; *D.* 1974.533, n. Cl. Colombet ; *JCP* G 1975.II.18029. En l'espèce, le peintre Renoir, au seuil de sa vieillesse, avait demandé à un de ses élèves, R. Guino, de sculpter ses visions ; pendant 40 ans, celui-ci ne réclama pas le partage des profits effectués sur les reproductions de ces sculptures. Devenu vieux et pauvre, il se déclara co-auteur et réclama ses droits. Jugé que pour les reproductions déjà faites, Guino avait renoncé à ses droits, non pour celles qui étaient postérieures à l'assignation : « *Un auteur, ayant le droit d'exploiter, sa vie durant, les œuvres qu'il a exécutées seul ou en collaboration, la cour d'appel tout en estimant que Guino avait renoncé à ses droits patrimoniaux jusqu'au jour de l'assignation, a rejeté, à bon droit, l'exception de prescription opposée par les consorts Renoir* » pour les droits postérieurs.

20. *Infra*, n° 574.

21. *Infra*, n° 227.

22. Le peintre ou le sculpteur a droit, même après avoir cédé l'œuvre, à une rémunération proportionnelle sur le prix des ventes ultérieures pendant toute la durée du monopole.

titulaire apparaît aussi dans un autre trait, caractéristique des propriétés intellectuelles : le défaut d'exploitation peut être sanctionné au nom de l'utilité publique largement comprise, car les monopoles inutilisés perdent leur raison d'être. Ainsi, en refusant systématiquement l'exploitation de l'œuvre de leur auteur, les héritiers peuvent commettre un « abus notoire » qui permettra au juge de les forcer à exploiter (C. propr. intell., art. L. 122-9) ; le titulaire d'un brevet peut être tenu de délivrer une licence « obligatoire » en cas de non-exploitation (art. L. 613-11) ; le non-usage prolongé d'une marque permet d'en demander la déchéance (art. L. 714-5) ; alors que le non-usage des biens corporels n'est qu'exceptionnellement sanctionné en cas de nécessité (réquisitions des logements vides par exemple, CCH, art. L. 641-1 et s.). Les obligations attachées aux propriétés incorporelles sont une contrepartie du monopole conféré par la loi à leurs titulaires. Il leur donne une fonction sociale que l'on a toujours été en peine de trouver dans la propriété des biens corporels, malgré les théories élaborées pour faire de la propriété un droit fondé sur la satisfaction des besoins sociaux. La question a rebondi pour le « droit au logement »[23].

5° Enfin, ces propriétés sont parfois dépendantes d'une **organisation juridique** spéciale, qui doit les concilier avec les libertés fondamentales, notamment les libertés d'expression et d'information[24]. Ce droit, pour toutes les propriétés intellectuelles, devient de plus en plus abondant et minutieux.

208. Une terminologie flottante. – La terminologie est flottante. On parle indistinctement de « biens incorporels », de « propriétés incorporelles », de « meubles incorporels », de « droits incorporels », de « propriétés intellectuelles » (littéraire, artistique ou industrielle), de « droits de clientèle »[25] ou de « monopoles d'exploitation ». La terminologie n'est pas la même pour le brevet d'invention et pour le droit d'auteur, et, pour le droit d'auteur, elle est hésitante.

Lorsque la loi qualifie les droits du breveté d'invention, elle ne se réfère pas à la propriété ou si elle en parle, c'est en l'entourant d'une périphrase. Autrefois (1844), elle parlait « *du droit exclusif d'exploiter à son profit une invention* » (art. 1). Aujourd'hui (1968), elle les qualifie « *d'un titre de propriété industrielle* [...] *qui confère à un titulaire et à ses ayants cause un droit exclusif d'exploitation* » (art. 1). Le législateur dénomme traditionnellement[26] le droit d'auteur de « propriété littéraire et artistique », de la loi du 7 janvier 1791 au Code de la propriété intellectuelle (1985), en passant par celle du 11 mars 1957, et c'est aussi ce que font, de plus en plus, la jurisprudence[27] et la doctrine. Mais le vocabulaire demeure incertain.

209. « Monopoles d'exploitation ». – Aussi, plutôt que d'employer le mot de propriété, parle-t-on souvent de « monopole d'exploitation »[28]. Ce que signifie la propriété littéraire ou industrielle, c'est que l'auteur est le seul à pouvoir exploiter

23. *Infra*, n° 409.

24. *Infra*, n° 228.

25. P. Roubier, « Droits intellectuels ou droits de clientèle », *RTD civ.* 1935.251.

26. Ex. : Le Chapelier, *Rapport pour l'adoption du décret du 14 janvier 1791 : « La plus sacrée, la plus inattaquable et si je puis parler ainsi, la plus personnelle de toutes les propriétés, est l'ouvrage, fruit de la pensée d'un écrivain. Cependant c'est une propriété d'un genre tout différent des autres propriétés ».* *Cf.* aussi Lakanal, séance à la Convention du 19 juillet 1793, *Jur. gén.*, *v° Propriété littéraire et artistique*, n° 76. « *De toutes les propriétés, la moins susceptible de contestation, c'est sans contredit celle des productions du génie, et si quelque chose doit étonner, c'est qu'il ait fallu reconnaître cette propriété, assurer son exercice par une loi positive.* »

27. Ex. : Req., 16 août 1880, *aff. Masson*, *DP* 1881.I.25 ; *S.* 1881.I.25, n. Ch. Lyon-Caen : « *D'après les principes généraux du droit, la propriété littéraire et artistique, essentiellement mobilière, a les mêmes caractères et doit avoir le même sort que tout autre genre de propriété, moins la limitation que l'intérêt public a fait porter à sa durée* ».

28. Ex. : Cass. civ., 25 juill. 1887, *aff. de Lucia di Lammermoor et de Lucrezia Borgia*, *DP* 1888.I.5, n. L. Sarrut, rap. Lepelletier : « *Les droits d'auteur et le monopole qu'ils confèrent sont désignés à tort, soit dans le langage usuel, soit dans le langage juridique, sous le nom de* propriété ; *loin de constituer une propriété comme celle que le C. civ. a définie et organisée pour les biens meubles et immeubles, ils donnent seulement à ceux qui en sont investis le privilège exclusif d'une exploitation temporaire.* »

sa création ; il peut donc s'opposer à ce que des tiers y portent atteinte. Un peu de la même manière qu'un propriétaire, au sens étroit du terme, peut exercer une revendication contre les usurpateurs, l'auteur et le breveté bénéficient d'une action en contrefaçon[29]. En outre, ces monopoles confèrent des droits composites : un faisceau d'attributs.

Pour certains droits incorporels, l'expression de « monopole d'exploitation » est presque aussi approximative que le mot de propriété : par exemple, le propriétaire d'un fonds de commerce ne bénéficie pas d'un monopole opposable à ses concurrents[30] ; dire que la clientèle n'est pas l'objet d'une véritable appropriation, c'est dire que la concurrence est libre. Le propriétaire du fonds de commerce a cependant des droits analogues à ceux que confère un monopole d'exploitation : il peut obtenir la condamnation de la concurrence déloyale, c'est-à-dire les manœuvres des tiers qui tendent à détourner la clientèle de son entreprise.

Section II
VARIÉTÉ DES PROPRIÉTÉS INCORPORELLES

210. Un droit sans unité. – À beaucoup d'égards, l'ensemble des biens corporels est soumis à un seul corps de règles. Par exemple, le droit de propriété a toujours la même teneur, qu'il s'agisse d'immeubles ou de meubles corporels ; sans doute, le statut de ces deux espèces de biens n'est-il pas toujours identique : la possession ne produit pas les mêmes effets pour les immeubles et pour les meubles corporels et ces différences s'accusent au fur et à mesure que l'on avance dans le particularisme des biens : l'immeuble urbain a un régime différent de celui de l'immeuble rural, etc. Ce qui n'empêche pas qu'il existe un droit commun de la propriété corporelle dont le contenu est substantiel.

Au contraire, les biens incorporels sont hétérogènes ; ils ne sont pas soumis à un statut unique mais à une série de règles autonomes et différentes, apparues au fil des temps. En outre, il existe beaucoup de créations intellectuelles qui ne sont pas protégées par une législation spéciale. Ainsi, une œuvre littéraire, un slogan publicitaire ou un logiciel, une invention industrielle ou une obtention végétale (une variété végétale nouvelle), un nom commercial, une marque de fabrique ou un dessin industriel comportent chacun un mode spécifique de protection. Au contraire, une idée nouvelle, une innovation mathématique, une création de race animale, une recette de cuisine, ou la règle d'un jeu ne comportent aucune protection spécifique, ce qui ne les empêche pas d'être objets de propriété.

Cependant, ces biens sont soumis à quelques règles identiques, sorte d'embryon de droit commun.

Ainsi, les diverses propriétés incorporelles sont-elles diverses et complexes (§ 1), bien qu'elles présentent des caractères communs (§ 2).

§ 1. Diversité

Ces droits sont divers ; leur régime dépend de leur objet. Les uns ont pour objet essentiel la clientèle (I) ; d'autres constituent un droit exclusif d'exploitation (II).

29. **Étymologie** de contrefaçon : du bas latin *contrafacio, ere* = aller à l'encontre, puis, faire contre, puis, imiter.

30. Ex. : L. Vogel, *Traité de droit des affaires*, LGDJ, t. I, 20e éd., 2016, no 446 : « *Le commerçant n'a pas le droit exclusif d'exploiter une clientèle puisqu'il n'a pas de monopole et qu'il est toujours exposé à voir la clientèle se détourner de lui. Mais en fait, il détient des éléments qui lui permettent de compter sur le maintien d'une clientèle et éventuellement sur son développement.* »

Beaucoup (non tous) relèvent d'un « Code de la propriété intellectuelle », qui compile, à droit constant, les dispositions antérieures. C'est une étrange codification, car elle a pour objet des droits hétérogènes.

I. — Droit à la clientèle

La clientèle peut être l'objet d'une exploitation commerciale : tel est l'objet du fonds de commerce. Elle peut aussi être civile, ce que traduit la commercialisation des professions artisanales et libérales.

211. 1° Clientèle commerciale : fonds de commerce. – Le fonds de commerce[31] est un agrégat de biens divers, ou, pour employer un langage plus technique, il constitue une universalité de fait, c'est-à-dire un groupement de biens formant un ensemble[32].

Cette analyse est critiquée. Certains auteurs estiment inutile de parler d'universalité de fait qui est une notion incertaine et imprécise[33] ; il suffirait de dire que le fonds de commerce est un droit à la clientèle[34].

Il demeure que le fonds de commerce est un ensemble composite qui a cependant une unité ; mais sa valeur est fragile. Il est un groupement hétérogène, dont certains éléments sont corporels, d'autres incorporels. Le commerçant exploite des marchandises et utilise un outillage (biens corporels), un nom commercial et un local (droit au bail), parfois une enseigne, des marques et des brevets, pour attirer et retenir la clientèle qu'il s'est constitué[35] (biens incorporels).

Cette universalité de fait n'est pas un patrimoine ; elle ne comprend pas les créances et les dettes qui appartiennent à la personne (physique ou morale) propriétaire du fonds de commerce : en cas de cession ou de nantissement du fonds, elles ne suivent pas le fonds, sauf disposition légale ou stipulation conventionnelle contraire.

Le fonds de commerce est cependant un groupement qui a une unité : il suffit d'un acte unique pour céder ou nantir le fonds de commerce (L. 17 mars 1909, dite Loi *Cordelet*, intégrée dans C. com., art. L. 141-1, s.), acte ayant un régime différent de celui qui aurait été applicable à la vente ou à la mise en gage d'un élément isolé. Il s'agit donc d'un bien complexe, parce que composite : sa valeur est plus grande que l'addition de celles de ses composants. La protection dont jouit le locataire d'un immeuble (D. 30 sept. 1953, intégré dans C. com.,

---

31. **Biblio. :** A. Cohen, *Traité théorique et pratique des fonds de commerce*, Sirey, 2e éd., 1948, deux vol. ; P. Le Floch, *Le fonds de commerce, essai sur le caractère artificiel de la notion et ses limites actuelles*, th. Rennes, LGDJ, 1986, préf. J. Paillusseau.

32. Ex. : Cass. civ., 31 oct. 1906, *DP* 1906.I.528 : « *Le mode spécial de publicité* (sur le nantissement du fonds de commerce) *tel qu'il a été organisé, s'applique au fonds de commerce tout entier, considéré comme universalité juridique* ».

33. *Supra*, n° 15 ; L. Aynès, n. *D.* 1999.167, sous Cass. civ. 1re, 12 nov. 1998 ; pour le portefeuille de valeurs mobilières, *infra*, n° 814.

34. Ex. : L. Vogel, *op. cit., supra*, n° 209, n° 446 ; P. Le Floch, cité *supra*, nos 109 et s. ; la Cour de cassation le dit aussi. Ex. : Req., 11 févr. 1937, *DP* 1938.I.13, n. P. Cordonnier : « *De ces éléments, la clientèle représentant le plus essentiel* (sic), *celui sans lequel un fonds de commerce ne saurait exister* ».

35. Il n'y a donc pas de fonds de commerce lorsque la clientèle a été créée par un tiers, par exemple un supermarché, ce qu'on appelle parfois un commerce satellite. Ex. : Cass. civ. 3e, 27 nov. 1991, *Bull. civ.* III, n° 289 : « *Elle ne pouvait prétendre au bénéfice de la législation sur les baux commerciaux dès lors que la clientèle du banc de poissons, dont l'exploitation lui avait été concédée par la sté Arcande, était constituée de manière largement prédominante, par celle du supermarché exploité par cette société* ».

art. L. 145-1, s.) dans lequel est exploité son fonds de commerce est si énergique que l'on emploie à ce propos l'expression de « propriété commerciale ». Sa valeur est fragile, parce qu'elle dépend de la fidélité de la clientèle, parfois inconstante ; elle est en effet liée à toutes sortes de facteurs : les circonstances économiques générales ou locales, les caprices du goût et des besoins, l'activité et le talent du commerçant. La clientèle (et donc le fonds de commerce) existe dès l'ouverture du local commercial sans qu'il soit nécessaire qu'elle ait été déjà constituée[36].

Le fonds de commerce est une institution critiquée. On lui reproche d'être parasitaire et archaïque, un privilège pour les commerçants en place, une entrave à la rénovation, en faisant du commerce une activité précapitaliste comparable à celle des petites boutiques de 1830 : les grands pays commerçants l'ignorent[37]. En outre, ce qui compte souvent dans un fonds de commerce, ce sont certains de ses éléments (le nom, les marques, les brevets, le droit au bail), plus que le droit à la clientèle : les perspectives ont changé depuis la loi *Cordelet*.

212. 2° Clientèle civile, fonds artisanal, rural, libéral, office ministériel, etc. – En matière civile, la clientèle est aussi, peu à peu, devenue un bien ayant un caractère patrimonial, avec des données différentes selon qu'il s'agit de la clientèle attachée à une profession artisanale rurale, libérale ou à un office ministériel[38].

Une loi du 5 juillet 1996 (art. 22) (non codifiée dans le C. com.) a fait apparaître le **fonds artisanal** afin de permettre les actes juridiques l'ayant pour objet (ex : nantissement, crédit-bail, location-gérance, cession[39]) : comme le fonds de commerce, il est constitué par des éléments objectifs (enseigne, nom, droit au bail, etc.) qui attirent la clientèle. La loi du 5 janv. 2006 a aussi institué le **fonds rural**, composé notamment de la clientèle privée (C. rur. et pêch., art. L. 311-3), rapidement consacrée par la Cour de cassation[40].

Après avoir longtemps jugé le contraire, la Cour de cassation a décidé que la **clientèle civile** (par exemple celle d'un médecin) pouvait être cédée ; mais s'il s'agit d'un médecin, la liberté de choix du patient doit être respectée[41] ; la condition importante est ailleurs ; la cession de la clientèle est liée à celle du **fonds libéral**[42] : une universalité de fait comportant la clientèle, le matériel et le droit au bail du local où s'exerce la profession. Il s'agit, a décidé la Cour européenne

36. Cass. com., 5 févr. 1952, *Bull. civ.*, III, n° 71.

37. V. toutefois J. Derruppé, « L'avenir du fonds de commerce et de la propriété commerciale », *in Ét. Fr. Terré, Dalloz et al.* 1999, p. 574 et s., selon lequel la plupart des pays connaissent une notion semblable (p. 580) ; il souhaitait l'extension du fonds en y incluant les contrats liés à son exploitation (p. 586).

38. **Biblio. :** P. Leclercq, *Les clientèles attachées à la personne*, th. Grenoble, LGDJ, 1965, préf. P. Catala. Favorable à l'existence d'un « fonds » civil ; J.-J. Daigre, « Du fonds libéral en général », *in Droit et vie des affaires, Ét. A. Sayag*, Litec, 1997, p. 191 et s. ; L. Chatain-Autajon, *La notion de fonds en droit privé*, th. Montpellier, Litec, Bibl. dr. entreprise, 2006, préf. P. Mousseron.

39. A. Le Gars, « La vente du fonds artisanal », *Defrénois* 2012.242 et s. : dont le régime est calqué sur celui de la cession d'un fonds de commerce.

40. Cass. civ. 3e, 16 sept. 2009, n° 08-18.868, *Bull. civ.* III, n° 192 ; *RTD civ.* 2009.748, obs. Th. Revet.

41. * Cass. civ. 1re, 7 nov. 2000, *Woessner*, *Bull. civ.* I, n° 283 ; *D.* 2001.2400, n. Auguet ; *JCP* G 2001.II.10452, n. F. Vialla ; *Defrénois* 2001, 431, n. R. Libchaber ; *RTD civ.* 2001.167, obs. Th. Revet : « *Si la cession de clientèle médicale, à l'occasion de la constitution ou de la cession d'un fonds libéral d'exercice de la profession, n'est pas illicite, c'est à la condition que soit sauvegardée la liberté de choix du patient* ».

42. Fr. Vialla, *L'introduction du fonds libéral en droit positif français*, th. Montpellier, Litec, 1998, préf. J.-J. Daigre ; Cass. civ. 1re, 2 mai 2001, *JCP* G 2002.II.10062, n. O. Barret ; n.p.B. : l'actif de la communauté conjugale comporte « *la clientèle d'un époux exerçant une profession libérale, de même que les matériels et les locaux, l'ensemble formant un fonds d'exercice libéral* ».

des droits de l'homme, d'une véritable propriété qui doit être protégée contre les atteintes de l'État[43].

Pendant plus d'un siècle, une jurisprudence abondante avait au contraire décidé que le médecin n'avait pas le droit de céder sa clientèle, qui était « *attachée à sa personne* » ; mais il pouvait présenter son successeur à ses clients, s'engager à ne pas lui faire concurrence et ce droit pouvait être rémunéré – ce qui, en fait, permettait une cession de clientèle, à condition de ne pas le dire. Cette construction compliquée avait été critiquée ; depuis, l'arrêt *Woessner* a juridiquement reconnu le caractère patrimonial de la clientèle que peut constituer l'exercice d'une profession libérale.

À l'égard des **offices ministériels**, il ne s'agit pas d'une véritable propriété, dans la mesure où l'officier public est investi par l'État. Mais l'officier public a le droit de présenter au ministre de la Justice son successeur, en vue de sa nomination et ce droit peut être rémunéré. On distingue ainsi dans le droit de l'office ministériel le titre (l'autorité publique), qui ne fait pas partie du patrimoine et est incessible, et la finance (le droit de présentation), qui, au contraire, est cessible. Là encore, il s'agit d'un bien complexe parce que composite[44].

La distinction est aussi appliquée aux **parts sociales**[45].

II. — Monopoles d'exploitation

On distingue deux sortes de monopoles d'exploitation : le droit sur les signes distinctifs (A) et ceux qui portent sur les créations (B).

Ces prérogatives ont une « juridicisation » croissante, en étant de plus en plus régies par le droit, notamment celui de l'Union européenne. Elles peuvent se chevaucher ; le droit, parfois en permet la combinaison, parfois l'exclut. Par exemple, une marque ou une enseigne peut se confondre avec le nom commercial ; au contraire, si une œuvre est à la fois une invention et un dessin industriel, le droit des brevets exclut celui des dessins (C. propr. intell., art. L. 513-3, al. 2).

A. Signes distinctifs

Les signes distinctifs qui attirent la clientèle – la marque de fabrique, le nom commercial et l'enseigne – constituent des monopoles d'exploitation et font généralement partie du fonds de commerce.

43. CEDH, 25 mars 2000, *JCP* G 2000.I.203, n° 30, obs. Fr. Sudre.

44. Ex. : Cass. civ. 1re, 16 juill. 1985, *Bull. civ.* I, n° 224 ; *JCP* G 1986.II.20595, n. M. Dagot : « *Si l'office notarial et le titre de notaire ne sont pas dans le commerce, le droit, pour le notaire, de présenter un successeur à l'autorité publique constitue un droit patrimonial qui peut faire l'objet d'une convention régie par le droit privé* ».

45. Cass. civ. 1re, 4 juill. 2012, n° 11-13.384, *Bull. civ.* I, n° 155 ; *D.* 2012.1886, 2493, chr. V. Barabé-Bouchard ; *JCP* G 2012.1104, n. G. Paisant ; *JCP* N 2012.1382, n. J. D. Azincourt : « *ayant constaté que le mari, souscripteur de parts sociales acquises pendant la durée du mariage, avait seul la qualité d'associé, la cour d'appel en a exactement déduit que ces parts n'étaient entrées en communauté que pour leur valeur patrimoniale et qu'elles ne pouvaient qu'être attribuées au titulaire des droits sociaux lors du partage* ».

213. 1° Marques de fabrique. – La marque de fabrique[46] est protégée contre le risque de confusion[47] dans son utilisation commerciale[48]. Elle identifie les produits et les services : plus que le nom commercial et l'enseigne, elle attire et retient la clientèle ; beaucoup d'acheteurs recherchent la marque parce qu'elle identifie le produit ou le service. Elle a donc un triple objet : elle protège le propriétaire de la marque contre ses concurrents, garantit le consommateur sur l'origine des produits et des services et protège la réputation de l'entreprise. La loi du 23 juin 1857 l'a régie pendant plus de cent ans et été à partir de 1964 remplacée par plusieurs lois successives (aujourd'hui C. propr. intell. L. 711 à 716) ; peu à peu le droit européen affirme aussi son empreinte afin de parvenir à un marché unique.

Pour constituer une marque, un signe doit être disponible, c'est-à-dire ne pas avoir été acquis antérieurement par un tiers, et distinctif, c'est-à-dire n'être ni générique[49], ni descriptif[50], ni déceptif[51] (art. L. 711-2). Tout signe peut servir de marque s'il est distinctif. La marque peut être constituée par le nom de famille, à condition de ne pas porter atteinte aux droits de la personnalité d'autrui (art. L. 711-4, g)[52]. Aussi par le titre d'une œuvre

46. **Étymologie** de marque : du germanique *marka* = signe marquant une frontière.

47. Peu à peu, sous l'influence européenne, est définie la confusion portant atteinte à la propriété des marques. Elle est établie de plein droit lorsque le signe contesté est **identique** à la marque, c'est-à-dire « *quand il reproduit, sans modification ni ajout, tous les éléments constituant la marque ou, lorsque considéré dans son ensemble, il recèle des différences si insignifiantes qu'elles peuvent passer pour inaperçues aux yeux d'un consommateur moyen* » : CJCE, avis, 20 mars 2003, *D.* 2003.2685, obs. S. Durande. Lorsque le signe est seulement **semblable**, le risque de confusion doit être démontré ; la CJCE 29 sept. 1998 *Recueil* CJCE I. 5507 le définit : « *que le public puisse croire que les produits ou le service en cause proviennent de la même entreprise ou, le cas échéant, d'entreprises liées économiquement* ». Ex. Cass. com., 30 mai 2007, n° 06-14.642, *Paris Première, Bull. civ.* IV, n° 150 ; *JCP* G 2007.II.10169, n. Th. Azzi : « *il n'y a pas de risque de confusion dans l'esprit d'un téléspectateur d'attention moyenne qui ne saurait être amené à penser que les émissions d'information régionale diffusées par France 3* (Bordeaux Première, Limoges Première, etc.) *puissent émaner de la chaîne exploitée par la société Paris Première* ».

48. Par conséquent, est licite l'utilisation de la marque d'autrui à des fins éducatives ou dans un tableau artistique.

49. C'est-à-dire qu'elle ne doit pas être générique pour une grande partie de la population. Ex. : * Cass. com., 27 oct. 1992, *un Kir, Bull. civ.* IV, n° 329 : « *La cour d'appel après avoir à bon droit énoncé qu'une dénomination n'acquérait un caractère générique que par son emploi par une "notable partie" du public concerné a retenu que le "blanc-cassis" étant un produit de consommation courante et de vaste diffusion, sa désignation sous le vocable "Kir" par les seuls consommateurs de la ville de Dijon ne pouvait pas lui conférer, à la date du dépôt de la marque litigieuse, un caractère générique susceptible d'entraîner la nullité de ce dépôt* ».

50. Est purement descriptif le signe désignant une caractéristique du produit, notamment la *nature* (ex. : « grand chocolat » pour du chocolat), l'*espèce* (ex. : « fraises de Plougastel »), la *qualité* (ex. : « discret », pour une garniture féminine périodique), la *destination* (ex. : « spécial auto ») ou l'*origine* (ex. : « coutellerie de Savoie ») ; mais sont validées les marques évocatrices : ex. « Abracadabra » pour des spectacles de divertissement ou de magie (Cass. com., 13 mars 2001).

51. C'est-à-dire susceptible de tromper le public. Pour les marques vinicoles, le choix s'est libéralisé ; ex. : Cass. com., 17 déc. 2003, *Bull. civ.* IV, n° 211 ; *D.* 2004.2139, n. J.-N. Bahans et M. Menjucq, influencé par un arrêt préjudiciel de la CJCE ; en l'espèce, l'Institut National de la propriété industrielle avait accepté la marque vinicole « Cadets de l'Aquitaine », parce qu'elle ne constituait pas une référence géographique admise par l'INPI. Ce qu'a admis la Cour européenne : il suffit que la marque ne soit pas « *de nature à induire en erreur le consommateur et à affecter son comportement économique* ».

52. **1°)** Lorsqu'il est **notoire ou rare**, un nom de famille peut être une marque de fabrique, déposé à ce titre s'il a été cédé ; l'étendue de la cession est restrictivement interprétée. Ex. : Cass. com., 6 mai 2003, *Alain Ducasse* (le cuisinier), *Bull. civ.* IV, n° 60 ; *D.* 2003.1565, obs. J. Daleau, 2228, n. Grég. Loiseau, 2629, obs. S. Durrande : « *Le consentement donné par un associé fondateur, dont le nom est notoirement connu, à l'insertion de son patronyme dans la dénomination d'une société exerçant son activité dans le même domaine, ne saurait sans accord de sa part et en l'absence de renonciation expresse ou tacite à ses droits patrimoniaux, autoriser la société à déposer ce patronyme à titre de*

littéraire[53], une couleur[54], un slogan[55] ou un signe sonore[56] mais plus difficilement parce qu'ils sont rarement distinctifs ; même une origine géographique à condition de ne pas porter atteinte à une appellation d'origine (C. consom., art. L. 111-5, al. 3) ; l'appellation d'origine l'emporte sur la marque, même antérieure[57].

Elle est protégée pendant dix ans, indéfiniment renouvelables, lorsqu'elle a été enregistrée – l'administration vérifie si elle est distinctive – ; la protection remonte au jour du dépôt ; dépôt et enregistrement peuvent avoir un effet international. L'enregistrement d'une marque irrégulière peut être annulé, sauf si le titulaire véritable de la marque en avait toléré l'usage pendant cinq ans et si le dépôt avait été fait de bonne foi (C. propr. intell., art. L. 714-3)[58]. Il est interdit à autrui sous peine de contrefaçon d'utiliser une marque enregistrée dans le même secteur d'activité. Le défaut d'exploitation pendant cinq ans en entraîne la déchéance (art. L. 714-5). La contrefaçon peut être prouvée par tous moyens, notamment par une saisie-contrefaçon[59] ; elle constitue une infraction (art. L. 716-9) (une sorte de vol) susceptible d'entraîner une confiscation des produits contrefaits. La victime peut aussi exercer une action en responsabilité civile ou en concurrence déloyale.

Les **marques notoires**[60] sont connues d'un très large public et exercent leur pouvoir d'attraction quels que soient les produits et les services qu'elles désignent. Elles sont protégées même si elles n'ont été ni déposées ni enregistrées et ne sont pas soumises au principe de spécialité. S'alignant sur la Cour de justice des communautés européennes[61], la Cour de cassation a décidé que la marque notoire n'interdisait pas seulement l'emploi d'un signe identique, mais aussi

---

marque de fabrique pour désigner les mêmes produits ou services ». **2°)** Lorsqu'il est **commun**, le porteur d'un nom ne peut s'opposer à ce qu'il soit utilisé en marque, sauf si est établi un risque de confusion : Cass. civ. 1re, 26 mai 1970, *Dop, D.* 1970.520.

53. Cass. civ., 1re, 4 avr. 2006, *Angélique, Bull. civ.* I, n° 192 ; *D.* 2006, *Pan.* 2320, obs. S. Durrande ; l'auteur des ouvrages intitulés « *Angélique marquise des Anges* » et le titulaire de la marque déposée ont obtenu la saisie-contrefaçon de cassettes pornographiques intitulées *Angélique,* avec l'approbation de la Cour de cassation : « *aucune disposition n'interdisant à l'auteur d'un ouvrage littéraire de déposer un titre en tant que marque* ».

54. Une couleur constitue difficilement une marque parce qu'elle ne donne pas d'informations précises et est généralement utilisée uniquement pour son pouvoir attractif et son aspect décoratif, non pour sa signification distinctive ; elle peut l'être, à condition de faire « *l'objet d'une représentation graphique qui soit claire et précise, complète par elle-même, facilement accessible, intelligible, durable et objective* » : CJCE, 6 mai 2003, *Libertel, D.* 2003.1501, obs. J. Daleau, 2005.501, obs. S. Durrande.

55. Ex. : CJUE, 21 janv. 2010, *JCP* G 2010.775, n° 14, obs. Chr. Caron : le slogan *Vorsprung durch technik* (Avance par la technique), à la condition qu'il soit distinctif, indique l'origine des produits et services et ne se limite pas à un effet simplement publicitaire (v. aussi *infra*, n° 214).

56. Plus encore qu'une couleur, un son constitue difficilement une marque, notamment parce qu'il doit être susceptible d'une représentation graphique – ce qui est encore plus aléatoire que pour une couleur : « *au moyen de figures, de lignes ou de caractères, qu'elle soit claire, précise, complète par elle-même, facilement accessible et durable* », CJCE, 27 nov. 2003, *D.* 2004, AJ 63, 2005.502, obs. S. Durrande.

57. Le Code de la consommation permet (art. L. 115-5) aux produits agricoles ou alimentaires de « *se voir reconnaître exclusivement une appellation d'origine contrôlée* ». En conséquence, « *le nom géographique qui constitue l'appellation d'origine ou toute autre mention l'évoquant ne peuvent être employés pour aucun produit similaire* ». La même règle s'applique en droit communautaire : ex. CJUE, 1er juill. 2011, *RD rur.* mars 2012, 18, n. Th. Georgopoulos : condamnation de la marque « Cognac finlandais ». Sur les agissements parasitaires, *infra*, n° 228.

58. Ex. : Paris, 12 oct. 2001, *D.* 2003.129, obs. S. Durrande ; l'ex-épouse de Louis Bobet (un coureur cycliste célèbre il y a une quinzaine d'années) avait déposé comme marque le nom de Bobet ; jugé 1°) que les consorts Bobet ne sauraient sérieusement prétendre en avoir ignoré l'usage (ils l'avaient toléré) ; 2°) que n'était pas de mauvaise foi celui qui avait déposé une marque en se méprenant sur ses droits.

59. Sous l'influence communautaire, la contrefaçon est définie étroitement, sauf s'il s'agit de marques notoires ; elle suppose une reproduction à l'identique des signes composant la marque. Ex. : Paris, 15 déc. 2000, *D.* 2002.1135, obs. S. Durrande.

60. La CJCE définit la notoriété en précisant que la marque doit être « *connue sur tout le territoire de l'État membre de l'enregistrement ou sur une partie substantielle de celui-ci* ». CJCE, 22 nov. 2007, *D.* 2008.322, n. Tr. Azzi : une notoriété purement locale ne suffirait donc pas.

61. CJCE, 23 oct. 2003, *Adidas, D.* 2004.341, n. crit. J. Passa.

similaire[62]. Cette protection renforcée a deux limites : elle n'empêche pas l'homonymie pratiquée de bonne foi si elle est précédée du prénom[63] ; elle impose au titulaire de la marque notoire qu'il démontre que l'emploi de cette marque pour un autre produit avait entraîné « *une modification du comportement économique d'un consommateur moyen* »[64]. Leur emploi illicite par autrui est sanctionné par une sorte d'action en responsabilité civile, même si n'existe pas de préjudice, parce qu'il y a atteinte à une propriété (art. L. 713-5).

214. Publicité commerciale. – La publicité commerciale, qui attire l'attention de la clientèle, est licite à la condition de n'être pas fausse (C. consom., art. L. 1211 s.) ; par sa concision ou son élégance, souvent (pas toujours), elle construit l'univers intellectuel du commerce. Les formules publicitaires sont protégées contre le plagiat[65] dans la mesure où elles ont pris forme et dépassé la simple idée[66]. La loi a essayé de déterminer les droits respectifs des producteurs et des auteurs d'une œuvre publicitaire[67].

La publicité commerciale est libre et protégée par la Convention européenne des droits de l'homme (art. 10), mais la loi a le pouvoir d'en réglementer certaines (ex. : le tabac) pour des motifs d'intérêt public (ex. : santé publique)[68]. La publicité comparative est autorisée par la loi transposant une directive communautaire, à condition de n'être ni trompeuse, ni dénigrante, ni parasitaire (art. L. 121-8 à 121-10). La directive européenne du 12 décembre 2006 impose de

62. Cass. com., 12 juill. 2005, *Pedimust*, *Bull. civ.* IV, n° 173 ; *RTD com.* 2008. 542, obs. J. Azéma ; *D.* 2005.AJ.2074, obs. J. Daleau : en l'espèce, la sté Cartier, titulaire de la marque *Must*, une marque renommée, avait voulu engager la responsabilité de la sté Oxymas à raison du dépôt et de l'usage de la marque « Pedimust » ; elle fut déboutée par les juges du fond parce que ce signe n'était pas identique à la marque renommée, mais seulement voisin. Cassation : « *la CJCE ayant dit pour droit* [...] *que l'emploi d'une marque identique ou similaire à une marque jouissant d'une renommée* [...] *engage la responsabilité civile de son auteur* ».

63. Ex. : Cass. com., 21 juin 2011, n° 10-232.62 ; *Bull. civ.* IV, n° 105 ; *RD rur.* août 2011. 43, n. Chr. Lebel : le *Champagne Henriot* est une marque notoire, qui n'empêche pas des viticulteurs de vendre leur champagne sous la marque *Serge Henriot* ou *Raymond Henriot*, Serge et Raymond étant les gérants de sociétés Serge Henriot et Raymond Henriot. V. toutefois *infra*, note 72, Cass. com., 9 nov. 1987, pour *Michel Leclerc*.

64. Cass. com., 10 mars 2011, n° 10-14.967, n.p.B. ; *D.* 2012. 1364, obs. S. Durrande ; en l'espèce, la sté Agatha, titulaire d'une marque figuratrice représentant un scottish terrier identifiant des bijoux (jugée notoire) s'est vainement opposée à l'utilisation d'une marque représentant aussi un scottish terrier, mais identifiant des accessoires pour chiens.

65. 1er ex. : **catalogue commercial** : Cass. com., 15 juin 1983, *Bull. civ.* IV, n° 174 : « *L'action en concurrence déloyale a pour objet d'assurer la protection de celui qui ne peut se prévaloir d'un droit privatif ; ayant retenu, dans l'exercice de son pouvoir souverain, que le catalogue de la sté Sapim reproduisait servilement certains extraits du catalogue de la sté Cellier, et qu'en dépit de différences, il en résultait pour la clientèle une confusion, la cour d'appel en a déduit à juste titre que la sté Sapim avait commis une faute constitutive de concurrence déloyale* ». 2e ex. : **slogan publicitaire** : Paris, 22 avr. 1969, *D.* 1970.214, n. J.-M. Mousseron ; *JCP* G 1970.II.16148, n. P. Greffe ; jugé que « *seul Lava lave aussi blanc sans bouillir* » est différent de « *Persil lave plus blanc* » ; v. aussi pour le droit des marques, *supra*, n° 213.

66. Ex. : Cass. com., 16 juin 1964, aff. *des horloges lumineuses*, *Bull. civ.* III, n° 309 : la cour d'appel avait jugé « *qu'une simple idée publicitaire, fût-elle originale, ne saurait être l'objet d'une appropriation en elle-même ; toutes les idées sont dans le domaine public* » ; rejet du pourvoi : il n'y avait donc pas concurrence déloyale lorsque la société des sources Perrier avait utilisé des horloges publicitaires éclairées, alors que l'Union horlogère franco-suisse vendait « *des horloges rendues lumineuses par la lumière noire* ». V. aussi pour le droit d'auteur, *infra*, n° 218.

67. L. 3 juill. 1985, art. 14 ; S. Durrande, « Œuvres publicitaires de commande », *D.* 1986, chr. 280 ; ouvr. collectif : *Publicité et droit d'auteur*, IRPI, Libr. techn., 1990.

68. Cass. crim., 19 nov. 1997, *D.* 1998.613, n. crit. Chr. Galloux : « *La réglementation de la publicité en faveur du tabac constitue une mesure nécessaire à la protection de la santé, au sens du § 2 de l'article préc.* (Conv. CEDH, art. 10), *justifiant une restriction à la liberté d'expression* ».

mettre fin aux interdictions totales de la publicité pour les professions réglementées ; le droit français a ainsi procédé à une « libéralisation mesurée » de la publicité des avocats[69].

215. 2º Nom commercial. – Le nom commercial identifie une exploitation commerciale et sert à rallier la clientèle. Il est un élément du fonds de commerce[70] ayant aujourd'hui une grande valeur. À la différence des brevets, des marques, des dessins et des modèles, il s'acquiert par l'usage (l'exploitation effective), non par un dépôt. Il est l'objet d'une propriété incorporelle, protégée par le droit commun : la responsabilité civile pour faute, la concurrence déloyale et le parasitisme ; comme pour la marque et l'enseigne, la protection est cantonnée à l'activité commerciale en cause ; sinon il n'y aurait pas de risque de confusion[71]. Il est susceptible d'être cédé, ce que n'auraient pas permis les règles du droit civil, attachées à l'indisponibilité du nom de famille.

Il peut être un nom de fantaisie, ce qui ne soulève guère de difficultés. Il ne peut utiliser le nom d'autrui lorsqu'il y a un risque de confusion, ce qui est le cas des marques protégées et des noms illustres, notamment ceux de l'aristocratie[72]. Il peut être le nom du commerçant, sauf si dans le même genre de commerce, il a déjà été utilisé de façon notoire par un homonyme ou un membre de la même famille[73], parce que la confusion serait inévitable et que l'adjonction du prénom ou d'un autre signe distinctif ne parviendrait pas à en éviter le risque. Le porteur d'un nom de famille peut permettre à un commerçant de l'utiliser comme nom commercial ; cette cession est valable : le nom s'est détaché de la personne qui le porte, pour s'appliquer au commerce qu'il désigne ; cette cession est définitive et irrévocable (sauf si le contraire avait été stipulé)[74].

216. Nom de domaine. – Le commerce en ligne (Internet) comporte une identification du site, le nom de domaine, innovation juridique d'inspiration américaine qui, comme tous les droits virtuels apparus à notre époque (personne virtuelle, domicile virtuel, nom virtuel), a du mal à s'intégrer dans les structures du droit civil. Il est à la fois nom commercial, adresse, signe

---

69. Fl. G'Sell, « La libéralisation mesurée de la publicité et de la sollicitation personnalisée », *JCP* G 2014.1235.

70. **Biblio. :** A. Mathely, *Le droit français des signes distinctifs*, Lib. jour. not., 1984 ; Cl. Colombet, « Le nom et les propriétés incorporelles », *D.* 1989, chr. 31 ; Gr. Loiseau, *Le nom, objet d'un contrat*, th. Paris I, LGDJ, 1997, préf. J. Ghestin.

71. Ex. : Cass. com., 27 mai 1986, *Bull. civ.* IV, nº 105 : l'hôtel Ritz, mondialement connu, ne peut interdire à une société commerciale exploitant des produits de beauté d'utiliser le nom « Charles of the Ritz ».

72. Ex. : TGI Aix-en-Provence, 23 mai 1991, *D.* 1994.148, n. R. Bout : « *Le nom d'Albertas est celui d'une famille appartenant à la noblesse provençale depuis le* xive *ou le* xve *siècle et est lié à de nombreux épisodes de la Provence ; les membres de cette famille peuvent légitimement refuser toute appropriation indue de leur nom patronymique* ; [...] *ils sont bien fondés à s'opposer à ce que le nom d'Albertas soit utilisé à des fins publicitaires évidentes comme une sorte de* « *label* » *et à ce qu'il soit associé à des ventes de tissus ou des transactions immobilières réalisées à Aix-en-Provence ou dans sa région* ».

73. Cass. com., 9 nov. 1987, *Michel Leclerc* (le revendeur d'automobiles et distributeur d'essence) *c. Édouard Leclerc* (l'épicier et également distributeur d'essence), *Bull. civ.* IV, nº 234 : « *La cour d'appel a souverainement retenu que le mot Leclerc, par sa notoriété, en constituait la partie attractive et avait provoqué des confusions ; en l'état de ces énonciations et constatations, la cour d'appel a également justifié sa décision sur la nullité de la marque de M. Michel Leclerc* ». En l'espèce, il s'agissait, lors d'un conflit entre deux frères, de l'usage de son propre nom de famille à titre de marque. V. toutefois pour *le Champagne Henriot*, Cass. com., 21 juin 2011, *supra* note 63.

74. * Cass. com., 12 mars 1985, *aff. Bordas*, *Bull. civ.* IV, nº 95 ; *D.* 1985.471, n. appr. J. Ghestin ; *JCP* G 1985.II.20400, concl. Montanier, n. crit. G. Bonet ; *Gaz. Pal.* 1985.I.245, n. rap. G. Le Tallec : « *Le principe de l'inaliénabilité et de l'imprescriptibilité du nom patronymique* [...] *ne s'oppose pas à la conclusion d'un accord portant sur l'utilisation de ce nom comme dénomination sociale ou nom commercial* ». En l'espèce, Pierre Bordas avait fondé une société d'édition qui portait son nom ; ultérieurement, la majorité des actions ayant changé de mains, Pierre Bordas donna sa démission de président-directeur général et vainement voulut interdire à la société dans laquelle il n'avait plus d'intérêt de continuer à porter son nom. La CJCE a repris les principes énoncés par l'arrêt *Bordas* : 30 mars 2006, *D.* 2006.2109, n. D. Porochia et C. A. Maetz, AJ 1455, obs. J. Daleau, Pan. 2326, obs. S. Durrande ; *Comm. com. élect.* 2006, 78, n. Chr. Ceras : « *le titulaire d'une marque correspondant au nom du créateur et premier fabricant des produits portant cette marque ne peut en raison de cette seule particularité, être déchu de ses droits* [...] *quand la clientèle attachée à cette marque a été cédée avec l'entreprise fabricant les produits qui en sont revêtus.* »

distinctif, enseigne et propriété commerciale – dont l'importance économique ne cesse de croître[75].

En 2008, il en existait plus d'un million : 300 000 en France et 170 millions dans le monde (beaucoup plus que les noms de famille ou les noms commerciaux). En application du Code des postes et communications électroniques (art. 45 L), le décret du 6 février 2007 en fixe le régime[76], en respectant la « Charte de nommage »[77] périodiquement modifiée, elle-même dépendante de l'ICANN, *Internet Corporation for Assigned Names and Numbers,* organisme dont la compétence est mondiale, attribuant les suffixes des noms de domaine désignant les rattachements par zones géographiques (ex. fr. pour la France) et génériques (com, net, org). Le nommage est mondial, utilisant des concepts américains parfois difficiles à transposer dans la pensée juridique française. En France, un « *bureau d'enregistrement* » applique les règles de désignation et d'enregistrement de ces noms (le nommage) avec le pouvoir de refuser ceux qui sont inutilisables (dénommés « termes fondamentaux » ou illicites), ou en ordonner la suppression ou le transfert : il n'est donc pas, malgré son titre, un simple organe d'enregistrement. La durée de validité du nom de domaine est de 12 mois pour les noms en .fr, renouvelable par tacite reconduction sauf suppression par le bureau d'enregistrement. Elle peut être de 1 à 10 ans pour les noms en .com, durée déterminée par le contrat entre le titulaire et le bureau d'enregistrement.

Le nom de domaine n'est protégé que s'il n'est pas purement descriptif. En outre, un nom susceptible d'être confondu avec un autre nom de domaine déjà protégé ne peut être choisi[78], sauf bonne foi du demandeur. De même, ne peut être choisi un nom de domaine identique à un nom de famille d'une personne notoirement connue (art. R. 2044-45 et 2044-46). Ces règles s'inspirent du droit de la responsabilité pour concurrence déloyale et parasitisme, en interdisant le risque de confusion[79]. Le conflit avec le nom de famille ou la marque[80] se règle donc par l'antériorité d'usage lorsque les activités sont similaires et qu'il y a un risque de confusion.

Comme le droit français, la CEDH décide qu'un nom de domaine constitue un « bien » (au sens de la Conv. EDH) qui doit être protégé et que cette protection cesse s'il porte atteinte à une marque « *car il y a intérêt à maintenir un système efficace de protection de la marque* »[81].

75. O. Savary et E. Dububson, « Le régime du nom de domaine », *Defrénois* 2009.713.

76. C. Manara, « Le decret relatif à l'attribution des noms de domaine francais », *D.* 2007.1740.

77. Le nommage est une dénomination propre à l'immatériel, différente de celle du monde physique (noms de famille, appellations d'origine, marques). Ex. : *www.u-paris2.fr* (Université Panthéon-Assas, Paris II).

78. Jurisprudence constante ; ex. : Lyon, 31 janv. 2008, *JCP* G 2008.II.10136, n. C. Chabert : « *Le nom de domaine pneus – online, qui réunissait deux mots ordinairement utilisés de manière tout à fait séparée, présentait à l'époque de son choix une certaine originalité et n'était pas purement descriptif* ». Condamnation à des dommages-intérêts de l'entreprise allemande qui après sa concurrente la sté *Pneus – Online Suisse* a utilisé pour ce même commerce le nom de domaine « pneuonline ». com « *dont elle ne pouvait ignorer qu'ils* (les sites litigieux) *créaient ou risquaient de créer, en raison de la proximité des noms utilisés, une grande confusion dans l'esprit des internautes* ».

79. Ex. : Cass. com., 7 juill. 2004, *Bull. civ.* IV, n° 149 ; *D.* 2004.2151, obs. C. Manara : jugé qu'il y a concurrence déloyale du fait de l'entreprise prenant comme nom de domaine le nom commercial d'une autre entreprise ayant sur elle une antériorité d'usage « *dans un même secteur d'activité et sur une même zone géographique* ».

80. Cass. com., 13 déc. 2005, *Bull. civ.* IV, n° 254 ; *D.* 2006.63, obs. C. Manara ; *Contrats, conc., consommation* 2006.26, n. Marie Malaurie-Vignal : « *un nom de domaine ne peut contrefaire par reproduction ou par imitation une marque antérieure [...] que si les produits et services offerts sur ce site sont soit identiques, soit similaires à ceux visés dans l'enregistremant de la marque et de nature à entraîner un risque de confusion dans l'esprit du public* » ; en l'espèce, jugé que la sté *Soficar* (sté de holding financière) en enregistrant le nom de domaine « *Locatour. com n'avait ni porté atteinte au nom de domaine, ni contrefait la marque "Locatour" dont était titulaire la sté Le Tourisme moderne* (agence de voyages) *parce que ces deux sociétés n'exerçant pas des activités identiques ou concurrentes il n'y avait pas de risque de confusion* ».

81. CEDH, 18 sept. 2007, *JCP* G 2008.I.158, n° 1, obs. Chr. Caron.

217. 3° Enseigne. – L'enseigne[82] n'individualise un commerce et n'est donc protégée que si elle est originale et distinctive, c'est-à-dire si elle permet facilement de faire la différence entre ce commerce et d'autres ; en d'autres termes, elle doit être, comme la marque, spéciale et non générique[83]. À la différence de celle du nom commercial, la protection de l'enseigne relève du droit commun, c'est-à-dire la responsabilité civile pour faute, la concurrence déloyale et le parasitisme ; comme pour le nom commercial, il n'y a pas de dépôt, à la différence du brevet, de la marque et des dessins et modèles ; la protection de l'enseigne dépend donc uniquement de son exploitation effective.

Lorsqu'une même enseigne est utilisée par plusieurs commerçants exerçant une activité semblable et qu'il y a un risque de confusion, le conflit est réglé par l'antériorité d'usage[84]. Selon la nature du commerce et la notoriété de l'enseigne, la protection est locale et limitée à une ville[85], ce qui est le plus courant, ou s'étend à la France entière[86].

B. Créations intellectuelles

Il existe aussi des monopoles d'exploitation, liés à une création intellectuelle ; les uns ont un esprit humaniste : la propriété littéraire et artistique ; les autres, de plus en plus, ont plutôt l'esprit d'entreprise : les logiciels, l'image d'un bien, les brevets d'invention, les dessins industriels et les appellations d'origines.

La loi confère un monopole d'exploitation, constitutif d'un bien, aux créateurs (d'une œuvre, d'une invention, d'un savoir-faire, etc.). Les conditions et l'économie en sont différentes selon la nature de la création. Les unes supposent l'originalité (les droits d'auteur), les autres la nouveauté (les brevets d'invention) ; tantôt, la création suffit (les droits d'auteur), tantôt, un dépôt et un enregistrement sont aussi nécessaires (les brevets, les marques et les dessins et modèles).

218. 1° Propriété littéraire et artistique. – Développant des principes posés pendant la Révolution en 1791 et 1793, la loi du 11 mars 1957 souvent modifiée[87] (C. propr. intell., art. L. 111 à 132) a conféré un monopole

82. **Étymologie** d'enseigne : du latin *insignis, is, e* = distingué par une qualité particulière, lui-même dérivé de *signum, i* = signe, marque distinctive.

83. Ex. : Paris, 24 oct. 1964, *aff. de la Pizza Montmartre, D.* 1965.248 : « *Une enseigne ou un nom commercial ne peuvent donner naissance à un droit privatif que si par les divers signes ou expressions qu'ils groupent, ils forment un ensemble original employé pour la première fois dans le domaine commercial envisagé ; le terme de* Pizza *désigne une galette chaude faite, suivant une recette italienne, d'une pâte garnie de divers condiments ; il s'agit donc d'un nom commun* » qui ne peut conférer un droit de propriété.

84. Ex. : * Req., 20 févr. 1888, *aff. Old England, DP* 1888.I.315, 3e esp. ; *S.* 1888.I.301 : « *La propriété de l'enseigne n'est garantie par aucune loi spéciale, mais elle trouve sa protection dans le principe général inscrit en l'article 1382 [auj. 1240], aux termes duquel tout fait quelconque de l'homme qui cause à autrui un dommage oblige celui par la faute duquel il est arrivé à le réparer ; dès lors, le premier créateur de l'enseigne ne peut utilement se plaindre qu'autant qu'il résulte pour lui de cette nouvelle appropriation un dommage quelconque* ».

85. Ex. : Req., 21 févr. 1888, *aff. de la Belle jardinière, DP* 1888.I.315, 1re esp. : « *La propriété de l'enseigne* [...] *est* [...] *limitée à la localité où est située la maison de commerce qui l'a prise la première* ».

86. Ex. : Req., 19 mai 1936, *aff. de la Samaritaine, DH* 1936.361 : « *La cour d'appel* [...] *constate que le nom commercial* Samaritaine *figurant sur l'enseigne de* Betton *est de nature à créer une confusion dans l'esprit de la clientèle locale et à lui faire croire que l'établissement d'Angers est une succursale de celui de Paris* ». La jurisprudence de *la Belle jardinière* paraît condamnée par l'arrêt de *la Samaritaine.*

87. L'inflation législative y sévit, ici comme ailleurs ; Fr. Pollaud-Dulian, « *Quo vadis lex ?* », *RTD. Com.* 2016. 641. L'Union européenne envisage une réforme du droit d'auteurs, jusqu'ici combattue par tous les milieux culturels.

d'exploitation au créateur[88] littéraire ou artistique[89], distinct de la propriété du support matériel[90]. Son histoire est une constante extension, liée aux découvertes techniques de la communication : imprimerie, radio, disque, cinéma, télévision, audio-visuel ; l'informatique, le numérique et la publication en ligne[91] lui ont donné un nouveau champ, aux contours incertains. La loi du 1er août 2006 en a harmonisé certains aspects avec les autres droits de l'Union européenne.

Dans un de ses attributs, ce monopole est un droit de la personnalité, car il comporte, à côté de droits pécuniaires (droits de reproduction[92], de publication, de traduction et de suite[93]) qui sont temporaires (soixante-dix ans : art. L. 123-1), un droit moral, « *attaché à l'œuvre de l'esprit* »[94], imprescriptible[95] et inaliénable[96] (art. L. 121-1), imprescriptible et inaliénable parce

88. Lorsque plusieurs personnes ont contribué à l'œuvre, la loi (C. propr. intell., art. L. 113-2) distingue les œuvres composites, collectives et de collaboration.Lorsqu'une œuvre collective est divulguée par une personne morale, celle-ci, selon une jurisprudence constante de la Cour de cassation, a la qualité d'auteur, et donc le droit moral : Cass. civ. 1re, 22 mars 2012, n° 11-10.132, *Bull. civ.* I, n° 70 ; *D.* 2012. 1246, n. A. Latil ; *RTD civ.* 2012. 338, obs. Th. Revet : « *La personne civile ou morale à l'initiative d'une œuvre collective est investie des droits de l'auteur et, notamment, des prérogatives du droit moral* » ; il est curieux qu'on puisse dire qu'une personne morale ait un pouvoir de création.

89. **Biblio. :** P.-Y. Gautier, *Propriété littéraire et artistique*, Droit fondamental, PUF, 10e éd., 2017 ; A. et H.-J. Lucas et al., *Traité de la propriété littéraire et artistique*, LexisNexis, 4e éd., 2012 ; Chr. Caron, *Droits d'auteur et droits voisins*, Litec, 4e éd., 2015 ; F. Pollaud-Dulian, *Le droit d'auteur*, Economica, 2e éd., 2014. Comp. Fr. Pollaud-Dulian, « *Quo Vadis lex* ? : la legislation française sur le droit d'auteur dans les affres de la modernité », D. 2017.645, dénonce la médiocrité de la législation contemporaine sur le droit d'auteur, une jurisprudence marginalisant le droit de l'auteur ; M. Verpeaux, « Neutrons legislatifs et disproportions règlementaire », D. 2005.1886.

90. Jurisprudence plusieurs fois réitérée. Ex. : Cass. civ. 1re, 29 nov. 2005, *Bull. civ.* I, n° 457 ; *D.* 2006, Aj., 146, obs. J. Daleau : en l'espèce, l'auteur des décors du ballet *Gisèle* à l'Opéra de Paris s'était opposé à la vente publique d'une de ses ébauches ; condamnation du commissaire-priseur qui n'en avait pas tenu compte : « *la propriété incorporelle de l'œuvre étant indépendante de la propriété de l'objet matériel qui en est le support, la remise de l'objet à un tiers n'implique pas la divulgation de cette œuvre* [...] ; *la toile litigieuse était une étude de couleur pour le décor de ballet qui lui avait été commandé* [...], *sa remise au directeur de la danse* [...] *ne suffisait pas à démontrer que le peintre ait entendu exercer sur cette œuvre son droit de divulgation* » ; v. *supra*, n° 204 et *infra* n° 574.

91. Ex. : Cass. civ. 1re, 12 juill. 2012, *Google*, deux arrêts, n° 11-13.666, et 11-13.669, *Bull. civ.* I ; *JCP* G 2012. 889 : condamnation pour contrefaçon de la société Google qui avait permis aux internautes d'avoir accès gratuitement à des films dans leur intégralité.

92. Par exemple, la représentation dans les chambres d'hôtel ; jurisprudence constante depuis, Cass. civ. 1re, 6 avr. 1994, *D.* 1994.179, n. P. Y. Gautier ; *JCP G* 1994 II 22273, n. J.-Cl. Galloux.

93. Le droit de suite confère aux auteurs d'œuvres graphiques et plastiques, pendant la durée limitée du monopole ; un pourcentage sur le prix de revente après la première vente effectuée par l'auteur (art. L. 122-8). Ce droit, n'est dévolu qu'aux seuls héritiers, « *à l'exclusion de tous légataires* » (art. L. 123-7), tels qu'une concubine ou un ami à la différence des autres droits pécuniaires et du droit moral. Ce droit a suscité une législation et une jurisprudence abondantes : O. Mandel, « Droit de suite et marché de l'art : des relations complexes et en perpétuelle évolution », *D.* 2012. 1078.

94. Cass. civ. 1re, 10 avr. 2013, n° 12-14. 525 ; *JCP* G 2013.1001, n° 2, obs. Chr. Caron.

95. Cass. civ. 1re, 13 nov. 1983, Cons. *Renoir*, cité *supra*, n° 207.

96. **1°)** Ex. de **rigueur** : Cass. civ. 1re, 28 janv. 2003, *Bull. civ.* I, n° 28 ; *D.* 2003.559, n. J. Daleau : « *l'inaliénabilité du droit au respect de l'œuvre, principe d'ordre public, s'oppose à ce que l'auteur abandonne au cessionnaire, de façon préalable et générale, l'appréciation exclusive des utilisation, diffusion, adaptation, retrait, adjonction et changement auxquels il plairait à ce dernier de procéder* ». En l'espèce, les auteurs et compositeurs de la chanson « *on va s'aimer* » avaient cédé leurs droits, en précisant que le cessionnaire pourrait apporter à l'œuvre toute modification « *selon son jugement, qui ne pourra pas être contesté* ». Quelques années après, la mélodie fut utilisée dans un film publicitaire consacré aux restaurants Flunch pour une chanson intitulée « *on va fluncher* ». La cour de Paris jugea qu'était fondée en droit cette nouvelle chanson. Cassation. **2°)** ex. de **souplesse** : Cass. civ. 1re, 13 févr. 2007, *Bull. civ.* I, n° 60 ; *JCP* G 2007.IV.1580 « *l'autorisation faite par l'auteur au cessionnaire du droit d'exploitation* (fabrication et commercialisation de linge de table) *de ne pas mentionner son nom sur les articles reproduisant ses œuvres n'emporte pas aliénation de son droit de paternité dès lors qu'il conserve la faculté d'exiger l'indication de son nom* ».

qu'il est une expression de la personne. Ce droit permet à l'auteur et à ses héritiers[97] d'affirmer sa paternité[98], décider de la divulgation de son œuvre et la faire respecter[99] afin d'empêcher qu'elle ne soit défigurée[100] ; c'est un droit « autonome », c'est-à-dire qu'il est distinct des autres prérogatives de l'auteur : de ses droits pécuniaires – il ne peut être invoqué pour la défense de ses

97. Ex. : Cass. civ. 1re, 11 janv. 1989, *aff. Utrillo, Bull. civ.* I, n° 9 ; *D.* 1989.308, 1re esp. ; *JCP* G 1989.II.21378, n. A. Lucas, 1re esp. : « *Le droit de l'auteur au respect de son nom, de sa qualité ou de son œuvre est transmissible à cause de mort à ses héritiers selon les règles ordinaires de la dévolution successorale.* » En l'espèce, un enfant d'un premier lit, légataire universel de la veuve d'Utrillo, elle-même donataire de l'universalité des biens de l'artiste, a eu ainsi qualité pour contester l'authenticité de deux toiles faussement attribuées au peintre. En cas d'indivision, le défunt peut avoir conféré le droit moral à un seul de ses cohéritiers (Cass. civ. 1re, 25 mars 2010, *Lévinas*, n° 09-67.515, *Bull. civ.* I, n° 75 ; *D.* 2010. 888, obs. J. Deleau, 1599, n. B. Edelman et 1603, n. P. Allaeys ; *JCP* G 2010.439, obs. Chr. Caron ; *RTD civ.* 2010. 348, obs. Th. Revet : le titulaire du droit moral (et donc du droit de divulgation) peut conclure seul les contrats d'exploitation relatifs à une œuvre posthume. V. *Droit des successions et des libertés*, coll. Droit civil.

98. Paris, 18 déc. 1990, *Gérard de Villiers*, *D.* 1993.442, n. B. Edelman : même s'il a signé un contrat de « nègre », un auteur peut revendiquer la paternité de son œuvre : « *Brigitte Soton pouvait à tout moment révéler sa paternité* (sic) *sur les romans qu'elle a écrits et* [...] *révoquer les clauses prévoyant leur publication anonyme ou sous un pseudonyme* ».

99. Jurisprudence abondante : deux questions sont célèbres : **1°)** La **coloration des films** : Cass. civ. 1re, 28 mai 1991, *Quand la ville dort*, *Bull. civ.* I, n° 172 ; *D.* 1993.197, n. J. Raynard ; *JCP* G 1991.II.21731, n. A. Françon ; *Rev. crit. DIP*, 1991.752 : la loi américaine confère le *copyright* au producteur, non à l'auteur ; en l'espèce, un producteur de films américain avait coloré les films de John Huston ; jugé qu'en raison de leur droit moral, les héritiers de l'auteur pouvaient par application de la loi française s'opposer à la diffusion en France de cette version ; **2°)** La **compilation** : un chanteur (interprète) a le pouvoir d'interdire la compilation de ses chansons dans une vidéo-cassette si elle altère l'œuvre ou déconsidère l'auteur ; jurisprudence plusieurs fois réitérée ; ex. : Cass. civ. 1re, 7 nov. 2006, *Les jolies colonies de vacances*, *Bull. civ.* I, n° 462 ; *D.* 2006.AJ.2913, obs. J. Daleau ; *JCP* G 2007.II.10000, n. T. Azzi : « *l'exploitation d'une œuvre au sein d'une compilation, mode d'exercice du droit patrimonial cédé, n'est de nature à porter atteinte au droit moral de l'auteur, requérant alors son accord préalable, qu'autant qu'elle risque d'altérer l'œuvre ou de déconsidérer l'auteur* ».

100. **1° Pendant** la durée du monopole. Ex. : Cass. civ. 1re, 8 janv. 1980, *Dubuffet*, *Bull. civ.* I, n° 17 ; *D.* 1980.89 ; *JCP* G 1980.II.19336, n. R. Lindon ; *RIDA* 1980.154, n. A. Françon : « *L'auteur d'une maquette originale, d'après laquelle une construction monumentale est réalisée, est titulaire d'un droit moral sur cette dernière dans la mesure où celle-ci tient son originalité de la maquette et réalise la conception de son auteur ; dès lors, en déniant à Dubuffet tout droit moral sur la construction inachevée du « Salon d'Été », la cour d'appel n'a pas donné de base légale à sa décision* » ; en l'espèce, la régie Renault avait commandé à Jean Dubuffet la maquette d'« *un ensemble monumental de 50 m sur 60 m sur le terrain de son siège social* » ; la réalisation de l'œuvre, à partir de la maquette, fut commencée, puis partiellement détruite pour de prétendus motifs techniques. La cour d'appel avait refusé de condamner la Régie : « *Dubuffet devait apporter la preuve d'un apport original au-delà de l'achèvement de la maquette.* » ; cassation. V. toutefois Cass. 1re civ. 22juin 2017, Bull. civ. I, à paraître, « *Dialogues des carmélites* » : en l'espèce, au festival d'Aix-en-Provence, le metteur en scène Tcherniakov avait modifié la fin de l'opéra : au lieu de monter à l'échafaud, Blanche sauve ses sœurs ; à la demande des héritiers de Bernanos et Francis Poulenc, la cour d'appel de Paris le condamne. Cassation : la cour n'avait pas examiné « comme elle y était invitée, en quoi la recherche d'un juste équilibre entre la liberté de création du metteur en scène et la protection du droit moral du compositeur et de l'auteur du livret, justifiait la mesure d'interdiction qu'elle ordonnait ». La décision est contestable, en augmentant démesurément le pouvoir « d'interprétation » du metteur en scène, qui peut dénaturé l'œuvre, elle manifeste un manque de respect envers les droits de l'auteur. **2° Après** l'expiration du monopole, la liberté de création devient le principe, le respect du droit moral l'exception, étroitement entendue. Ex. :Cass. civ. 1re 30 janv. 2007, *La suite des misérables, Cosette ou le temps des illusions* (*Bull. civ.* I, n° 47 ; *JCP* G 2007.II.10025, n. Chr. Caron ; *D.* 2007.497, n. J. Daleau ; sur renvoi, Paris, 19 déc. 2008, *JCP* G 2009.II.10038, n. Chr. Caron) : bien après que *Les Misérables* fût tombé dans le domaine public, un auteur lui avait donné une suite imaginaire ; à la demande d'un héritier de Victor Hugo, la cour d'appel condamna l'éditeur et l'auteur à un euro de dommages-intérêts. Sur le pourvoi de ces derniers, cassation : « *la suite d'une œuvre littéraire se rattache au droit d'adaptation ; sous réserve du respect du droit au nom et à l'intégrité de l'œuvre adaptée, la liberté de création s'oppose à ce que l'auteur de l'œuvre ou ses héritiers interdisent qu'une suite lui soit donnée à l'expiration du monopole d'exploitation dont ils ont bénéficié* [...] », or, il n'y a atteinte au droit moral qu'autant que les ouvrages litigieux « *auraient altéré l'œuvre de Victor Hugo et qu'une confusion serait née sur leur paternité ;* n'ayant pas examiné si l'œuvre de V. Hugo avait

intérêts pécuniaires[101] – et même des droits de la personnalité[102]. Ce droit peut être exercé par une personne morale lorsqu'elle est propriétaire d'une œuvre collective[103]. La protection s'étend, depuis une loi du 3 juillet 1985 (art. L. 212-1 et s.), aux « droits voisins », c'est-à-dire ceux des artistes-interprètes[104] contre les producteurs de phonogrammes[105], qui comprend un droit moral mais différent de celui d'un auteur car il ne comporte pas le droit de divulgation[106].

Ce que la loi protège c'est l'« *œuvre de l'esprit* », « *du seul fait de sa création* » (art. L. 111-1), même si elle n'a pas été divulguée. Il suffit qu'elle soit une « création », c'est-à-dire originale, portant l'empreinte de la personnalité de son auteur[107]. Peu importent son genre, son expression ou sa destination : la loi (art. L. 112-2) en donne une liste énonciative, que la jurisprudence comprend largement (ex. : livres, conférences, chansons, méthodes d'enseignement[108], modèles réduits et copies architecturales[109], jeux vidéo[110], chorégraphies, films, jardins[111], prestidigitation[112], bases de données (art. L. 112-3)[113] et « œuvres conceptuelles »

été altérée, la cour d'appel « *n'a pas ainsi caractérisé l'atteinte au droit moral et s'est déterminée en méconnaissance de la liberté de création.* »

101. Cass. civ. 1re, 3 déc. 1968, *Bull. civ.* I, n° 306 ; *D.* 1969.73, concl. R. Lindon ; *JCP* G 1969.II.15956 : le droit moral ne peut être invoqué pour agir contre le marchand qui a « *liquidé des toiles du peintre dans des conditions désastreuses pour la réputation de celui-ci* ».

102. Cass. civ. 1re, 10 mars 1993, *D.* 1994.78, n. A. Françon ; *JCP* G 1993.II.22161, n. J. Raynard ; n.p.B. : « *Le droit moral de l'auteur d'œuvres littéraires est seulement celui de faire respecter soit l'intégrité de ses œuvres, soit son nom et sa qualité en tant qu'auteur de celles-ci, mais il est entièrement étranger à la défense des autres droits de la personnalité protégés par la loi* ».

103. Cass. civ. 1re, 22 mars 2012, n° 11-10.132 ; *JCP* G 2012.978, n° 7, obs. Chr. Caron.

104. Ce qui suppose une œuvre de « l'esprit » : Cass. civ. 1re, 24 avr. 2013, n° 11-19.091 ; *JCP* G 2013.1001, n° 8, obs. Chr. Caron : « *les participants à l'émission en cause* [une téléréalité] *n'avaient aucun rôle à jouer ni aucun texte à dire* [car] *il ne neur était demandé que d'être eux-mêmes et d'exprimer leurs réactions face aux situations auxquelles ils étaient confrontés* ».

105. Cass. civ. 1re, 15 mai 2001, *Bull. civ.* I, n° 136 ; *D.* 2001.2969, n. J.-P. Gridel : « *En vertu de l'article L. 214-1, C. propr. intell., la communication des phonogrammes au public ouvre droit à une rémunération au profit des artistes-interprètes et des producteurs* ».

106. Cass. civ. 1re, 27 nov. 2008, n° 07-12.109, *Bull. civ.* I, n° 274 ; *JCP* G 2009, n° 25, 30, n° 15, obs. Chr. Caron.

107. L'originalité suppose une création révélatrice d'une personnalité. Ex. : Cass. civ. 1re, 7 nov. 2006, *aff. La Corse sauvage, Bull. civ.* I, n° 464 ; *JCP* G 2007.IV.3346 : une cour d'appel avait décidé qu'un ouvrage réunissant des reproductions photographiques avait une originalité justifiant qu'elles devaient être protégées par le droit d'auteur « *tenant notamment au format adopté, à la couleur et à la qualité du papier choisi, à l'opposition des simples légendes* ». Cassation : « *la cour d'appel n'a pas caractérisé en quoi les choix pour arbitraires qu'ils soient portaient l'empreinte de la personnalité de ses auteurs* » ; la Cour de justice de l'Union européenne adopte la même définition.

108. Paris, 29 mars 2006, *documentaire « Être et avoir », Comm. com. élec.* 2006, comm. n° 77, n. Chr. Caron ; *D.* 2006.2995, obs. P. Sirinelli ; en l'espèce, l'instituteur qu'avait filmé un documentaire sur son enseignement a vainement réclamé au producteur des droits d'auteur : le cours, en tant que tel, ne mettait en œuvre « *aucune méthode pédagogique nouvelle* » ; sur pourvoi Cass. civ. 1er, 13 nov. 2008, *infra* note 114.

109. Cass. civ. 1re, 25 janv. 2005, *Bull. civ.* I, n° 45 ; *D.* 2005.568, obs. Ph Allaeys : « *dès lors que, quel qu'en soit le mérite, ils portent l'empreinte de la personnalité de leur auteur* ».

110. Cass. Ass. plén., 7 mars 1986, *Bull. civ. Ass. plén.*, n° 4 ; P. VAN DEN BULEK et TH. VERBECK, « Jeux vidéos ; synthèse d'un cadre juridique naissant », *JCP* G 2006.I.100.

111. Paris, 11 févr. 2004, *les jardins de Vaux-le-Vicomte, D.* 2004.1301, n. S. Choisy ; en cette espèce, un agent publicitaire avait publié dans un magazine une photo représentant les jardins de Vaux-le-Vicomte ; à la demande des héritiers du restaurateur de ce jardin, invoquant leur droit moral, la cour décida que « *les parterres litigieux* [...] *constituaient une création originale* [...] *exprimant incontestablement la personnalité de son auteur* [...] *conférant ainsi à l'œuvre réalisée une originalité certaine, justifiant une protection au titre des droits d'auteur* ».

112. Paris, 17 déc. 2003, *D.* 2004.1588, n. P. Fleury.

113. Ex. : TGI Paris, 28 avr. 2003, *Sonacotra, D.* 2003.2819, obs. Chr. Le Stanc ; en l'espèce, un syndicat ouvrier avait utilisé, sans autorisation, l'annuaire électronique de son employeur publiant

de l'« art contemporain »[114], mais non aux parfums[115] ni aux enseignements oraux[116] ; elle s'étend aux arts appliqués lorsque leur forme a plus d'importance que leur fonction utilitaire[117].

L'auteur d'une œuvre inédite, lorsqu'il la prétend contrefaite, peut prouver par tous moyens l'antériorité de sa création[118]. Au contraire, une simple idée, même si elle est une source de profits, n'est pas une œuvre de l'esprit susceptible de protection, parce qu'elle n'a pas pris forme[119] : ce qui n'a pas pris forme n'est pas créé ; au contraire, le propre de la pensée est que « les idées sont de libre parcours »[120].

L'auteur a des droits opposables aux tiers : il peut agir en contrefaçon contre toute reproduction, édition ou représentation[121] faite au mépris de ses droits ; cette contrefaçon constitue même une infraction (art. L. 335-2), où la bonne foi est indifférente[122]. L'auteur peut aussi obtenir des dommages-intérêts en réparation de

---

les adresses de ses employés, à fin d'envoyer des tracts au personnel de l'entreprise ; jugé que l'employeur était le producteur de cette base de données et bénéficiait donc de la protection légale.

114. * Cass. civ. 1re, 13 nov. 2008, *Le Paradis*, n° 06-19.021, *Bull. civ.* I, n° 258 ; *D.* 2009. 266, n. E. Treppoz ; *JCP* G 2008.II.10204, n. Gr. Loiseau, 2009, n° 25, 30, n° 4, obs. Chr. Caron : est une œuvre protégée l'inscription du mot *Paradis* au dessus de la porte des latrines d'un hôpital psychiatrique dont les lettres étaient dorées et patinées avec un graphisme original : « *l'approche conceptuelle de l'artiste, qui consiste à opposer un mot dans un lieu particulier en le détournant de son sens commun, s'était formellement exprimée dans une réalisation matérielle originale* ».

115. Jurisprudence souvent réitérée, malgré la critique de quelques auteurs : Cass. civ. 1re, 13 juin 2006, n° 02-14718, *Bull. civ.* I, n° 307 ; *D.* 2006.AJ.1741 ; *JCP* G 2006.II.10138, n. approb. Fr. Pollaud-Dulian, obs. J. Daleau, 2470, n. approb. B. Edelman, 2991, obs. Sirinelli : « *la fragrance d'un parfum, qui procède de la simple mise en œuvre d'un savoir-faire, ne constitue pas au sens des textes précités* (C. propr. intell., art. L. 112-3) *la création d'une forme d'expression pouvant bénéficier de la protection des œuvres de l'esprit par le droit d'auteur* » : en l'espèce, une salariée avait créé un parfum pour le compte d'une entreprise ; la cour d'appel lui avait refusé une rémunération ; rejet du pourvoi.

116. Cass. civ. 1re, 13 nov. 2008, *documentaire Être et avoir*, n° 06-16.278, *Bull. civ.* I, n° 250 ; *JCP* G 2009, 30, n° 3, obs. Chr. Caron ; en l'espèce, l'instituteur qu'avait filmé un documentaire pendant son enseignement a vainement réclamé au producteur des droits d'auteur : « *un cours oral n'est pas protégeable [...] ; de simples propos échangés ne le sont pas non plus en raison de leur spontanéité* ».

117. L. C. Bernault, « La protection des formes fonctionnelles par le droit de la propriété intellectuelle », *D.* 2003.957 ; P.-Y. Gautier, *op. cit.*, n° 68.

118. Ex. : il avait déposé son manuscrit à la Société des gens de lettres, ou à la SACEM, ou chez un huissier, etc.

119. Ex. : Cass. civ. 1re, 17 juin 2003, *magasins Alain Afflelou*, *Bull. civ.* I, n° 148 ; *D.* 2003.2014 : « *La propriété littéraire et artistique ne protège pas les idées et concepts, mais seulement la forme originale sous laquelle ils sont exprimés* » ; en l'espèce, une architecte d'intérieur avait publié une planche illustrée de la façade d'un magasin et son aménagement intérieur ; elle poursuivit en contrefaçon les magasins d'optique Alain Afflelou qui s'en étaient inspirés et fut déboutée : « *Les prescriptions* (sic) *et dessins invoqués se réduisaient à des principes généraux exclusifs d'indications suffisamment concrètes et précises* ».

120. Ex. : Cass. civ. 1re, 29 nov. 2005, *Bull. civ.* I, n° 458 ; *D.* 2006.517, n. A. Tricone ; jugé que l'idée de faire et d'organiser un concours de produits de beauté ne constitue pas une œuvre de l'esprit protégée par le droit d'auteur ; en l'espèce, une employée du magazine féminin *Marie-Claire* avait eu et développé cette idée qu'exploita le magazine ; jugé qu'elle ne bénéficiait d'aucun monopole : « *la propriété littéraire et artistique ne protège pas les idées et concepts mais seulement la forme originale sous laquelle ils se sont exprimés* ».

121. Ex. : Cass. civ. 1re, 22 mars et 19 avr. 1988, *Bull. civ.* I, nos 88, 89 et 112 ; *JCP* G 1988.II.21120 : interdiction de représentations d'œuvres musicales non autorisées en discothèque. Le long conflit qui, depuis 1988, avait opposé les discothèques à la SACEM a pris fin en 1994 par un accord amiable.

122. Ex. : Cass. civ. 1re, 3 déc. 2002, *Bull. civ.* I, n° 292 : « *dans ses rapports avec le titulaire des droits méconnus, la bonne ou mauvaise foi du contrefacteur est indifférente* » ; en l'espèce, l'auteur et l'exploitant d'une photographie reprochaient à un tiers de l'avoir utilisée dans une affiche ; pour les débouter, la cour d'appel avait relevé que ce tiers avait commandé l'affiche litigieuse à une agence

son préjudice. Le droit d'auteur constitue un droit de l'homme, qui, selon une jurisprudence contestée[123] que le droit européen a décidé de briser, l'emporte sur le droit à l'information.

Ce droit est susceptible d'abus lors de la transmission successorale du droit moral : le juge peut « *en cas d'abus notoire dans l'usage ou le non-usage du droit de divulgation* » des représentants ou des héritiers « *ordonner toute mesure appropriée* » (art. L. 121-3 et 122-9). Cette règle a pour raison d'être d'empêcher que des héritiers refusent de mettre en valeur une œuvre de leur auteur dont ils méconnaissent la volonté ; elle révèle combien on est loin de la propriété ordinaire ; le droit des héritiers est « *au service de l'œuvre* », selon l'expression de la Cour de cassation[124].

À cet égard, la loi confère un grand pouvoir d'appréciation au juge, que la Cour de cassation limite à la faculté qu'ont les héritiers de décider ce qu'il faut faire de l'œuvre de leur auteur et de choisir leur éditeur en l'absence de volonté de l'auteur[125].

219. 2º Logiciels et modules. – Le domaine du droit d'auteur s'est étendu avec le développement de l'informatique : les lois du 3 juillet 1985 et du 10 mai 1994 (art. L. 112-2) ont considéré que, dès lors qu'il était original, le logiciel[126] était une œuvre de l'esprit, conférant à son auteur un droit de propriété selon le régime du droit d'auteur[127], qui ne subordonne pas la

---

spécialisée dont rien n'établissait qu'elle eût connu la photographie en cause. Cassation : la cour avait relevé que « *ladite affiche* (était) *une image stylisée de la photographie contrefaite* ».

123. Cass. civ. 1re, 13 nov. 2003, *sté nat. de télévision France 2*, *JCP* G 2004.II.10080, n. crit. Chr. Geiger ; n.p.B. ; en l'espèce, la sté de télévision France 2 avait dans son journal télévisé présenté pendant 126 secondes des tableaux de Maurice Utrillo figurant dans une exposition, sans avoir obtenu l'autorisation des héritiers de l'artiste ; condamnation de France 2 à payer des dommages-intérêts : « *pour rejeter le grief d'atteinte au droit du public à l'information et à la culture, l'arrêt énonce, à bon droit, que le monopole légal de l'auteur sur son œuvre est une propriété incorporelle, garantie au titre du droit de toute personne physique ou morale au respect de ses biens et à laquelle le législateur apporte des limites proportionnées* » [...].

124. Jurisprudence constante, ex. : Cass. civ. 1re, 24 oct. 2000, *Bull. civ.* I, nº 266 ; *D.* 2001.918, n. Chr. Caron : « *Le droit de divulgation* post mortem *n'est pas absolu et doit s'exercer au service de l'œuvre, en accord avec la personnalité et la volonté de l'auteur telle que révélée et exprimée de son vivant* » ; pendant 40 ans, les œuvres d'Antonin Artaud furent publiées par Gallimard, à la demande de ses héritiers ; à leurs décès, ces droits furent recueillis par un neveu qui s'opposa vainement à la poursuite de la publication ; v. Chr. Caron, *Abus de droit et droit d'auteur*, th. Paris II, Litec, 1998. La Cour de cassation décide aussi que « *ce droit de divulgation [...] : devra s'accorder à la personnalité et à la volonté de l'auteur telle que révélée et exprimée de son vivant ; en cas de conflits entre les héritiers titulaires de ce droit, il appartient au juge d'ordonner toute mesure appropriée* ».

125. Ex. : * Cass. civ. 1re, 28 févr. 1989, *aff. Foujita*, *Bull. civ.* I, nº 201 ; *D.* 1989.557, n. S. Durrande ; *RTD com.* 1989.460, obs. A. Françon ; *RIDA*, 1989.257, m. n. : « *C'est seulement en cas d'abus notoire dans l'usage ou le non-usage de leurs droits d'exploitation de la part des représentants d'un auteur décédé que le tribunal de grande instance peut ordonner toute mesure qui lui paraît appropriée* ». En l'espèce, Mme Foujita, veuve du peintre, avait refusé à une maison d'édition « *l'autorisation de publier dans l'ouvrage qu'ils préparaient la reproduction d'un certain nombre d'œuvres de ce peintre* ». Sur la demande de l'éditeur, appuyée par le ministre de la culture, la cour de Versailles avait donné cette autorisation, parce que « *par son comportement, Mme Foujita qui ne formule aucune critique sur la qualité de l'ouvrage projeté, nuit sans raison à la diffusion en France des œuvres de son mari, au point qu'aucun livre n'y est disponible actuellement sur sa vie et ses peintures* » ; cassation ; résistance de la cour de renvoi, Rennes, 16 nov. 1990, *JCP* G 1991.II.21775, n. S. Hovasse-Banget : « *En portant atteinte à la diffusion en France des œuvres de son mari, par une attitude qui n'est pas dans la ligne* (sic) *et ne peut s'inscrire dans le respect des volontés de ce peintre, Mme Foujita a commis un abus manifeste dans le non-usage des droits d'exploitation de l'œuvre de Foujita* ».

126. Le logiciel est l'ensemble des analyses et des programmes qui permettent à un ordinateur de traiter des informations ; en anglais : *software*, antonyme de *hardware*, le matériel.

127. **Biblio. :** J. Huet et H. Maisl, *Droit de l'information et des télécommunications*, Litec, 1989, p. 263 et s. ; M. Vivant, « Le "produit informatique". Discours sur un discours », *D.* 1989, chr. 140.

protection du logiciel à son dépôt, et le rend ainsi différent des brevets d'invention[128]. L'information informatisée et son emploi deviennent donc un bien lorsqu'ils résultent d'une création intellectuelle.

220. 3° Image d'un bien. – La personne a le droit de faire respecter son image sur le fondement de l'article 9 et des droits de la personnalité[129] ; cessible, ce droit ne relève pas de la propriété intellectuelle, mais du droit des contrats, notamment de la liberté contractuelle[130].

Par une analogie lointaine avec ce droit, la Cour de cassation a décidé que le propriétaire d'un immeuble pouvait s'opposer à l'exploitation commerciale des photographies de son bien, par exemple au moyen de cartes postales ou d'illustrations d'un livre, etc., lorsqu'elle lui a causé un préjudice anormal[131] ou une atteinte à sa vie privée[132].

Un moment, la Cour de cassation avait fondé ce droit, non sur la responsabilité civile, mais sur la propriété intellectuelle, motivation qu'elle a abandonnée[133].

---

128. Ex. : *Cass. Ass. plén., 7 mars 1986, *aff. Pachot, Bull. civ. Ass. plén..*, n° 3 ; *D.* 1986.405, n. B. Edelman, 3e espèce ; *JCP* G 1986.II.20631, n. J.-M. Mousseron, B. Teyssié, M. Vivant ; *RTD com.* 1986.399, obs. A. Françon ; *RIDA* 1986.136, n. A. Lucas : « *Ayant recherché, comme ils y étaient tenus, si les logiciels élaborés par M. Pachot étaient originaux, les juges du fond ont souverainement estimé que leur auteur avait fait preuve d'un effort personnalisé allant au-delà de la simple mise en œuvre d'une logique automatique et contraignante et que la matérialisation de cet effort résidait dans une structure individualisée ; en l'état de ces énonciations et constatations, [...] la cour d'appel, qui a ainsi retenu que les logiciels portaient la marque de son apport intellectuel, a légalement justifié sa décision* ». En l'espèce, le chef comptable d'une entreprise avait « *conçu et réalisé, de sa propre initiative, des programmes informatiques autres que ceux antérieurement mis à sa disposition par son employeur, qu'il a utilisés pour la comptabilité de l'entreprise* » ; jugé qu'il bénéficiait de la protection du droit d'auteur.

129. *Droit des Personnes, les personnes protégées*, coll. Droit civil.

130. Cass. civ. 1re, 11 déc. 2008, n° 07-19.494, *Bull. civ.* I, n° 282 ; *JCP* G 2009.II.10025, n. crit. Gr. Loiseau ; *RDC* 2009.477, obs. Y.M. Laithier ; *RTD civ.* 2009.342, obs Th. Revet (pour lequel l'image d'une personne serait un bien) : « *les dispositions de l'art. 9 seules applicables en matière de cession de droit à l'image à l'exclusion notamment du Code de la propriété intellectuelle relèvent de la liberté contractuelle* ».

131. Jurisprudence constante depuis * Cass. Ass. plén., 7 mai 2004, *sté civ. particulière Hôtel de Girencourt, Bull. civ. Ass. plén.*, n° 10 ; *D.* 2004.1545, n. J.-M. Bruguière et E. Dreyer, 2406, obs. N. Reboul-Maupin ; *JCP* G 2004.II.10085, n. app. Chr. Caron ; *Defrénois* 2004.1554, n. crit. S. Piedelièvre et A. Tenenbaum ; *RTD civ.* 2004.528, obs. crit. Th. Revet : « *le propriétaire d'une chose ne dispose pas d'un droit exclusif sur l'image de celle-ci, il peut toutefois s'opposer à l'utilisation de cette image par un tiers lorsqu'elle lui cause un trouble anormal* » ; en l'espèce, une entreprise de promotion immobilière avait sur un document publicitaire reproduit la façade d'un bel immeuble historique de Rouen, l'Hôtel de Girencourt ; jugé que le propriétaire de cet immeuble ne pouvait s'y opposer, faute d'avoir subi un « *préjudice anormal* ». Lorsque la reproduction de l'image d'un bien cause un préjudice anormal au propriétaire du bien l'auteur de cette reproduction est responsable du préjudice causé : Cass. civ. 1re, 28 juin 2012, n° 10-28.716, *D.* 2012. 2218, n. Fr. Pollaud-Dullan ; n.p.B. : en l'espèce, deux viticulteurs étaient voisins ; l'un d'eux a été jugé responsable « *d'un trouble anormal* » pour avoir étiqueté ses bouteilles de vin avec la reproduction du château de son voisin.

132. Reproduction de photos du logement d'une personne : Cass. civ. 1re, 7 nov. 2005, *Bull. civ.* I, n° 466 ; *D.* 2007.701, n. J.-M. Bruguière : « *d'une part, le droit de chacun au respect de sa vie privée s'étend à la présentation interne des locaux constituant le cadre de son habitat et d'autre part, l'utilisation faite des photographies qui en sont prises demeure soumise à l'autorisation de la personne concernée* ».

133. Cass. civ. 1re, 10 mars 1999, *Bull. civ.* I, n° 87 ; *D.* 1999.319, concl. Sainte-Rose, n. app. E. Agostini ; *JCP* G 1999.II.10078, n. crit. P.Y. Gautier ; *Defrénois* art. 37028, obs. crit. Chr. Caron.

221. 4° Brevets d'invention. – Le brevet d'invention confère le droit exclusif d'exploiter une invention[134]. Son histoire législative ressemble à celle des marques. D'abord prévu en décembre 1790 et janvier 1791, il a été réglementé par une loi de 1844, puis du 2 janvier 1968, plusieurs fois modifiée, puis codifiée en 1992. Le monopole est, en principe, subordonné à la concession d'un brevet, délivré par les pouvoirs publics : « *Sont brevetables [...] les inventions nouvelles impliquant une activité inventive et susceptibles d'application industrielle* » (art. L. 611-10) ; l'invention doit donc présenter un caractère technique, la distinguant des autres créations humaines[135].

Les brevets d'invention ont un régime de plus en plus complexe qui subit l'attraction de règles internationales et européennes. Le domaine des inventions brevetables croît avec le développement, dont il est à la fois la cause, le témoin et l'effet (ex. : il s'étend aux inventions nucléaires, végétales, alimentaires et biotechnologiques[136] ; mais les inventions thérapeutiques ne sont pas brevetables (art. L. 611-16)[137]). Le brevet est délivré après une procédure assez longue et coûteuse, un dépôt et un contrôle (limité) ayant pour objet de vérifier la nouveauté de l'invention. Il protège pendant vingt ans l'inventeur (ou l'employeur pour lequel il travaille, art. L. 611-7), bénéficiant ainsi d'une action pénale en contrefaçon (art. L. 615-14). Le breveté doit exploiter son invention ; sinon, un tiers pourrait obtenir une « licence », c'est-à-dire le droit de jouir du brevet, ce qui ressemble à une déchéance. Toute atteinte aux droits du breveté constitue une contrefaçon (art. L. 615-1).

La valeur économique de cette « propriété » dépend de la nature de l'invention et surtout du marché, c'est-à-dire de l'accueil que lui réserve la clientèle. C'est un marché aléatoire et inconstant, surtout en une époque où les changements techniques sont rapides ; souvent une invention nouvelle en suscite une autre chez les concurrents et sa valeur peut ainsi disparaître. Dans l'analyse classique, la raison pour laquelle le breveté était ainsi protégé était que tout créateur devait avoir un droit sur sa création ; aujourd'hui, on y voit plutôt une incitation à la « *recherche, condition du développement et du progrès économique* »[138]. Ils sont maintenant de plus en plus nombreux : une inflation.

---

134. **Étymologie** d'invention : du latin *invenio, ire* = trouver. **Biblio. :** Jean Foyer et M. Vivant, *Le droit des brevets*, PUF, 1991 ; J.-Chr. Galloux, « Le droit de brevet à l'aube du 3e millénaire », *JCP* G 2000.I.195.

135. Ex. : * Cass. com., 31 mars 1954, *sté du Ferodo, D.* 1954.492 : « *La cour d'appel a décidé à bon droit que l'invention dont il s'agit n'était pas brevetable, le brevet portant sur un principe purement théorique dont les applications pratiques ne sont pas précisées* ».

136. Les brevets d'inventions intéressant le vivant humain, animal et végétal – on les appelle biotechnologiques – suscitent d'importantes et difficiles questions morales et politiques, avec des enjeux économiques considérables, qu'a voulu maîtriser la directive européenne du 13 juin 1998 (CE 98-44). Dans deux arrêts, la Cour de justice de l'Union européenne a donné son interprétation. **1°** CJUE, gde ch., 4 juill. 2010, *Monsanto, JCP* G 2010. 909, n. L. Marino : la protection conférée par un brevet biotechnologique n'est pas absolue ; elle est limitée à la fonction qu'avait pour objet l'invention brevetée ; en l'espèce, le brevet d'une semence de soja génétiquement modifiée lui permettant de résister à un herbicide, ne s'applique pas à une farine de soja contenant des traces d'ADN génétiquement modifiées : « *l'utilisation d'un herbicide sur de la farine de soja n'est pas prévisible ni même normalement concevable* ». **2°** CJUE, gde ch., 18 oct. 2011, *D.* 2012. 410, n. J. Chr. Galloux, 522, n. J. Raynaud, sont interdits pour le droit européen les brevets utilisant l'embryon humain.

137. Ex. : Cass. com., 17 juin 2003, *Bull. civ.* IV, n° 100 ; *D.* 2003.2959, n. M.-P. Schmidt : « *un procédé abrasif pour le nettoyage des dents* [...] (a) *un effet thérapeutique indissociable de l'effet esthétique revendiqué* » ; il n'est donc pas brevetable.

138. J.-M. Mousseron, *op. cit., supra*.

222. 5° Savoir-faire. – Les secrets de fabrication, le savoir-faire[139] (le *know-how*[140]) et l'assistance technique[141] sont généralement des compléments de l'invention brevetable : ils ne sont pas protégés par le droit d'auteur mais par des actions en responsabilité civile et en concurrence déloyale, sans dépôt préalable. Ils sont susceptibles de cession[142] ; *sur la protection des informations confidentielles*[143].

223. 6° Dessins et modèles. – Les dessins industriels et les modèles confèrent également un monopole d'exploitation à leur auteur[144] protégé par deux sortes de dispositions : celles qui leur sont spécifiques et celles qui régissent les autres propriétés intellectuelles ; il faut que le dessin ou le modèle soit visible, nouveau[145], exprime la personnalité de son auteur, constitue une création[146] et présente un caractère propre[147].

1 Par l'effet du **droit européen**, ils peuvent faire l'objet d'un « titre » communautaire. S'ils ont été enregistrés, ils bénéficient de la protection légale pendant cinq ans à compter du dépôt de la demande, durée qui peut être prolongée jusqu'à vingt-cinq ans (art. L. 511-1 à 514)[148]. S'ils n'ont pas été enregistrés – ce qui intéresse surtout les produits dont la vie commerciale est brève, tels que les textiles et les articles de mode –, ils sont également protégés, mais de manière moins énergique et plus brève, trois ans (Règlement communautaire du 12 déc. 2001)[149].

2 Par application de la **théorie de l'unité de l'art**, les dessins et modèles ont aussi toujours bénéficié de la protection des droits d'auteur, s'ils en remplissent les conditions : l'exigence de l'enregistrement et la limitation à vingt-cinq ans est alors écartée. En outre, l'ordonnance du 25 juillet 2001 prévoit aussi le cumul des propriétés intellectuelles (art. L. 513-2) : le dessin et le modèle peuvent donc bénéficier de la protection du droit des marques ou du brevet d'invention, s'ils en remplissent les conditions.

---

139. **Définition** : les connaissances techniques qui ne sont pas immédiatement connaissables.

140. Abréviation de *know how to do it* = savoir comment il faut faire.

141. Ph. Kahn, « Typologie des contrats de transfert de la technologie » et M. Salem, « Les contrats d'assistance technique », *in Transferts de technologie et développement*, dir. P. Judet et autres, Lib. techn., 1977.

142. Ex. : Cass. com., 13 juill. 1966, *Bull. civ.* III, n° 358 ; *JCP* G 1967.II.15131 : « *La cour d'appel [...] énonce, à bon droit, qu'en révélant à un établissement industriel des procédés ou des tours de main, encore ignorés de celui-ci et que ce dernier n'aurait pu découvrir lui-même qu'au prix de longues recherches et de tâtonnements coûteux, le concédant fournit à son cocontractant un avantage appréciable, dont il est ainsi autorisé à subordonner l'octroi au versement de redevances* ».

143. M. Bourgeois, « La protection juridique de l'information confidentielle économique. Étude de droit québécois et français », *RID comp.* 1988.113.

144. CJUE, 2 juill. 2009, *JCP* G 2010. 775, n° 13, obs. Chr. Caron : le droit appartient au créateur, non à celui qui l'a commandé.

145. Pour déterminer si un dessin ou un modèle est « nouveau », le contentieux est abondant et l'appréciation souvent subjective (comme l'originalité pour le droit d'auteur : *supra*, n° 218). Ex. : Cass. com., 13 févr. 1996, *D.* 1996.290, n. P. Greffe ; n.p.B. ; jugé que le briquet Dupont n'était pas « nouveau » : « *Il n'était que la copie de ce qui existait déjà et ne traduisait aucun effort de création* [...] ; *faute d'être marqué de l'empreinte de la personnalité de son auteur, il ne pouvait bénéficier de la loi du 14 juillet 1909* ».

146. Cass. com., 6 mai 2003, *D.* 2003.1567 ; n.p.B. : il ne suffit donc pas que le modèle soit nouveau.

147. Un dessin ou un modèle présente « un caractère propre » quand il fait naître une « *impression visuelle* » différente de celle que font naître d'autres dessins ou modèles antérieurs (art. L. 511-4), ce qui est proche de l'originalité.

148. **Biblio. :** P. Kamina, « Le nouveau droit des dessins et modèles », *D.* 2001.3258.

149. X. Buffe d'Autane et G. Cordier, « Le nouveau règlement communautaire sur les dessins et modèles », *JCP* G 2002.I.175.

Sont aussi protégés (art. L. 112-2, 14°) les articles de mode : la France entend empêcher les imitations serviles de ses modèles de couture.

224. 7° Appellations d'origine. – L'appellation d'origine est, selon la définition qu'en donne la loi, « *la dénomination d'un pays, d'une région ou d'une localité servant à désigner un produit qui en est originaire et dont la qualité ou les caractères sont dus au milieu géographique, comprenant des facteurs naturels et des facteurs humains* »[150] (C. consom., art. L. 115-1). Il s'agit d'un droit collectif, inaliénable et imprescriptible, qui ne peut être utilisé que par les producteurs de la région en cause. Les appellations d'origine protègent les producteurs contre la concurrence déloyale et les consommateurs contre les tromperies ; elles encouragent la production de produits originaux et de qualité ; quand il y a identité de dénomination, elles l'emportent sur la marque. Lorsqu'elle est enregistrée, elle empêche le dépôt d'une marque évoquant la même origine[151]. Leur retrait par l'administration ne constitue pas une voie de fait[152].

Les marques vinicoles peuvent être une marque commerciale ordinaire, individualisant le produit par un nom de fantaisie (ex. : vins du Postillon) ; elles peuvent aussi en indiquer la provenance, un nom de cru[153].

§ 2. Caractères communs

Les droits intellectuels sont devenus de plus en plus nombreux et diversifiés, pour s'adapter aux transformations économiques, sociales et culturelles. Leur hétérogénéité les rend rebelles à un régime juridique unique. Ils ont cependant six caractères communs, sorte d'embryon de droit commun, qui les opposent aux autres droits (droits de créance, propriétés corporelles et droits de la personnalité), ce qui en révèle le particularisme. Deux sont négatifs (I), quatre positifs (II).

I. — Caractères négatifs

225. Ni débiteur, ni *corpus*. – **1°** Les propriétés incorporelles n'ont **pas de débiteur** déterminé, puisqu'elles sont opposables à tout le monde, ce qui les distingue des droits de créance.

2° En outre, ayant pour objet l'**immatériel**, elles ne portent pas sur des choses corporelles, ce qui est la première différence, la plus évidente, d'avec les propriétés ordinaires.

150. Ex. : le vin de Sauternes, ou le vin Lalande de Pomerol.

151. Ex. Cass. com., 31 janv. 2006, *Bull. civ.* IV, n° 26 ; *D.* 2006.2324, obs. S. Durrande ; en l'espèce, l'Italie avait obtenu l'enregistrement de deux appellations d'origine « *Valle d'Aosta* » pour des produits de charcuterie ; l'Institut national de la propriété intellectuelle (INPI) a donc à bon droit refusé l'enregistrement par une entreprise de la marque « *Aoste excellence* », bien qu'il n'y eût pas de tromperie.

152. Cass. civ. 1re, 30 sept. 2009, n° 08-17.438, *Bull. civ.* I, n° 198 ; *JCP* G 2010.330, n° 3, obs. H. Périnet-Marquet ; *JCP* N 2010.1207, n° 3, m. obs. : « *Le droit à l'appellation d'origine* » (Champagne, en l'espèce) « *ne constitue pas un droit acquis attaché aux parcelles en tant qu'accessoire du droit de propriété* ».

153. E. Agostini, n. sous Bordeaux, 5 juill. 2001, *D.* 2001.3266 ; C. Lampre, *Les marques vinicoles*, th. Bordeaux, 1990, ronéo ; Siré, « Les noms de vins de Bordeaux », *JCP* G 1959.I.1490 ; J. Derruppé, « Les vins de Châteaux », *in Ét. Jean Foyer*, PUF, 1997.231 et s. ; comp. Bordeaux, 5 juill. 2001, critiqué par E. Agostini (préc.) : « *Le nom d'un lieu porté à la matrice cadastrale ne peut servir à désigner d'autres vins que ceux en provenant, sauf à tromper le public sur l'origine géographique du vin* ».

Pourtant, puisque les droits intellectuels peuvent être possédés, c'est qu'ils ont un *corpus*, car la possession en suppose l'existence[154]. Par exemple, on peut avoir un pouvoir de fait sur une création intellectuelle, ou un droit de rétention sur des valeurs mobilières dématérialisées[155].

II. — Caractères positifs

Ces différents droits présentent des caractères positifs communs, au nombre de quatre. Ils sont liés au travail ; ils sont des richesses, qui dépendent du droit plus que toute autre ; enfin, ils sont des meubles incorporels.

226. 1° Travail intellectuel. – En premier lieu, ils sont liés à la personnalité, au talent et au travail intellectuel de leur auteur : travail passé (droits d'auteur), travail actuel (fonds de commerce, clientèles civiles, offices ministériels), travail passé et actuel (brevets d'invention, marques). Certains s'éteignent par déchéance quand ils ne sont pas exploités (fonds de commerce, marques, et d'une certaine manière, brevets d'invention et droits d'auteur). Ils sont donc composites, ce qui constitue une autre différence, plus profonde, d'avec les propriétés ordinaires.

227. 2° Cessions et usurpations. – En second lieu, ce sont des richesses et donc des biens pouvant faire l'objet de cessions et être opposables aux tiers.

1 Ils sont des richesses, d'abord parce qu'ils sont **cessibles** au moyen de contrats (la règle est ancienne pour les fonds de commerce, les droits d'auteur et les brevets et s'est étendue aux clientèles civiles (professions artisanales et civiles). Ils peuvent aussi être exploités par l'intermédiaire d'autrui, moyennant le paiement d'une redevance (ex. : licence de brevet ou de marque, location-gérance du fonds de commerce...). Ce caractère patrimonial les oppose aux droits de la personnalité, qui sont extrapatrimoniaux.

2 Ce sont des richesses aussi parce qu'ils sont protégés contre les **usurpations** commises par des tiers : les actions en revendication pour les propriétés intellectuelles (ex. : brevets d'invention, C. propr. intell., art. L. 611-8[156] ; marques de fabrique : art. L. 712-6)[157], en contrefaçon et en concurrence déloyale même s'il n'y pas atteinte à une propriété intellectuelle[158].

154. B. Parance, *La possession des biens incorporels*, th. Paris I, LGDJ, 2007, préf. L. Aynès ; A. Pelissier, *Possessions et meubles incorporels*, th. Montpellier, Dalloz, 2001, préf. M. Cabrillac ; comp. S. Lucas-Raffalli, « Le corpus virtuel », *RRJ* 2000.461 s. (la possession d'un bien incorporel ne serait protégée que si sa valeur était matérialisée). V. *infra*, n° 488.

155. A. Aynès, *Le droit de rétention, unité ou pluralité*, th. Paris II, Economica, 2006, préf. Chr. Larroumet, n°s 88-97.

156. Ex. : pour un **certificat d'obtention végétale** : Cass. com., 14 déc. 2004, *D.* 2005.714, obs. Ph. Alleys ; n. p.B. : en l'espèce, une sté P. avait pour objet social la création de variétés de roses, dont elle avait confié la distribution et la protection à une sté N., qui, frauduleusement, avait obtenu la délivrance à son nom de certificats d'obtention végétale ; jugé que la sté P. pouvait exercer la revendication de ses droits et que la prescription extinctive courait, comme pour un brevet d'invention, au jour de la « *délivrance du titre* », en l'espèce, un certificat d'obtention végétale.

157. Revendication... d'un **fonds de commerce** dans une procédure collective, Cass. com., 21 nov. 1995, *Bull. civ.* IV, n° 266 ; *D.* 1996.211, n. C. Regnault-Moutier ; somm. 214, obs. Fr. Pérochon ; *JCP* G 1996.I.3935, n° 20, obs. M. Cabrillac : « *L'obligation de revendiquer dans le délai de trois mois imposée par l'article 115 de la L. du 25 janvier 1985* (C. com., art. L. 624-9, L. 2005) *à celui qui doit faire reconnaître son droit de propriété contre une personne soumise à une procédure de redressement judiciaire, n'est pas limitée aux meubles corporels* »... d'un **brevet d'invention** : Cass. com., 22 oct. 1996, *Bull. civ.* IV, n° 252 ; *JCP* G 1997.I.4004, n° 6, obs. M. Cabrillac, m. motifs ; v. *infra*, n° 574.

158. Ex. Cass. com., 12 juin 2007, n° 05-17.349, *Bull. civ.* IV, n° 159 ; *JCP* G 2007.I.176, n° 3, obs. Chr. Caron, act. 282, obs. Marie Malaurie-Vignal : « *L'originalité d'un produit n'est pas une condition de l'action en concurrence déloyale à raison de sa copie* ».

Cette protection est généralement internationale parce que le destin de ces biens est d'être utilisés dans le monde entier et donc de courir un peu partout le risque de la contrefaçon. Aussi, la plupart font l'objet d'une Convention internationale (ex. : Union de Paris pour les marques, Union de Berne pour les droits d'auteur, etc.).

228. 3° Une propriété organisée par le droit limitée par le droit. – **1** En troisième lieu, leur **organisation** dépend souvent du droit, dont le rôle s'accroît et se complique, notamment avec ses sources européennes. Le monopole d'exploitation que la propriété confère est en fait plus naturel et spontané lorsqu'il porte sur une chose matérielle – le droit est alors secondaire – que lorsqu'il a une activité humaine pour objet. Existent, en arrière-fond, les principes généraux de la responsabilité civile et de la concurrence déloyale[159] qui sanctionnent les agissements parasitaires (lorsqu'un tiers utilise sans autorisation le fruit des efforts intellectuels d'autrui)[160]. Mais la consécration légale d'un droit de propriété n'est pas nécessaire à l'affirmation d'un tel droit, comme le montre l'évolution de la propriété de l'information, reconnue par les tribunaux malgré l'absence de toute règle spécifique[161].

2 Ces propriétés n'ont pas l'absolutisme du véritable droit de propriété, tel que le définit l'article 544, car leurs fins sociales leur imposent des **limites** nombreuses dont l'étendue soulève des difficultés d'appréciation. Par exemple, sont des limites à la propriété intellectuelle pour... le droit d'auteur (art. L. 122-5) la représentation dans un cercle de famille, la courte citation[162], les copies privées[163], les comptes-rendus d'actualité, la parodie... les brevets d'invention : le droit à l'usage privé, à des fins expérimentales... Les marques de fabrique ne protègent que contre la concurrence et la contrefaçon. En outre, la jurisprudence récente concilie ces propriétés avec la liberté d'expression (par exemple, la satire et la polémique)[164].

---

159. Cass. com., 18 janv. 1992, *Bull. civ.* IV, n° 14 : « *L'action en concurrence déloyale qui trouve son fondement dans les articles 1382 et 1383* [auj. 1240 et 1241] *a pour objet d'assurer la protection de celui qui ne peut se prévaloir d'un droit privatif* ».

160. Il s'agit d'hypothèses où une entreprise tire indûment profit du renom, des idées ou des activités d'une autre entreprise. Ex. : Paris, 18 mars 1989, *aff. du parfum Diva, D.* 1990.340, n. L. Cadiet.

161. Fr. Zenati et Th. Revet, § 68 : « *La multiplication des régimes spéciaux, loin de rendre improbable l'existence d'un droit commun des créations intellectuelles, en facilite au contraire la révélation progressive* » ; P. Catala, « La "propriété" de l'information », *Mél. Raynaud*, 1985, 97.

162. La « **courte citation** » est comprise de façon rigoureuse : arrêt de principe : Cass. Ass. plén., 5 nov. 1993, *Bull. civ. Ass. plén.* n° 15 : « *la reproduction intégrale d'une œuvre, quel que soit son format, ne peut s'analyser comme une courte citation* » ; en l'espèce, le catalogue publié par un commissaire-priseur, avait reproduit une gouache, un dessin et une aquarelle d'un artiste ; l'assemblée plénière jugea qu'il ne s'agissait pas d'une « courte citation » ; sur les protestations des commissaires-priseurs, la loi autorisa ces reproductions lorsqu'elles étaient destinées à figurer dans un catalogue de vente (L. 27 mars 1997) mais uniquement dans les ventes judiciaires (C. propr. intell., art. L. 125-5, 3°, d, 2000).

163. Pour les **copies privées**, le droit est devenu particulièrement complexe pour parvenir à concilier les droits du public avec ceux des éditeurs et des auteurs qui entendent protéger leurs droits. Est ainsi permise la copie privée à usage professionnel, moyennant une rémunération forfaitaire à la charge des fabricants de matériel qui en avaient permis l'enregistrement et la publication, par exemple des partitions musicales et des images (art. L. 311-1 à 311-8). Système de « compensation équitable » approuvé par la CJUE, 21 oct. 2010, *Dr. et patr.* oct. 2011, 94, obs. D. Velardocchio ; *JCP* G 2010. 1256, n. crit. L. Marino.

164. Ex. : la critique satirique par parodie d'une marque à des fins de politique sociale ou de protection de l'environnement. L'association écologique *Greenpeace* avait sur l'internet modifié le graphisme de certaines sociétés commerciales, afin d'en dénoncer les atteintes à l'environnement. ESSO devenait E $ $O ; le A de Arena s'inscrivait sur une tête de mort ; *Droit civil illustré*, n° 34 ; de même, pour combattre la politique sociale de Danone, ses marques figuratives étaient sur l'internet barrées de « jeboycottedanone. com ». Dans plusieurs arrêts, la cour de Paris a refusé d'y voir une contrefaçon : 26 févr. 2003, *D.* 2003.1831, n. B. Edelman, 2685, obs. S. Durrande ; 16 nov. 2005, *D.* 2006.787, obs. Chr. Le Stanc et P. Tréfigny ; 30 avr. 2003, *D.* 2003.1760, obs. C. Manara, 2685, obs. S. Durrande : « *le principe constitutionnel de la liberté d'expression implique que l'association Greenpeace* (ou le Réseau Voltaire, une autre association contestataire) *puisse sur son site internet (ou dans ses* écrits), *dénoncer sous la forme qu'elle estime appropriée les atteintes à l'environnement et les risques causés à la santé publique par ses activités industrielles* (ou ses conséquences sociales par ses plans de restructuration) *; si cette liberté n'est pas absolue, elle ne peut néanmoins subir que les restrictions rendues*

229. 4° Meubles incorporels. – Enfin, ce sont des meubles (incorporels), parce qu'ils ne sont pas attachés au sol, que la liste des immeubles est close et que seule celle des meubles est ouverte. Mais ce sont des meubles artificiels : ils échappent à beaucoup des règles relatives aux meubles corporels, notamment au régime du transfert immédiat de la propriété par le seul effet de la convention et pendant longtemps à la règle « *en fait de meubles, possession vaut titre* »[165].

Ils ne sont généralement pas étudiés dans le droit civil des biens, car leur particularisme est si accusé que chacun a ses propres règles, souvent complexes. Les créances relèvent du droit des obligations, le fonds de commerce du droit commercial, les droits d'auteur et les propriétés industrielles du droit de la propriété intellectuelle. Mais on ne peut comprendre le droit contemporain des biens si on les ignore ; ils ont les richesses et les incertitudes d'un droit jeune.

N°s 230-349. réservés.

---

nécessaires par la défense des droits d'autrui », v. Chr. Geiger, « Les droits fondamentaux garanties de la cohérence du droit de la propriété intellectuelle », *JCP* G 2004.I.150.

165. *Infra*, n°s 571 et s.

LIVRE II

DROITS SUR LES RICHESSES

TITRE I

DISTINCTION ENTRE LES DROITS RÉELS ET LES DROITS PERSONNELS

350. Premières vues. – Le patrimoine comprend deux espèces de droits, le droit réel et le droit personnel[1]. Si obscurcie qu'elle ait été par les interminables discussions qu'elle a soulevées, la distinction est simple : le droit réel porte directement sur les choses (par exemple, le droit de propriété), tandis que le droit personnel, également nommé droit de créance, confère le droit d'obtenir une prestation d'une personne (par exemple, le droit du prêteur réclamant à son emprunteur le remboursement des choses prêtées).

Distinction qui a une triple portée économique. **1)** Les droits réels, au moins les droits réels principaux (par exemple, la propriété), permettent à leur titulaire de retirer directement de la chose l'utilité qu'elle peut procurer sans avoir à recourir à autrui ; au contraire, les droits personnels impliquent toujours l'intervention d'une personne : un débiteur, tenu envers son créancier d'une prestation. **2)** Ne comportant pas de débiteur, le droit réel échappe au risque de l'insolvabilité ; au contraire, le droit personnel repose entièrement sur l'exécution par le débiteur de son obligation ; d'où l'utilité, pour un créancier, des sûretés réelles, qui lui confèrent un droit réel ; ainsi, le créancier hypothécaire échappe au risque de l'insolvabilité du débiteur, dans la mesure où sa sûreté est suffisante : il se payera sur le prix de l'immeuble grevé d'hypothèque, sans avoir à concourir avec les autres créanciers. **3)** Le droit réel n'est jamais affecté par l'érosion monétaire ; il en est autrement du droit personnel lorsque la prestation due est une somme d'argent et ne comporte aucun procédé d'adaptation à l'inflation tel qu'une indexation.

On exposera d'abord la distinction traditionnelle et ses critiques, maintenant classiques ; elles prennent, l'une et les autres, des positions radicales : ou bien, une opposition complète entre ces deux catégories, ou bien, une assimilation totale (Section I). On peut adopter une analyse moins tranchée ; la distinction devient relative parce que, souvent, un droit est plus ou moins réel, plus ou moins personnel (Section II).

---

1. **Biblio. :** L. Rigaud, *Le droit réel ; histoire et théories ; son origine institutionnelle*, th. Toulouse, 1912. R. Boffa, « Quel avenir pour le droit réel », in *L'avenir du droit des biens*, colloque Lille (2014), LGDJ, 2016, p. 83 et s.

Section I
ANALYSE ET CRITIQUES CLASSIQUES

Aujourd'hui, la distinction traditionnelle du droit réel et du droit personnel (§ 1) et ses critiques (§ 2) sont devenues classiques.

§ 1. Distinction traditionnelle

351. Droit sur la chose ou diffus sur le patrimoine. – Selon la théorie traditionnelle, le droit réel soumet une chose au pouvoir de son titulaire : il porte directement sur elle, sans avoir à faire intervenir de tiers ; il n'établit donc de relations qu'entre la chose et le titulaire : la chose est assujettie au pouvoir du titulaire du droit réel. Au contraire, le droit personnel implique une relation entre deux personnes, le créancier et le débiteur : il ne porte pas sur la chose, mais confère un droit au créancier contre le débiteur qui se diffuse sur l'ensemble de son patrimoine (art. 2285).

Dans un langage qui sent la scolastique et n'est qu'en partie inspiré du droit romain[2], on qualifie parfois le droit réel de *jus in re* (droit sur la chose) : le droit est pour ainsi dire incarné dans la chose. Par opposition, on qualifie, plus rarement et plus approximativement, le droit personnel (tout au moins certains droits personnels) de *jus ad rem*[3] (droit à la remise de la chose).

De cette analyse, découlent deux séries de conséquences, les unes sur la liste des droits réels et des droits personnels (I), les autres sur leurs caractères respectifs (II).

I. — Liste des droits réels et des droits personnels

A. Droits réels

Il est habituel de distinguer les droits réels principaux qui portent directement sur la matérialité de la chose (1) et les droits réels accessoires qui ne portent que sur la valeur pécuniaire d'une chose déterminée (2) ; il faudra ensuite examiner si cette liste est close (3).

1) Droits réels principaux

352. La propriété et ses démembrements. – Les droits réels principaux se suffisent à eux-mêmes ; leur exercice permet à leur titulaire de retirer l'utilité de la chose sur laquelle ils portent. Le plus important et le plus complet est le droit de propriété : il permet d'avoir sur une chose tous les avantages possibles. Les autres droits réels principaux sont des démembrements de la propriété : ils créent des droits sur la chose appartenant à autrui : *jus in re aliena*, disait-on jadis ; en outre, ils ne confèrent qu'une partie des attributs attachés à la propriété.

---

2. M. Villey, à plusieurs reprises, a exposé que la notion de droit réel n'existait pas en droit romain classique. Ex. : Le jus in re, *du droit romain classique au droit moderne*, Pub. Inst. dr. rom., Univ. Paris, t. VI, 1950, p. 199.

3. Cette expression a été utilisée, notamment, dans les contrats translatifs de propriété, quand le transfert ne se produisait pas par le seul effet du contrat, contrairement à ce que prévoit maintenant l'article 1138 (auj. 1196) ; A.-M. Patault, *Introduction historique au droit des biens*, PUF, 1989, n°s 13 et 131.

1° L'**usufruit** donne à son titulaire la jouissance temporaire de la chose, à charge d'en conserver la substance qui appartient au nu-propriétaire. **2°** Les **droits d'usage et d'habitation** sont des diminutifs de l'usufruit ; le premier permet un usage et une jouissance limités à ce qui est nécessaire à son titulaire et à sa famille ; le second est un droit d'usage personnel et familial cantonné au logement. **3°** La **superficie** confère une propriété sur les plantations et les constructions, non sur le sol. **4°** Les **servitudes** imposent à un fonds une charge pour l'exploitation d'un autre (par exemple, la servitude de passage sur un fonds permet l'accès à un fonds voisin). **5°** L'**emphytéose** est un droit de jouissance de longue durée (entre dix-huit et quatre-vingt-dix-neuf ans), accordé à un preneur qui, moyennant un loyer modique (un « canon »), s'engage à faire des travaux importants sur le fonds qui, en fin de bail, reviendront au bailleur afin, par exemple, de planter des vignes ou des oliviers (C. rur., art. L. 451-1 à L. 451-13) ; de ce contrat doit être rapproché le bail à construction, conclu pour la même durée : le preneur s'engage à édifier et entretenir en bon état des constructions sur le terrain du bailleur (CCH, art. L. 251-1 à L. 251-9), ou le bail à réhabilitation qui impose au preneur de faire des travaux d'amélioration et de conserver l'immeuble en bon état pendant la durée du bail ; bien que le preneur ne soit pas propriétaire de l'immeuble, il est titulaire d'un droit réel, qu'il peut hypothéquer ou céder (art. L. 252-1 et s.). **6°** Récemment (ord. 20 juill. 2016) le **bail réel solidaire** conclu par les organismes financiers ciblés par la loi *Alur* du 24 mars 2014, organismes sans but lucratifs ayant pour objet d'acquérir des terrains afin de réaliser des logements et des équipements collectifs loués à des ménages aux ressources modestes, au moyen de baux de longue durée (99 ans au plus, renouvelables), dissocier le sol et la bête.

2) Droits réels accessoires

353. Sûretés réelles. – Les droits réels accessoires sont les accessoires d'une créance ; ils lui sont adjoints pour en renforcer l'efficacité. C'est en ce sens qu'ils constituent des droits réels de garantie : des sûretés réelles. Ils confèrent au créancier impayé par le débiteur le droit de se payer sur le bien grevé de la sûreté par préférence à tout autre créancier, même si le débiteur l'a aliéné. Ils ne donnent pas un pouvoir direct sur la chose, mais seulement un droit sur sa valeur[4].

354. Discussion. – La distinction entre les droits réels principaux et les droits réels accessoires a été ébranlée par les transformations contemporaines des sûretés réelles et notamment par la réserve de propriété. Lorsque la propriété devient une sûreté, elle ne confère plus à son titulaire un pouvoir sur la chose, l'*abusus*, l'*usus* et le *fructus*, mais seulement une garantie. Elle cesse d'être un droit réel principal pour devenir un droit réel accessoire.

3) Numerus clausus

355. Ancien droit et *Common Law*. – Se pose alors la question de savoir s'il existe d'autres droits réels que ceux qui sont énumérés par la loi. Notre droit a longtemps posé un principe de *numerus clausus* que la Cour de cassation a abandonné dès 1834, abandon confirmé en 2012.

La question ne se posait pas dans notre Ancien droit[5], et n'apparaît pas non plus dans d'autres systèmes juridiques, notamment dans les pays anglo-saxons, où la liste des droits qui

4. Ex. : un immeuble d'une valeur de 200 est grevé d'une hypothèque garantissant une créance de 100. Il y a ainsi dans l'immeuble une valeur de 100, affectée au créancier hypothécaire ; celui-ci, s'il n'est pas payé à l'échéance, saisira l'immeuble (c'est-à-dire qu'il le fera vendre) et se fera attribuer le prix à concurrence de 100. Si le prix est de 210, le débiteur conservera 110.

5. Les droits réels étaient nombreux et compliqués dans l'Ancien droit. Cette décomposition de la propriété résultait d'innombrables baux : bail... à rente... à cens... à complant... à domaine congéable... à locatairie perpétuelle... héréditaire... à champart, etc. En simplifiant beaucoup, un concédant (dit encore bailleur) conférait un droit de jouissance au preneur (dit encore tenancier ou concessionnaire). Le bailleur avait généralement une supériorité sociale sur le tenancier. Le système avait un aspect de féodalité.

correspondraient en France à la notion de droit réel n'est pas fermée. La *Common Law* d'Angleterre ignore la distinction entre droit personnel et droit réel. Dans ce système juridique, de nombreuses personnes peuvent avoir sur la même chose des droits de nature différente qui ressemblent un peu aux « propriétés simultanées » de l'Ancien droit français[6].

Avant de peser le pour et le contre, on exposera les intérêts pratiques d'un problème qui, *a priori*, peut pourtant, à première vue, paraître académique.

356. Intérêts pratiques. – Le droit réel présente de nombreux avantages sur le droit personnel, puisque la satisfaction de son titulaire ne dépend pas de l'activité d'un débiteur et est indifférent aux fluctuations de la monnaie ; il a ainsi une plus grande stabilité que le droit personnel. Plus techniquement, on peut relever cinq différences. **1°** La plus importante est l'**opposabilité** du droit : un droit réel est opposable *erga omnes* (à tout le monde), c'est-à-dire que toute personne doit respecter le droit réel d'autrui. **2°** De l'opposabilité découle la **publicité foncière** : s'il s'agit d'un droit relatif à un immeuble, les actes de constitution ou de mutation relatifs à ce droit doivent toujours, en pratique, être rédigés par un acte authentique afin de pouvoir être publiés à la conservation des hypothèques (D. 4 janv. 1955, art. 4 et 28, al. 1), exigence de fait à laquelle ne sont généralement pas soumis les actes relatifs à des droits personnels. **3°** De l'opposabilité découle le régime des **sûretés réelles** : l'hypothèque ne peut grever qu'un droit réel immobilier. **4°** Les droits réels peuvent être **perpétuels**, jamais un droit personnel.

5° La **compétence judiciaire** : les actions réelles immobilières doivent être portées devant la juridiction du lieu de l'immeuble (C. pr. civ., art. 44), les actions personnelles devant celle du lieu où est domicilié le défendeur (art. 42, al. 1), les actions mixtes (les « droits mixtes » n'existent pas) à une de ces deux juridictions, au choix de demandeur ; l'action mixte tend à faire prononcer la résolution ou la nullité d'un acte translatif de la propriété ; elle se fonde sur l'acte juridique (faisant naître un droit personnel) afin de reprendre le droit réel aliéné.

357. Une politique juridique. – À côté de ces intérêts pratiques, une politique législative a longtemps été en jeu. Le *numerus clausus,* naguère imposé aux droits réels, n'entravait-il pas la liberté créatrice ? Le meilleur moyen de tirer d'un bien le plus de richesses possible n'est-il pas de diversifier les droits réels dont il pourrait être l'objet ? De la même manière, les contrats sont devenus de prodigieux instruments d'échanges économiques du jour où leur liste n'a plus été close, lorsqu'à Rome, en plus des contrats nommés prévus par la loi, les parties ont pu faire des contrats innommés. En France, on admet maintenant que la liste des sûretés réelles ne constitue pas un *numerus clausus*. Pourquoi ne pas admettre des « droits réels innommés » ?

---

6. B. Nicholas, « Le langage des biens dans la *Common Law* », *Arch. phil. dr.*, 1979, 55 et s., p. 58 : « *Supposez, par exemple, que je sois le propriétaire* (en utilisant pour le moment un terme qui n'est pas celui du droit anglais) *du domaine Cornélien, que je donne à bail à Jean pour dix ans ; peu après, je meurs et par mon testament je donne le domaine Cornélien* (dont Jean continuera de jouir pendant le reste de ses dix ans) *à ma femme pour sa vie, et finalement peut-être à mon Collège à Oxford. Il y a alors Jean, ma femme, mon fils et mon Collège qui ont des droits successifs.* » [...] p. 62 : « *Pour le droit romain, la propriété est unique et indivisible* [...] *Par contraste, pour le* common lawyer, *la propriété est librement divisible* (je ne parle que de la Real property) *et l'on ne peut pas assimiler la chose à la propriété de la chose. On peut aliéner non pas le domaine Cornélien, mais seulement un* estate *dans le domaine Cornélien* ». *Cf.* aussi F. H. Lawson and B. Rudden, *The Law of property*, 2e éd., Oxford, 1982, ch. V, *The fragmentation of ownership.*

358. Contre. – La doctrine longtemps dominante, avant-hier[7] comme hier[8], enseignait que la liste légale des droits réels était limitative, et qu'il n'était pas possible de créer des droits réels que ne prévoyait pas la loi. Elle invoquait plusieurs arguments de texte. D'abord l'article 543 : « *On peut avoir sur les biens, ou un droit de propriété, ou un simple droit de jouissance, ou seulement de services fonciers à prétendre* »[9]. Puis le fait que plusieurs lois, postérieures au Code, avaient expressément prévu que certains contrats faisaient naître un droit réel : la loi du 25 juin 1902 (auj. C. rur., art. L. 451-1 à L. 451-13) sur le bail emphytéotique et la loi du 16 décembre 1964 (auj. CCH, art. L. 251-1 et s.) sur le bail à construction. Si la loi l'avait dit, c'était, *a contrario*, qu'un droit ne serait pas réel lorsqu'elle gardait le silence. Et puis, il y aurait eu le risque que la libre multiplication de droits réels vide la propriété de sa substance.

359. Pour. – Quelques auteurs étaient d'un avis contraire[10]. De même, la Cour de cassation avait admis à plusieurs reprises que la liste légale des droits réels n'était pas limitative ; les hypothèses intéressaient surtout des droits constitués sous l'empire de l'Ancien droit[11]. À l'époque contemporaine s'était posée la question des droits sur les volumes[12]. Les arguments invoqués par la doctrine contraire étaient en effet fragiles. **1)** Aucun texte ne prévoyait que le droit de superficie était un droit réel, alors que tout le monde était d'accord pour l'admettre. **2)** Le texte de l'article 543 ne dit pas que sa liste est limitative : il se borne à annoncer les trois titres du Code civil qui suivent : la propriété, puis l'usufruit, l'usage et l'habitation, puis les servitudes. **3)** Au lieu de tirer des lois de 1902 et de 1964 un argument *a contrario*, on peut y trouver un argument d'analogie. **4)** Enfin et surtout, le principe de la liberté des conventions permet aux particuliers de créer tous les droits que la loi n'interdit pas, notamment ceux qui confèrent à leur titulaire des prérogatives directes sur la chose et opposables aux tiers, même si la loi ne l'a pas expressément prévu dans sa liste des droits réels.

360. Les deux arrêts *Maison de Poésie* : 2012 et 2016. – En 2012, dans une affaire *Maison de Poésie* la Cour de cassation a clairement condamné le *numerus clausus*. Elle a décidé que la liberté des conventions permettait de concéder à une

7. Ex. : Ch. Demolombe, *Cours de Code Napoléon*, t. IX, 2e éd., Hachette, 1861, n° 519 : « *Nous concluons que l'article 543 est limitatif et qu'en conséquence les droits que les parties peuvent établir sur les biens doivent nécessairement toujours pouvoir être ramenés à l'une de ces trois classes : soit à un droit de propriété, soit à un droit de jouissance, c'est-à-dire d'usufruit, d'usage ou d'habitation, soit enfin à des services fonciers. C'est dans ce cercle que la liberté des conventions et des dispositions doit se mouvoir. Au-delà, il n'y a plus que des droits personnels, comme par exemple, le droit résultant du bail.* »

8. J. Carbonnier, n° 44 : l'opinion contraire serait « *contre-révolutionnaire* » ; Zénati et Revet, n° 196 ; P. Crocq, *op. cit.*, *supra*, mais voir n° 213 ; d'une manière plus hésitante : Marty, Raynaud et Jourdain, 1995, n° 8 ; et encore plus hésitante, Aubry et Rau, t. II, 7e éd., par P. Esmein, 1961, n° 59 : « *Le champ où est possible un débat sérieux est très restreint.* »

9. C'est-à-dire des servitudes ; *infra*, nos 1100 et s.

10. Ex. : J.-L. Goutal, *Essai sur le principe de l'effet relatif du contrat*, th. Paris II, LGDJ, 1981, préf. H. Batiffol, nos 114, 139, 149 et s. ; Terré et Simler, n° 41 ; avec des hésitations, Planiol et Ripert, t. III, par M. Picard, 1952, n° 48 : « *Mais cette création de nouveaux droits réels par la volonté de l'homme se heurte à deux obstacles juridiques qui la rendent en fait extrêmement rare* ». W. Dross, *Droit civil, Les choses*, n° 127 : la création d'un droit réel spécial est très rarement admise par les juges. Comp. A.-M. Patault, citée, *supra*, n° 350, nos 208-220.

11. Ex. : * Req., 16 févr. 1834, *Caquelard*, *Dalloz*, *Jur. gén.*, *v° Propriété*, n° 68 ; *S.* 1834.I.205 : « *Les articles 544, 546 et 552 sont déclaratifs du droit commun relativement à la nature et aux effets de la propriété ; ni ces articles, ni aucune autre loi n'excluent les diverses modifications et décompositions dont le droit ordinaire de propriété est susceptible.* »

12. *Infra*, n° 905.

fondation, pour la durée de son existence, un droit réel de jouissance qui n'était pas un usufruit et n'était donc pas limité à trente ans[13]. Les commentateurs de l'arrêt l'ont approuvé : un « *bel arrêt* » (L. Tranchant) ; un « *grand arrêt* » (H. Périnet-Marquet) ; un « *arrêt fondamental* » (L. d'Avout et Bl. Mallet-Bricout) ; une « *décision de principe* » (F.-X. Testu). Ultérieurement, la Cour de cassation a réaffirmé que « *le propriétaire peut consentir, sous réserve des règles d'ordre public, un droit réel conférant le bénéfice d'une jouissance spéciale de son bien* », tout en paraissant décider qu'un tel droit ne pouvait être perpétuel[14]. Puis, dans un second arrêt *Maison de Poésie*, la Cour de cassation a décidé en 2016 que ce droit réel innommé (un droit réell de jouissance spéciale) pouvait avoir la durée de la personne morale qui en était titulaire[15] ; il existe des personnes morales d'une durée illimitée, certains auteurs en ont déduit que ces droits pouvaient être perpétuels[16], bien que la Cour de cassation dise le contraire. La question reste controversée.

361. Rigidité et souplesse de la publicité foncière. – On s'est aussi demandé si ne sont pas des droits réels, bien que la loi ne le dise pas, le droit de construire qui ne résulterait pas d'un bail à construction[17], les droits résultant de la concession immobilière[18], ou bien même si on

---

13. ** Cass. civ. 3e, 31 oct. 2012, *Maison de Poésie*, n° 11-3047, *Bull. civ.* III, n° 159 ; *D.* 2012.2596, obs. A. Tadros ; *D.* 2013.53, n. L. d'Avout et Bl. Mallet-Bricout ; *JCP* G 2012.1400, n. F.-X. Testu ; *RTD civ.* 2013.141, obs. W. Dross ; *Defrénois* 2013.12, obs. L. Tranchant ; *JCP* G 2013.429, n° 12, obs. H. Périnet-Marquet ; *JCP* N 2013.1118, mêmes obs. : « *Le propriétaire peut consentir, sous réserve des règles d'ordre public, un droit réel conférant le bénéfice d'une jouissance spéciale de son bien* » ; viole les articles 544 et 1134 (auj. 1103) une cour d'appel qui avait jugé que le droit concédé à la Maison de Poésie dans l'acte de vente était un droit d'usage et d'habitation qui comme l'usufruit conféré à une personne morale ne pouvait excéder trente ans ; au contraire, la Cour de cassation reconnaît aux parties le pouvoir « *de constituer un droit réel* [de jouissance ou d'occupation des locaux] *au profit de la fondation* », droit réel qui n'est pourtant prévu par aucun texte et est donc *sui generis* ; sur renvoi, v. aussi dans la même affaire Cass. civ. 1e, 8 sept. 2016, *infra* note 15 : CA Paris, pôle 4, Ch. 1, 18 sept. 2014, *D.* 2014, *1874*, obs. L. Andreu ; *RDI* 2014, 634, obs. J. Bergel ; *Defrénois* 2015, 10, obs. L. Tranchant ; RTD civ. 2014.921, obc W.Dross, pourvoi rejeté par **Cass.civ. 3e, 8 sept. 2016, cité *infra*.

14. * Cass. civ. 3e, 28 janv. 2015, *ERDF*, n° 14-10.013, *Bull. civ.* III, n° 13, *JCP* G 2015.252, n. Th. Revet ; 250 et 251, rapport M.-Th. Feydeau et avis B. Sturlèse ; *Defrénois* 2015.419, n. L. Andreu et N. Thomassin ; *JCP* G 2015.546, n° 7, obs. H. Périnet-Marquet ; *D. et patr.* 2015, n. A. Tadros : un syndicat de copropriété avait consenti à EDF, devenue ERDF, un droit d'usage sur un lot composé d'un transformateur de distribution publique d'électricité, sans indication d'une durée ; le syndicat demanda la libération des lieux trente ans après la convention ; cassation de l'arrêt qui avait décidé que la convention avait institué « *un droit réel de jouissance spéciale exclusif et perpétuel* » en faveur d'EDF : « *s'il n'est pas limité dans le temps par la volonté des parties,* [ce droit] *ne peut être perpétuel et s'éteint dans les conditions prévues par les articles 619 et 625 du Code civil* ». Il peut donc durer plus de trente ans, pourvu que les parties aient fixé un terme.

15. **Cass. civ. 3e, 8 sept. 2016, n° 14-26.953, *Bull.civ.* III, à paraître ; *JCP* G 2016.1172, n. J. Laurent ; *JCP* N 2016 Actu, obs. J. Dubarry et V. Streff ; *Defrénois* 2016.1119, n. H. Périnet-Marquet ; 1183, obs. L, Tranchant ; RTD. civ. 2016.894, obs. W. Dross ; *Dr. et patr.*, nov. 2016, p. 93, obs. crit. Th. Rever et J.-B. Seube. « *les parties ayant entendu instituer, par l'acte de vente des 7 avril et 30 juin 1932, un droit réel distinct du droit d'usage et d'habitation régi par le Code civil, la cour d'appel, qui a constaté que ce droit avait été concédé pour la durée de la Fondation, et non à perpétuité, en a exactement déduit (...) que ce droit, qui n'était pas régi par les dispositions des articles 619 [usufruit] et 625 [usage et habitation]du Code civil, n'était pas expiré et qu'aucune disposition légale ne prévoyait qu'il soit limité à une durée de trente ans* ».

16. L. d'Avout et Bl. Mallet-Bricout, n. préc.

17. Ex. : Cass. civ. 3e, 6 mai 1980, *Bull. civ.* III, n° 90 ; *Defrénois* 1981, art. 32608, n° 25, p. 454, obs. J.-L. Aubert ; jugé que la renonciation à une servitude de ne pas construire qui grevait un immeuble conférait un « *droit réel de construire un immeuble d'un gabarit différent et une telle disposition doit être obligatoirement publiée conformément à l'article 28-1 du décret du 4 janvier 1955* ».

18. B. Boccara, « La concession immobilière », *JCP* G 1969.I.2245, nos 33-34. La concession immobilière est un contrat prévu par une loi du 30 décembre 1967, qui confère une jouissance de longue

pouvait constituer sur un immeuble situé en France un droit réel connu à l'étranger mais inconnu en France, tel que le *trust*, sorte de démembrement de la propriété[19]. Il est nécessaire que ces droits « réels » bien qu'ignorés par la loi puissent être publiés, car un droit réel inopposable aux tiers faute de publicité n'est que l'ombre d'un droit réel. C'est là que réside la difficulté, car lorsqu'il s'agit de droits immobiliers, la loi énumère, avec une plus grande minutie que le Code civil, la liste des actes susceptibles d'être publiés et cette liste est limitative (D. 4 janv. 1955 sur la publicité foncière).

Le conservateur des hypothèques, qui dresse les registres de la publicité foncière, n'a pas le droit de recevoir un acte qui ne figure pas dans la liste des actes sujets à publicité. Or, ce décret du 4 janvier 1955 prévoit, dans des dispositions précises (art. 28 à 37), deux sortes d'actes sujets à publicité : d'une part, un certain nombre d'actes spéciaux qu'il énumère (par exemple, les baux de plus de douze ans, les conventions d'indivision, les clauses d'inaliénabilité, les promesses unilatérales de vente, etc.), d'autre part, au moyen d'une formule générale, « *tous les actes portant mutation ou constitution des droits réels immobiliers* ». Ainsi, il est certain que le conservateur ne pourrait publier un bail immobilier de moins de douze ans, ou un contrat de fournitures de mazout relatif à un immeuble, puisque ces contrats ne sont, ni mentionnés par le décret de 1955, ni une mutation, ni une constitution de droit réel immobilier.

B. Droits personnels

362. Liberté. – Ce débat n'intéresse pas les droits personnels dont la liste est certainement illimitée :en vertu du principe de la liberté contractuelle, les parties peuvent prévoir à la charge du débiteur toute espèce de prestation qui ne soit pas illicite.

Il existe trois catégories d'obligations (art. 1101) : les obligations de faire, de ne pas faire et de donner. Cette dernière catégorie a, par la conjonction de la tradition romaine et d'un principe français moderne, une portée limitée. D'une part, conformément à la tradition romaine, l'obligation de donner a dans notre droit un sens technique étroit : l'obligation de transférer la propriété d'une chose. D'autre part, en vertu d'un principe français datant de 1804, le contrat d'aliénation (par exemple, une vente ou une donation) transfère immédiatement la propriété (art. 1196, al. 1 nouv., 1138, al. 1 anc.), sauf si les parties en avaient décidé autrement ou si, lors du contrat, la chose n'était pas individualisée. Ce qui fait que, généralement, l'obligation de donner s'exécute au moment même où elle naît. Au contraire, l'obligation de livrer, c'est-à-dire la remise matérielle de la chose, est une obligation de faire.

Ces deux catégories de droits, les droits réels et les droits personnels, ont, toujours selon l'analyse traditionnelle, des caractères profondément différents.

II. — Caractères

363. Six différences. – Le droit réel présente six différences d'avec le droit personnel, qui tiennent à une opposition de nature.

1. À la différence du droit personnel, il est susceptible de **possession** car la chose qui en est l'objet peut être matériellement détenue.

2. En cas de **transmission successorale** à plusieurs héritiers, il reste indivis entre les cohéritiers jusqu'à ce qu'un partage l'attribue à l'un d'eux ou bien divise matériellement la chose sur laquelle il porte, ou qu'elle soit vendue afin que le prix en soit partagé entre les héritiers. Au contraire, le droit personnel se divise instantanément entre les différents cohéritiers (art. 309 nouv., 1220 anc.) ; par exemple, sauf indivisibilité, une créance d'une somme d'argent se

durée et le droit de construire au preneur, comme dans le bail emphytéotique ou le bail à construction. La différence est que le loyer est élevé, et que le preneur n'a pas à faire de gros travaux sur l'immeuble.

19. *Infra*, n° 763.

fractionne de plein droit entre les héritiers, qui deviennent créanciers chacun pour une partie de la somme.

3. Il est susceptible d'**abandon volontaire**, acte unilatéral, qu'on appelle parfois d'un terme un peu désuet, le déguerpissement. Pour le droit personnel, l'abandon prend la forme d'un consentement mutuel entre créancier et débiteur, la remise de dette, acte conventionnel.

4. Les droits réels peuvent être **perpétuels** ; jamais les droits personnels.

5. La différence essentielle est relative à l'**opposabilité**. Le droit personnel ne peut être exécuté que sur l'ensemble du patrimoine du débiteur : le créancier ne peut exercer ses prérogatives qu'à l'encontre de son débiteur. Au contraire, le droit réel est un rapport entre son titulaire et la chose : il est opposable à tous ; par exemple, le droit de propriété peut être invoqué à l'encontre de tous ceux qui voudraient le transgresser. Cette opposabilité confère au droit réel deux prérogatives qui le rendent très supérieur au droit personnel, le droit de suite et le droit de préférence. Le droit de suite permet à son titulaire de reprendre son droit, de « revendiquer » sa chose, en quelques mains qu'elle se trouve. Le droit de préférence, attaché aux sûretés réelles, permet à son titulaire d'échapper à la loi du concours entre les divers créanciers lorsque la chose est vendue après saisie, et que le créancier se paye sur le prix ; ce qui explique que le titulaire du droit réel ne court pas le risque de l'insolvabilité du débiteur.

6. Lorsque le titulaire d'un droit réel qui a été méconnu par un tiers agit en justice pour obtenir la protection de son droit, le juge est obligé de prononcer une **sanction en nature**. Au contraire, l'atteinte à un droit personnel peut, au choix du juge, être sanctionnée par l'exécution en nature ou par l'action en dommages-intérêts.

La distinction a fait l'objet de vives critiques, devenues classiques, qui s'attaquent plus aux postulats sur lesquels elle repose qu'à ses conséquences.

§ 2. Critiques classiques

Depuis plus de cent ans, les critiques adressées à la distinction entre droit réel et droit personnel ont été nombreuses ; elles tendent toutes à ramener l'ensemble des droits patrimoniaux à l'unité, soit le droit réel au droit personnel, ce qu'on appelle les théories personnalistes (A), soit inversement le droit personnel au droit réel, ce qu'on appelle les théories réalistes (B).

I. — Théories personnalistes

364. Obligation passive universelle. – Le premier adversaire de la distinction classique fut Planiol, qui en 1900 s'efforça de ramener le droit réel à un droit personnel, en y voyant une obligation passive universelle[20]. Le droit réel, disait-il, ne pouvait être une relation entre une personne et une chose, car une chose n'est pas un sujet : le contact immédiat de la personne avec la chose n'est qu'un fait. En réalité, continuait-il, tout droit est une relation entre deux personnes, un sujet

20. *Traité élémentaire*, t. I, 1re éd., 1900, n° 762 : « *Cette analyse du droit réel* (la théorie classique) *rend assez bien compte des apparences ; elle en donne une idée qui s'adapte suffisamment aux besoins de la pratique. Elle a l'air simple et elle plaît, parce qu'elle donne en quelque sorte une vue concrète du droit de propriété et des autres droits réels [...]. Au fond, elle est fausse. Il n'est pas exact de dire que le droit réel* (la propriété, par exemple) *consiste à établir un rapport direct entre une personne et une chose. Ce rapport direct est un fait, et il a un nom, c'est la possession. Un rapport d'ordre juridique ne peut pas exister entre une personne et une chose : ce serait un non-sens* ».

actif et un sujet passif. Lorsqu'il s'agit d'un droit personnel, ce sont le créancier et le débiteur. Lorsqu'il s'agit d'un droit réel, le sujet actif est connu, c'est le titulaire du droit ; quant au sujet passif, Planiol le trouvait dans toutes les autres personnes, qui étaient tenues de respecter le droit du titulaire et de s'abstenir des actes pouvant y porter atteinte.

L'analyse traduisait l'idéologie de son époque, la fin du XIXe siècle. Tout d'abord, parce qu'elle se faisait du droit une notion spiritualiste et désincarnée, en omettant, même pour la propriété corporelle, les choses et la matière ; voici, par exemple, la propriété qu'un paysan a de son champ : c'est par un excès d'abstraction qu'on y voit seulement une obligation passive universelle : la première prérogative du paysan propriétaire demeure le pouvoir de cultiver son champ. En outre, elle était individualiste lorsqu'elle réduidait le rapport de droit à une relation entre deux individus, alors que l'État y occupe aussi une place importante. Tout ceci était fidèle à l'idéologie du Code Napoléon, bien qu'il la poussât à l'extrême[21]. Mais la construction de Planiol pouvait être aussi une vision plus socialiste des droits : réduire le droit réel à un droit personnel, c'était en diminuer l'énergie.

Aujourd'hui, la théorie de Planiol est unanimement rejetée ; la critique qui lui est faite a essentiellement pour objet la notion d'obligation passive universelle à laquelle sont adressés deux reproches. D'abord, d'être inconsistante : l'obligation passive universelle n'est en réalité que le devoir qui incombe à tous les membres d'une société d'en respecter les lois ; elle n'a aucune valeur propre, n'est pas une véritable obligation. Ensuite, elle définit le droit réel par ce qu'il a d'anormal, ce qui relève d'une mauvaise méthode : dans l'analyse de Planiol, le droit réel n'apparaît que lorsqu'est violée l'obligation passive universelle ; on serait ainsi conduit à refuser tout caractère juridique à la situation du titulaire véritable du droit lorsqu'elle est paisible, ce qui est pourtant, et de beaucoup, la situation normale et la plus courante. Or, l'analyse juridique devrait partir du normal et de l'habituel, non de situations exceptionnelles et pathologiques.

II. — Théories objectives

365. Droit à une valeur. – À l'inverse, le droit personnel a été ramené au droit réel dans d'autres analyses dites objectives, dont la plus célèbre fut celle que Saleilles avait présentée à la fin du XIXe siècle[22] qui a été récemment renouvelée[23].

Dans l'obligation, Saleilles considère plus la valeur économique et patrimoniale de la prestation que le lien juridique et personnel qu'elle établit entre créancier et débiteur ; or, comme les autres biens, la créance est, en principe, cessible et

21. J. CARBONNIER, n° 43, *Théorie juridique*, a. 1re : « *Une exaspération de l'idéologie volontariste et individualiste du C. civ.* ».

22. R. SALEILLES, *L'obligation d'après le premier projet du Code civil allemand*, 1889, n° 82... « *En réalité, ce que veut le créancier, c'est le résultat qu'il attend de la prestation, il lui importe peu que le résultat lui soit procuré par tel ou tel ; sans doute, la personne du débiteur lui importe pour la garantie de la créance ; mais la garantie de la créance n'est pas de l'essence même de l'obligation* ».

23. S. GINOSSAR, *Droit réel, propriété et créance*, LGDJ, 1960 ; « Pour une meilleure définition du droit réel et du droit personnel », *RTD civ.* 1962.573. V. les critiques de J. DABIN, « Une nouvelle définition du droit réel », *RTD civ.* 1962.20 et de L. RIGAUD, *RID comp.* 1963.537. S. Ginossar assimile la créance et la propriété : la créance serait l'objet d'un droit de propriété, la propriété de la créance. De même, il estime artificiel le rapprochement entre la propriété et les droits réels qui portent sur la chose d'autrui, tels que l'usufruit, parce que ces droits établiraient une relation entre le titulaire du droit et le propriétaire de la chose, relation qui ressemblerait à celle qui établit un droit de créance (ex. : le bail). C'est une des faiblesses de son analyse, car précisément les relations entre un nu-propriétaire et un usufruitier sont peu importantes : *infra*, n°s 800 et s. Au contraire, quelques auteurs adhèrent aux opinions de S. Ginossar : Fr. ZENATI-CASTAING, « Pour une rénovation de la théorie de la propriété », *RTD civ.* 1993. 305 s. ; Fr. ZENATI-CASTAING et Th. REVET, n° 301. Pour W. DROSS (n° 148-1), le système est « cohérent », mais inexact, car la propriété ne peut avoir pour objets que « les choses » et non les droits : l'auteur conteste l'existence de « propriétés incorporelles » : *infra*, n° 400.

transmissible ; il en déduit qu'elle se détache de la personne pour se rapprocher de l'objet sur lequel elle porte.

Poussant plus loin l'analyse, l'analogie du droit personnel avec le droit réel peut même aller jusqu'à l'assimilation. Chaque fois qu'une créance est relative à une chose, elle porterait directement sur la chose qui en est l'objet. Ce qui supprimerait toute différence entre droit réel et droit personnel. Voici par exemple l'acquéreur d'une marchandise, qui a donc une créance contre le vendeur : il a pour créance un droit à la livraison de la chose, ce qui dans l'analyse traditionnelle constitue, sans aucun doute, un droit personnel. Dans la théorie ici présentée, le droit porterait directement sur la chose vendue, ce qui est la définition même du droit réel, mais ne rend pas compte du droit positif.

Le droit de l'exécution forcée atténue aussi la différence entre le créancier en droit de réclamer la livraison ou la restitution d'un bien, et le titulaire d'un droit réel, en permettant, dans les deux cas, d'obtenir la restitution forcée du bien au moyen de la procédure de saisie-attribution : l'huissier ira rechercher directement le bien entre les mains du détenteur (L. 9 juill. 1991, art. 56). De même, dans les procédures collectives, le fournisseur non payé d'une marchandise (il est donc un créancier, titulaire d'un droit personnel) peut « revendiquer » la marchandise pour échapper à la loi de l'égalité entre les créanciers[24].

Cependant, cette analyse « objectiviste » est généralement repoussée, notamment pour cette raison : le droit réel porte sur des biens individuellement désignés, sans avoir à passer par l'intermédiaire d'un débiteur, ce qui explique son énergie, dont le droit de suite et le droit de préférence sont les signes. Au contraire, l'exécution du droit personnel dépend toujours de l'intervention du débiteur et porte sur l'ensemble de son patrimoine, ce qui explique que son efficacité dépende de la solvabilité et de l'honnêteté du débiteur.

Pour discutables qu'elles soient, ces deux analyses ont pour intérêt de souligner qu'il y a certainement une différence de nature entre droit réel et droit personnel, mais qu'elle n'est pas radicalement tranchée, qu'elle est parfois affaire de plus ou de moins, et susceptible d'évolution en raison de facteurs économiques et sociaux : il y a une relativité dans la distinction.

SECTION II
RELATIVITÉ DE LA DISTINCTION

366. Qualification. – Malgré la vivacité des critiques qui lui ont été adressées, la distinction continue à s'imposer, mais avec relativité : un droit est plus ou moins réel ou peut se transformer, de personnel devenir réel.

Le droit réel est caractérisé par deux traits essentiels : un pouvoir d'appréhension directe sur la chose (§ 1) et une opposabilité absolue (§ 2).

§ 1. POUVOIR DIRECT

Le droit réel est un droit direct sur la chose, tandis que le droit personnel ne confère sur le patrimoine du débiteur qu'un pouvoir diffus : deux situations bien différentes.

367. *Jura in re aliena* : politique législative. – Cependant, sauf pour le droit de propriété, le pouvoir direct sur la chose, caractéristique du droit réel, n'est pas imposé par la nature des choses, mais résulte d'un choix d'opportunité par les intéressés, ou d'une politique voulue par le législateur.

24. *Supra*, n° 157.

1° Le **droit de propriété** comporte nécessairement un pouvoir direct sur la chose, le pouvoir d'appréhension, à ce point qu'il y a confusion du droit et de son objet. C'est la même chose de dire : « Je suis propriétaire de cette maison », et « J'ai cette maison ».

2° Les **autres droits réels** ne comportent pas de la même manière un pouvoir direct sur la chose, car ils mettent plusieurs personnes en présence de la chose, puisqu'ils sont tous relatifs à la chose d'autrui : *jura in re aliena*. Or tous les droits (sauf la propriété), réels et personnels, mettent plusieurs personnes en présence d'une chose, et les relations juridiques qui s'établissent peuvent être organisées en prenant soit la forme des droits réels, soit celle des droits personnels. Par exemple, un droit de jouissance sur la chose d'autrui peut être établi soit comme un usufruit (droit réel), soit comme un droit de locataire (droit personnel). De même, autre exemple, un droit de passage sur un fonds peut être organisé, soit comme une servitude (droit réel), soit comme un droit de créance (droit personnel).

Il y a droit réel chaque fois qu'un des intéressés (usufruitier ou titulaire d'une servitude de passage) a un pouvoir direct de jouissance sur la chose. Il y a, au contraire, droit personnel chaque fois que l'un des intéressés (locataire) doit obtenir de l'autre (bailleur) la jouissance qu'il attend de la chose.

Or le choix entre droit réel et droit personnel n'est pas indifférent et produit des conséquences pratiques importantes ; l'attribution de la réalité à un droit en renforce l'efficacité et l'opposabilité.

§ 2. Opposabilité absolue

368. Sanction du droit réel. – Le droit réel a une opposabilité absolue, au contraire du droit personnel[25]. Toute atteinte à un droit réel, même commise de bonne foi et même si elle ne cause pas de préjudice, donne naissance à une action en justice pour faire rétablir son intégrité.

L'exclusivisme et l'opposabilité absolue des droits réels ont pour conséquence que leur méconnaissance par un tiers est nécessairement sanctionnée par une condamnation en nature, sans qu'il soit nécessaire qu'il y ait eu préjudice ou mauvaise foi[26]. Le principe découle de la définition même du droit réel et est énoncé par certains textes[27]. Il est appliqué par la jurisprudence : ainsi, pour l'empiètement sur le fonds d'autrui, qui porte atteinte au droit de propriété[28] ou pour la violation d'une servitude[29]. Mais la règle ne s'applique ni à l'accession[30], ni à la mitoyenneté[31], ni aux troubles de voisinage[32].

Au contraire, le fait pour un tiers d'empêcher l'exécution d'un droit personnel par le débiteur ne donne naissance à une action contre lui que s'il est fautif, ce qui

25. **Biblio. :** M. Levis, *L'opposabilité du droit réel*, th. Paris II, Economica, 1989, préf. P. Raynaud : l'opposabilité du droit réel s'expliquerait par son exclusivisme.

26. Cf. la formule de la Cour de cassation : Cass. civ. 3e, 4 oct. 1989, *Bull. civ.* III, n° 183 ; *D.* 1991, somm. 26, obs. A. Robert, également cité *infra*, n° 1126 : « *La démolition est la sanction d'un droit réel transgressé* ».

27. Ex. : articles 672 et 675 : le propriétaire peut exiger que les branches ou les racines des arbres plantés sur un fonds voisin en violation de son droit soient coupées, arrachées ou réduites ; *infra*, n° 1026.

28. *Infra*, n° 449.

29. *Infra*, n° 1126.

30. *Infra*, n° 451.

31. *Infra*, n° 1019.

32. *Infra*, n° 1075.

est le cas du tiers complice de la violation de son obligation par le débiteur, et cette action est une action en responsabilité délictuelle.

Cette règle n'est pas imposée par la nature des choses ; on pourrait concevoir, comme le fait le droit américain par exemple, que le créancier fasse injonction au tiers qui, de bonne foi, est complice de l'inexécution des obligations du débiteur afin qu'il cesse de perturber l'exécution d'une obligation.

En réalité, il n'y a pas de différence radicale entre l'opposabilité des deux droits et il convient d'apporter des nuances dans la distinction. Un premier signe de la relativité de la distinction apparaît dans la possibilité qu'a un droit personnel de se rapprocher d'un droit réel (I). Surtout, il existe une hiérarchie entre les droits réels et les droits personnels (II).

I. — Rapprochement

Le droit personnel peut se rapprocher d'un droit réel pour en acquérir l'énergie.

369. Saisie et sûretés réelles. – Le créancier chirographaire n'a pas de droit particulier sur tel ou tel bien déterminé de son débiteur : il a seulement un droit de « gage » général sur l'ensemble des biens de ce dernier (art. 2285), c'est-à-dire qu'il a un droit personnel. Cependant, lorsqu'il saisit un bien du débiteur, sa situation se rapproche de celle du titulaire d'un droit réel. Ainsi, la réglementation de la saisie immobilière prévoit-elle que les aliénations et les constitutions d'hypothèques publiées ou inscrites après la publication du commandement de saisie ne lui sont pas opposables (C. pr. civ., art. 686). Sans doute, la nature du droit du créancier ne se trouve-t-elle pas modifiée (il demeure un créancier chirographaire), mais il bénéficie désormais de la protection résultant des règles de la publicité foncière ; il ne s'agit pas tant de lui permettre d'opposer son droit aux tiers, que de faire en sorte que les droits des tiers ne lui préjudicient pas. Une solution comparable est admise pour les saisies mobilières ; alors que le créancier chirographaire ne peut se prévaloir, en tant que tel, de l'absence de date certaine des actes conclus par son débiteur, il en va autrement à compter du moment où il a saisi ses meubles[33].

Le créancier chirographaire devient véritablement titulaire d'un droit réel – accessoire – lorsqu'il bénéficie d'une sûreté réelle (hypothèque, gage) qui va lui conférer un droit de préférence et un droit de suite sur un bien déterminé du débiteur.

II. — Hiérarchie

370. Supériorité du droit réel. – Portant directement sur la chose, le droit réel (A) a une énergie plus forte que le droit personnel (B) dont l'exécution dépend du débiteur, notamment de sa solvabilité[34].

A. Droit réel

Le droit de suite, le droit de préférence et l'opposabilité attachés à un droit réel sont plus ou moins énergiques, car le pouvoir du titulaire du droit sur la chose est plus ou moins intense. On peut établir une hiérarchie entre les différents droits

33. Cass. civ. 1re, 14 nov. 1979, *Bull. civ.* I, n° 285 : « *Mathis, qui avait fait procéder à la saisie-exécution* (aujourd'hui la saisie-vente) *du mobilier des épx Dufour, était un tiers au sens de l'article 1328* [auj. 1377] ».

34. Ch. Demolombe, *Cours de Code Napoléon*, t. IX, 1854, n° 473 : « *Place au droit réel ! et que tous les rangs s'ouvrent pour lui faire passage, lorsqu'il s'avance tout puissant et absolu, par sa propre et seule force, sans l'intermédiaire d'aucun débiteur, vers la chose même sur laquelle il porte directement* ».

réels : propriété (1), démembrements de la propriété (2), sûretés réelles (3) et enfin droits de jouissance, aux confins du droit réel et du droit personnel (4).

1) Propriété

371. La plus grande énergie. – Le droit réel qui a l'énergie et l'opposabilité la plus forte est le droit de propriété ; il établit le contact le plus direct avec la chose dont le propriétaire peut tirer toutes les utilités ; il peut la revendiquer contre tout possesseur auquel il n'a pas conféré de droit.

2) Démembrements de la propriété

372. Usufruit, servitudes, etc. – Les démembrements de la propriété (par exemple, servitudes ou usufruit) produisent un effet analogue : le titulaire de ces droits bénéficie d'un droit de suite, à l'encontre de toute personne, et même du propriétaire. Ce qui révèle le particularisme de ce genre de droits ; ils portent sur la propriété d'autrui, et en sont une charge ; si la propriété est transférée à un acquéreur, celui-ci sera tenu de les respecter. À la différence de la propriété, ces droits sur la chose d'autrui sont limités à telle ou telle utilité de la chose.

Ainsi en est-il de la clause souvent stipulée dans un lotissement urbain, qui interdit à l'alloti et à ses ayants cause tout usage industriel ou commercial de la parcelle qui lui est attribuée. Ce que l'on appelle la clause d'habitation bourgeoise. Elle peut prendre, soit la forme d'une servitude, c'est-à-dire un droit réel : la charge se transmet alors de plein droit avec le bien et est opposable à tout acquéreur du lot ; soit la forme d'une obligation personnelle qui ne se transmet pas avec le bien, quoiqu'elle y soit relative ; l'acquéreur du bien loti n'est tenu de la respecter que s'il l'a acceptée[35].

Autre exemple : la réserve du droit de chasse stipulée au profit du vendeur est opposable au tiers acquéreur si elle a été qualifiée de servitude ; mais les tribunaux estiment qu'elle n'apporte de profit et d'agrément qu'au propriétaire et non au fonds, qu'elle ne constitue donc pas un droit réel, et ainsi ne suit pas le fonds chez ses acquéreurs successifs[36].

3) Sûretés réelles

373. Avec et sans dépossession. – Parmi les sûretés réelles, il en est deux types, celles qui entraînent dépossession du débiteur et celles qui laissent la chose grevée de sûreté réelle entre les mains du débiteur.

Un exemple de sûreté **avec dépossession** se trouve dans le gage. Habituellement, le créancier gagiste a entre ses mains la chose qui lui avait été remise en gage par le débiteur ; il a ainsi une appréhension directe de la chose qui lui avait été confiée en gage. Ce qui lui permet de faire vendre la chose, et de se payer par préférence à tous les autres créanciers du débiteur (droit de préférence). Mais la dépossession du débiteur présente de nombreux inconvénients : elle épuise d'un seul coup le crédit qu'il pouvait tirer de la chose et n'en permet pas une bonne exploitation. Aussi, existe-t-il d'autres sûretés réelles qui **ne le dépossèdent pas** ; par exemple, l'hypothèque où le débiteur, propriétaire de la chose hypothéquée, conserve l'appréhension directe de l'immeuble qui en est grevé ; il faut donc prendre des mesures afin de permettre au créancier hypothécaire d'exercer le droit exclusif qu'il a sur la valeur de l'immeuble affectée à sa créance ; et de l'opposer aux tiers ; c'est à quoi tendent la publicité foncière, le droit de suite et le droit de préférence attachés à l'hypothèque (art. 2393 et 2462). De même, le gage sans dépossession, par inscription, a été organisé à l'occasion de la réforme des sûretés (O. 23 mars 2006).

La condition des personnes qui n'ont qu'un simple droit de jouissance sur la chose d'autrui est moins énergique.

35. *Infra*, n° 1121.
36. ** Cass. civ. 3e, 23 juin 1976, *épx Léaud*, cité *infra*, n° 1113.

4) Droit de jouissance

374. Facteurs politiques : usufruit et bail. – La jouissance d'une chose, c'est-à-dire le droit d'en user et de l'exploiter, peut être concédée par le propriétaire à un tiers selon des modalités diverses, qui se ramènent à deux types, l'usufruit et le louage de choses. Dans chacune, les éléments personnels et réels sont mêlés ; le fait que l'un soit un droit réel et que l'autre confère un droit personnel ne dépend, en réalité, ni de la nature des choses, ni même de raisons purement techniques : la matière est liée à l'évolution économique et sociale et relève donc de facteurs politiques.

1° La discussion n'a jamais eu pour objet l'**usufruit**, constamment analysé en un droit réel : l'usufruitier a un droit de jouissance qui porte directement sur la chose, et n'a pas de rapports avec le nu-propriétaire. Cependant, une évolution s'annonce sur ce point. Pour faciliter la gestion, certaines relations s'établissent entre le nu-propriétaire et l'usufruitier, soit parce qu'une convention les a prévues, soit même maintenant par l'effet de la loi[37].

2° L'objet principal du débat a été et continue à être la nature des droits du preneur, et plus précisément du preneur à **bail** d'un immeuble (fonds de terre, habitation) ou d'un bien de production (fonds de commerce, entreprise)[38]. Le débat est dominé par des données économiques, les modes d'exploitation des fonds de terre ; il est surtout dépendant de facteurs sociaux, des fluctuations de la puissance politique, de la classe sociale des propriétaires et des divers tenanciers que l'histoire a connus : précaire romain, domaine utile de l'époque féodale, locataire et fermier de l'époque contemporaine.

Déjà, dans le Code civil qui énonce le droit commun des baux, le droit du preneur comporte à la fois des éléments de droit personnel et de droit réel, ce qui explique qu'une discussion ait pu s'engager, qu'ont fait rebondir les nombreuses réformes législatives des quatre-vingts dernières années. Le caractère réel des droits du preneur a augmenté dans les divers statuts spéciaux contemporains.

375. 1° Droit commun du bail. – Selon le droit commun du bail, tel que l'énonce le Code, le droit du locataire est un droit personnel, mais qui présente des particularités faisant effleurer certains éléments de réalité.

Le droit du preneur est un droit personnel qui lui confère le pouvoir de demander au bailleur de lui procurer (lui « bailler ») la jouissance de la chose (art. 1719 et 1720) : son droit de jouissance ne porte pas sur la chose, mais s'exerce contre le bailleur. Pourtant, certains éléments en altèrent la pureté. **1** L'article 1743, qui date de 1804, rend opposable le droit du preneur **à l'acquéreur de l'immeuble loué** ; en outre, l'article 2278, al. 2 permet au preneur d'exercer les actions possessoires. L'article 1743 dispose que si le bailleur vend l'immeuble loué, l'acquéreur est obligé de respecter le bail pourvu que celui-ci ait date certaine. Le bail est ainsi opposable à l'acquéreur : le preneur bénéficie d'un certain droit de suite. Au XIXe siècle, un auteur, Troplong, en avait déduit que le preneur avait un droit réel. En 1861, dans un arrêt célèbre, la Cour de cassation a décidé le contraire[39] et depuis, sa jurisprudence ne s'est jamais démentie. Le locataire dépend de son bailleur, il n'a qu'un pouvoir dérivé, un droit personnel.

---

37. *Infra*, nos 800 à 836.

38. **Biblio. :** J. Derruppé, *La nature juridique des droits du preneur à bail*, th. Toulouse, 1952 ; « Souvenirs et retour sur le droit réel du locataire », *in Ét. L. Boyer*, Toulouse, 1996.169.

39. * Req., 6 mars 1861, *synd. Vollot*, *DP* 1861.1.417 : « *Le bail n'opère aucun démembrement de la propriété, qui reste entière entre les mains du bailleur, pour qui il n'est qu'un moyen de la rendre productive et d'en recueillir les fruits ; à la différence de l'emphytéote et de l'usufruitier, le preneur n'a pas une possession qui lui soit propre et personnelle, il possède pour le propriétaire, dont il est sous ce rapport, le représentant et le mandataire, et auquel seul sa possession profite...* ».

2 Même sur ce terrain du droit commun, un élément nouveau est pourtant apparu qui a fait rebondir le débat, la réforme de l'**action possessoire**. Pendant longtemps, le locataire ne pouvait, en général, exercer les actions possessoires ; s'il subissait un trouble dans sa jouissance, il devait s'adresser au bailleur qui pouvait les exercer. L'article 2278, al. 2 confère aujourd'hui aux détenteurs la faculté d'exercer les actions possessoires ; or, le locataire est un détenteur. Désormais, il peut se défendre seul contre toutes les usurpations, sans avoir à demander au bailleur de le faire : il n'a plus un pouvoir dépendant. Si maintenant il a, en fait, quelques pouvoirs effectifs sur la chose, opposables aux tiers, ne serait-ce pas parce qu'il a acquis en droit, au moins en partie, une maîtrise sur la chose, opposable aux tiers, c'est-à-dire un droit réel[40] ? Toutefois, en excluant l'exercice de l'action possessoire contre le bailleur, l'article 2278, al. 2, fait réapparaître la nature personnelle du droit du preneur, alors que l'usufruitier peut exercer les actions possessoires contre le nu-propriétaire[41].

C'est surtout sur un autre terrain, celui des statuts locatifs spéciaux que le problème est agité depuis plus de quatre-vingts ans.

376. 2° Statuts locatifs spéciaux. – Il ne s'agit pas ici du statut très spécial des **baux à longue durée** (emphytéose, bail à construction, bail réel solidaire) où la loi a expressément conféré un droit réel au preneur ; ce sont des baux où le preneur entreprend des travaux importants pour changer le mode d'exploitation de l'immeuble (mise en culture de terres en friche ; constructions sur un terrain). L'importance et la durée (18 à 99 ans) des droits du preneur expliquent que la loi leur ait expressément conféré la nature de droit réel, afin de les soumettre à la publicité foncière et en permettre l'hypothèque.

Il s'agit de deux catégories de baux, beaucoup plus courantes, les baux commerciaux et les baux ruraux dans lesquels les droits du preneur ont été augmentés depuis près de quatre-vingts ans par un mouvement législatif important.

Dans les **baux commerciaux**, à partir d'une loi de 1926 (aujourd'hui le décret du 30 sept. 1953, intégré dans le C. com., art. L. 145-1), le locataire a droit à une indemnité (dite indemnité d'éviction) si le propriétaire ne consent pas à renouveler le bail après son expiration. Techniquement, ce n'est pas un droit réel, mais un droit de créance : le locataire commerçant n'a pas acquis d'emprise sur l'immeuble. En fait, l'importance de l'indemnité d'éviction a conféré au droit du locataire une grande stabilité. Surtout, la possibilité de céder le bail lui a donné une valeur vénale importante. On comprend que, malgré l'approximation sémantique, la pratique dénomme propriété commerciale un droit qui n'est pourtant ni une propriété, ni un droit réel.

Dans les **baux ruraux**, trois des attributs conférés aux fermiers par le statut du fermage de 1945 (intégré dans le C. rur.) ont renforcé l'énergie des droits du preneur et accentué sa réalité. Ces attributs n'étant pas, en droit, patrimoniaux, le droit du fermier n'est pas un droit réel. Le fermier a acquis, avec le statut du fermage, un droit au renouvellement (C. rur., art. L. 411-16), seulement limité par la reprise du bailleur qui veut exploiter personnellement sa ferme. Ce droit confère une grande stabilité au droit du fermier. Celui-ci a, en outre, le droit de transformer les lieux loués (ex. : mettre en herbe une parcelle de terre), le cas échéant contre la volonté du propriétaire, en obtenant une autorisation judiciaire (art. L. 411-28 et L. 411-73) ; il a ainsi un droit direct sur la chose, plus étendu encore que celui de l'usufruitier, qui ne peut en modifier la substance ; désormais, le fermier n'a plus à passer par le bailleur pour jouir de la chose. Il a surtout un droit de préemption : si le propriétaire vend son fonds, le fermier peut se substituer à l'acheteur et devenir acquéreur en payant le même prix au propriétaire (art. L. 412-1). Le fermier n'a pourtant pas acquis un droit réel, car les différents attributs dont il est investi ne sont pas transmissibles à cause de mort ; ils ne sont pas non plus juridiquement cessibles entre vifs, à la différence de ceux dont bénéficie le commerçant ; la loi n'a pas voulu permettre la commercialisation de l'activité agricole ; cependant, la pratique, que parfois consacrent les tribunaux[42], est contraire à la loi : il n'existe pas, en droit (mais en fait ?), de propriété « culturale »[43].

40. *Infra*, n° 513.

41. Cass. civ., 14 déc. 1840, *DP* 1841.I.32.

42. Ex. : Cass. civ. 3e, 10 févr. 1999, *D.* 2000.14, n. F. Kenderian ; n.p.B. : cession du bail rural camouflée en cession de parts sociales.

43. Un colloque, à Mâcon, a célébré « les 70 ans du statut du fermage », publié dans la *RD rur.*, p. 10 à 32 : H. Bosse-Platière, « Un statut de liberté » : élogieux tout en trouvant que le statut a perdu sa raison d'être ; J. Foyer : La genèse (1940-1946) : les universitaires ont critiqué chacune des étapes ;

B. Obligations

L'obligation est un droit personnel : elle a pour objet de permettre à un créancier d'obtenir une prestation déterminée de son débiteur qui n'offre en garantie que l'ensemble de son patrimoine. Elle est, comme on l'a vu, soumise à deux principes : l'opposabilité au créancier des actes du débiteur et, en cas d'inexécution, le concours pour se payer avec tous les autres créanciers sur l'ensemble du patrimoine appartenant au débiteur. Elle ne fait naître, de par sa définition, ni droit de préférence, ni droit de suite.

Cependant, une obligation peut être plus ou moins personnelle ; certaines possèdent même un degré important de réalité.

377. 1 Obligation monétaire. – La seule obligation à avoir pleinement la pureté du droit personnel est la créance de somme d'argent[44] ; elle est entièrement soumise à la loi du concours, et tous les actes du débiteur qui ne sont pas frauduleux sont opposables au créancier.

Deux autres espèces d'obligation, bien que constitutives de droit personnel, sont plus ou moins marquées d'un peu de réalité : les obligations relatives à un bien et les obligations réelles.

378. 2 Obligation relative à un bien. – Lorsqu'une obligation est relative à un bien particulier, en principe, elle ne se transmet pas à l'acquéreur. Cependant, elle est parfois marquée d'une certaine réalité et échappe à la loi du concours entre les créanciers et à l'opposabilité des aliénations du débiteur, parce qu'elle est incompatible avec une obligation de même nature portant sur le même bien. Ainsi en est-il des baux ou des promesses unilatérales de vente consentis à deux bénéficiaires ou à deux preneurs successifs sur le même immeuble. Le concours est alors impossible : les deux locataires, par exemple, ne peuvent jouir ensemble de la chose ; l'une des obligations doit l'emporter sur l'autre. Généralement, ce sera la première en date (*prior tempore potior jure*), surtout si la seconde a été contractée en connaissance de la première. Par exemple, lorsque deux promesses unilatérales de vente ont été successivement consenties sur un même bien, le premier bénéficiaire l'emporte si le second en avait eu connaissance. Aussi, pour assurer cette connaissance aux tiers ne faut-il pas s'étonner que l'on tende maintenant à organiser la publicité de la promesse de vente (mais seulement à titre facultatif), bien qu'il ne s'agisse que de droits personnels puisque le bénéficiaire n'a qu'un droit de créance contre le promettant, tant qu'il n'a pas levé l'option.

379. 3 Obligations réelles. – Dans d'autres cas, bien que le droit continue à être personnel, il comporte une réalité marquée. On parle d'« obligation réelle » parce que la relation entre la dette et la chose est étroite[45]. Il en est ainsi de l'obligation d'entretien qui pèse sur le propriétaire d'un mur mitoyen (art. 655 et 656)[46], de l'obligation de supporter les charges de la copropriété pour un immeuble en copropriété, qui pèse sur les copropriétaires (L. 10 juill. 1965, art. 10)[47], de l'obligation de contribuer à la clôture forcée[48] (art. 663 et s.), et de l'obligation qui pèse sur le tiers détenteur d'un immeuble hypothéqué (art. 2462).

S. Crevel, Évolution : limitée ; B. Grimonprez : relation avec le droit commun ; Fr. Rocheteau : l'épreuve des droits fondamentaux : le statut du fermage ne leur est pas attentatoire ; B. Mandeville et S. Sauvinet : la fonction économique du statut : souhaite que le fermier puisse transmettre droit d'exploiter.

44. Toutefois, songeant à l'érosion monétaire, Jean Carbonnier suggérait que « *le créancier a mis une valeur réelle dans le patrimoine du débiteur* » ; n° 34, c, *Hypothèse*, 2°.

45. **Biblio.** : M. de Juglart, *Obligation réelle et servitudes en droit privé français*, th. Paris, 1937 ; H. Aberkane, *Essai d'une théorie générale de l'obligation* propter rem *en droit positif français*, th. Alger, 1953 ; J. Hansenne, « De l'obligation réelle accessoire à l'obligation réelle principale », *in Ét. A. Weill*, Dalloz, 1983.325.

46. *Infra*, n°s 1015 à 1024.

47. *Infra*, n° 714.

48. *Infra*, n° 1012.

Par deux traits, l'obligation réelle se rapproche du droit réel. D'une part, elle se transmet de plein droit avec la chose : lorsque l'immeuble que limite le mur mitoyen est aliéné, l'obligation d'entretien pèse non sur le propriétaire originaire, mais sur le propriétaire actuel. D'autre part, le droit du créancier est tempéré : sans doute, le débiteur de l'obligation réelle est-il théoriquement tenu sur la totalité de son patrimoine, comme l'est tout débiteur. Mais il peut s'affranchir de son obligation par le déguerpissement, l'abandon du bien lié à la dette ; par exemple, le propriétaire d'un mur mitoyen peut échapper à l'obligation d'entretenir le mur en renonçant à son droit de mitoyenneté.

380. Plan. – On étudiera successivement les différents droits réels ; d'abord le plus important et le plus achevé, le droit de propriété (Titre I), puis l'usufruit et les droits d'usage et d'habitation (Titre II), le droit de superficie (Titre III), le voisinage (Titre IV) et enfin les servitudes (Titre V).

N°s 381-399. réservés.

TITRE II

LA PROPRIÉTÉ

400. Droits de l'homme et droits fondamentaux. – Rien n'est plus simple, en apparence, que la propriété : elle est le droit d'exercer une complète maîtrise sur un bien[1].

Comme le montre sa place dans le Code, le droit de propriété est au cœur du droit civil ; non seulement du droit des biens (Livre II), mais aussi de celui des successions, des libéralités, des contrats et des régimes matrimoniaux... considérés par lui comme « *les différentes manières dont on acquiert la propriété* » (Livre III). Ce qui sous-entend que l'objet principal de la législation civile est l'organisation et la défense de la propriété. Le Code civil fait écho à la Déclaration des droits de l'homme et du citoyen de 1789, qui considère la propriété comme une des quatre prérogatives s'imposant au respect de toute association politique (art. 2) : « *Le but de toute association politique est la conservation des droits naturels et imprescriptibles de l'homme. Ces droits sont la liberté, la propriété, la sûreté, la résistance à l'oppression.* » Selon cette perspective, la propriété est naturelle, n'est pas attribuée par l'État, mais défendue par lui[2]. Seule une « *nécessité légalement constatée* » et évidente permet de priver l'individu de ce droit « *inviolable et sacré* » (DDH, art. 17) ; ces principes sont rappelés par la Convention européenne des droits de l'homme : « *Toute personne physique ou morale a droit au respect de ses biens* » (protocole no 1, 1952, art. 1). La loi doit se plier à cette exigence, qui a valeur constitutionnelle[3] et est devenue un « *droit fondamental de l'Union européenne* » (Charte des droits fondamentaux de l'UE, 7 déc. 2000).

---

1. **Biblio. :** Fr. Zénati, « Pour une rénovation de la théorie de la propriété », *RTD civ.* 1993.35 ; pour une analyse différente : W. Dross, « Une approche structurelle de la propriété », *RTD civ.* 2012.419 : conteste les théories classiques (*usus, fructus, abusus*) et « modernes », la propriété des droits, le droit de propriété n'auraient qu'un seul objet, les « choses », ce qui exclurait la « propriété des droits ». V. égal. dans une perspective politique : Jean-Pascal Chazal, « *La propriété : dogme ou instrument politique* », *RTD civ.* 2014.763. Ph. Chauviré, « Quel avenir pour la propriété ? », in *L'avenir du droit des biens*, colloque Lille (2014), LGDJ, 2016 : selon cet auteur, après le Code civil de 1804, le droit de propriété a connu trois innovations : l'abus de droit de propriété, les droits que confèrent l'image d'un bien et surtout la fiducie ; l'évolution la plus importante de ce droit seront les atteintes à son exclusivisme et à son abolitionnisme.

2. V. *Droits*, n° spécial, 1985 ; J. Carbonnier, *La propriété, garantie des libertés*, colloque de l'AIDE, Paris, nov. 1989.

3. * Cons. const., 16 janv. 1982, *Loi de nationalisation*, cité *infra*, n° 411.

La notion de propriété est le fruit d'une longue évolution historique et repose sur des fondements divers et controversés (Premières vues). C'est en eux que les attributs de la propriété trouvent leur origine (Sous-titre I). On examinera ensuite les modes d'acquisition et de preuve de la propriété (Sous-titre II), puis les modalités susceptibles de l'affecter (Sous-titre III).

PREMIÈRES VUES SUR LA PROPRIÉTÉ

SECTION I
FONDEMENTS

401. Une vue schématique. – Peu de questions ont été plus agitées que celle de la justification du droit de propriété ; elle dépasse le juriste[1]. Plus encore que toute autre institution, elle a des fondements nombreux et complexes : théologique[2], philosophique, économique, politique, historique, géographique, psychologique et moral. On n'en donnera ici qu'une vue schématique, n'en retenant que trois aspects : l'épanouissement de la personne, le développement économique et la paix sociale.

La question est liée à des données politiques et économiques qui varient avec les temps. La propriété a, jadis et naguère, été souvent contestée[3]. Mais on ne peut parler des fondements de la propriété privée de la même manière en 1945 et en 2005, après la faillite du marxisme-léninisme en Russie puis dans l'Europe de l'Est.

---

1. **Biblio. :** J.-Ph. LÉVY et A. CASTALDO, *Histoire du droit civil, op. cit.*, n°s 328-343. Le fondement et la critique de la propriété ont depuis 1804 suscité plusieurs analyses contradictoires ; les uns font de la propriété une création de la loi ; d'autres y voient une consécration du droit naturel. Autre antagonisme (très connu) : entre les révolutionnaires et les conservateurs (que sont généralement des juristes) ; aujourd'hui, il y a, à la fois, déclin et essor de la propriété individuelle ; l'effondrement du marxisme en Occident a redonné vigueur à la propriété privée.

2. M.-F. RENOUX-ZAGAMÉ, « Du droit de Dieu au droit de l'homme : sur les origines théologiques du concept moderne de propriété », *Droits*, I, 1985, p. 17 et s. : les fondements contemporains du droit de propriété trouveraient leur origine dans la théologie médiévale sur le pouvoir créateur de Dieu : « *Qui fait de l'homme le maître par nature d'un monde qui lui est entièrement soumis* ». Le droit de propriété, droit de l'homme, serait « *une idée chrétienne dénaturée et essentiellement pervertie* » (p. 19).

3. Tout le monde connaît la question-réponse de Pierre-Joseph Proudhon (l'anarchiste (1857), pas son cousin, le professeur de droit) : « *Qu'est-ce que la propriété ?[...] La propriété, c'est le vol !* » ; J.-J. ROUSSEAU, *Discours sur l'origine et les fondements de l'inégalité parmi les hommes*, 1755 (commencement de la seconde partie) : « *Le premier qui, ayant enclos un terrain, s'avisa de dire* "Ceci est à moi" *et trouva des gens assez simples pour le croire, fut le vrai fondateur de la société civile. Que de crimes, de guerres, de meurtres, que de misères et d'horreurs n'eût point épargnés au genre humain celui qui, arrachant les pieux et comblant le fossé, eût crié à ses semblables : Gardez-vous d'écouter cet imposteur ; vous êtes perdus, si vous oubliez que les fruits sont à tous, et que la terre n'est à personne.* »

On voit souvent dans la propriété un épanouissement de la personne, un stimulant économique et un facteur de paix sociale ; mais ici comme partout, ce qui la justifie, c'est l'esprit de mesure, ce qui le condamne, c'est la démesure.

402. 1° La propriété et la personne. – La propriété, dit-on souvent, assure l'autonomie de la personne et l'épanouissement de la personnalité. Surtout, elle serait le prolongement et la garantie de la liberté humaine : il n'existerait pas de liberté là où il n'y a pas de propriété[4]. À l'inverse, et ce mot terrible est de Saint-Just « *l'opulence est une infamie* » : la richesse démesurée dévore les hommes, annihile la liberté, suscite la révolte et détruit l'effort ; à l'inverse, la misère dégrade.

Dans la psychologie humaine, la propriété traduit un des instincts les plus profonds de l'être qui dans sa nature a un désir égoïste de possession : « Ce qui est à moi est à moi »[5]. La propriété établit un lien presque mystique entre la personne et la chose, prolongeant et épanouissant la personnalité humaine. Mais souvent les biens sont un asservissement.

On a aussi fondé la propriété sur le travail : la propriété serait la rémunération de celui qui travaille. Justification dangereuse, car en liant la propriété au travail, on est conduit à exiger sa concordance avec le travail et exclure la transmissibilité successorale, le fondement de la propriété deviendrait une devise simple : la propriété aux travailleurs, à ceux qui ont les mains calleuses.

403. 2° Stimulant économique et facteur de paix sociale. – Un des thèmes principaux du libéralisme économique est l'efficacité du droit de propriété, qui stimule la production et l'initiative individuelle : l'incitation de l'intérêt élimine la paresse et le gaspillage.

Au contraire, le socialisme, au moins dans ses thèses absolues, voit dans la propriété un frein à l'abondance : la collectivisation des moyens de production permettrait une économie plus efficace que ne l'assure l'économie de marché. À l'expérience, les États qui y ont procédé ont tous, sans exception, abouti à l'effondrement de leur économie. Au contraire, l'économie de marché développe la prospérité, mais est impitoyable pour les faibles et, comme l'a montré la crise financière sévissant depuis 2008, elle peut être fragile.

On voit aussi dans la propriété une condition et une garantie de la paix sociale. Ce qui n'est pas incontestable. La propriété est liée à l'inégalité et l'inégalité est source de révoltes.

404. 3° Mesure et démesure. – La légitimité de la propriété privée n'est plus, en France et depuis longtemps, discutée en termes aussi simples, abstraits et catégoriques. Le débat, moral, politique et économique, est cantonné à l'étendue de la propriété. La propriété est condamnable lorsqu'elle dépasse la juste mesure : elle perd alors ses vertus[6]. En outre, mais c'est une politique dépendant de la conjoncture politique, les instruments de production devraient selon une idéologie socialiste être soustraits à l'appropriation privée pour être dévolus à la nation ; ce fut en

4. La liberté d'entreprendre est, selon de nombreuses décisions du Conseil constitutionnel, une prérogative conférée par la Constitution et que la loi ne peut méconnaître ; elle constitue « *un corollaire* » au droit de propriété ; le débat a été relancé par Cons. const., 12 janv. 2002, *Loi sur la modernisation sociale*, *JO*, 18 janv. 2002 : « *Le législateur a apporté* (avec le nouveau régime des licenciements économiques) *une atteinte manifestement excessive* (à la liberté d'entreprendre) *au regard de l'objectif poursuivi du maintien de l'emploi* » ; v. *infra*, n° 411.

5. *Droit civil illustré*, n° 7.

6. Saint Thomas, *Somme théologique*, II, II, Q. 66, art. 2 (citant saint Ambroise) : « *Tout ce qui dépasse les besoins, on le détient par la violence* ».

France un des grands débats politiques pendant les cinquante années qui ont suivi la fin de la Seconde Guerre mondiale ; la tendance d'aujourd'hui est contraire et, progressivement, l'on va, sans discontinuer, vers la privatisation et la fin des monopoles étatiques.

SECTION II
HISTOIRE

On ne donnera ici qu'un schéma de l'histoire tourmentée de la propriété, qui va de Rome jusqu'aux temps contemporains[7].

§ 1. DROIT ROMAIN

405. Du *mancipium* au *dominium* puis à la *proprietas*. – On présente souvent la propriété du droit romain comme un droit absolu aux prérogatives illimitées. La réalité était plus complexe et a évolué ; elle a connu une transformation politique et une autre, de caractère plus technique et pragmatique.

Politiquement, la propriété était initialement réservée aux citoyens romains, les Quirites : de là, l'expression « propriété quiritaire », la *plena in res potestas* (la plénitude de pouvoirs sur la chose). Puis elle s'était étendue aux Latins. Enfin, au fur et à mesure de l'extension de l'empire romain, étaient apparues d'autres formes de propriété (pérégrine, prétorienne, provinciale) dont le contenu était différent. Parallèlement à cette évolution politique, la propriété romaine avait connu des transformations techniques.

Primitivement était le *mancipium*, pouvoir du chef de famille, qui s'exerçait sur les personnes et les choses importantes soumises à son autorité[8]. Puis, vint le *dominium*, qui constituait un droit privatif opposable à tous (en ce sens, il était absolu), mais n'était pas illimité ; il comportait des restrictions dans l'intérêt général et celui des voisins ; il pouvait coexister avec d'autres droits sur la chose. Enfin, avec Justinien, apparut la *proprietas*[9], qui s'opposait à l'usufruit (démembrement de la propriété) et à la possession (situation de fait).

Ce qui paraît surtout avoir caractérisé le droit romain, ce fut la rigueur avec laquelle il avait distingué la propriété, droit exclusif qui portait directement sur les choses corporelles, des autres droits réels, qui étaient des droits incorporels[10].

La netteté de ces idées va être bouleversée au Moyen Âge.

§ 2. ANCIEN DROIT ET CODE CIVIL

406. Les biens et la famille ; domaines éminent et utile. – La propriété immobilière de notre Ancien droit était très complexe. Le principe de la conservation des biens dans les familles dominait l'organisation des successions, des régimes matrimoniaux et des libéralités. De plus, la propriété pouvait ne pas être perpétuelle, mais temporaire : à la place de l'usufruit du droit romain, le droit coutumier connaissait des propriétés viagères. Surtout, le régime féodal aboutissait à démembrer la propriété en deux droits : le domaine éminent et le domaine utile, ce qu'un auteur

7. J.-Ph. LÉVY et A. CASTALDO, *op. cit.*, n°s 209-346 ; A.-M. PATAULT, *Introduction historique au droit des biens*, PUF, 1989 ; « Regard historique sur l'évolution du droit des biens », 3e journée R. Savatier, PUF, 1991, 3 et s. ; J. GAUDEMET, *Droit privé romain*, Montchrestien, 3e éd., 2009, p. 225-229.

8. *Supra*, n° 111.

9. Michel Villey a montré combien le sens du mot « propriété » ne pouvait être détaché de l'histoire économique et sociale : « Notes sur le concept de propriété », *in Critique de la pensée juridique moderne, douze autres essais*, Dalloz, 1976, p. 187-200. V. A.-M. PATAULT, *op. cit.*, n° 18.

10. M. VILLEY, « Gaïus et le droit subjectif », *in Leçons d'histoire de la philosophie du droit*, Dalloz, 2e éd., 1962, p. 177 et s., A.-M. PATAULT, *op. cit.*, *supra*, *passim*.

appelle des « *propriétés simultanées* »[11]. La féodalité était caractérisée par l'existence de propriétés démembrées et de tenures (seuls les alleus échappaient à la sujétion féodale). La souveraineté était alors liée à la propriété de la terre ; mais celui qui avait la propriété ne l'exploitait pas lui-même, il la concédait à un tenancier (« tenant » la tenure) qui, en contrepartie, lui versait une redevance, le « cens » (régime de la censive). La terre était ainsi l'objet de deux droits de propriété : celui du suzerain qui avait le domaine éminent (que l'on appelait aussi le domaine direct) et celui du tenancier qui avait le domaine utile. Avec le temps, le domaine utile s'est renforcé ; il est devenu héréditaire et la censive a été perpétuelle.

Si, au XIVe siècle, un juriste s'était demandé quel était celui des deux, du domaine éminent ou du domaine utile, qui davantage conférait la propriété, nul doute que la réponse eût été : le domaine éminent[12]. Au XVIIIe siècle les choses avaient changé ; le droit de beaucoup le plus important était devenu le domaine utile, car il y a une pente fatale, presque une loi de l'histoire : sont toujours consolidés les droits de celui qui possède ou détient une chose, à l'encontre de celui qui la lui a concédée[13]. La condition contemporaine du fermier et des autres locataires la confirme à nouveau.

D'une manière générale, la propriété médiévale était complexe, et, beaucoup plus que ne le faisait le droit romain, superposait sur une même chose des droits de natures différentes, souvent sans caractère féodal. Par exemple, dans une même forêt, l'un pouvait avoir droit aux taillis, l'autre aux arbres de haute futaie ; dans une prairie, l'un pouvait avoir droit aux premières herbes, l'autre au regain ; dans un étang, l'un avait droit aux poissons quand il était en eau, l'autre à la culture quand il était à sec[14].

407. Nuit du 4 août. – À la veille de la Révolution, la directe seigneuriale était devenue un fantôme et une forme vide ; les droits féodaux étaient mal supportés, car ils n'avaient plus de contrepartie[15]. La nuit du 4 août les a fait disparaître, reconstituant la propriété que la féodalité avait démembrée, la déliant du domaine éminent ; mais furent maintenus tous les autres droits réels, quand ils n'avaient pas de caractère féodal[16]. La Révolution a sacralisé la propriété[17] ; avec les biens nationaux, elle a opéré un immense transfert de propriété, constitutif d'une classe nouvelle[18].

408. Code Napoléon. – C'est ainsi que le Code a dans l'article 544 donné de la propriété une définition célèbre : « *La propriété est le droit de jouir et disposer des choses de la manière la plus absolue, pourvu qu'on n'en fasse pas un usage*

11. A.-M. PATAULT, *op. cit., supra, passim,* surtout nos 1 et 113 ; J.-Ph. LÉVY et A. CASTALDO, *op. cit., supra* note 8, n° 301.

12. Dès le XIIe siècle, le vassal et le tenancier ont eu une action en revendication « utile » (le mot « utile » était un souvenir romain), afin de pouvoir défendre leur maîtrise (c'est l'origine du « domaine utile »). Au XIIIe siècle, un glossateur italien, Baldiunus (Balde) avait refusé cependant de leur reconnaître une propriété, qui eût été « *une chimère* ». V. E. CHÉNON, *Les démembrements de la propriété foncière en France avant et après la Révolution,* th. Paris, 2e éd., 1923 ; A.-M. PATAULT, *op. cit., supra,* n° 113.

13. POTHIER, *Œuvres,* éd. Bugnet, t. IX, 1846, *Traité de domaine de propriété,* n° 3 : « *Celui qui a le domaine utile se nomme* propriétaire *ou* seigneur utile ; *celui qui a le domaine direct, s'appelle simplement seigneur. Il est bien le propriétaire de son droit de seigneurie ; mais ce n'est pas lui, c'est le seigneur utile qui est proprement le propriétaire de l'héritage.* »

14. V. *infra,* n° 901, avec le droit de superficie.

15. Ex. : E. CHÉNON, *op. cit., supra,* p. 93 : « *L'aversion de la féodalité grandissait chaque jour au cœur des paysans* [...] *Vassaux, censitaires, champartiers, emphytéotes, fermiers à vie ou à longues années* [...] *tous, nous l'avons vu étaient, au XVIIIe siècle, regardés comme propriétaires* ».

16. M. GARAUD, *La Révolution et la propriété foncière, Sirey,* 1959 ; R. BEUDANT, *La transformation juridique de la propriété foncière dans le droit intermédiaire,* th. Paris, 1889.

17. DDH, 3 sept. 1789, art. 17, « *La propriété étant un droit inviolable et sacré...* ».

18. H. TAINE, *Les origines de la France contemporaine, La Révolution,* t. I, Hachette, 1878, p. 386 : « *Quels que soient les grands noms, liberté, égalité, fraternité dont la Révolution se décore, elle est par essence une translation de la propriété : en cela consiste son rapport intime, sa force permanente, son moteur premier et son sens historique.* »

prohibé par les lois ou par les règlements ». L'absolutisme du droit est affirmé, et même avec un pléonasme (la *plus* absolue). Le fondement idéologique du texte se trouvait donc dans le droit naturel[19] ; et la raison d'être politique : consolider les droits des acquéreurs des biens nationaux[20].

§ 3. Après le Code civil

Il est difficile de résumer l'évolution du droit de propriété après le Code civil[21]. On peut en retenir quatre tendances : un changement de mentalités, des limitations, une extension et une transformation.

409. 1° Changement de mentalités. – Depuis 1804, la propriété a perdu son caractère sacré.

Pour lui donner un fondement nouveau, Duguit, suivi par la démocratie chrétienne, avait vu dans la propriété une fonction sociale, une magistrature répondant à des besoins sociaux[22]. Malgré l'engouement que l'analyse a connu quelque temps, elle a subi deux sortes d'assauts. Du côté de la « droite » d'abord : comme tout droit subjectif, le droit de propriété comporte un noyau irréductible d'égoïsme individuel (Ripert)[23] ; ce que l'on peut rapprocher de l'aphorisme d'Adam Smith : « *Ce n'est pas de la bienveillance du boucher, du brasseur ou du boulanger que nous attendons notre dîner, mais du souci de leur intérêt propre* ». Du côté de la « gauche » : la fonction sociale n'explique pas la transmission héréditaire[24].

Périodiquement, on demande que le droit de propriété comporte une nouvelle définition et soit modifié l'article 544. Par exemple, qu'il ne soit conféré qu'à ceux qui l'exercent effectivement (ce qui est une constante historique, mais sur la longue durée), par la possession et la détention (ce qui devient brumeux).

L'évolution contemporaine a semblé un moment aller dans un autre sens, encore nébuleux, celui d'une propriété communautaire. Tous ceux auxquels un bien est indispensable auraient

19. Portalis, *Exposé des motifs de la loi relative à la propriété*, 26 nivôse an XII, *Dalloz Jur. gén.*, v° *Propriété*, n° 34, n° 3 : « *Si nous découvrons le berceau des nations, nous demeurons convaincus qu'il y a des propriétaires depuis qu'il y a des hommes* [...] *Le principe du droit est en nous ; il n'est point le résultat d'une convention humaine ou d'une loi positive ; il est dans la constitution même de notre être, et dans nos différentes relations avec les objets qui nous environnent* » ; n° 31 : « *Ce principe est comme l'âme universelle de toute législation* ». D'autres déclarations de Portalis fondent, au contraire, la propriété sur la loi civile, non sur le droit naturel. Dans les travaux préparatoires relatifs à la liberté de tester, Tronchet avait soutenu qu'elle ne dérivait pas du droit naturel, mais du droit positif, ce qu'approuva Portalis en élevant le débat : « *Ce n'est pas dans le droit naturel qu'il faut chercher les règles de la propriété. L'état sauvage ou de nature n'admet pas la propriété [...] L'effet de cet ordre* (l'ordre social) *est d'établir entre les associés une garantie qui oblige chacun d'eux à respecter les biens acquis par un autre et la disposition qu'il en fait* [...] *Il n'est donc pas question d'examiner ce qui est le plus conforme au droit naturel, mais ce qui est le plus utile à la société* » (*Donations et testaments*, séance du 30 nivôse an XI).

20. J. Carbonnier, n° 68, *postglose*, p. 131, note 1.

21. **Biblio. :** J. Carbonnier, « Le droit de propriété depuis 1914 », *in Flexible droit*, LGDJ, 10e éd., 2001, p. 352 et s. ; Fr. Terré, « L'évolution du droit de propriété depuis le Code civil », *Droits, I. Destin du droit de propriété*, PUF, 1985, p. 33-40.

22. Ex. : P. Coste-Floret, *La nature juridique du droit de propriété d'après le Code civil et depuis le Code civil*, th. Montpellier, 1935.

23. G. Ripert, *Les forces créatrices du droit*, LGDJ, 1955, n° 92. « *Tout est confusion dans une telle doctrine. Confusion tout d'abord entre les procédés d'acquisition des biens et la conception juridique du droit. Un homme peut commettre des actes coupables pour s'enrichir : s'il vole pour acquérir un bien, il ne faut pas en déduire que la propriété soit le vol. Confusion ensuite entre le mode d'exploitation de l'entreprise et la propriété de cette entreprise. Si un patron exploite indignement ses clients ou ses ouvriers ou ses prêteurs, il commet un acte moralement ou pénalement coupable, mais il ne s'agit jamais que d'un acte individuel détachable de l'exercice du droit* [...] *La propriété n'est pas une fonction, ni même, comme on le dit parfois, un droit fonction : c'est un droit individuel, donc souverain.* »

24. *Cf.* J. Carbonnier, n° 75, « *si la propriété est une fonction, pourquoi ne pas l'attribuer par concours, plutôt que de l'abandonner au hasard de l'héritage ?* ».

sur lui un droit ou un germe de droit qui devrait se combiner avec celui du propriétaire. Ainsi le preneur à bail d'un immeuble se voit-il reconnaître, selon des modalités diverses, un droit au maintien dans les lieux ou au renouvellement qui se combine avec celui du propriétaire. Ainsi surtout, les salariés devraient avoir une vocation à la stabilité de l'emploi, à participer à la gestion de l'entreprise et à en recueillir les fruits, droit qui se combinerait avec celui du propriétaire. Cette vision communautaire n'est pas devenue une réalité : les prérogatives du preneur à bail ou du salarié tendent plutôt à devenir une limite au droit de propriété.

410. 2° Limitations ; expropriations. – Si énergique que soit le Code civil dans la définition de la propriété, il prévoit des restrictions. Des limites ont en effet toujours existé : c'est un principe constant dans l'histoire que les intérêts particuliers doivent plier devant l'intérêt général. Mais il y a aujourd'hui des cas où la loi restreint la propriété au profit d'autres intérêts particuliers, qui se fondent eux-mêmes sur un nouvel intérêt général, ce qui aboutit souvent à une sorte de démembrement feutré de la propriété.

La division médiévale de la propriété foncière en un domaine éminent et un domaine utile que la nuit du 4 août avait fait disparaître resurgit de nos jours, de manière progressive. Dans beaucoup d'immeubles, plusieurs sortes de « quasi-propriétés » se superposent sur la propriété : la collectivité publique contrôle les droits du propriétaire qui sont également limités par ceux du preneur à bail.

L'article 545 prévoit l'expropriation pour cause d'utilité publique, imposant une procédure minutieuse et le versement d'« *une juste et préalable indemnité* ». Pour la même raison, a toujours été admise la réquisition, qui est un dessaisissement temporaire. De même, de nombreuses nationalisations ont naguère soustrait à la propriété privée les biens ayant « *le caractère de service public* », ou « *constitutifs d'un monopole de fait* ». L'article 544 prévoit aussi des restrictions à la propriété, également fondées sur des raisons d'intérêt public : elles sont devenues le cœur du débat : non seulement, comme autrefois, la protection des locataires et des fermiers, mais maintenant aussi celle des exclus – les sans-logis.

Pendant longtemps, se fondant sur le principe de l'intangibilité des ouvrages publics, le droit français avait admis la légitimité de l'« expropriation indirecte » résultant de la prise de possession sans droit ni titre d'un terrain par l'administration pour établir un ouvrage public. Cette règle a été abandonnée par l'Assemblée plénière de la Cour de cassation[25] ; le Conseil d'État[26] et la Cour de cassation[27] admettent maintenant qu'un ouvrage public mal planté peut être détruit en cas de voie de fait si aucune procédure de régularisation n'a été engagée. Il en est de même de la CEDH[28].

Au contraire, les restrictions contemporaines au droit de propriété – par exemple, les quotas betteraviers – ne constituent pas des expropriations : l'expropriation entraîne un transfert de propriété, non les restrictions à la propriété[29].

411. 3° Droit fondamental ; protections judiciaires, constitutionnelle et européenne. – Le droit de propriété, « droit fondamental »[30], est protégé contre

25. Cass. Ass. plén., 6 janv. 1994, *Bull. civ. Ass. plén.*, n° 1.

26. CE, 20 janv. 2003, *JCP* G 2003.I.172, n° 1, obs. H. Périnet-Marquet.

27. Jurisprudence plusieurs fois réitérée depuis 1994 ; ex. : en dernier lieu : Cass. civ. 3 e, 12 juill. 2006, *Bull. civ.* III, n° 173 ; *JCP* G 2006.IV, n° 2763.

28. CEDH, 13 oct., 15 et 17 nov., 6 et 15 déc. 2005, *JCP* G 2006.I.178, n° 1, obs. H. Périnet-Marquet : 10 arrêts condamnent l'Italie pour ses « expropriations indirectes ».

29. *Infra*, n° 444.

30. Expression souvent répétée par les tribunaux : Ex. : Cass. civ. 1re, 28 nov. 2006, *Bull. civ.* I, n° 529 ; *JCP* G 2007.I.117, n° 7, obs. H. Périnet-Marquet, « *le libre accès à la propriété constituant un accessoire du droit de propriété, droit fondamental à valeur constitutionnelle* ».

les atteintes et les usurpations dont il peut être l'objet, notamment du fait de la puissance publique, mais de manière nuancée, comme l'indiquaient déjà en 1804 les articles 544 et 546 : il y a un principe et des exceptions, dont l'importance respective varie selon les temps. Cette protection a longtemps été essentiellement attribuée aux juges de l'ordre judiciaire et au droit pénal ; elle est aussi maintenant exercée contre la loi par le Conseil constitutionnel et les juridictions européennes. Des décisions récentes (29 décembre 2012) ont censuré la fiscalité confiscatoire du gouvernement de François Hollande ; la plus emblématique ayant été celle qui taxait à 75 % les revenus annuels supérieurs à un million d'euros ; le Conseil a jugé que méconnaissant l'imposition par foyer, cet impôt portait atteinte à l'égalité fiscale ; le gouvernement a maintenu cet impôt, mais en se conformant à la décision du Conseil.

Les tribunaux de l'**ordre judiciaire** sont, selon l'expression consacrée, « *les gardiens naturels de la propriété privée* »[31]. Ils ont une compétence exclusive de principe, sauf lorsqu'est en cause la validité ou l'interprétation d'un acte administratif[32] ; le principe de la séparation des pouvoirs (L. 16-24 août 1790, art. 13 ; D. 16 fructidor an III) leur interdit en effet de s'immiscer dans l'activité administrative. Toutefois, ils retrouvent leur compétence en cas de voie de fait commise par l'administration, aujourd'hui comprise de manière restrictive : la voie de fait suppose « *une décision portant atteinte à la liberté individuelle ou aboutissant à l'extinction d'un droit de propriété* » et que l'atteinte à la propriété soit « *manifestement insusceptible et être rattachée à un pouvoir appartenant à l'autorité administrative* »[33] en l'absence de procédure qui leur aurait permis d'exercer valablement des actes d'intérêt public[34]. Le **droit pénal** protège aussi la propriété au moyen d'un certain nombre d'incriminations : le Livre III du Code pénal a pour objet les « crimes et délits contre les biens » ; par exemple, le vol, l'escroquerie et l'abus de confiance.

Ayant eu à apprécier la constitutionnalité des nationalisations effectuées en 1981, le **Conseil constitutionnel** a affirmé « le *caractère fondamental du droit de propriété* » et qu'il était une garantie essentielle de la liberté et des autres droits de l'homme[35]. Il a aussi admis que la loi, lorsque l'intérêt général le justifiait, pouvait limiter les attributs de la propriété – libre usage et

31. **Biblio. :** Ph. Bretton, *L'autorité judiciaire gardienne des libertés essentielles de la propriété privée*, th. Poitiers, LGDJ, 1964, préf. Ph. Ardant. **Jurisprudence** abondante : ex. : Cass. civ. 3e, 20 janv. 2010, n° 08-16.088, *Bull. civ.* III, n° 19 ; *JCP* G 2010. 1162, n° 7, obs. H. Périnet-Marquet ; *JCP* N 2010. 1378, n° 7, mêmes obs. : « *dès lors qu'il y a occupation sans droit ni titre d'un immeuble appartenant à autrui, le droit de propriété impose qu'à la demande du propriétaire le juge en ordonne l'évacuation* » : expulsion, malgré leur « droit au logement », de squatteurs ayant planté leurs tentes sur l'aire de jeux d'un office HLM.

32. Ex. : Cass. civ., 11 janv. 1898, *DP* 1904.I.265 : « *Les actions qui dérivent du droit de propriété sont, par leur nature même, de la compétence de l'autorité judiciaire, sauf pour celle-ci l'obligation de surseoir dans le cas où une question préjudicielle s'élèverait, soit sur la régularité, soit sur l'interprétation d'un acte administratif* ».

33. T. confl., 17 juin 2013, *JCP* G 2013.1057, n. S. Biagini-Girard, 1060, n° 2, obs. H. Périnet-Marquet ; *JCP* N 2013.1248 n° 2, mêmes obs. Le seul fait que l'acte administratif soit légal ne suffit donc pas à en faire une voie de fait.

34. Cass. civ. 3e, 20 févr. 2013, n° 12-11.994, *JCP* G 2014.429, n° 1, obs. H. Périnet-Marquet ; *JCP* N 2011.1116, mêmes obs. ; sommée par le service préfectoral d'incendie du Var, une commune du massif de la Sainte-Baume avait fait débroussailler un chemin sans en aviser le propriétaire ; jugé qu'en raison de la voie de fait, les tribunaux judiciaires étaient compétents pour connaître de l'action engagée par ce propriétaire.

35. *Cons. const., 16 janv. 1982, *Loi de nationalisation*, *D.* 1983.169, n. L. Hamon ; *JCP* G 1982.II.19788 ; *Gaz. Pal.* 1982.I.67 : « *Si postérieurement à 1789 et jusqu'à nos jours, les finalités et les conditions d'exercice du droit de propriété ont subi une évolution caractérisée à la fois par une notable extension de son champ d'application à des domaines individuels nouveaux et par des limitations caractérisées par l'intérêt général, les principes même énoncés par la Déclaration des droits de l'homme ont pleine valeur constitutionnelle tant en ce qui concerne le caractère fondamental du droit de propriété dont la conservation constitue l'un des buts de la société politique et qui est mis au même rang que la liberté, la sûreté et la résistance à l'oppression, qu'en ce qui concerne les garanties données aux titulaires de ce droit et les prérogatives de la puissance publique* ».

même libre disposition – à la condition qu'il n'y ait pas dénaturation du droit de propriété, c'est-à-dire selon l'expression dont il use maintenant « *que les restrictions n'aient pas un caractère de gravité tel qu'elles fassent disparaître la substance même de la propriété* »[36] : le droit de l'homme qu'est la propriété, garantie de la liberté, doit être concilié avec les autres droits et libertés fondamentaux de notre société contemporaine : est donc contraire à la Constitution la privation de la propriété ; ne l'est pas une simple atteinte à la propriété.

La **Cour européenne des droits de l'homme**[37] et la **Cour de justice de l'Union européenne** (anciennement Cour de justice des communautés européennes)[38] disent à peu près la même chose ; le droit de propriété est un principe fondamental qui peut, au nom de l'intérêt général, être limité, à la condition de ne pas être méconnu. La Cour européenne va plus loin, statue en équité, élargit constamment sa protection de la propriété – et a une compréhension très large de la propriété, qualifiée « *de droit au respect des biens* » (protocole n° 1, art. 1)[39]. **1°)** En raison de ses « obligations positives », l'État doit protéger la propriété privée, non seulement contre ses propres emprises, mais aussi celles des tiers ; aussi pèse « *sur les tribunaux nationaux l'obligation de trancher efficacement et équitablement tout litige entre personnes privées* »[40]. **2°)** L'État a un droit d'ingérence sur les propriétés privées, qui « *doit ménager un juste équilibre entre les exercices de l'intérêt général et les impératifs de la sauvegarde des droits fondamentaux de*

36. **Jurisprudence :** Les décisions sont très nombreuses : v. chr. jurisprudence : N. Reboul-Maupin, *D.* 2012. 2131 ; les deux les plus caractéristiques sont : **1)** celle précitée de 1982 relative à la loi de **nationalisation** ; **2)** celle relative à la loi sur l'**exclusion** ; * Cons. const., 29 juill. 1998, *D.* 1999.269, n. W. Sabete ; *JCP* G 1998.I.171, n° 2, obs. H. Périnet-Marquet, II.10172, n. J. de Malafosse : « *S'il est loisible au législateur d'apporter au droit de propriété les limitations qu'il estime nécessaires afin de mettre en œuvre l'objectif de valeur constitutionnelle que constitue la possibilité, pour toute personne de disposer d'un logement décent, c'est à la condition que ces limitations n'aient pas un caractère de gravité tel que le sens et la portée du droit de propriété en soient dénaturés* ». **3)** Le caractère absolu du droit de propriété permet l'expulsion des squatteurs (cf. Cass. civ. 3e, 20 janv. 2010, cité *supra*, note 31), ce que le Conseil constitutionnel a jugé conforme à la Constitution car compatible avec le « **droit au logement** » : Cons. const., 30 sept. 2011, n° 2011-169, QPC, *JCP* N 2011. act. 777 ; *Dr. et patr.* déc. 2011.100, n. crit. J. B. Seube : « *s'il appartient au législateur de mettre en œuvre l'objectif de valeur constitutionnelle que constitue la possibilité pour toute personne de disposer d'un logement décent, et s'il lui est possible, à cette fin, d'apporter au droit de propriété les limitations qu'il estime nécessaires, c'est à la condition que celles-ci n'aient pas un caractère de gravité tel que le sens et la portée de ce droit en soient dénaturés* ». Crit. de J.-B. Seube : « *On a le sentiment qu'éludant les vraies questions, le Conseil constitutionnel a opéré une conformité au rabais* [...]. *Au cœur du débat se trouvait en effet la question fondamentale de l'inexorable érosion du droit de propriété face aux coups de boutoir des autres droits et libertés fondamentaux* » ; **4)** La cession forcée de **mitoyenneté**, *infra* n° 1022. **Biblio. :** M. Frangi, Constitution et droit privé, *th. Aix, Economica, 1992, préf. L. Favoreu, nos 39 et s., 258 et s. ; N. Molfessis,* Le Conseil constitutionnel et le droit privé, *th. Paris II, LGDJ, 1997, préf. M. Gobert ; A.-F. Zattara,* La dimension constitutionnelle et européenne du droit de propriété, *th. St Denis de la Réunion, LGDJ, 2001, préf. R. Cabrillac.*

37. Ex. : * CEDH, 29 avr. 1999, *Chassagnou c. France*, cité *infra*, n° 1113 ; condamnation de la France qui, par la loi *Verdeille*, avait obligé tous les propriétaires fonciers à adhérer à une association communale de chasse : cette loi faisait ainsi peser une « *charge démesurée sur les propriétaires* ». Pour se conformer à la décision européenne, la loi a été modifiée en 2000 et a reconnu le droit de tout propriétaire de s'opposer à la chasse sur ses biens « *au nom de convictions personnelles opposées à la pratique de la chasse* », ce qui a soulevé un nouveau contentieux ; v. *infra*, n° 1113.

38. CJCE, 22 oct. 1991, *Georg von Detzen* ; *Rec.* CJCE, 2603 : « *Les atteintes au droit de propriété doivent répondre à un objectif d'intérêt général, elles doivent être nécessaires et proportionnelles et ne pas avoir de caractère discriminatoire* ».

39. CEDH, 18 juin 2002, *Oneryildiz c. Turquie*, *JCP* G 2002.I.157, n° 10, obs. Fr. Sudre ; *GA CEDH*, 7e éd., 2015, n° 66 ; le droit au respect de ses biens peut être invoqué, même en l'absence d'un titre : habitation de fortune illégalement construite sur un bien appartenant à l'État : le squatter a droit au respect de « ses biens » !

40. Jurisprudence constante ; ex. : CEDH, 25 juill. 2002, *Sovtransatvo c. Ukraine*, *D.* 2003, somm. 2275, obs. C. Bîrsan ; en l'espèce, des juridictions ukrainiennes avaient refusé de se soumettre aux instructions de la Cour suprême d'arbitrage ; en outre, la longueur de la procédure avait eu pour conséquence la baisse de la valeur des actions de la requérante. Condamnation de l'Ukraine.

l'individu »[41]. S'établit ainsi un volumineux corps de droit, souvent verbeux, toujours circonstancié et touchant à des questions très diverses : droit du propriétaire à faire expulser un occupant sans titre[42] et, à l'inverse, droits des squatters[43], droit de chasse[44], droit à restitution, conséquence des spoliations commises en Europe de l'Est lorsqu'elle était communiste[45], droit à un procès équitable[46], etc.).

412. 4° Extension de l'appropriation. – L'époque contemporaine a créé des formes nouvelles de propriété[47]. Sans doute, ce ne sont pas de véritables propriétés, au sens technique du terme, pour deux raisons : elles ne portent pas sur des choses corporelles et sont donc « dématérialisées » ; par conséquent, elles sont liées à l'activité de leur titulaire. Mais si elles ne sont pas de véritables propriétés, elles se rattachent à la notion générale d'appropriation.

Elles tiennent au développement et à l'extension de la vie économique ; ce sont les « propriétés incorporelles » (fonds de commerce, propriété littéraire, artistique et industrielle) qui ont toutes le travail pour fondement. Parce qu'ils reposent sur le travail, ces droits peuvent être rapprochés de ceux qui viennent limiter la propriété immobilière. Ainsi, les droits du preneur à bail : commerçant et « propriété commerciale »[48], fermier et statut des baux ruraux. Mais, ils s'en distinguent aussi ; ce qui est accordé à l'un (le preneur) est retiré à l'autre (le propriétaire). Ces « propriétés incorporelles » sont des valeurs nouvelles, qui oscillent entre la capitalisation du travail (fonds de commerce, cessibilité des clientèles civiles) et la valorisation de la création intellectuelle (propriété littéraire et artistique, brevets...).

En outre, la loi encourage l'accession à la propriété immobilière, facteur de stabilité sociale. Cette stabilité est aussi une entrave à la mobilité des personnes et, donc, un facteur aggravant du chômage. La propriété libératrice – je suis chez moi, je ne dépends de personne – est aussi un lien, une attache.

413. 5° Transformations sociologiques. – Dans la vie des affaires, la propriété mobilière recule. Pour les biens destinés à une rapide obsolescence, l'utilisateur préfère souvent n'en être que le locataire. À d'autres égards, la propriété mobilière devient un instrument de crédit (fiducie, réserve de propriété), ce qui en transforme radicalement la fonction : le « propriétaire », à titre fiduciaire ou en vertu d'une réserve de propriété, ne peut jouir, user ni disposer de la chose, mais dispose d'une garantie.

N°s 414-429. réservés

41. Jurisprudence d'équité ; ex. : CEDH, 28 nov. 2002, *ex-roi de Grèce c. Grèce, D.* 2002, somm. 2279, obs. C. Bîrsan ; une loi grecque avait dépossédé l'ex-roi de Grèce et la famille royale lors du passage de la royauté à la république ; jugé 1°) qu'il s'agissait d'une dépossession illégitime parce qu'aucune indemnité n'avait été versée ; 2°) que la dépossession était pourtant licite, car elle était la conséquence d'un changement constitutionnel ; 3°) que l'indemnité que devra verser l'État grec devra être inférieure à la valeur réelle des biens, compte tenu du caractère licite de la dépossession.

42. CEDH, 31 mars 2005, *Matheus c. France, JCP* G 2005.I.181, n° 1, obs. H. Périnet-Marquet : condamnation de la France pour n'avoir pas exécuté (pendant 16 ans !) une décision judiciaire d'expulsion : ce qui signifie 1°) que l'inexécution d'une décision d'expulsion ne saurait être perpétuelle ; 2°) que la carence de l'État peut se justifier par des circonstances particulières.

43. CEDH, 18 juin 2002, *Oneryildiz c. Turquie*, cité *supra*, note 39.

44. * CEDH, 29 avr. 1999, *Chassagnou c. France*, cité *supra*, note 37.

45. CEDH, 28 sept. 2004, *Kopecky c. Slovaquie, D.* 2005.870, n. C. Bîrsan et J.-Fr. Renucci : « *Les États n'ont pas une obligation générale de restituer des biens qui leur ont été transférés avant qu'ils ne ratifient la Convention* ».

46. CEDH, 25 juill. 2002, *Sovtransatvo holding c. Ukraine*, cité *supra*, note 40.

47. J. Laurent, *La propriété des droits*, th. Paris I, LGDJ, 2011, préf. Th. Revet ; l'auteur étend la propriété à l'ensemble des droits, droits de créance compris, ce qui méconnaît les importantes différences de régime entre le droit de propriété et les créances. Ce sont donc des institutions différentes : il est essentiel que leurs noms et leur nature soient différents. Comp. François, « Les créances sont-elles des biens ? », in *Mél. Chr. Larroumet*, Economica, 2010, 149 s., n°s 12-13.

48. *Supra*, n° 376.

■ SOUS-TITRE I ■

ATTRIBUTS DE LA PROPRIÉTÉ

430. Fait et droit. – La propriété est la relation la plus primitive et la plus étendue que l'homme peut avoir avec les choses. L'appropriation est un geste : la main enferme l'objet qui lui appartient, l'homme délimite par une clôture, une borne ou une marque son immeuble. Elle est d'abord un rapport matériel et concret avec la chose ; c'est-à-dire un fait : la possession. De manière abstraite, le droit organise ce rapport. Il détermine les règles qui gouvernent les pouvoirs du propriétaire sur la chose et les rapports du propriétaire avec les tiers. La connaissance du droit de propriété (Chapitre I), qui logiquement intervient en second, permet d'expliquer le rôle que conserve la possession (Chapitre II).

▪ CHAPITRE I ▪

LE DROIT DE PROPRIÉTÉ

431. Le plus absolu. – Le droit de propriété exerce sur le législateur républicain une véritable fascination : la Déclaration des droits de l'homme et du citoyen de 1789 en a fait un droit « *naturel et imprescriptible* » (art. 2), « *inviolable et sacré* » (art. 17)[1]. L'article 544 du Code civil lui fait écho : « *La propriété est le droit de jouir et disposer des choses de la manière la plus absolue, pourvu qu'on n'en fasse pas un usage prohibé par les lois ou par les règlements.* » L'absolu du droit de propriété est au cœur de la définition. Ce droit ne connaît donc pas de limites ; seul son usage peut être restreint par la loi. Le pouvoir de l'homme sur les choses se traduit par des prérogatives étendues (Section I) ; les caractères du droit de propriété en manifestent la suprématie (Section II).

SECTION I
PRÉROGATIVES DU PROPRIÉTAIRE

Après avoir énuméré les droits du propriétaire (§ 1), il faudra en examiner l'assiette (§ 2).

§ 1. DROITS DU PROPRIÉTAIRE

432. Droit complet. – Le pouvoir qu'a le propriétaire sur la chose est un ensemble complet de prérogatives qui lui permettent d'en tirer toutes les virtualités. Aucune n'est véritablement absolue ; chacune comporte des restrictions, aujourd'hui très nombreuses en matière immobilière. Les principales manifestations en sont l'*abusus*, l'*usus* et le *fructus* ; mais, comme le fait le Code civil (art. 544), il est plus exact de distinguer deux droits : le *jus abutendi* (le droit de disposer) (I), le *jus utendi et fruendi* (le droit d'user de la chose et d'en percevoir les fruits) (II).

---

1. *Supra*, n°s 400 et 411.

I. — Droit de disposer

433. Un pouvoir. – Le droit de disposer de la chose qui appartient au propriétaire est un pouvoir à la fois juridique et matériel : le propriétaire peut aliéner la chose, mais aussi la détruire, ou surtout choisir son mode d'exploitation ; c'est-à-dire qu'il a un pouvoir sur la substance de la chose. C'est l'élément le plus caractéristique de la propriété. Les autres droits réels doivent, au contraire, toujours en conserver la substance.

Le pouvoir de disposer comporte des atteintes aujourd'hui croissantes, fondées soit sur d'autres intérêts privés, soit sur l'intérêt général. Ces restrictions interviennent surtout à l'égard de la propriété immobilière et peuvent toucher aussi bien le pouvoir juridique que le pouvoir matériel[2].

1° Le **pouvoir juridique** peut être atteint de quatre manières. **1)** Il peut être limité et directement contrôlé par l'État, et même dans certains cas, le pouvoir de disposition relatif à un immeuble est soumis à une autorisation administrative[3]. **2)** Il peut être limité et indirectement contrôlé par l'État ou par un particulier ; dans certains cas, l'aliénation à titre onéreux d'un immeuble est soumise au droit de préemption conféré à certaines personnes – par exemple, une collectivité publique, le locataire ou le fermier. **3)** Il peut être limité, sans être pour autant contrôlé ; ce qui résulte des servitudes, légales ou conventionnelles[4]. **4)** Il peut même être purement et simplement supprimé ; c'est le cas de l'inaliénabilité.

2° Le **pouvoir matériel** de disposer d'un immeuble est également restreint par le droit contemporain ; par exemple, on ne peut démolir une construction urbaine sans autorisation administrative, qui parfois impose la charge de reconstruire.

II. — Droit d'user de la chose et d'en percevoir les fruits

434. Des jouissances. – Les deux droits intéressant l'utilisation de la chose sont celui d'en user (l'*usus*) et d'en percevoir les fruits (le *fructus*). Le *jus utendi* est son usage direct (ex. : habiter sa maison) ; le *jus fruendi* est le droit d'en recueillir les fruits (ex. : percevoir les loyers de la maison qu'on a donnée en location). Ces deux formes de jouissance d'un bien n'existent pas nécessairement ensemble pour une même chose ; on peut même dire qu'elles s'excluent, tout au moins dans une certaine mesure : un propriétaire ne peut à la fois habiter sa maison (*usus*) et la louer (*fructus*). En outre, certains biens ne sont susceptibles que d'usage et ne produisent pas de fruits (ainsi en est-il des biens de consommation). À l'inverse, il existe des biens insusceptibles d'usage qui produisent des revenus (ex. : les valeurs mobilières, les capitaux).

Le droit d'user de la chose emporte celui de ne pas en user. De même, le droit de percevoir les fruits entraîne celui de ne pas les percevoir, et surtout de décider du mode de fructification : par soi-même, en exploitant le bien et en en percevant les fruits naturels ; ou par l'intermédiaire d'un tiers en concédant la jouissance à autrui (fermier, locataire...), contre le paiement d'une somme d'argent, qui constitue un fruit civil.

2. J.-L. Aubert, « Le droit de disposer de l'immeuble », *in Ét. Jacques Flour, Defrénois* 1971, p. 1-31.

3. Jugé que n'était pas contraire à la Constitution la loi soumettant la vente de certains biens (les actions des sociétés privatisées) à un contrôle administratif : Cons. const., 4 juill. 1989, *D.* 1990.209, n. Fr. Luchaire ; *RTD civ.* 1990.519, obs. Fr. Zénati : la loi « *sans remettre en cause le droit de propriété, définit une limitation à certaines modalités de son exercice qui n'a pas un caractère de gravité tel que l'atteinte qui en résulte en dénature le sens et la portée et soit, par suite, contraire à la Constitution* ».

4. *Infra*, n°s 1050 et s. ; 1100 et s.

L'usage des biens est de toutes les prérogatives du propriétaire la plus simple, la moins intellectualisée et la plus caractéristique de ce contact direct qu'établit la propriété entre le propriétaire et sa chose. Pourtant il n'est pas entièrement dépourvu de toute coloration philosophique. Il occupe dans les « propriétés incorporelles » une place centrale[5]. Il donne à la propriété tout court une indiscutable légitimité : toute propriété dont on use soi-même reste nécessairement à la mesure de l'homme[6]. Son usage par un non-propriétaire légitime, dans de nombreuses hypothèses, le passage à sa propriété[7].

§ 2. Étendue de la propriété

435. Temps et espace. – Le droit de propriété a son objet enfermé dans les deux dimensions de l'activité humaine : le temps et l'espace. Dans l'espace, la propriété du sol emporte celles du dessus et du dessous (I). Elle peut être modifiée dans le temps par le jeu de l'accession[8], naturelle ou artificielle, qui vient la grossir (II).

I. — Dimensions spatiales

436. Du cœur de la terre au firmament... – L'article 552 donne à la propriété du sol une dimension infinie dans l'espace : « *La propriété du sol emporte la propriété du dessus et du dessous.* » Plus qu'une simple présomption, destinée à régler en l'absence d'autres éléments la preuve de la propriété du volume qui s'étend verticalement à l'aplomb de la parcelle, ce texte énonce une règle de fond : le pouvoir du propriétaire s'exerce sur le volume situé au-dessus et au-dessous de la surface du terrain. À ce titre, le propriétaire du sol peut disposer de son droit sur le volume et rompre l'unité qu'institue l'article 552 : l'ordre public n'est pas en cause. De plus, ce pouvoir sur le volume peut être limité, et même supprimé, au nom de l'intérêt général, comme l'annonce la suite de l'article 552, qu'il s'agisse du dessus (A) ou du dessous (B)[9].

A. Le dessus

437. *Usque ad caelum... ?* – Le droit du propriétaire du sol s'étend sur le volume situé à l'aplomb de son terrain, en principe sans limitation[10]. Il peut donc ne pas l'occuper ou l'occuper en construisant et en plantant, et surtout le défendre contre l'intrusion d'un tiers, sans avoir à prouver un dommage[11]. Il a le

5. V. *supra*, n° 207.
6. *Supra*, n° 404.
7. R. Théry, « De l'utilisation à la propriété des choses », *in Ét. Georges Ripert,* LGDJ, 1950, t. II, p. 17.
8. **Étymologie :** du latin *accedo, ere* = aller vers, s'approcher ; lui-même dérivé de *cedo, ere* = aller + *ad* = vers.
9. *Droit civil illustré*, n° 107.
10. En réalité, la perception humaine de l'espace, comme les moyens techniques dont dispose l'homme, assignent une limite naturelle à cette propriété vers le haut. Comme la haute mer, l'espace constitue un domaine qui résiste à l'appropriation individuelle.
11. Ex. : les copropriétaires peuvent obtenir la suppression de l'avancée du toit de l'immeuble voisin sur leur parcelle : Cass. civ. 3e, 23 janv. 1975, *Bull. civ.* III, n° 29 ; *D.* 1975, IR, 84 ; (mais la servitude de surplomb peut être acquise par usucapion : *infra*, n° 1151) le propriétaire peut contraindre son voisin à couper les branches des arbres, arbustes ou arbrisseaux qui débordent sur son sol (art. 673, al. 1) ; ce texte ne s'applique pas si les deux fonds sont séparés par un chemin privé à l'usage commun des deux voisins : Cass. civ. 3e, 2 févr. 1982, *Bull. civ.* III, n° 34. V. *infra*, n° 1026. Il ne s'applique pas

droit de percevoir les fruits tombés naturellement sur son fonds (art. 673) et lui seul peut chasser les oiseaux lorsqu'ils le survolent.

La propriété du sol peut être volontairement dissociée de celle du volume qui le surplombe. Il en est ainsi toutes les fois que le propriétaire consent à un tiers un droit de superficie, c'est-à-dire le droit d'occuper cet espace par des constructions ou des plantations dont il demeurera temporairement ou définitivement propriétaire. Cette dissociation volontaire de la propriété est devenue fréquente ; elle peut être la conséquence de certains baux (bail à construction, bail emphytéotique, et même bail ordinaire avec permission de construire et accession différée) et être l'objet principal d'une convention (construction en volume[12]) ; dans les grandes villes, le terrain est rare mais l'espace vertical illimité (sauf à respecter les règles d'urbanisme).

Le pouvoir du propriétaire sur le volume qui se trouve à l'aplomb du sol comporte aujourd'hui de nombreuses restrictions, qu'impose l'intérêt général. Les règles de l'urbanisme limitent le droit de construire et la hauteur des constructions. Tel est le rôle du plafond légal de densité (PLD). Le transport et la distribution de l'énergie électrique imposent un grand nombre de servitudes d'appui, de support et d'ébranchage[13]. De même, les transmissions téléphoniques, télégraphiques, hertziennes... impliquent des restrictions nombreuses à l'absolutisme du propriétaire du dessus. Autre rançon du développement technique, la navigation aérienne n'est devenue possible qu'en sacrifiant les droits du propriétaire sur l'espace survolé (C. aviation, art. L. 131-2), et en imposant un grand nombre de servitudes pesant sur les terrains situés à proximité des aérodromes publics.

B. Le dessous

438. Tréfonds. – Symétrique du dessus par rapport à la surface, le dessous, traditionnellement appelé le tréfonds, est également livré à la puissance du propriétaire. Celui-ci peut fouiller et construire au-dessous du sol, sans limites, s'approprier ce qu'il contient : sources et eaux souterraines[14], gisements, minerais, meubles incorporés, sauf les vestiges archéologiques (L. 17 janv. 2001, art. 13)[15]. Même s'il n'éprouve aucun préjudice, le propriétaire peut également s'opposer à l'incursion d'un tiers dans le sous-sol et couper les racines et les ronces qui avancent sur son fonds, en vertu d'un droit imprescriptible (art. 673, al. 2). Comme celle du dessus, la propriété du dessous peut être détachée de celle du sol et appartenir à un tiers en vertu d'une convention ou de la prescription acquisitive (art. 553), seules preuves admissibles[16].

---

non plus si une convention (en l'espèce, le cahier des charges d'un lotissement) l'écarte : Cass. civ. 3e, 13 juin 2012, n° 11-18.791, *Bull. civ.* III, n° 96 ; *JCP* G 2012.1186, n° 3, obs. H. Périnet-Marquet ; *Défrenois* 2012.943 chr. G. Chantepie et N. Leblond ; *JCP* N 2012.1363, n. E. Meiller ; *RTD civ.* 2012.549, obs. crit. Th. Revet.

12. *Infra*, n° 905.

13. *Infra*, n° 1190.

14. Cass. civ. 3e, 26 nov. 1974, *Bull. civ.* III, n° 441 : « *En vertu des articles 552 et 642, un propriétaire a le droit de capter sur son fonds non seulement les eaux d'une source qui y prend naissance, c'est-à-dire les eaux qui sortent du sol, mais aussi les eaux souterraines qui s'infiltrent ou s'écartent dans son héritage, et ce, quel que soit le dommage qui en résulte pour les propriétaires des fonds inférieurs, à condition qu'il n'abuse pas de son droit et que notamment il n'agisse pas par malveillance ou sans utilité pour lui* ». Jugé, en l'espèce, que le propriétaire qui avait capté une eau souterraine n'était pas responsable du tarissement de la source qui jaillissait sur le fonds voisin.

15. *Infra*, n° 592.

16. Ex. : Cass. civ. 3e, 12 juill. 2000, *Bull. civ.* III, n° 144 ; *JCP* G 2001.I.305, n° 1, obs. H. Périnet-Marquet ; *Defrénois* 2001, art. 37341, n° 21, obs. Chr. Atias ; *RTD civ.* 2002.539, obs. Th. Revet : « *La présomption de propriété du dessous, au profit de M. Fiorini, propriétaire du sol, n'était susceptible d'être combattue que par la preuve contraire, résultant d'un même titre, ou de la*

Outre les nombreuses servitudes qui s'exercent sur le sous-sol, les dispositions légales concernant l'exploitation des mines, suivant une très ancienne tradition, ôtent au propriétaire du sol le droit d'extraire du sous-sol certains gisements. Ce droit appartient à l'État qui peut l'exercer lui-même ou le confier à un exploitant, en vertu d'une concession[17] (C. minier, art. 21). Le propriétaire du sol n'a droit qu'à une faible redevance tréfoncière. L'exploitation d'une carrière (est carrière ce qui n'est pas mine, au sens de l'art. 2 du C. minier) n'implique pas nécessairement une dépossession du propriétaire du sol : moyennant une autorisation administrative, celui-ci peut exploiter lui-même la carrière ou en concéder l'exploitation à un tiers. Seul le défaut d'exploitation d'une carrière présentant un intérêt économique particulier permet à l'administration de délivrer à un tiers le droit d'exploiter, moyennant le paiement d'une redevance : c'est une forme réduite d'expropriation. Enfin, les vestiges archéologiques immobiliers appartiennent à l'État, qu'ils soient hors sol ou enfouis (C. patr., art. L. 531-16, al. 2)[18].

II. — Dimensions temporelles : l'accession

439. *Accessorium sequitur principale*. – Aux termes de l'article 546, « *la propriété d'une chose, soit mobilière, soit immobilière, donne droit à tout ce qu'elle produit, et sur ce qui s'y unit accessoirement, soit naturellement, soit artificiellement. Ce droit s'appelle* droit d'accession ». La plupart des dispositions du Code sur la propriété (art. 546 à 577) sont consacrées à l'accession. C'est dire son importance de la règle, qui se borne à appliquer un principe plus général : *Accessorium sequitur principale* (l'accessoire suit le principal)[19].

D'après l'article 546, les accessoires peuvent avoir deux sources : la production et l'incorporation. Les accessoires produits par la chose constituent les fruits. Leur régime juridique, en réalité, ne relève pas de la théorie de l'accession, laquelle ne s'applique véritablement qu'aux accessoires incorporés.

440. Fruits. – Le Code civil voit une accession dans l'acquisition par le propriétaire des fruits produits par la chose (art. 547 à 550). En réalité, le droit qu'a le propriétaire de percevoir les fruits de la chose est la conséquence même de son droit de propriété[20]. D'ailleurs, le droit aux fruits n'est pas tant lié à la propriété qu'à la possession de bonne foi (art. 549). Il arrive que le possesseur soit privé des fruits naturels ou civils[21].

Il faut réserver le nom d'accession à une situation moins normale : une chose indépendante vient s'unir à celle du propriétaire pour former avec elle un unique objet de propriété ; c'est à ce titre qu'elle est un mode d'acquisition de la propriété.

L'accession résultant d'une adjonction « anormale » peut être mobilière (A) ou immobilière (B), suivant la nature de l'objet auquel s'incorpore la chose nouvelle.

---

possession ». Cassation de l'arrêt de la cour d'appel qui avait admis que la preuve contraire pouvait résulter d'un faisceau d'indices, lorsqu'il s'agissait de vestiges archéologiques.

17. Depuis la loi du 15 juillet 1994, modifiant le C. minier, la concession est la seule possibilité permettant de conférer le droit d'exploiter une mine. Comp. P. Catala, « La revanche des choses » *in Jean Foyer* in memoriam, Litec, 2010, p. 73 s., sp. 77 : « *L'importance stratégique des ressources souterraines explique que les lois recomposent souvent l'antique suzeraineté des pouvoirs publics. Car la terre recèle des produits générateurs d'énergie (charbon, pétrole, gaz, uranium) ainsi que les métaux nécessaires à l'industrie. Leur exploitation engendre des bénéfices fabuleux que l'humanité consomme avec voracité comme s'il s'agissait de sources intarissables* ».

18. *Infra*, n° 592.

19. G. Goubeaux, *La règle de l'accessoire en droit privé*, th. Nancy, LGDJ, 1969, préf. D. Tallon, n°s 40 et s.

20. *Supra*, n° 434.

21. *Infra*, n°s 517 à 516.

A. Accession mobilière

441. Équité naturelle et droit mort. – L'accession mobilière est l'addition d'un meuble à un autre. C'est ou le mélange d'un meuble avec un autre (par exemple entre deux liquides) ou l'incorporation d'un meuble à un autre (par exemple une carrosserie ajoutée à un châssis de voiture). La règle est que le propriétaire du principal acquiert la propriété de l'accessoire, contre indemnité à celui qui se trouve évincé. Mais en matière mobilière, il est souvent si difficile de distinguer le principal de l'accessoire que le Code a « *entièrement subordonné l'accession mobilière aux principes de l'équité naturelle* » (art. 567). Cette référence à l'équité est exceptionnelle dans le Code qui, en général, manifeste une aversion à l'encontre des risques d'arbitraire et d'incertitude qu'elle suscite. En fait, toutes les règles sur l'accession mobilière (art. 565 à 577), qui n'ont valeur que d'exemples pour le juge (art. 567, al. 2), sont du droit mort, jamais appliqué ; car celui qui fait des adjonctions à un meuble en est généralement le possesseur, et l'article 2276, al. 1, lui donne la possession de l'ensemble : la revendication mobilière est exceptionnelle. Pour que la question de l'accession mobilière se pose en pratique, il faut que l'article 2276, al. 1, ne s'applique pas, soit qu'il s'agisse d'un meuble immatriculé (ex. : travaux faits sur un navire par le possesseur qui est obligé de le restituer), soit qu'il s'agisse de meubles incorporels[22] (ex. : accroissements apportés à des actions de société anonyme, par la souscription d'actions nouvelles, grâce au droit préférentiel de souscription attaché aux actions anciennes)[23].

B. Accession immobilière

442. Le sol est le principal. – À l'égard de l'accession immobilière, la difficulté majeure que connaît l'accession mobilière – la détermination du principal – n'existe pas : on sait toujours où sont le principal et l'accessoire. C'est un principe juridique qui nous vient de Rome : *superficies solo cedit* (le sol l'emporte sur ce qui est à sa surface). Cette règle ancienne et permanente s'explique par les deux qualités que présente le sol : la fixité et surtout la perpétuité. Le sol est par nature le support de toute chose matérielle qui s'unit à lui[24].

L'accession immobilière peut être naturelle ou artificielle.

1° Elle est **naturelle**, lorsque l'accroissement résulte d'un phénomène de la nature, sans intervention humaine (art. 556 à 564), tel que l'action des eaux (relais, accroissement de terre provenant d'alluvions...) ; ou le déplacement spontané des animaux (pigeons, lapins, poissons...) : ces biens nouveaux appartiennent au propriétaire du sol, sous réserve de règles particulières propres à l'évolution des cours d'eau et à la mer. Bien plus vivante est l'accession artificielle : elle résulte d'une activité humaine de construction ou de plantation (art. 553 à 555).

443. Deux présomptions. – **2°** Lorsqu'il y a accession **artificielle**, le plus souvent le propriétaire d'un fonds plante et construit sur son fonds avec des plants ou des matériaux qui lui appartiennent : le principe de l'accession se borne à vérifier le régime des constructions ou plantations devenues immeubles par nature.

---

22. V. toutefois Paris, 13 janv. 1993, *D.* 1993, IR, 90 : « *Il résulte des articles 566 et s [...] que le droit d'accession mobilière ne s'applique qu'aux choses corporelles et matérielles et ne peut être invoqué lorsque deux droits de propriété incorporelle tels que le droit d'auteur sont en cause* » ; jugé que l'accession mobilière ne s'applique pas aux œuvres composites. V. aussi P.-Y. Gautier, « Accession mobilière en matière d'œuvres de l'esprit », *D.* 1988, chron. 152. V. également : Cass. civ 1re, 1er déc. 2011, n° 09-15.819, *Bull. civ.* I, n° 208, *LPA* 2012, n° 113, p. 14, obs. crit. C. Fruteau : les plaques de zinc utilisées pour réaliser deux lithographies de Giacometti continuent à appartenir à l'imprimeur et ne deviennent pas une œuvre de l'artiste.

23. La loi (art. 1406) résout la question, dans le cas, auparavant discuté, des régimes matrimoniaux. La règle adoptée n'a que de lointains rapports avec le principe de l'accessoire, ne serait-ce qu'en raison de l'absence d'unité entre les actions anciennes et nouvelles.

24. R. Savatier, « Vers de nouveaux aspects de la conception et de la classification juridique des biens corporels », *RTD civ.* 1958.1 ; G. Goubeaux, th. préc., *supra*, n° 439, nos 28-29.

Ce *plerumque fit* conduit l'article 553 à énoncer une double présomption : d'une part, une présomption de propriété des ouvrages, plantations, replantations[25] et constructions, qui les attribue au propriétaire du sol ; d'autre part, une présomption de dépense : ces accessoires sont présumés avoir été réalisés par le propriétaire du terrain et à ses frais[26]. Ces deux présomptions sont simples. Elles tombent devant la preuve d'une convention attribuant au constructeur un droit de superficie (première présomption)[27] ; ou de la propriété et du paiement par un tiers des matériaux incorporés au fonds (seconde présomption). Dans le premier cas, la règle de l'accession est écartée ; dans le second, le propriétaire de l'ensemble doit seulement indemniser celui qui a fourni les matériaux (art. 554)[28].

444. Quotas de production. – Une nouvelle variété de biens incorporels est apparue récemment, reprenant une vieille tradition à l'empereur romain Domitien (Ier siècle) interdisant toute nouvelle plantation de vignes en Italie et ordonnant l'arrachage de la moitié des vignobles dans les provinces. Les pouvoirs publics ont maintenant la faculté de contingenter la production de certains biens agricoles et produits de la pêche et, plus récemment, des activités industrielles lorsqu'elles sont polluantes, en accordant des quotas ; se sont ainsi constitués des droits incorporels, parce que ces quotas sont cessibles sous certaines conditions ; ils ont parfois une très grande valeur, entrent mal dans nos actuelles catégories juridiques[29] et semblent même rebelles à une systématisation.

Les premiers ont eu pour objet la production **agricole** puis les activités de **pêche** pour les limiter afin surtout d'assurer l'équilibre du marché à l'intérieur de l'Union européenne : droits de plantation et de replantation de la vigne et des pommiers, quotas betteraviers, pommes de terre et de pêche. La Cour de cassation décide qu'ils n'appartiennent pas à l'exploitant, mais à l'exploitation[30], notion juridique nouvelle, qui n'est pourtant guère étrangère à l'art. 555, car l'exploitation est généralement appropriée par le propriétaire du sol.

À la suite du protocole de Kyoto (1997) où certains États se sont engagés à empêcher ou limiter le réchauffement de la planète, la loi française (C. env., art. L. 229-1 à L. 229-14) a créé un système de quotas d'**émission de gaz à effet de serre,** de manière à contingenter le pouvoir de chaque entreprise à créer cette pollution ; si elle n'utilise pas complètement ce quota, elle peut le céder totalement ou partiellement[31]. Ce droit est conféré à l'exploitant.

---

25. Cass. civ. 3e, 10 nov. 1999, *Bull. civ.* III, n° 212 ; *JCP* G 2000.II.10328, n. Fr. Roussel : « *Les droits de plantation et de replantation étant attachés au fonds donné à bail supportant l'exploitation vinicole, la cour d'appel* [...] *a retenu exactement que les preneurs sortants ne pouvaient imposer au bailleur l'arrachage des plants de vigne devenus la propriété de ce dernier par voie d'accession* ».

26. Ex. : Cass. com., 28 juin 1983, *Bull. civ.* IV, n° 193 : « *Une construction élevée sur un terrain, avant sa vente, est réputée, sauf preuve contraire, avoir été faite par le propriétaire du terrain* » : l'acquéreur doit donc acquitter les droits d'enregistrement afférents à la construction.

27. Cass. civ. 3e, 15 nov. 1977, *Bull. civ.* III, n° 388 ; *RTD civ.* 1978.674, obs. Cl. Giverdon. Cette preuve contraire est souverainement appréciée par les juges du fond ; elle peut résulter d'une convention, en vertu de laquelle le vendeur a continué à exploiter les constructions (des boxes de garage) après la vente. Comp. une règle identique, lorsqu'il s'agit de renverser la présomption de l'article 552 : Cass. civ. 3e, 15 nov. 1977, *Bull. civ.* III, n° 389 ; *RTD civ.* 1978.677, obs. Cl. Giverdon.

28. *Infra,* n° 446.

29. *Pour l'immobilisation par destination, supra,* n° 138.

30. Ex. : Cass. civ. 3e, 10 avr. 2002, *Bull. civ.* III, n° 83 : « *La cour d'appel ayant exactement relevé que le quota betteravier était attaché à l'exploitation et non à l'exploitant a* [...] *retenu que ce quota, qui n'est pas individualisé à la parcelle, est attribué à une exploitation quel que soit le statut juridique des parcelles composant celle-ci, propriété ou location* [...] *; l'obtention d'un quota betteravier était de nature incorporelle et suivait le sort de l'exploitation de telle sorte que le transport de tout ou partie de l'exploitation entraînait nécessairement transfert des droits correspondants, sans qu'il y ait atteinte au droit de propriété* ».

31. Th. Revet, « Les quotas d'émission de gaz à effet de serre », *D.* 2005.2632 ; W. Dross, *Droit civil, Les choses, op. cit.,* n° 494-2.

445. Acquisition de la propriété. – Lorsque les matériaux incorporés au sol n'appartenaient pas au propriétaire de celui-ci, le principe de l'accession réalise un véritable transfert de propriété : le propriétaire du fonds devient propriétaire des constructions ou des plantations. Cette acquisition l'oblige à indemniser le propriétaire initial des meubles incorporés, suivant des modalités différentes selon que celui-ci est ou n'est pas constructeur.

1) Construction avec les matériaux d'autrui

446. Dette de valeur. – Aux termes de l'article 554, le propriétaire des matériaux ayant permis la construction d'autrui en perd définitivement la propriété : le mécanisme de l'accession est indépendant de la possession. Il suffit que les matériaux aient été incorporés au fonds.

L'ancien propriétaire des matériaux devient créancier d'une indemnité, calculée depuis la loi du 17 mai 1960 d'après la valeur de ceux-ci au jour du paiement. Il peut en outre demander des dommages-intérêts en réparation du préjudice supplémentaire que lui cause la privation des matériaux.

2) Construction sur le terrain d'autrui

447. Options. – Parfois, la construction (ou la plantation) est réalisée par une personne qui n'a sur le fonds aucun droit de propriété, mais seulement un droit de jouissance plus ou moins étendu : locataire, possesseur évincé par la revendication du véritable propriétaire, acquéreur dont le titre est résolu ou annulé, indivisaire... Il faut alors concilier les intérêts du propriétaire et ceux du constructeur, qui a pu se croire, de bonne foi, propriétaire ou autorisé à construire.

L'article 555 pose trois règles : **1** Le propriétaire du terrain devient propriétaire des constructions ou des plantations. **2** Il peut exiger leur démolition aux frais du constructeur si celui-ci est de mauvaise foi. **3** S'il conserve les constructions, il doit verser au constructeur une somme représentant soit la plus-value procurée au fonds, soit le prix actuel de la main-d'œuvre et des matériaux employés[32].

Ce texte, souvent invoqué, soulève des difficultés sur son domaine (a) et son régime (b).

a) Domaine

Les conséquences de l'accession imposées par l'article 555 supposent qu'il s'agisse de constructions ou de plantations, édifiées par un tiers.

448. Constructions neuves, améliorations et impenses... – 1° En dehors des plantations, qui ne soulèvent guère de difficultés, l'article 555 s'applique aux constructions neuves, qui deviennent des immeubles en raison de leur incorporation au sol.

---

32. Le choix appartient **au propriétaire**. S'il ne l'exerce pas, la Cour de cassation permet au constructeur de le faire : Cass. civ. 3e, 17 juill. 1996, *Bull. civ.* III, n° 196 : « *La cour d'appel qui a retenu que s'il ne lui appartenait pas d'exercer d'office le choix offert au propriétaire, celui-ci, mis en demeure d'exercer ce choix, était demeuré taisant, en a justement déduit que la demande des époux Simian* (les constructeurs) *tendant à l'application d'un des deux critères d'évaluation prévus par la loi était juridiquement fondée* ». Il n'appartient **pas au juge** : Cass. civ. 3e, 4 mai 2006, *Bull. civ.* III, n° 112 ; *JCP* G 2006.IV.2151 ; cassation de l'arrêt d'appel qui avait décidé qu'en raison de l'absence d'option, « *il convient de considérer que c'est la* (solution) *la plus avantageuse pour elle* (la propriétaire) *qui doit être retenue* ».

2° Lorsqu'il s'agit, non de constructions neuves, mais d'améliorations apportées à une construction existante, le régime de l'indemnisation n'est pas celui de l'article 555[33], mais celui d'origine romaine, des dépenses (nouveau mot – très équivoque – pour impenses, résultat d'une loi pour la simplification (!) du droit du 12 mai 2009), qui distingue entre les dépenses (impenses) nécessaires, utiles et voluptuaires, selon l'utilité de l'opération.

3° Les dépenses (impenses) **nécessaires** (ex. : réparation d'une toiture) permettent, même au possesseur de mauvaise foi, le remboursement maximum : au choix de l'évincé, la plus-value ou la dépense faite ; les dépenses **utiles** (ex. : la surélévation d'une maison) donnent, au seul possesseur de bonne foi, droit au remboursement de la dépense ; la dépense **voluptaire**[34] (ex. : la peinture d'une fresque) n'est pas remboursée. Sont ainsi entremêlées les deux distinctions de la bonne ou de la mauvaise foi du possesseur et de la nature des dépenses. Un arrêt simplifie un peu : si l'auteur de l'amélioration est de bonne foi, il a droit au remboursement maximal, que la dépense soit nécessaire ou utile[35] ; en cas de mauvaise foi, il n'a droit qu'au remboursement de la plus-value apportée par la dépense, si elle a été nécessaire.

La loi règle spécialement le sort des améliorations ou transformations effectuées par certains détenteurs ; ex. : C. rur., art. L. 411-71, 3° (fermier) ; L. 6 juill. 1989, art. 7 f (preneur à bail d'habitation) ; art. 815-13 (indivisaire) ; le contrat aussi, au moyen d'une « convention d'accession ». Il est parfois difficile de savoir si un ouvrage fait sur le fonds d'autrui est une construction neuve (et par conséquent soumise à l'art. 555) ou l'amélioration d'une construction existante (soumise au régime des dépenses, naguère dénommées impenses). Dans les cas douteux, la jurisprudence écarte l'article 555 et adopte le régime des dépenses. Ainsi pour la surélévation d'une maison faite par un autre que le propriétaire, ce n'est pas, dit la Cour de cassation, une construction neuve ; elle échappe donc à l'article 555[36]. La jurisprudence est à peine plus nuancée lorsqu'il s'agit de déterminer qui est « autrui », au sens de la construction sur le terrain d'autrui.

449. ... effectuées par un tiers. – En visant « *les plantations, constructions et ouvrages* » faits par un tiers, l'article 555 vise la situation du possesseur qui a construit ou planté sur un terrain auquel il n'avait pas droit et se trouve ensuite évincé par le véritable propriétaire à la suite d'une action en revendication. La jurisprudence n'a pas hésité à appliquer la règle aux cas plus fréquents où le titre d'un acquéreur a été annulé ou résolu après la construction ; ou celui où la construction a été faite par le bénéficiaire d'une promesse unilatérale de vente qui n'a pas levé l'option ; dans toutes ces hypothèses, le constructeur n'avait eu, par suite de la rétroactivité de la nullité, ou de la condition résolutoire, ou de l'absence de vente, aucun droit sur le terrain.

33. Cass. civ. 3e, 8 janv. 1997, *Bull. civ.* III, n° 8 : « *Ayant relevé que la locataire avait été autorisée à faire des travaux d'amélioration, la cour d'appel en a exactement déduit* [...] *que l'article 555 relatif aux constructions faites sur un fonds ne pouvait pas s'appliquer...* ». V. toutefois Paris, 29 janv. 2002, *D.* 2002. somm. 2509, obs. Bl. Mallet-Bricout : jugé que l'article 555 s'applique à des mosaïques établies par des squatters.

34. **Étymologie** de voluptuaire : *voluptas, atis* = plaisir. Parfois on parle de « dépense somptuaire », ce qui est une tautologie : de *somptus, us* = dépense ; l'une + l'autre = dépense dépensière ! J.-Ph. Lévy et A. Castaldo, *op. cit.*, n° 248.

35. Cass. civ. 3e, 15 janv. 2003, *Bull. civ.* I, n° 7 ; *JCP* G 2003.I.172, n° 5, obs. H. Périnet-Marquet ; *Defrénois* 2003.986, obs. Chr. Atias ; en l'espèce, l'acquéreur d'un château, dont le titre avait été résolu, avait effectué sur l'immeuble qu'il a dû restituer d'importantes dépenses : « *ayant apporté à l'immeuble une plus-value inférieure au coût des travaux* » ; constatant qu'il était entré dans les lieux comme un futur propriétaire, non comme un détenteur précaire, il a eu droit de se faire rembourser toutes ses dépenses nécessaires et utiles, parce qu'il était possesseur de bonne foi. *Sur les restitutions consécutives à une revendication, infra,* n° 465.

36. Cass. civ. 1re, 18 juin 1970, *Bull. civ.* I, n° 213 ; *D.* 1970.561, n. A. B. ; *JCP* G 1972.II.17165 ; *RTD civ.* 1972.797, obs. J.-D. Bredin.

Plus délicate est l'application de l'article 555 aux constructeurs et auteurs de plantations qui ont un droit de jouissance sur le terrain : le locataire, l'usufruitier et l'indivisaire. Ils ne sont pas des possesseurs évincés par la revendication du propriétaire. Si l'on excepte certains baux qui créent au profit du preneur un droit de superficie[37], la loi réglant alors spécialement le sort des constructions ou plantations en fin de bail, l'article 555 est applicable aux constructions et plantations régulièrement faites par le preneur, à défaut d'une convention ayant eu pour objet leur appropriation ou l'indemnisation du preneur[38] (une convention d'accession). En revanche, l'article 555 ne s'applique ni à l'usufruitier, en raison de l'article 599, al. 2, qui ne vise pourtant que les améliorations[39] ; ni aux époux communs en biens : l'article 1469 fixe alors les règles d'évaluation propres aux récompenses ; ni à l'indivisaire qui a construit sur un terrain indivis : l'article 815-13 impose une règle d'évaluation spéciale.

450. Empiètement. – Lorsque, construisant sur son terrain, un propriétaire en dépasse les limites et empiète sans autorisation sur le fonds d'autrui, l'article 555 ne peut s'appliquer[40] : la construction, même pour partie, ne peut appartenir au propriétaire du terrain sur lequel elle s'étend ; elle ne peut non plus être attribuée au constructeur, car elle priverait de ses droits le propriétaire du sol ; or, en vertu de l'article 545 : « *Nul ne peut être contraint de céder sa propriété...* »[41]. Une jurisprudence constante[42], rigoureuse et extrêmement (et même, pour beaucoup, à l'excès) respectueuse du droit de propriété décide que le propriétaire victime de l'empiètement peut obtenir la démolition de toute la partie de la construction édifiée sur son terrain, si minime soit l'atteinte à son droit de propriété[43] ou caractérisée la bonne foi de l'auteur de l'empiètement[44] ; ce droit n'est pas susceptible

37. Bail emphytéotique, bail à construction, concession immobilière, et, dans une certaine mesure, bail rural ; v. *infra*, n° 903.

38. Ex. : Cass. civ. 3e, 28 janv. et 18 mars 1987, *D.* 1988, somm. 15, obs. A. Robert ; n.p.B. **Biblio. :** J.-P. Delmas-Saint-Hilaire, « De l'application de l'article 555 du Code civil dans les rapports des personnes qu'unit un lien d'obligation », *RTD civ.* 1959.411 ; Rozès, *Les travaux et constructions du preneur sur les fonds loués*, th. Toulouse, LGDJ, 1976, préf. P. Hébraud.

39. Req., 4 nov. 1885, *DP* 1886.I.361, rapp. Almeras-Latour : « *Suivant l'esprit de cette disposition* [art. 599], *on doit considérer comme améliorations, soit les constructions nouvelles s'ajoutant au fonds et en augmentant la valeur, soit les constructions ayant pour effet d'achever un bâtiment commencé, ou bien d'agrandir un édifice préexistant.* » Pour une contestation de cette règle, lorsque la construction nouvelle est, en réalité, une acquisition : Fl. Deboissy, « Le sort des constructions nouvelles édifiées par l'usufruitier », *Mél.Ph. Simler*, 2006, p. 745.

40. Cass. civ. 3e, 5 déc. 2001, *Bull. civ.* III, n° 147 ; *JCP* G 2002.II.10 89, n. V. Bonnet : « *L'article 555 ne trouvant pas application lorsqu'un propriétaire empiète sur la parcelle voisine* ».

41. **Biblio. :** Hennion-Moreau, « L'empiètement », *RDI* 1983.303 ; E. Franck, « L'empiètement sur le fonds d'autrui vu par la jurisprudence », *Administrer*, 1986.10. *Droit civil illustré*, n° 108.

42. V. toutefois, récemment, refuse de tenir compte de l'absence de proportionalité de l'empiètement avec le dommage qu'il cause : Cass. civ. 3e, 10 nov. 2016, deux arrêts n° 15-25.113 et 15-19.561 ; *Bull. civ.* III, à paraître, *JCP*G 2016, 1271, obs. J. Dubarry ; 2017.454, n° 5, obs. Périnet-Marquet ; 3e arrêt ; *JCP*N, 201731001, n. L. Busc, *Defrénois* 2015 359, chr. H. Périnet-Marquet, *RTD civ.* 2017.191, obs W. Dross : commentaire de l'arrêt qui avait ordonné la démolition de l'ouvrage empiétant sur le fonds d'autrui, sans avoir recherché si un simple rabotage du mur n'aurait pas suffit à mettre fin à l'empiètement. De même, admettant la liceité de l'empiètement : Cass. civ. 3e, 14 janv. 2016, n° 14-25.793, RTD civ. 2016 403, obs. W. Dross.

43. Ex. : Cass. civ. 3e, 20 mars 2002, *Bull. civ.* III, n° 71 ; *D.* 2002.2075, n. Chr. Caron ; *JCP* G 2002.I.176, n° 6, obs. H. Périnet-Marquet ; *RTD civ.* 2002.333, obs. Th. Revet : « *Peu importe la mesure de l'empiètement* » ; en l'espèce, il s'agissait d'un empiètement de 0,5 centimètres sur une partie de la clôture du fonds voisin ; sur renvoi, Versailles, 11 févr. 2004, *D.* 2004.2819, n. crit. J.-Chr. Planque.

44. Jurisprudence constante. Ex. récent : Cass. civ. 3e, 30 oct. 2013, n° 12-22.169 ; *RTD civ.* 2014.147, obs. W. Dross : n.p.B. : « *la bonne foi des constructeurs au moment de la construction était indifférente* ».

d'abus[45] et cette action est imprescriptible, comme une revendication[46]. Le juge ne peut se contenter de lui accorder des dommages-intérêts, sauf si le propriétaire le demande[47]. La Cour de cassation, pour les mêmes raisons, a refusé de qualifier l'empiètement de servitude[48] ; mais elle a admis qu'il pouvait y avoir usucapion d'une servitude de surplomb, qui constituait pourtant un empiétement[49].

Cette règle peut se justifier. Toute atteinte à un droit réel, et spécialement à un droit de propriété, ne devrait pas se résoudre en dommages-intérêts sauf si le propriétaire l'accepte et le retour au *statu quo ante* devrait toujours être ordonné. Il faut, de plus, empêcher qu'un constructeur soit tenté de rogner sur le terrain du voisin. Malgré la force de ces arguments, la règle aboutit parfois à des résultats inopportuns. Lorsque le constructeur est de bonne foi et que le propriétaire du sol a attendu l'achèvement de la construction avant de faire valoir son droit, la solution est abusive ; en outre, il est excessif d'ordonner la destruction d'une grande construction parce qu'il y a un empiètement[50] d'un millimètre sur le terrain du voisin[51]. En pratique, le propriétaire du sol sur lequel l'empiétement a eu lieu obtiendra du constructeur une indemnité considérable, en le menaçant de destruction ; c'est une règle de chantage. La bonne règle est celle du droit suisse (C. civ. suisse, art. 674, al. 3) : « *Lorsque le propriétaire lésé, après avoir eu connaissance de l'empiètement, ne s'y est pas opposé en temps utile, l'auteur des constructions et autres ouvrages peut demander, s'il est de bonne foi et si les circonstances le permettent, que la surface usurpée lui* (soit) *attribuée contre payement d'une indemnité équitable* ».

b) Régime

451. Caractère supplétif. – Les dispositions de l'article 555, comme l'ensemble des règles légales concernant l'accession, ne sont pas impératives : l'ordre public n'est pas en cause. Qu'il s'agisse du principe même de l'acquisition des constructions par le propriétaire du terrain, du moment de cette acquisition ou de

45. Jurisprudence constante, souvent réitérée. Ex. : * Cass. civ. 3e, 7 nov. 1990, *épx Gonnin*, *Bull. civ.* III, n° 226 ; *D.* 1991, somm. 308, obs. A. Robert ; en l'espèce, la cour d'appel avait rejeté la demande de démolition des constructions édifiées par leur voisin et empiétant sur leur propriété : « *La bonne foi de M. Lorlet* (le constructeur) *n'est pas en cause, l'empiètement est minime et l'exercice du droit de propriété ne doit pas être abusif ; la démolition demandée présente un caractère manifestement excessif eu égard aux avantages minimes procurés* ». Cassation : « *La défense du droit de propriété contre un empiètement ne saurait dégénérer en abus* ».

46. Cass. civ. 3e, 5 juin 2002, *Bull. civ.* III, n° 129 ; *D.* 2003.1461, n. G. Pilleo ; en l'espèce, la cour d'appel avait déclaré prescrite « *l'action en démolition de la construction de M. Dron empiétant sur sa propriété* », en relevant que ces ouvrages « *ont été construits plus de trente ans avant l'assignation* ». Cassation : « *l'action en revendication n'est pas susceptible de prescription extinctive* ». V. aussi *infra* n° 459 ; v. toutefois Cass. civ. 3e, 20 nov. 2002, *Bull. civ.* III, n° 232 ; *D.* 2002, IR, 3244 : « *L'action en démolition d'un équipement empiétant sur une partie privative est une action réelle se prescrivant par trente ans* ». Solution que maintient la loi de 2008 sur la prescription (art. 2277 nouv.).

47. Ex. : Cass. civ. 3e, 21 nov. 1969, *Bull. civ.* III, n° 763 ; *D.* 1970.426 : la cour d'appel n'a pas « *à rechercher si le constructeur était ou non de bonne foi* ».

48. Jurisprudence plusieurs fois réitérée. Ex. : Cass. civ. 3e, 27 juin 2001, *Bull. civ.* III n° 87 ; *JCP* G 2002.I.126, n° 18, obs. H. Périnet-Marquet ; *RDI* 2002.141, obs. J.-L. Bergel : « *Une servitude ne peut conférer le droit d'empiéter sur la propriété d'autrui* ».

49. *Infra*, n° 1151.

50. Ex. : Cass. civ. 3e, 14 déc. 2005, *Bull. civ.* III n° 248 ; *D.* 2006, 2369, obs. N. Reboul-Maupin ; *JCP* G 2006, E.127, obs. H. Périnet-Marquet « *la commune n'avait pas elle-même édifié la construction* » qui avait causé l'empiètement.

51. Jurisprudence souvent réitérée. Ex. : Cass. civ. 3e, 18 févr. 1998, *Bull. civ.* III, n° 43 ; *JCP* G 1999.I.120, n° 1, obs. crit. H. Périnet-Marquet : l'empiètement avait porté sur la moitié du mur mitoyen antérieurement détruit ; la victime de l'empiètement avait attendu 10 ans avant d'agir ; jugé que cet empiètement devait entraîner la destruction du pavillon dont il avait permis la construction.

l'indemnisation du constructeur, la convention des parties, antérieure, concomitante ou postérieure à l'édification est souveraine[52].

Souvent, le propriétaire d'un terrain renonce à l'accession pour un temps limité au profit d'un contractant, locataire ou entrepreneur : l'accession est alors différée[53] au profit du bénéficiaire d'un droit de superficie[54].

452. Bonne ou mauvaise foi du constructeur. – À défaut de prévisions contractuelles, le propriétaire du terrain sur lequel un tiers a édifié des constructions n'est pas toujours obligé de les conserver ; il peut en exiger la démolition aux frais du constructeur et interdire ainsi le jeu de l'accession, si le constructeur était de mauvaise foi au moment de la construction. Au contraire, si le constructeur a agi de bonne foi, le propriétaire du terrain est obligé de conserver les constructions (art. 555, al. 1 et 4) sans avoir à indemniser le constructeur, même si ces constructions ont créé une moins-value au terrain[55].

À première vue, l'article 555 n'attache aucune conséquence à la mauvaise foi du constructeur pour calculer l'indemnité qui lui est due lorsque les constructions sont conservées par le propriétaire. En réalité, la menace de destruction qui peut être exercée par le propriétaire contre le constructeur de mauvaise foi, oblige celui-ci à négocier dans des conditions difficiles. Ce texte est typique de la prophylaxie civile du Code, bien qu'aujourd'hui en recul.

La bonne foi du constructeur se définit comme en matière d'acquisition des fruits (art. 550), non comme en droit commun où elle est beaucoup plus souple : au moment de la construction, le constructeur s'était cru définitivement propriétaire, par exemple un concubin[56] mais non un époux[57]. Les tribunaux admettent qu'un titre putatif – qui n'est pas le juste titre de l'article 2265 (intéressant l'usucapion abrégée)[58] – suffit à fonder la bonne foi du constructeur[59] : il n'est pas question d'acquérir la propriété, mais seulement d'écarter l'obligation de démolir. En outre, la bonne foi est présumée.

Lorsque le constructeur est un détenteur précaire (ex. : locataire), son titre ne lui confère que la jouissance temporaire du terrain. Il devrait donc être considéré comme un constructeur de

52. Ex. : * Cass. civ. 3e, 6 nov. 1970, *épx David, Bull. civ.* III, n° 592 ; *D.* 1971.394 ; en l'espèce, des locataires avaient dressé un état des travaux qu'ils avaient effectués dans les lieux et convenu avec le bailleur qu'ils en resteraient propriétaires ; à l'expiration du bail, la cour d'appel appliqua l'article 555. Cassation : les dispositions de l'article 555 « *ne sont pas d'ordre public et peuvent être écartées par la renonciation expresse de celui-ci* (le propriétaire) » ; l'article 555 régit « *exclusivement le cas où le constructeur n'est pas, avec le propriétaire du sol, dans les liens d'un contrat se référant aux ouvrages élevés* » ; la cour d'appel devait donc rechercher si le propriétaire n'avait pas renoncé à l'accession, ce qui eût rendu inapplicable l'article 555.

53. *Infra*, n° 453.

54. *Infra*, n° 903.

55. Cass. civ. 3e, 12 oct. 2011, n° 10-18.175, *Bull. civ.* III, n° 169 ; *D.* 2011. 2536 et 2129, obs. Bl. Mallet-Bricout ; *JCP* G 2011. 1298, n° 3, obs. H. Périnet-Marquet ; *Defrénois* 2012. 514, obs. L. Tranchant ; *RDI* 2012. 8, obs. J. L. Bergel : « *lorsque le constructeur est de bonne foi, l'art. 555 ne prévoit de remboursement qu'à la charge du propriétaire du fonds* ».

56. Jurisprudence plusieurs fois réitérée, ex. :Cass. civ. 3e, 29 avr. 2009, *Bull. civ.* III, n° 57 ; *JCP* G 2009.I.115, n° 11 obs. Y. Favier ; *JCP* N 2009.1305, n° 3, obs. H. Périnet-Marquet.

57. Cass. civ. 1re, 9 juill. 1966, *D.* 1966.713, n. Dedieu : l'art. 555 n'est pas applicable lorsqu'un époux a amélioré un bien propre par son industrie personnelle.

58. *Infra*, n° 567.

59. Ex. : Cass. civ. 3e, 3 mai 1983, *Bull. civ.* III, n° 102 ; *D.* 1984, IR, 426, obs. A. Robert ; *RDI* 1984.31, obs. Bergel : « *L'autorisation de demander le permis de construire* (accordée par le propriétaire d'un terrain à une personne désirant l'acquérir), *quoique n'étant pas de nature à rendre vraisemblable le fait allégué d'une vente d'ores et déjà parfaite, constituait un titre putatif conférant à Mme Février la qualité de constructeur de bonne foi au sens de l'article 555* ».

mauvaise foi, puisqu'il ne peut ignorer qu'il n'est pas le propriétaire du terrain. Sauf lorsqu'il a construit avec l'autorisation du propriétaire[60].

453. Acquisition de plein droit ou différée ? – Si le propriétaire du terrain conserve, de gré ou de force, les constructions, il en devient propriétaire.

À quel moment le transfert de la propriété s'opère-t-il ? La question s'est d'abord et surtout posée à l'égard du locataire constructeur et du fermier qui plante : si le bailleur devient propriétaire au fur et à mesure de l'incorporation des matériaux au sol ou des plantations, il pourra s'opposer à la démolition par le preneur ou à l'arrachage des plantations en cours du bail. En principe, l'accession, résultant de la seule incorporation des matériaux au sol ou de la plantation, se produit de plein droit[61] et se réalise au fur et à mesure de la construction ou de la plantation. Cependant, à l'égard des constructions (non des plantations, notamment celles de vignes[62]), afin de préserver l'indépendance du locataire, la jurisprudence écarte cette règle en présence d'un bail[63] ; par conséquent, le preneur peut enlever les constructions pendant la durée du bail ; c'est lui qui perçoit les indemnités d'assurance en cas de sinistre ; ses créanciers peuvent exercer, en cours de bail, une saisie immobilière des édifices. Le preneur a donc un droit de superficie temporaire, qui prend fin avec le bail, même si celui-ci est renouvelé, car le renouvellement donne naissance à un nouveau bail[64] ; si les constructions ont été faites lors du renouvellement du bail, elles deviennent par accession la propriété du bailleur et si le preneur les enlève, il doit indemniser le bailleur[65]. De toute façon, qu'il s'agisse d'une accession différée ou immédiate, la loi (baux ruraux, C. rur., art. L. 431-1 et s, emphytéotiques, C. rur., art. L. 451-10, ou à construction, CCH, art. L. 251-2) ou le contrat peuvent écarter ces règles[66].

L'accession est également différée lorsqu'il s'agit d'usufruit[67].

60. Cass. civ. 3e, 17 déc. 2013, n° 12-15.916 ; *Bull. civ.* III, n° 167 ; *JCP* G 2014.407, n° 3, obs. H. Périnet-Marquet ; *JCP* N 2014.1187 n° 3, mêmes obs. ; *Defrénois* 2014.488, obs. L. Tranchant : « *ayant relevé que les constructions en cause avaient été édifiées, avec l'assentiment des propriétaires, sur des terrains donnés à bail et en l'absence de toute convention réglant le sort de ces constructions, la cour d'appel en a exactement déduit que l'article 555 du Code civil devait régir les rapports des parties en fin de bail et que* [le bailleur] *ne pouvait réclamer* [au preneur], *tiers de bonne foi, sur le fondement de la transaction des 20 et 25 avril 2006, la suppression de celles-ci* ».

61. Jurisprudence souvent réitérée : ex. : Cass. civ. 3e, 27 mars 2002, *Bull. civ.* III, n° 78 ; *JCP* G 2003.I.117, n° 2, obs. H. Périnet-Marquet : « *Sauf convention contraire, l'accession joue de plein droit et l'acquisition de la propriété des constructions n'est pas subordonnée à l'action du propriétaire du sol ou de celle du créancier poursuivant* ».

62. L'arrêt le plus net est Cass. civ. 3e, 10 nov. 2004, *JCP* G 2004.II.10119, n. Fr. Roussel ; n.p.B. : « *les plants de vigne, dès leur plantation, deviennent la propriété du bailleur* » ; en conséquence, le fermier qui a arraché les plants après expiration de son bail et avant son départ, doit indemniser le bailleur, notamment de la perte du quota viticole. La jurisprudence est constante depuis 1996.

63. Longue série de jurisprudence depuis 1964 : ex. : Cass. civ. 3e, 4 avr. 2002, *Bull. civ.* III, n° 82 ; *D.* 2002, somm. 2508, obs. Bl. Mallet-Bricout ; *JCP* G 2002.II.10022, n. M. Keita ; *RTD civ.* 2001.114, obs. Th. Revet : « *ayant relevé, à bon droit, qu'en application de l'art. 555* (sic : le texte dit pourtant le contraire), *le preneur restait propriétaire, pendant la durée de la location, des constructions qu'il avait régulièrement édifiées sur le terrain loué et que la clause d'accession insérée au bail prévoyant que le bailleur deviendrait propriétaire desdites constructions ne pouvait jouer qu'en fin de bail et à défaut de renouvellement.* » V. toutefois, le droit de planter une vigne : Cass. civ. 3e, 24 mars 1999, *Bull. civ.* III, n° 77 ; *D.* 2000.139, concl. J.-F. Weber, n. E. Agostini : « *les droits de plantation et de replantation sont attachés au fonds donné à bail supportant l'exploitation vinicole.* »

64. Cass. civ. 3e, 27 sept. 2006, *Bull. civ.* III, n° 183 ; *D.* 2007, 1188, n. V. Tellier.

65. Cass. civ. 3e, 25 fév. 2016, n° 14-26.845 et 14-29.085, *Defrénois* 2016, p. 823, n. Fr. Roussel.

66. P. Hilt, « La date de l'effet de l'accession dans les baux immobiliers, Plaidoyer pour l'accession différée », *JCP* G 2003.I.183 ; comp. Th. Lamarlhe, « L'accession différée, une nouvelle approche des grandes classifications », *RTD civ.* 2006.1 et s., qui défend l'accession différée du preneur à bail (p. 25) : « *elle offre une certaine souplesse car elle permet une maîtrise sur le sol et sur les constructions* ». Mais elle implique « *une prise en compte des effets réels produits par un droit personnel.* »

67. Cass. civ. 3e, 19 sept. 2012, n° 11-15.460 ; *D.* 2012.1271, n. A. Tadros ; *JCP* G 2013.429, n° 5, obs. H. Périnet-Marquet ; *RTD civ.* 2012.751, obs. Th. Revet ; *Droit et patr.* 2012.97, obs. J.-B. Seube.

454. Indemnités ; option. – Le propriétaire du terrain, devenu par accession propriétaire des constructions ou des plantations, doit au constructeur une indemnité représentant, à son choix[68], soit le coût des matériaux ou des plantations et le prix de la main-d'œuvre estimés à la date du remboursement effectif[69], soit la plus-value procurée au fonds par la construction ou la plantation (art. 555, al. 3). Bien évidemment, le propriétaire choisira la somme la plus faible.

L'indemnité est payable comptant. Le constructeur dispose d'un droit de rétention sur l'immeuble qui lui garantit le paiement, même s'il est de mauvaise foi[70] : pourquoi serait-il privé de cette garantie, puisqu'il a une créance certaine, exigible et connexe à sa détention ?

Section II
CARACTÈRES DU DROIT DE PROPRIÉTÉ

455. Souveraineté. – En énonçant que la propriété est un « droit absolu », l'article 544 l'investit d'une souveraineté que ne possède aucun autre droit subjectif. Seuls les droits de la personnalité présentent ce caractère. Ce rapprochement n'est pas fortuit : la propriété, dans la conception traditionnelle, est un attribut inviolable de la personne humaine. Elle a donc, au moins en principe, trois aspects de la souveraineté : l'exclusivisme (§ 1), le caractère illimité (§ 2) et la perpétuité (§ 3).

§ 1. Exclusivisme

456. Monopole. – L'exclusivisme du droit de propriété signifie que seul le propriétaire peut user de la chose ou ne pas en user, et a donc le droit d'en exclure toute autre personne[71] : tout empiétement d'un tiers permet au propriétaire d'agir en justice même s'il ne lui cause aucun préjudice[72].

Il est exceptionnel que ce caractère soit directement restreint par la loi ; la restriction a alors un caractère limité, comme le droit qu'a le propriétaire d'un essaim d'abeilles de le poursuivre sur le terrain d'autrui (C. rur., art. L. 211-9)[73]. Il n'y a pas non plus d'atteinte au monopole du propriétaire en cas d'indivision ou de communauté conjugale : il existe alors plusieurs

68. Cass. civ. 3e, 24 oct. 1990, *Bull. civ.* III, n° 204 : le propriétaire a la liberté de choix ; en l'espèce, l'acquéreur d'une parcelle avait été évincé à la suite de la revendication exercée par le véritable propriétaire : l'acquéreur, déclaré occupant de bonne foi, demanda au propriétaire de payer « *le coût des fournitures et le prix de la main-d'œuvre pour les travaux d'amélioration du fonds* » ; le défendeur ne comparut pas ; le juge trancha « *en choisissant la solution la plus équitable* » : il accorda l'indemnisation demandée ; cassation.

69. Cass. civ. 3e, 22 févr. 2006, *Bull. civ.* III, n° 48 ; *JCP* G 2006.I.178, n° 2, obs. H. Périnet-Marquet ; *D.* 2006, IR, 676 ; en l'espèce, la cour d'appel avait fixé la date d'évaluation au jour de la demande de remboursement ; cassation : « *cette indemnité doit être évaluée à la date à laquelle le juge statue* ».

70. Cass. civ. 3e, 23 avr. 1974, *Mezières*, *Bull. civ.* III, n° 164 ; *JCP* G 1975.II.18170 : « *les § 3 et 4 de cet article* [555] *réservent dans tous les cas au propriétaire du sol qui conserve les constructions et plantations, pour le calcul de l'indemnité compensatrice due au tiers qui les a faites, la même option, sans distinction suivant la bonne ou mauvaise foi de ce dernier* » ; cassation de l'arrêt qui avait décidé que ce choix ne pouvait être exercé qu'au profit d'un possesseur de bonne foi.

71. D'après un auteur, c'est ce caractère, qu'il nomme « opposabilité substantielle », qui caractérise le droit de propriété : F. Danos, *Propriété, possession et opposabilité*, thèse Paris I, Economica, 2007, préf. L. Aynès.

72. *Supra*, n° 450.

73. *Droit civil illustré*, n° 108.

propriétaires de la même chose, ce qui implique nécessairement une restriction au pouvoir individuel de chacun[74].

457. ***Jura in re aliena.*** – Cependant, le propriétaire peut être obligé de supporter le droit d'un tiers sur la chose : usufruit ou servitude. En réalité, il n'y a pas d'atteinte à l'exclusivisme du propriétaire, mais démembrement du droit de propriété, dont certains attributs appartiennent à un tiers : le droit du propriétaire n'est plus complet. Par exemple, s'il est grevé d'un usufruit, il lui manque l'*usus* et le *fructus*, qui appartiennent à l'usufruitier[75].

Ce qui permet de constater que tous les autres droits réels s'accrochent à la propriété d'un tiers – ce sont des *jura in re aliena* (des droits sur la chose d'autrui) – et que seul le droit de propriété se suffit à lui-même.

§ 2. Caractère illimité

458. Voisinage. – Parce qu'il est absolu, le droit de propriété permet à son titulaire tous les actes juridiques et matériels qui ne lui sont pas interdits spécialement. De ce principe découle une méthode : il n'y a pas à décrire les prérogatives du propriétaire, il suffit d'en rechercher les limites.

Une première restriction tient à la nature des choses : sans limites ne signifie pas l'impunité. Si le propriétaire peut faire de sa chose ce qu'il veut, il doit aussi réparer les dommages anormaux que cause à autrui tel usage particulier ; même si l'usage n'est pas fautif, le caractère excessif du trouble est source de responsabilité ; telle est la théorie des troubles de voisinage[76].

Une seconde limite tient à l'application au droit de propriété comme aux autres droits subjectifs de la théorie de l'abus de droit : en exerçant son droit dans l'intention de nuire à autrui, le propriétaire commet une faute qui l'oblige à réparer le dommage causé.

459. Limites aux pouvoirs des propriétaires. – Comme le prévoit l'article 544 lui-même, une troisième série de restrictions directes à l'exercice du droit de propriété provient de la loi. Elles sont devenues très nombreuses, particulièrement en matière immobilière (industries dangereuses ou insalubres, urbanisme, construction[77], protection des sites...). Il ne s'agit pas à proprement parler de servitudes mais de limitations directes, apportées à la propriété dans l'intérêt général[78].

Lorsque la propriété est l'instrument d'une infraction pénale ou d'une faute civile, le juge ne peut en ordonner la confiscation à titre préventif ou de réparation[79]. Certains textes spéciaux permettent cependant d'ordonner la confiscation du corps du délit, à titre de peine

74. *Infra*, n°s 684 et s.
75. *Infra*, n°s 800 et s.
76. *Infra*, n°s 1069 à 1075.
77. Th. Delessalle, *JCP* N 2017.609 : danger que la construction peut causer à la santé des usagers : amiente, plomb, électricité, gaz, mérule, pollution, risques technologiques et naturels.
78. *Infra*, n°s 1190 à 1193.
79. Cass. civ. 1re, 3 nov. 1988, *Bull. civ.* I, n° 297 ; en l'espèce, à la suite de la mésentente entre deux kinésithérapeutes associés, une cour d'appel avait prononcé la résolution du contrat de société aux torts exclusifs de l'un d'eux, qui avait fait une concurrence déloyale à l'autre, et ordonné la confiscation de certains ouvrages publiés par lui ; cassation : « *Vu l'article 544* [...], *la confiscation ne pouvait être ordonnée que dans les cas prévus par la loi* ».

complémentaire[80]. En dehors de ces textes, le droit de propriété s'impose au juge, si coupable que soit le propriétaire.

En droit rural, le droit du propriétaire d'exploiter et surtout de ne pas exploiter a été limité d'abord par une législation sur les terres incultes, suscitée par les deux guerres mondiales (C. rur., art. L. 125-1) qui, en pratique, ne s'applique pas (C. env., art. L. 331-1 et s.)

En outre, il existe un cortège de textes restreignant les pouvoirs des propriétaires au nom de l'environnement et de la maîtrise de la croissance urbaine : relatifs... à l'urbanisme (plan d'occupation des sols et plan local d'urbanisme : C. urb., art. L. 121-1 et 5)... à la montagne (L. 9 janv. 1985)... au littoral (C. env., art. L. 321-1 et s.)... aux parcs nationaux (C. rur., art. L. 241-1)... aux réserves naturelles (C. rur., art. L. 242-1)... au littoral et aux rivages lacustres (C. rur., art. L. 243-1)... aux zones de protection du patrimoine architectural des sols (C. urb., art. L. 111-1-2) qui limite le droit de construire. Les « *associations foncières agricoles* » peuvent, dans leur « *périmètre* », imposer ou interdire des travaux (C. rur., art. L. 132-1 et s.). Le droit forestier est encore plus contraignant : C. for., art. L. 311-1, al. 1 : « *Aucun particulier ne peut user du droit d'arracher ou de défricher ses bois, ou de mettre fin à la destination forestière de ses terrains, sans avoir préalablement obtenu une autorisation administrative* ».

460. Pollution, environnement, classement et réhabilitation. – **1°** La **pollution** des sites a toujours existé ; aujourd'hui, elle est souvent combattue notamment par les écologistes[81]. L'acheteur d'un site pollué peut agir contre son vendeur qui a été le dernier exploitant, soit en non-conformité si la pollution n'avait pas été déclarée, soit même en responsabilité civile[82]. De même, le bailleur doit indemniser le preneur qui avait effectué la « mise aux normes » imposée par l'administration[83].

Les dommages causés à l'**environnement** doivent en effet être réparés, notamment selon une jurisprudence souvent répétée, au profit des associations protectrices de l'environnement[84].

2° Les installations susceptibles de causer des nuisances à l'environnement sont **classées** par l'administration (la dénomination légale est « *installations classées pour la protection de l'environnement* » : C. env. L. V, titre I, ICPE) ; distinguant celles qui sont soumises à autorisation (les plus dangereuses étant les « *installations soumises à autorisation d'exploiter avec servitudes d'utilité publique* », avec une sous-distinction : Seveso seuil bas (risques forts) et Seveso seuil haut (risques majeurs) et celles qui sont soumises à enregistrement ou à déclaration, selon la gravité des dangers qu'elles suscitent.

3° La « **réhabilitation** » des terrains pollués suscite de difficiles questions techniques et financières que le droit maîtrise mal, en des dispositions fragmentaires et nombreuses ; son coût est très élevé et certaines pollutions très anciennes. La remise en état d'un site où était exploitée une installation classée parce que polluante incombe aux divers exploitants à l'origine de la pollution (art. L. 512-17, L. *Bachelot* du 22 juill. 2003) (principe « pollueur payeur »). L'autorité publique peut l'imposer et la faire exécuter aux frais du responsable (art. L. 556-3) et la Cour de cassation a décidé que le contrat ne pouvait en transférer la charge[85], ce qui est contraire aux règles du droit civil admettant la validité des clauses modifiant la garantie lorsqu'elles sont stipulées entre

80. Merle et Vitu, *Traité de droit criminel*, Cujas, 7e éd., 1998, nos 792 et s. ; C. pén., art. 131-21.

81. M. Boutonnet, dir., « Les sites pollués, un enjeu pour les professionnels de l'immobilier », *JCP* N 2014.1103-1104. X. Lièvre et Fl. Müller, « Droit de l'environnement et pratique notariale », *JCP* N 2013.1238.

82. Cass. civ. 3e, 10 janv. 2013, n° 11-27.101, *Bull. civ.* III, n° 4 ; *JCP* N 2013.1160, n. O. Herrnberger.

83. Cass. civ. 3e, 20 oct. 2016, n° 15-20.364, npB, *RD rur.* 2017.37, n. S. Crevel : « réalisation de travaux de mise aux normes imposée par l'autorité administrative ne nécessite pas l'acceptation expresse du propriétaire ».

84. Cass. crim. 25 sept. 2012, *aff. de l'Erika*, *JCP* G 2012.1243, n. K. Le Couviour.

85. Cass. civ. 3e, 16 mars 2005, *Bull. civ.* III, n° 67 ; *JCP* G 2005.II.10118, n. Fr. G. Trébulle ; en l'espèce, le vendeur d'un site pollué avait été, par l'effet d'un arrêté préfectoral, obligé « *de procéder à cette remise en état et de prendre toutes mesures utiles en matière de dépollution des sols* [...] *sans que puissent être invoquées les dispositions contractuelles de la vente* [...], *ces dispositions demeurant étrangères aux prescriptions de l'autorité administrative, pénalement sanctionnées, en matière d'installations classées* ».

professionnels de la même spécialité[86]. Le Code de l'environnement impose aussi au vendeur d'un terrain sur lequel avait été exploitée une installation classée une obligation d'information, augmentant celle énoncée que le droit impose au vendeur (art. L. 125-7)[87]. Non seulement, elle doit être exécutée par écrit – ce formalisme informatif est devenu courant – mais elle s'impose même lorsqu'en fait l'acheteur avait été informé[88]. À défaut, l'acheteur peut demander la résolution de la vente ou se faire restituer une partie du prix. Ce qui, là aussi, est conforme aux règles habituelles de la vente ; en outre, une règle dérogatoire au droit commun impose une obligation très lourde : « *il* [ou l'autorité publique] *peut aussi demander la remise en état du site aux frais du vendeur lorsque le coût de cette remise en état ne paraît pas disproportionné par rapport au prix de vente* » (art. L. 514-20)[89]. Le propriétaire du terrain sur lequel se trouvent des déchets en est présumé détenteur[90] ; mais il peut prouver qu'ils leur sont étrangers[91]. La loi *Alur* du 24 mars 2014 permet en cas de pollution ou de risques de pollution d'imposer une « réhabilitation » (autrefois dénommée « remise en état ») du site pollué, aux frais du responsable, et développe les obligations informatives ; elle a créé (art. L. 125-6) « *des secteurs d'information sur sites pollués* » où la pollution justifie des études des sols et la gestion de la pollution[92]. Les représentants de l'État en font dessiner les limites sur les plans locaux d'urbanisme.

86. *Droit des contrats spéciaux*, coll. Droit civil.

87. **1°)** À certains égards, la règle est interprétée **restrictivement** : **1** L'obligation ne porte que sur les installations soumises à autorisation, non sur celles soumises à déclaration, ou sur les installations en cours d'installation. **2** Elle n'a pour objet que de révéler les sites et les sols pollués. **2°)** À d'autres l'interprétation est **extensive** : **1** Elle ne porte pas seulement sur les sites classés, mais aussi sur les installations classables. **2** Elle s'articule avec ... la garantie des vices cachés : Cass. civ. 3e, 10 sept. 2008, *Commune de Marseille*, *Bull. civ.* III, n° 130 ; *JCP* N 2008.1329 obs. Fr. G. Trébulle ; *AJDA* 2008.1685 ; en l'espèce, la commune avait acquis le terrain en état de friche industrielle et ne pouvait donc ignorer la pollution... et avec l'obligation de délivrance ; Cass. civ. 3e, 29 févr. 2012, n° 11-10318 ; *JCP* N 2012.1186, n. G. Herrnberger, *Bull. civ.* III, n° 37 : « *l'acte de vente mentionnait que l'immeuble avait fait l'objet d'une dépollution, dont il résultait que le bien vendu était présenté comme dépollué ; dès lors, les vendeurs étaient tenus de livrer un bien conforme à cette caractéristique* ». V. chr. X. Lièvre et Fl. Müller, *JCP* N 2012. 1279, nos 4 à 6.

88. Cass. civ. 3e, 22 janv. 2005, *commune de Dardilly*, *Bull. civ.* III, n° 8 ; *JCP* G 2006.II.10033, n. P. Savin et Y. Martinet ; *RDI* 2005.104, obs. Fr. G. Trébulle ; en l'espèce, l'information écrite n'avait pas été faite par le vendeur alors que l'acquéreur connaissait la pollution de la parcelle qu'il achetait ; la Cour de cassation a cassé l'arrêt d'appel qui avait refusé de prononcer la résolution. V. toutefois Cass. civ. 3e, 9 avr. 2008, n° 07-10.795, *Bull. civ.* III, n° 69 ; *JCP* G 2008.II.10096, n. Fr. G. Trébulle : « *l'art. L. 514-20 C. env., qui dispose que lorsqu'une installation soumise à autorisation a été exploitée sur le terrain, le vendeur est tenu d'en informer par écrit l'acheteur, ne s'applique pas à la vente d'un terrain sur lequel l'exploitation d'une installation classée est en cours* ». CE, 16 déc. 2008, *Juris-Data*, n° 2008-074766 ; *JCP* N 2009.1289, chr. X. Lièvre et Fl. Müller, nos 1 à 11 ; en l'espèce, le site (qui était amianté) avait, avant son acquisition, fait l'objet des mesures de dépollution prescrites par le préfet, n'en supprimant que certaines (enfouissement des déchets et interdictions des affouillements) ; l'acquéreur, professionnel de l'immobilier, tenta vainement d'engager la responsabilité de l'État, car pour l'usage différent de celui de la dernière exploitation auquel il destinait le terrain, il devait affouiller lui-même : « *la surestimation du prix [...] n'était imputable qu'à son imprudence* ».

89. M.-P. Camproux-Duffrene, « La prise en charge par le vendeur de la réhabilitation d'un terrain pollué sur le fondement de l'article L. 514-20 du Code de l'environnement », *JCP* G 2006.I.156.

90. Selon le CE (6e et 1re ss-sect. réun.), 26 juill. 2011, *JCP* N 2012. 1279, chr. X. Lièvre et Fl. Müller : « *le propriétaire du terrain sur lequel ont été entreposés des déchets peut, en l'absence de détenteur connu de ces déchets, être regardé comme leur détenteur au sens de l'art. L. 541-2 C. env., notamment s'il a fait preuve de négligence à l'égard d'abandons sur son terrain* ».

91. Cass. civ. 3e, 11 juill. 2012, n° 11-10.478 ; *D.* 2012. 2182, n. B. Parance, 2208, n. M. Boutonnet : *JCP* N 2012.1381, n. S. Le Chuiton, « *[...] à moins qu'il ne démontre être étranger au fait de leur abandon et ne l'avoir pas permis ou facilité par négligence ou complaisance* ».

92. O. Salvador, « *La loi* Alur : *des avancées significatives en matière de sites et sols pollués* », *JCP* N 2014.1158.

§ 3. Perpétuité de la propriété et de la revendication

La perpétuité du droit de propriété découle de sa nature : ce droit existe indépendamment de son usage. L'action par laquelle le propriétaire en réclame la reconnaissance – l'action en revendication – ne se prescrit pas (I). Le droit de propriété ne connaît d'autre limite que l'existence de la chose à laquelle il s'applique (II). Si la revendication est fondée, la chose devra être restituée et, éventuellement, un compte être établi entre les parties (III).

La revendication est une action en déclin, qui s'exerce rarement. Dans le langage contemporain, le mot a un tout autre sens : on « revendique » une action terroriste ou une augmentation de salaires ; *sur la « revendication » exercée dans une procédure collective de redressement ou de liquidation judiciaires*[93].

I. — Perpétuité de l'action en revendication

461. Imprescriptibilité – Comme l'énonce depuis la loi du 17 juin 2008 l'article 2227 (confirmant le droit antérieur, alors tacite) : « *Le droit de propriété est imprescriptible* ».

L'hypothèse est qu'un propriétaire, dépossédé depuis plus de trente ans, veut exercer une action en justice pour se faire reconnaître son droit et être remis en possession. La question se pose rarement, car un tiers est généralement entré en possession ; après trente ans il est devenu propriétaire par usucapion, qu'il peut opposer au revendiquant[94]. Il faut supposer qu'il n'en est pas ainsi, soit que le défendeur à la revendication est un simple détenteur, soit qu'il n'a pas de personnalité juridique, ce qui est rare en pratique.

Avant la loi de 2008, un arrêt ancien, célèbre et ambigu, avait laissé croire que toutes les actions étant prescriptibles, la revendication l'était aussi[95]. Ultérieurement, la Cour de cassation prit nettement parti et décida au contraire que l'action en revendication était imprescriptible : une première fois dans une affaire où le propriétaire était opposé à un simple détenteur

93. *Infra*, n° 557.

94. **Biblio :** J.-F. Barbiéri, *Perpétuité et perpétuation dans la théorie des droits réels, contribution à la notion de perpétuité dans les actes juridiques*, th. Toulouse, 1977 ; Th. Lamarche, « L'imprescriptibilité et le droit des biens », *RTD civ.* 2004.403 (la prescriptibilité ou l'imprescriptibilité ne relèveraient pas de la nature du droit – réel ou personnel, propriété ou autres droits – ni de celle de l'action – revendication – mais d'une politique législative).

95. Req., 5 mai 1879, *aff. de la congrégation des frères de St. Viateur, DP* 1880.I.145, concl. Robinet de Cléry, n. Ch. Beudant ; *S.* 1879.I.313 : « *Aux termes de l'article 2262* (auj. ancien), *toutes les actions, tant réelles que personnelles, sont prescrites par trente ans ; cette disposition est générale et s'applique particulièrement au cas où il s'agit de nullités radicales et d'ordre public ; la prescription ainsi établie n'a pas pour effet de donner à la convention prohibée une existence légale, mais elle anéantit toutes les actions tendant à en faire prononcer l'annulation* ». En l'espèce, un immeuble avait été « vendu » à une congrégation non autorisée ; plus de trente ans après l'acte, les héritiers du « vendeur » ont exercé une action en nullité en prétendant que l'acte était en réalité une donation déguisée et par conséquent nulle, puisqu'elle avait été faite à une congrégation religieuse non autorisée. La Cour de cassation a approuvé les juges du fond d'avoir déclaré l'action en nullité éteinte, mais le débat n'avait pas porté sur la prescriptibilité de la revendication.

précaire[96], puis, dans des espèces où le défendeur n'avait pu acquérir par prescription[97] ou n'avait pas invoqué l'usucapion[98]. Elle affirme constamment que la propriété ne se perd pas par le non-usage, fût-il trentenaire[99] ; il en est de même en cas d'empiètement[100] et de la revendication mobilière dans les rares cas où elle est admise[101], ou même encore lorsque la propriété ne porte que sur une fraction ou un attribut d'un bien (une sorte de superficie)[102].

En revanche, la Cour de cassation admet que le droit de revendiquer est perdu lorsque le propriétaire a laissé passer un délai de forclusion ; ainsi, dans les procédures collectives (autrefois, la faillite), le propriétaire de meubles non payés dispose d'un délai pour revendiquer ; passé ce délai, l'action en revendication est éteinte. La Cour a jugé que la solution n'était contraire ni au premier protocole additionnel à la Convention européenne de sauvegarde des droits de l'homme, ni à l'article 17 de la Déclaration des droits de l'homme[103].

462. Discussion. – Pour. À l'appui de l'imprescriptibilité de la revendication, on fait valoir trois arguments. **1°** Selon l'Ancien droit, que Pothier exprimait, le droit de propriété n'était susceptible que d'une prescription acquisitive[104] ; l'article 2227 se serait borné à reprendre cette tradition. **2°** Admettre la prescription extinctive de l'action en l'absence d'usucapion, conduirait à augmenter la propriété de l'État, qui a vocation à posséder les choses sans maître (art. 713). **3°** La propriété donne le droit de ne pas user du bien[105].

---

96. ** Req., 12 juill. 1905, *delle Le Cohu, DP* 1907.I.141, rapp. Potier ; *S.* 1907.I.273, n. A. Wahl : « *Malgré la généralité des termes de l'article 2262* (auj. ancien)*, qui décide que toutes les actions, tant réelles que personnelles, sont prescrites par trente ans, ce texte ne s'applique pas à l'action en revendication intentée par le propriétaire dépossédé de son immeuble ; la propriété ne se perdant pas par le non-usage, l'action en revendication, qui sanctionne et protège ce droit, peut être exercée aussi longtemps que le défendeur ne justifie pas être devenu lui-même propriétaire de l'immeuble revendiqué par le résultat d'une possession contraire, réunissant tous les caractères exigés pour la prescription acquisitive* ». En l'espèce, un immeuble avait été détenu pendant plus de trente ans par un détenteur précaire ; or un détenteur ne possède pas et ne peut donc usucaper (*infra,* n° 556) ; jugé que malgré son non-usage trentenaire, le propriétaire pouvait revendiquer.

97. Jurisprudence plusieurs fois réitérée : ex. : Cass. Ass. plén., 23 juin 1972, *aff. de l'étang Napoléon, Bull. civ. Ass. plén.,* n° 3 ; *D.* 1972.705, concl. R. Lindon ; *JCP* G 1973.II.17331, n. G. Goubeaux et Y. Jegouzo ; *Gaz. Pal.* 1972.II.579. En l'espèce, au bord de la mer, des marais appartenaient à un particulier ; à la suite d'une tempête, la mer les avait recouverts ; or la mer appartient à l'État et n'est donc pas susceptible de possession ; soixante-dix ans après, la mer a reculé en découvrant les marais. La Cour de cassation a reconnu aux héritiers des propriétaires le droit de revendiquer contre l'État. *Droit civil illustré,* n° 109.

98. Cass. civ. 3e, 5 juin 2002, *Bull. civ.* III, n° 129 ; *JCP* G 2003.I.117, n° 1, obs. H. Périnet-Marquet.

99. Ex. Cass. civ. 3e, 14 nov. 1979, *JCP* G 1981.II.19507, n. crit. G. Goubeaux ; n.p.B., cité *infra,* n° 1064 : le fait qu'un propriétaire n'entretienne pas son chemin d'exploitation ne lui en fait pas perdre la propriété ; comme dans l'affaire de *l'étang Napoléon,* l'usucapion n'avait pu jouer.

100. Cass. civ. 3e, 5 juin 2002, préc. *supra,* n° 461.

101. Cass. civ. 3e, 2 juin 1993, *aff. de la succession d'Ambroise Vollard, Bull. civ.* III, n° 197 ; *D.* 1993, somm. 306, obs. A. Robert, 1994.582, n. B. Fauvarque-Cosson ; *JCP* G 1994.I.3750, n° 1, obs. H. Périnet-Marquet ; *Defrénois* 1999.414, obs. H. Souleau : « *La propriété ne s'éteignant pas par le non-usage, l'action en revendication n'est pas susceptible de prescription* » ; *infra,* n° 582, Comp. Cass. civ. 1re, 19 mars 2009, *aff. de la succession Calder,* cité *infra,* n° 500, note 45.

102. * Cass. civ. 3e, 23 mai 2012, *Le bois crû et à croître,* n° 11-13.202, *Bull. civ.* III, n° 84 ; *D.* 2012, 1934, n. L. d'Avout ; 2128, obs. Bl. Mallet-Bricout ; *JCP* G 2012, 990, n. crit. W. Dross ; 1186, n° 2, obs. H. Périnet-Marquet ; *RTD civ.* 2012, 553, obs. crit. Th. Revet ; *Defrénois* 2012, 1070, chr. crit. F. Danos : un acte de partage de 1837 avait attribué à l'un des copartageants « *un lot comprenant deux cartons de bois crû et à croître à perpétuité, morts et vivants, pris sur le sol* » d'un autre copartageant ; jugé que ce droit, qualifié de « *prérogative* », était perpétuel et ne s'éteignait pas par non-usage trentenaire. Bien que la Cour de cassation n'ait pas qualifié ce droit de « propriété », mais plus vaguement de prérogative réelle, cette perpétuité implique une propriété (sur le sol d'autrui, c'est-à-dire une superficie).

103. Cass. com., 9 mai 1995 et 5 déc. 1995, *Bull. civ.* IV, nos 135 et 328.

104. Pothier, *Œuvres,* éd. Bugnet, 1846, t. IX, *Traité de la prescription,* n° 162.

105. Mazeaud-Chabas, n° 1349 ; Atias, t. I, n° 55 ; avec moins d'énergie, Terré et Simler, n° 136.

Contre. Certains auteurs sont réservés[106]. L'imprescriptibilité de l'action en revendication immobilière est surprenante. En s'écoulant, le temps efface et détruit tout ce qui n'est pas vivant et effectif. Il est étrange d'affirmer la perpétuité de la revendication, en un temps où la propriété est si souvent sacrifiée. Depuis la loi de 2008 qui règle expressément la question, la discussion n'a qu'un intérêt académique.

II. — Absence de terme extinctif

463. Éternel ? – Sous ce second aspect, la perpétuité du droit de propriété signifie que ce droit dure tant qu'existe la chose qui en est l'objet ; il n'est pas enfermé dans une durée plus courte, à la différence de certains droits réels, comme l'usufruit, ou des droits personnels, souvent affectés d'un terme.

Tant que demeure la chose, la propriété subsiste, même si elle change de titulaire. Mais il faut distinguer entre les immeubles – en raison de leur rattachement au sol, ils ont une vocation à l'éternité[107] –, et les meubles, souvent éphémères.

Certaines propriétés sont temporaires, ainsi la propriété industrielle, ou la propriété littéraire ou artistique qui disparaît soixante-dix ans après la mort de l'auteur. De même, certains contrats confèrent une propriété temporaire (emphytéose, bail à construction) ; derrière cette propriété temporaire du preneur, se profile le droit perpétuel du propriétaire qui bénéficiera de l'accession à la fin du bail. Quant à la propriété « spatio-temporelle », elle n'est pas une propriété temporaire car elle ne constitue qu'un mode collectif de jouissance successive d'un bien, dont une société est propriétaire[108].

464. Renonciation. – Comme tout droit réel, la propriété peut être abandonnée, au moyen d'une renonciation unilatérale[109]. Celle-ci ne résulte pas de la seule inaction du propriétaire : la volonté de renoncer doit être sans équivoque[110]. Lorsqu'il s'agit d'un abandon immobilier, l'immeuble devient la propriété de la commune dans laquelle il est situé (art. 713).

III. — Restitutions

465. Le compte de restitution. – Si le revendiquant établit sa propriété, le possesseur doit restituer la chose et des comptes doivent s'établir entre les parties ; il en est de même chaque fois que le détenteur d'une chose ou un propriétaire indivis[111] doit la restituer. Le débiteur doit restituer non seulement la chose, mais aussi les fruits nets (après déduction des frais de fructification[112]), sauf, pour les

106. J. Carbonnier, n° 77 : « *Elle* (l'exclusion de la prescription extinctive) *exagère pourtant à plaisir l'absolutisme du droit de propriété* ». Plus nuancé : Aubry et Rau, t. II, 7e éd., par P. Esmein, n° 144, n° 36. « *On serait peut-être plus disposé aujourd'hui qu'au temps des arrêts cités* (le dernier était alors de 1937) *à admettre que la propriété est perdue par celui qui, pendant un long temps, néglige de remplir son rôle* (sa « fonction », disent certains) *de propriétaire.* »

107. Ex. : * Cass. civ., 8 juill. 1851, *Javal, DP* 1851.I.198 ; *S.* 1851.I.682 : « *Le droit de propriété ne saurait être limité dans le temps* ». Cass. civ. 3e, 9 juill. 1970, *Bull. civ.* III, n° 479 : « *Le droit de propriété se conserve sans que le titulaire ait à justifier d'un usage* ».

108. L. 6 janv. 1986, relative aux sociétés d'attribution d'immeubles en jouissance à temps partagé.

109. Comp. Terré et Simler, n° 496 ; H. Périnet- Marquet, *JCP*G. 2016, n° 446, n° 3, qui estime impossible la renonciation à une propriété immobilière. Pour les *res derelictae* : *infra*, n° 599 ; pour les *épaves, infra*, nos 595 à 598.

110. Ex. : Cass. civ. 3e, 29 oct. 1973, *Bull. civ.* III, n° 556 : « *l'abstention, la tolérance, l'absence de protestation, le silence, même prolongé, n'impliquent pas renonciation à un droit.* »

111. *Infra*, nos 691 à 692.

112. Ex. : Cass. civ. 3e, 12 févr. 2003, *Bull. civ.* III, n° 36 ; *D.* 2003, somm. 2040, obs. Bl. Mallet-Bricout ; *JCP* G 2003.I.172, n° 4, obs. H. Périnet-Marquet ; en l'espèce, le bénéficiaire d'une promesse de vente portant sur un mazet (petite maison de la campagne nîmoise) et un vignoble, avec jouissance immédiate, avait taillé ses vignes, puis, la promesse devenant caduque, dut restituer

fruits, le possesseur de bonne foi qui peut les conserver[113] ; il doit aussi indemniser le propriétaire des détériorations qu'il a causées ; à l'inverse, il doit être indemnisé de ses dépenses[114].

N°s 466-480. réservés.

l'immeuble et demanda à être indemnisé de la taille du vignoble qu'il avait entreprise avant la restitution ; le tribunal d'instance le débouta, pour le motif que ces travaux n'étaient pas nécessaires lorsqu'ils avaient été accomplis. Ce qui évoquait la théorie des dépenses – impenses – (*supra*, n° 448). Cassation : « *Vu l'art. 548* [...], *le tiers a droit au remboursement des frais qu'il a exposés pour parvenir à la perception des fruits* ».

113. *Infra*, n°s 516 à 517.

114. *Supra*, n° 448.

CHAPITRE II

LA POSSESSION

481. Au cœur du droit. – La possession[1] est au cœur du droit des biens, malgré la discrétion du Code (art. 2255 à 2278). Elle occupe une place comparable à celle de la possession d'état dans le droit de la filiation : le droit s'incline devant le fait lorsque celui-ci est significatif. Tel est le fondement du rôle reconnu à la possession (Section I) ; lorsque plusieurs conditions sont réunies (Section II), elle produit d'importantes conséquences (Section III).

SECTION I
FONDEMENTS

482. Fait et droit. – Posséder un droit, c'est l'exercer effectivement. On peut être titulaire d'un droit et ne pas en faire usage ; ou inversement se comporter comme si l'on en était titulaire alors qu'il n'en est rien[2]. La possession[3] est l'exercice de fait d'un droit, qu'on en soit ou non titulaire. Le langage courant, à cet égard, est trompeur : il assimile au propriétaire le possesseur[4]. Sans doute, celui qui en exerce effectivement les prérogatives est-il le plus souvent propriétaire, mais pas toujours : le voleur ou l'usurpateur sont des possesseurs. En outre, la possession ne s'applique pas seulement au droit de propriété ; tout droit réel principal

1. **Biblio. :** L. Leveneur, *Situations de fait et droit privé*, th. Paris II, LGDJ, 1990, préf. M. Gobert ; Ph. Jestaz, « Prescription et possession en droit français des biens », *D.* 1984, chron. 27.

2. V. F. Danos, *Propriété, possession et opposabilité*, th. Paris I, Economica, 2007, préf. L. Aynès : la possession se distingue de la propriété en ce que seule celle-ci est dotée d'une opposabilité substantielle, qui en fait un droit ; mais la possession fait acquérir la propriété.

3. **Étymologie :** du latin *possessio, onis*, lui-même dérivé du verbe *possideo, ere*. Trois étymologies ont été proposées : **1)** La plus classique : *Potis, is, e* = capable, investi d'un pouvoir, puissant + *sedeo, ere* = être assis, établi sur la chose : rapport de fait. **2)** La seconde, aujourd'hui qualifiée de fantaisiste, mais suggestive : *Pes, edis* = pied + *sedeo, ere* = établir = tenir sous son pied. **3)** La plus récente souligne l'importance de l'intention : *Proprius, a, um* = sien + *sedeo, ere* = affirmer comme sien propre, considérer comme sien.

4. Ex. : Combien d'appartements « possédez »-vous ? Il « possède » une magnifique propriété.

est susceptible d'une possession, dont les manifestations et les effets varient suivant sa nature[5].

La possession implique donc la détention de la chose : l'exercice d'un pouvoir matériel sur celle-ci (garde, usage, etc.) et la possibilité d'en tirer l'utilité économique en accomplissant des actes de jouissance (habitation de l'immeuble, exploitation de la ferme, utilisation du véhicule...). Mais elle est plus que la simple détention matérielle ; elle nécessite une attitude psychologique du détenteur : la volonté de se comporter comme s'il était propriétaire de la chose. Ce n'est pas le cas du simple détenteur (locataire, emprunteur...)[6].

Le droit attache d'importantes conséquences à la possession : d'abord la position de défendeur dans le procès ; puis, il la protège par des actions que l'on appelle possessoires. Si la possession se prolonge suffisamment, le possesseur devient propriétaire, même s'il ne l'était pas lors de son entrée en possession : ce que l'on appelle la prescription acquisitive ou usucapion. Le possesseur de bonne foi conserve les fruits qu'il a perçus, lorsqu'il doit restituer la chose. En matière mobilière, la possession est aussi un mode de preuve et d'acquisition de la propriété.

Pourquoi un simple fait produit-il des conséquences de droit aussi puissantes ?

483. *Plerumque fit* et pente fatale. – Dans le plus grand nombre de cas (***plerumque***), la possession et la propriété coïncident. En général, celui qui est propriétaire d'une chose en est aussi possesseur ; inversement, celui qui détient une chose et se comporte sur elle comme un propriétaire en est habituellement le propriétaire.

Il arrive que la possession et la propriété soient dissociées parce que, par exemple, la possession est entre les mains d'un usurpateur ou qu'une personne ayant acquis un bien *a non domino* n'a pu en devenir propriétaire. Cette dissociation ne peut être durable, car, selon une **pente fatale**, quand un fait se prolonge, il tend à se transformer en droit.

Ou bien, le propriétaire reprend sa chose et rentre en possession. Ou bien à l'inverse, le possesseur conserve la chose ; après un certain temps, sa possession se transforme en propriété, le fait est devenu droit. Il est rare que le droit fonde la réalité ; le plus souvent, il se borne à la déclarer : la possession est signe de la réalité ; l'écart entre le droit et le fait ne peut, ne serait-ce que dans l'intérêt des tiers, se prolonger et se creuser éternellement.

Pourtant, la possession est protégée en elle-même, indépendamment de sa relation avec la propriété. Comment l'expliquer ? Le droit romain avait élaboré une remarquable théorie de la possession[7]. Ce fut en examinant ses fondements que deux célèbres pandectistes allemands, Savigny puis Jhering, ont, au XIXe siècle, approfondi les fondements de la protection possessoire. Leurs analyses systématiques (§ 1) tranchent avec le pragmatisme du droit français (§ 2).

5. Ex. : La possession d'une servitude, si elle est continue et apparente (*infra*, n° 1133). Pour les autres droits réels principaux (usufruit, emphytéose...), le rôle de la possession est moins développé, faute de pouvoir discerner nettement un *corpus* et un *animus* originaux. À l'égard des créances, la possession n'a guère de sens : elles n'ont pas de *corpus* ; dans l'article 1342-3 nouv. (1240 anc.), elle se réduit à l'apparence (*infra*, n° 652).

6. *Infra*, n°s 501 et s.

7. R. MONIER, *Manuel élémentaire de droit romain*, Domat-Montchrestien, 1943, t. I, n°s 276 et s.

§ 1. Analyses doctrinales

484. Kant et Hegel ; Savigny et Jhering : chassés-croisés. – Les théories de la possession subissent directement l'influence de présupposés philosophiques[8]. L'individualisme de Kant marquerait la théorie de Savigny : la protection possessoire traduirait le respect du droit envers l'individu qui exerce le pouvoir de sa volonté sur les choses ; ce serait donc dans la dignité humaine que la possession trouverait son fondement. Au contraire, dans la philosophie hégélienne dont Jhering se serait inspiré, c'est l'intérêt économique de la chose pour le possesseur qui justifierait *a priori* sa protection ; la protection possessoire serait indispensable au droit de propriété lui-même.

Savigny et Jhering ont été influencés par ces tendances philosophiques. Antinomique l'un de l'autre, chaque système présentait pourtant un vice qui l'a fait parvenir à un résultat opposé à celui que, rationnellement, il laissait prévoir : un vrai chassé-croisé.

485. Savigny : la police civile. – Savigny estimait que le fondement des interdits possessoires (origine romaine des actuelles actions possessoires) se trouvait dans une idée de police civile[9]. Tout trouble apporté à une possession était une atteinte à la paix publique et à l'individu, constituait à ce titre une illégalité, et devait, par conséquent, être sanctionné. On songe au mot de Goethe : « *Mieux vaut une injustice* (la protection d'un usurpateur en possession) *qu'un désordre* » (la violence faite à un possesseur)[10].

La conséquence rationnelle de cette idée de police civile eût dû, semble-t-il, entraîner une compréhension étendue de la protection possessoire. Du seul fait qu'il y a eu dépossession violente, l'action possessoire eût dû être accordée à tous ceux qui étaient détenteurs, sans qu'on exigeât de conditions particulières à leur possession ; le locataire dont la détention a été troublée eût dû pouvoir exercer les actions possessoires, bien qu'il n'eût pas l'*animus possidendi*.

Pas du tout ; Savigny a limité la protection possessoire au seul possesseur qui avait la volonté d'exercer un droit de propriété sur la chose, celui qui avait l'*animus possidendi* parce que, selon lui, le concept qui domine la notion romaine de la possession est la volonté de posséder (*Besitzwillen*). C'est pourquoi sa théorie est qualifiée de subjective. Se voit refuser les actions possessoires celui qui ne détient la chose qu'en vertu d'un droit personnel, comme le locataire ; puisqu'il ne prétend pas exercer directement et lui-même un droit réel sur la chose, il n'est pas possesseur. Il y a un chassé-croisé entre les fondements théoriques de l'analyse et ses résultats concrets.

486. Jhering : le bastion avancé. – Le même chassé-croisé se retrouva soixante ans plus tard dans la justification que Jhering donna de la protection possessoire[11]. Pour lui, les actions

8. J.-M. Trigeaud, *La possession des biens immobiliers*, th. Paris, Economica, 1981, préf. Fr. Terré.

9. Ch. von Savigny, *Traité de la possession en droit romain*, 1re éd., 1803, trad. H. Staedler, Durand et Pedone, 2e éd., 1870, p. 7 : « *Tous les interdits possessoires ont donc un point de commun : ils supposent un acte qui, par sa forme même, est illégal. Point de doute possible lorsqu'il s'agit d'actes de véritable violence, actes essentiellement, et plus que tous les autres, contraires au droit. Mais c'est encore au même point de vue que se place le droit romain dans tous les autres cas où il accorde des interdits possessoires* »... p. 70 : « *Il est à l'abri de toute discussion que le droit aux interdits possessoires n'appartient pas au locataire, au commodataire, à l'envoyé en possession et d'autres encore, dont on dit* " Sunt in possessione, tenent, sed non possedent " ».

10. Goethe, *Die Belagerung von Mainz* : « *Es liegt nun einmal in meiner Natur : ich will lieber eine Ungerechtigkeit begehen, als Unordnung ertragen* » (*Le siège de Mayence, Œuvres complètes*, t. XXXIII). (Ma nature est ainsi faite : j'aime mieux commettre une injustice que tolérer un désordre.) Selon Goethe, dans l'anecdote qu'il racontait, « l'injustice » avait consisté à empêcher la foule de lyncher un prétendu coupable, suspect de trahison (il aurait pris le parti des Français pendant le siège de Mayence et ainsi trahi la cause allemande).

11. R. von Jhering, *Du fondement de la protection possessoire*, 1865 ; *Rôle de la volonté dans la possession*, 1891 ; *Possession, théorie simplifiée et mise à la portée de tout le monde*, 1890, *in Œuvres choisies*, trad. O. de Meulenaere, A. Maresq, 1893, p. 215 et s., sp. 230 : « *Elle* (la protection possessoire) *a été instituée en vue d'alléger la protection de la propriété. Au lieu de la preuve de la propriété, que le propriétaire doit fournir lorsqu'il réclame la chose entre les mains d'un tiers* (reivindicatio), *il lui suffira de la preuve de la possession, vis-à-vis de celui qui la lui a immédiatement enlevée. La possession peut-elle donc représenter la propriété ? Oui, parce qu'elle est la propriété dans son état normal : la possession est l'extériorité, la visibilité de la propriété...* ».

possessoires n'auraient pas eu pour raison d'être une idée de paix publique, mais la protection indirecte qu'elles assuraient à la propriété que la possession avait rendu vraisemblable. Jhering déclara que la possession était « *l'ouvrage avancé, le bastion de la propriété* ». Elle en était la manifestation extérieure. Protéger la possession, ce serait, dans la plupart des cas et peu importent les autres, protéger la propriété, à laquelle la possession confère son utilité et qu'elle permet de prouver ; à défaut, la preuve du droit de propriété serait impossible[12].

Cette analyse eût dû rationnellement conduire à donner à la protection possessoire un domaine étroit, la réservant à la possession *animo domini*. Pas du tout ; Jhering l'accorde aussi au détenteur précaire, tel le locataire, car il n'attache aucune importance à l'*animus* du possesseur. C'est pourquoi sa théorie a été qualifiée d'objective : la protection possessoire n'est pas la manifestation du respect dû à l'individu ; elle repose sur l'utilité objective de la chose pour le sujet, identique pour le possesseur et le simple détenteur.

§ 2. Pragmatisme français

487. Relativité du droit réel : le locataire. – La controverse a une incidence pratique immédiate : le sort du détenteur précaire, notamment du preneur à bail. Le locataire troublé dans sa détention peut-il exercer lui-même une action possessoire, ou doit-il se borner à agir en garantie contre le bailleur, en vertu du contrat qui l'unit à celui-ci ? Dans la théorie subjective, le preneur n'a pas le droit d'exercer lui-même les actions possessoires, alors que la théorie objective le lui accorde. En fait, tout dépend du degré d'indépendance économique et sociale du preneur : quand il cesse d'avoir une situation subordonnée, son droit, en principe personnel, se teinte de réalité[13] ; le contact qu'il a avec la chose louée ressemble à celui du possesseur ; l'un et l'autre tirent de la chose son utilité dans leur intérêt personnel ; aussi, peuvent-ils, l'un et l'autre, exercer les actions possessoires. C'est la voie qu'a suivie le droit français contemporain, qui, depuis la loi du 9 juillet 1975, a permis au détenteur d'exercer les actions possessoires[14].

La détention ne produit pas tous les effets d'une possession *animo domini* : de même qu'un droit est plus ou moins réel, la possession est plus ou moins intense, plus ou moins protégée. Sous cette réserve, la théorie objective de Jhering paraît, dans les faits, avoir pris le pas sur le subjectivisme de Savigny.

Section II
CONDITIONS

Plus les effets de la possession sont énergiques, plus sont nombreuses et exigeantes ses conditions. Outre des conditions d'existence, communes à toute possession (§ 1), l'absence de vice permet de la doter des effets les plus étendus (§ 2), alors que la simple détention précaire n'en produit que quelques-uns (§ 3).

12. Car, si le droit de propriété a été transmis, il faudrait remonter à l'infini la chaîne des transmissions, sans avoir jamais la certitude que l'auteur de l'auteur était lui-même propriétaire ; ce serait une *diabolica probatio* ; v. *infra*, n° 610.

13. *Supra*, n° 374.

14. *Infra*, n° 504.

§ 1. CONDITIONS D'EXISTENCE

La possession implique la réunion de deux éléments (I), dont l'acquisition et la conservation doivent répondre à des conditions particulières (II).

I. — Éléments

À l'élément matériel qu'est le *corpus* (A) doit se joindre un élément intellectuel : l'*animus* (B).

A. CORPUS

488. Pouvoir de fait ; droits incorporels. – Le *corpus* consiste, d'après l'article 2228, en « *la détention ou la jouissance d'une chose ou d'un droit* ». C'est l'exercice effectif d'une puissance sur la chose, un acte ou une série d'actes, manifestant le droit que l'on possède : habiter un appartement, labourer un champ, récolter les fruits, naturels ou civils... Le *corpus* n'implique pas nécessairement un contact physique entre le possesseur et la chose possédée : une personne morale peut posséder ; une personne physique possède un immeuble loué du seul fait qu'elle en encaisse les loyers.

Traditionnellement, le *corpus* impliquait une maîtrise matérielle de la chose : aussi, la possession ne paraissait-elle concevable que pour les choses corporelles. Aujourd'hui, il se caractérise par le pouvoir de fait sur une chose ou sur un droit ; aussi, comme l'avait fait le droit romain[15], la possession peut-elle désormais porter sur des droits incorporels[16].

489. Actes matériels et symboliques. – Dans la conception classique, le *corpus* implique un acte matériel, la mainmise du possesseur sur la chose[17] ; l'acquisition du *corpus* peut cependant être faite par des actes symboliques, par exemple la remise des clés : il suffit que le possesseur ait le moyen d'occuper matériellement l'espace vendu mais la jurisprudence décide que de simples actes juridiques ne constituent pas le *corpus* initial, parce qu'ils pourraient être accomplis par d'autres que le possesseur : on peut donner à bail, vendre une chose[18], exercer une action en

15. J.-Ph. LÉVY et A. CASTALDO, *op. cit.*, n° 357. Ulpien, auteur de l'époque classique, parlait de *possessor juris* (possesseur d'un droit) ; par la suite, on parlera de quasi-possession des droits incorporels, admettant leur usucapion, par exemple pour les servitudes (*infra*, n° 1133) ; jamais pour une créance ; l'usucapion de l'actif successoral a été un moment admise, puis supprimée par l'empereur Hadrien. D'autres auteurs (Gaius et Paul) ne concevaient la possession que pour les choses corporelles, ce qui, encore aujourd'hui, reste une tendance courante.

16. **Biblio. :** A. PÉLISSIER, *Possession et meubles incorporels*, th. Montpellier, Dalloz, 2001, préf. R. Cabrillac ; B. PARANCE, *La possession des biens incorporels*, th. Paris I, Dalloz, 2012, préf. L. Aynès : la possession de tels biens est possible, mais produit des effets limités et variables suivant les biens possédés, en raison notamment de l'absence d'exclusivité de la possession ; v. *supra*, n° 225. **Jurisprudence :** ex. : Cass. civ. 1re, 4 mai 2012, n° 11-13.116, *Bull. civ.* I, n° 98 ; *JCP* G 2012.604 : « *l'exploitation non équivoque d'une œuvre par une personne physique ou morale, sous son nom et en l'absence de revendication du ou des auteurs, fait présumer à l'égard du tiers recherché pour contrefaçon que cette personne est titulaire sur l'œuvre du droit de propriété incorporelle* ».

17. Jurisprudence constante. Ex. : Cass. civ. 3e, 4 mai 2011, n° 09-10.831, *Bull. civ.* III, n° 68 ; *JCP* N 2011 act. 462 ; *Dr. et patr.* déc. 2011. 102, obs. J. B. Seube : l'usucapion suppose « *l'existence d'actes matériels de possession accomplie par l'usucapion* ». V. aussi *infra*, notes 19 à 22.

18. * Cass. civ., 14 nov. 1910, *Derriaz*, *DP* 1912.I.483 ; pour introduire une action possessoire (la complainte), le demandeur s'était fondé sur la possession de son auteur, exclusivement manifestée par la vente que celui-ci lui avait faite, ce qu'avait admis le tribunal ; cassation : « *Ce fait n'avait aucun caractère probant puisqu'on peut valablement vendre une chose possédée ou détenue par autrui* »

justice[19], payer les impôts fonciers[20], inscrire au cadastre une parcelle au nom du prétendu possesseur sans être nécessairement en possession.

Cette conception étroite et primitive est critiquée par les auteurs contemporains[21]. Non seulement, tout autant que les actes juridiques, les actes matériels peuvent être accomplis par un autre que par le possesseur. Surtout, l'accomplissement d'un acte juridique – particulièrement s'il s'agit d'un acte de disposition – est l'exercice de fait des prérogatives d'un propriétaire qui devraient constituer aujourd'hui le *corpus*.

490. Un *corpus* continu. – En outre, le *corpus* doit être continu : la possession n'est significative que dans la durée ; cette condition varie selon la nature du bien et du droit possédés. Il est des cas où la continuité de la possession est compatible avec l'intermittence des actes de maîtrise[22]. La continuité du *corpus* implique que la possession n'ait pas été interrompue, même si les actes du possesseur ne sont pas continus[23].

491. Possession *corpore alieno*. – En général, le possesseur accomplit lui-même les actes matériels constitutifs du *corpus*. Ce qui n'est nullement nécessaire : donner la jouissance d'une chose à un tiers, c'est encore la posséder. Et la jouissance peut consister dans la perception des fruits civils (loyers, fermages). Aussi, l'article 2255 admet-il que la détention ou la jouissance constitutives du *corpus* peuvent être accomplies « *par un autre qui la tient ou qui l'exerce en notre nom* ». Lorsque celui qui a effectivement la chose entre les mains la détient et l'exploite en vertu d'un titre qui l'empêche de prétendre posséder pour son propre compte, il le fait nécessairement pour le compte d'autrui. Ainsi en est-il

[...] or, « *si, une fois acquise, la possession légale nécessaire pour l'exercice de l'action en complainte se conserve par la seule intention du possesseur, elle s'acquiert, à l'origine, par des actes d'occupation réelle antérieurs de plus d'une année à l'époque du trouble possessoire* ».

19. Cass. civ. 3e, 13 janv. 1999, *Bull. civ.* III, n° 12 ; *JCP* G 1999.I.175, n° 5, obs. H. Périnet-Marquet : pour établir une usucapion, la cour d'appel s'était fondée sur l'exercice d'actions en justice introduites pendant plus de trente ans par le demandeur « *en sa qualité prétendue de propriétaire* » ; cassation : « *Ces motifs* [...] *ne suffisent pas à caractériser l'existence d'actes matériels de possession* ». À l'inverse, Cass. civ. 3e, 23 mars 2002, *Bull. civ.* III, n° 108 ; *D.* 2003, somm. 2043, obs. N. Reboul-Maupin ; pour refuser l'usucapion, la cour d'appel avait relevé que la parcelle litigieuse n'avait pas été comprise dans l'acte de vente, que la possession était donc équivoque et ne pouvait conduire à l'usucapion ; cassation : la cour d'appel aurait dû rechercher si le demandeur « *n'avait pas, par des actes matériels de possession, manifesté sa volonté de se conduire publiquement en propriétaire de la parcelle* ».

20. Ex. : Cass. civ. 3e, 30 juin 1999, *Bull. civ.* III, n° 159 ; *JCP* G 2000.I.211, n° 2, obs. H. Périnet-Marquet : pour établir une usucapion, la cour d'appel s'était fondée sur un acte notarié la constatant et le payement d'impôts fonciers : cassation : elle n'a pas relevé « *l'existence d'actes matériels de possession accomplis par le demandeur pendant une durée de trente ans* ».

21. J. Carbonnier, n° 128, a ; Terré et Simler, n° 142 ; Marty-Raynaud par Jourdain, n° 17.

22. On ne possède pas de la même manière un appartement à Paris dans lequel on vit habituellement, une parcelle de bois en Sologne où l'on ne chasse qu'à certaines périodes, ou un pâturage en haute montagne où les animaux ne paissent qu'en été. Ex. : Cass. civ., 5 juin 1839, *Dalloz, Jur. gén., v° Action possessoire*, n° 703 ; en l'espèce, deux communes normandes, limitrophes et en bord de mer, se disputaient la possession d'un rocher, appelé la Pouque-Morne, produisant une grande abondance de varechs ; les juges du fond avaient déclaré que c'était la commune dont les habitants récoltaient le varech depuis des temps immémoriaux une fois l'an qui devait être déclarée possesseur. Rejet du pourvoi : « *La possession s'exerce suivant la nature de l'objet auquel elle s'applique ; la possession, qui ne peut se manifester qu'à de certains intervalles, par des faits distincts et plus ou moins séparés, n'en est pas moins continue, par cela seul qu'elle a été exercée dans toutes les occasions et à tous les moments où elle devait l'être, et qu'elle n'a pas été interrompue soit par la cessation absolue des actes, soit par des actes contraires ou émanés de tiers ; la récolte annuelle du varech constitue une possession continue lorsqu'elle n'a été ni troublée ni interrompue aux époques où elle a dû se faire.* » *Droit civil illustré*, n° 110.

23. Sur les relations entre la continuité du *corpus* et la conservation de la possession *animo solo*, v. *infra*, n° 495.

si la chose est détenue par un tiers, tel que le locataire[24], l'emprunteur ou le mandataire ; le propriétaire est, par l'intermédiaire du détenteur, possesseur ; il est un possesseur *corpore alieno* (par le *corpus* d'autrui). Il en est de même du nu-propriétaire qui possède par l'intermédiaire de l'usufruitier[25].

La détention matérielle de la chose ne mène à la possession, au sens plein du terme, que si elle est accompagnée de l'*animus*.

B. Animus

492. Volonté et intention. – L'*animus* est l'élément psychologique qui seul donne un sens à la détention matérielle et justifie les effets juridiques de la possession. Il est la volonté de se comporter à l'égard de la chose possédée comme si on avait sur elle le droit – de propriété, de servitude... – auquel correspond la possession. Les actes matériels de possession – l'occupation, l'exploitation, la détention... –, en eux-mêmes, ne sont pas significatifs. C'est seulement l'attitude mentale de leur auteur, le fait qu'il entende affirmer son droit réel sur la chose, qui en fait des actes de possession. À défaut, il s'agirait d'une simple détention pour autrui[26].

Cette intention est différente de la bonne foi, parfois même incompatible avec elle. La bonne foi est l'ignorance de son absence de droit. L'*animus possidendi* est la volonté d'affirmer un droit, même si l'on sait qu'on en est dépourvu. L'usurpateur, ou le voleur, sont de mauvaise foi, ils n'en ont pas moins l'*animus* : la volonté de faire comme si la chose leur appartenait. Et ils deviendront effectivement propriétaires au bout de trente ans de possession.

L'*animus* comporte deux éléments : la volonté et l'intention. **1** Il n'y a pas d'*animus* si la **volonté** du possesseur est inefficace : ainsi, un enfant ou un fou ne peuvent posséder, même s'ils détiennent ; cette volonté doit s'exprimer en connaissance de cause : il s'agit de la volonté au sens qu'elle a habituellement dans la théorie de l'acte juridique. **2** En outre, le possesseur doit avoir l'**intention** d'affirmer son droit sur la chose, de la considérer comme sienne (propriété) ou l'objet de son droit réel (servitude)[27] : il n'y a pas d'usucapion si l'on possède pour autrui.

493. Preuve de l'*animus*. – La principale difficulté est relative à la preuve de l'*animus*. Celui-ci ne peut s'exprimer qu'au travers du *corpus*, par des actes qui ne sont pas nécessairement significatifs. L'investigation psychologique ne peut être poussée très loin. Le législateur vient donc au secours du possesseur, en créant une présomption : « *On est toujours présumé posséder pour soi, et à titre de propriétaire, s'il n'est prouvé qu'on a commencé à posséder pour un autre* » (art. 2256). Double présomption en réalité : d'une part, la détention s'accomplit en principe *animo domini* ; d'autre part, elle est l'élément psychologique originaire – volonté de détenir pour soi ou pour autrui – qui imprègne toute la durée

24. Ex. : Cass. civ. 3e, 24 janv. 1990, *Bull. civ.* III, n° 30 ; *D.* 1991, somm. 20, obs. A. Robert ; *Defrénois* 1990, art. 34837, n° 103, obs. H. Souleau : « *Le propriétaire d'un terrain peut invoquer les actes de possession accomplis en son nom par le fermier* » ; en l'espèce, sur une instance en bornage, la cour d'appel avait écarté l'exception de prescription acquisitive présentée par le défendeur : « *Il n'était pas fondé à se prévaloir des actes de possession prétendument accomplis sur un talus par les fermiers qui se sont succédé dans les lieux loués et qui n'ont exercé qu'une détention précaire* » ; cassation.

25. Ex. : Cass. civ. 3e, 21 mars 1984, *Bull. civ.* III, n° 78 ; *D.* 1984, IR, 425, obs. A. Robert ; *JCP* G 1986.II.20640 : « *Le nu-propriétaire possède par l'intermédiaire de l'usufruitier* ».

26. Sur la détention précaire, *infra*, n° 501.

27. Ex. : le possesseur d'un terrain sur lequel se trouve un trésor ne le possède pas tant qu'il ne l'a pas découvert.

de la détention. Cette double présomption de qualité et de durée est susceptible de preuve contraire[28].

Contrairement à ce que l'article 2256 laisse entendre, l'*animus* n'est pas nécessairement celui du propriétaire. Lorsque la possession a pour objet une servitude, l'*animus* nécessaire est celui du titulaire d'un fonds dominant bénéficiaire de la servitude. D'une manière générale, elle est l'intention correspondant au droit que la possession permettrait d'acquérir.

II. — Acquisition et conservation

494. Originaire ou dérivée. – L'acquisition de la possession suppose l'appréhension matérielle de la chose (*corpus*), par soi-même ou par autrui – *corpore alieno* –, et l'intention de posséder – *animus possidendi* – (*animus*). Celle-ci étant présumée, seule la preuve du *corpus* doit être rapportée par le possesseur sauf en cas de changement d'*animus* pendant la détention (interversion de titre).

L'acquisition du *corpus* peut être originaire ou dérivée.

1° Originaire : telle est l'appréhension spontanée de la chose, avec l'intention d'en devenir propriétaire ou d'avoir sur elle le droit réel que l'on possède ; par exemple, en cas de vol ou d'occupation.

2° Dérivée : elle résulte de la remise volontaire par l'ancien possesseur au nouveau ; telle est la tradition : par exemple, en cas de vente, la livraison de la chose vendue à l'acquéreur. Exceptionnellement, le possesseur pouvait détenir déjà la chose en vertu d'un titre précaire (bail, prêt...). La possession qui résulte d'une interversion de son titre[29] n'implique pas une nouvelle remise : ce que, depuis Rome, on appelle la *traditio brevi manu*.

495. *Animo solo*. – Une fois commencée, la possession continue tant qu'il n'est pas démontré qu'elle a été interrompue volontairement par le possesseur, ou par la possession contraire d'un tiers. En pratique, le possesseur n'a pas à justifier qu'il a conservé le *corpus*, mais seulement qu'il l'a acquis à un moment donné. À la suite du droit romain, la jurisprudence décide en effet qu'en matière immobilière la possession, une fois commencée, se conserve *animo solo*[30].

Cette règle est difficile à concilier avec la continuité du *corpus*[31] : si le possesseur cesse d'exercer les actes matériels qui constituent le *corpus*, comment peut-il conserver la possession ? En réalité, les deux règles ne s'appliquent pas à la même situation. La possession n'existe à l'origine que si le *corpus* est acquis, les actes matériels traduisant, à un moment donné, l'exercice effectif d'un droit réel, donc durable, sur la chose. Une fois commencée, elle est censée se poursuivre, sauf si celui qui la conteste démontre que le possesseur l'a volontairement abandonnée, ou qu'elle a été interrompue par une possession contraire. En pratique, une longue abstention du possesseur risque, si elle est prouvée, de lui faire perdre la possession dans deux cas : ou bien, un tiers invoque sa propre possession, qu'il doit démontrer[32] ; ou bien, cette abstention est

28. Preuve du caractère précaire de la détention (*infra*, n° 501) ; ou de l'interversion de titre (*infra*, n° 502) ; ou du constitut possessoire (*infra*, n° 496).

29. *Infra*, n° 502.

30. Jurisprudence constante. Ex. : * Cass. civ., 27 mars 1929, *commune de Tréal*, *DH*, 1929.250 ; *S.* 1929.I.207 : « *La possession légale d'un fonds immobilier, quand elle a été une fois acquise au moyen d'actes matériels de détention ou de jouissance accomplis* animo domini *peut se conserver par la seule intention du possesseur [...] ; elle est réputée subsister tant qu'elle n'est pas abandonnée volontairement par son titulaire ou détruite par une autre possession effective et contraire* ».

31. *Supra*, n° 490.

32. Ex. : Cass. civ. 3e, 17 avr. 1969, sol. impl., *Bull. civ.* III, n° 303 ; en l'espèce, la cour d'appel avait rejeté la revendication fondée sur l'usucapion : « *La preuve de la possession trentenaire et exclusive des consorts Bonaguide* (les demandeurs) *n'est pas suffisamment établie, en présence surtout de*

interprétée comme une renonciation volontaire[33]. Une chose est de savoir si la possession a commencé (principe de continuité du *corpus*) ; autre chose de savoir si elle a continué (conservation *animo solo*).

496. Perte de la possession. – **1°** La perte de la possession peut être **volontaire** : le possesseur cesse d'exercer le droit réel correspondant à sa possession et remet la chose à un tiers ou accepte que celui-ci la possède. C'est, par exemple, l'effet de la tradition volontaire, attachée aux contrats translatifs de la propriété (vente, donation).

Il suffit que disparaisse l'*animus possidendi* pour que cesse la possession. Ainsi, en cas de constitut possessoire : l'ancien possesseur conserve la détention matérielle, mais l'exerce désormais pour le compte d'un tiers dont il reconnaît le droit ; il se trouve donc « constitué possesseur » pour celui-ci. De même, lorsque la vente n'est pas immédiatement suivie de la livraison : l'acquéreur possède, le vendeur détient pour le compte de celui-ci.

Inversement, la seule perte du *corpus* ne met pas fin à la possession si le possesseur conserve la volonté de posséder. Ce peut être l'effet d'un contrat conclu avec un détenteur précaire (bail, prêt à usage, mandat).

2° La perte du *corpus* est **involontaire** lorsqu'un tiers s'empare de la chose (vol, usurpation, empiétement...) ou fait sur elle des actes de possession incompatibles avec les droits du possesseur (fermeture d'un passage, clôture d'une parcelle...) ; le possesseur peut alors revendiquer le *corpus*. En matière immobilière, il peut exercer une action possessoire, destinée à faire cesser le trouble[34]. Cette dissociation de l'*animus*, conservé, et du *corpus*, involontairement perdu, ne doit pas durer éternellement ; aussi l'action possessoire doit-elle être exercée très rapidement ; passé un an, la possession est perdue ; l'*animus* suit alors le sort du *corpus*[35].

§ 2. VICES DE LA POSSESSION

497. Absence et vices de la possession. – L'article 2261 énumère les six qualités que doit présenter la possession : « *Pour pouvoir prescrire, il faut une possession continue et non interrompue, paisible, publique, non équivoque et à titre de propriétaire* ». De l'avis de tous les auteurs, ce texte est approximatif à plusieurs égards. Les qualités de la possession ne permettent pas seulement de « *prescrire* », c'est-à-dire d'acquérir la propriété par usucapion ; elles sont également nécessaires pour bénéficier des actions possessoires. De plus, la propriété n'est pas le seul

quelques faits de possession isolée dont justifient les époux Papi-Robaglia » (les défendeurs, qui occupent la parcelle revendiquée). Cassation : la cour d'appel n'a précisé « *ni la date, ni la nature, ni la durée des faits de possession, invoqués par les époux P.-R. mais contestés par leurs adversaires et qui seraient susceptibles de caractériser une possession utile et contraire à celle dont elle reconnaît l'existence au profit des demandeurs* ».

33. Ex. : * Cass. civ., 11 janv. 1950, *Lebeurrier, D.* 1950.125, n. R. Lenoan ; en l'espèce, le litige avait pour objet une haie sur laquelle Lebeurrier ou ses auteurs avaient effectué des coupes tous les six ans jusqu'en 1927, puis aucune coupe jusqu'en 1941, année du trouble possessoire ; jugé qu'il avait tacitement renoncé à la possession, en raison de sa longue discontinuité.

34. *Infra*, n° 504 et s.

35. En matière mobilière, la règle « *en fait de meubles, la possession vaut titre* » (*infra*, n° 571) place d'emblée le litige sur le terrain de la propriété : le propriétaire involontairement dépossédé (perte ou vol) peut revendiquer le meuble corporel dans un délai de trois ans (possesseur de bonne foi) ou de trente ans (possesseur de mauvaise foi). Exceptionnellement, la remise de la seule détention peut être réclamée par un non-propriétaire, titulaire d'un droit de rétention (sorte de possession diminuée), dont il est involontairement privé (créancier, gagiste, vendeur de meuble impayé...).

droit susceptible d'être possédé ; tout droit réel principal, notamment une servitude, peut faire l'objet d'une possession ; l'*animus* exigé n'est pas toujours celui d'un propriétaire[36]. Enfin, pragmatique, le législateur a mélangé aux conditions d'existence de la possession, les qualités qu'elle doit présenter. Or, il y a un intérêt à les distinguer : l'inexistence de la possession peut être invoquée par tout intéressé, alors que les vices ne peuvent l'être que par certaines personnes. Un peu comme en matière contractuelle (les vices du consentement), il existe une relativité du vice : la possession vicieuse n'est inefficace qu'à l'égard de certaines personnes.

La deuxième et la dernière qualité énumérées par l'article 2261 – possession ininterrompue et à titre de propriétaire – sont des conditions d'existence de la possession : une possession interrompue n'existe plus ; elle n'existe pas non plus en l'absence d'*animus possidendi*[37]. Il en est de même de la première qualité : la discontinuité du *corpus* est une absence de *corpus* ou traduit l'abandon de la possession[38] et peut être invoquée par tout intéressé.

Restent trois vices : la violence (I), la clandestinité (II) et l'équivoque (III).

I. — Violence

498. Initiale ou à tout moment ? – La protection énergique que le droit assure à la possession ne peut servir à couvrir une voie de fait. Le droit civil des biens, comme celui des contrats, déteste la brutalité, antinomie du droit. La violence est rarement invoquée[39].

La violence lors de l'entrée en possession rend celle-ci, sans aucun doute, vicieuse ; du moins tant que dure la violence. Car il s'agit d'un vice temporaire : la possession devient utile lorsque cesse la violence (art. 2263, al. 2)[40].

Mais une possession, paisible à l'origine, devient-elle vicieuse du fait que le possesseur doit défendre violemment, par la suite, son droit ? Après avoir décidé le contraire[41], la Cour de cassation, revenant à la tradition romaine, ne paraît pas l'admettre, du moins lorsqu'il s'agit de la protection possessoire : seule devrait être prise en considération la possession initiale, sauf peut-être lorsque la violence postérieure du possesseur est légitime[42].

36. *Supra*, n° 492.

37. *Supra, ib.*

38. *Supra*, n°s 490 et 495.

39. L'occupation violente d'une usine par des grévistes ou celle d'un appartement par des squatters ne mettent pas en jeu l'article 2261, parce que ces personnes n'ont pas l'*animus possidendi*. Souvent, c'est au juge des référés, non à celui du possessoire, que le propriétaire demande alors protection. Cette rareté de possessions viciées par la violence s'explique aussi parce que, pour qu'il y ait violence, il faut que le possesseur ait exercé une voie de fait « *accompagnée de violences matérielles ou morales* » (Cass. civ. 3e, 15 févr. 1995, *Bull. civ.* III, n° 53, rejetant le vice de violence).

40. Ex. imaginaire : les gardes armés qui protègent l'usurpateur se retirent ; mais l'usurpateur continue à exploiter.

41. Req., 26 août 1884, *DP* 1885.I.58.

42. * Cass. civ. 3e, 15 févr. 1968, *dame Petrus*, *Bull. civ.* III, n° 54 ; *D.* 1968.453 ; *RTD civ.* 1968.74, obs. J.-D. Bredin : en l'espèce, le possesseur avait détruit les clôtures posées par un tiers afin de lui interdire l'accès de son terrain ; les juges du fond lui avaient refusé la réintégrande (v. *infra*, n° 508), au motif qu'une détention maintenue par la violence ne pouvait être paisible ; cassation : « *Les juges pour apprécier le vice de violence, qui interdit l'exercice de la réintégrande, doivent se placer à l'origine de la possession* [...] ; *en statuant ainsi, sans tenir compte de la qualité de la possession ou détention à leur origine, la cour d'appel a méconnu la nature de la réintégrande, mesure d'ordre et de paix publique* ».

Comme les autres vices de la possession, la violence ne peut être invoquée contre le possesseur que par sa victime ; à l'égard de toute autre personne, la possession est utile.

II. — Clandestinité

499. Le meuble qui se cache. – La possession est clandestine lorsqu'elle se cache. Alors elle n'est pas efficace car elle est suspecte : le possesseur veut empêcher le véritable propriétaire de revendiquer. Bien qu'une possession immobilière puisse théoriquement être cachée – lorsqu'elle s'exerce en sous-sol, par exemple –, c'est surtout la possession des meubles (bijoux, tableaux, lingots...) qui est susceptible de clandestinité, parce qu'ils sont plus faciles à dissimuler.

Comme la violence, ce vice est relatif ; seuls ceux qui ont été empêchés de revendiquer peuvent l'invoquer. Peu importe qu'il survienne en cours de possession ; celle-ci devient vicieuse, et perd son efficacité, à partir du moment où l'objet est caché, et tant qu'il l'est.

III. — Équivoque

500. Indivision et relations familiales. – **1°** La possession est équivoque quand les actes accomplis par le possesseur ne manifestent pas clairement un *animus possidendi* exclusif ; ces actes peuvent s'expliquer par une autre raison : l'existence d'un droit de jouissance non exclusif. Ainsi, les actes d'un **indivisaire** sur la chose indivise sont, en principe, équivoques : chaque indivisaire a un droit d'usage et de jouissance des biens indivis (art. 815-9) : il peut gérer les biens indivis (art. 815-12), en percevoir les fruits, les améliorer (art. 815-13), sans prétendre pour autant avoir un droit exclusif[43].

Il en va autrement, et la possession cesse d'être équivoque si l'indivisaire accomplit des actes contredisant manifestement le droit de ses coindivisaires, en se comportant en propriétaire exclusif : il peut alors acquérir la chose par usucapion[44].

2° La communauté d'habitation, les relations **familiales** d'affection ou d'intimité existant entre le prétendu possesseur et le propriétaire créent souvent l'équivoque (parents, conjoint, pacsé, concubin, serviteur...) : le détenteur de l'objet le possède-t-il pour lui-même, de manière exclusive, ou avec un autre, qui n'est donc pas exclusive[45] ?

Le vice d'équivoque disparaît lorsque le détenteur de l'objet accomplit sur celui-ci des actes que peut seul expliquer un droit réel exclusif.

---

43. Ex. : Cass. civ. 3e, 6 mai 1987, *Bull. civ.* III, n° 97 ; *D.* 1989, somm. 26, préc. : l'exercice du droit de passage résultant d'une enclave ne confère pas d'usucapion de la copropriété d'une cour commune, la possession étant équivoque.

44. Jurisprudence plusieurs fois réitérée. Ex. : * Cass. civ., 8 janv. 1946, *Benariba Silmane Oud Kaddour...*, *D.* 1946.131 ; *Gaz. Pal.* 1946.I.92 : « *Le copropriétaire par indivis peut devenir, par prescription, propriétaire exclusif de partie ou de la totalité de la chose commune, s'il est établi qu'il l'a possédée à ce titre, par lui ou par ses auteurs, pendant plus de trente ans* ».

45. Ex. : Cass. civ. 1re, 7 déc. 1977, *Bull. civ.* I, n° 469 ; *RTD civ.* 1978.674, obs. Cl. Giverdon ; jugé qu'était équivoque la possession par un concubin survivant de l'immeuble indivis dans lequel les concubins avaient vécu. Dans l'affaire de la succession d'Ambroise Vollard (Cass. civ. 1re, 7 juin 1993, *Bull. civ.* I, n° 197), la Cour de cassation, saisie du caractère équivoque de la possession des tableaux, a reproché à la cour d'appel de n'avoir pas statué sur « *l'existence d'un mandat occasionnel ayant pu porter sur tout ou partie des œuvres qui* [...] *avaient été remises* (au possesseur)... ». Plus que la preuve du caractère équivoque de la possession, la formule évoque la précarité de la détention.

§ 3. Détention précaire

501. Possession pour autrui. – Le détenteur précaire[46] (art. 2266) a la chose entre les mains en vertu d'un titre juridique qui exclut tout *animus possidendi*. Le fermier, le dépositaire, l'usufruitier, l'emprunteur, le mandataire sont parties à un acte qui, par lui-même, vaut reconnaissance du droit réel d'autrui sur la chose, puisqu'il comporte une obligation de restituer, à plus ou moins long terme. Sans doute, a-t-il la volonté de tirer de la chose qu'il détient un avantage personnel. Mais il ne peut prétendre posséder sur elle un droit, qu'il reconnaît à celui dont il tient la chose, et qui la possède donc *corpore alieno*.

Ainsi, la détention précaire est-elle liée à un titre juridique. De ce fait, elle est régulière : le détenteur est en droit d'avoir la chose en sa puissance, alors que le possesseur peut être un voleur ou un usurpateur. Elle est également permanente : le temps n'a pas d'emprise sur une situation dès l'origine régulière. Aussi l'article 2287 impose-t-il une présomption ; la détention précaire originaire est censée se poursuivre tant que le détenteur a la chose en sa possession[47]. Elle continue avec le successeur universel du détenteur qui continue sa personne (art. 2267). En revanche, l'ayant cause à titre particulier, qui acquiert la chose, devient en principe possesseur, s'il entend exercer sur elle un droit de propriété[48].

À la détention précaire, le seul effet de la possession est la protection possessoire (L. 9 juill. 1975). Pour bénéficier des autres effets, le détenteur doit intervertir son titre.

502. Interversion du titre. – La détention se transforme en possession lorsque survient une interversion du titre en vertu duquel étaient exercés les actes de maîtrise sur la chose (art. 2268). C'est une circonstance exceptionnelle, qui doit être prouvée par celui qui se prétend possesseur, alors qu'il avait commencé à détenir en vertu d'un titre (art. 2257).

L'interversion peut être le fait d'un tiers[49]. Plus souvent, elle est le fait du détenteur, qui décide de se comporter désormais en possesseur de la chose, et donc de contredire les droits de celui dont il la tenait. Cette situation ne peut reposer sur un simple changement psychologique du détenteur (art. 2270) : le droit favoriserait alors tous les abus de confiance ou les usurpations. L'idée est que le possesseur, averti par l'attitude du détenteur, qu'il pouvait combattre, n'a opposé aucune réaction, et finalement a abandonné sa possession.

Aussi pour intervertir son titre, la jurisprudence exige-t-elle du détenteur « *un fait patent, non équivoque, ayant pu être connu du propriétaire* »[50], non une simple contestation ou quelques

46. **Étymologie** : du latin *preco, are* = prier ; le détenteur n'a la chose entre les mains qu'en vertu d'une « prière » adressée au possesseur ; il est dans un état de dépendance à l'égard de celui-ci, incompatible avec l'autonomie du possesseur.

47. Ex. : Cass. civ. 1re, 3 mars 1987, *Bull. civ.* I, n° 82 ; en l'espèce, de l'argent avait été retiré des livrets de caisse d'épargne du défunt par son gendre, en vertu d'une procuration qui lui avait été donnée ; jugé que celui-ci n'était pas donataire, mais détenait cet argent pour autrui, faute de rapporter la preuve d'un don manuel : « *Suivant la présomption posée par l'article 2231* (aujourd'hui 2257), *ils* (le mandataire et son épouse) *étaient toujours réputés les détenir au même titre, sauf preuve contraire* ».

48. Lorsque le détenteur précaire vend la chose, il commet un abus de confiance s'il s'agit d'un meuble. Mais son acquéreur entend acheter la propriété : Cass. civ., 8 nov. 1880, *DP* 1881.I.28 : le vice de précarité ne peut être transmis aux successeurs à titre particulier que s'ils en avaient eu connaissance au moment de l'acquisition. Tout autre est la situation résultant d'une cession de contrat (ex. de bail) : le cessionnaire acquiert le droit du cédant, c'est-à-dire la détention précaire.

49. Hypothèse : le détenteur achète la chose à une personne qu'il croit à tort propriétaire ; il change son titre.

50. Cass. req., 28 déc. 1857, *DP* 1858.I.113.

actes abusifs[51]. En pratique, l'interversion résulte d'une manifestation de volonté du détenteur ou de la signification d'un exploit d'huissier, par lequel le détenteur affirme sa volonté de détenir désormais pour son compte.

Section III
RÉGIME JURIDIQUE

503. Graduation. – Les conséquences juridiques de la possession sont variées. Suivant un ordre d'intensité progressive, la possession produit deux effets essentiels : le premier, procédural et provisoire, est de faire présumer la propriété ; le second, radical et définitif, est de permettre au possesseur d'acquérir les fruits et même le capital de la chose possédée, s'il n'en était pas le propriétaire. Ces conséquences dépendent de la qualité et de la durée de la possession, de son objet (meuble ou immeuble) et de la qualité du possesseur (de bonne ou de mauvaise foi).

La possession ne peut produire ces effets, souvent graves (§ 2), qu'à la condition de bénéficier, en elle-même, d'une protection juridique (§ 1).

§ 1. Protection possessoire

504. Maintien de l'ordre établi. – La possession d'un droit réel (propriété, usufruit, servitude[52]), et, depuis la loi du 9 juillet 1975, la détention précaire, sont, en elles-mêmes, protégées (art. 2278) ; en elles-mêmes, c'est-à-dire « *sans avoir égard au fond du droit* ». Même si le possesseur est un usurpateur, même si le détenteur n'est évidemment pas propriétaire, ils disposaient l'un et l'autre d'une action en justice destinée à faire cesser le trouble ou la menace dont ils étaient les victimes.

Cette action, ou plutôt ces actions car traditionnellement on en nommait trois, constituaient des actions possessoires jusqu'à l'abrogation de l'article 2279 par la loi du 16 février 2015. Leur régime procédural était original : elles devaient être simples et rapides. Elles avaient pour seul objet le rétablissement de la possession ou de la détention ; elles s'opposaient ainsi à l'action pétitoire[53], par laquelle sont réclamées en justice la reconnaissance d'un droit et la restitution de son objet. C'est pourquoi l'action possessoire pouvait être exercée par une personne dépourvue de droit sur la chose.

Comme le montre en droit commun la coexistence des référés et de l'action principale, la protection judiciaire peut comporter deux modalités, l'une provisoire et rapide, souvent liée à l'urgence, et l'autre définitive, qui peut prendre du temps.

Traditionnellement, il existait trois actions possessoires. La plus originale, apparue au Moyen Âge, était la réintégrande (ultérieurement, dénommée action en réintégration) : elle était une mesure de paix publique, destinée à éviter les troubles créés par un acte de violence, même

51. Ex. : Cass. civ. 3e, 17 oct. 2007, *Bull. civ.* III, no 180 ; *D.* 2008.2459, obs. Bl. Mallet-Bricout ; *JCP* G 2008.I.127, no 5, obs. H. Périnet-Marquet, II.10011, n. J.-Y. Maréchal : des détenteurs avaient « *réalisé depuis plus de trente ans un certain nombre d'actes d'exploitation sur la parcelle ; ces actes ne caractérisaient pas la volonté de se comporter en tant que propriétaires dans la mesure où ils pouvaient avoir été effectués à titre de détenteurs précaires* ».

52. À l'exception des servitudes discontinues ou non apparentes, qui, sauf si elles reposent sur un titre, ne peuvent être l'objet d'une possession ; *infra* no 1175.

53. **Étymologie :** du latin *peto, ere* = réclamer, revendiquer.

légitime. La complainte[54], apparue au XIIIe siècle, protégeait le possesseur et impliquait qu'il eût possédé pendant un an au moins. Quant à la dénonciation de nouvel œuvre, dont l'origine est romaine, elle permettait d'éviter le trouble futur qu'aurait pu créer la réalisation de travaux par un voisin.

Jusqu'en 1975, ces trois actions n'étaient pas réglementées par le Code ; seules quelques dispositions fragmentaires y faisaient allusion. La loi du 9 juillet 1975 avait énoncé des règles générales (art. 2279), dont la procédure avait été organisée par le C. pr. civ. (art. 1264 à 1267).

La tradition s'est trouvée modifiée à plusieurs égards. D'abord la diversification des trois actions a perdu de son intérêt ; seule l'action en réintégration conserve un particularisme. Surtout, elle est désormais accordée au simple détenteur précaire (art. 2278, al. 2). Cette protection est exclue en matière mobilière[55]. En pratique, ces actions étaient rarement exercées, sauf dans certaines régions (par ex. la Corse) où la possession, faute de titre, joue un grand rôle, et en matière rurale. Après avoir décidé le contraire, la Cour de cassation a admis que le possesseur, troublé dans sa possession, pût aussi agir en référés[56]. Évidemment, le défendeur en référés pourra agir au pétitoire après sa condamnation en référés. Le référé est une procédure plus rapide que l'action possessoire ; il peut, comme la réintégrande, être exercé en cas de voie de fait ; mais le juge des référés ne peut fonder sa compétence sur le seul fait qu'il y a eu trouble possessoire : il doit établir l'existence d'un « *trouble manifestement illicite* » (C. pr. civ., art. 848)[57].

Tirant les leçons de cette évolution, la loi du 16 février 2015 (n° 2015-177, art. 9) a abrogé l'article 2279

L'article 2278, qui demeure, énonce deux règles successives qui gouvernent la protection possessoire : la séparation du possessoire et du pétitoire et l'exclusion de la protection dans les rapports entre le détenteur précaire et son auteur.

L'originalité de la protection possessoire apparaît à l'examen de son régime : elle assure une protection contre un trouble (I) sans égard au fond du droit (II), ce qui interdit de l'exercer entre contractants (III).

I. — Trouble

505. Contradiction au droit du possesseur. – Le possesseur d'un droit réel (propriété, usufruit, servitude...) ou le détenteur précaire, est protégé contre l'acte ou le fait d'un tiers[58] qui, non seulement lui cause un dommage matériel, mais surtout manifeste une prétention contraire au pouvoir de fait qu'il exerce sur la chose : c'est-à-dire une atteinte à la paisible possession du possesseur. Le trouble possessoire provient nécessairement d'une attitude volontaire d'un tiers, de bonne ou de mauvaise foi. Il importe peu qu'il cause ou ne cause pas au possesseur de préjudice : c'est la contradiction au droit du possesseur qui justifie la protection. La réparation d'un préjudice relève, en revanche, des articles 1240 nouv. (1382 anc.) et suivants.

54. **Définition :** se plaindre en justice ; autre sens : chanson en forme de plainte. **Étymologie :** du latin *plango, ere* = se frapper avec bruit, se lamenter ; lui-même dérivé de *plaga, ae* = coup, blessure.

55. Cass. civ. 1re, 6 févr. 1996, *Bull. civ.* I, n° 57 : « *la protection possessoire ne concerne que les immeubles* ».

56. *Cass. Ass. plén., 28 juin 1996, *Bull. civ. Ass. plén.*, n° 6 ; *D.* 1996.497, concl. J.-F.Weber, n. Coulon ; *JCP* G 1996.I.3972, n° 1, obs. H. Périnet-Marquet et II.22712, n. G. Mémeteau.

57. Ex. : Cass. civ. 3e, 21 nov. 2001, *JCP* G 2002.II.10164, n. G. Ferreira ; n.p.B.

58. Cass. civ. 3e, 7 mars 2012, n° 11-10.177, *Bull. civ.* III, n° 38 ; *D.* 2012. 1528, n. M. Jaouen, 2125, obs.N. Reboul-Maupin ; *JCP* G 2012. 465, n° 4, obs. H. Périnet-Marquet : « *l'action possessoire peut être intentée contre l'auteur matériel du trouble* » : il suffit qu'il y ait « trouble » pour que soit recevable l'action possessoire, même si son auteur ne prétend pas être possesseur.

Les troubles peuvent être variés : selon leur nature et leur gravité, on donne un nom distinct à chacune des actions possessoires, phénomène inhabituel en droit français, où les actions en justice ne sont, en général, pas nommées.

506. Complainte et dénonciation de nouvel œuvre. – Les actions possessoires de droit commun sont la complainte et la dénonciation de nouvel œuvre, que, cependant, la loi ne nomme pas.

1° La **complainte** a pour objet de faire cesser un trouble déjà occasionné, qu'il s'agisse d'un trouble de fait (ex. : actes de passage, travaux sur le fonds d'autrui, percement d'une vue...) ou de droit (ex. : sommation de payer un loyer adressée au possesseur, ou de ne plus payer le loyer au possesseur adressée au détenteur...).

2° La **dénonciation de nouvel œuvre** présente, au contraire, un caractère préventif : des travaux entrepris par un voisin, s'ils se poursuivent, causeraient un trouble possessoire ; l'action a pour objet d'en obtenir la suspension, en raison de l'existence de ce trouble éventuel. Si les travaux avaient été réalisés ou avaient causé un trouble, seule la complainte peut être exercée.

S'il accueille l'action, le tribunal ordonne le rétablissement de la situation antérieure au trouble, au besoin sous astreinte.

La dénonciation de nouvel œuvre est une des rares actions préventives de notre droit, qui, en général, exige pour qu'une action en justice soit recevable qu'elle se fonde sur un intérêt né et actuel.

507. Possession annale. – Ces deux actions, que seule la tradition distingue, impliquent une possession actuelle, depuis au moins un an (C. pr. civ., art. 1264). La possession ou la détention devaient exister matériellement un an au moins avant le trouble ; la première doit être, pendant cette période minimum, exempte de vices.

508. 3° Réintégration. – L'action en réintégration est une action possessoire qui sanctionne les dépossessions les plus graves, celles qui résultent d'une voie de fait[59]. Elle suppose que le possesseur ou le détenteur se trouvent privés de la chose par l'acte positif et brutal d'un tiers (destruction d'une clôture, obstruction d'un chemin, empiètement...), qu'il ait été ou non accompli avec violence. Ils deviennent dans l'impossibilité d'exercer leur droit sur tout ou partie du bien ; il ne s'agit pas d'un simple trouble, mais d'une voie de fait, justifiant la réaction énergique du droit : *spoliatus ante omnia restituendus* (avant toute chose, il faut que celui qui a été dépouillé par violence soit remis en possession). Aussi la condition d'annalité de la possession ou de la détention n'est-elle pas exigée (anc. art. 1264) ; il suffit que la victime ait été effectivement en possession paisible[60] au moment de la voie de fait[61].

Après avoir naguère interdit l'action en réintégration au bénéficiaire d'une servitude discontinue et non apparente, même fondée en titre, la Cour de cassation a fini par l'admettre[62].

509. Délai et tribunal. – Les actions possessoires, destinées à rétablir une possession ou une détention actuelles, doivent être exercées rapidement et simplement. À défaut, le fondement même de la protection (ordre public ou présomption de propriété) s'évanouirait. L'action doit être exercée dans l'année qui suit le trouble (anc. art. 1264)[63]. Ce délai est un délai de prescription, auquel s'appliquent donc les causes ordinaires de suspension et d'interruption.

---

59. Aussi l'action en réintégration peut-elle être exercée contre l'Administration, les juridictions judiciaires étant compétentes en cas de voie de fait (Cass. civ. 1re, 11 juill. 1984, *D.* 1984, IR, 423, obs. Robert ; T. confl., 24 févr. 1992, *D.* 1992, IR, 45).

60. Ex. : Cass. civ., 23 févr. 1893, *DP* 1893.I.376 : « *Par suite de la résistance de Philippe Chaumier, les consorts Chaumier n'ont jamais eu la possession paisible de la conduite d'eau dont ils demandaient la réintégrande* ».

61. Ex. : Cass. civ., 7 mars 1898, *DP* 1898.I.191 : « *Le juge du possessoire doit* [...] *à peine de nullité constater l'existence de la possession annale...* ».

62. Cass. civ. 3e, 15 févr. 1995, *Bull. civ.* III, n° 45 ; *RTD civ.* 1995.925, obs. Fr. Zénati : « *Pour débouter les époux Cornillie de leur demande, l'arrêt retient que l'action en réintégration ne peut avoir pour objet une servitude de passage* » ; cassation.

63. Cass. civ. 3e, 18 déc. 2002, *Bull. civ.* III, n° 260 ; *D.* 2003, somm. 2043, obs. N. Reboul-Maupin ; *JCP* G 2003, I.172, n° 6, obs. H. Périnet-Marquet : le délai ne part pas des premières atteintes à la propriété, mais du jour où ces atteintes sont devenues suffisamment importantes pour « contredire » la

Elles relèvent de la compétence exclusive du tribunal de grande instance, substitué par la loi du 26 janvier 2005 au tribunal d'instance (C. org. jud., art. R. 321-9, 2° anc.).

II. — Séparation du possessoire et du pétitoire

510. Apparence et fond du droit. – Puisque la possession est reconnue en elle-même, indépendamment et parfois même contre le droit de propriété (ou tout autre droit réel), la protection possessoire doit être accordée uniquement en considération de la possession, sans égard pour l'existence du droit que le possesseur exerce. Le principe général est énoncé par l'article 2278 alinéa 1 : « *La possession est protégée sans avoir égard au fond du droit...* ».

L'article 1265 du Code de procédure civile l'exprime énergiquement : « *La protection possessoire et le fond du droit ne sont jamais cumulés* [...] ; *les mesures d'instruction ne peuvent porter sur le fond du droit* », tout en admettant une atténuation : « *Le juge peut toutefois examiner les titres à l'effet de vérifier si les conditions de la protection possessoire sont réunies.* »

Ce principe, dit de la séparation du possessoire et du pétitoire[64], est la source d'un contentieux abondant et critiqué à ce titre : il est en effet tentant de priver le possesseur de toute protection lorsqu'on a la conviction qu'il est un usurpateur ; ou au contraire de l'accorder à celui dont la possession n'est pas efficace, mais qui est le vrai titulaire du droit. Cependant, il doit être maintenu, car il est la condition de la simplification de la procédure[65]. Il s'impose aux parties comme au juge.

511. 1° Parties. – À l'égard des parties, la séparation du possessoire et du pétitoire impose une option, que le défendeur doit respecter.

La victime d'un trouble possessoire peut se borner à demander le maintien de sa possession, ou aller au fond du droit devant le TGI, afin de voir consacré le droit réel qu'elle prétend posséder (action pétitoire)[66]. Mais elle doit choisir et son choix est irrévocable. De la voie possessoire, elle ne peut passer à la voie pétitoire tant que l'instance est en cours, sauf à renoncer à sa première action et en intenter une autre. Inversement, elle ne peut passer du pétitoire au possessoire ; cette seconde action est irrecevable (art. 1266) ; sauf si l'action possessoire répondait à un trouble nouveau survenu en cours d'instance[67]. Le défendeur, auteur du trouble, ne peut répliquer à une action possessoire par une action pétitoire : il doit attendre l'achèvement de la première instance et avoir mis fin au trouble, si elle s'était terminée à son détriment (art. 1267). Mais son action pétitoire est recevable, s'il n'a pas été partie à l'action possessoire au moment où il

possession : « *le moment où le trouble impliquait une véritable contradiction à la possession du requérant* ».

64. E. Michelet, *La règle du non-cumul du possessoire et du pétitoire*, th. Paris, LGDJ, 1973, préf. R. Perrot.

65. E. Michelet, *op. cit., supra*, note 64. V. J.-L. Bergel, « Réformer la distinction du pétitoire et du possessoire », *Ét. G. Goubeaux*, Dalloz-LGDJ, 2009, 17 et s.

66. Paris, 10 avr. 2002, *D.* 2002, somm. 2506, obs. N. Reboul-Maupin.

67. Cass. civ., 15 janv. 1894, *DP* 1894.I.159 : « *Vu l'article 26,* C. pr. civ. (auj. C. civ., art. 1266) ; *l'irrecevabilité établie par cet article n'est applicable qu'au cas où le demandeur au pétitoire peut être réputé avoir choisi, pour soutenir ses droits, entre l'action pétitoire et l'action possessoire, ce qui implique que l'une et l'autre étaient simultanément ouvertes ; d'où il suit que celui qui a intenté une demande pétitoire relativement à un immeuble doit être admis à agir au possessoire quant à ce même immeuble, s'il base cette dernière action sur des faits de possession et des actes de trouble, qui ne se sont produits que depuis l'introduction de sa première instance* ».

avait exercé la première[68] ; lorsqu'elle est engagée après l'action possessoire, elle « *rend[ait] celle-ci sans objet* »[69].

Il ne servirait à rien au défendeur de répliquer au demandeur en établissant son droit sur la chose. Le demandeur se borne à prouver qu'il est possesseur depuis un an (complainte et dénonciation de nouvel œuvre) ; le défendeur peut seulement contester l'existence (*corpus* ou *animus*), la qualité (équivoque, clandestinité...) ou la durée de la possession.

Ces règles sont la transposition procédurale de l'autonomie de la protection possessoire. Celle-ci demeure (art. 2278).

512. 2° Juge. – Saisi d'une action possessoire, le juge, comme à Rome, ne peut se prononcer sur le fond du droit. Même s'il est convaincu que le demandeur n'est pas titulaire du droit qu'il possède, il doit lui donner raison, si la possession présente les conditions requises. Aussi lui est-il interdit de motiver sa décision par des considérations touchant au fond du droit[70], et même de prescrire une mesure d'instruction destinée à révéler qui est, au fond, titulaire du droit possédé (art. 1265, al. 3). Son office est exclusivement d'apprécier les faits et la qualité de la possession.

Cependant, même limité dans son office, le juge peut avoir à apprécier le titre de propriété ou de servitude dont se prévaut le demandeur. Par exemple, le défendeur conteste son *animus possidendi*, et prétend qu'il est un simple détenteur : l'examen des titres permet de vérifier l'existence d'un élément constitutif de la possession. De même, lorsqu'est en cause une servitude non apparente ou discontinue, qui ne peut être possédée que si elle est fondée sur un titre[71], ou un bien dont le détenteur prétend qu'il appartient au domaine public, insusceptible de possession. Aussi, la jurisprudence[72], consacrée par la loi (art. 1265, al. 2), lui permet d'examiner les titres (de propriété, de servitude...), seulement afin d'éclairer la possession : en aucun cas, il ne peut fonder sa décision sur le titre lui-même.

La décision rendue au possessoire n'a pas d'autorité de chose jugée au pétitoire : le possesseur maintenu pourra donc ultérieurement être jugé usurpateur[73]. Par conséquent, le juge saisi du possessoire n'a pas à attendre pour trancher une éventuelle décision au pétitoire.

III. — Irrecevabilité entre contractants

513. Fond du droit. – Lorsque la possession ou la détention résultent d'un contrat (vente, bail, prêt à usage...) et que le trouble est causé à l'une des parties par l'autre contractant, le litige présente une coloration contractuelle ; pour le

68. Cass. civ. 3e, 17 juin 1992, *Bull. civ.* III, n° 207 ; *D.* 1993, somm., 301, obs. A. Robert : en l'espèce, la victime du trouble (le propriétaire d'un champ, privé d'une servitude de passage par une construction) avait agi au possessoire contre l'architecte et l'entrepreneur ; le propriétaire du fonds servant agissait alors en modification de l'assiette de la servitude (pétitoire) ; puis il était appelé en cause au possessoire ; jugé que l'action pétitoire pouvait prospérer.

69. Cass. civ. 3e, 26 janv. 2010, n° 08-22.068, *Bull. civ.* III, n° 1 ; *JCP* G 2010. 336, obs. H. Périnet-Marquet.

70. Ex. : Cass. civ. 3e, 4 mars 2009, n° 08-10.415, *Bull. civ.* III, n° 52 ; *Dr. et patr.* 2009.87, obs. J.-B. Seube : « *en statuant ainsi, la cour d'appel qui a fait dépendre le sort de l'action possessoire d'une décision devant intervenir au pétitoire a violé l'art. 1265 C. pr. civ.* ».

71. *Infra*, n° 1175.

72. Jurisprudence constante ; Ex. : Req., 19 juill. 1882, *DP* 1882.I.340 : « *Le juge du possessoire doit recourir au titre pour caractériser la possession* ; [...] *il est constaté que le jugement attaqué n'a recouru aux titres que pour éclairer l'exception de domanialité soulevée par la commune* ».

73. Jurisprudence constante ; ex. : Cass. civ. 3e, 25 mars 1992, *Bull. civ.* III, n° 99 ; *D.* 1993, somm., 32, obs. A. Robert : « *L'état d'enclave ne peut résulter des énonciations résultant d'un jugement rendu par le tribunal d'instance statuant au possessoire* ».

trancher, le juge devra examiner le contrat et les obligations respectives des parties et l'interpréter s'il est obscur. La solution dépend donc du fond du droit. La séparation du fond du droit et de la possession, conduit à interdire en ce cas l'exercice d'une action possessoire.

Les juges du fond avaient longtemps hésité à appliquer cette règle au fermier, victime d'une voie de fait du bailleur. Certaines décisions lui avaient accordé la réintégrande, en raison de l'originalité de cette action qui sanctionne avant tout la brutalité. Mais la Cour de cassation[74], puis la loi du 9 juillet 1975 (art. 2278, al. 2), l'ont finalement déclarée, comme pour les autres actions possessoires, irrecevable contre celui dont le détenteur tient ses droits. La jurisprudence applique aussi cette prohibition aux relations entre les copropriétaires d'un immeuble divisé par appartements ; le litige qui les oppose met en effet en cause le règlement de copropriété, auquel ils sont parties[75].

§ 2. Effets de la possession

La possession est protégée, indépendamment du fond du droit dont elle est pourtant une manifestation. Son effet immédiat est de faire présumer, en la personne du possesseur, l'existence du droit possédé ; il ne s'agit cependant que d'une présomption (I). De manière plus radicale, elle permet d'acquérir le droit possédé (II) et les fruits de la chose, lorsque le possesseur est de bonne foi (III).

I. — Présomption

514. Double règle. – La présomption qui s'attache à la possession est ambiguë. D'une part, tout possesseur ou détenteur occupe la position de défendeur dans le procès en revendication ou en restitution. C'est donc à celui qui n'a pas la chose en sa possession de prendre l'initiative du procès ; en application des règles ordinaires sur la charge de la preuve, c'est donc à lui de prouver son droit sur la chose revendiquée. Tant que cette preuve n'est pas faite, le possesseur conserve la chose.

Cette preuve peut être facile : ainsi, en cas de détention précaire, il suffit de prouver le titre en vertu duquel la chose a été remise, et, par conséquent, l'obligation de restituer pesant sur le détenteur, pour qu'aussitôt soit anéantie la position de force de celui-ci. À défaut de titre établissant la précarité de son droit, le détenteur est présumé possesseur (art. 2256).

D'autre part, la possession, et la possession seule, non la détention, constitue une véritable présomption ; dans le litige qui oppose le possesseur à celui qui nie son droit (de propriété, de servitude...), le possesseur l'emporte, sans invoquer d'autre élément que sa possession. Cette présomption est simple et cède devant la preuve contraire. Comme celle-ci est difficile[76], il existe souvent un doute sur le fond du droit ; celui-ci doit être tranché en faveur du possesseur : *in pari causa melior est causa possidentis* (lorsqu'aucune des parties ne fait la preuve de son droit, le possesseur l'emporte).

Ainsi, le revendiquant a-t-il le choix entre deux voies : prouver positivement son droit – de propriété, par exemple –, et renverser ainsi la présomption qui s'attache à la possession de son

74. Ex. : Cass. civ., 18 janv. 1949, *S.* 1950.I.147 ; *RTD civ.* 1950.522, obs. H. Solus.

75. Jurisprudence constante ; ex. : Cass. civ. 3e, 6 mars 1991, *Bull. civ.* III, n° 75 ; *D.* 1991.355 : « *L'action possessoire ne peut être exercée entre copropriétaires de lots dépendant d'un immeuble en copropriété* ».

76. *Infra*, n°s 610 à 620.

adversaire. À défaut, contester l'existence ou la qualité de la possession du défendeur afin de détruire la présomption[77]. Le possesseur a donc en prévision de ce débat pétitoire, un intérêt immédiat à voir consacrée, défendue et rétablie sa possession : c'est l'intérêt, lointain mais essentiel, des actions possessoires[78].

II. — Acquisition de la propriété

515. Renvoi. – L'effet le plus radical de la possession est de permettre au possesseur d'acquérir le droit réel qu'il exerce, le plus souvent le droit de propriété. Alors qu'il n'a pas traité avec le propriétaire, et ne bénéficie donc pas d'un transfert de propriété, le possesseur devient directement, par l'effet de la loi, le propriétaire de la chose.

Cet effet se produit différemment selon qu'il s'agit d'un meuble ou d'un immeuble, et surtout, selon que le possesseur est de bonne ou de mauvaise foi. Il constitue un mode d'acquisition de la propriété et sera examiné sous cet aspect[79].

III. — Acquisition des fruits par le possesseur de bonne foi

516. *Lautius vixit...* – Lorsque le possesseur n'est pas le propriétaire, et doit restituer la chose, par exemple en cas de succès de la revendication du véritable propriétaire, ou par suite de la résolution ou de la nullité de son titre d'acquisition, il devrait rationnellement restituer également les fruits naturels ou civils produits par la chose qu'il a indûment perçus ou dont il a profité (jouissance personnelle) : les fruits appartiennent au propriétaire ; or, il ne l'est pas.

Cette conséquence rationnelle ne pourrait être appliquée telle quelle sans de graves injustices. Obliger tous les possesseurs à restituer tous les fruits serait les exposer à une dette souvent écrasante lorsqu'ils ont été consommés ou dépensés[80]. La charge de restitution deviendrait une marée de ruine, si la possession avait été longue. Or, les fruits ont vocation à être consommés et affectés aux besoins quotidiens. Un adage dépeint la situation du possesseur : *Lautius vixit non est locupletior* (il a vécu plus fastueusement, il n'est pas devenu plus riche). Aussi la loi a-t-elle institué une « amnistie pour les fruits » (art. 549-550). Mais celle-ci n'est accordée qu'au possesseur de bonne foi. Le possesseur de mauvaise foi sait qu'il est exposé à restituer la chose ; il peut et doit épargner les fruits indûment perçus.

Ce fut le droit romain qui avait posé le principe de cette amnistie, qu'il limitait aux fruits consommés ; c'était une règle plus juste : le possesseur, même de bonne foi, ne s'appauvrissait pas en restituant les fruits perçus sans les avoir consommés. Mais l'Ancien droit, puis le Code civil ont abandonné cette limite, à cause des difficultés de preuve qu'elle soulevait : comment savoir si le possesseur avait ou non consommé le fruit perçu ? La dispense de restitution s'étend désormais à tous les fruits, consommés ou non, à condition qu'ils aient été perçus (sinon le problème ne se poserait pas). La règle n'est plus seulement une dispense de restitution des fruits consommés, elle est devenue un titre d'acquisition des fruits perçus.

517. Bonne foi et juste titre. – **1°** La condition essentielle est que le possesseur ait été de **bonne foi** (art. 549). La bonne foi implique qu'il dispose d'un titre translatif, dont il ignore les vices (art. 550).

77. Ex. : Cass. civ. 1re, 24 oct. 2012, n° 11-16.431, *Bull. civ.* I, n° 214 : « *la présomption qui résulte de la possession implique pour le demandeur en revendication de prouver le titre précaire en vertu duquel le prétendu possesseur détient un meuble* [existence de la possession] *ou le vice affectant sa possession* [qualité de la possession], *que ne suffit pas à caractériser le paiement du prix par le revendiquant, à défaut de quoi le défendeur a titre pour le conserver* ».

78. *Supra*, nos 504 et s.

79. *Infra*, nos 554 et s.

80. Ex. : Un capital d'une valeur de 50 000, qui produit annuellement des fruits d'une valeur de 10 % ; en 10 ans, la valeur des fruits non capitalisés est égale à celle du capital ; en moins de temps encore, si les fruits sont capitalisés. **Biblio. :** Marie Malaurie, *Les restitutions en droit civil*, th. Paris II, Cujas, 1991, préf. G. Cornu.

Les rapports entre la bonne foi (élément psychologique) et le juste titre (élément objectif) ne sont pas les mêmes qu'en matière d'usucapion abrégée[81]. L'essentiel, à l'égard des fruits, est la bonne foi : l'ignorance que l'on puisse être un jour contraint de restituer, par suite d'un vice de son titre d'acquisition ; le juste titre n'est qu'un indice. Au contraire, dans l'usucapion abrégée, l'essentiel est le titre.

2° Comme pour l'usucapion abrégée, le **juste titre** est nécessairement un titre translatif, qui aurait pu, par sa nature, transférer la propriété ou l'usufruit : vente, donation, apport en société, legs... Il n'a pas produit cet effet, en raison du défaut de propriété de l'aliénateur, ou de capacité, ou d'un vice de forme. Parce que l'essentiel est la bonne foi du possesseur, la jurisprudence admet un simple titre putatif, qui n'existe que dans la pensée du possesseur[82].

La bonne foi s'entend de l'erreur du possesseur, de fait ou de droit sur l'efficacité du titre juridique en vertu duquel il est entré en possession. Conformément au droit commun, elle est présumée et disparaît au moment où le possesseur connaît de manière certaine les vices de son titre : pratiquement, lorsque la nullité ou la résolution sont prononcées. Mais le jugement étant censé être rendu le jour de l'assignation, les fruits perçus pendant l'instance doivent être restitués : de cette manière, le demandeur n'a pas à souffrir des lenteurs de la justice[83].

Comme le possesseur acquiert tous les fruits par leur perception – alors que l'usufruitier acquiert les fruits civils au jour le jour[84] – la bonne foi doit exister lors de chaque perception ; la survenance de la mauvaise foi ne met pas en cause les perceptions antérieures effectuées de bonne foi.

N°s 518-549. réservés.

81. *Infra*, n°s 566 et s.

82. Ex. : Cass. civ. 1re, 5 déc. 1960, *Bull. civ.* I, n° 527 : « *Le simple possesseur ne fait les fruits siens que s'il possède comme propriétaire, soit en vertu d'un titre translatif de propriété dont il ignore les vices, soit en vertu d'un titre putatif* » ; en l'espèce, la cour d'appel avait accordé les fruits aux occupants de bonne foi d'une terre, au motif qu'il est « *d'usage tahitien* (l'espèce se passait à Tahiti) *que ceux qui ont établi des plantations ont droit aux récoltes de celles-ci* » ; cassation : les juges auraient dû rechercher « *si, à défaut de titre de propriété, ces occupants ont planté avec la croyance qu'il en existait un en leur faveur* ».

83. Ex. : Cass. civ. 3e, 28 juin 1983, *Bull. civ.* III, n° 148 ; en l'espèce, l'adjudicataire d'un terrain avait utilisé personnellement le hangar construit sur celui-ci ; ultérieurement, le hangar fut revendiqué avec succès par une société de crédit-bail ; la cour d'appel avait condamné le possesseur à payer une indemnité d'utilisation à compter de l'arrêt ; cassation, pour violation de l'article 549 ; l'indemnité d'utilisation était due à compter du jour de la demande.

84. *Infra*, n° 819.

SOUS-TITRE II

ACQUISITION ET PREUVE DE LA PROPRIÉTÉ

550. Deux règles liées. – Entre l'acquisition de la propriété et la preuve de son droit, il existe un lien immédiat : prouver le droit de propriété, c'est démontrer qu'on l'a acquis par l'un des modes légaux. Or, l'objet de la preuve et la force de ses moyens ne sont pas les mêmes suivant le mode d'acquisition. Comme dans le droit de la filiation, la propriété est fondée à la fois sur un titre et sur un fait, la possession ou l'occupation, qui généralement coïncident. La dissociation de ces deux éléments crée une situation fragile, propice aux actions en revendication. La preuve décisive de la propriété dépend alors de son mode d'acquisition. Aussi l'étude de celui-ci (Chapitre I) précède-t-elle logiquement l'examen de la preuve (Chapitre II).

CHAPITRE I

ACQUISITION DE LA PROPRIÉTÉ

551. Question essentielle. – Le livre III du Code, dont les dispositions sont de loin les plus abondantes (art. 711 à 2278), est intitulé : « *Les différentes manières dont on acquiert la propriété* ». C'est dire l'importance qu'avait cette question pour le législateur de 1804 : les principales institutions du droit civil – successions, contrats, régimes matrimoniaux, contrats spéciaux... – ont pour finalité l'acquisition de la propriété. Cette présentation n'est pourtant pas rigoureuse : bien des dispositions du livre III sont étrangères à l'acquisition de la propriété. Mais elle traduit à la fois... la préoccupation du législateur au lendemain de la Révolution : la loi devrait principalement régir une propriété récemment distribuée à la bourgeoisie... et le lien qui existe entre l'acquisition de la propriété et les institutions qui n'appartiennent pas au droit des biens : droits des libéralités, des successions, des régimes matrimoniaux, des obligations et des contrats spéciaux.

Comme le livre III du Code civil, on raisonne principalement sur l'acquisition de la propriété. Mais celle des autres droits réels principaux – usufruit, servitudes, emphytéose... – est soumise à des règles identiques ; ici encore, la propriété sert de modèle.

Les articles 711 et 712 invitent à distinguer deux modes d'acquisition. Le premier est la transmission (art. 711) : le nouveau propriétaire tient ses droits de l'ancien, en vertu d'un contrat (vente, apport en société, donation), d'un acte unilatéral (testament) ou de la loi (succession). Le second est l'acquisition directe, résultant, non d'un transfert du droit, mais du fait même de l'occupation ou de la possession. On dira quelques mots de la transmission, qui relève pour l'essentiel d'autres parties du droit civil (Section I). En revanche, l'acquisition directe de la propriété est un phénomène propre au droit des biens (Section II).

SECTION I

TRANSFERT

552. Classifications. – Le mode habituel d'acquisition de la propriété est son transfert : le nouveau propriétaire a acquis son droit du précédent propriétaire ; il est l'ayant cause de son auteur. Les modes de transmission sont nombreux et variés. Trois classifications peuvent être données.

1° D'après leur **source** : la transmission peut être forcée : légale (succession à la suite du décès d'une personne ; nationalisation) ; ou judiciaire (cession judiciaire d'une entreprise en difficultés) ; elle peut aussi être volontaire, par un acte unilatéral (testament) ou une convention (donation, vente, apport en société, échange).

2° D'après leur **étendue** : il est classique de distinguer les transmissions à titre universel (succession, fusion de sociétés) et à titre particulier (legs, donation, vente). Sauf exceptions[1], la convention, acte entre vifs, ne permet qu'une transmission à titre particulier.

3° D'après leur **cause** : la transmission de la propriété peut être réalisée à titre gratuit (donation, legs) ou onéreux (vente, apport, échange).

553. Abstraction. – Chacune de ces classifications présente un intérêt. Mais toutes les transmissions, quelles qu'en soient la source, l'étendue ou la cause, relèvent d'une règle générale : le caractère immédiat, direct et abstrait du transfert de propriété. Le transfert de propriété n'a pas à se manifester : aucun signe ni aucune formalité particulière ne l'annoncent. C'est ce qu'affirme, pour le transfert par convention, l'article 1169, al. 1 (1138, al. 2 anc.) : « le transfert s'opère lors de la conclusion du contrat » (v. aussi art. 938 et 1589).

Ainsi le transfert de propriété est-il radicalement distinct de la prise de possession, qui est un fait public. Il peut être constaté par le juge, à l'examen des seuls titres[2].

Le caractère immédiat du transfert de propriété est contraire à la tradition romaine, qui le liait à l'accomplissement d'une formalité publique, et à certains droits étrangers contemporains (droit allemand, notamment). Elle est conforme à la tradition du droit français qui entend faciliter le contact direct entre la personne et la chose, sans formalités ni investiture, judiciaire ou administrative, préalable[3]. Elle est souvent écartée par la volonté des parties, qui font dépendre le transfert, non de la seule conclusion de la convention, mais de l'exécution effective par l'une ou l'autre d'une obligation[4]. Comme l'ordre public n'est pas en cause, ces conventions sont valables.

SECTION II
ACQUISITION DIRECTE

554. Rare, mais significatif. – L'acquisition directe de la propriété d'un bien, sans le tenir d'un précédent propriétaire, n'est pas une hypothèse d'école. En matière immobilière, cette acquisition d'une propriété originaire, que l'on ne tient de personne apparaît dans trois cas : l'accession[5], la propriété apparente[6] et l'usucapion (prescription acquisitive). Si l'accession immobilière est réglementée de telle manière que le constructeur puisse être indemnisé, les deux derniers

1. Il s'agit de l'institution contractuelle, qui, par un acte entre vifs, permet de réaliser entre époux une donation universelle à cause de mort ou de certaines opérations entre sociétés (apport partiel d'actif placé sous le régime des scissions : Cass. com., 16 févr. 1988, *Bull. civ.* IV, n° 69 ; *RTD com.* 1988.639, obs. Y. Reinhard ; Cass. com., 15 mars 1994, *Bull. civ.* IV, n° 117.

2. *Infra*, n° 514.

3. Pour une contestation du transfert abstrait et la nécessité de l'entrée en possession : F. DANOS, th. précitée *supra*, n° 482.

4. Par exemple, le paiement du prix (clause de réserve de propriété) ou la livraison.

5. *Supra*, n°s 442 et s.

6. *Infra*, n° 652.

modes d'acquisition originaire aboutissent à une dépossession du véritable propriétaire, au bénéfice du temps pour l'usucapion ou de la protection de celui qui tient le bien du propriétaire apparent pour la propriété apparente. En matière mobilière, une différence importante tient au fait que toutes les choses ne sont pas nécessairement appropriées, de sorte que leur acquisition peut ne blesser aucun droit. Mais on y rencontre aussi un mécanisme d'acquisition des biens appropriés par l'effet de la possession. Le droit accepte cette acquisition originaire de la propriété pour des raisons pratiques, mais sous certaines conditions, afin d'éviter une subversion de la propriété par le fait. Le danger n'est pas le même à l'égard des immeubles (Sous-section I) et des meubles (Sous-section II).

Sous-section I
Immeubles : l'usucapion

555. Droit commun. – L'usucapion[7] ou prescription[8] acquisitive est un mode d'acquisition de la propriété (art. 712), par l'effet d'une possession prolongée pendant une certaine durée. Le Code (art. 2258) la distingue de la prescription extinctive. Sans doute, les deux institutions sont-elles toutes deux liées à l'écoulement du temps. Mais l'accomplissement d'un délai ne suffit pas par lui seul à faire acquérir ou à faire perdre un droit. Il faut aussi, soit l'inaction du créancier, c'est la prescription extinctive, soit à la fois l'inaction du véritable propriétaire et la possession de celui qui veut prescrire, c'est la prescription acquisitive.

L'usucapion est une institution d'ordre social : elle interdit la prolongation indéfinie d'un divorce entre la possession et le droit de propriété, en faisant coïncider, après un certain temps, le droit et le fait. Dans la plupart des cas, le possesseur est propriétaire : l'usucapion consolide son droit et le met à l'abri d'une revendication intempestive, en lui permettant d'apporter une preuve décisive que les titres ne seraient pas parvenus, par eux-mêmes, à établir. Lorsque le possesseur est un spoliateur, l'usucapion crée une injustice ; mais le *verus dominus* peut se voir reprocher sa négligence (l'usucapion ne s'accomplit pas clandestinement) ; il aurait dû revendiquer à temps.

Aujourd'hui, l'usucapion a un rôle réduit. Elle continue cependant à être importante dans la preuve de la propriété. Comme mode d'acquisition de la propriété, elle ne porte guère sur des immeubles entiers ; elle sert surtout à délimiter les limites de la propriété : elle est devenue un procédé de « pacification des frontières »[9]. Le développement de la civilisation paperassière (actes de vente et origines de propriété) et administrative (publicité foncière et fisc) la cantonne à cet office mineur ; il est possible de prescrire contre un titre[10], et, évidemment, de prescrire sans titre[11]. Si limitée soit son importance pratique, l'institution demeure une pièce essentielle dans le régime de la propriété immobilière et de sa preuve.

Elle a une portée générale et s'applique en principe aussi bien aux meubles qu'aux immeubles. Mais les meubles corporels sont acquis instantanément par le possesseur de bonne

7. **Étymologie** d'usucapion : du latin : *usucapio, ere* = prendre, acquérir par l'usage (de *usus, us* = usage + *capio, ere* = prendre).

8. **Étymologie** de prescription : du latin : *praescribeo, ere* = écrire en tête (de *prae* = en avant + *scribeo, ere* = écrire). Celui qui, en droit romain, voulait invoquer ce moyen devait le faire inscrire en tête de la formule délivrée par le préteur.

9. J. Carbonnier, n° 196, *Sociologie*.

10. Cass. civ. 3e, 4 déc. 1991, *infra*, n° 615.

11. Cass. civ. 3e, 22 janv. 1992, *Bull. civ.* III, n° 29 ; *Defrénois* 1992, art. 35.503, n° 59, obs. H. Souleau : « *La prescription trentenaire, qui ne nécessite pas de titre, permet d'acquérir la propriété* ».

foi[12]. L'usucapion, impliquant une durée dans la possession, ne pourrait donc jouer en matière mobilière qu'en faveur d'un possesseur de mauvaise foi et que pour les meubles immatriculés (navires, bateaux, aéronefs), qui échappent au régime des autres meubles corporels. Mais plusieurs meubles immatriculés ne s'acquièrent que par l'inscription sur un registre public : l'usucapion ne joue alors aucun rôle, comme elle n'en exerce aucun dans les systèmes de droit qui font coïncider la propriété immobilière avec l'inscription sur le livre foncier (ex. : Allemagne, Tunisie). La Cour européenne des droits de l'homme ne l'a pas jugée contraire à la Convention du même nom[13].

L'usucapion de droit commun nécessite l'écoulement d'un délai de trente ans. Il en existe une autre, fondée sur des considérations de sécurité juridique, qui s'accomplit sur une durée de dix ans (§ 2). L'usucapion trentenaire et l'usucapion abrégée sont soumises à des règles communes (§ 1).

§ 1. Règles communes aux deux usucapions

Certaines conditions (I) et certains effets (II) sont communs aux deux usucapions.

I. — Conditions

Toute usucapion doit réunir deux éléments : une possession (A), accomplie pendant un certain temps (B).

A. Possession

556. Qualité. – La possession, pour être « utile » à l'usucapion, doit être une possession, ce qui implique une maîtrise de la chose[14], exempte de vices, paisible et publique[15] : c'est à cette condition qu'elle est significative et peut déboucher sur l'acquisition d'un droit incontestable.

Le détenteur précaire ne prescrit jamais, car en détenant la chose il possède pour autrui (art. 2266) ; il reconnaît expressément le droit du propriétaire, à la différence de l'usurpateur, dont la possession devrait alerter le propriétaire. Si longue ait été sa détention, quand bien même elle se prolonge après l'expiration de son bail, le locataire ne peut donc jamais prescrire[16], sauf s'il intervertit son titre[17].

12. *Supra*, n° 489 et *infra*, n°s 571 et s.

13. CEDH gde ch. 30 août 2007, *Pye Ltd c/ Royaume-Uni*, *D.* 2008.2468, obs. Bl. Mallet-Bricout ; *JCP* G 2008.I.127 n° 1, obs. H. Périnet-Marquet : « *La prescription est une institution qui peut être justifiée par l'intérêt général* » ; *Dr. et patr.* juill. 2008.92, obs. J.-B. Seube ; *RTD civ.* 2007.727, obs. J.-P. Marguénaud, 2008.507, obs. Th. Revet.

14. Sur le *corpus* et l'*animus*, *supra*, n°s 488 et s. : l'usucapion suppose donc des actes matériels de possession accomplis par l'occupant (*ib.*).

15. Sur les vices de la possession, *supra*, n°s 497 et s.

16. Ex. : Cass. civ. 3e, 19 déc. 1990, *Bull. civ.* III, n° 270 ; *D.* 1991, somm. 305, obs. A. Robert ; en l'espèce, après l'expiration de leur bail, les consorts Thibault avaient été laissés plus de 30 ans en jouissance du terrain qu'ils avaient loué : « *Aucun loyer ne leur a jamais été réclamé et aucun congé ne leur a été délivré* » ; la cour d'appel décida qu'ils « *sont devenus, par eux-mêmes et par leurs auteurs, propriétaires du terrain par prescription acquisitive trentenaire* » ; cassation : « *Les consorts Th. avaient commencé à posséder le terrain pour autrui, en vertu d'un contrat de location* ».

17. Cass. civ. 3e, 27 sept. 2006, n° 05-14.561, *Bull. civ.* III, n° 191 ; *JCP* G 2007.I.117, n° 6, obs. crit. H. Périnet-Marquet : « *Le seul fait pour un locataire d'avoir cessé de payer le loyer au propriétaire ne suffisait pas pour intervertir son titre* » ; en l'espèce, les locataires étaient demeurés dans les lieux pendant 44 ans sans payer de loyer ; jugé qu'ils n'avaient pas usucapé.

Encore plus éloignés de la possession que ne l'est la détention précaire, les actes de « simple tolérance » ou de « pure faculté » ne peuvent fonder des prescriptions (art. 2262).

1° Les actes de **simple tolérance** sont les actes qu'une personne exerce sur le fonds d'autrui, en vertu d'une permission gracieuse, toujours révocable, du propriétaire. Par exemple, un voisin permet le passage sur son fonds. Ces actes, qu'expliquent les obligations de bon voisinage, ne peuvent jamais fonder une prescription.

La règle repose sur un calcul psychologique rudimentaire : si le propriétaire avait su que sa courtoisie risquait de se retourner contre lui, il se serait montré moins tolérant envers ses voisins ; bien qu'il ne soit pas obligatoire d'être tolérant et courtois, ce sont des vertus qui aident à vivre en société et qu'il serait inopportun de décourager.

2° Les actes de **pure faculté**, plus rarement invoqués, sont plus difficiles à définir. Par exemple, une personne est propriétaire d'un terrain en bord de mer, sur lequel elle ne construit pas ; elle ne perd pas cette faculté de construire par non-usage ; réciproquement, son voisin ne peut prétendre avoir acquis une servitude de vue pour continuer à bénéficier du panorama qu'il avait. Ils sont l'exercice d'un droit ou d'une liberté qui, n'empiétant pas sur les droits d'autrui, ne peuvent fonder une possession[18].

557. Biens prescriptibles. – La possession doit en outre s'appliquer à un bien susceptible d'être aliéné et acquis par le possesseur. C'est à cette condition que se réfère l'article 2267, quand il prévoit qu'« *on ne peut prescrire le domaine*[19] *des choses qui ne sont pas dans le commerce* ».

Par conséquent, l'usucapion ne peut avoir pour objet, ni des choses communes, qui par définition ne sont pas susceptibles de propriété privative, ni des biens frappés d'inaliénabilité : sinon, l'inaliénabilité serait tournée et le titulaire d'un droit que l'on a voulu indisponible serait dépouillé. Ainsi en est-il du domaine public et de la propriété privée quand une clause particulière l'a rendue inaliénable.

La possession ne suffit pas par elle seule à constituer l'usucapion, il faut qu'elle se soit écoulée pendant un certain délai.

B. Délai

La durée du délai varie selon le type d'usucapion, mais deux règles sont communes aux deux espèces de possession : le point de départ (1) et l'interruption et la suspension (2).

18. Ex. : Aix, 13 mars 1992, *JCP* G 1992.IV.1591 : « *Le droit français ne protège aucun droit à la vue sur l'horizon dès lors qu'il réduirait considérablement le droit de propriété s'il était reconnu ; en conséquence, ne peut être indemnisable le léger préjudice résultant d'une réduction de la vue puisqu'il est une conséquence indirecte du droit légitime d'un propriétaire voisin à surélever sa villa en conformité avec la réglementation de l'urbanisme* » ; E. Frank, « La vue sur l'horizon est-elle protégée par la loi ? », *D.* 1985, chron. 249 ; *Defrénois* 1985, art. 33591 ; v. *infra*, n° 1029.

19. « Domaine » est la traduction du mot latin *dominium, ii* et désigne la propriété.

1) Point de départ

558. Jonction des possessions. – Le point de départ du délai de l'usucapion est celui de l'entrée en possession du possesseur ou de son auteur[20]. Ce dernier cas est ce que l'on appelle la jonction des possessions, dont le principe est posé par l'article 2265 : « *Pour compléter la prescription, on peut joindre à sa possession celle de son auteur, de quelque manière qu'on lui ait succédé, soit à titre universel ou particulier, soit à titre lucratif ou onéreux* ». Ainsi, l'acquéreur, le donataire, l'héritier pourront-ils ajouter à leur temps de possession celui pendant lequel avaient possédé le vendeur, le donateur ou le défunt.

Bien que le texte ne le dise pas, l'héritier et les ayants cause à titre particulier ne sont pas, à cet égard, dans la même situation. L'héritier ou le légataire universel sont continuateurs de la personne du défunt, et succèdent à la même possession que le défunt : si le défunt était de bonne foi, l'héritier usucapera par possession abrégée, même s'il est de mauvaise foi ; inversement, si le défunt était de mauvaise foi, l'héritier usucapera par possession trentenaire, même s'il est de bonne foi. Au contraire, l'ayant cause à titre particulier a une possession dont le caractère est différent : il peut joindre la possession de son auteur si elle est de même nature (la possession sera trentenaire si les deux possesseurs sont de mauvaise foi, abrégée si les deux possesseurs sont de bonne foi). Cependant, les années utiles pour une prescription abrégée peuvent s'ajouter à une possession trentenaire, non l'inverse.

2) Interruption et suspension

L'accomplissement de la prescription acquisitive, de la même manière que celui de la prescription extinctive, peut être affecté par deux séries d'événements constituant les unes interruption (a), les autres suspension (b) de la prescription, dont le fondement et l'effet sont différents.

a) Interruption

559. Naturelle ou civile. – Lorsqu'il y a interruption, la possession disparaît ou cesse d'impliquer une contradiction au droit du véritable propriétaire. Toute la possession antérieure devient non avenue et si elle se met de nouveau à courir, elle repart à zéro. Elle peut être, ou naturelle, ou civile.

1° Elle peut être **naturelle** : elle résulte de la disparition de la possession pendant plus d'un an[21], soit que le possesseur ait volontairement abandonné la chose, soit que le propriétaire ou un tiers l'ait reprise (art. 2271).

Mais, dans ce qui est sans doute un arrêt d'espèce, il a été jugé que la demande en démolition d'une construction n'interrompt pas l'usucapion du sol par le constructeur[22].

2° Elle peut aussi être **civile** (art. 2240 à 2246). La détention matérielle ne disparaît pas, mais ne contredit plus les droits du véritable propriétaire. Elle peut être le fait du possesseur qui reconnaît volontairement les droits du véritable propriétaire.

Cette reconnaissance volontaire par le possesseur est rarement spontanée ; elle a généralement lieu à la suite d'une demande en revendication du véritable propriétaire, pour éviter les poursuites et régler amiablement la situation. Surtout, elle peut être le fait du propriétaire qui

20. Encore faut-il que le possesseur actuel tienne le bien de son auteur : Cass. civ. 3e, 17 avr. 1996, *Bull. civ.* III, n° 107 ; « *Un acquéreur ne peut joindre sa possession à celle de son auteur pour prescrire un bien resté hors de la vente* ».

21. Pendant ce délai, en effet, la personne dépossédée pourra exercer une action possessoire pour entrer à nouveau en possession du bien. Si elle triomphe, la prescription n'aura pas été interrompue.

22. Cass. civ. 3e, n° 14-28.213, *AJDI* 2016.5341 ; RTD civ. 2016.658.

réclame la restitution de la chose détenue par le possesseur ; il ne suffit pas d'une réclamation quelconque : elle doit prendre une forme caractérisée, la citation en justice[23].

b) Suspension

560. *Contra non valentem....* – Il y a suspension quand interviennent certains évènements qui arrêtent provisoirement le cours de la prescription sans en abolir les effets essentiels. Lorsque la cause de la suspension a cessé, la prescription reprend son cours : les années de prescription antérieures à la suspension s'ajoutent aux années postérieures ; la suspension allonge donc le délai de prescription. L'idée générale justifiant la suspension est qu'il faut arrêter la prescription chaque fois que le titulaire du droit menacé de prescription ne peut se défendre ou tout au moins qu'il lui serait difficile de le faire. Principe qu'avait énoncé l'Ancien droit : *contra non valentem agere non currit prescriptio* (la prescription ne court pas contre celui qui ne peut agir en justice) qui est repris par la loi de 2008 sur la perception extinctive, simplifiant la règle en la généralisant (art. 2234).

Telle qu'elle était comprise par l'Ancien droit, l'application de la règle était subordonnée à l'appréciation du juge qui examinait dans chaque cas si le propriétaire avait eu la possibilité d'agir contre le possesseur. L'inconvénient de la souplesse dans l'application du droit en était l'arbitraire. Aussi dans le régime du Code Napoléon, l'article 2251 anc. prévoyait-il que la prescription courait contre toutes personnes, sauf s'il existait une exception prévue par la loi. Le texte et ses intentions étaient clairs : interdire au juge de suspendre une prescription dans une hypothèse qui n'avait pas été prévue par la loi : la règle *contra non valentem* pouvait inspirer le législateur, mais ne suffisait pas à fonder la décision du juge. Cependant, la jurisprudence avait finalement accepté la règle de l'Ancien droit en faisant une distinction ; le juge n'avait pas le pouvoir de créer des causes de suspension qui tenaient à la personne parce que la loi les avait énumérées (causes de suspension subjectives), mais il pouvait créer des causes de suspension tenant à des circonstances de fait, parce que la loi n'en avait énuméré aucune (causes de suspension objectives).

561. Incapables, époux et pacsés. – La prescription ne court pas contre les incapables qui sont représentés – mineurs et majeurs en tutelle – (art. 2232), car la loi craint que le représentant de l'incapable n'interrompe pas la prescription. Cette règle a l'inconvénient de prolonger considérablement beaucoup de prescriptions. Elle altère aussi la sécurité qui devrait s'attacher à l'usucapion : même si plus de trente ans se sont écoulés, on n'est jamais absolument sûr que cette durée suffise.

La prescription ne court pas non plus entre époux ou entre pacsés (art. 2236) : il est moralement difficile au propriétaire d'agir en revendication lorsque le possesseur est son conjoint ou son pacsé.

562. Force majeure. – Sur le fondement de la règle *contra non valentem*, la jurisprudence puis la loi de 2008 ont admis que la prescription était suspendue contre celui qui ne pouvait agir, et l'impossibilité d'agir est comprise assez largement ; par exemple, la prescription ne court pas contre le propriétaire sous condition suspensive[24] ni même contre celui qui ignore

23. Ce que n'est pas l'action en bornage : ex. : Cass. civ. 3e, 13 mars 2002, *Bull. civ.* III, n° 67 ; *D.* 2002, somm. 2510, obs. N. Reboul-Maupin ; *JCP* G 2002.I.176, n° 3, obs. H. Périnet-Marquet ; *Defrénois* 2002, art. 37577, n° 45, obs. Chr. Atias : « *L'assignation en bornage, qui tend exclusivement à la fixation de la ligne divisoire entre les fonds, ne peut constituer la citation en justice prévue par l'art. 2244* (auj. 2221) ».

24. Ex. : Cass. civ. 3e, 12 janv. 1988, *Bull. civ.* III, n° 6 ; *Defrénois* 1988, art. 34384, n° 118, obs. H. Souleau ; *RTD civ.* 1990.119, obs. Fr. Zénati ; en l'espèce, un locataire (donc un détenteur précaire) était devenu, par l'effet d'un partage (rétroactif), propriétaire de l'immeuble loué ; en dépit de l'effet rétroactif du partage, le temps de l'occupation en qualité de locataire n'a pas été pris en compte pour

son droit de propriété ; la règle est unanimement critiquée, car elle retire à la prescription sa raison d'être : si le propriétaire connaît son droit, il ne laisse généralement pas prescrire contre lui. Aussi, la jurisprudence exige-t-elle que le propriétaire ait été dans l'impossibilité absolue de connaître son droit, ce qui se ramène à la force majeure, véritable cause de suspension objective[25]. La prescription est en effet suspendue en cas de force majeure : par exemple : guerre, inondation ; mais habituellement la loi prend alors des moratoires suspendant la prescription.

II. — Effets

L'usucapion ne joue pas de plein droit. Lorsqu'elle est invoquée, elle fait acquérir rétroactivement la propriété.

563. Invocation et renonciation. – Lorsque le délai de la prescription acquisitive est accompli, l'usucapion ne produit ses effets que si elle est invoquée par le possesseur : poursuivi par le propriétaire en revendication, le possesseur oppose l'exception de prescription. Le juge ne pourrait le faire à sa place en soulevant d'office le moyen résultant de la prescription (art. 2247). C'est au plaideur de décider s'il veut s'en prévaloir ; l'usucapion peut en effet, pour des raisons d'ordre social, aller à l'encontre de la justice ; aussi pose-t-elle un problème de conscience devant lequel celui qui en profite peut reculer. D'ailleurs, il peut renoncer à la prescription.

Lorsque la prescription est acquise, le possesseur peut y renoncer ; il ne s'agit pas d'une renonciation à la propriété. Aussi n'est-elle pas une mutation bien qu'elle soit soumise à la publicité foncière (D. 4 janv. 1955, art. 28, 8°).

564. Consolidation ; acte de notoriété. – Le possesseur, lorsqu'il acquiert la propriété à l'expiration du délai de prescription, est censé avoir été propriétaire dès le jour de son entrée en possession[26]. Par conséquent, tous les droits qu'il a consentis sur l'immeuble sont validés ; il fait siens tous les fruits, même s'il avait été de mauvaise foi. Inversement, l'ancien propriétaire contre lequel la possession s'est exercée perd son droit[27].

L'acquisition résulte de la loi et non d'un transfert. Le possesseur, devenu propriétaire, dispose d'un titre juridique : l'usucapion. Mais il n'a pas de titre de propriété (au sens d'*instrumentum*).

---

la prescription acquisitive : « *La prescription n'avait pu courir à l'égard du titulaire du droit de propriété sur le bien qu'à compter de l'adjudication qui constituait l'événement réalisant la condition suspensive dont le droit était affecté.* »

25. Ex. : Req. 11 juin 1921, *S.* 1922.I.217, n. E. Naquet : « *L'ignorance* (de l'existence d'un droit) *dont ils* (ceux qui combattent la prescription) *excipent, fût-elle prouvée, ne constituerait pas une impossibilité absolue d'agir équivalant à la force majeure* ».

26. Cass. civ. 3e, 10 juill. 1996, sol. impl., *Bull. civ.* III, n° 180 ; jugé en conséquence que la vente consentie par un tiers sur la parcelle ayant fait l'objet de l'usucapion était une vente de la chose d'autrui.

27. Sur la perte de la propriété de l'ancien propriétaire par l'effet de l'usucapion, saisie d'une question prioritaire de constitutionnalité, la Cour de cassation a décidé de ne pas la renvoyer au Conseil constitutionnel, « *la question n'étant pas sérieuse* » : Cass. civ. 3e, 17 juin 2011, n° 11-40.014 ; QPC ; *Bull. civ.* III, n° 106 ; *RTD civ.* 2011. 562, obs. crit. Th. Revet ; *RDI* 2011. 500, n. J. L. Bergel : elle « *ne présente pas un caractère sérieux dès lors que la prescription acquisitive n'a ni pour objet ni pour effet de priver une personne de son droit de propriété, mais de conférer au possesseur, sous certaines conditions, et par l'écoulement du temps, un titre de propriété correspondant à une situation de fait qui n'a pas été contestée dans un certain délai ; cette institution correspond à un motif d'intérêt général de sécurité juridique en faisant correspondre le droit de propriété à une situation de fait durable, caractérisée par une possession continue et non interrompue, paisible, publique, non équivoque et à titre de propriétaire* ». De même, la CEDH décide que l'institution est conforme aux droits de l'homme (*supra*, n° 555).

De plus, les registres de la conservation des hypothèques l'ignorent. S'il veut vendre l'immeuble usucapé, il lui faut un *instrumentum* constatant son droit, et publié avant l'acte de vente qu'il consent (D. 4 janv. 1955, art. 3). L'acte de notoriété, créé par la pratique notariale, permet d'y parvenir : un notaire reçoit le témoignage de différentes personnes, appuyé par des pièces diverses (matrices cadastrales, baux consentis par le possesseur, rôles des impôts...), établissant la possession actuelle et ancienne. Cet acte, dans lequel le notaire se borne à relater des déclarations et des pièces, n'a pas la valeur probatoire d'un acte notarié ordinaire ; il est publié à la conservation des hypothèques. En pratique, non en droit, il constitue l'équivalent d'un acte de mutation.

§ 2. Règles spéciales à l'usucapion abrégée

565. Sécurité du commerce. – La prescription ordinaire s'accomplit par trente ans, ce qui est une durée que tout le monde (ou presque) juge excessive que pourtant la loi de 2008 a maintenue. Il suffit que pendant cette durée la possession ait été utile pour que le possesseur devienne propriétaire ; peu importe que le possesseur n'ait aucun titre et même qu'il soit de mauvaise foi. Le seul écoulement du temps interdit de remettre en cause une situation qui, juridiquement, pourrait être contestable : mieux vaut l'ordre que la justice, ou plutôt que le respect du droit de propriété. Lorsque le possesseur est entré en possession en vertu d'un titre juridique (non acquisitif par hypothèse) et qu'il est de bonne foi, la durée de l'usucapion est considérablement abrégée : dix ans, au lieu de trente.

Avant la loi de 2008, si le propriétaire évincé n'était pas domicilié dans le ressort de la cour d'appel où était situé l'immeuble possédé, le délai était doublé (20 ans) : le propriétaire avait pu ignorer la possession d'un immeuble qui n'était pas sous son regard ; si le propriétaire avait changé de domicile pendant la prescription, il fallait combiner les délais (art. 2266 anc.) ; c'est pourquoi on parlait d'une prescription de 10 à 20 ans, variations de durée que la loi de 2008 a supprimées.

La prescription abrégée n'est pas seulement une mesure d'ordre ; elle assure la sécurité du commerce juridique : au *verus dominus* est préféré le possesseur qui, de bonne foi, a cru acquérir du véritable propriétaire, en vertu d'un titre irréprochable. La possession couvre alors le défaut tenant à l'absence de propriété de celui dont il tient son titre. Le commerce des immeubles serait impossible sans cette mesure d'apaisement définitif.

L'accent est mis sur le titre du possesseur, qui doit être juste (I). C'est la condition essentielle, que colore la bonne foi (II).

I. — Juste titre

Le juste titre exigé par l'article 2272, alinéa 2, doit être translatif et ne pas être affecté de certains vices.

566. Translatif et *a non domino*. – L'usucapion abrégée repose sur le mécanisme suivant : la possession de bonne foi remplace le défaut de propriété de l'auteur du possesseur.

1° Il doit s'agir d'abord d'un **titre** – au sens de *negotium* – susceptible en lui-même de transférer la propriété : vente, donation, legs à titre particulier, échange, apport en société[28]. Peu importe l'*instrumentum*, acte authentique ou sous signature privée.

2° Il faut aussi que l'auteur du titre n'ait **pas été propriétaire**[29]. Si l'aliénateur était propriétaire, l'usucapion abrégée n'est pas en cause ; par exemple, s'il y a un litige entre le vendeur et l'acquéreur sur l'étendue de la vente[30] : le litige relève de l'interprétation du contrat ; ou bien, parce qu'il y a un conflit entre acquéreurs successifs d'un même auteur : le litige relève de la publicité foncière. En outre, si le titre est un acte déclaratif[31], tel qu'un partage... une transaction[32], qui se borne à déclarer un droit de propriété existant... un acte notarié de succession[33] mettant fin à l'indivision, il ne permet pas l'usucapion abrégée.

567. Existant et valable. – **1°** Le titre translatif doit **exister** réellement, et n'être affecté d'aucune autre cause de nullité que le défaut de propriété de l'aliénateur.

Ainsi le titre putatif, qui n'existe que dans la pensée du possesseur, n'est-il pas un juste titre[34]. Seule pourra alors jouer l'usucapion trentenaire.

2° De même, le titre infecté d'une cause de **nullité** ne peut servir de base à l'usucapion, car même si l'aliénateur avait été propriétaire, le possesseur n'aurait pas acquis. Du moins s'il s'agit d'une nullité absolue, que tout intéressé aurait pu invoquer : l'article 2273 le décide expressément en ce qui concerne le vice de forme, mais la règle est étendue aux autres causes de nullité absolue[35]. En

28. Ex. : Cass. civ. 1re, 13 janv. 1999, *Bull. civ.* I, n° 13 ; *JCP* G 1999.I.175, n° 6, obs. H. Périnet-Marquet : « *Le juste titre est celui qui, considéré en soi, serait de nature à transférer la propriété à la partie qui invoque la prescription* » ; ainsi, ne constitue pas un juste titre l'état descriptif de division d'un immeuble en copropriété : Cass. civ. 3e, 30 avr. 2002, *Bull. civ.* III, n° 89 ; *D.* 2002, somm. 2510, obs. N. Reboul-Maupin ; *JCP* G 2002.I.176, n° 4, obs. H. Périnet-Marquet. Mais Cass. civ. 3e, 30 avr. 2003, *Bull. civ.* III, n° 90 : au contraire, constitue un juste titre de l'usucapion abrégée des parties communes et des parties privatives d'un lot de copropriété, l'ensemble des actes de vente ayant eu pour objet les différentes parties privatives constituant le lot.

29. Ex. : Cass. civ. 3e, 15 févr. 1968, *Bull. civ.* III, n° 60 : « *Le juste titre est un acte propre à conférer la propriété, abstraction faite de la qualité de l'aliénateur* » ; en l'espèce, le donateur n'était pas propriétaire des parcelles données ; jugé que le donataire bénéficiait de l'usucapion abrégée.

30. Jurisprudence constante, mais peu abondante ; en dernier lieu, Cass. civ. 3e, 13 déc. 2006, *Bull. civ.* III, n° 253 ; *JCP* G 2007.I.117, n° 7, obs. H. Périnet-Marquet ; en l'espèce, l'acte d'acquisition faisait état de 3 006 m², alors que l'occupation invoquée par celui qui voulait bénéficier de la prescription abrégée s'étendait sur 3 041 m² ; jugé que l'usucapion abrégée ne pouvait s'appliquer : « *L'exigence du juste titre implique que celui-ci concerne dans sa totalité le bien que le possesseur entend prescrire* ».

31. Jurisprudence constante depuis Cass. civ., 10 déc. 1845, *DP* 1846.I.45 : « *Aux termes de l'art. 843, applicable à l'espèce, les partages ne sont pas attributifs, mais seulement déclaratifs de propriété* ».

32. Cass. ch. réun., 12 déc. 1865, *DP* 1865.I.1457.

33. Cass. civ. 3e, 25 juin 2008, préc. n° 07-14.647, *Bull. civ.* III, n° 115 ; *D.* 2008 Pan. 2643, obs. Bl. Mallet-Bricout ; *JCP* G 2008.I.194, n° 2, obs. H. Périnet-Marquet ; *Dr et Patr* 2008.143, obs. J.-B. Seube et Th. Revet.

34. Titre imaginaire de l'acquéreur d'une parcelle qui, par exemple, a cru avoir acquis la parcelle voisine : Cass. civ. 1re, 6 nov. 1963, *Bull. civ.* I, n° 483 : « *Le titre putatif étant impuissant à fonder l'usucapion décennale, Dumoulin* (le possesseur) *ne peut invoquer son acte d'acquisition pour la partie du terrain qu'il ne mentionne pas* » ; ou bien un titre nul en la forme : Cass. civ. 3e, 30 nov. 1982, *Bull. civ.* III, n° 237 : « *L'acte invoqué par M. Martin* (le possesseur), *étant revêtu d'une fausse signature,* (la cour d'appel) *en a exactement déduit l'absence de juste titre au sens de l'article 2265* (anc.) » ; ou bien, le titre d'un légataire résultant d'un testament révoqué par un testament ultérieur.

35. Req., 9 avr. 1906, *DP* 1907.I.406 : apport fait par un membre d'une congrégation religieuse non autorisée à une société, destiné à masquer un apport fait à une congrégation dénuée de la capacité de recevoir ; l'acte d'apport est fictif : il ne peut donc constituer, pour la société interposée, un juste titre : « *L'arrêt attaqué déclare que les actes n'étaient pas sincères ; la société à laquelle ont été faits les apports et les ventes n'était qu'une personne interposée et les faits et les documents de la cause rendent manifeste cette interposition ; il résulte de cette appréciation que les actes litigieux ne*

revanche, s'il s'agit d'une nullité relative, telle qu'un défaut de capacité ou de pouvoir, l'acte peut constituer un juste titre[36] ; la partie protégée par la cause de nullité dispose de l'action en nullité.

Le titre translatif peut n'avoir pas été publié à la conservation des hypothèques. La règle est saisissante lorsque le droit du propriétaire revendiquant, qui a publié son titre (ex. : un acte de vente), agit contre le possesseur dont le titre (ex. : une autre vente, ou une donation...) émane du même auteur. Un tel conflit de titres relève en principe des règles de la publicité foncière : l'emporte celui qui a publié le premier (D. 4 janv. 1955, art. 30). Mais si le second invoque, non son titre, mais l'usucapion abrégée, dont le titre n'est qu'une condition, peu importe que celui-ci n'ait pas été publié : l'usucapion est un mode direct d'acquisition, qui ne fait pas de son bénéficiaire l'ayant cause de l'aliénateur[37]. Le droit civil perturbe la publicité foncière.

II. — Bonne foi

568. Mauvaise foi et doute. – **1°** La **bonne foi**, seconde condition exigée par l'article 2272, al. 2, est la croyance, par hypothèse erronée, que l'aliénateur était propriétaire et que le titre devait produire son effet translatif[38].

Dans le droit des obligations, la bonne foi a un sens différent : elle désigne la loyauté dans les relations contractuelles.

2° La jurisprudence décide que la bonne foi est incompatible avec le **doute** : si l'acquéreur a douté de la propriété de son auteur ou si le titre de celui-ci était fragile, il n'a pas été de bonne foi. La règle est raisonnable, mais les arrêts l'appliquent sévèrement ; ils ne retiennent pas seulement le doute qu'avait effectivement l'acquéreur, mais aussi celui qu'il aurait dû avoir ; par exemple, si l'origine de propriété mentionne que le vendeur avait payé un prix très bas, ou ne l'avait pas payé, ou que son titre était suspect.

Peu importe que l'acquéreur ait connu le vice de son propre titre, par exemple, l'incapacité du vendeur : l'usucapion protège le possesseur contre la revendication du véritable propriétaire, non contre l'action en nullité exercée par le cédant.

569. *Mala fides superveniens...* – Il suffit que la bonne foi existe au moment où l'acte qui constitue le juste titre est passé. Peu importe qu'ultérieurement la possession devienne de mauvaise foi : *mala fides superveniens non nocet*. Règle

constituaient pas le juste titre qui, d'après l'article 2265 (anc.), *est l'une des conditions de la prescription décennale* ».

36. Cass. civ. 3e, 3 nov. 1977, *Bull. civ.* III, n° 366 : nullité d'un jugement d'adjudication résultant du défaut de capacité et de pouvoir du syndic de faillite qui avait poursuivi la vente ; jugé que « *cette nullité, résultant d'un défaut de capacité et de pouvoir étant relative et non absolue, le titre nul constituait un juste titre* [...] ; *le jugement d'adjudication, qui n'avait pas permis le transfert de la propriété, avait permis comme juste titre, aux adjudicataires en possession, d'acquérir la propriété par prescription abrégée* ».

37. Cass. civ., 1er août 1939, *DC*, 1941.91, n. Radouant ; *S.* 1940.I.38 : « *Si, aux termes des articles 1 et 3 de la L. 23 mars 1855* [aujourd'hui, art. 30 du D. 4 janv. 1955], *les actes translatifs de propriété immobilière doivent être transcrits pour être opposables aux tiers, et si la loi précitée a pour but de résoudre les conflits s'élevant entre les ayants cause du même auteur invoquant exclusivement leurs titres, elle ne protège pas l'acquéreur ayant transcrit le premier contre un autre acquéreur qui se prévaut non seulement d'un titre émanant du même auteur, mais encore de la prescription ; cette prescription est de nature à lui faire acquérir la propriété sans qu'il y ait lieu de distinguer selon que les titres émanent ou non du même aliénateur.* »

38. Cass. civ. 3e, 15 juin 2005, *Bull. civ.* III, n° 134 ; *JCP* G 2007.IV.2742 : « *La bonne foi, au sens de l'art. 2265* (auj. 2272, al. 2), *consiste en la croyance de l'acquéreur, au moment de l'acquisition, de tenir la chose du véritable propriétaire* ».

différente de celle qui existe en matière d'acquisition des fruits et qui de nouveau s'explique par le fondement de l'institution : l'élément essentiel est ici le titre, non la bonne foi.

Sous-section II
Meubles corporels : possession et occupation

570. De main en main... – Les meubles corporels se déplacent de main en main. Ils sont souvent fongibles, donc difficiles à identifier. Le commerce des meubles se passe généralement d'écrit. La propriété des meubles corporels, beaucoup plus que celle des immeubles, est étroitement liée à leur possession ; selon une règle célèbre, dont le sens ne se livre pas du premier coup, « *en fait de meubles, possession vaut titre* » (§ 1). À l'égard des meubles qui ne sont pas ou ne sont plus appropriés, c'est l'occupation qui fait acquérir la propriété (§ 2).

§ 1. En fait de meubles, possession vaut titre

571. Double sens : *instrumentum* et *negotium*. – En matière immobilière, la possession joue un rôle important. Elle demeure néanmoins distincte de la propriété : le possesseur est présumé propriétaire ; mais s'il ne l'est pas, le véritable propriétaire peut revendiquer avec succès s'il prouve son droit, tant que le possesseur n'a pas usucapé.

En matière mobilière, le Code n'énonce nulle part une règle différente, qui interdirait au propriétaire dépossédé de revendiquer. Mais l'article 2276, al. 1 (2279, al. 1 anc.), conduit à ce résultat : « *En fait de meubles, la possession vaut titre.* » Les termes « vaut »[39] et « titre » sont ambigus. Le texte est en effet susceptible de deux sens.

1° Ou bien, il signifie que la possession d'un meuble est l'équivalent d'un titre de propriété : constituant une preuve de la propriété ; elle permet, comme un titre (***instrumentum***), de prouver la propriété, parce qu'elle la fait présumer : il s'agirait d'une règle de preuve. Ainsi compris, le texte n'ajoute rien à la règle générale : la possession fait présumer la propriété, présomption simple, susceptible de preuve contraire.

2° Ou bien, il signifie que la possession est un titre de propriété (***negotium***) : permettant l'acquisition de la propriété ; elle rend le possesseur propriétaire lorsqu'il n'a pas traité avec le véritable propriétaire. Elle est alors un mode d'acquisition directe de la propriété. En conséquence, le véritable propriétaire dépossédé ne peut exercer d'action en revendication contre le possesseur : il s'agit d'une règle de fond. Ainsi compris, le texte soumet les meubles à un régime différent de celui des immeubles : il interdit la revendication mobilière.

Aujourd'hui, l'article 2276, al. 1, a cette double signification : la possession est non seulement une présomption de propriété, mais surtout un mode d'acquisition instantanée d'un meuble appartenant à autrui[40].

---

39. Également employé dans l'article 1589 (« *La promesse de vente vaut vente* »), où il présente la même ambiguïté.

40. Critique : W. Dross, « Le singulier destin de l'article 2279 [auj. 2276] », *RTD civ.* 1996.27.

572. Commerce, morale, famille et conjoncture. – La règle n'a pris son second sens, le plus radical, qu'à l'issue d'une longue histoire tourmentée où se sont affrontés plusieurs intérêts contradictoires. **1°** Celui du **commerce**, qui a surtout pour objet les meubles corporels et exige célérité et sécurité. L'acquéreur n'a pas le temps de vérifier si son vendeur est propriétaire, alors que dans une vente d'immeuble, l'acheteur – ou son notaire – a tout le loisir de le faire. Surtout, lorsque l'achat est fait chez un marchand selon des conditions normales, l'acheteur veut être sûr qu'il ne sera pas évincé par la revendication d'un véritable propriétaire.

2° L'intérêt du commerce est parfois contraire aux exigences d'une **morale** élémentaire. Il est choquant que le propriétaire dépossédé par un vol, un abus de confiance ou une perte ne puisse reprendre sa chose.

3° Enfin, les intérêts de la **famille** interfèrent souvent : des meubles (meubles meublants, bijoux, or...) passent de main en main ; à l'occasion d'un décès, il s'agit souvent de savoir à quel titre tel proche du défunt détient un meuble. L'ordre et la paix domestiques imposent une solution simple. Cependant, entre époux, notamment séparés de biens, l'article 2276 al. 1 ne s'applique pas à cause de l'ambiguïté de leur possession[41].

4° À ces données permanentes s'ajoute la **conjoncture**. Il y a deux époques. Celle des désordres, des troubles et des pillages, où il est utile que les propriétaires dépossédés puissent reprendre leur chose, en quelque main qu'elle se trouve. Celle de la paix, où les intérêts du commerce font disparaître la revendication. L'histoire de la revendication mobilière est faite de cycles successifs.

573. Retournements successifs : un cycle. – Il n'est pas étonnant que l'histoire de la revendication mobilière soit particulièrement mouvementée[42]. Le point de départ a été le droit romain, où la revendication des meubles était admise, que seule paralysait l'usucapion, dont le délai au Bas-Empire était de trois ans. Puis la règle s'est retournée complètement. Sans doute sous une influence germanique, le très Ancien droit français, jusqu'aux environs du XVe siècle, excluait la revendication : « *Meubles n'ont pas de suite* ». La règle comportait cependant une exception : si la chose avait été perdue ou volée, le propriétaire pouvait la reprendre en quelque main où elle se trouvait, à la condition bien entendu de prouver sa propriété.

Puis la règle s'est rereretournée à nouveau. Sous la double influence d'une renaissance du droit romain et des troubles de l'ordre public, l'Ancien droit, du XVe au XVIIe siècle, avait admit la revendication. La règle devint : « *Meubles n'ont pas de suite par hypothèque* » (seuls les créanciers hypothécaires n'avaient pas de droit de suite sur les meubles du débiteur). Mais le propriétaire pouvait exercer la revendication.

Puis la règle s'est retournée à nouveau. À partir du XVIIIe siècle lorsque la sécurité intérieure fut rétablie, sous l'influence du Châtelet, juridiction commerciale parisienne, la revendication ne fut admise que dans d'étroites limites : uniquement en cas de perte ou de vol, et dans les trois ans. Un auteur du XVIIIe siècle, Bourjon, énonça la règle, reprise par l'article 2276, al. 1.

Voici près de soixante-dix ans, la règle a connu un recul temporaire, à la suite de la guerre et des pillages qu'elle a suscités : la revendication mobilière par les victimes de spoliations a été admise (Ord. 21 avr. 1945).

574. Seuls les meubles corporels... ? – Les biens auxquels s'applique l'article 2276, al. 1, sont les meubles, comme il le dit expressément ; s'ils sont susceptibles d'une appropriation, comme il l'implique nécessairement ; ce qui exclut les

41. Cass. civ. 1re, 27 nov. 2001, *Bull. civ.* I, n° 295 ; *D.* 2002.119, n. Y. Chartier ; *RTD civ.* 2002.121, obs. Th. Revet : « *Les règles de preuve de la propriété entre époux séparés de biens, édictées par l'article 1538, excluent l'application de l'article 2279* (auj. 2276) » ; v. aussi *infra*, n° 590, où il est précisé que l'article 2279 (auj. 2276) n'est écarté entre époux que s'il y a eu usage commun des meubles litigieux.

42. Jobbé-Duval, *Étude historique sur la revendication des meubles en droit français,* 1880 ; R. Saleilles, *De la revendication des meubles*, Paris, 1907.

immeubles, même s'ils ont physiquement la nature de meubles (les immeubles par destination[43]) ou d'immeubles d'une manière purement juridique (les meubles par anticipation[44]) ; ce qui exclut aussi les meubles inaliénables parce qu'ils font partie du domaine public[45] ou sont insusceptibles de commerce juridique.

Traditionnellement, parce qu'ils ne paraissaient pas susceptibles de possession, sont également exclus les meubles incorporels, tels que les créances, les titres nominatifs[46], les propriétés intellectuelles (ex. : droits d'auteur, brevets d'invention, marques, dessins, modèles), les universalités (ex. : fonds de commerce[47] et souvenirs de famille[48]).

La Cour de cassation a réaffirmé cette exclusion[49], pourtant contestable. D'abord, l'article 2276 vise la possession des meubles en général. Ensuite, la question doit être décomposée. Les meubles incorporels sont-ils susceptibles de possession ? Une réponse affirmative aujourd'hui s'impose : ils sont susceptibles, à des degrés divers car ils sont hétérogènes, de l'exercice effectif des prérogatives du propriétaire[50]. Encore faut-il que les prérogatives s'exercent sur le meuble incorporel lui-même, pas seulement sur son support matériel : la possession d'un

43. Cass. com., 19 janv. 1960, *Bull. civ.* III, n° 30 : « *La cour d'appel a pu, s'agissant soit d'objets mobiliers non individualisés, soit d'installations pouvant constituer des immeubles par destination, écarter l'application en la cause de la présomption instituée par l'article 2279* (auj. 2276) ».

44. Cass. civ. 3e, 4 juill. 1968, *Bull. civ.* III, n° 321 ; *Gaz. Pal.* 1968.II.298 : « *L'article 2279* (auj. 2276) *est inapplicable aux meubles par anticipation ; en effet, l'acquéreur de ceux-ci est en mesure de vérifier la qualité du vendeur en consultant les titres de la propriété immobilière dont ces biens font partie jusqu'à la vente* ».

45. Ex. : Req., 17 juin 1896, *DP* 1897.I.257, n. L. Guenée : « *Il est établi en fait que les miniatures revendiquées par la ville de Mâcon ont été détachées du manuscrit "La cité de Dieu" de saint Augustin appartenant à la bibliothèque municipale de cette ville* [...] ; *la bibliothèque dont il s'agit fait partie du domaine public communal de la ville de Mâcon* [...] ; *le domaine public étant inaliénable et imprescriptible, les objets mobiliers qui en font partie ne peuvent donner lieu à l'application de l'article 2279* (auj. 2276) *et peuvent être l'objet d'une revendication perpétuelle* ».

46. Cass. civ., 4 janv. 1876, *Lefèvre et autres, DP* 1877.I.33 : « *La maxime "* en fait de meubles, possession vaut titre *" ne régit que les meubles corporels ;* [...] *si toutefois, il convient de l'étendre aux titres de créance dits au porteur, qui se transmettent par simple tradition manuelle, elle ne pouvait du moins, recevoir d'application en la cause, où il s'agissait de titres nominatifs, dont la transmission est soumise à des règles particulières* ».

47. Cass. civ. 1re, 2 mars 1960, *Bull. civ.* I, n° 141 : « *Un fonds de commerce est une universalité mobilière de nature incorporelle ; il en résulte que les dispositions de l'article 2279* (auj. 2276) *ne sont pas applicables aux ventes successives d'un fonds et que l'action en revendication peut toujours être exercée par le véritable propriétaire contre le soi-disant acquéreur* ».

48. Les souvenirs de famille échappent aux règles ordinaires du droit successoral : TGI Paris, 29 juin 1988, *JCP* G 1989.II.21195, n. E. Agostini ; en l'espèce, le duc de Gramont, institué par son père dépositaire des souvenirs de famille, a pu revendiquer deux tableaux remis à deux cohéritiers par son mandataire ; les cohéritiers, même s'ils sont de bonne foi, ne peuvent invoquer l'article 2276 : ce texte « *ne s'applique qu'aux meubles corporels individualisés, ce qui exclut les universalités mobilières, tels les souvenirs de famille, dont la propriété est indivise entre le possesseur et d'autres personnes* » ; Cass. civ. 1re, 29 nov. 1994, *Bull. civ.* I, n° 354 ; v. aussi *supra*, n° 35.

49. Cass. com., 7 mars 2006, *Bull. civ.* IV, n° 62 ; *D.* 2006.2897, n. C. Kuhn ; 2363, obs. Bl. Mallet-Bricout et N. Reboul-Maupin ; *JCP* G 2009.II.10143, n. Gr. Loiseau, I.178, n° 3, obs. H. Périnet-Marquet ; *Defrénois* 2007.70, obs. J. Honorat ; *Dr. et patr.* 2006.103, obs. Seube ; *RTD civ.* 2006.348, obs. Th. Revet : « *l'article 2279* (aujourd'hui 2276) *du Code civil ne s'applique qu'aux seuls meubles corporels individualisés ; la licence d'exploitation d'un débit de boissons ayant la même nature de meuble incorporel que le fonds de commerce dont elle est l'un des éléments et ne se transmettant pas par simple tradition manuelle, c'est à bon droit que la cour d'appel a écarté pour ladite licence d'exploitation la présomption prévue par ce texte* » ; en l'espèce, l'héritier du titulaire d'une licence, donnée à bail en 1924, la revendiquait contre l'héritière du locataire, qui l'avait vendue à la commune d'Arbas ; jugé que la revendication était efficace.

50. V. *supra*, n° 488 ; B. Parance, *La possession des biens incorporels*, th. Paris I, 2003, LGDJ, préf. L. Aynès, 1re partie : seule l'ubiquité de nombreux biens incorporels, notamment les propriétés intellectuelles, soulève une difficulté à l'égard de l'exclusivité de la possession.

manuscrit ne vaut pas titre de propriété littéraire[51]. À la possession des **meubles incorporels** s'attache la présomption de titularité, qui est l'effet général de toute possession[52]. Ainsi, lorsque le possesseur est entré en possession du meuble incorporel en vertu d'un acte émanant du véritable titulaire, et que seule est en cause la preuve de la nature de cet acte (donation ? vente ? ou licence ? bail ? prêt ?), rien ne s'oppose à ce que joue la présomption de titre qu'énonce l'article 2276, al. 1[53]. De même, à l'égard des tiers (par opposition à celui qui se prétendrait le *verus dominus*), la possession fait présumer la titularité du droit[54]. Mais peut-on aller plus loin et admettre, dans un procès en revendication, la fonction acquisitive de la possession d'un meuble incorporel (lorsque le possesseur actuel a traité a *non domino*) ? La réponse ne peut être générale, compte tenu de l'hétérogénéité des meubles incorporels. Tout dépend du point de savoir si les actes constitutifs de la possession – *le corpus* possessoire – sont l'équivalent ou non d'une véritable publicité ; ce qui suppose que celle-ci n'existe pas par ailleurs (exclusion des brevets, marques,...), et que la possession du meuble incorporel soit univoque (exclusion de la propriété littéraire et artistique...). En pratique, ce sont les droits matérialisés par une inscription, les instruments financiers, qui sont en cause[55], c'est-à-dire les valeurs mobilières soumises à la loi française, qui depuis la loi du 30 décembre 1981 sont « dématérialisées » : l'inscription fait-elle acquérir la propriété lorsque le titulaire inscrit a traité a *non domino* ? Oui, semble-t-il, en considération des besoins de sécurité du marché considéré (cf. C. mon. fin., art. L. 431-2, pour les instruments financiers cotés ou assimilés)[56].

À l'égard de certains **meubles corporels,** à l'inverse, l'article 2276 est écarté. Aujourd'hui, la protection des biens culturels suppose une coopération entre États, pour faire face au trafic international d'œuvres d'art volées ou exportées de manière illicite. Les différents textes prévoient une indemnisation du possesseur de bonne foi[57], mais l'article 2276 ne s'applique pas, même si les biens appartiennent à un particulier.

En outre, certains autres meubles corporels sont soustraits à l'article 2276, al. 1, pour des raisons techniques : les meubles immatriculés (navires, bateaux de rivières, aéronefs), dont le transfert de propriété résulte exclusivement d'une inscription sur le registre de l'immatriculation ; la possession ne joue, à leur égard, aucun rôle[58]. Ce régime exceptionnel n'est pas attaché à toute immatriculation ; il ne peut résulter que d'un texte spécial. Ainsi les véhicules automobiles, bien qu'obligatoirement immatriculés, sont-ils soumis à l'article 2276, al. 1 : les mentions du certificat

51. Ex. : Cass. civ., 26 févr. 1919, *DP* 1923.I.215 ; *S.* 1923.I.203 : « *La propriété d'un ouvrage est distincte de celle du manuscrit qui la contient, et n'en forme pas un accessoire ; cette propriété littéraire, objet incorporel, n'étant pas susceptible de détention matérielle, ne peut être transmise au moyen d'un don manuel* » ; jugé que le simple fait d'être, même de bonne foi, le possesseur d'un manuscrit écrit par un tiers ne confère pas le droit de le publier sans l'autorisation de l'auteur ou de ses ayants cause ; *cf.* C. propr. intell., art. L. 111-3, al. 1 : « *La propriété incorporelle est indépendante de la propriété de l'objet matériel* ».

52. *Supra*, n° 514.

53. Cass. com., 10 juin 1997, *Bull. civ.* IV, n° 186 ; *D.* 1999.89, n. H. Causse : « *L'inscription des actions litigieuses au nom de M. Lepage sur le registre des transferts de la société constituait au bénéfice du titulaire une présomption de propriété à l'encontre de laquelle M. Aubertin n'avait pas rapporté de preuve* ».

54. Ex. : lorsque l'exploitant est une personne morale : jurisprudence constante depuis Cass. civ. 1re, 24 mars 1993, *Aéro*, *Bull. civ.* I, n° 126 : *JCP* G 1993.II.22085, n. F. Greffe ; la personne morale qui exploite sous son nom une œuvre est jusqu'à preuve contraire présumée titulaire des droits ; en dernier lieu, Cass. com., 30 juin 2006, *Bull. civ.* IV, n° 147 ; *D.* 2006.1897, obs J. Daleau.

55. L'inscription au compte du donataire réalise la tradition nécessaire au don manuel : Cass. com., 14 mai 1998, *D.* 1998.351, n. D. Martin : « *Les titres au porteur peuvent faire l'objet d'un don manuel ; de la circonstance que ces titres soient désormais dématérialisés, il résulte qu'inscrits désormais en compte, ils se transmettent par virement de compte à compte* ».

56. A. Pelissier, *Possession et meubles incorporels*, th. Montpellier, Dalloz, 2001, préf. M. Cabrillac ; D. R. Martin, « Du corporel », *D.* 2004, chr. 2285.

57. Dir. CEE n° 93/7, 15 mars 1993, *D.* 1993.359 (art. 9) ; L. n° 95-877, 3 août 1995, portant application de la directive, (art. 8) ; Convention Unidroit signée à Rome le 24 juin 1995, *Rev. crit. DIP* 1997.282 (art. 4 et 6), sur laquelle v. G. Droz, « La Convention d'Unidroit sur le retour international des biens culturels volés ou illicitement exportés », *Rev. crit. DIP* 1997.239.

58. *Supra*, n° 555.

d'immatriculation ne se substituent pas à la possession effective[59] ; ce certificat ne constitue, tout au plus, qu'un indice de propriété : le véhicule peut être valablement aliéné, sans que soient modifiées les mentions sur le registre d'immatriculation[60].

575. Deux fonctions. – Aujourd'hui, la possession d'un meuble corporel joue deux rôles essentiels, dans des relations juridiques différentes.

Lorsque le possesseur a acquis le meuble à *non domino*, s'il est de bonne foi, la possession lui permet d'acquérir instantanément la propriété : le véritable propriétaire est sacrifié. C'est l'effet le plus marquant (I). Si le possesseur a reçu le meuble du véritable propriétaire, l'article 2276, al. 1 permet de présumer qu'il en a reçu la propriété. À cet égard, la possession est une présomption de titre : le possesseur d'un meuble acquis *a domino* est présumé en être le propriétaire en vertu d'un titre translatif ; mais c'est une présomption simple (II).

I. — Acquisition a non domino

Lorsque l'acquéreur (acheteur, donataire, bénéficiaire d'un apport en société, échangiste...) traite avec un aliénateur qui n'est pas propriétaire, aucun transfert de propriété ne peut s'opérer en vertu du titre. Mais la possession « vaut » titre : le possesseur devient propriétaire par le seul effet de sa possession, et le véritable propriétaire ne peut revendiquer. Telle est la règle générale (A), qui comporte une exception limitée à la perte ou au vol (B).

A. Règle générale

576. Exclusion de la revendication. – L'effet le plus radical de la possession d'un meuble corporel, d'après l'interprétation de l'article 2276, al. 1 aujourd'hui admise, est de permettre l'acquisition directe de la propriété par un possesseur tenant le meuble d'une personne qui n'était pas elle-même propriétaire, et n'a donc pu la lui transmettre ; par exemple, d'un mandataire infidèle, ou d'un salarié malhonnête, ou d'un acheteur dont le titre est résolu ou annulé. Le véritable propriétaire ne peut plus revendiquer sa chose, dès lors qu'elle est en la possession d'un tiers de bonne foi, même s'il démontre qu'il en est le propriétaire[61].

Il ne pourra rentrer en possession du meuble que s'il prouve que celui-ci a été perdu ou volé[62], ou conteste avec succès l'existence ou la qualité de la possession du défendeur[63] ou la bonne foi de celui-ci[64], ou démontre la nullité du contrat translatif de propriété, ou que ce meuble a été transmis par un prêt ou un dépôt (qui sont des contrats de restitution).

59. Cass. civ. 1re, 11 juill. 1960, *Bull. civ.* I, n° 382 ; *D.* 1960.702, n. P. Voirin ; en l'espèce, un homme avait payé le prix d'une voiture, fait établir la carte grise et la facture au nom d'une demoiselle, tout en en conservant l'usage ; la cour d'appel décida qu'il y avait eu don manuel ; cassation.

60. Sur les conséquences résultant de l'absence de remise de la carte grise, *infra*, n° 589.

61. Req., 21 nov. 1927, *DP* 1928.I.172, rapp. Bricourt ; en cette espèce, le vendeur s'était emparé, après la vente de sa ferme, des pierres de démolition qui s'y trouvaient déposées, en prétendant « *que ces pierres n'étaient pas comprises dans l'acte de vente* » ; il a été condamné à des dommages-intérêts : « *Durand* (l'acheteur) *était protégé par la maxime " en fait de meubles possession vaut titre " et la disposition du premier al. de l'article 2279* (auj. 2276) *s'opposait à ce que Fontaine* (le vendeur) *fût admis à prouver par témoins qu'il était propriétaire de ces pierres.* »

62. *Infra*, nos 581 à 585.

63. *Infra*, n° 578.

64. *Infra*, n° 579.

Pour saisissante qu'elle soit, la règle de l'article 2276, al. 1, a rarement l'occasion de s'appliquer. Elle joue surtout dans les conflits opposant le sous-acquéreur d'une marchandise ou le créancier gagiste, au vendeur bénéficiaire d'une clause de réserve de propriété[65] : la marchandise est entre les mains de l'acquéreur qui, bien que n'en ayant pas acquis la propriété, l'aliène ou la donne en gage. Comme la réserve de propriété ne fait l'objet d'aucune publicité obligatoire, le sous-acquéreur ou le créancier gagiste sont de bonne foi ; ils bénéficient de la protection de l'article 2276, al. 1.

En dehors de ce cas, la jurisprudence hésite à admettre que la possession remplisse les conditions permettant une acquisition à *non domino*. En dépit de l'article 2276, al. 1, la morale est sauve. D'autant plus que le propriétaire victime de ce texte se sera toujours dépossédé volontairement ; dans le cas contraire (perte ou vol), il est protégé par la loi.

L'article 2276, al. 1, suppose en effet une possession véritable et effective au moment de la revendication. En outre, s'agissant de protéger le commerce juridique, il exige que le possesseur soit de bonne foi.

577. 1° Pas le détenteur, mais le gagiste. – 1 Il faut une véritable possession, non la simple détention matérielle de la chose : les **détenteurs précaires**, qui ne possèdent pas *animo domini*, sont hors du bénéfice de l'article 2276, al. 1 : la règle n'est pas faite pour les protéger. Ainsi, la qualité de dépositaire, de mandataire, ou de salarié exclut-elle celle de possesseur et la revendication du propriétaire est, comme toute revendication, imprescriptible[66]. Conformément au droit commun, c'est au revendiquant de prouver le caractère précaire de la détention (art. 2258)[67]. Certains usages professionnels facilitent cette preuve[68], qui peut être apportée par tous moyens.

2 Cependant, la jurisprudence admet depuis longtemps[69] qu'un **créancier gagiste**, qui n'a pourtant pas d'*animus domini*, peut invoquer l'article 2276, al. 1, pour repousser la revendication du véritable propriétaire lorsque le gage a été consenti par un non-propriétaire[70]. La règle

65. Ex. : Cass. com., 1er oct. 1985, *Bull. civ.* IV, n° 224 : vente de graines de colza par une coopérative, avec réserve de propriété ; l'acquéreur revend, puis est mis en « faillite » ; sur la propriété des grains, conflit entre le vendeur non payé revendiquant, et le sous-acquéreur, possesseur ; la cour d'appel donne, à juste titre, la préférence au sous-acquéreur, possesseur actuel, plutôt qu'au vendeur : « *La cour d'appel a retenu que la coopérative ne pouvait revendiquer la marchandise litigieuse à l'encontre de la société* (sous-acquéreur) *sans démontrer que celle-ci n'était pas possesseur de bonne foi de cette marchandise* ». Et pour un conflit entre le vendeur avec réserve de propriété et le créancier gagiste : Cass. com., 14 nov. 1989, *Bull. civ.* IV, n° 290 ; *D.* 1989, IR, 324, cité *infra*, note 70.

66. Ex. : Cass. civ. 1re, 22 mars 2012, n° 10-28.590, *Bull. civ.* I, n° 69 ; *JCP* G 1186, n° 3, obs. H. Périnet-Marquet : est fondée et imprescriptible l'action en revendication exercée par les héritiers de l'artiste contre les héritiers du galeriste qui n'était que dépositaire. V. aussi Cass. civ. 1re, 2 juin 1993, *aff. de la collection d'Ambroise Vollard, infra*, notes 86 et 87.

67. ** Req., 5 déc. 1893, *Noury*, cité *infra*, n° 587.

68. Ex. : Cass. com., 25 févr. 1981, *Bull. civ.* IV, n° 107 : relations entre bijoutiers et orfèvres.

69. * Req., 12 mars 1888, *Perez-Ramirez, DP* 1888.I.404 ; *S.* 1888.I.264 ; « *La maxime de l'article 2279* (auj. 2276), " en fait de meubles, possession vaut titre ", *peut être invoquée par le créancier gagiste qui, de bonne foi, a reçu en gage d'un détenteur précaire un objet mobilier, et il a le droit de repousser, jusqu'à paiement de sa créance, l'action en revendication dirigée contre lui par le propriétaire de cet objet* ».

70. Cass. com., 14 nov. 1989, préc. *supra*, note 65 : conflit entre le créancier gagiste (une banque) par entiercement et le vendeur de la marchandise, qui s'en était réservé la propriété (il s'agissait encore de graines) : « *C'est dans l'exercice de son pouvoir souverain que la cour d'appel a décidé que la possession de la banque était exempte de vices et que sa mise en possession, ainsi que la dépossession corrélative du débiteur, s'étaient manifestées de manière suffisamment apparente, par la remise à un tiers désigné, pour être connue de tous* ».

s'explique par des raisons pratiques : pas plus qu'un acquéreur, le créancier gagiste n'a la possibilité de vérifier le droit de propriété de son débiteur. De plus, à l'égard des tiers, la possession du gagiste est la même que celle d'un acquéreur. Enfin et surtout, l'intérêt du gage réside essentiellement dans la prise de possession, qui donne au gagiste un droit de rétention, tant qu'il n'a pas été payé. Ainsi, l'article 2276, al. 1, ne protège pas seulement le droit de propriété, mais aussi ce droit réel accessoire que constitue le droit de rétention, jusqu'au paiement de la créance garantie.

578. 2° Possession effective. – Afin de bénéficier de l'article 2276, al. 1, le possesseur doit détenir effectivement le meuble corporel, au moment de l'action en revendication du véritable propriétaire[71]. S'il s'en est dépossédé, il ne peut invoquer qu'une possession passée et abandonnée, et ne peut prétendre en avoir encore la propriété.

L'essentiel n'est pas qu'il détienne matériellement la chose, mais qu'il ait encore la volonté et le moyen de la posséder. Aussi, seule une dépossession volontaire le prive-t-elle du bénéfice de l'article 2276, al. 1. Si la chose est détenue pour son compte par un tiers, simple détenteur précaire, la possession demeure[72]. Il en est de même, s'il a été contraint de se dessaisir de la chose, contre son gré, par exemple, sur l'invitation des services de police[73]. La perte de la détention matérielle n'est significative que si elle constitue un transfert de la possession – l'article 2276, al. 1, bénéficie au nouveau possesseur – ou l'abandon volontaire du droit de propriété. Le possesseur involontairement dépossédé peut revendiquer la chose en invoquant l'article 2276, al. 1[74].

Quelques auteurs ajoutent une autre condition : la possession devrait être exempte de vices. En réalité, seuls les vices d'équivoque et de clandestinité sont susceptibles d'être invoqués : la violence supprime la bonne foi ; la discontinuité de la possession d'un meuble est indifférente, du moment que la possession est actuelle. Mais cela n'apparaît guère dans la jurisprudence, parce que l'absence de vice n'est pas une condition requise lorsque la possession est un mode d'acquisition de la propriété[75] ; au contraire, elle est nécessaire lorsque la possession constitue une présomption de titre[76].Tout au plus l'équivoque ou la clandestinité

---

71. Cass. com., 13 févr. 1990, *Bull. civ.* IV, n° 45 ; *D.* 1990, somm. 388, obs. L. Aynès ; 1991, somm. 43, obs. Fr. Pérochon ; *Banque* 1990.537, n. J.-L. Rives-Lange ; *RTD civ.* 1991.142, obs. Fr. Zénati ; en l'espèce, la marchandise (des graines de tournesol) avait été vendue avec réserve de propriété ; l'acquéreur l'avait donnée en gage à une banque, en l'entreposant dans un silo appartenant à un tiers, institué tiers détenteur pour le compte de la banque ; mais cette partie du silo avait été louée au vendeur ; revendication du vendeur qui n'avait pas été payé ; la cour d'appel avait jugé que « *la marchandise litigieuse avait été mise en possession de la banque* » et débouta le vendeur ; cassation : « *Le vendeur en* (la marchandise) *avait conservé la maîtrise* ».

72. Ex. : Cass. civ. 1re, 16 janv. 1980, *Bull. civ.* I, n° 31 ; en l'espèce, un camion avait été vendu, livré et payé au concessionnaire de British Leyland France ; l'acheteur le déposa chez un carrossier pour y faire faire des réparations ; British Leyland France, n'ayant pas été payé par son concessionnaire, saisit le véhicule ; jugé que l'acquéreur pouvait en réclamer la restitution : « *Le véhicule litigieux* [...] *était détenu par le carrossier " pour le compte " de l'acquéreur* [...] *; la sté Signal* (l'acquéreur) *qui avait rempli ses obligations d'acquéreur, qui avait été mise en possession du camion et qui était présumée de bonne foi, devait être, en vertu des dispositions de l'article 2279,* (aujourd'hui 2276) *tenue pour le légitime propriétaire de ce véhicule et était dès lors en droit d'en réclamer la restitution à la sté British Leyland France qui s'était emparée du véhicule contre son gré* ».

73. Ex. : Cass. civ. 1re, 9 janv. 1996, *Bull. civ.* I, n° 22 : « *La cour d'appel a souverainement retenu que M. Guillot était acquéreur de bonne foi et que sa dépossession avait été involontaire, du fait de la décision de saisie prise pendant l'information pénale ; elle en a exactement déduit qu'il était demeuré en possession de l'automobile et que cette possession, exempte de vices, avait eu pour effet de lui conférer la propriété de l'automobile...* ».

74. Cass. civ. 1re, 3 nov. 1981, *Bull. civ.* I, n° 324.

75. Planiol-Ripert, t. III, par M. Picard, n° 381, 1°.

76. *Infra*, n° 589.

permettent-elles de considérer la détention comme précaire[77], ou de douter de la bonne foi du possesseur[78].

579. 3° Possession de bonne foi. – Bien que le texte ne le dise pas, doctrine et jurisprudence décident toutes les deux que l'article 2276, al. 1, suppose la bonne foi du possesseur. L'exigence figure dans un texte (art. 1198, al. 1 nouv, 1141 anc.) qui n'est qu'une application particulière de l'article 2276, al. 1. La bonne foi est la croyance qu'avait le possesseur d'avoir contracté avec le véritable propriétaire.

Conformément aux principes généraux, la bonne foi est présumée. C'est au revendiquant de démontrer la mauvaise foi du possesseur. Les tribunaux sont assez souples en la matière. Le seul fait que l'acquisition du meuble soit survenue dans des conditions suspectes l'exclut[79]. La mauvaise foi peut être prouvée par tous moyens. Il faut, mais il suffit, que cette bonne foi ait existé lorsque le possesseur a pris possession du meuble[80]. Peu importe qu'il apprenne ultérieurement l'absence de propriété de son auteur.

Lorsque les conditions de l'article 2276, al. 1, sont réunies – possession et bonne foi –, le possesseur est propriétaire et n'a pas à prouver son titre d'acquisition ; de même, les vices éventuels de celui-ci sont indifférents ; à la différence de l'usucapion abrégée en matière immobilière, la possession d'un meuble constitue, par elle-même, un titre suffisant.

Cependant, l'absence totale de titre ou son caractère douteux peuvent être de nature à établir la mauvaise foi du possesseur.

580. 4° Créanciers et professionnels. – L'article 2276, al. 1, peut être invoqué non seulement par le possesseur pour repousser une revendication, ou

77. Paris, 23 janv. 1991, *Maeght Fondation c. Miro, D.* 1991, somm. 306, obs. A. Robert, 2e esp. ; en l'espèce, Aimé Maeght, propriétaire d'une galerie d'art, avait commercialisé depuis 1945 les œuvres de Joan Miro ; après leurs morts (1981 et 1985), la succession Miro réclama la restitution de toiles se trouvant dans la galerie ; jugé que celle-ci ne pouvait invoquer sa possession : « *En l'état du contrat de dépôt-vente conclu entre un artiste et une galerie de peinture, [...] la précarité qui entache la possession du marchand de tableaux et de ses héritiers, interdit aux héritiers du marchand de se prévaloir des dispositions de l'article 2279* (auj. 2276) ».

78. Cass. civ. 1re, 14 mai 1996, *Bull. civ.* I, n° 199. En l'espèce, des camions avaient été vendus avec une clause de réserve de propriété. L'acquéreur les revendit, sans remettre les cartes grises, restées en la possession du vendeur initial. Ce dernier revendiqua et le sous-acquéreur se prévalut de l'article 2279 (auj. 2276) ; refus : la possession était équivoque parce que le sous-acquéreur avait accepté d'acquérir les camions « *sans se faire remettre les cartes grises, ou, à tout le moins, sans vérifier que la société Util Auto* (la venderesse) *détenait ces documents* ». Cette absence de précaution lors de l'acquisition évoque plus la mauvaise foi que l'équivoque.

79. Ex. : Cass. civ. 1re, 2 févr. 1965, *aff. du secrétaire Louis XVI, Bull. civ.* I, n° 92 ; *D.* 1965.371 ; *RTD civ.* 1965.676, obs. crit. J.-D. Bredin ; en l'espèce, l'acheteur d'un meuble volé (un joli secrétaire d'époque Louis XVI), poursuivi pour recel, avait été relaxé par le juge pénal : il « *avait pu ne pas avoir connaissance de l'origine délictueuse du meuble acquis par lui* » ; néanmoins, le juge civil le déclara de mauvaise foi : il « *a fait montre d'une légèreté blâmable en acceptant d'acquérir d'un homme ne présentant aucune surface des meubles de qualité et de prix* » ; rejet du pourvoi. V. une espèce analogue : Pau, 3 juill. 1979, *aff. du Chouchou bar, D.* 1980 IR 232, obs. A. Robert ; *infra*, n° 584. *Droit civil illustré*, n° 111. Lorsque l'acquéreur d'une automobile l'a achetée sans que le vendeur lui produise la carte grise, v. *infra*, n° 589.

80. * Cass. civ. 1re, 27 nov. 2001, *aff. du bronze de Camille Claudel, Bull. civ.* I, n° 295 ; *D.* 2002.671, n. J.-P. Gridel ; somm. 2505, obs. Bl. Mallet-Bricout : « *La bonne foi requise par le mode d'acquérir prévu à l'article 2279, al. 1* (auj. 2276), *laquelle n'affecte pas le consentement du bénéficiaire, mais qualifie sa possession, s'apprécie lors de l'entrée effective en celle-ci* ». En l'espèce, l'acquéreur (à une vente aux enchères) était de bonne foi au jour de la vente, mais ne l'était plus lors de la remise de la chose ; jugé qu'il ne pouvait invoquer l'article 2279, al. 1 (auj. 2276).

revendiquer lui-même en cas de dépossession involontaire, mais aussi par certains tiers intéressés : par exemple, grâce à l'action oblique, par le créancier saisissant, afin de repousser une contestation sur la validité de la saisie à laquelle il procède[81].

Ce texte ne peut exonérer un intermédiaire professionnel de son devoir de vérifier la propriété de celui avec lequel il traite, lorsque les circonstances sont de nature à faire naître des soupçons ; le véritable propriétaire, dépossédé par la faute de ce professionnel, peut invoquer contre lui les règles de la responsabilité civile. Une chose est l'attribution de la propriété, une autre la responsabilité pour faute : la présomption de propriété ne vaut pas dispense de vérification pour un professionnel spécialisé[82].

B. Exceptions

Par exception au principe, l'al. 2 de l'article 2276 accorde l'action en revendication dans une mesure limitée lorsque le meuble a été perdu ou volé et seulement dans ces cas. Les conditions de la revendication varient, selon qu'elle est exercée contre le voleur ou l'inventeur[83], ou contre celui qui a acquis d'eux la chose : les premiers ne méritent aucune protection. Au contraire, les intérêts du second doivent être conciliés avec ceux de la victime involontairement dépossédée.

581. 1° Perte et vol, seulement. – Ce n'est pas la notion de perte qui soulève des difficultés[84] : elle est le fait d'avoir involontairement égaré son objet. Pour le vol, la jurisprudence a donné au mot le sens technique rigoureux que lui donne le droit pénal. Il est la soustraction frauduleuse de la chose d'autrui (C. pén., art. 311-1). En ce cas, la victime a une action en revendication, bien que très particulière, en quelques mains où se trouve la chose.

La revendication n'existe pas en cas d'escroquerie ou d'abus de confiance, qui sont distincts du vol. L'escroquerie consiste à se faire remettre la chose d'autrui au moyen de manœuvres frauduleuses (art. 313-1). L'abus de confiance est le détournement d'un objet qui avait été remis en vertu d'un des contrats de confiance énumérés par l'article 314-1 (le mandat[85] ou le dépôt par exemple). Ainsi, si le

81. Cass. civ. 1re, 14 déc. 1971, *supra*, n° 574.

82. Ex. : Cass. civ. 1re, 6 déc. 1989, *Bull. civ.* I, n° 385 ; *D.* 1990, somm. 89, obs. A. Robert : « *Si des pièces d'or sont légalement présumées appartenir à la personne qui les a en sa possession, il appartient au bijoutier auquel elles sont présentées de s'assurer du droit* (de propriété) *de cette personne lorsque les circonstances dans lesquelles il reçoit ces pièces sont de nature à faire naître des soupçons ; sur ce point, l'arrêt attaqué relève qu'il s'agissait de pièces de collection datant de 1641 et que leur détenteur avait dissimulé sa véritable identité ; de ces constatations, la cour d'appel a pu déduire que le bijoutier avait agi avec une légèreté coupable, entraînant sa responsabilité envers le propriétaire de ces pièces d'or* ».

83. **Étymologie** d'invention : du latin *invenio, ire* = trouver. L'inventeur est celui qui trouve la chose perdue. Par hypothèse, il n'est pas de bonne foi : il sait qu'elle ne lui appartient pas.

84. V. cependant, sur la différence entre la perte involontaire et l'abandon (renonciation volontaire à la propriété), à l'occasion de la dernière guerre mondiale, au moment de la fuite sous les bombardements : Dijon, 2 déc. 1942, *DC*, 1944.30, 1re esp.

85. Ex. : Req., 16 juill. 1884, *DP* 1885.I.232 ; *S.* 1886.I.407 ; en l'espèce, un certain Flo, gérant d'une société, avait acquis 15 actions de cette sté : « *Si, pour payer le prix de ces actions, s'élevant à 3 760 F, Flo a puisé dans la caisse de la sté qu'il administrait, et dont il n'avait pas le droit de disposer pour son usage personnel, et si ce détournement peut constituer un abus de confiance, il ne saurait être assimilé à la perte ou au vol seules circonstances autorisant la revendication par le propriétaire de choses mobilières passées en la possession d'un tiers* » ; a donc été déboutée la sté qui revendiquait ces actions.

dépositaire vend la chose à un tiers, la revendication ne peut être exercée contre celui-ci.

Pourquoi cette différence entre le vol d'une part et l'escroquerie et l'abus de confiance d'autre part ? Dans le premier cas, dit-on souvent, le propriétaire a été dépouillé de sa chose contre sa volonté ; dans le second, il a volontairement remis la chose à un tiers ; il mérite moins d'indulgence parce qu'il a eu tort de faire confiance à un coquin ; il ne serait pas juste que le tiers acquéreur de bonne foi subisse les conséquences de cette imprudence.

582. 2° Voleur et inventeur : perpétuité. – Si le voleur ou l'inventeur sont encore en possession du meuble, le propriétaire peut exercer contre eux une action en revendication. Comme ils sont nécessairement de mauvaise foi, ils ne peuvent invoquer l'article 2276, al. 1. Mais, comme tout possesseur de mauvaise foi, ils peuvent se prévaloir de la prescription acquisitive trentenaire, à la condition d'avoir eu une possession utile. Le propriétaire pourrait donc obtenir la restitution du bien s'il établissait que la possession était viciée[86]. En outre, l'action en revendication, comme en matière immobilière, est imprescriptible[87].

Elle peut être exercée non seulement par le propriétaire, mais aussi par le créancier gagiste, dont l'article 2276, al. 1, protège le droit de rétention[88], et par le dépositaire qui pourtant détient pour autrui : l'obligation de garde qu'il assume envers le propriétaire l'oblige à revendiquer la chose dont il a été involontairement privé.

Contre le voleur, la victime dispose en outre de l'action civile en réparation du dommage causé par l'infraction, laquelle est différente de l'action en revendication[89]. Depuis la loi de 2008, cette action en responsabilité délictuelle se prescrit par cinq ans (art. 2224).

583. 3° Acquéreur de bonne foi : 3 ans. – Le propriétaire involontairement dépossédé par un vol ou une perte a le droit de revendiquer le meuble entre les mains du possesseur actuel, même si celui-ci était de bonne foi. L'article 2276, al. 2, impose une solution transactionnelle au conflit entre deux intérêts légitimes : celui du propriétaire et celui de l'acquéreur. Le premier peut revendiquer, mais dans un délai bref et préfix : trois ans à compter de la perte ou du vol.

Le revendiquant doit prouver son droit de propriété[90], ainsi que la perte ou le vol. En outre, cette action en revendication, qui trouble la sécurité du commerce juridique, n'est accordée que comme à regret par l'article 2276, al. 2 : le délai de trois ans, qui n'est pas un délai de prescription acquisitive, constitue un délai préfix, insusceptible de suspension[91]. L'acquéreur dépossédé dispose d'une action en garantie contre l'aliénateur, suivant les règles du droit commun.

86. Dans l'aff. *de la collection Ambroise Vollard* (*infra*, note suivante), la Cour de cassation a reproché à la cour d'appel de n'avoir pas recherché si le possesseur ne détenait pas les tableaux en vertu d'un mandat, ce qui eût rendu la possession équivoque. Si cette circonstance est établie, le possesseur n'est plus qu'un détenteur précaire et ne peut donc invoquer l'art. 2276, al. 1.

87. Cass. civ. 1re, 2 juin 1993, *aff. de la collection d'Ambroise Vollard*, *Bull. civ.* I, n° 197 ; *D.* 1993, somm. 306, obs. A. Robert ; *JCP* G 1994.I.3750, n° 1, obs. H. Périnet-Marquet ; en l'espèce, les héritiers d'Ambroise Vollard revendiquaient les tableaux faisant partie de sa collection, alors que depuis plus de quarante ans, ils n'en avaient plus la possession, et qu'était discuté le caractère équivoque de la possession des personnes entre les mains desquelles se trouvaient les tableaux ; jugé que l'action était recevable ; par un motif de pur droit substitué à celui de la cour d'appel, l'arrêt précise : « *L'action en revendication n'est pas susceptible de prescription extinctive* » ; v. *supra*, nos 458 à 459.

88. *Supra*, n° 577.

89. Cass. civ., 7 févr. 1910, *DP* 1910.I.201, n. M. Nast ; *S.* 1910.I.225, n. Ch. Lyon-Caen.

90. Cass. civ. 1re, 1er juin 1977, *Bull. civ.* I, n° 261 ; *RTD civ.* 1978.161, obs. Cl. Giverdon.

91. Ex. : Bordeaux, 22 janv. 1974, *D.* 1974.542, n. R. Rodière : lors du vol, la victime était un mineur ; le délai a néanmoins couru.

584. 4° Acquéreur au-dessus de tout soupçon. – La situation de l'acquéreur est meilleure s'il a acquis la chose perdue ou volée dans des conditions telles qu'il ne pouvait soupçonner son origine frauduleuse. L'article 2277, al. 1, dispose que le revendiquant ne peut obtenir la restitution du meuble que contre le remboursement du prix payé par l'acquéreur, lorsque celui-ci l'a acheté « *dans une foire, ou dans un marché, ou dans une vente publique, ou d'un marchand vendant des choses pareilles* »[92]. En réalité, plus que la protection d'une « bonne foi renforcée », ce texte crée une mesure de faveur dans l'intérêt de la sécurité des transactions, pour le commerce exercé dans des conditions normales[93]. Pratiquement, le propriétaire n'a intérêt à exercer la revendication que si le prix qu'il devra rembourser est inférieur à la valeur de la chose ; la bonne foi de l'acquéreur peut alors être mise en doute.

Le possesseur peut retenir la chose jusqu'à ce que le prix de vente lui soit remboursé. Encore faut-il qu'il soit en possession de la chose, ce qui n'implique pas nécessairement qu'il en ait la détention matérielle[94]. Le propriétaire ne dispose, contre le vendeur ou le marchand du meuble volé, que d'une action en responsabilité civile, qui rend nécessaire la démonstration de leur faute[95]. Aucun autre recours, ni personnel, ni subrogatoire, ne lui est ouvert[96]. Quant au possesseur évincé, il peut seulement réclamer à son vendeur les frais et loyaux coûts du contrat et des dommages-intérêts à raison de la privation de la chose au titre de la garantie d'éviction (art. 1630).

585. 5° Instruments financiers. – Les valeurs mobilières régies par la loi française, que la loi appelle maintenant des instruments financiers (actions et obligations) sont soumises à un régime particulier. Depuis la loi du 30 décembre 1981 sur leur « dématérialisation », elles doivent être inscrites à un compte (C. mon. fin., art. L. 211-4). Ces règles ne s'appliquent pas aux valeurs mobilières étrangères.

La dépossession « *par quelque événement que ce soit* » – par conséquent, non seulement en cas de perte ou de vol, mais aussi d'escroquerie ou d'abus de confiance – donne au propriétaire le droit de former une double opposition, l'une à la Chambre syndicale des agents de change, qui a pour effet de bloquer toute transaction relative à ces titres ; l'autre, auprès de la personne

92. Un intermédiaire douteux n'est pas un « *marchand vendant des choses pareilles* », ex. : Pau, 3 juill. 1979, *aff. du Chouchou bar*, citée *supra*, note 79. Ainsi en est-il du brocanteur qui vend une commode d'époque Louis XV (Lyon, 8 juin 1989, *D.* 1990, somm., 86, obs. A. Robert) en disant qu'il était « *sans profession ou boucher* » (!) et avait vendu une automobile dans un café (le Chouchou bar) (!) *Droit civil illustré*, n° 111.

93. On retrouve cette conciliation des droits du propriétaire et avec la protection du possesseur de bonne foi dans les diverses conventions internationales visant à assurer le retour dans le pays d'origine des œuvres d'art volées ou illégalement exportées : le possesseur de bonne foi est tenu de restituer, mais a droit à une indemnité ; v. *supra*, n° 574. V. aussi des espèces analogues, *supra*, n° 579.

94. Notamment, l'appréhension par la police de l'objet volé et sa restitution au propriétaire originaire sans que le possesseur actuel (l'acheteur de bonne foi de l'objet volé) y eût consenti ; jurisprudence constante ; en dernier lieu Cass. civ. 1re, 6 mai 2006, *La vierge romane en majesté, Bull. civ.* I, n° 242 ; *D.* 2006, Pan. 365, obs. Bl. Mallet-Bricout : « *L'appréhension par l'autorité de police ou de justice d'un objet volé, classé au titre des monuments historiques, n'en fait pas perdre la possession par l'acquéreur de bonne foi qui a droit au remboursement de son prix d'acquisition* » ; en l'espèce, un particulier « *avait acquis auprès d'un antiquaire une vierge romane en majesté du* XIIe *s., classée au titre des monuments historiques qui avait été volée dans l'église de la commune de Saint-Gervasy* » ; cette statue avait été saisie par la police puis restituée à la commune ; jugé que celle-ci devait restituer à l'acquéreur le prix d'acquisition qu'il avait payé.

95. Ex. : Cass. civ. 1re, 6 déc. 1989, *Bull. civ.* I, n° 385 ; *D.* 1990, somm., 89, obs. A. Robert.

96. Cass. civ., 11 févr. 1931, *DP* 1931.I.129, n. R. Savatier ; *S.* 1931.I.273, n. M. Gégout : « *Le propriétaire qui, pour se faire rendre une chose volée ou perdue, a dû rembourser au possesseur actuel le prix qu'elle lui a coûté, ne saurait puiser dans les articles 2279, 2280 et 1251 [auj. 2276, 2277 et 1346] le principe d'une action en indemnité contre celui qui a cessé d'avoir la possession de la chose volée ou perdue ; la seule action appartenant dans ce cas au propriétaire doit être fondée, par application de l'article 1382 [auj. 1240], sur l'existence d'une faute commise par le défendeur, et elle ne peut être accueillie qu'autant que cette faute est préalablement constatée par le juge* ».

morale émettrice, qui a pour effet d'interdire à celle-ci de payer quoi que ce soit (capital ou dividendes, ou intérêts) en vertu des titres en question. L'opposition est mentionnée sur un *Bulletin officiel* des oppositions, ce qui lui assure une publicité, privant de tout effet la possession de ces titres (D. 11 janvier 1956).

II. — Présomption de titre

586. Prêt, vente ou don manuel ? – Dans les hypothèses précédentes, la règle *en fait de meubles possession vaut titre* a été invoquée dans un conflit opposant le véritable propriétaire, qui avait perdu la possession, au possesseur actuel du meuble n'ayant pas traité avec lui : l'acquéreur de bonne foi d'un meuble détourné par un tiers détenteur. En ce cas, l'article 2276, al. 1, fait de la possession de bonne foi le titre même d'acquisition : la propriété, que le possesseur n'a pu recueillir de son auteur, c'est par sa possession qu'il l'acquiert ; il s'agit d'une règle de fond.

Il existe un autre type de conflit relatif à la propriété d'un meuble : celui qui a pour objet la nature du droit en vertu duquel le possesseur a la chose entre les mains ; n'est-il qu'un détenteur précaire ou est-il un véritable propriétaire ? Dans ce conflit, il n'est pas douteux que le possesseur a traité avec le véritable propriétaire, qui lui a remis – par lui-même ou par un détenteur – la chose. Mais le litige porte sur la cause de cette remise : prêt à usage, dépôt, mandat ? Ou au contraire, vente, donation, dation en paiement ? Ces conflits sont fréquents, parce qu'il n'est pas d'usage de rédiger un écrit à l'occasion du transfert de la détention d'un meuble, surtout lorsqu'existent entre les parties des relations conjugales, familiales ou de cohabitation, alors surtout que le meuble peut avoir une grande valeur (bijou, tableau, argenterie, lingot d'or...).

Ces conflits s'élèvent souvent à la suite du décès de l'ancien propriétaire : un proche (héritier, conjoint, concubin, domestique...) est en possession d'un meuble qu'il tient du défunt. Les héritiers soutiennent que ce meuble a été prêté par leur auteur et en demandent la restitution, alors que le détenteur prétend qu'il lui a été donné (don manuel) ou vendu. Que prouve le titre de la possession : non translatif de propriété d'après les héritiers ; translatif d'après le possesseur ?

587. Dispense de preuve. – La jurisprudence décide depuis longtemps[97] que l'article 2276, al. 1, constitue une règle de preuve ; énonçant en faveur du possesseur une présomption de titre : du seul fait que le possesseur possède le meuble, il est censé en avoir acquis la propriété. Il n'a donc à prouver : ni l'existence d'un acte juridique entre le précédent propriétaire et lui-même : la seule remise de l'objet, le fait qu'il le détienne implique qu'un tel acte a existé ; ni surtout, la nature de cet acte juridique : la possession fait présumer qu'il est translatif. Le plus souvent, compte tenu des liens unissant le possesseur actuel à l'aliénateur, la présomption est en faveur d'un don manuel[98] ; ce n'est pas toujours le cas[99].

Pour combattre cette présomption, le revendiquant dispose de deux moyens : prouver le caractère précaire du titre en vertu duquel le prétendu possesseur

97. Ex. : ** Req., 5 déc. 1893, *Noury*, *DP* 1894.I.48 ; *S.* 1896.I.79.

98. Jurisprudence souvent réitérée, ex. : Cass. civ. 1re, 19 oct. 1983, *Bull. civ.* I, n° 241 : « *Un possesseur qui prétend avoir reçu une chose en don manuel bénéficie d'une présomption et il appartient donc à celui qui revendique la chose de rapporter la preuve de l'absence d'un tel don ou de prouver que la possession dont se prévaut le détenteur de la chose ne réunit pas les conditions légales pour être efficaces* ».

99. Ex. : une vente : Cass. civ. 1re, 8 déc. 1987, *Bull. civ.* I, n° 338.

détient le meuble ; ou contester le fondement même de la présomption, c'est-à-dire la possession du défendeur.

588. Détenteur précaire. – La présomption de titre est une présomption simple, comme toutes les présomptions de propriété, qui est donc écartée devant la preuve contraire.

Celle-ci consiste à démontrer que le véritable titre, en vertu duquel la possession a été transmise au défendeur, n'est pas un titre translatif de propriété, mais un acte juridique faisant peser sur le détenteur une obligation de restituer : contrat de prêt, de dépôt, mandat, bail, complaisance... Si cette preuve est rapportée, le prétendu possesseur n'est qu'un détenteur précaire[100]. En principe, s'agissant de la preuve d'un acte juridique par l'une des parties, ou ses ayants cause universels, les règles de l'article 1359, al. 1 (1341 anc.) doivent être observées (preuve par écrit, au-delà de 1 500 €). Mais les tribunaux admettent facilement, surtout dans les relations familiales, l'impossibilité de préconstituer un écrit, ouvrant la voie aux témoignages et aux présomptions.

589. Possession douteuse. – Faute de prouver un contrat de restitution liant le détenteur de la chose à son auteur[101], les revendiquants peuvent s'attaquer à la possession.

La présomption de l'article 2276, al. 1, implique une véritable possession, *animo domini*, exempte de vice[102]. En revanche, la bonne foi du possesseur n'aurait, dans ce type de conflit, aucune signification[103].

En pratique, le vice le plus souvent invoqué est l'équivoque : le possesseur, époux (lorsqu'il y avait eu usage commun)[104], concubin[105] ou domestique[106], partageait la vie du propriétaire : les

100. Ex. : Cass. civ. 1re, 20 déc. 1955, *JCP* G 1956.II.9455, n. A. Weill : en l'espèce, des chars de combat russes, capturés par les Allemands, avaient été pendant la Seconde Guerre mondiale, « déposés » sur le terrain d'une entreprise située en Lorraine ; le *« comptoir administratif et financier de récupération »* (organe administratif de prises de guerre) a pu les revendiquer parce que l'entreprise dépositaire ne les possédait pas à titre de propriétaire, n'ayant pas d'*animus domini*.

101. Le demandeur peut aussi prouver que le titre du possesseur est infecté d'une cause de nullité : cause immorale, absence de pouvoir, vice du consentement... : la revendication est alors une conséquence de cette nullité. L'article 2276 n'est pas en cause.

102. Cass. com., 18 oct. 1994, *Bull. civ.* IV, n° 309 : possession de titres au porteur : « *La possession invoquée était atteinte d'un vice* (équivoque) *l'empêchant de valoir comme présomption de propriété* ».

103. Cass. civ. 1re, 8 déc. 1987, préc. *supra*, note 99 : une personne donne à bail un appartement meublé, sans que le bail fasse état du caractère meublé de la location et sans qu'un inventaire ne soit dressé ; après l'expiration du bail, elle demande la restitution des meubles ; elle est déboutée : « *Pour s'opposer aux effets de la possession des meubles litigieux par* [le locataire], *Mme P.* [bailleresse] *devait établir non pas qu'elle en avait été propriétaire, mais qu'en vertu d'une convention passée avec son locataire, la possession de celui-ci était précaire* » ; or, pour établir le dépôt précaire qu'elle invoquait, elle ne pouvait même pas justifier d'un commencement de preuve par écrit ; enfin, « *le moyen tiré du moment auquel doit exister la bonne foi du possesseur est inopérant, cette bonne foi n'ayant pas à être établie par le possesseur qui tient le meuble de son propriétaire* ».

104. Cass. civ. 1re, 20 juin 1961, *Bull. civ.* I, n° 326 ; *D.* 1961.641, n. R. Savatier ; *JCP* G 1961.II.12352, n. A. Ponsard : v. aussi *supra*, n° 572. Le seul fait qu'il y ait mariage ne rend pas équivoque la possession. Ex. : Cass. civ. 1re, 11 juin 1991, *Bull. civ.* I, n° 199 : « *La détention de titres au porteur, non susceptibles d'un usage commun, dans un coffre qu'elle avait loué sans se dissimuler, n'est pas de nature à vicier la possession de Mme Pascal* (épouse séparée de biens) ».

105. Cass. civ. 1re, 30 janv. 1957, *Bull. civ.* I, n° 50 : objets anciens achetés par la concubine et laissés au domicile de son amant.

106. Tout dépend de la nature des meubles possédés ; si ces meubles n'étaient pas à usage commun, la possession n'est pas équivoque : Cass. civ. 1re, 18 mars 1989, *Bull. civ.* I, n° 91.

meubles dont il prétend avoir la propriété faisaient l'objet d'un usage commun ou lorsque l'acquéreur n'avait pas pris les précautions élémentaires[107].

§ 2. Occupation

590. Acquisition originaire. – L'occupation[108], au sens juridique, consiste à s'emparer d'une chose qui n'était la propriété de personne et à se l'approprier. C'est le mode primitif d'acquisition de la propriété de toutes les choses. Aujourd'hui, en France, tous les immeubles sont appropriés ; l'occupation ne permet plus d'en acquérir la propriété. Au contraire, des meubles corporels peuvent n'appartenir à personne, soit qu'ils constituent des *res nullius*, soit qu'ils aient été abandonnés par leur propriétaire, soit qu'il s'avère impossible de découvrir leur propriétaire. Qu'un individu s'en empare, il en devient propriétaire.

La source de ce droit n'est pas la possession car celle-ci implique que les choses soient appropriées ; elle fait présumer le titre du possesseur, ou lui confère un titre s'il a acquis *a non domino* : la possession soutient la propriété. Au contraire, l'occupation ne tranche aucun conflit de propriété : l'appréhension matérielle d'une chose n'appartenant à personne fait naître le droit de propriété, à condition naturellement que cette chose soit appropriable[109].

Le Code ne comporte aucune disposition générale sur ce mode d'acquisition. Il semblerait même qu'il l'exclut, puisque la propriété des choses sans maître est attribuée à l'État (art. 539) ou à la commune où elles sont situées (art. 713).

Les meubles qui n'étaient pas encore appropriés (I) ou ont cessé de l'être (II) peuvent être acquis par occupation.

I. — Meubles non encore appropriés

591. Animaux sauvages. – L'« occupation » résulte essentiellement de la chasse et de la pêche. À la différence des animaux domestiques, les animaux sauvages s'acquièrent par occupation.

Les animaux domestiques sont appropriés : la loi leur assimile les animaux semi-sauvages, qui restent sous une grande dépendance de l'homme et que l'article 524 classe parmi les immeubles par destination : pigeons des colombiers, lapins des garennes, abeilles des ruches à miel, poissons des étangs et même gibier en cours d'élevage[110]. La jurisprudence leur assimile les animaux sauvages tenus en captivité (ex. : sangliers en parc, tigres en cage). Le droit contemporain voudrait les distinguer des choses ordinaires : ce seraient des choses, mais animées : des « *êtres sensibles* ». Les animaux sauvages libres, les poissons des cours d'eau et des mers ne sont pas sous la dépendance de l'homme et sont donc, depuis le droit romain, *res nullius*. Jusqu'à leur capture, ils n'appartiennent

107. Pour le défaut de vérification de la carte grise lors de l'achat d'une automobile : Cass. civ. 1re, 30 oct. 2008, *Bull. civ.* I, n° 242 ; *JCP* G 2009.I.127, n° 7, obs. H. Périnet-Marquet ; *RTD civ.* 2009.144, obs. crit. Th. Revet : « *Le document administratif dénommé carte grise constituait un accessoire indispensable à l'immatriculation obligatoire de tout véhicule automobile au nom de son propriétaire et la possession du véhicule litigieux présentait un caractère équivoque dès lors que l'acquéreur avait accepté d'acquérir le véhicule sans se faire remettre la carte grise y afférente, ni à tout le moins, sans avoir vérifié que le vendeur détenait le document* ».

108. **Étymologie :** du latin : *ob* + *capio, ere* = s'emparer de.

109. À l'exclusion donc des *res communes* : l'air, le soleil, la mer : *supra*, n° 164.

110. Cass. soc., 4 nov. 1966, *Bull. civ.* IV, n° 841 ; *D.* 1967.425 ; en l'espèce, un fermier, pourvu du droit de chasser, avait tué des faisans d'élevage appartenant au bailleur ; il a été condamné à des dommages intérêts : « *Il s'agissait d'un gibier* [...] *nourri, gardé et faisant l'objet de soins spéciaux et particuliers, destinés à le protéger et à le retenir, à favoriser sa reproduction en vue d'en augmenter la quantité et en améliorer la qualité ; la cour d'appel a admis, à bon droit, que ce gibier devait être considéré comme d'élevage, et que le droit de chasser du preneur ne pouvait porter sur lui* ». *Droit civil illustré*, n° 112.

à personne. Leur appropriation se fait par occupation. Le droit contemporain de l'environnement voudrait faire disparaître ces notions[111].

Par occupation, cela veut dire d'abord que l'appropriation est indépendante de la propriété du fonds sur lequel le gibier a été capturé. Cela veut dire aussi qu'elle est indépendante de l'attribution du droit de chasse et de pêche, réglementé par une législation spéciale. Le fait de chasser sur le terrain d'autrui constitue une infraction, mais le chasseur s'approprie le produit de la chasse, qui peut cependant faire l'objet d'une confiscation pénale. L'appropriation résulte du fait matériel de l'appréhension par le chasseur ou le pêcheur, ou plutôt du fait qu'il est au pouvoir du chasseur : il suffit d'avoir frappé le gibier de sorte qu'il ne puisse plus s'échapper.

Le droit contemporain de l'environnement – national et international – protège les espèces animales menacées de disparition et les « *espèces animales non domestiques* », (C. env., art. L. 411-2). Ces euphémismes évitent de parler d'animaux « sauvages », afin de ne pas commettre d'« animalophobie ».

II. — Meubles ayant cessé d'être appropriés

Les meubles ayant cessé d'être appropriés ont eu, dans le passé, un maître. Mais celui-ci est devenu inconnu ou a abandonné son bien. Tels sont le trésor (A), les épaves (B) et les objets abandonnés (C).

A. Trésor

592. Découverte d'un trésor et fouilles archéologiques. – **1°** La **découverte d'un trésor** constitue un mode d'acquisition de la propriété singulier. L'article 716 fait du hasard un titre de propriété, un peu comme le jeu, ce qui explique la fascination que sa recherche et sa découverte soulèvent ; à quoi s'ajoute le mythe du pot rempli d'écus. Il met en cause et en conflits de nombreuses personnes : les chercheurs et les inventeurs du trésor, le propriétaire de l'immeuble où il est enfoui, les héritiers du thésauriseur, les ouvriers ayant fait la découverte, leur employeur, et l'État, pour des raisons autrefois politiques, aujourd'hui archéologiques (L. 27 sept. 1941 sur les fouilles archéologiques intégrée dans le Code du patrimoine, art. L. 541-1 et 1er déc. 1991 sur les biens culturels maritimes intégrée dans le même code, art. L. 532-1 à 532-13).

2° Les **fouilles archéologiques** sont soumises au pouvoir de l'État, en raison de leur intérêt culturel : le propriétaire du fonds ne peut les engager qu'avec l'autorisation de l'État, qui peut même y procéder contre la volonté du propriétaire ; les découvertes se partagent entre l'État et le propriétaire sauf s'il s'agit de vestiges archéologiques immobiliers qui appartiennent complètement à l'État (moyennant une indemnité compensant le dommage qui a pu être fait au propriétaire pour accéder aux vestiges (C. patrim., art. L. 541-1)[112]. Si la découverte a été faite par hasard, l'État a le droit de les revendiquer, moyennant indemnité (art. L. 531-16, al. 2).

Ce mode d'acquisition de la propriété est soumis à des conditions particulières.

593. Avarice et oubli. – Le trésor, au sens de l'article 716, est un meuble caché et oublié.

111. *Supra*, n° 10.

112. Si l'acte administratif incorporant au domaine public le terrain contenant ces vestiges ne prévoit aucune indemnité, il est contraire à la Conv. EDH prévoyant le respect de la propriété privée : il doit donc être annulé (CE, 24 avr. 2012, *JCP* G 2012.1186, n° 1, obs. H. Périnet-Marquet ; *JCP* N 2012 act. 497, n. M. Touzeil-Divina).

Il est nécessairement de nature **mobilière**. Par conséquent, un immeuble n'est jamais un trésor. Ainsi une mosaïque ou un filon d'or, incorporés au sol, sont de nature immobilière ; mis à jour, ils appartiennent au propriétaire de l'immeuble, non à ceux qui les découvrent[113] ; s'il s'agit de vestiges archéologiques, ils appartiennent à l'État.

Il doit avoir été volontairement **caché** par son propriétaire ; qu'il l'ait caché dans un meuble (par exemple, des pièces d'or dissimulées dans le tiroir d'un secrétaire, ou, comme dans le *Comte de Monte-Cristo*, entre les pages d'un livre, ce document permettant de le trouver)[114], ou enfoui dans un immeuble (par exemple, le pot d'écus enterré dans la cave ou au fond du jardin). L'important est que le propriétaire ait eu la volonté d'en conserver la propriété. Ce qui produit plusieurs conséquences. Un objet qui n'a jamais été approprié n'est pas un trésor (par exemple, un aérolithe) devient donc, par voie d'accession, la propriété du propriétaire du sol sur lequel il tombe. De même, les objets abandonnés ou perdus constituent des *res derelictae* ou des épaves, non des trésors.

Surtout, il faut que le propriétaire actuel ne soit pas identifiable : la notion de trésor est liée à l'**oubli**[115]. S'il peut être identifié, l'action en revendication peut être exercée et est imprescriptible[116].

594. Hasard. – La découverte du trésor n'est un mode d'acquisition de la propriété que si elle est faite par hasard et par un tiers. Trois éventualités sont possibles.

1° Ou bien, il est découvert par le **propriétaire du fonds** lui-même : il lui appartient par voie d'accession (art. 716, 1re phrase).

2° Ou bien, il est découvert par des **tiers** (entrepreneur, ouvrier, domestique...) agissant sur l'ordre du propriétaire, dans la volonté de le rechercher. Dans ce cas

113. V. toutefois TGI Millau, 20 mai 1988, *D.* 1990, somm. 87, obs. A. Robert ; jugé que sont des *res nullius* (donc ni un trésor, ni un immeuble) les 14 vertèbres fossilisées d'un plésiosaure (animal antédiluvien), enfouies dans la Marne, « *même si, par le processus de fossilisation, la matière des ossements s'est transformée en celle des matériaux qui l'entouraient* ».

114. Selon Alexandre Dumas, dans la prison du château d'If, l'abbé Faria avait raconté à un autre prisonnier, Edmond Dantès (le futur comte de Monte-Cristo) comment il avait découvert l'immense héritage (« *2 millions d'écus romains* », d'or) du cardinal Spada, enfoui dans l'île de Monte-Cristo depuis plus de 300 ans. Le 25 décembre 1807, à 18 heures, se réveillant en pleine obscurité dans la bibliothèque du comte de Spada : « .. *Je cherchai, à défaut des allumettes absentes de leur boîte, un papier que je comptais allumer à un dernier reste de flamme dansant au-dessus du foyer ; mais, craignant dans l'obscurité de prendre un papier précieux à la place d'un papier inutile, j'hésitais, lorsque je me rappelais avoir vu, dans le fameux bréviaire qui était posé sur la table à côté de moi, un vieux papier tout jaune par le haut qui avait l'air de servir de signet et qui avait traversé les siècles, maintenu à sa place par la vénération des héritiers. Je cherchai, en tâtonnant, cette feuille inutile, je la trouvai, je la tordis et, la présentant à la flamme mourante, je l'allumai. Mais, sous mes yeux, comme par magie, à mesure que le feu montait, je vis des caractères jaunâtres sortir du papier blanc et apparaître sur la feuille* ». C'était le testament du cardinal, écrit en encre sympathique. *Droit civil illustré*, n° 114.

115. Ex. : Cass. civ. 1re, 19 nov. 2002, *affaire de la cuisinière à gaz remplie de louis d'or, Bull. civ.* I, n° 279 ; *D.* 2003, somm. 2049, obs. Bl. Mallet-Bricout ; *JCP* G 2003.I.172, n° 2, obs. H. Périnet-Marquet : « *Les biens dont les consorts Deloz* (défendeurs à la revendication du bien découvert) *justifiaient être propriétaires, ne pouvaient constituer un trésor* » ; en l'espèce, à l'intérieur d'une cuisinière à gaz, se trouvaient cachés des lingots et des pièces d'or, des titres au porteur et des pièces d'argent ; lors de sa vente pour un prix dérisoire, les parties découvrirent le magot et le vendeur s'en empara ; l'acheteur a été débouté de sa demande en payement de la valeur de ces biens, car les vendeurs avaient prouvé qu'ils en étaient propriétaires.

116. *Supra*, n° 582. * T. civ. Seine, 1er juin 1949, aff. *du trésor de la rue Mouffetard*, *D.* 1949.350, n. crit. G. Ripert : jugé que les pièces d'or, enfouies par le propriétaire de l'immeuble au XVIIIe s., appartiennent à ses héritiers, dès lors qu'elles sont mentionnées avec précision dans les testaments de leur auteur. *Contra* (plus réaliste) : Paris, 18 déc. 1950, *D.* 1951.144, maintenu par Cass. civ. 1re, 25 oct. 1955, *D.* 1955, somm. 27 : le fait que le vendeur de l'immeuble où ont été découvertes les pièces d'or fût l'héritier de l'ancien propriétaire n'a pas eu d'incidence sur la propriété de ces pièces.

aussi, il appartient au propriétaire du fonds ; les inventeurs ne l'ont pas découvert par hasard ; ils ont agi pour le compte du propriétaire du fonds[117].

3° Ou bien, il est découvert par un tiers et **par hasard** – peu importe que l'inventeur soit un préposé du propriétaire ou un ouvrier au service d'une entreprise[118] ; il appartient par moitié au propriétaire du fonds et par moitié à l'inventeur (art. 716, 2e phrase).

B. Épaves

L'épave est une chose enlevée de façon fortuite à son propriétaire – à la différence du trésor –, et dont celui-ci ignore ce qu'elle est devenue, sans qu'il ait pour autant voulu l'abandonner. Son régime varie selon qu'elle est maritime, fluviale ou terrestre.

595. 1° Épaves maritimes. – La réglementation des épaves maritimes relève de la loi du 24 novembre 1961 et du décret du 26 décembre 1961, plusieurs fois modifié[119]. Il s'agit quelquefois d'objets de très grande valeur, comme la coque d'un navire incendié ou à la dérive. La loi permet au propriétaire de revendiquer l'épave après qu'une indemnité fixée amiablement ou judiciairement a été versée au sauveteur. L'État peut prendre les mesures d'urgence pour que l'épave cesse d'être dangereuse.

596. Biens culturels maritimes. – Depuis la loi du 1er décembre 1991, les biens culturels maritimes dont le propriétaire ne peut être retrouvé appartiennent à l'État qui donne une « récompense » à l'inventeur. Il s'agit de biens découverts dans le domaine public maritime ou la zone contiguë qui présentent « *un intérêt préhistorique, archéologique ou historique* ». Quand l'histoire commence-t-elle ? À l'instant, hier, avant-hier, avant la Première Guerre mondiale[120] ? Mystère.

597. 2° Épaves fluviales. – Les épaves fluviales continuent à être régies par l'ordonnance de Colbert des eaux et forêts d'août 1669 ; elles appartiennent à l'État si elles sont trouvées dans une rivière navigable ou flottable[121].

598. 3° Épaves terrestres : droit commun et croyance populaire, statuts spéciaux. – À la différence des épaves maritimes et fluviales pour lesquelles un régime particulier a été organisé, il n'existe pas de règles générales pour les épaves terrestres, donc soumises au droit commun qu'altère la réglementation administrative. Dans un certain nombre de cas, des statuts spéciaux sont prévus.

117. Paris, 9 nov. 1948, *JCP* G 1949.II.4976, n. J. Carbonnier : jugé que le propriétaire est autorisé à prouver qu'il avait ordonné aux ouvriers de rechercher sous sa direction des pièces d'or enfouies dans une cachette dissimulée dans le mur, car, s'il y parvient, il sera déclaré propriétaire du trésor.

118. Cass. crim., 29 nov. 1990, *Bull. crim.*, n° 395 ; *D.* 1991, somm. 272, obs. A. Robert ; *JCP* G 1991.IV.75 ; *RTD civ.* 1991, somm. 765, obs. Fr. Zénati : « *L'inventeur d'un trésor s'entend de celui qui par le seul effet du hasard met le trésor à découvert, serait-il au service de l'entreprise, dès lors que les travaux n'ont pas été effectués à cette fin* » ; v. toutefois l'application des règles du trésor à des pièces d'or qui n'avaient pas toutes été découvertes par hasard : TGI Mans, 7 sept. 1999, *JCP* G 2000.II.10258, n. crit. C. Saujot.

119. Cl. Beaucourt, « Le "secret de l'épave" ou l'étrange évolution du régime de sa propriété », *DMF*, 1986.451.

120. Ch. Lavialle, « La loi du 1er décembre 1989 relative aux biens culturels maritimes », *JCP* G 1991.I.3489.

121. Ex. : Cass. civ. 1re, 17 févr. 1976, aff. *de la « boule de Moulins »*, *Bull. civ.* I, n° 69 ; *D.* 1976.698. En l'espèce, un ouvrier draguant le port de Rouen avait découvert une « *boule de Moulins* » utilisée pour envoyer des lettres en les mettant dans la Seine pendant le siège de Paris en 1871 ; jugé que l'administration des postes pouvait refuser de les restituer parce qu'il s'agissait d'une épave fluviale, trouvée dans un « *cours d'eau navigable et flottable* », faisant donc partie du domaine public.

1 Le **droit commun**, c'est le droit civil. À la différence de celui qui s'empare d'un objet abandonné, l'inventeur d'un objet perdu n'en devient pas immédiatement propriétaire puisque, sachant que l'objet ne lui appartient pas, il est un possesseur de mauvaise foi. S'il prétendait se l'approprier, il commettrait un vol. Le véritable propriétaire peut donc le revendiquer pendant une durée variable selon la personne qui a le bien entre les mains : si c'est l'inventeur, il peut agir pendant trente ans (au bout de ce délai, l'inventeur a usucapé) ; si c'est une personne qui a acquis de l'inventeur, pendant trois ans[122].

2 Des règlements administratifs altèrent, au moins dans la **croyance populaire**, les règles du droit civil. Ils prévoient que les objets trouvés sur la voie publique doivent être déposés à la mairie qui les conserve à la disposition du propriétaire ; celui-ci peut les réclamer en payant une taxe. Au bout d'un an, l'objet non réclamé est rendu à l'inventeur. La plupart des auteurs contemporains de droit civil estiment que cette réglementation n'a aucune conséquence sur la situation juridique des intéressés. Selon eux, lorsque l'Administration restitue l'objet à l'inventeur au bout d'un an, celui-ci n'en devient pas propriétaire, parce qu'il sait – ou devrait savoir – que l'objet ne lui appartient pas.

C'est une solution fâcheuse ; tout le monde, dans la croyance populaire, pense que dans ce cas l'inventeur est devenu propriétaire ; il serait peu heureux de laisser le meuble exposé à la revendication du propriétaire pendant trente ans. Aussi peut-on dire que l'inventeur qui s'est conformé aux règlements et auquel le meuble est rendu devient de bonne foi, pour avoir reçu l'objet en vertu d'un nouveau titre. Le propriétaire ne pourrait revendiquer que pendant trois ans, à compter de la perte. On pourrait aussi soutenir que la revendication est impossible, parce que l'inventeur est devenu propriétaire apparent.

3 Dans certains cas spéciaux, la réglementation permet de vendre des objets **abandonnés**, sauf à en consigner le prix au profit du propriétaire (ex. : objets laissés dans les consignes de gare, les musées, chez les hôteliers, les artisans, etc.). Les délais de conservation de la chose et de réclamation du prix sont fixés de manière variable selon les cas. La réglementation administrative n'est guère, sur ce point, harmonieuse.

C. Objets abandonnés

599. *Res derelictae*. – Les objets abandonnés (*res derelictae*) sont ceux dont le propriétaire a volontairement abdiqué la propriété ; celui qui les trouve peut les prendre ; il se les approprie par voie d'occupation. L'ancien propriétaire ne peut exercer d'action en revendication puisqu'il a renoncé à sa propriété. Situation différente de celle des épaves, dont le propriétaire a perdu la possession, mais à la propriété desquelles il n'a pas renoncé.

Il est parfois difficile pour celui qui découvre un objet de savoir si cet objet a été conservé (chose appropriée), perdu (épave) ou abandonné (*res derelicta*). Il faut tenir compte de toutes les circonstances de fait qui permettent de découvrir l'intention du propriétaire ; ainsi, sont des objets abandonnés ceux qui sont jetés comme détritus[123], et que les chiffonniers récupèrent. Au contraire, les bijoux laissés dans un cercueil ne sont pas abandonnés et le fossoyeur qui s'en empare commet un vol[124]. L'abandon peut résulter d'une décision judiciaire. L'article 66 de la loi du 9 juillet 1991 relative aux procédures civiles d'exécution permet au juge de « *déclarer abandonnés* » les biens que la personne expulsée a laissés sur place lorsqu'ils ne sont pas susceptibles d'être vendus. La règle s'applique aux chaises bancales et aux fauteuils crevés. La décision judiciaire les rend ainsi susceptibles d'appropriation par occupation. L'occupation fait acquérir la propriété du

122. *Supra*, n°s 582 et 583.

123. Ex. : Des héritiers « débarassent » la maison de leurs parents et jettent, notamment, une cocotte-minute, sans l'avoir ouverte. Un voisin, fouilleur de détritus, la découvre et l'ouvre : elle était remplie, à craquer, de billets de banque. Ce n'était pas un trésor, puisque le propriétaire actuel était identifiable ; c'était une *res derelicta*. *Droit civil illustré*, n° 113.

124. Cass. crim., 25 oct. 2000, *D.* 2001.1052, n. Th. Garé.

meuble abandonné, au moins s'il s'agit d'un meuble corporel. Si l'objet a une valeur artistique, l'occupation ne peut en faire acquérir la propriété littéraire et artistique. Par exemple, l'amateur, qui a découvert dans une poubelle les fragments d'un tableau volontairement lacéré par son auteur, peut s'approprier les morceaux de toile et même reconstituer le tableau, mais n'acquiert sûrement pas la propriété artistique et ne peut donc vendre le tableau[125].

N°s 600-609. réservés.

125. Paris, 6 mars 1931, *Carco c. Camoin*, *DP* 1931.2.88, n. M. Nast : « ... *Le geste du peintre qui, mécontent de son œuvre, lacère un tableau et en jette les morceaux à l'abandon, ne porte aucune atteinte à ce droit* (le droit pour l'auteur de ne livrer son œuvre au public que de la manière et dans les conditions qu'il juge convenable) ; *si celui qui ramasse ces morceaux en devient incontestablement propriétaire par voie d'occupation, cette propriété se limite à la matérialité des morceaux, mais ne prive pas le peintre du droit moral qu'il garde toujours sur son œuvre* ». En l'espèce, Francis Carco (auteur bien parisien) avait reconstitué et mis en vente des peintures de Camoin que le peintre avait lacérées et jetées à la poubelle ; jugé que Camoin pouvait saisir ces toiles et en faire ordonner la « *destruction définitive* ».

CHAPITRE II

PREUVE DE LA PROPRIÉTÉ

610. Extrajudiciaire et judiciaire, *probatio diabolica*. – Le Code civil, qui conçoit la propriété comme un droit absolu, ne comporte aucune règle sur sa preuve. Ce qui ne doit pas surprendre. La question se présente différemment, selon que cette preuve doit être apportée en dehors de tout litige (preuve extrajudiciaire) ou au cours d'un procès en revendication (preuve judiciaire). La preuve absolue est rare, elle est même « diabolique »

1° La preuve **extrajudiciaire** est simple : il s'agit de démontrer le transfert de propriété (succession, vente, donation...) ou, exceptionnellement, l'usucapion. Tous les moyens peuvent être employés. Cependant, la pratique a inventé des modes de preuve : attestations ou certificats de propriété, qui simplifient et harmonisent en fait la preuve extrajudiciaire dans certains domaines : immeubles, œuvres d'art...

2° Dans un **procès** en revendication opposant deux personnes qui se prétendent propriétaires de la même chose, la preuve décisive est difficile. La charge de la preuve pèse sur le demandeur, car le possesseur est présumé propriétaire (comp. art. 2256). En général, la propriété est acquise au moyen d'un transfert. Mais établir l'existence d'un acte (vente, donation...) ou d'un fait (décès) de nature à transférer la propriété ne suffit pas : encore faut-il que l'aliénateur ou le défunt ait été lui-même propriétaire ; ce qui implique qu'il ait lui-même recueilli le droit d'un propriétaire... Remontant ainsi la chaîne des transferts successifs, il faudrait parvenir à l'acquéreur initial, perdu dans la nuit des temps, ce qui, ordinairement, n'est pas à la portée de l'homme.

3°Cette preuve absolue, impossible en pratique, est, pour cette raison, qualifiée de diabolique depuis le Moyen Âge (***probatio diabolica***). Seule l'acquisition originaire de la propriété – usucapion, possession ou occupation –, rompant la chaîne des transmissions, offre une certaine sécurité. Mais elle est rare.

C'est principalement à l'égard des immeubles que la difficulté se rencontre. Car les meubles incorporels sont facilement identifiés, et la propriété des meubles corporels est dominée par la possession ou l'immatriculation ; à défaut, la preuve est libre ; peu à peu s'établit ainsi un droit commun de la preuve de la propriété – mobilière et immobilière. En outre, seule la preuve du droit de propriété est difficile. Celle des autres droits réels (usufruit, servitude...) pris sur la propriété d'autrui, se réduit à celle du démembrement s'imposant au propriétaire. Alors que la propriété, le plus complet des droits réels, et, surtout, droit perpétuel, peut vivre et se transmettre sans avoir suscité la moindre contradiction.

En dehors de l'usucapion, rare et souvent incertaine du fait des règles de computation des délais, il n'existe aucune certitude en matière de propriété. Les mentions sur les registres administratifs (notamment publicité foncière, cadastre, rôle des impôts), ne sont pas des preuves ; tout au plus des indices ; dans la mesure où la propriété n'est pas attribuée par l'État, ils ne font qu'enregistrer les transmissions d'un droit supposé préexistant.

611. « **Le meilleur et le plus probable** ». – La matière est dominée par la relativité : le but du débat probatoire n'est pas la certitude, mais la recherche du droit « le meilleur et le plus probable ». Ce qui explique qu'il n'existe aucun système de preuve impératif et que la Cour de cassation reconnaisse en toute occasion aux juges du fond un pouvoir d'appréciation souverain.

Quels que soient ses doutes, le juge est obligé de trancher ; il ne peut, ni refuser de désigner le propriétaire et renvoyer les parties dos à dos[1], ni les déclarer l'une et l'autre propriétaires indivis[2].

612. L'origine de la propriété. – Pour échapper aux incertitudes de la preuve de la propriété, le notariat, approuvé par la Cour de cassation[3], admet que pour établir une preuve extrajudiciaire de la propriété immobilière, il suffit, sauf circonstances exceptionnelles, d'une origine de propriété remontant à un acte translatif ayant plus de trente ans, délai maximum de la prescription acquisitive (sauf suspension ou interruption de la possession[4]).

613. Charge et objet de la preuve. – **1°** La **charge** de la preuve, suivant les règles ordinaires de la procédure, pèse sur le demandeur : *actori ei incumbit probatio*. En général, le demandeur est le revendiquant ; le défendeur est en possession de la chose. Tant que le premier n'a pas établi qu'il a un droit de propriété préférable à celui du possesseur, celui-ci bénéficie de la présomption de propriété[5]. C'est l'intérêt des actions possessoires, qui maintiennent ou rétablissent en possession le défendeur, lui permettant de tirer parti de cette position dans le procès en revendication.

Il ne faut pas exagérer les avantages probatoires attachés à la position de défendeur. Il suffit que le demandeur conteste la qualité de la possession pour que les parties se trouvent à égalité. Le défendeur doit alors produire ses propres preuves ; ce qu'il fait spontanément, même s'il est

1. * Cass. civ. 3e, 16 avr. 1970, *épx Giordano, Bull. civ.* III, n° 249 ; *D.* 1970.474, n. crit. M. Contamine-Raynaud ; *RTD civ.* 1970.607, obs. P. Hébraud. En l'espèce, saisis d'une action en bornage qui avait pour objet la limite exacte d'une parcelle décrite dans un acte de 1828, les juges du fond avaient désigné un expert, qui déclara impossible de situer exactement la parcelle ; ils déboutèrent donc chacune des parties dans leur revendication ; cassation : « *Vu l'article 4 ; lorsque deux personnes revendiquent, l'une contre l'autre, la propriété d'un immeuble, le juge qui reconnaît que ce bien appartient nécessairement à l'un ou à l'autre de ces deux revendiquants, ne peut rejeter les deux revendications sous prétexte qu'aucune des parties n'a prouvé la supériorité de son droit et que les données de l'expertise ne permettent pas d'appliquer les titres sur le terrain* ».

2. Cass. civ. 3e, 18 juin 1980, *D.* 1981, IR, 233, obs. A. Robert ; n.p.B.

3. Ex. : Cass. civ. 1re, 17 nov. 2011, n° 10-25583 ; *JCP* N 2011.930, chr. J.-F. Sagaut et M. Latina, *Defrénois* 2012. 31 ; n.p.B. : « *sauf circonstances exceptionnelles, [...] le notaire n'est pas tenu de vérifier l'origine d'une propriété au-delà de trente ans* ». En l'espèce, un acte notarié de vente immobilière n'avait pas mentionné une servitude conventionnelle datant de plus de trente ans, grevant la parcelle vendue. Jugé que cette omission n'engageait pas la responsabilité du notaire rédacteur de l'acte.

4. *Supra*, nos 559 à 562.

5. Ex. : Cass. civ. 3e, 11 juin 1992, *Bull. civ.* III, n° 600 ; *D.* 1993, somm. 302, obs. A. Robert : « *En l'absence de preuve du droit de propriété apportée par le demandeur qui revendique la propriété d'une parcelle, une cour d'appel peut estimer que le défendeur qui est en possession doit être considéré comme le propriétaire.* »

incontestablement possesseur, car la possession n'a pas toujours une force supérieure à celle des autres moyens de preuve. Son avantage est souvent temporaire.

2° La preuve a pour **objet** d'établir la cause de l'acquisition ; comme le dit un auteur, la propriété se prouve par sa cause[6].

L'inventaire des moyens de preuve (Section I) permet d'en saisir la force, suivant les types de conflits (Section II).

Section I
MOYENS DE PREUVE

614. Faits : liberté de la preuve. – Pour les moyens de preuve, la liberté règne[7] ; le Code civil n'a imposé aucun moyen de preuve dont la force se serait imposée. L'objet de la preuve est un ensemble de faits pouvant rendre vraisemblable le droit prétendu. Ces faits peuvent être établis par tous moyens ; telle est la règle générale : à la différence des actes juridiques, dont la preuve doit être préconstituée, les faits relèvent de la liberté de preuve pour d'évidentes raisons pratiques, et il n'existe pas de hiérarchie des preuves[8].

À ce titre, les témoignages, tout comme une inscription au cadastre, ou sur les registres de la conservation des hypothèques, ou le paiement des impôts peuvent être invoqués. Ils ne prouvent rien avec certitude, mais sont des indices permettant à un juge, un fonctionnaire public ou un notaire d'établir un acte de notoriété qui perd sa force probante si un revendiquant produit des éléments établissant sa propriété[9].

615. Titre et possession. – Deux moyens ont une force probatoire particulière : le titre et la possession. Leur valeur respective n'est pas une question de droit qui serait soumise au contrôle de la Cour de cassation : elle relève de l'appréciation souveraine des juges du fond.

1° Le **titre** est l'acte écrit en vertu duquel la propriété a pu parvenir jusqu'à celui qui se prétend aujourd'hui propriétaire[10]. S'il ne prouve pas la propriété – l'auteur n'était peut-être pas propriétaire –, il démontre que celle-ci aurait pu être transmise, en tout cas qu'elle était apparente en la personne de l'aliénateur.

6. Th. Revet, obs. *RTD civ.* 2002.121.

7. Ex. : pour la preuve de la propriété mobilière : Cass. civ. 1re, 11 janv. 2000, *Bull. civ.* I, n° 5 ; *D.* 2001.890, n. A. Donnier ; *JCP* G 2000.I.265, n° 2, obs. H. Périnet-Marquet ; *Defrénois* 2000, art. 37196, n° 49, obs. Chr. Atias ; *RTD civ.* 2002.121, obs. Th. Revet : « *Vu l'article 544 ; la propriété d'un bien se prouve par tous moyens* » ; jugé qu'à l'encontre d'un créancier du concubin la concubine pouvait faire la preuve de sa propriété au moyen d'une facture. Pour la propriété immobilière : Cass. civ. 3e, 20 juill. 1988, *Bull. civ.* III, n° 136 : « *Les modes de preuve de la propriété étant libres.* »

8. Cass. civ. 3e, 4 déc. 1991, *Bull. civ.* III, n° 306 ; *D.* 1993, somm. 36, 3e esp, obs. A. Robert ; *Defrénois* 1992, art. 35220, n° 21, obs. H. Souleau ; *JCP* G 1992.I.3591, n° 1, obs. H. Périnet-Marquet ; en l'espèce, la cour d'appel avait décidé que du moment qu'existait un titre, il était inutile d'examiner le moyen tiré de la possession, à peine de « *violer le principe de hiérarchie des preuves* » ; cassation : « *Il est toujours possible de prescrire contre un titre* » ; sur cet arrêt, v. aussi, *supra*, n° 555 ; *Contra*, Terré et Simler, n° 524, pour lesquels au contraire de l'arrêt de la cour d'appel, la possession serait la meilleure des preuves.

9. Ex. : Cass. civ. 3e, 30 juin 2015, n° 14-14.311, *Bull. civ. III*, à paraître ; *Defrénois* 2016, p. 1173, n. L. Tranchant ; *JCP* G 2015.1221, n° 3, obs. H. Périnet-Marquet.

10. Cass. civ. 3e, 30 juin 1999, *Bull. civ.* III, n° 159 ; *JCP* G 2000.I.211, n° 2, obs. H. Périnet-Marquet : « *Un acte notarié constatant une usucapion et le payement d'impôts ne pouvait établir celle-ci* ».

Parce qu'il n'est qu'un indice, le titre – un contrat, par exemple – peut être invoqué par une partie au procès contre l'autre, même si celle-ci est totalement étrangère à l'acte invoqué ; l'article 1165, qui ne donne effet aux contrats qu'entre les parties contractantes, est ici sans application ; le titre est une indication, non la reconnaissance contradictoire du droit de celui qui l'invoque[11]. La même règle s'applique à un jugement, en dépit de l'autorité relative de la chose jugée[12]. De même un titre déclaratif (partage, transaction) peut être invoqué ; peu importe qu'il n'ait pas été publié à la conservation des hypothèques[13].

2° La **possession** est dotée d'une force probante qui varie en fonction de son ancienneté : trop récente, elle peut être suspecte ; et surtout de sa qualité : certains vices (équivoque, clandestinité) atténuent sa force, alors que d'autres (violence) sont de nature à produire un effet inverse (présomption d'usurpation).

Section II
CONFLITS DE PRÉSOMPTIONS

616. Seule l'usucapion... – Sauf lorsque l'une des parties invoque et prouve une usucapion à son bénéfice ou à celui de son auteur, le titre et la possession ne constituent que des présomptions simples. Lorsqu'ils sont invoqués par l'une et l'autre partie au procès, le juge doit trancher un conflit de présomptions, en faveur de la plus vraisemblable. Quatre règles jurisprudentielles, de bon sens, lui servent de guide.

617. 1° Possession contre possession. – Aucune des deux parties ne produit un titre. Chacune invoque des faits de possession (actes de jouissance, paiements des impôts, mentions du cadastre...), soit simultanés (ex. : l'un paie l'impôt foncier, l'autre a perçu des fermages...), soit successifs (ex. : le défendeur a possédé

11. Ex. : * Cass. civ., 22 juin 1864, *Lepère, DP* 1864.I.412 ; *S.* 1864.I.349 ; en l'espèce, Lepère avait revendiqué une partie de la haie séparant sa propriété de celle de Leprovost ; il avait invoqué un acte de partage de 1812 et une adjudication de 1855 ; les juges du fond avaient reconnu que ces titres étaient probants en eux-mêmes ; ils avaient cependant rejeté la revendication de Lepère, aux motifs que ces titres n'étaient pas des contrats auxquels les auteurs de Leprovost avaient été parties ; cassation : « *Le droit de propriété serait perpétuellement ébranlé si les contrats destinés à l'établir n'avaient de valeur qu'à l'égard des personnes qui y auraient été parties, puisque de l'impossibilité de faire concourir les tiers à des contrats ne les concernant pas, résulterait l'impossibilité d'obtenir des titres protégeant la propriété contre les tiers ;* [...] *déclarer opposables aux tiers les titres réguliers de propriété, ce n'est aucunement prétendre qu'il peut résulter de ces titres une modification quelconque aux droits des tiers ; et ainsi la règle de l'article 1165* [auj. 1199, al. 1], *qui ne donne effet aux conventions qu'entre les contractants, est sans application* ».

12. * Cass. civ., 27 déc. 1865, *Tercinet, DP* 1866.I.5 ; *S.* 1866.I.205 : « *La propriété étant un droit réel, l'arrêt qui déclare un individu propriétaire équivaut nécessairement à un titre susceptible, comme tout autre titre, d'être opposé à tous par celui qui l'a obtenu ; sans doute, l'autorité de la chose jugée étant limitée par l'article 1351 aux seules parties en cause, un tel arrêt ne saurait être opposé aux tiers avec le caractère de la chose jugée ; mais il n'en est pas moins un titre, et les tiers contre lesquels il est invoqué, s'ils peuvent l'attaquer au moyen de la tierce opposition ou même directement, ne peuvent, du moins, détruire la preuve qui en résulte, qu'à la charge de faire la preuve contraire et d'établir, à leur profit, soit un droit de propriété préférable, soit une possession antérieure légalement acquisitive.* »

13. * Cass. civ. 3e, 22 avr. 1981, *épx Volpilhac, Bull. civ.* III, n° 80 ; *RTD civ.* 1982.168, obs. Cl. Giverdon : en l'espèce, les juges du fond avaient décidé qu'un passage était commun, en se fondant sur un acte de partage non publié datant de 1897 ; ce qu'approuve la Cour de cassation : « *Les actes de partage successoral, bien que non publiés, sont opposables aux tiers ;* [...] *en matière de propriété immobilière, les juges du fond apprécient souverainement les modes de preuve qui leur sont présentés et qui échappent aux règles de la publicité foncière dont la finalité est distincte et différente* ».

pendant vingt-huit ans et est dépossédé depuis deux ans). Les tribunaux décident que doit l'emporter celui dont la possession est la meilleure et la plus caractérisée[14] et non forcément la plus ancienne.

618. 2° Titre contre possession. – Le défendeur est l'actuel possesseur ; le demandeur oppose un titre (acte de vente, partage...). La Cour de cassation décide que doit l'emporter le demandeur, si son titre est antérieur à l'entrée en possession du défendeur[15], et à condition, naturellement, que celle-ci ne lui permette pas d'invoquer une usucapion[16]. Le défendeur l'emporte au contraire si sa possession est antérieure au titre[17].

Selon quelques auteurs, cette préférence donnée au titre plus ancien repose sur une présomption de possession plus ancienne ; mais celle-ci n'est pas décisive. Jean Carbonnier estimait que la règle n'était pas rationnelle, mais historique[18]. Un titre ancien, antérieur au commencement de la possession de l'adversaire, fait présumer la régularité de la situation ancienne ; au contraire, il est suspect lorsqu'il est postérieur au commencement de la possession : peut-on accepter de devenir propriétaire en laissant un autre posséder ?

619. 3° Titre contre titre. – Chacune des deux parties invoque un titre.

Si ces titres émanent d'un auteur commun, le conflit est tranché par les règles de la publicité foncière : le titre translatif auquel a été partie l'auteur commun, publié le premier est, en principe, opposable à l'autre ; le titre publié en second est inopposable au premier (D. 4 janv. 1955, art. 30-1).

Lorsque les titres émanent d'auteurs différents, et qu'aucune des deux parties ne peut invoquer une possession significative, c'est en principe le titre le plus ancien qui devrait l'emporter, car il est le moins suspect. Mais, d'une manière générale, la Cour de cassation décide que doit l'emporter « *le titre le meilleur et le plus probable* », qui peut ne pas être le plus ancien[19]. La règle est conforme à l'esprit général des solutions données aux autres conflits.

620. 4° Rien contre rien. – Il peut arriver qu'aucune des deux parties ne dispose d'un titre significatif, et que la possession du défendeur soit mal caractérisée

14. Ex. : Cass. civ. 1re, 3 déc. 1959, *Bull. civ.* I, n° 516 : « *Il entre dans les pouvoirs souverains des juges du fond d'accueillir l'action en revendication lorsque, comparant, en l'absence de titre, les présomptions en conflit, ils reconnaissent, par application des documents et des circonstances de la cause, que le demandeur a fait la preuve complète d'une possession prolongée, préférable à celle du défendeur* » ; en l'espèce, Giabiconi et son auteur avaient la possession de la terre litigieuse depuis 1914, lorsqu'ils en ont été dépossédés par Virgitti, moins d'un an avant que celui-ci introduise une action en revendication ; la possession de Virgitti, trop récente, ne pouvait servir de présomption. Giabiconi aurait pu agir au possessoire, l'interruption de la possession n'étant acquise qu'un an après la dépossession (*supra*, n° 559).

15. * Cass. civ., 22 juin 1864, *Lepère*, cité *supra*, note 11 ; Cass. civ. 1re, 7 oct. 1964, *Bull. civ.* I, n° 430.

16. Ex. : Cass. civ. 3e, 4 déc. 1991, cité *supra*, note 8.

17. Cass. civ., 14 juin 1904, *DP* 1904.I.8.

18. J. Carbonnier, n° 211 b.

19. Ex. : Cass. civ., 12 nov. 1907, *DP* 1908.I.313, n. G. Ripert ; en l'espèce, l'un avait produit un acte authentique de 1872 et plusieurs autres postérieurs ; l'autre avait produit un acte de 1875 ; mais l'acte de 1872, et les actes successifs, avaient toujours mentionné la contenance de la parcelle litigieuse ainsi que son numéro cadastral, alors que celui de 1875 n'en comportait aucun et contenait même une description erronée ; jugé que l'acte de 1872 et ceux qui avaient suivi, « *authentiques, clairs et précis* », devaient l'emporter ; le pourvoi est rejeté : « *Lorsque, comme en l'espèce, les parties à l'action en revendication invoquent de part et d'autre des titres émanant d'auteurs différents, les juges du fond peuvent puiser leur conviction dans les énonciations de ces actes, en retenant que, de certains d'entre eux, résultent des présomptions meilleures et mieux caractérisées* ».

ou vicieuse. Le juge doit trancher le conflit d'après les présomptions de fait invoquées par les parties[20] : inscription ou emplacement d'une borne, énonciations du cadastre, déclarations de témoins, topographie des lieux et surtout, possession antérieure du demandeur.

N°s 621-649. réservés.

20. * Cass. civ., 26 déc. 1921, *épx Charlin*, *DP* 1925.I.140 ; *S.* 1923.I.297, n. P. Esmein. En l'espèce, Sorin, se prétendant propriétaire d'une bande de terrain, avait assigné Charlin, son voisin, en rétablissement des fossés que celui-ci avait bouleversés, et en réparation du dommage causé par la suppression d'une haie ; à la suite d'une enquête et d'une contre-enquête (témoignages), le tribunal a déclaré Sorin propriétaire du terrain et condamné Charlin, aux motifs que les titres étaient équivoques, que le seul acte de possession des défendeurs était précisément la suppression de la haie, et que Sorin avait eu une longue possession, paisible, non équivoque, *animo domini* ; pourvoi rejeté : « *En matière immobilière, lorsque les parties ne produisent pas de titre, et que la prescription n'est pas acquise, si le défendeur à l'action en revendication ne justifie pas d'une possession légale exclusive et bien caractérisée, il appartient aux juges de statuer sur la question de propriété d'après les présomptions de fait invoquées par les parties* ».

Sous-titre III

Propriétés spéciales

PREMIÈRES VUES SUR LES PROPRIÉTÉS SPÉCIALES

650. Vraies et fausses propriétés spéciales. – Ordinairement, le droit de propriété est individuel et confère les attributs les plus étendus : *usus*, *fructus* et *abusus*. C'est celui que le Code civil a principalement en vue et qui satisfait la tendance naturelle à l'appropriation individuelle : en quelque sorte, le droit commun de la propriété.

Il en existe d'autres types. Plusieurs personnes peuvent avoir un droit de propriété sur la même chose ; le droit lui-même n'en est pas affecté, mais les prérogatives qu'il confère doivent être exercées en commun, ce qui altère l'autonomie de chacun des copropriétaires. La propriété peut aussi être répartie entre deux personnes, le droit appartenant à l'une, le pouvoir à l'autre. Telles sont les propriétés spéciales.

Le terme « spéciales » n'a pas ici le même sens que dans le droit des contrats ou dans le droit pénal : le droit des contrats spéciaux et le droit pénal spécial constituent l'ensemble des règles juridiques propres à telle espèce de contrat ou d'infraction. Tout contrat appartient à une espèce particulière (vente, prêt, dépôt, etc.) ; lui sont applicables en même temps que les règles de droit commun (théorie des obligations contractuelles) les règles spéciales à la catégorie à laquelle il appartient. Au contraire, les propriétés spéciales sont des propriétés particulières, affectées dans leur exercice par une circonstance originale. Mais toutes les propriétés ayant une certaine forme d'originalité ne sont pas spéciales. Dans le présent chapitre, « spécial » s'oppose à « ordinaire ».

De nombreuses circonstances peuvent à première vue rendre spécial le droit de propriété... Son objet : la propriété d'un bien incorporel ne s'exerce pas de la même manière que celle d'un bien corporel ; la propriété des immeubles n'est pas la même que celle des meubles corporels... Son titulaire : à la propriété des personnes physiques, on peut opposer celle des personnes morales, en distinguant en outre entre les personnes morales de droit privé et de droit public... Dans tous ces cas, si l'exercice concret du droit de propriété est différent, les prérogatives du propriétaire demeurent, pour l'essentiel, identiques.

De même, ne sont pas véritablement spéciales la propriété conditionnelle et la propriété apparente.

651. Propriété conditionnelle. – La propriété peut être pendant un certain temps, toujours limité, affectée d'une condition. Il en est ainsi, par exemple, à la suite d'une vente sous condition suspensive. Tant que la condition est pendante, que sa réalisation est future et incertaine, l'acquéreur est propriétaire sous condition ; le vendeur le demeure également sous la même modalité[1]. Il y a donc deux titulaires simultanés du droit de propriété, mais chacun avec une modalité contraire à celle de l'autre. Lorsque la situation se dénoue, un seul est, pour l'avenir et pour le passé, titulaire du droit de propriété[2]. Cette situation relève surtout du droit des obligations, qui régit le mécanisme de la condition.

Tant que la condition est pendante, et que le sens dans lequel la situation se dénouera demeure incertaine, l'exercice des prérogatives du propriétaire – *usus*, *fructus* et *abusus* – doit être réparti : le propriétaire sous condition suspensive n'est pas actuellement propriétaire et ne peut en exercer les prérogatives ; il le deviendra rétroactivement par la survenance de la condition (art. 1304-6, al. 1 nouv., 1179 anc.). Le propriétaire sous condition résolutoire est actuellement propriétaire, mais si l'événement se réalise, il perdra rétroactivement la propriété. Cette rétroactivité est de nature à mettre en péril les actes accomplis par celui qui sera réputé n'avoir jamais été propriétaire. Aussi, afin de protéger les tiers, d'une part, les actes d'administration, qui doivent être accomplis malgré l'incertitude pesant sur le droit du propriétaire, et qui ne portent pas une atteinte définitive à l'intégrité de la chose (perception des fruits, bail ordinaire...), demeurent efficaces. D'autre part, lorsque le propriétaire a accompli un acte de disposition et que ses droits se trouvent rétroactivement anéantis, les tiers qui ont traité avec lui dans l'ignorance de la fragilité de son droit, sont protégés par l'article 2276, al. 1 (2279, al. 1 anc.)[3] s'il s'agit d'un meuble corporel, et par les règles de la publicité foncière s'il s'agit d'un immeuble[4].

La propriété conditionnelle n'est pas une manière d'être particulière de la propriété, mais la conséquence temporaire d'une modalité affectant le transfert de la propriété.

652. Propriété apparente. – La propriété apparente est une des applications de la théorie de l'apparence destinée à protéger la sécurité du commerce juridique. Elle relève surtout du droit de la vente.

Un acquéreur traite avec un vendeur, apparemment propriétaire mais qui, en réalité, ne l'est pas, soit parce qu'il ne l'a jamais été[5], soit parce que son droit a été anéanti, postérieurement à la vente par suite de la nullité ou de la résolution de son titre[6]. La théorie de la propriété apparente permet à l'acquéreur, qui a pourtant traité à *non domino*, de conserver définitivement la chose vendue. Le vendeur doit seulement restituer au véritable propriétaire la valeur de la chose.

Cette institution d'origine jurisprudentielle prend appui sur un vieil adage : *error communis facit jus* : l'erreur commune est créatrice de droit. L'acquéreur d'un propriétaire apparent tient son droit de la loi[7]. Ce qui implique la réunion de trois conditions. **1** Le caractère onéreux de l'acquisition. **2** La bonne foi de

1. Ex. : vente sous condition suspensive de l'obtention par l'acquéreur d'un prêt. Tant que l'obtention du prêt est incertaine et à défaut de convention retardant le transfert de propriété, l'acquéreur est propriétaire sous condition qu'il obtienne un prêt, le vendeur le demeure, sous condition que l'acquéreur ne l'obtienne pas.

2. Ex. (suite) : si le prêt est obtenu par l'acquéreur, celui-ci est réputé propriétaire depuis la vente, le vendeur ne l'est plus depuis la vente. Si, au contraire, le prêt n'est pas obtenu, le vendeur est réputé n'avoir jamais perdu la propriété ; l'acquéreur est réputé ne l'avoir jamais acquise. Pour la clause dite de tontine, Cass. civ. 1re, 27 mars 1986, *D.* 1987.139, n. G. Morin.

3. *Supra*, n° 576.

4. Le jeu de la condition n'est opposable aux tiers que s'il s'agit d'une condition légale – ils sont censés la connaître –, ou d'une condition publiée (D. 4 janv. 1955, art. 28, 1°).

5. Ex. : vente consentie par un héritier apparent, évincé par le véritable héritier : Cass. civ., 26 janv. 1897, aff. *de la Boussinière*, *DP* 1900.I.33, 1re esp. ; *S*, 1897.I.313.

6. Ex. : le vendeur avait reçu l'immeuble en vertu d'une donation, ensuite annulée : Cass. civ. 1re, 3 avr. 1963, *Bull. civ.* I, n° 203 ; *D.* 1964.306, n. J. Calais-Auloy ; *RTD civ.* 1964.346, obs. J.-D. Bredin ; ou d'un partage, ensuite rescindé pour lésion : Cass. civ. 1re, 12 janv. 1988, *Bull. civ.* I, n° 7.

7. Cass. civ. 1re, 3 avr. 1963, cité *supra*.

l'acquéreur, c'est-à-dire la croyance qu'il a traité avec le véritable propriétaire ; elle est présumée et doit exister seulement au moment de l'acquisition. **3** Une erreur commune, invincible et légitime : la nullité du titre du vendeur a été et aurait dû être ignorée de tous[8]. Par exemple, l'acquéreur a traité par l'intermédiaire d'un notaire, au vu de documents anciens et incontestables, et rien ne permettait à une personne normalement avisée d'en suspecter l'efficacité[9].

La propriété apparente ressemble à l'usucapion abrégée : dans les deux cas, un acquéreur de bonne foi devient propriétaire, bien qu'il ait traité à *non domino*. Mais il existe deux différences : l'usucapion implique la possession, et non le cas de la propriété apparente qui peut ici être rapprochée de l'article 2276, al. 1 (2279, al. 1 anc.), dans sa fonction acquisitive. La propriété apparente seule nécessite, en revanche, une erreur commune, invincible et légitime ; elle ne remplace donc pas l'usucapion abrégée. Généralement, elle n'est invoquée qu'en désespoir de cause, par l'acquéreur menacé d'éviction. Elle n'est pas une propriété spéciale : l'acquéreur devient un propriétaire ordinaire. Elle est un mode particulier d'acquisition.

En revanche, constituent des propriétés particulières les propriétés collectives (Chapitre I) et la propriété fiduciaire (Chapitre II).

8. Cass. civ. 1re, 12 janv. 1988, cité *supra*.
9. Cass. civ. 1re, 3 avr. 1963, cité *supra*.

CHAPITRE I

PROPRIÉTÉS COLLECTIVES

653. Une floraison... – La propriété est collective lorsque la même chose appartient simultanément à plusieurs personnes.

Les démembrements de la propriété, tels l'usufruit ou le droit d'usage, peuvent également, dans les mêmes conditions, être collectifs.

Pour le Code Napoléon, qui concevait la propriété comme un rapport essentiellement individuel, cette situation était exceptionnelle et même anormale. Pour lui, lorsqu'on ne pouvait l'éviter, elle devait durer le moins longtemps possible ; le retour à la normale, c'est-à-dire la propriété individuelle, devait être facilité. Mais depuis 1804, pour diverses raisons : coût de la propriété immobilière individuelle, raréfaction des sols, essor démographique, urbanisation croissante, développement des groupements..., les propriétés collectives n'ont cessé de proliférer, et, loin d'être transitoires, constituent souvent des situations définitives.

Ainsi, à côté de la traditionnelle indivision, la mitoyenneté est supplantée, surtout dans les villes, par la copropriété des immeubles bâtis ; les fonds communs de placement ont vu le jour et les propriétés collectives organisées sous l'égide d'une personne morale : société, association, syndicat, comité d'entreprise... sont aujourd'hui prépondérantes, sans parler de la multipropriété.

654. Rôle de la personnalité morale. – Le groupement des propriétaires peut être doté de la personnalité morale dont l'existence confère au groupement organisation et stabilité ; elle permet de revenir à la traditionnelle propriété individuelle : la personne morale fait écran entre les membres du groupement et les biens communs. La société ou l'association sont individuellement propriétaires.

Il paraît douteux que la personnalité morale constitue une ligne de partage très ferme[1]. Certains groupements dénués de la personnalité se comportent souvent comme une société : ainsi, la communauté conjugale et parfois l'indivision. Certaines personnes morales, comme le syndicat des copropriétaires, ne sont pas propriétaires des biens communs à l'ensemble de leurs membres[2]. Certaines sociétés, bien que non dotées de la personnalité morale (ex. : société en participation, art. 1871, al. 1), peuvent se voir affecter des biens.

655. Classification. – Une autre classification s'impose.

---

1. **Biblio.** P. Catala, « L'indivision, commentaire de la loi du 31 décembre 1976 », *Defrénois* 1979, art. 31874, n°s 1 et s.

2. *Infra*, n° 721.

1° Certaines propriétés collectives sont **fonctionnelles** et répondent à l'intérêt collectif des membres composant le groupement, lequel dépasse les intérêts individuels. La propriété est affectée à cet intérêt. L'exercice des prérogatives du propriétaire est asservi à cet intérêt. Telles sont la société, l'association ou la communauté conjugale. Leurs membres sont liés par une *affectio societatis* ou *conjugalis*.

2° D'autres propriétés collectives sont **accidentelles**. Elles s'imposent en raison de la nature des choses. Il n'existe aucun intérêt collectif ; tout au contraire, les intérêts individuels des membres, gênés par l'existence de la collectivité, demeurent essentiels. Telles sont la mitoyenneté, la copropriété des immeubles bâtis et, dans une certaine mesure, la copropriété des valeurs mobilières dans un fonds commun de placement.

3° Reste l'**indivision ordinaire**. En principe, elle est temporaire, imposée par des circonstances souvent momentanées ; mais elle peut aussi, par la volonté de ses membres, être affectée au service d'un intérêt collectif, justifiant une organisation durable.

656. Indivision et société. – Pendant longtemps, l'indivision et la société ont été des institutions qui s'opposaient et même s'excluaient : ou bien, les copropriétaires étaient indivis, ou bien les associés avaient constitué une société – l'un ou l'autre. L'indivision, selon l'analyse classique, était une masse de biens transitoire et provisoire, dominée par l'intérêt individuel de chacun de ses membres et ne trouvant son accomplissement que dans le partage ; sa gestion, généralement soumise à l'unanimité, avait pour but la conservation du bien. Au contraire, la société est un mode d'exploitation collective des biens, résultant d'un groupement de personnes, collaborant durablement dans une activité commune, et dont le but est lucratif. L'indivision était donc une modalité du droit de propriété ; au contraire, la société était une entreprise commune.

Des auteurs ont montré que cette opposition a cessé depuis les lois du 31 décembre 1976 relatives à l'indivision et du 4 janvier 1978 relative aux sociétés. Désormais, l'indivision peut être durable, n'est pas toujours dominée par l'intérêt égoïste de ses membres, car elle comporte une *affectio communionis*, comparable à l'*affectio societatis*, qui peut permettre une entreprise commune. Les intéressés sont donc libres de choisir entre ces deux institutions, compte tenu de leur intérêt, notamment fiscal. Cette concurrence est surtout marquée entre l'indivision conventionnelle et la société en participation qui peut faire partie d'une indivision[3]. Parfois cependant, continuant à appliquer les critères et l'opposition traditionnels, le Conseil d'État requalifie en indivision une société[4].

L'indivision ordinaire constitue le droit commun des propriétés collectives (Section I). La communauté conjugale, la société et la mitoyenneté[5] font l'objet d'études particulières. La copropriété des immeubles bâtis (Section II) et le fonds commun de placement (Section III) sont des indivisions spéciales.

N°s 657-659. réservés.

3. Fl. Deboissy et G. Wicker, « La distinction de l'indivision et de la société et ses enjeux fiscaux », *RTD civ.* 2000.225.

4. Ex. : CE, 13 mars 1998, *RTD com.* 1998.974, obs. Fl. Deboissy ; *RJF* 1998, n° 578 ; *Dr. fisc.* 1998, n° 588, concl. Loloum : « *Une indivision successorale ne peut être regardée comme une société de fait dès lors que seul un membre de cette indivision a participé à la gestion et à la liquidation du stock maintenu dans l'indivision* ».

5. *Infra*, n°s 1015 à 1024.

Section I
INDIVISION ORDINAIRE

660. Définition. – La définition que l'on donne aujourd'hui de l'indivision est abstraite, afin d'embrasser toutes les diverses situations qu'elle recouvre[6]. Elle est le concours de plusieurs droits de même nature sur un même bien, sans qu'il y ait division matérielle des parts ; ce qui la caractérise est donc la coexistence de plusieurs sujets ayant des droits de même nature portant sur les mêmes biens. Cet état est temporaire et ne confère pas la personnalité morale[7].

Par conséquent, il n'existe pas d'indivision entre les titulaires de droits différents portant sur une même chose : par exemple, entre le nu-propriétaire et l'usufruitier[8], ou entre le propriétaire du sol et celui de la superficie[9]. Le droit indivis peut être une propriété, ou plus rarement un usufruit ou une nue-propriété. Le bien sur lequel il porte peut être un bien particulier. Ainsi en est-il lorsque plusieurs personnes achètent ensemble un même bien ; on parle alors souvent de copropriété. On parle plutôt d'indivision lorsque la copropriété a pour objet un ensemble de biens : elle donne à chaque indivisaire des droits qui portent de manière indéterminée sur le tout, une quote-part idéale. Elle peut résulter d'une convention : par exemple, deux personnes achètent ensemble un même bien. Elle peut aussi être la séquelle de la dissolution d'une propriété collective : ainsi en est-il de l'indivision post-communautaire (entre la dissolution de la communauté conjugale et son partage) ou post-sociétaire (entre la dissolution d'une société et le partage de l'actif social) ou concubinaire. L'indivision la plus fréquente est l'indivision successorale qui apparaît lorsque le défunt laisse plusieurs successeurs universels.

661. Indivisions spéciales. – Il existe aussi des indivisions spéciales. Ainsi en est-il des indivisions forcées ; par exemple le mur mitoyen[10], les marais salants[11] ou les propriétés intellectuelles résultant d'une collaboration[12]. Il y a aussi les indivisions organisées, par exemple la copropriété des immeubles bâtis[13] et surtout la communauté conjugale.

6. **Biblio.** : P. Catala, « L'indivision », *Defrénois* 1979, art. 31874, p. 3 et art. 31886, p. 81 ; art. 32160, p. 1601 ; 1980, art. 32176, p. 3 ; 1981, art. 32572, p. 241 et art. 32597, p. 321 ; F.-X. Testu, « Sur la nature juridique de l'indivision », *D.* 1996, chr. 176. M.-L. Mathieu, « Quel avenir pour l'indivision ? », in *L'avenir du droit des biens*, colloque de Lille (2014), LGDJ, 2016, p. 95 et s.

7. Jurisprudence plusieurs fois réitérée, ex. : Cass. civ. 3e, 25 avr. 2001, *Bull. civ.* III, n° 50 ; *JCP* G 2001.I.358, n° 3, obs. H. Périnet-Marquet ; *RTD civ.* 2002. 130, obs. J. Patarin : « *L'indivision n'a pas la personnalité juridique* ».

8. Mais Cass. civ. 3e, 7 juill. 2016, n° 15-10.278, *Bull. civ.* III, à paraître ; *JCP* G 2016.1102, avis Br. Sturlèse, 1191, n° 3, obs. H. Périnet-Marquet ; D. 2016.2263 ; *Dr et patr.*, nov. 2016, p. 96, obs. Th. Revet et J.-S. Seube : il y a indivision, et une possibilité de partage, entre un propriétaire, ayant à ce titre un droit de jouissance, et le titulaire d'un droit d'usage sur ce bien : « *les parties se trouvaient en indivision quant au droit d'usage et d'habitation* »

9. ** Cass. civ., 16 déc. 1873, *Cart, DP* 1874.I.249 ; *S.* 1874.I.457, cité *infra*, n° 902.

10. *Infra*, nos 1015 à 1024.

11. Rennes, 27 oct. 1998, *D.* 2001.1498, n. Le Cornec : dans les marais salants, une propriété individuelle (les œillets : bassins rectangulaires d'un marais salant, où se dépose et se récolte le sel) coexiste avec une indivision forcée (le reste des marais salants : étiers (les cours d'eau) et les vasières).

12. Pour la propriété littéraire et artistique, C. propr. intell., art. L. 113-3 : « *L'œuvre de collaboration est la propriété commune des coauteurs. Les coauteurs doivent exercer leurs droits d'un commun accord. En cas de désaccord, il appartiendra à la juridiction civile de statuer* » ; Ex. : Cass. civ. 1re, 4 oct. 1988, aff. *du trio de jazz*, *Bull. civ.* I, n° 268 ; *D.* 1989.482, n. crit. P.-Y. Gautier ; *RIDA* 1989.251, n. crit. A. Françon ; en l'espèce, un des membres du trio « *avait pris l'initiative d'agir en justice pour la défense de ses droits patrimoniaux* », sans que fut en jeu « *la défense du droit moral attaché à la personne de chacun des coauteurs* ». Jugé que son action était irrecevable parce qu'il était « *tenu [...] de mettre en cause les autres auteurs de cette œuvre* ». *Droit civil illustré*, n° 115.

13. *Infra*, nos 699 et s.

La comparaison de l'indivision ordinaire et de la communauté (on sous-entend qu'elle est conjugale) permet de mieux comprendre ce qu'est l'indivision. La communauté est une indivision dont trois traits sont caractéristiques. **1)** Elle est organisée : tout un corps de règles détermine les pouvoirs respectifs des époux. **2)** Elle est stable : elle dure autant que le mariage, sauf si les époux changent de régime. **3)** Surtout, elle est affectée aux besoins du ménage, ce qui, précisément, explique qu'elle soit organisée et durable. Au contraire, l'indivision ordinaire est peu organisée, précaire et dominée par les intérêts individuels des indivisaires. Depuis plus de quarante ans, les différences entre l'indivision ordinaire et la communauté se sont peu à peu estompées. D'une part, parce que la loi a, en 1976, donné un embryon d'organisation à l'indivision ; d'autre part, parce qu'en 1965 et en 1985, le mari a perdu ses pouvoirs exorbitants sur la communauté, dont la gestion se rapproche maintenant de celle d'une indivision ordinaire.

662. Droit romain et Ancien droit. – Le droit romain[14] était hostile à l'indivision, à laquelle le partage pouvait toujours mettre fin. L'Ancien droit, surtout jusqu'au XVIe siècle, avait au contraire donné une importance considérable à toutes sortes de communautés : conjugales, familiales, professionnelles, rurales, taisibles (groupements constitués par des personnes vivant « à même pain et pot ») et biens communaux (prés, bois et landes appartenant aux habitants d'une même paroisse). L'Ancien droit avait un esprit communautaire.

663. Code Napoléon : haine de l'indivision. – Au contraire, comme le droit romain et la Révolution, le Code Napoléon posait en postulat que l'indivision ne permettait pas d'exploiter convenablement les biens. Dans un système communiste tel que l'indivision, l'initiative individuelle ne peut se développer librement et chaque indivisaire est facilement condamné à l'inactivité. Dans son principe même, la masse indivise ne peut guère s'étendre et est dépourvue de la force naturelle d'expansion attachée aux institutions vivantes.

Les inconvénients économiques de l'indivision expliquent la « haine » que le Code Napoléon lui avait portée. La méthode de la loi était par elle-même caractéristique. Elle ne connaissait, ni l'indivision, ni la situation des biens indivis, et n'envisageait que les droits individuels de chaque indivisaire. Ces droits étaient tous égaux et pourvus de trois facultés : disposer de sa quote-part, s'opposer à tout acte relatif aux biens indivis fait par un autre indivisaire (le *jus prohibendi*) et surtout demander le partage (art. 815, al. 1 ancien). Il suffisait qu'un seul indivisaire le demandât pour que le partage fût obligatoire. L'indivision était un état à la fois précaire et inorganisé.

664. Une stabilité de fait. – En fait, cependant, l'indivision, particulièrement lorsqu'elle est successorale, est souvent durable. Surtout pour des raisons familiales : avant de partager la succession, on attend généralement la majorité des héritiers mineurs et surtout le décès des deux parents ; pour beaucoup d'enfants, il est malséant d'imposer le partage au conjoint survivant, qui, généralement, est une veuve, dont il ne faut pas changer le genre de vie patrimoniale ; les enfants communs peuvent, sans trop d'inconvénients, mettre la succession entre parenthèses, parce qu'ils sont sûrs de retrouver les biens successoraux au décès du survivant. Ainsi, il y a souvent superposition de plusieurs indivisions : une indivision post-communautaire et deux indivisions successorales. Mais cette stabilité de fait est souvent compromise avec les familles recomposées : les enfants du premier lit (surtout les filles) n'apprécient pas d'être en indivision avec un second conjoint (surtout une seconde épouse). Cette stabilité s'explique aussi pour des raisons économiques : fréquemment, il est utile d'éviter le morcellement des exploitations, notamment dans l'agriculture, et de ne pas obliger l'exploitant à acquérir tout de suite la propriété, ce qui l'obligerait à des investissements importants et souvent peu rentables.

L'indivision est également fréquente entre époux séparés de biens[15], entre concubins et entre pacsés.

665. Une nouvelle politique : lois de 1976, 2006 et 2009. – Au fur et à mesure, les inconvénients résultant de l'inorganisation de l'indivision étaient devenus de plus en plus sensibles. La

14. J. Gaudemet, *Étude sur le régime juridique de l'indivision en droit romain*, th. Strasbourg, 1934 ; J.-Ph. Lévy et A. Castaldo, *op. cit.*, n° 547.

15. L'indivision entre époux séparés de biens n'est pas une sorte de communauté conjugale : Cass. civ. 1re, 14 nov. 2000, *D.* 2001.1755, n. P. Lipinski ; n.p.B. : « *Les époux* (séparés de biens) *justifiaient d'un droit au partage des biens indivis qu'ils pouvaient exercer à tout moment et sans même attendre la dissolution du mariage* ». Au contraire, dans le régime de la communauté, les biens communs ne peuvent être partagés pendant la durée du régime.

jurisprudence, la pratique, enfin la loi, d'abord par des mesures fragmentaires, puis par une réforme d'ensemble, les lois du 31 décembre 1976 et, à un moindre degré, du 23 juin 2006 sur les successions et du 22 mai 2009 sur la simplification du droit, en ont transformé le statut. Transformation plus que révolution : si l'indivision avait été complètement organisée, elle eût cessé d'être une indivision. La matière a suscité un contentieux abondant, superposant un droit jurisprudentiel à la loi. Le régime de l'indivision est devenu complexe ; il a pour objet sa composition (§ 1), sa gestion (§ 2) et les droits de l'indivisaire sur sa quote-part (§ 3).

§ 1. Composition de la masse indivise

Sans avoir la personnalité morale, la masse indivise a une certaine autonomie, qui se révèle surtout à l'égard du passif (II), mais aussi pour l'actif (I).

I. — Actif

L'indivision n'a pas la force d'expansion naturelle attachée à d'autres formes d'appropriation collective des biens, par exemple la communauté conjugale : les acquisitions faites pendant la durée de l'indivision par un indivisaire profitent à celui-ci, non à l'indivision ; en d'autres termes, il n'existe pas d'acquêts de l'indivision. Cette masse de biens n'est pourtant ni figée parce que s'y exerce la subrogation réelle, ni close parce qu'elle s'accroît des fruits et revenus, profite des plus-values et supporte les pertes et les moins-values.

666. 1° Subrogation réelle. – Lorsque des biens sortent de la masse indivise et sont remplacés par des biens nouveaux, la subrogation réelle joue immédiatement, largement et de plein droit, afin que soit assurée l'égalité du partage ; c'est-à-dire que le bien nouveau est soumis aux mêmes droits que celui qu'il remplace[16] (art. 815-10, al. 1). Par exemple, tombe dans l'indivision l'indemnité d'assurance ou de responsabilité qui se substitue à l'immeuble indivis détruit ou dégradé. Il en est de même lorsque l'aliénation a été voulue par les indivisaires ; ainsi, la créance du prix d'un immeuble indivis vendu remplace cet immeuble dans la masse indivise[17] ; les biens acquis en remploi ou en emploi des deniers ou des biens indivis sont aussi subrogés à ces biens.

La subrogation réelle résultant d'un remploi n'a lieu que si l'avait voulue l'ensemble des indivisaires (art. 815-10) ou l'indivisaire qui avait agi au nom de ses consorts. Afin de faire tomber la présomption de biens personnels (tout bien acquis par un indivisaire est présumée lui appartenir en propriété exclusive), il faut démontrer cette intention, sans que pour autant, faute de texte, soient imposées les déclarations formalistes prévues dans la communauté conjugale[18]. À défaut de cette condition de fond et de preuve, le bien acquis par un indivisaire, même avec des fonds indivis, lui demeure personnel, sauf bien entendu à ce que l'acquéreur devienne redevable

16. **Biblio. :** V. Ranouil, *La subrogation réelle*, th. Paris II, LGDJ, 1985, préf. Ph. Malaurie.

17. Jurisprudence constante depuis Cass. ch. réun., 5 déc. 1907, *Chollet-Dumoulin*, *DP* 1908.I.113, n. A. Colin ; *S.* 1908.I.5, n. Ch. Lyon-Caen, concl. Baudoin.

18. Ex. (dans une indivision successorale) : Cass. civ. 1re, 6 nov. 1967, *Bull. civ.* I, n° 322 ; *D.* 1968.36 : « *Le partage ne peut porter que sur les biens qui figurent dans l'indivision ; les modifications qui se produisent dans les éléments constitutifs de celle-ci de l'accord de tous les indivisaires profitent et nuisent à tous ceux-ci.* » En l'espèce, des cohéritiers avaient vendu un immeuble successoral indivis et remployé la somme de 14 944 576 A.F. provenant de la vente de l'immeuble, dans l'acquisition d'un fonds de commerce qu'ils avaient revendu ultérieurement d'un commun accord, au prix de 133 026 N.F. La cour d'appel avait homologué le rapport d'expert comprenant dans la masse partageable la somme initiale de 149 445,76 N.F. Cassation.

envers la masse d'une somme correspondant à la valeur actuelle du bien aliéné[19]. Cependant, lorsqu'il s'agit de marchandises d'un fonds de commerce indivis, acquises par le gérant du fonds en remplacement des marchandises vendues, la subrogation réelle a lieu de plein droit, sans qu'il soit nécessaire qu'il y ait eu un accord entre les indivisaires : les marchandises nouvelles continuent à faire partie du fonds de commerce, parce que le fonds constitue une universalité. À l'égard des tiers, la subrogation réelle suppose en outre que l'acte d'acquisition ait mentionné qu'il y avait eu emploi ou remploi de bien indivis, et qu'il existait des fonds à remployer.

667. 2° *Fructus augent hereditatem*. – Tous les fruits des biens indivis font partie de l'indivision qu'ils accroissent (art. 815-12) : *fructus augent hereditatem* et sont donc partagés entre tous les indivisaires lors du partage, sans tenir compte de l'attribution du bien dont ils procèdent[20]. Sauf lorsqu'est intervenu un partage provisionnel (ou un accord impliquant la jouissance divise) (art. 815-10, al. 2).

Les fruits sont mis en commun à cause de l'égalité qui doit régner dans le partage : le copartageant auquel est attribué un bien non productif et celui auquel est attribué un bien frugifère doivent avoir les mêmes droits sur les fruits produits pendant l'indivision.

La règle s'applique surtout aux exploitations commerciales ou agricoles ; tous les bénéfices nets de l'exploitation indivise accroissent la masse indivise, sans qu'il y ait lieu de faire une ventilation entre ceux qui sont imputables au travail de l'exploitant et ceux qui rémunèrent le capital indivis.

Elle comporte trois tempéraments : **1)** « *Aucune recherche relative aux fruits et aux revenus ne sera [...] recevable plus de cinq ans après la date à laquelle ils ont été perçus ou auraient pu l'être* » (art. 815-10, al. 3), ce qui institue une prescription quinquennale. **2)** Tout indivisaire peut demander sa part annuelle dans les bénéfices et obtenir, en cas de contestation une provision sur ceux-ci (art. 815-11). **3)** L'exploitant d'un bien indivis a droit à une rémunération.

668. 1° Jouissance d'un indivisaire. – Le droit de jouir des choses indivises appartient à chaque indivisaire – qui est un propriétaire –, de manière concurrente à celui des autres (art. 815-9). Lorsqu'un indivisaire veut avoir la jouissance exclusive[21] d'un bien indivis, ses droits et ses obligations dépendent de l'existence et de la nature d'une convention conclue avec les autres indivisaires. S'ils avaient donné leur accord, dénommé partage provisionnel qui permet à un indivisaire de s'approprier les fruits des biens indivis dont la jouissance lui a été attribuée, aucune indemnité n'est due. Les indivisaires peuvent aussi consentir à l'un d'eux un véritable bail.

À défaut de convention, la jurisprudence décide maintenant que l'indemnité est due même si le bien indivis n'est pas frugifère[22]. Mais un arrêt récent semble en sens contraire en exigeant, pour que l'indemnité d'occupation soit due, que l'indivision ait subit un préjudice[23].

19. Bordeaux, 18 févr. 1954, *D.* 1955.151, n. A. Weill.

20. Cass. civ. 1re, 10 mai 2007, n° 05-12.031, *Bull. civ.* I, n° 179 ; *RTD civ.* 2007.593, obs. Th. Revet : « *l'effet déclaratif du partage ne s'applique pas aux fruits et revenus produits par les biens indivis avant le partage* ».

21. Il n'y a pas jouissance privative (et donc pas d'indemnité due pour la jouissance) si d'autres indivisaires peuvent aussi utiliser l'immeuble indivis : Cass. civ. 3e, 13 janv. 1998, n° 95-12.471, *Bull. civ.* III, n° 12 ; *JCPG* 1988.171, n°II, obs. H. Périnet-Marquet.

22. Cass. civ. 1e, 12 mai 2010, n° 09-65.362, Bull. civ. I, n° 116 ; *Défrenois*, 2010.2387, n. A. Chamoulaud-Trapiers ; *JCPG* 2010.1162, n° 11, obs. H. Périnet-Marquet : l'art. 815-9, al. 2 « n'exige pas pour l'attribution de l'indemnité qu'il prévoit, qu'il soit établi que le bien indivis ait été productif de revenus. »

23. Cass. civ. 1re, 5 nov. 2014, n° 13-11.304, *Bull. civ.* I, n°, *Défrenois* 2015.258, n. Ph. Collet.

Cette indemnité est soumise à la prescription quinquennale de l'article 815-10, qui, en cas de divorce, court à compter de l'assignation en divorce, sauf convention contraire ; ce délai n'est ni suspendu, ni interrompu pendant l'instance en divorce[24].

669. 2° Rémunération de l'indivisaire-gérant : six règles. – La rémunération de l'indivisaire qui gère la chose indivise (fonds de commerce, exploitation agricole...) est une contrepartie des fruits. La loi ne fait plus de distinction selon que le gérant exerce ou non une activité professionnelle : l'article 815-12 précise : « *Il* (l'indivisaire-gérant) *a droit à la rémunération de son activité dans les conditions fixées à l'amiable ou, à défaut, par décision de justice.* » Si le principe est acquis, ses modalités d'application suscitent des difficultés que la jurisprudence résout au fur et à mesure qu'elles se présentent, en essayant de donner une cohérence à ses décisions. On peut poser six règles, dont les trois dernières sont plus incertaines que les trois premières, car elles ne relèvent que d'opinions doctrinales ou des intentions du législateur.

1) Le droit à la rémunération ne dépend pas de la réussite de l'exploitation ; il existe même si la gestion a été déficitaire. Comme le dit la Cour de cassation : la rémunération « *n'est pas limitée par les résultats de la gestion, sauf à tenir compte, le cas échéant, de la responsabilité éventuelle du gérant pour ses actes de gestion*[25] ». **2)** Celui qui gère l'indivision pour son propre compte n'a droit à aucune indemnité car il n'agit pas en qualité de mandataire[26]. **3)** L'indemnité est soumise à la même prescription quinquennale que les fruits, dont l'activité du gérant a permis la production (art. 815-10, al. 2)[27]. **4)** Le gérant peut déduire la rémunération qui lui est due des fruits dont il doit rendre compte à l'indivision ; il bénéficie ainsi d'un droit de rétention. **5)** Aucune distinction ne doit être faite selon que le travail est professionnel ou ne l'est pas ; mais l'indemnité est d'autant plus élevée que les risques sont importants[28]. **6)** L'indivisaire gérant n'a pas le droit d'être rémunéré si ses comptes ne sont pas établis[29].

24. Cass. civ. 1re, 15 mai 2008, n° 06-20.822, *Bull. civ.* I, n° 132 ; *Défrenois* 2009.1619, obs. A. Chamoulaud-Trapiers ; *JCP* G 2009.I.194, n° 8, obs. H. Périnet-Marquet : « *lorsqu'un ex-époux forme une demande en payement d'une indemnité d'occupation plus de cinq ans après la date à laquelle le jugement de divorce a acquis force de chose jugée, il n'est en droit d'obtenir qu'une indemnité portant sur ces cinq dernières années qui précèdent sa demande, sauf les cas d'interruption ou de suspension de la prescription ;* (peu importe que l'indemnité d'occupation) *n'ait été fixée ni en son principe, ni en son montant* ». L'arrêt récapitule les trois points acquis en jurisprudence sur : 1°) le point de départ de la prescription ; 2°) l'interruption et la suspension ; 3°) le cas où l'indemnité est indéterminée ou litigieuse.

25. Cass. civ. 1re, 28 févr. 1984, *Bull. civ.* I, n° 75 ; *D.* 1984.549, n. A. Breton ; *JCP* G 1986.II.20.558, n. D. Fiorina ; *Defrénois* 1984, art. 33417, p. 1303, obs. A. Breton ; *RTD civ.* 1985.430, obs. J. Patarin : « *Le pouvoir souverain dont disposent, à défaut d'accord amiable, en vertu de l'article 815-12, les juges du fond pour fixer les conditions de rémunération de l'indivisaire qui gère une indivision n'est pas limité par les résultats de la gestion sauf à tenir compte, le cas échéant, de la responsabilité éventuelle du gérant pour ses actes de gestion* ».

26. Cass. civ. 1re, 30 sept. 2009, n° 08-17.919, *Bull. civ.* I n° 200 ; *JCP* G 2010.336, n° 11, obs. H. Périnet-Marquet : « *à partir du moment où M. X. gérait l'indivision essentiellement pour son compte, la cour d'appel a pu en déduire qu'il ne pouvait prétendre à une indemnité* ».

27. Cass. civ. 1re, 6 juill. 1983, *Bull. civ.* I, n° 199 ; *D.* 1984.168, n. G. Morin : « *L'article 815-10, al. 2* [...] *bénéficie à l'indivisaire qui a géré les biens indivis* ». Mais la prescription quinquennale de l'article 2277 anc. est inapplicable : Cass. civ. 1re, 19 déc. 1995, *Bull. civ.* I, n° 427 ; *Defrénois* 1998, art. 36708, obs. Ph. Malaurie, à moins qu'une rémunération périodique n'ait été fixée.

28. Ex. : Cass. civ. 1re, 16 mars 1982, *Bull. civ.* I, n° 109 ; *D.* 1982, IR 343 ; *JCP* G 1983.II.20076 ; *RTD civ.* 1983.167, obs. J. Patarin. En l'espèce, la cour d'appel avait fixé la rémunération due à la gérante « *de l'officine indivise par comparaison avec celle d'un pharmacien salarié exerçant des fonctions semblables* », qu'elle avait refusé d'augmenter, bien que l'intéressé encourût des responsabilités personnelles, « *au motif que Mme Guyot sera rémunérée de telles sujétions par la participation aux bénéfices du fonds indivis* ». Cassation, car « *cette participation aux bénéfices sera identique pour les deux indivisaires, dont un seul aura encouru de telles responsabilités et sujétions* ».

29. Ph. Malaurie, n. *D.* 1998.24 ; *Defrénois* 1998, art. 36708.

670. 3° Plus et moins-values. – Quant aux plus ou moins-values survenues aux différents éléments composant l'indivision, la règle est la même : elles profitent ou préjudicient à l'ensemble de l'indivision (art. 815-10). Ce qui est l'effet de l'accession[30] et du principe que les biens sont évalués au jour du partage[31].

La règle peut aboutir à des résultats choquants : supposez un indivisaire qui a consacré toute sa vie active à la gestion de l'indivision, à laquelle il a ainsi conféré des plus-values considérables ; sauf ses droits dans l'indivision, il n'en aura tiré aucun avantage personnel, car son activité aura profité à l'indivision. Le seul correctif à cette injustice est l'indemnité à laquelle il a droit en rémunération de cette activité.

II. — Passif

À l'égard du passif, il faut mettre de côté le passif hypothécaire, qui a ses règles propres. Pour le passif chirographaire, une différence importante est faite entre le passif indivis, et les dettes personnelles de l'indivisaire.

671. 1° Créanciers hypothécaires. – Un immeuble indivis grevé d'une hypothèque constituée avant la naissance de l'indivision ou avec l'accord de tous les indivisaires peut être saisi par un créancier hypothécaire, même s'il n'est que le créancier individuel d'un des indivisaires[32] ; telle est la conséquence du droit hypothécaire.

672. 2° Créanciers de la succession, de l'indivision et des indivisaires solidaires. – Bien que l'indivision n'ait pas la personnalité morale, elle a une certaine autonomie patrimoniale permettant à trois sortes de créanciers d'agir sur les biens indivis et d'être payés avant les autres par prélèvement sur l'actif avant le partage ou en saisissant les biens indivis (art. 815-17, al. 1) : **1)** ceux qui sont antérieurs à la naissance de l'indivision[33], même s'ils ont été soumis à une procédure collective après la naissance de l'indivision[34] ; **2)** ceux dont la créance est née « *de la conservation ou de la gestion des biens indivis* »[35] ; **3)** ceux qui ont pour

30. *Supra*, n°s 439 et s. ; v. Cass. civ. 3e, 9 mars 1994, *Bull. civ.* III, n° 48 : en l'espèce, la cour d'appel avait décidé que la construction édifiée sur une parcelle indivise était la propriété de l'indivisaire constructeur. Cassation : « *Les constructions élevées sur un immeuble indivis par l'un des propriétaires deviennent la propriété commune des coïndivisaires si leur démolition n'est pas demandée* ».

31. Pour une indivision successorale, Cass. civ., 11 janv. 1937, *Joseph Mulle*, *DH*, 1937.101 ; *S.* 1938.I.377, n. H. Batiffol : « *La plus-value acquise ou la moins-value soufferte par les biens de la succession profite ou préjudicie à tous les héritiers indivisaires* ». V. J. Flour, « Plus-value et fruits des biens indivis », *JCP* 1943.I.336.

32. Cass. civ. 3e, 20 nov. 1990, *Bull. civ.* III, n° 221 ; *D.* 1990, somm. 389, obs. L. Aynès ; *Defrénois* 1991, art. 35107, obs. X. Savatier ; *RTD civ.* 1992.147, obs. Fr. Zénati : « *Dès lors que la constitution d'hypothèque sur un bien indivis a été consentie par tous les indivisaires, le créancier hypothécaire, fût-il le créancier seulement de l'un des indivisaires, peut poursuivre la saisie et la vente de cet immeuble avant le partage de l'indivision* ».

33. Même si ce créancier est un indivisaire : Cass. civ. 1re, 4 juill. 2007, *Bull. civ.* I, n° 254 ; *Defrénois* 2008.399, n. A. Chamoulaud-Trapiers : « *un indivisaire qui est créancier de l'indivision peut être payé par prélèvement sur l'actif avant le partage* ». Sont également « créanciers de l'indivision » les créanciers qui auraient « *pu agir sur les biens indivis avant qu'il y eût indivision* », même arrêt.

34. Jurisprudence plusieurs fois réitérée. Ex. : Cass. com., 7 févr. 2012, n° 11-12.787, *Bull. civ.* IV, n° 31 ; *JCP* G 2012.465, n° 8 ; *JCP* N 2012.1170, n° 13, obs. J.-P. Garçon ; « *l'extinction de la créance, faute de déclaration au passif de l'indivisaire soumis à la procédure collective, est sans incidence sur le droit de la banque créancière de l'indivision de poursuivre la réalisation des biens indivis* ». La solution est différente pour les créanciers de l'indivisaire (*infra*, note 38).

35. Cass. civ. 1re, 29 nov. 2005, *Bull. civ.* I, n° 460 ; *JCP* G 2005.IV.3788 : ces dettes ne sont solidaires « *que par l'effet de la loi ou celui d'une stipulation expresse* », ce qui n'est pas le cas des « *frais de pension de la jument* "Bergère de mai" » qui était en propriété indivise. Mais : Cass. civ. 1re, 20 févr.

débiteurs solidaires l'ensemble des indivisaires[36]. Ils peuvent aussi, comme les créanciers personnels de l'indivisaire, demander le partage (art. 815-17, al. 3).

673. 3° Créanciers personnels de l'indivisaire. – Les créanciers personnels de l'indivisaire, c'est-à-dire ceux dont le droit n'est pas lié à la conservation ou à la gestion d'un bien indivis, ont une situation inférieure à celle des créanciers de l'indivision.

1) Ils ne peuvent saisir un bien indivis (art. 815-17, al. 2). Mais ils peuvent prendre des sûretés sur lui, par exemple une hypothèque dont l'efficacité dépendra du partage[37]. **2)** La seule façon qu'ils ont de réaliser leur droit est de provoquer le partage (art. 815-17, al. 3), ce qui suppose : 1°) que leur créance soit certaine – sont ainsi exclues les procédures collectives, telles qu'un redressement ou une liquidation judiciaire frappant le débiteur[38] – ; 2°) que le partage puisse avoir lieu, ce qui ne serait pas possible, par exemple s'il y avait eu une convention d'indivision[39]. Un indivisaire peut empêcher le partage en « *acquittant l'obligation au nom et en l'acquit du débiteur* »[40] (art. 815-17, al. 3). **3)** Ils peuvent aussi poursuivre la licitation d'un bien indivis, soit lorsque tous leurs débiteurs sont tenus solidairement[41], soit lorsque leur débiteur leur oppose une carence délibérée et frauduleuse[42]. Cependant, un indivisaire peut empêcher le partage en « *acquittant l'obligation au nom et en l'acquit du débiteur* » (art. 815-17, al. 3).

Le payement des frais de gestion souligne la place croissante qu'occupe maintenant la gestion de l'indivision, qui n'est plus aussi précaire qu'autrefois.

2001, *Bull. civ.* I, n° 41 ; *JCP* G 2001.I.358, n° 5, obs. H. Périnet-Marquet : « *L'indivisaire titulaire d'une créance résultant de la conservation des biens indivis peut poursuivre la saisie de certains de ces biens, sans être tenu d'attendre l'issue des opérations de partage* ».

36. Cass. civ. 1re, 6 nov. 2001, *Bull. civ.* I, n° 271 ; *JCP* G 2002.I.176, n° 8, obs. H. Périnet-Marquet ; I.178, n° 4, obs. R. Le Guidec : « *Si le créancier a tous les coïndivisaires comme débiteurs solidaires, il n'est pas tenu de provoquer le partage du bien indivis sur lequel s'exerce la poursuite* ».

37. Ex. : Cass. civ. 1re, 20 oct. 1982, *Bull. civ.* I, n° 297 : « *Vu l'article 815-17, al. 2 ; si ce texte interdit au créancier personnel d'un indivisaire de faire saisir et vendre la part de son débiteur, il ne porte pas atteinte au pouvoir de disposition de l'indivisaire sur sa quote-part, notamment au pouvoir de constituer une hypothèque, tel qu'il est défini par l'article 2125, al. 1* (aujourd'hui 2414) » (hypothèque judiciaire définitive).

38. Cass. civ. 1re, 20 déc. 1993, *Bull. civ.* I, n° 378 ; *D.* 1994.358, n. F. Derrida et A. Honorat ; *JCP* G 1994.I.3791, n° 4, obs. R. Le Guidec ; *Defrénois* 1994, art. 35890, m. obs. ; *RTD civ.* 1994.393, obs. J. Patarin : « *L'article 815-17, al. 3, reconnaît aux créanciers personnels d'un indivisaire la faculté de provoquer le partage au nom de leur débiteur et aux coïndivisaires celle d'arrêter le cours de l'action en partage en acquittant l'obligation au nom et en l'acquit du débiteur ; la cour d'appel a justement estimé qu'en l'absence d'une décision définitive d'admission des créances au passif de la liquidation judiciaire de l'indivisaire, Mme Nicoloff, coïndivisaire* (épouse indivise du débiteur mis en liquidation judiciaire), *n'était pas en mesure de connaître le montant de la dette qu'elle devait payer pour arrêter le cours de l'action et, en conséquence, que le partage ne pouvait être ordonné* ». Au contraire, les créanciers de l'indivision peuvent poursuivre la saisie et la vente des biens indivis malgré l'ouverture et une procédure collective après la naissance de l'indivision (*supra*, note 35).

39. *Infra*, n° 691.

40. Versailles, 21 mars 1983, *Defrénois* 1983, art. 33158, n° 110, p. 1358 ; l'indivisaire qui exerce cette faculté doit payer la totalité de la dette, même si elle est plus élevée que la valeur des droits de l'indivisaire, débiteur dans l'indivision.

41. Cass. civ. 1re, 6 nov. 2001, cité *supra*, note 36.

42. Cass. civ. 1re, 23 mai 2006, *Bull. civ.* I, n° 263 ; *JCP* G 2006.IV.2321 : « *M. Filippini* (l'indivisaire) *entendait manifestement, de connivence avec sa mère et son beau-père, qui, après avoir été condamnés pour recel d'une partie des détournements opérés par leur fils et beau-fils, taisaient désormais son adresse et son lieu de travail, se soustraire au paiement de sa dette avec le dessein, une fois sa créancière lassée, de faire valoir ses droits, le moment venu, sur l'immeuble litigieux, dont la valeur aura continué d'augmenter, la cour d'appel en a justement déduit que la carence de M. Filippini était de nature à compromettre les droits de la sté France-Auto* (le créancier personnel de M. Filippini, indivisaire), *le péril de la créance résultant de la volonté délibérée du débiteur de ne pas l'honorer* ».

§ 2. Gestion de l'indivision

674. Droit antérieur à 1976 ; réformes de 1976, 2006 et 2009. – Jusqu'à la loi de 1976, la gestion de la masse indivise relevait de deux règles simples. **1)** La première était l'**unanimité** ; puisque tous les indivisaires avaient des droits égaux, ils devaient tous concourir aux actes de la gestion ; ce qui aboutissait à un *jus prohibendi*, droit de veto que l'opposition d'un seul suffisait à exercer. Cette règle comportait des tempéraments : en cas d'entente entre les indivisaires, l'un pouvait gérer l'indivision à la suite du mandat, tacite ou exprès, que les autres lui avaient donné, ou même par l'effet de la gestion d'affaires ; étaient également utilisées les ressources de la société civile qui conféraient plus de stabilité à l'indivision. En cas de mésentente, le juge des référés pouvait nommer un administrateur judiciaire provisoire. La solution normale était le partage. **2)** Car, et c'était la seconde règle, l'indivision était un état **précaire**, auquel chaque indivisaire pouvait mettre fin en demandant le partage (art. 815, al. 1 anc.). Cependant, la loi admettait la validité des conventions maintenant l'indivision pour une durée n'excédant pas cinq ans.

Les lois de 1976, 2006 et 2009 n'ont pas bouleversé ces données, mais en ont changé en profondeur la portée. Elles ont prévu deux systèmes de gestion, le régime légal (art. 815 à 815-18) (I) et le régime conventionnel qui apparaît lorsque l'*affectio communionis* est caractérisée (art. 1873-1 à 1873-18) et, en fait, rarement pratiqué (II).

I. — Maintien des principes

La règle qui domine l'indivision est que chaque indivisaire a des droits sur la chose ou sur la masse indivise en respectant ceux des autres ; en outre, ces droits sont précaires. Les principes traditionnels ont été maintenus par la loi de 1976, mais celles de 2006 et de 2009 ont adouci l'un d'eux : possibilité de jouissance individuelle de la chose indivise (A), précarité de l'indivision (B), naguère unanimité de la gestion, tempérée en 2006 et 2009 (C), effet déclaratif du partage (D) et règlement des comptes (E). Les principes sont donc presque tous maintenus, mais l'indivision est devenue supportable parce qu'ils ont été tous assouplis, notamment par l'intervention du juge (F).

A. Jouissance

675. Destination de la chose et droits des autres. – Chaque indivisaire a le droit d'user personnellement d'une chose indivise (art. 815-9, al. 1)[43]. Ce droit donne lieu à un règlement de comptes[44] ; surtout, il doit respecter celui des autres et la destination de la chose.

43. Ex. : Cass. civ. 3e, 9 janv. 1985, *JCP* G 1985.IV.112 ; n.p.B. : jugé qu'un copropriétaire a le droit d'user de la chose conformément à la destination des lieux et de manière compatible avec le droit de son coïndivisaire.

44. Sur l'indemnité d'occupation, *supra*, n° 668.

En cas d'usage irrégulier de la chose par un indivisaire, le juge peut, à son choix, ordonner la cessation de l'acte abusif, la destruction des constructions irrégulières ou prévoir des dommages-intérêts[45].

B. Précarité

676. Nul n'est contraint de demeurer dans l'indivision. – Subsiste la précarité de l'indivision, énoncée par l'article 815 : tout indivisaire a la possibilité de demander le partage, sauf si une convention de maintien dans l'indivision avait été stipulée ou si une décision judiciaire en avait ordonné le maintien.

À la demande d'un autre indivisaire, le tribunal, peut, provisoirement, surseoir à la demande en partage en ordonnant le maintien de l'indivision, total ou partiel, pour une durée que la loi limite (art. 815-1)[46].

677. Avance en capital. – Les indivisaires peuvent consentir à l'un d'eux une avance en capital, constituant, selon leur volonté, soit un partage partiel, soit un acompte, soit un prêt (produisant ou non intérêt), en argent (avec ou sans réévaluation) ou en nature.

À défaut d'entente entre les indivisaires, le juge peut accorder à l'un d'eux cette avance s'il existe des fonds disponibles (art. 815-11, al. 4) et si l'indivisaire en a besoin[47]. La Cour de cassation a refusé de voir dans cette avance un partage partiel, qui eût obligé à un aperçu liquidatif et surtout, lors du partage, entraîné une réévaluation de la somme prêtée afin d'assurer l'égalité entre les indivisaires[48].

C. Unanimité de gestion tempérée

La loi de 1976 avait maintenu le principe traditionnel imposant l'unanimité de gestion, qui paraissait même être une des caractéristiques fondamentales de l'indivision, la distinguant des autres copropriétés organisées, par exemple la société ou la communauté conjugale : un acte de disposition ou même d'administration portant sur un bien indivis requérait donc, en général, le consentement de tous les indivisaires (art. 815-3, al. 1 anc.). La règle présentait l'inconvénient de paralyser l'initiative individuelle. Aussi, la loi de 1976 l'avait-elle assouplie par les recours au mandat, aux mesures conservatoires et à l'autorisation judiciaire. Les lois de 2006 et de 2009 l'ont fait bien davantage reculer, en soumettant les actes d'administration au principe de la majorité des deux tiers, et les actes de disposition à la même majorité mais avec l'autorisation du juge.

678. 1° Actes de disposition : les deux tiers plus une autorisation judiciaire. – La règle traditionnelle, tenant, avait-il longtemps semblé, à la nature de l'indivision, était que tout acte de disposition portant sur un bien indivis ou « *qui ne ressortit pas à l'exploitation normale des biens indivis* » (art. 815-3, al. 3) était soumis à l'unanimité ; accompli sans le consentement de tous les indivisaires, il était donc irrégulier ; il n'était pas pour autant nul ; il était inopposable aux

45. Cass. civ. 1re, 15 avr. 1980, *Bull. civ.* I, n° 109 ; D. 1981.10, n. A. Breton.

46. *Infra*, nos 901 à 905.

47. Ex. : Cass. civ. 1re, 20 juin 2006, *Bull. civ.* I, n° 321 ; *JCP* G 2006.IV.2560 ; en l'espèce, les enfants ont été condamnés *in solidum* à verser à leur mère, conjoint survivant, une avance en capital : « *le montant réclamé étant inférieur à la part à laquelle la veuve pouvait prétendre* » ; la Cour relève que les enfants « *s'étaient approprié la totalité des biens dépendant de cette indivision et les fonds disponibles étaient constitués de liquidités et de nombreuses œuvres d'art aisément mobilisables* ». L'avance en capital a donc servi à moraliser des rapports familiaux dégradés.

48. Cass. civ. 1re, 1er mars 1988, *Bull. civ.* I, n° 58 ; *D.* 1988.408, n. crit. G. Morin ; *Defrénois* 1988, art. 34247, m.n. ; *RTD civ.* 1988.456, obs. J. Patarin : « *Les sommes d'argent qu'un indivisaire a reçues à titre d'avance en capital sur ses droits dans le partage à intervenir ne peuvent, en l'absence de disposition légale, faire l'objet d'une réévaluation au jour du partage que si celle-ci a été prévue par l'accord des parties* ».

autres indivisaires pendant la durée de l'indivision. Cette inopposabilité portait sur la quote part des autres indivisaires[49] ; lors du partage, l'efficacité définitive était subordonnée aux résultats du partage[50].

La Cour de cassation admet maintenant que, sans attendre le partage, « *tout indivisaire est en droit de faire annuler les actes accomplis par un autre indivisaire qui ne respectent pas la destination de l'immeuble ou qui portent atteinte à leurs droits égaux et concurrents sur la chose indivise et d'agir à cet effet, ainsi que pour obtenir réparation du préjudice consécutif auxdits actes* »[51].

La loi de 1976 avait permis la vente d'un bien indivis avec une autorisation judiciaire lorsque le refus d'un indivisaire mettait en péril l'intérêt commun[52]. Celle du 12 mai 2009 (de simplification du droit) est allée plus loin : afin de faciliter la gestion de l'indivision, elle a assoupli l'exigence de l'unanimité pour les actes de disposition, en permettant l'aliénation d'un bien indivis décidée à la majorité des deux tiers des indivisaires, avec l'autorisation du tribunal, sauf pour les biens soumis à usufruit et si des indivisaires étaient absents ou soumis à un régime de protection (que naguère on appelait des incapables) (art. 815-5-1).

679. Bail rural, commercial, industriel ou artisanal. – Le bail d'un immeuble indivis à usage agricole, commercial, industriel ou artisanal est soumis aux mêmes règles que les actes de disposition et donc, en principe, au consentement unanime des indivisaires. S'il n'a été consenti que par certains, il est valable dans les rapports entre les cocontractants, mais inopposable aux indivisaires non consentants[53] ; ceux-ci peuvent agir immédiatement en expulsion du locataire ; ce bail est nul si lors du partage le bien indivis n'est pas attribué au bailleur.

La règle s'applique non seulement à la conclusion du bail, mais aussi à son renouvellement, sa tacite reconduction[54] et sa prolongation[55] : chaque indivisaire peut individuellement s'y opposer. Elle s'étend à la cession d'un bail ; de même, pendant longtemps, la délivrance d'un

49. Jurisprudence souvent réitérée, ex.: Cass. civ. 1re, 5 avr. 2005, *Bull. civ.* I, n° 169 ; *D.* 2005.2121, obs. V. Brémond ; *RTD civ.* 2005. 801, obs. Th. Revet : en l'espèce, une épouse survivante, en indivision pour la moitié de la nue propriété avec les enfants du défunt, avait apporté des biens indivis à une société ; pendant l'indivision, une des filles demanda l'inopposabilité de cet apport, qu'accorda la cour d'appel, mais seulement pour la moitié ; le pourvoi de la fille a été rejeté : « *la cession d'un bien indivis par un seul indivisaire est opposable aux coïndivisaires à concurrence de la quote-part de son auteur* ».

50. * Cass. civ. 1re, 7 juill. 1987, épx. *Chabarot*, *Bull. civ.* I, n° 221 ; *JCP* G 1988.II.20999, n. P. Jourdain : « *Vu l'article 883 ; il résulte de ce texte que la cession d'un bien indivis par un des indivisaires n'est pas nulle ; elle est seulement inopposable aux autres indivisaires et son efficacité est subordonnée au résultat du partage* ».

51. Cass. civ. 1re, 12 mai 2010, *Bull. civ.*, I, n° 116 ; *JCP* G 2010.559.

52. *Infra*, n° 689.

53. Jurisprudence constante souvent réitérée ; en dernier lieu, Cass. civ. 1re, 30 juin 2004, *Bull. civ.* I, n° 193 ; *JCP* G 2005.I.187, n° 2, obs. R. Le Guidec : « *le bail consenti par un indivisaire seul sans le consentement des autres, même s'il a date certaine, est, en tant qu'il porte partiellement sur la chose d'autrui, inopposable à l'acquéreur du bien en ayant fait l'objet* ».

54. Cass. civ. 3e, 19 oct. 1976, *D.* 1977.525, n. R. Savatier ; *JCP* 1977.II.18577 ; n.p.B.

55. Req., 28 mai 1940, *S.* 1940.I.79.

congé[56], l'action en résiliation[57], en expulsion[58] et même en payement des loyers[59] nécessitaient l'unanimité, tout comme la modification du contrat. Mais la Cour de cassation a procédé à un revirement de jurisprudence : la majorité des deux tiers (requise pour les actes d'administration[60]) suffit pour agir en résolution du bail rural pour défaut de paiement des fermages[61].

Ce bail peut être consenti par un indivisaire seul à condition d'avoir reçu le pouvoir de traiter au nom des autres. À cet égard, les lois de 1976 et de 2006 n'assimilent pas la conclusion d'un bail ou son renouvellement à un acte d'administration : le mandat donné à l'indivisaire doit être spécial[62] et exprès (art. 815-3, al. 3) ; ce qui exclut l'efficacité d'un mandat apparent. C'est au preneur, ayant traité avec un indivisaire seul, de prouver que celui-ci avait le pouvoir d'engager les autres[63].

680. Actions en justice. – L'exercice d'une action en justice suppose aussi, en principe, le consentement de tous les coindivisaires : un indivisaire ne peut exercer seul une action en justice relative à la gestion d'un bien indivis, à peine d'irrecevabilité[64], ni s'en désister[65]. L'exercice d'une action en justice est en effet un acte grave, soumis aux mêmes exigences d'unanimité que les actes de disposition. La règle présente des inconvénients : comme chaque fois qu'on impose l'unanimité, le refus d'un seul fait la loi à tous.

Aussi, la règle présente-t-elle cinq exceptions : **1** lorsqu'on démontre la fraude d'un veto, on peut le surmonter (*fraus omnia corrumpit* : la fraude corrompt tout) ; **2** lorsque l'indivisaire est le mandataire de l'indivision[66], même tacite[67], ou a été autorisé en justice pour agir « *si le refus* (d'un autre indivisaire) *met en péril l'intérêt commun* » (art. 815-5, al. 1) ; **3** lorsque l'action

56. Ex. : Cass. civ. 3e, 23 nov. 1976, *Bull. civ.* III, n° 417.

57. Cass. civ. 3e, 29 mars 1995, *Bull. civ.* I, n° 91 ; *D.* 1995, IR, 149 : « *chacun des indivisaires ne pouvait mettre fin au bail qu'avec l'accord de tous* ».

58. Cass. civ. 3e, 12 janv. 1978, *Bull. civ.* III, n° 36 ; *Defrénois* 1978, art. 31308, n° 53, obs. J.-L. Aubert : « *Le congé donné par un indivisaire, sans l'accord des autres, ne peut produire effet que si cet indivisaire n'est pas devenu propriétaire du bien repris, en vertu d'un partage intervenu avant la fin du bail* ».

59. Cass. civ. 3e, 30 juin 1999, *Bull. civ.* III, n° 157 ; *JCP* G 2001.I.211, n° 6, obs. H. Périnet-Marquet ; 278, n° 4, obs. R. Le Guidec ; *RTD civ.* 2000.607, obs. J. Patarin.

60. *Infra*, n° 681.

61. Cass. civ. 3e, 29 juin 2011, n° 09-70.894, *Bull. civ.* III, n° 113 ; *JCP* G 2011.1298, n° 7, obs. H. Périnet-Marquet ; *Defrénois* 2012-81, obs. A. Chamoulaud-Trapier ; *RD rur.* 2011, comm. 119, n. S. Crevel.

62. Jurisprudence constante souvent réitérée, ex. : Cass. civ. 1re, 9 nov. 2004, *Bull. civ.* I, n° 258 ; *JCP* G 2005.I.187, n° 2, obs. R. Le Guidec : engage sa responsabilité le notaire qui n'informe pas le locataire de l'irrégularité d'un bail consenti par un indivisaire seul, qui avait reçu un mandat général d'administration et non le mandat spécial de louer.

63. Cass. civ. 3e, 23 mars 1977, *Bull. civ.* III, n° 150 : « *il appartient au locataire qui n'a traité qu'avec un seul* [indivisaire] *d'établir que celui-ci avait pouvoir à cet effet des coïndivisaires à qui le contrat est opposé, à moins que ceux-ci ne l'aient ratifié ultérieurement* ».

64. Cass. civ. 3e, 25 avr. 2001, cité *supra*, note 7 : lorsque l'action en justice est exercée par un indivisaire au nom de l'indivision, sans avoir reçu de mandat des autres indivisaires, elle est irrecevable : « *le défaut de capacité d'ester en justice constitue une irrégularité de fond* » ; Cass. civ. 2e, 9 juin 2011, n° 10-19241 ; *Bull. civ.* II, n° 129 ; *JCP* G 2011. 1298, n° 6, obs. H. Périnet-Marquet ; *Defrénois* 2012. 79, obs. A. Chamoulaud-Trapier : est nul le commandement par des indivisaires au nom de l'indivision de quitter les lieux.

65. Cass. civ. 3e, 4 nov. 1976, *Bull. civ.* III, n° 380 : « *Si le concours de tous les copropriétaires est nécessaire pour exercer une action tendant à mettre fin au bail d'un immeuble indivis, la même unanimité est requise pour abandonner une telle action lorsqu'elle a été régulièrement engagée* ».

66. Ex. : Cass. soc., 9 avr. 1959, *Bull. civ.* IV, n° 436 ; *D.* 1959, som. 109 : « *Aucune disposition de loi ne fait obstacle à ce que l'un des coïndivisaires puisse agir en justice, soit comme demandeur, soit comme défendeur au nom et pour le compte de l'indivision* ».

67. Cass. civ. 3e, 12 mars 1997, *Bull. civ.* III, n° 59 ; *JCP*, 1997.IV.966.

présente un caractère conservatoire ou d'administration[68] ; **4** lorsque l'indivisaire entend faire reconnaître son droit[69] ; **5** lorsque l'indivisaire exerce une action personnelle[70].

Les mêmes règles s'appliquent à la défense : tous les indivisaires doivent être appelés à l'instance lorsque les intérêts de l'indivision sont attaqués.

681. 2° Actes d'administration : les deux tiers. – La loi de 2006, afin de faciliter la gestion des indivisions, a apporté une première exception à la règle de l'unanimité comme elle le fera trois ans plus tard pour les actes d'aliénation[71]. Désormais, un acte d'administration portant sur un bien indivis peut être décidé à la majorité des deux tiers, non des personnes, mais des droits indivis (art. 815-3, al. 1). Cette innovation intéresse non seulement les actes d'administration proprement dits, mais aussi trois catégories d'actes à la lisière de l'acte de disposition : le mandat général d'administrer les biens indivis ; les baux les moins graves ne conférant pas au preneur un droit au renouvellement nettement caractérisé (ceux qui ne portent pas sur un immeuble à usage agricole, commercial, industriel ou artisanal) et les ventes de meubles indivis.

682. Vente de meubles. – Le Code Napoléon, dès sa version initiale, avait déjà soustrait la vente des meubles indivis à l'exigence de l'unanimité, en permettant à la majorité des héritiers (c'est-à-dire la moitié plus un) de la décider pour payer les dettes successorales ; la vente devait être faite aux enchères publiques (art. 826 anc.). La loi de 2006 a supprimé l'exigence de la vente publique et imposé la majorité des deux tiers.

683. Mandat. – Afin d'assouplir le principe d'unanimité, la loi de 1976, consacrant la jurisprudence antérieure, avait permis aux indivisaires (tous les indivisaires) de donner à l'un d'eux un mandat général d'administration (art. 815-3, al. 1 anc.). Désormais, il suffit de la volonté des deux tiers (des droits indivis) pour conférer ce mandat général (art. 815-3, al. 1, 2°) ; un mandat spécial pour un acte de disposition continue à imposer l'unanimité.

En outre, l'indivisaire qui assure la gestion au vu et au su des autres est censé avoir reçu un mandat tacite pour exercer les actes d'administration[72], sauf s'il s'agit de la conclusion ou du renouvellement d'un bail agricole, commercial, industriel ou artisanal (art. 815-3, al. 3). En outre, la loi du 4 juillet 1980 prévoit qu'en cas de coexploitation conjugale d'un fonds agricole, les époux « *sont présumés s'être donnés réciproquement mandat d'accomplir les actes d'administration concernant les besoins de l'exploitation* » (C. rur., art. L. 321-1). L'aliénation de la chose indivise par un seul indivisaire peut aussi être maintenue si elle relève de la gestion d'affaires (art. 815-4, al. 2).

68. La jurisprudence antérieure à la loi de 2006 était contraire, puisqu'alors tous les actes d'administration imposaient l'unanimité.

69. Jurisprudence constante : Cass. civ. 3e, 19 juin 2002, *Bull. civ.* III, n° 145 ; *JCP* G 2003.I.117, n° 6, obs. H. Périnet-Marquet ; *Defrénois* 2003, art. 37649, n° 1, obs. Chr. Atias : « *Tout indivisaire est recevable à faire reconnaître son droit de copropriété indivis, quand bien même tous les indivisaires n'auraient pas été en la cause* ».

70. Cass. civ. 1re, 6 mai 2009, n° 07-20.635, *Bull. civ.* I, n° 88 ; *JCP* G 2009.I.273, n° 18, obs. N. M. Sérinet ; *JCP* G 2009, 337, n° 7, obs. H. Périnet-Marquet.

71. *Supra*, n° 678.

72. L'acte d'administration, au sens de l'article 815-3, alinéa 3, est largement compris par la Cour de cassation. **1er ex.** : un emprunt : Cass. civ. 1re, 12 nov. 1986, *Bull. civ.* I, n° 259 ; *Defrénois* 1987, art. 33933, n° 32, p. 561, obs. G. Champenois ; *RTD civ.* 1987.786, obs. J. Patarin : « *Les avances* (plus de 220 000 F destinés aux améliorations apportées à une exploitation rurale indivise) *faites par les époux Rousseau-Rietjens* (les parents prêteurs) *l'ont été pour la gestion et l'administration de la masse indivise* [...] ; *M. Xavier Rousseau* (le mari emprunteur) *était censé avoir reçu de sa coïndivisaire* (l'épouse), *mandat de contracter un emprunt auprès de ses parents* ». **2e ex.** : des travaux de conservation et d'amélioration sur un immeuble, même importants : Cass. civ. 1re, 10 oct. 1995, *Bull. civ.* I, n° 350 ; *Defrénois* 1996, art. 36278, n° 34, obs. M. Grimaldi ; *RTD civ.* 1996.963, obs. J. Patarin.

684. 3° Mesures conservatoires. – La conservation[73] d'un bien est une nécessité, même si depuis la loi de 2006 elle ne relève pas de l'urgence, particulièrement lorsqu'il s'agit de biens difficiles à gérer, comme le sont souvent les biens indivis. Aussi un indivisaire peut-il prendre seul, sans habilitation particulière, « *les mesures nécessaires à la conservation des biens indivis* », en employant à cet usage les fonds qu'il détient et en obligeant les autres indivisaires à supporter ces dépenses (art. 815-2, al. 1, 2 et 3). Il s'agit d'actes – matériels et juridiques – ou d'actions en justice conservatoires[74], ou d'actes de procédure ayant pour objet de soustraire le bien indivis à un péril et ne compromettant pas les droits des autres indivisaires.

La jurisprudence comprend étroitement la mesure conservatoire[75], sans doute parce qu'il est singulier que les autres indivisaires n'y aient pas consenti, refus qui s'explique souvent parce qu'il s'agit de litiges liés à un divorce où les antagonismes s'exacerbent, méconnaissant qu'existe encore un intérêt commun entre les indivisaires.

D. Effet déclaratif

685. Assouplissements : mandat, habilitation. – Le principe de l'effet déclaratif du partage est également conservé, mais assoupli afin que, quels que soient les résultats du partage, ne puissent être remis en cause les actes consentis pendant la durée de l'indivision en vertu d'un mandat ou d'une habilitation judiciaire (art. 883, al. 3)[76].

E. Règlement de comptes

686. Compte d'indivision. – Le fonctionnement de l'indivision fait naître des créances et des dettes entre les indivisaires et oblige à un règlement de comptes.

Les créances et les dettes entre les indivisaires et l'indivision qui résultent de l'état d'indivision entrent dans un compte, le compte d'indivision, dont le solde ne sera exigible qu'à sa clôture : pendant la durée de l'indivision, aucun indivisaire n'en pourra réclamer le payement. À l'actif, les créances de chaque

73. **Étymologie** de conservatoire : du latin *conservo, are*, lui-même dérivé de *servo, are* = sauver, faire attention à. **Biblio. :** Cl. Brenner, *L'acte conservatoire*, th. Paris, II, LGDJ, 1999, préf. P. Catala.

74. Telles sont... la mise en demeure de payer un loyer : Cass. civ. 3e, 31 oct. 2007, *Bull. civ.* III, n° 187 ; *JCP* G 2008.I.127, n° 10, obs. H. Périnet-Marquet... la revendication d'un bien indivis dont un tiers se prétend propriétaire : Cass. civ. 3e, 17 août 1991, *Bull. civ.* III, n° 124 ; *Defrénois* 1992, 223, n. M. Beaubrun... une action en déguerpissement d'un occupant : Cass. civ. 3e, 28 nov. 1973, *D.* 1974.725 n. H. Souleau ; *RTD civ.* 1975.329, obs. Cl. Giverdon ; Cass civ., 1re, 4 juill. 2012, n° 10-21.967, *LPA* 2012, n° 216, n. F.-X. Agostini (expulsion de l'occupant et paiement d'une indemnité d'occupation)... une action en congé : Cass. civ. 3e, 5 déc. 2001, *Bull. civ.* III, n° 141 ; *D.* 2002.1072, obs. Y. Rouquet.

75. Telles ne sont... ni l'action en bornage : Cass. civ. 3e, 9 juill. 2003, *Bull. civ.* III, n° 155 ; *D.* 2004.725, n. S. Werthe-Talon... ; ni l'action en réparation d'un préjudice moral : Cass. crim., 9 oct. 1985, *D.* 1987.93, n. A. Breton ; *Defrénois* 1987, art. 34026, m.n.

76. *Supra*, n° 683 et *infra*, n° 689.

successeur contre le défunt[77] et celles qui sont nées après le décès[78]. Au passif, les dettes de chaque successeur envers le *de cujus* et l'indivision.

Entrent obligatoirement dans le compte les créances et les dettes tenant à l'amélioration ou aux dégradations des biens indivis ; en conséquence, pour ces obligations, les intérêts et le délai de la prescription quinquennale ne commencent à courir que du jour de leur entrée en compte[79]. Y figurent aussi, mais pas obligatoirement, les créances et les dettes pour indemnités de jouissance et remboursement des fruits, puisque chaque indivisaire peut solliciter sa part annuelle dans les revenus (art. 815-11) ; pour elles, la prescription quinquennale commence à courir du jour où elles peuvent être réclamées. La règle est la même, pour la rémunération de l'indivisaire-gérant. Avant le partage, plusieurs comptes doivent être dressés : un pour chaque indivisaire (art. 815-8), un compte général pour l'indivision. Seul leur établissement produit compensation ; aussi doivent-ils être dressés de manière analytique. Dans la pratique, ces règles sont peu respectées.

687. Dégradations et améliorations. – **1°** L'indivisaire est tenu d'une indemnité égale à la moins-value subie par les biens indivis s'il a **dégradé** la chose par sa faute (art. 815-13, al. 2). Réciproquement, il a droit à une indemnité s'il a amélioré un bien indivis à ses frais, même s'il avait fait ces dépenses dans son intérêt[80] ; cette indemnité est calculée « *selon l'équité, eu égard à ce dont la valeur du bien se trouve augmentée au temps du partage ou de l'aliénation* » (art. 815-13, al. 1)[81]. De même, il a droit à une indemnité à raison de ses dépenses nécessaires à la conservation des biens indivis même si elles n'ont procuré aucune amélioration.

2° L'inverse n'est pas vrai ; lorsque l'**amélioration** d'un bien personnel d'un indivisaire a été financée avec des deniers provenant de l'indivision, la créance qu'a celle-ci est soumise au nominalisme monétaire et n'est pas susceptible de réévaluation. Cette absence de symétrie est singulière et source d'injustices.

F. Mesures de crise

688. Trois sacrés numéros. – Par transposition du droit des régimes matrimoniaux (art. 217, 219 et 220-1), la loi de 1976 a, dans des situations de crise, permis à un indivisaire d'obtenir du juge, soit l'extension de ses pouvoirs, soit la restriction de ceux des coindivisaires. Cette intervention est nécessaire chaque fois que l'on veut organiser une gestion par des égaux : ce que sont devenus les époux et ont toujours été les indivisaires. Mais le milieu n'est pas le même :

77. Ex. : Cass. civ. 1re, 2 mai 1974, *Bull. civ.* I, n° 125 ; *D.* 1974, IR 176 : « *Les dépenses effectuées par dame Vogel pour faire face à l'entretien de sa mère correspondaient dans l'intention des intéressés à des avances sur des termes de la pension vieillesse dont veuve Sebbah* (la mère, *de cujus*) *avait demandé le bénéfice et qui ne lui avaient été accordés qu'après son décès ; de ces constatations et appréciations souveraines, les juges d'appel déduisent justement que la créance de dame V. n'avait pas pour origine le versement d'aliments mais une convention de prêt qui fait partie du passif successoral* ».

78. Ex. : un successeur a payé des charges de la succession, par exemple, les frais funéraires ou les droits de mutation.

79. Cass. civ. 1re, 27 oct. 1993, *RTD civ.* 1994.144, obs. crit. J. Patarin ; n.p.B. : « *À défaut de convention écrite sur l'exercice des droits indivis, non invoquée en l'espèce, les dépenses effectuées par un indivisaire pour la conservation d'un immeuble indivis donnent lieu à un règlement d'une indemnité sur le fondement de l'article 815-13 à l'exclusion de toute autre ; ce texte ayant prévu que le règlement ainsi prescrit s'effectuait au temps du partage, c'est donc à bon droit que la cour d'appel a déclaré la demande de Mme V. irrecevable en l'état* ».

80. Cass. civ. 1re, 18 déc. 1990, *Bull. civ.* I, n° 291 ; *JCP* G 1992.II.21847.

81. Cassation de la décision qui n'avait tenu compte que des sommes dépensées par l'indivisaire : Cass. civ. 3e, 15 mai 2008, n° 07-17.645, *Bull. civ.* III, n° 131 ; *JCP* G 2008.I.194, n° 6, obs. H. Périnet-Marquet : la cour d'appel n'a pas recherché « *si les travaux d'amélioration réalisés par M. X. n'avaient pas entraîné une augmentation de la valeur de l'immeuble indivis* ».

l'intervention du juge paraît plus difficile entre époux qu'entre indivisaires : entre époux, les éléments affectifs sont plus marqués qu'entre indivisaires, et, surtout, le risque du divorce est plus grave que celui du partage judiciaire.

Trois sortes de crises peuvent affecter les relations entre indivisaires. Ou bien, l'un est hors d'état de manifester sa volonté : son intérêt individuel doit être défendu. Ou bien, l'un oppose à l'autre un refus qui met en péril l'intérêt commun. Ou bien, l'intérêt commun appelle des mesures urgentes. Trois sortes de mesures peuvent donc être prises.

689. Représentation et autorisation judiciaires. – **1°** Un indivisaire hors d'état de manifester sa volonté peut, sur décision judiciaire, être **représenté** par un autre, soit d'une manière générale, soit pour certains actes (art. 815-4). Le texte est la transposition de l'article 219 ; il s'applique en cas d'éloignement, d'absence ou d'incapacité de l'indivisaire et chevauche sur les droits de l'absence et de l'incapacité.

2° Lorsque le refus d'un indivisaire met en péril l'intérêt commun des indivisaires, un autre indivisaire peut être **autorisé** à passer cet acte qu'il s'agisse d'un acte d'administration ou de disposition[82], ce qui le rend opposable à l'indivisaire dont le consentement fait défaut (art. 815-5, al. 1 et 3).

Cette assistance judiciaire est la transposition de l'article 217, sauf qu'elle ne prévoit pas l'hypothèse où un indivisaire est hors d'état de manifester sa volonté, qui relève exclusivement de la représentation judiciaire. Sauf aussi que la mise en péril de l'intérêt commun est plus restrictive que l'atteinte aux intérêts de la famille requise en matière conjugale, mais il s'agit toujours d'une notion circonstanciée. En outre, la loi interdit au nu-propriétaire de demander la vente en pleine propriété lorsque le bien indivis est grevé d'usufruit (L. 10 juill. 1987, art. 815-5, al. 2)[83].

690. 3° Intérêts communs et urgence. – Enfin, selon une règle à caractère général, le président du tribunal peut interdire, imposer ou autoriser toute mesure urgente que requiert l'intérêt commun (art. 815-6). Ce qui permet d'organiser temporairement l'indivision. Par exemple, le juge peut permettre à un indivisaire de vendre un bien indivis[84], de percevoir des fonds indivis en vue de faire face à des besoins urgents. Il peut aussi nommer un administrateur judiciaire[85] ou un

82. **1er ex.** : Cass. civ. 1re, 14 févr. 1984, *Philippeau, Bull. civ.* I, n° 62 ; *D.* 1984.453, n. A. Breton ; *Defrénois*, art. 33457, m. obs. ; *JCP* G 1985.II.20381 ; *RTD civ.* 1985.189, obs. J. Patarin : « *Le refus de M. Étienne Philippeau* (l'un des coindivisaires) *de consentir à l'aliénation des biens indivis pour assurer le payement des droits de succession mettait en péril l'intérêt des indivisaires* ». **2e ex.** : v. au contraire, un arrêt où l'autorisation judiciaire a été refusée : Cass. civ. 1re, 21 juill. 1987, *Bull. civ.* I, n° 247 ; *JCP* G 1987.IV.353. En l'espèce, un mari séparé de corps a vainement voulu, malgré le refus de son épouse, consentir à un des enfants communs un bail à long terme sur une exploitation faisant partie de l'indivision post-communautaire. « *M. Namur* (le mari) *n'établissait pas que l'intérêt commun des indivisaires était mis en péril par le refus de Mme Richez* (l'épouse) *de consentir un bail rural à long terme sur un bien indivis* ».

83. F.-X. Royet, « L'article 815-5 et la vente en pleine propriété d'un bien grevé d'usufruit », *JCP* N 1984.I.102.

84. Ex. : Cass. civ. 1re, 2 déc. 2015, n° 15-10.978, *Bull. civ.* I, à paraître ; *JCP* G 2016.446, n° 6, obs. H. Périnet-Marquet : vente de trois automobiles de sport appartenant au défunt malgré l'opposition d'un cohéritier afin de payer les droits de succession, auxquels les autres héritiers ne pouvaient faire face. La vente est valable.

85. Des arrêts avaient décidé qu'il devait être un indivisaire en propriété : Cass. civ. 1re, 6 févr. 2001, sol. impl., *Bull. civ.* I, n° 24 ; *JCP* G 2001.I.358, n° 4, obs. H. Périnet-Marquet ; en l'espèce, les juges du fond avaient désigné la veuve, indivisaire seulement en usufruit, pour être administrateur judiciaire ; cassation : « *L'administrateur* [...] *ne peut être choisi parmi les indivisaires en usufruit* ». Cette jurisprudence paraît abandonnée : Cass. civ. 1re, 19 oct. 2004, sol. implicite, *Bull. civ.* I, n° 226 ; *JCP* G 2005.I.119, n° 3, obs. H. Périnet-Marquet ; dans une autre espèce, la cour de Reims a admis que

séquestre pour faire un acte utile à l'indivision[86], même un acte de disposition[87] ou bien interdire de déplacer des meubles corporels.

La définition de l'intérêt commun des indivisaires soulève encore plus de difficultés que celle de l'intérêt de la famille dans le droit des régimes matrimoniaux, parce que l'indivision est moins stable, moins organisée et plus individualiste que ne l'est la famille. En outre, l'intérêt commun exerce un rôle plus important, puisqu'il permet d'atténuer l'exigence de l'unanimité et au juge ou à un administrateur judiciaire d'imposer sa volonté en cas de désaccord entre les indivisaires ; il établit ainsi une sorte de haute tutelle judiciaire sur l'indivision. Comme l'intérêt de la famille dans les régimes matrimoniaux, l'intérêt commun des indivisaires n'est pas seulement constitué par celui d'un de ses membres ; en outre, la divergence d'intérêts n'y fait pas obstacle[88], c'est d'ailleurs à ce moment que l'intervention du juge est nécessaire. La Cour de cassation a décidé que la rentabilité d'un bien indivis constituait un intérêt commun des indivisaires[89], ce qui n'est peut-être pas toujours vrai dans les circonstances où les considérations affectives l'emportent sur la rentabilité.

II. — Régime conventionnel

691. ***Affectio communionis.*** – Une convention peut être conclue entre les indivisaires afin d'organiser la gestion de l'indivision[90]. Les dispositions qui la prévoient (art. 1873-1 à 1873-18) sont placées dans le Code civil après les règles relatives au contrat de société. Emplacement révélateur, qui montre qu'une indivision animée d'une *affectio communionis* se rapproche de la société qui, elle, est dominée par une *affectio societatis* ; mais son organisation et sa stabilité sont moins assurées : elle n'a pas la personnalité morale. Ce système est en fait peu pratiqué : les intéressés préfèrent recourir à la société civile depuis qu'elle a été réformée (L. 4 janv. 1978).

Les principes fondamentaux de l'indivision, qui l'opposent à la société, sont maintenus, même dans le régime conventionnel : non seulement l'effet déclaratif du partage sur lequel il n'y a plus à revenir, car il se présente ici de la même manière que dans le régime légal, mais aussi l'unanimité des indivisaires et le caractère temporaire de l'indivision que, cependant, le régime conventionnel permet d'assouplir plus encore que ne le fait le régime légal. L'intérêt du régime conventionnel n'est pas tellement là : il se trouve surtout dans les règles relatives à l'administration de l'indivision.

1° Pour la conclusion des conventions d'indivision entre indivisaires, l'**unanimité** est exigée, ce qui maintient l'essentiel des règles antérieures. Il faut l'accord de tous les indivisaires. La loi

---

l'administrateur judiciaire pouvait être un tiers : Reims, 4 janv. 1978, *D.* 1979, IR 44, obs. appr. A. Breton ; v. aussi Chr. Atias, *Defrénois* 2001, art. 37356.

86. Ex. : Cass. civ. 1re, 13 nov. 1984, *de Boutiny*, *Bull. civ.* I, n° 301 ; *D.* 1985.104 ; *Defrénois* 1985, art. 33489, n° 35, p. 468, obs. G. Champenois. En l'espèce, l'indivision avait loué un bien indivis à certains des indivisaires ; l'indivisaire qui n'était pas locataire avait voulu augmenter le loyer, au contraire des autres ; la cour d'appel avait refusé de nommer un administrateur judiciaire ; cassation : « *La meilleure rentabilité de l'immeuble indivis, à laquelle sont intéressés tous les indivisaires, est de l'intérêt commun et l'existence, en la personne de certains indivisaires, d'intérêts divergents nés d'une circonstance étrangère à l'indivision n'implique pas l'absence d'intérêt commun* ».

87. Cass. civ. 1re, 10 juin 2015, n° 14-18.944, *Bull. civ.* I, à paraître, *JCP* G 2015.1221, n° 7, obs. H. Périnet-Marquet ; *Defrénois* 2016.1176, obs. L. Tranchant : « *pourvu qu'une telle mesure soit justifiée par l'urgence et l'intérêt commun* ».

88. Cass. civ. 3e, 10 mai 1983, *Bull. civ.* III, n° 113 ; *Defrénois* 1984, art. 33267, n° 40, p. 447, 1re esp., obs. G. Champenois. En l'espèce, les juges du fond ont souverainement apprécié que le refus d'un indivisaire de s'associer à la demande en résolution de la vente d'un immeuble indivis ne mettait pas « *en péril l'intérêt commun de l'indivision* ».

89. Cass. civ. 1re, 13 nov. 1984, *de Boutiny*, cité *supra* note 86.

90. **Terminologie :** ce qu'on appelle une indivision conventionnelle désigne généralement une indivision ayant sa source dans une convention ; par exemple, une indivision entre les personnes qui achètent ensemble un bien ; les articles 1873-11 et s. désignent autre chose : une convention de gestion. Ex. : Cass. civ. 1re, 28 févr. 1984, *Bull. civ.* I, n° 76 ; *D.* 1984, IR 477 ; *Defrénois* 1985, art. 33489, n° 33, p. 462, obs. G. Champenois : « *Les dispositions de l'article 1873-15, al. 2* [...] *ne sont applicables qu'aux conventions relatives à l'exercice des droits indivis telles qu'elles sont réglementées par les articles 1873-2 et 1873-3* ».

prévoit même la possibilité de conclure la convention entre des indivisaires en nue-propriété et des indivisaires en usufruit (art. 1873-16). Ce genre de conventions est pratiquement très utile, car il y a souvent des usufruitiers dans une indivision ; mais il est, à l'égard de la théorie, assez insolite : d'une part, il n'existe pas d'indivision entre les nus-propriétaires et les usufruitiers puisque leurs droits n'ont pas le même objet[91] ; d'autre part, il n'y a aucun rapport juridique entre eux dont, dans la rigueur des principes, les droits sont parallèles sans jamais se rencontrer.

2° Les conventions peuvent avoir pour objet de fixer la **durée** pendant laquelle l'indivision doit être maintenue et par conséquent le partage ne peut être demandé. Le principe est le même qu'en 1804 ou que pour le régime légal ; l'indivision, même conventionnelle, demeure temporaire, et les conventions obligeant au maintien de l'indivision ont une durée limitée à cinq ans. Leur force obligatoire est assouplie, puisqu'à l'intérieur de cette durée le partage peut être demandé par un indivisaire s'il a de justes motifs (art. 1873-3).

3° La convention peut aussi avoir pour objet l'**administration** de l'indivision, ce qui est son intérêt principal : si l'indivision dure, elle doit pouvoir fonctionner. D'une part, elle peut prévoir que les décisions des indivisaires seront prises à la majorité, sauf s'il existe des incapables ou s'il s'agit d'aliéner un immeuble (art. 1873-8, al. 3). D'autre part, allant plus loin, il peut même être nommé un gérant qui a un pouvoir général d'administration, le même que celui que la loi attribue à chaque époux sur les biens communs (art. 1873-5 et 6) ; il doit, comme tout mandataire ordinaire, tenir et rendre ses comptes, le compte d'indivision.

§ 3. Droits de l'indivisaire sur sa part

La part de l'indivisaire dans la masse indivise a une valeur patrimoniale. Elle est donc susceptible d'actes de disposition, sauf restrictions légales en raison de l'indétermination de son objet et des droits des coindivisaires : l'indivisaire n'est pas captif de son titre. Mais l'indivision est un monde un peu clos parce que l'*intuitus personae* n'en est pas absent.

692. Saisies et cessions. – **1°** Les pouvoirs qu'ont les créanciers de **saisir** les biens indivis ne sont pas les mêmes selon qu'ils sont les créanciers personnels d'un indivisaire et ceux de l'indivision.

a) Les premiers ne peuvent saisir un bien indivis (art. 815-17, al. 2), car la détermination et l'étendue des droits de leur débiteur sur les biens indivis sont incertaines : la détermination, en raison de l'effet déclaratif du partage, l'étendue, à cause des rapports auxquels il peut être tenu ; leur seul droit est de provoquer le partage au nom de leur débiteur – ce qui rend fragile une entreprise quand elle est indivise[92] – ; le partage permet à ces créanciers de saisir les biens qui auront été attribués à leur débiteur.

Les créanciers personnels d'un indivisaire ne peuvent non plus saisir la quote-part indivise de leur débiteur (art. 815-17, al. 2)[93]. La solution s'explique surtout par des considérations économiques : une quote-part dans une indivision risque de se vendre mal. Il est donc préférable d'attendre le partage, qui allotira privativement le débiteur. Il existe ainsi un lien entre le droit de demander le partage et l'impossibilité de saisir la quote-part du débiteur. Ceci permet de comprendre que la saisie soit admise dans les hypothèses, à vrai dire assez exceptionnelles, où le créancier ne peut demander le partage (art. 1873-15).

---

91. Cass. civ. 1re, 12 mai 2010, *Bull. civ.* I, n° 116 ; *JCP* G 2010.559.

92. Fr. Lucet, « L'entreprise indivise à la merci des créanciers personnels de chaque indivisaire », in *Ét. Derruppé,* Joly, Litec, 1991, p. 315 et s.

93. Mais cette quote-part pourrait être grevée de sûretés : Cass. civ. 2e, 17 févr. 1983, *Bull. civ.* II, n° 42 ; Cass. civ. 3e, 2 nov. 1983, *Defrénois* 1985, art. 33450, obs. Ph. Théry ; *RTD civ.* 1984.174, obs. Perrot.

b) Les créanciers de l'indivision peuvent saisir un bien indivis (art. 815-17, al. 1).

2° Le droit français a toujours admis qu'était valable la **cession** des droits indivis. Il peut en effet être utile à un indivisaire d'aliéner ses droits ; plutôt que d'attendre le partage, il les monnaye immédiatement. Une double distinction doit être faite selon l'objet de la cession et la qualité du cessionnaire. D'une part, la cession peut avoir pour objet ou ses droits dans un bien déterminé ou l'ensemble de ses droits indivis ; dans le premier cas, la cession est aléatoire, car elle est subordonnée à l'effet du partage. D'autre part, la cession peut être faite soit à un autre indivisaire, elle est et a toujours été valable, soit à un tiers, étranger à l'indivision : elle est alors soumise au droit de préemption des autres indivisaires (art. 815-14, 815-16).

693. Ancien retrait et actuelle préemption. – **1°** L'origine de ce droit de préemption se trouve dans le **retrait** successoral créé par les parlements de l'Ancien droit et repris par le Code Napoléon (art. 841 ancien). L'indivision successorale est en effet marquée d'un certain *intuitus personae* : l'entrée d'un étranger, cessionnaire d'un droit indivis, souvent mû par la spéculation et la recherche du profit, dans la masse indivise risque d'en compliquer la gestion et le partage, de perturber la vie familiale ; le retrait successoral permettait aux indivisaires de se substituer au tiers acquéreur, en lui remboursant le prix qu'il avait payé. Les modalités de l'institution furent critiquées : incomplet (il ne s'appliquait qu'aux indivisions successorales), d'une longue durée (il pouvait être exercé jusqu'au partage) ; surtout il était dangereux pour les tiers du fait de sa rétroactivité. Il a été remplacé par un droit de préemption.

2° Ce droit de **préemption** ressemble à l'ancien retrait et se rapproche de toute la collection contemporaine des droits de préemption, notamment celui du fermier : il n'a pas seulement pour objet de contrôler l'intrusion d'un étranger, mais aussi de permettre la substitution d'un indivisaire au cessionnaire ; l'exercice du droit de préemption est une opération de partage. Ce n'est pas toujours le cas.

Le droit de préemption s'applique à toutes les indivisions, même celles qui n'ont pas une origine successorale[94] et à toutes les cessions faites à un étranger[95] par l'indivision qu'elles soient à titre universel ou à titre particulier, si, d'une part, elles sont à titre onéreux car le caractère gratuit d'une cession et donc l'absence de prix rendent impossibles l'exercice de la préemption, et si d'autre part, elles ne sont pas faites *intuitu personae*[96] ; ces deux conditions sont communes à tous les droits de préemption.

Les bénéficiaires de ce droit de préemption sont essentiellement les indivisaires. Ce sont aussi les nus-propriétaires, en cas de cession de quote-part d'usufruit, et inversement les usufruitiers en cas de cession de quote-part de nue-propriété (art. 815-18). Ce qui peut paraître étrange, puisqu'il s'agit de personnes juridiquement étrangères à l'indivision, mais elles ont, en fait, des rapports étroits et généralement familiaux. Cependant, leur droit est subsidiaire, il ne s'exerce que si le titulaire de l'autre démembrement du droit de propriété ne préempte pas lui-même.

94. Cass. civ. 1re, 23 avr. 1985, *Bull. civ.* I, n° 124 ; *D.* 1985.437, n. A. Breton ; *Defrénois* 1985, art. 33611, m. obs. : « *Les dispositions de l'article 815-14* [...] *sont applicables à toutes les indivisions qu'elles soient ou non d'origine successorale.* »

95. La cession de la nue-propriété d'un bien indivis à un usufruitier est faite « *à une personne étrangère à l'indivision* » et donne donc lieu à préemption : Cass. civ. 1re, 17 mai 1983, *Bull. civ.* I, n° 148 ; *D.* 1984.83, n. G. Morin ; *Defrénois* 1984, art. 33213, m. obs. ; *JCP* G 1984.II.20311 ; *RTD civ.* 1984.345, obs. J. Patarin.

96. Ex. : **Bail à nourriture** : Cass. civ. 3e, 3 oct. 1985, *D.* 1986.373, n. A. Breton ; *Defrénois* 1986, art. 33807, m. obs. ; n.p.B. : « *L'obligation des soins stipulée à l'acte de vente donnait au contrat un caractère incompatible avec le droit de préemption* ». **Échange** : Cass. civ. 1re, 21 mai 1997, *Bull. civ.* I, n° 164 ; *JCP* G 1998.I.132, n° 3, obs. R. Le Guidec. **Apport en société** : Paris, 11 sept. 1997, *Defrénois* 1998, art. 36718, obs. Ph. Malaurie.

Afin que la préemption puisse s'exercer, l'indivisaire qui projette de céder un droit indivis, doit, par acte extrajudiciaire[97], notifier, à peine de nullité, son projet aux autres[98] qui, dans le délai d'un mois, peuvent l'accepter (art. 815-14, al. 2) ; cette acceptation n'empêche pas le cédant de se repentir parce que la notification ne vaut pas offre de vente[99] ; la plupart des autres droits de préemption ne connaissent pas ces règles[100] ; à défaut de réponse dans le délai, les indivisaires sont censés avoir renoncé. La vente doit être réalisée dans les deux mois de la déclaration de préemption, à peine de nullité de la préemption (art. 815-14, al. 3). En cas d'adjudication publique, il s'agit d'une substitution à l'acquéreur (art. 815-15), ce qui apparente l'opération à un retrait. Si ces formalités ne sont pas remplies, la vente est nulle ; l'action en nullité se prescrit par cinq ans (art. 815-16) à compter du moment où les indivis ont eu connaissance de la vente[101]. Le droit de préemption est écarté lorsqu'un bien indivis est vendu par tous les coindivisaires[102].

N°s 694-697. réservés.

Section II
COPROPRIÉTÉ DES IMMEUBLES BÂTIS

698. Une organisation durable. – Dans les villes, l'habitude est prise depuis longtemps d'empiler des appartements les uns sur les autres, afin de gagner en altitude ce que la surface du sol, naturellement finie, ne peut plus donner. L'immeuble composé de ces différents appartements abrite la rencontre des intérêts individuels et des nécessités collectives. Le propriétaire est maître chez lui, mais le toit, les murs, l'escalier, l'ascenseur, le sol de l'immeuble... sont indispensables à la jouissance de tous. Ce mélange de propriétés individuelle et collective fait l'originalité de la copropriété des immeubles bâtis[103].

97. Cass. civ. 1re, 5 mars 2002, *Bull. civ.* I, n° 77 ; *JCP* G 2002.I.176, n° 9, obs. H. Périnet-Marquet : le formalisme d'un acte extra-judiciaire est nécessaire ; par ex., la simple remise aux indivisaires d'une copie de l'acte serait insuffisante.

98. La Cour de cassation impose avec rigueur le respect de ces règles. Ainsi, imposant l'identification du cessionnaire, elle annule la notification comportant une clause de substitution du cessionnaire : Cass. civ. 1re, 28 janv. 2009, *Bull. civ.* I, n° 18 ; *D.* 2009.2310, obs. B. M.-B. ; *Defrénois* 2009.1622, obs. A. Chamoulaud-Trapiers ; *JCP* G 2009.I.127, n° 8, obs. H. Périnet-Marquet.

99. Jurisprudence souvent réitérée : ex. récent : Cass. civ. 1re, 9 févr. 2011, n° 10-10.759, *Bull. civ.* I, n° 25 ; *Dr. et patr.* juin 2011 ; 86, n. J. B. Seube : « *la notification faite au titulaire du droit de préemption de l'intention de céder ses droits indivis ne vaut pas offre de vente et l'indivisaire qui a fait cette notification peut renoncer à son projet malgré la manifestation de volonté d'un autre indivisaire d'exercer son droit de préemption* ».

100. Cependant, parce qu'il s'inspire de considérations identiques, le droit de préemption des associés dans une société civile a le même régime (L. 4 janv. 1978, art. 1861 et s.).

101. À laquelle est assimilée la publicité foncière : Cass. civ. 1re, 5 mars 2014, n° 12-28.348 ; *JCP* G 2014.467, n° 7, obs. H. Périnet-Marquet ; *JCP* N 2014.1151, n. R. Le Guidec.

102. Ex. : Cass. civ. 1re, 30 juin 1992, *Bull. civ.* I, n° 208 ; *JCP* G 1993.I.3713, n° 2, obs. Testu : « *Si les articles 815-14 et 815-15 confèrent à un indivisaire un droit de préemption ou de substitution suivant qu'il y a cession amiable ou licitation de droits indivis par un coïndivisaire, ces textes ne sont applicables, l'un et l'autre, que dans la mesure où l'opération porte sur des droits dans un ou plusieurs biens indivis, et non sur les biens indivis eux-mêmes* ».

103. **Biblio. :** Fr. Givord et *al.*, *La copropriété*, Dalloz, 8e éd., 2012 ; E. J. Guillot, *La pratique de la copropriété*, Éd. Administrer, 1982 ; E. Kischinewsky-Broquisse, *La copropriété des immeubles bâtis*, Litec, 4e éd., 1992 ; Fl. Bayard-Jammes, *La nature juridique du droit du copropriétaire immobilier*, th. Toulouse, LGDJ, 2003, préf. D. Tomasin ; G. Chantepie, « Quel avenir pour la copropriété ? », in *L'avenir du droit des biens*, colloque Lille (2014), LGDJ, 2016, p. 163 et s : assez critique : copropriétés dégradées, en difficultés, urbanisme des grands ensembles inhumain, statut vieillot, s'adapte aussi mal aux grands ensembles qu'aux petites copropriétés.

Les règles de l'indivision ordinaire ne suffisent pas à organiser la copropriété des éléments communs à tous. En effet, l'indivision est toujours fragile ; l'indivisaire ne subit que temporairement, et parce qu'il l'a acceptée, une collectivisation de son droit, fondamentalement individuel. Alors que les parties dites « communes » d'un immeuble composé de différents appartements (sol, murs, toit, équipements...) ne doivent en aucun cas être partagées, dans l'intérêt même de chacun des copropriétaires. Cette propriété commune appelle une organisation spéciale, qui lui permette de durer aussi longtemps que la propriété individuelle.

L'Ancien droit coutumier concevait l'immeuble divisé par étages comme une superposition de maisons, empilées les unes sur les autres. Le Code Napoléon aussi ; un seul texte (art. 664 anc.) réglait, en l'absence de convention, les charges de la construction et de la réparation des différentes parties du bâtiment. Cette indigence législative ne gênait pas, car jusqu'à la fin de la Première Guerre mondiale, la copropriété par appartements n'existait pratiquement que dans deux villes, pour des raisons d'ailleurs différentes[104]. Le coût de la reconstruction, après les deux guerres mondiales, joint à la faiblesse persistante des loyers et à l'urbanisation croissante, ont bouleversé les données de la propriété des immeubles urbains : qu'elle provienne de la construction à plusieurs d'un immeuble ou de la division par appartements d'un bâtiment ancien, devenu trop onéreux pour un seul propriétaire, la copropriété est devenue le statut juridique ordinaire de l'immeuble urbain, neuf ou ancien.

Elle est aujourd'hui en forte progression : en 1996, 3/4 des appartements à usage d'habitation étaient en copropriété, contre 64 % en 1984 ; en 2013, près de 670 000 copropriétés, 8 millions de logements sont en copropriété dont près d'1 million sont en équilibre fragile (charges impayées, impossibilité financière de faire les travaux nécessaires à la conservation de l'immeuble).

699. Une intervention hésitante. – Ce seul texte du Code civil était devenu insuffisant, et l'on ne trouvait pas dans le droit commun[105] les ressources nécessaires à une organisation stable.

La première intervention législative fut la loi du 28 juin 1938. Elle n'était pas impérative. Les copropriétaires acceptant de s'y soumettre étaient groupés en un syndicat, chargé de l'administration des parties communes et doté d'un organe exécutif, le syndic. Mais la nécessité d'obtenir l'unanimité pour les décisions dépassant la simple administration des parties communes conduisait à la paralysie. En outre, le caractère inéquitable de la répartition des charges fut rapidement dénoncé, et, surtout, la loi se révélait inapte à organiser les ensembles immobiliers complexes, apparus depuis peu. Une nouvelle loi devait être élaborée. Ce fut celle du 10 juillet 1965, (décret d'application du 17 mars 1967), siège toujours actuel de la matière, malgré des modifications récentes, d'abord retouches, puis changements importants, notamment par les lois du 31 décembre 1985, du 21 juillet 1994 et du 13 décembre 2000 (L. *SRU ;* décret d'application 27 mai 2004) puis réformettes : 5 et 25 mars, 18 mai 2009 puis, un peu plus dirigiste, la loi *Alur* du 24 mars 2014 ayant surtout pour objet les copropriétés en difficultés financières[106].

À la différence de la loi de 1938, celle de 1965, pour l'essentiel, est d'ordre public (art. 43) : l'organisation de la copropriété n'est plus abandonnée à la seule volonté contractuelle (du promoteur, du vendeur initial...) dont la loi se méfie. Un grand nombre de clauses de règlement de copropriété sont réputées non écrites lorsqu'elles sont contraires à la loi.

---

104. Grenoble, en raison de l'exiguïté de la surface constructible, serrée entre deux torrents ; Rennes, à la suite de l'incendie de 1720, obligeant les propriétaires ruinés à s'unir pour reconstruire.

105. Par exemple, les notions d'indivision forcée et de force obligatoire des conventions : les règlements de copropriété n'avaient pas de force obligatoire à l'égard des ayants cause à titre particulier des signataires.

106. Ch. Bénasse, « *Les copropriétés très dégradées : la loi* Alur *n'apporte qu'une réponse partielle* », *JCP* N 2014.603.

Celle-ci augmente les pouvoirs de l'assemblée des copropriétaires, en faisant reculer l'unanimité au profit de différentes majorités. L'organisation du syndicat, doté de la personnalité morale, est améliorée. Dans les ensembles immobiliers, il est désormais possible de constituer des syndicats secondaires, moins lourds et plus réalistes, voire de scinder la copropriété. La loi SRU a accru les pouvoirs du syndic et la loi *Alur* a réformé la gestion avec de très amples dispositions.

Sur les bienfaits de la loi de 1965, les opinions sont partagées. Certains la jugent inefficace, source de procès innombrables soumis à un droit minutieux, paralysant parfois la gestion : on ne peut soumettre aux mêmes règles une petite copropriété composée d'une dizaine de membres et un ensemble de plusieurs centaines de copropriétaires. Mais la loi de 1965 a la vie dure, bien qu'aujourd'hui les administrateurs de biens demandent que soient diminués les quorums dans les assemblées et mieux assuré le payement des charges. La loi du 21 juillet 1994, en renforçant les garanties du syndicat des copropriétaires, leur a largement donné satisfaction[107]. Pour une nation peu faite à la propriété collective, la loi de 1965 est le moindre mal, en tout cas dans les copropriétés de moyenne dimension.

700. Domaines. – La loi du 10 juillet 1965 a deux domaines d'application distincts : le premier est impératif, le second facultatif.

1° Elle s'applique **obligatoirement** à « *tout immeuble bâti ou groupe d'immeubles bâtis dont la propriété est répartie, entre plusieurs personnes, par lots comprenant chacun une partie privative et une quote-part des parties communes* » (art. 1er, al. 1)[108]. Aussi, dès qu'un immeuble comporte au moins deux lots, composés d'un droit privatif et de parties communes, il est soumis à la loi de 1965, quelle que soit la volonté des parties, indépendamment de tout acte juridique[109] ; lorsque tous les lots sont réunis en une seule main, la copropriété est dissoute et le syndicat disparaît[110]. La loi s'applique à tout immeuble bâti, après son achèvement, dès le transfert de propriété du premier lot[111] ou son partage, si une copropriété se substitue à une indivision ordinaire.

107. *Infra*, n° 717.

108. Un lot doit comporter à la fois une partie privative et une quote-part de parties communes. La condition légale n'est pas remplie lorsque le lot a uniquement pour objet le jardin entourant un immeuble bâti : la partie privative étant constituée par *la jouissance* du jardin, la partie commune, une quote-part dans la propriété du sol : Cass. civ. 3e, 6 nov. 2002, *Bull. civ.* III, n° 215 ; *JCP* G 2003.I.172, n° 8, obs. H. Périnet-Marquet.

109. Ex. : Cass. civ. 3e, 29 mai 2002, n° 00-17.542, *Bull. civ.* III, n° 113 ; *D.* 2003 som. 1331, obs. Cl. Giverdon ; *JCP* G 2003.I.117, n° 8, obs. H. Périnet-Marquet ; *Defrénois* 2002, art. 37611, n° 77, obs. Chr. Atias : « *Dès lors que d'un état de division et des titres respectifs des parties résulte l'existence d'une indivision sur le sol et de propriétés privatives, avec détermination de charges communes, le régime de la copropriété s'applique à l'immeuble, nonobstant l'absence d'un règlement de copropriété* ». De même, un ensemble immobilier n'échappe au statut de la copropriété que si a été mise en place une organisation différente : Cass. civ. 3e, 18 sept. 2012, n° 11-13.789 ; *JCP* G 2013.429, obs. H. Périnet-Marquet ; *JCP* N 2013.1118, mêmes obs.

110. Cass. civ. 3e, 4 juill. 2007, *Bull. civ.* III, n° 121 ; *D.* 2007.2389, obs Y. Rouquet ; *JCP* N 2007.1322, n° 7, obs. H. Périnet-Marquet : « *la réunion de tous les lots entre les mains d'un même copropriétaire entraîne de plein droit la disparition de la copropriété et la dissolution du syndicat qui ne survit que pour les besoins de la liquidation* ».

111. **Lots transitoires.** La notion d'immeuble bâti soulève des difficultés lorsqu'un ensemble immobilier est construit par tranches successives : la constitution de lots transitoires permet d'assurer une anticipation sur l'achèvement : Cass. civ. 3e, 14 nov. 1991, *Bull. civ.* III, n° 275 ; *D.* 1992.277, concl. P. Capoulade, n. D. Tomasin : jugé que le lot transitoire (qu'impose, en fait, la construction par tranches) fait partie de la copropriété : « *Les lots dits transitoires ne sont pas assujettis à un régime particulier* » ; Cass. civ. 3e, 30 juin 1998, *Bull. civ.* III, n° 142 ; *JCP* G 1999.I.120, n° 17, obs. H. Périnet-Marquet ; *Defrénois* 1998, p. 1180, n° 120, obs. Chr. Atias : « *La clause du règlement de la propriété prévoyant l'application de ses stipulations au fur et à mesure de l'achèvement du bâtiment est contraire aux dispositions de la L. 10 juillet 1965 et doit*

L'existence de droits indivis sur les parties communes est indispensable à l'application de la loi. S'il n'existe aucun élément commun, comme dans le cas d'une maison coupée verticalement en deux par un mur mitoyen, n'ayant aucun accès ni équipements communs, la loi de 1965 ne s'applique pas. De même, en cas de construction en volumes[112] liés les uns aux autres par des servitudes[113].

Une partie privative est tout aussi nécessaire. La loi de 1965 ne s'applique ni aux immeubles entièrement indivis, qui ne comportent aucune partie individuellement appropriée ; ni, naturellement, aux immeubles appartenant à une personne morale, bien qu'existent beaucoup d'analogies avec le statut de la copropriété[114].

L'application impérative de la loi, qui comporte de nombreuses dispositions d'ordre public, se justifie par le fait que le copropriétaire n'est pas à même, en général, de discuter le futur règlement de copropriété : il adhère à un règlement préparé par le promoteur immobilier ou le vendeur. Comme pour toutes les dispositions protectrices, cette sollicitude du législateur n'est pas sans inconvénients : le vêtement préparé par la loi est souvent inadapté. Mais l'autonomie de la volonté ne convient pas parfaitement aux actes juridiques collectifs.

2° La loi de 1965 s'applique aussi, mais de manière **facultative**, c'est-à-dire à défaut d'une organisation différente, aux ensembles immobiliers qui, outre des terrains, des aménagements et des services communs, comportent des parcelles faisant l'objet de propriétés privatives(art. 1er, al. 2[115]). La loi vise les ensembles immobiliers complexes formés de la juxtaposition des parcelles privatives qui ne relèvent pas de la copropriété, et d'éléments communs : terrain de sport, espace vert, voie commune, local à usage commun... En raison de la dimension de ces ensembles, le statut de 1965 n'est peut-être pas le mieux adapté ; les parties peuvent préférer la constitution d'une société de gestion ou d'une association syndicale[116]. Pourtant, en pratique, elles se placent souvent sous l'empire de la loi de 1965, fût-ce tacitement[117].

---

par conséquent être réputée non écrite ». Par conséquent, les titulaires d'un lot transitoire peuvent participer aux assemblées générales, prendre part aux votes et doivent en supporter les charges.

112. Ph. Simler, « La copropriété et propriété en volumes : antinomie ou symbiose ? » in *Ét. P. Catala*, Litec, 2001, p. 679 et s., v. aussi *infra*, n° 905.

113. Paris, 28 avr. 1983, *RDI* 1983.372, obs. Fr. Givord et Cl. Giverdon ; en l'espèce, la nature d'une canalisation traversant le lot du rez-de-chaussée pour desservir celui du premier étage était discutée : partie commune ou objet d'une servitude pesant sur le premier lot au profit du second ? La cour d'appel a estimé qu'il s'agissait d'une partie commune, et que la loi de 1965 était applicable, parce que l'acte notarié qui avait divisé l'immeuble en deux lots privatifs avait attribué à chacun des lots une quote-part des parties communes.

114. Les sociétés civiles immobilières d'attribution, dont les membres bénéficient immédiatement d'un droit de jouissance sur les futurs lots, demeurent propriétaires de l'immeuble. Mais la jouissance des associés doit faire l'objet d'un règlement de jouissance, qui préfigure le règlement de copropriété ; il doit être établi en conformité de la loi de 1965 lorsque celle-ci doit s'appliquer ultérieurement, après dissolution de la société (CCH, art. L. 212-2).

115. Cass. civ. 3e, 19 sept. 2012, nos 11-13.679, 11-13.789, *JCP* N 2012, act. 891 : « *À défaut de convention contraire créant une organisation différente, la loi du 10 juillet 1965 est applicable aux ensembles immobiliers qui, outre des terrains, des aménagements et des services communs, comportent des parcelles, bâties ou non, faisant l'objet de droits de propriété privatifs* ».

116. Ex. : Cass. civ. 3e, 17 févr. 1999, *Bull. civ.* III, n° 42 ; *JCP* G 1999.I.175, n° 12, obs. H. Périnet-Marquet ; lorsqu'il résulte de « *l'état descriptif une hétérogénéité du régime juridique des fractions de l'immeuble* [...], *se trouverait ainsi constitué un ensemble immobilier pour lequel il était possible d'instituer une organisation différente de celle de l'article 1 de la loi du 10 juillet 1965.* »

117. Cass. civ. 3e, 15 déc. 1993, *Bull. civ.* III, n° 171 : « *À défaut de convention contraire créant une organisation différente, la loi du 10 juillet 1965, fixant le statut de la copropriété des immeubles bâtis, est applicable aux ensembles immobiliers qui, outre des terrains, aménagements et services communs, comportent des parcelles bâties ou non, faisant l'objet des droits de propriété privatifs.* »

L'association syndicale (libre) est un groupement volontaire de propriétaires fonciers, pourvu de la personnalité morale et qui réalise des travaux ou procure des services immobiliers aux fonds groupés (O. 1er juillet 2004 remplaçant la L. 21 juin 1865). À frais communs, elle effectue des travaux d'intérêt collectif. Les associés ne sont pas responsables de son passif[118]. À la différence des associations ordinaires, un associé ne peut s'en retirer qu'en cédant son lot, en raison du caractère réel de cette association[119].

701. Immatriculation. – Depuis la loi *Alur* du 24 mars 2014, toutes les copropriétés immobilières doivent être immatriculées (CCH, art. L. 711-1 à 711-7 nouv.), en indiquant les noms, adresse et date de création du syndicat, le nombre et la nature des lots, les noms et adresse du syndic et les difficultés, prédifficultés et carences du syndicat.

702. Scission. – La scission d'une copropriété (également dénommée « retrait d'un ou plusieurs copropriétaires ») a pour cause la volonté qu'a un copropriétaire de s'affranchir des règles contraignantes de la loi de 1965. Ce qui apparaît surtout dans les grosses copropriétés en difficultés financières, notamment parce que leur fonctionnement peut avoir un coût exorbitant[120]. C'est une opération complexe que le législateur essaie de simplifier sans y parvenir (L. art. 28, plusieurs fois modifiée). Elle est possible dans deux hypothèses.

1° D'abord, lorsque la scission se fait « **horizontalement** ». Ou bien parce que la copropriété initiale est composée de plusieurs bâtiments, c'est-à-dire plusieurs constructions indépendantes les unes des autres ; ou bien parce que la copropriété au sol est divisible.

2° La scission peut également être « **verticale** », en volumes. Depuis la loi *Alur* du 24 mars 2014, elle est possible, avec une autorisation préalable s'il s'agit « *d'un ensemble immobilier complexe comportant soit plusieurs bâtiments distincts sur dalle, soit plusieurs entités homogènes* (sic) *affectées à des usages différents, pour autant que chacune de ces entités* (re-sic) *permette une gestion autonome* ».

703. Exclusion du domaine public. – Un bien faisant partie du domaine public ne peut être mis en copropriété[121], sauf s'il y a eu déclassement ou désaffection ; inversement, un bien en copropriété ne peut faire partie du domaine public[122].

118. Cass. civ. 3e, 12 juin 2002, *Bull. civ.* III, n° 134 ; *JCP* G 2003.II.10005, n. M.-A. Rakotovakiny ; *Defrénois* 2002, art. 37611, n° 76, obs. crit. Chr. Atias : « *L'association syndicale libre constitue une personne morale de droit privé dont le patrimoine est distinct de celui de ses membres, lesquels ne sont pas responsables à l'égard des tiers du passif de la personne morale.* »

119. Cass. Ass. plén., 9 févr. 2001, *D.* 2001.1493, n. E. Alfandari ; 2002, somm. 1552, obs. Cl. Giverdon ; *Defrénois* 2001.795, obs. Chr. Atias ; G. Liet-Veaux, « Les associations de personnes et les associations des biens », *JCP* G 2002.I.154, n° 2.

120. Th. Delessalle, « La copropriété n'est plus une fatalité (ou comment se soustraire d'un statut préexistant) », *JCP* N 2014.1244.

121. Jurisprudence constante de la Cour de cassation, ex. : Cass. civ. 1re, 25 févr. 2009, n° 07-15.772, *Bull. civ.* I, n° 39 ; *JCP* G 2009, 337, obs. H. Périnet-Marquet : « *les biens du domaine public sont imprescriptibles et inaliénables et un règlement de copropriété ne peut soustraire au domaine public d'une commune un ouvrage préexistant à la copropriété.* »

122. Jurisprudence constante du Conseil d'État, ex. : CE, 11 févr. 1999, *Sté La préservatrice foncière*, *D.* 1994.493, n. J.-F. Davignon ; *Defrénois* 1995, art. 36046, obs. J.-R. Farhouat. Jugé qu'un appartement situé dans une copropriété, occupé par les archives d'une administration fiscale, ne faisait pas partie du domaine public, car étaient en compétition avec la domanialité publique, des règles essentielles de la copropriété : propriété indivise des parties communes, interdiction faite aux copropriétaires de s'opposer à l'exécution des travaux décidés par l'assemblée générale, hypothèque garantissant les créances du syndicat contre un copropriétaire.

Au cœur du statut de la copropriété, le lot de copropriété relie les prérogatives individuelles du propriétaire aux nécessités communes (§ 1). L'organisation collective s'efforce de concilier individualisme et intérêt de tous (§ 2).

§ 1. Le lot de copropriété

Le droit du copropriétaire a pour objet non « un appartement dans une copropriété », mais un lot, bien d'une nature complexe, comme le montre l'examen de sa composition (I). La qualité de copropriétaire est source de droits, mais aussi de charges, engendrées par l'existence d'une propriété collective (II). Cet ensemble de droits et de charges a une nature juridique originale (III).

I. — Composition

704. Parties privatives et parties communes. – Le statut de la copropriété implique que l'immeuble soit divisé en parties privatives et parties communes ; chaque lot comprend une partie privative et une quote-part idéale des parties communes, qui demeurent dans une espèce d'indivision forcée (L. 1965, art. 1er, al. I). Tous les éléments composant l'immeuble sont nécessairement qualifiés : privatifs ou communs.

La loi n'énumère pas quelles sont les parties de l'immeuble privatives ou communes. Elle procède par une définition générale, laissant aux intéressés lors de l'élaboration du règlement de copropriété le soin de préciser matériellement la distinction. Le critère décisif est l'usage auquel est affectée telle partie du bâtiment ou du terrain : usage exclusif d'un propriétaire déterminé ? Il s'agit d'une partie privative (art. 2). Usage ou utilité de tous les copropriétaires ou de plusieurs ? Il s'agit d'une partie commune (art. 3).

À défaut de convention contraire[123], ou en présence de titres contradictoires, sont réputées parties communes : le sol, les cours, les parcs et jardins, les voies d'accès, le gros œuvre des bâtiments[124], les éléments d'équipement communs (ex. : ascenseur, vide-ordures, chaudière, antennes de télévision, canalisation d'évacuation ou de chauffage), les coffres, gaines et têtes de cheminées, les locaux des services communs (loge de la concierge, local de poubelles, garage à vélos...), les passages et corridors (art. 3, al. 2). À ces parties réputées communes, s'attachent par accessoire certains droits : surélévation, affouillement du sol, mitoyenneté afférente aux parties communes[125] (art. 3, al. 3).

La liberté dont jouissent les parties pour déterminer ce qui est commun ou privatif conduit le juge à rechercher leur intention, lorsque la nature d'un élément déterminé (canalisation, volet, balustrade, couloir...) est obscure. En réalité, les tribunaux sont souvent guidés par des

123. Cass. civ. 1re, 25 mars 1966, *Bull. civ.* I, n° 195 : « *La présomption que les divers étages d'une maison qui ne sont pas affectés à l'usage exclusif de l'un d'eux sont des parties communes, cède devant les titres contraires* ».

124. Cass. civ. 3e, 28 févr. 2001, *Bull. civ.* III, n° 25 ; *JCP* G 2001.I.358, n° 6, obs. H. Périnet-Marquet : le mur de clôture est un élément de gros œuvre.

125. Cass. civ. 3e, 10 janv. 2001, *Bull. civ.* III, n° 4 ; *D.* 2002, somm. 1521, obs. Cl. Giverdon ; *JCP* G 2001.I.358, n° 7, obs. H. Périnet-Marquet : la modification d'un local ayant une incidence sur les Cos, constitue une modification des parties communes, et doit donc être autorisée par l'assemblée générale.

préoccupations réalistes : est commune la partie de l'immeuble qui ne peut être entretenue par un seul copropriétaire[126], ou dont il est souhaitable qu'elle soit administrée par la copropriété.

1° En pratique, bien que ce critère ne soit pas rigoureux[127], les **parties privatives** comprennent les éléments enfermés dans l'appartement, le local commercial, la cave ou le grenier, et le revêtement intérieur des murs communs, des plafonds et planchers, ainsi que les cloisons intérieures et les cloisons séparant deux appartements, qui sont réputées mitoyennes (art. 7). Les balcons sont le plus souvent parties communes – ils font corps avec le gros œuvre –, mais les volets et les balustrades sont des parties privatives.

2° Les **parties communes** comprennent l'ossature du bâtiment, les éléments qui en permettent la couverture et la clôture (toit, portes sur rue), escaliers, terrasses, auxquels s'ajoutent les équipements à usage collectif. Il suffit que deux copropriétaires aient la possibilité d'en user, pour que s'impose la qualification de partie commune.

705. 3° Parties communes à jouissance privative. – Certaines parties de l'immeuble peuvent être à la fois communes et privatives : ce sont les parties communes à jouissance privative. Une terrasse, une véranda, un emplacement de stationnement, une cour ou un jardin, qui constituent des parties communes, peuvent être ainsi affectés à l'usage exclusif d'un copropriétaire ou d'un tiers. Ce droit d'usage a la nature d'un droit réel innomé.

Son existence conduit à appliquer distributivement les règles relatives aux parties privatives et celles qui intéressent les parties communes. Les charges de l'entretien pèsent sur le titulaire du droit de jouissance, alors que celles qui concernent la réparation ou la réfection du gros œuvre ne lui incombent pas[128]. Puisqu'il s'agit d'une partie commune, la jouissance concédée au copropriétaire ne lui permet pas de modifier la consistance de l'immeuble en construisant un édifice[129], ou en affouillant le sol, par exemple, afin de creuser une piscine[130].

La jurisprudence exclut ici la qualification de servitude, au motif que chaque lot comporte une quote-part de parties communes, indivises entre les copropriétaires ; la notion de servitude serait incompatible avec celle de copropriété[131]. Ce droit de jouissance a une nature complexe, que la Cour de cassation a caractérisée. D'une part, il n'est pas un droit de propriété et ne constitue donc pas un lot privatif[132]. D'autre part, il est un droit réel, et, à la différence de l'usufruit et des droits réels de jouissance spéciale résultant de la jurisprudence *Maison de Poésie*[133],

126. Ex. : pour une terrasse commune affectée à la jouissance privative d'un copropriétaire, *infra*, n° 705.

127. Par exemple, à l'égard des canalisations communes, qui traversent les appartements (art. 3, al. 2).

128. Parking * Cass. civ. 3e, 2 déc. 2009, n° 08-20.310 ; *Bull. civ.* III, n° 266 ; *Defrénois* 2010. 313, n. Chr. Atias ; *JCP* G 2010. 336, n° 13, obs. H. Périnet-Marquet ; *JCP* N 2010. 1207, n° 13, mêmes obs. : « *si le seul droit de jouissance exclusif sur un ou plusieurs emplacements de stationnement ne conférait pas la qualité de copropriétaire, son titulaire bénéficiait néanmoins d'un droit réel et perpétuel [...] ; ayant relevé que, selon les stipulations du règlement de copropriété, les bénéficiaires du droit de jouissance exclusif sur les emplacements de stationnement n'étaient redevables que des frais d'entretien et de réparation de ces emplacements, la cour d'appel a retenu à bon droit, que la délibération n° 2 de l'assemblée générale du 4 juin 1998 mettant à la charge de ses bénéficiaires une quote-part des charges communes alors qu'ils n'avaient pas la qualité de copropriétaires devait être annulée* ».

129. Cass. civ. 3e, 18 mars 1980, *D.* 1981, IR 210, obs. Cl. Giverdon ; n.p.B : la jouissance privative de la terrasse du dernier étage ne permet pas de construire un étage supplémentaire et une piscine ; *Droit civil illustré*, n° 116 ; ; TGI Paris, 7 mai 1980, *ib.* : la construction d'une couverture en verre et en acier sur la terrasse relève de l'article 35 (la décision doit être prise à l'unanimité) : c'est une surélévation de partie commune. S. Lelièvre et St. Chaix-Bryan, « L'utilisation du droit de construire en copropriété », *Defrénois* 2007.217.

130. Cass. civ. 3e, 22 juill. 1987, *D.* 1987, IR 187 : copropriétaire condamné à démolir une piscine.

131. *Infra*, nos 718 et 1106.

132. Jurisprudence souvent réitérée, ex. : *Cass. civ. 3e, 2 déc. 2009, cité *supra*, note 128.

133. Supra, n° 359.

perpétuel : il peut donc être acquis par prescription[134], mais ne se perd pas par le non-usage[135]. Il peut être cédé à un copropriétaire d'un autre lot, mais avec l'accord du syndicat des copropriétaires[136].

706. Quote-part des parties communes. – Les parties communes sont indivises entre les copropriétaires ou certains d'entre eux (art. 4). Le lot comporte une quote-part idéale des parties communes, appelée millièmes ou tantièmes qui déterminent le nombre de voix dont dispose le copropriétaire aux différentes assemblées (art. 22, al. 2).

La loi n'impose pas le mode de calcul de cette quote-part. Elle suggère une règle qui s'applique « *dans le silence ou la contradiction des titres* » (art. 5) : les millièmes sont proportionnels à la valeur respective de chaque partie privative par rapport à la valeur de l'ensemble des parties privatives. Ces valeurs sont fonction de la consistance, de la superficie et de la situation des lots, quelle que soit leur utilisation : à l'appartement le plus ensoleillé, le plus calme, le plus spacieux, comportant le plus de dépendances (grenier, garage, chambres de service...) est attaché le plus grand nombre de millièmes. En pratique, la méthode légale est le plus souvent adoptée. Comme elle n'a pas pour objet de déterminer la quote-part des charges communes – elle est alors obligatoire[137] –, le contentieux est rare.

Cependant, la loi du 30 décembre 2001 (art. 76) paraît avoir rendu impératives les dispositions de l'article 5 et la répartition des charges qui en découle.

707. État descriptif de division. – La consistance du lot de copropriété fait l'objet d'un document, l'état descriptif de division, destiné à la publicité foncière et dépourvu de caractère contractuel[138] ; il doit être dressé par acte authentique (D. 14 oct. 1955, art. 71). Il décrit de manière précise l'immeuble, ainsi que ses différentes fractions, permettant d'identifier le lot par sa consistance, son emplacement (bâtiment, escalier, étage) et sa nature (habitation, commerce...).

Une fois publié, il s'impose aux tiers ; le copropriétaire peut faire sur son lot, ainsi décrit, tous les actes juridiques d'un propriétaire ordinaire. L'état descriptif contribue à donner au lot l'unité d'un bien.

La rédaction d'un état descriptif de division est indispensable au fonctionnement de la copropriété. Il doit être dressé avant la constitution de la copropriété, puisqu'il est nécessaire pour donner aux lots leurs contours exacts ; *sur la subdivision du lot*[139].

II. — Droits et charges du copropriétaire

Propriétaire exclusif de son lot, le copropriétaire a les prérogatives attachées au droit de propriété : *usus, fructus, abusus*. Cependant, la collectivité fait sentir sa présence : l'exercice des droits n'est pas sans limites (A). En outre, il implique la contribution aux charges communes (B).

134. Cass. civ. 3e, 24 oct. 2007, *Bull. civ.* III, n° 183, *JCP* G 2008.I.127, n° 15, obs. H. Périnet-Marquet : « *un droit de jouissance privatif sur des parties communes est un droit réel et perpétuel qui peut s'acquérir par usucapion* ».

135. Cass. civ. 3e, 4 mars 1992, *Bull. civ.* III, n° 73 ; *Defrénois* 1992. 1140, obs. H. Souleau : « *l'usage effectif de ce droit était sans incidence sur sa pérennité* ».

136. Cass. civ. 3e, 17 déc. 2013, n° 12-23.670 ; *Defrénois*, 2014.493, n. L. Tranchant ; *RTD civ.* 2014.402, obs. W. Dross.

137. *Infra*, n° 715.

138. Cass. civ. 3e, 8 juill. 1992, *Bull. civ.* III, n° 241 ; *D.* 1993.1, n. Cl. Giverdon et P. Capoulade ; *JCP* G 1993.II.22091, n. J.-M. Goëtghebeur ; *Defrénois* 1992, art. 1523, obs. J.-L. Aubert : « *L'état descriptif de division dressé seulement pour les besoins de la publicité foncière, n'ayant pas de caractère contractuel...* ». Comp. Cass. civ. 3e, 3 déc. 2008, n° 07-19.313, n.p.B. ; *Defrénois* 2009.1053, obs. Chr. Atias : lorsque la modification de l'état descriptif a pour conséquence le changement d'une partie privative, elle doit être décidée par le syndicat en assemblée générale.

139. *Infra*, n° 713 et note.

A. Droits

Très classiquement, ces droits comprennent l'usage, la jouissance (1) et la disposition (2).

1) Droit d'usage et de jouissance

708. Limitations. – Le droit d'usage et de jouissance du copropriétaire sur son lot n'est pas absolu. D'une part, la destination des parties privatives et communes, définie par le règlement de copropriété, s'impose (art. 8). D'autre part, l'usage et la jouissance de son lot doivent être conformes à la destination de l'immeuble et ne pas porter atteinte aux droits des autres copropriétaires (art. 9, al. 1).

709. Destination convenue par le règlement de copropriété. – En principe, la destination des parties privatives figure dans le règlement de copropriété, conformément à l'article 8. Le copropriétaire doit la respecter. Ainsi, la clause d'habitation bourgeoise, très fréquente, interdit-elle l'installation d'un commerce ; mais non, en général, l'exercice d'une profession libérale[140], à moins que celle-ci ne présente les mêmes inconvénients qu'un commerce[141]. Le règlement peut également procéder par une énumération des usages autorisés ou interdits, dont les tribunaux pourront déduire, par analogie, l'interdiction d'exercer d'autres professions non visées. Il peut aussi être muet : la liberté du copropriétaire n'est pas, pour autant, totale ; les tribunaux déterminent la destination des parties privatives à partir de leur utilisation passée, unanimement acceptée.

La destination convenue des parties privatives peut être modifiée. Lorsque l'usage que veut en faire un copropriétaire constitue une véritable modification par rapport à la destination convenue, ce qui suppose qu'il soit nettement différent[142], l'assemblée des copropriétaires doit être consultée ; elle ne peut s'opposer qu'aux changements portant atteinte à la destination de l'immeuble[143], lesquels impliquent l'unanimité[144].

140. Ex. : Profession notariale : Cass. civ. 1re, 14 oct. 1964, *Bull. civ.* I, n° 447 ; *JCP* G 1964.II.13958 : « *si la profession notariale ne peut être assimilée* stricto sensu *à une profession libérale, elle s'en rapproche cependant du point de vue considéré de l'occupation de l'immeuble ; la présence, dans un immeuble, d'une étude notariale, n'est pas incompatible, par elle-même, avec une occupation bourgeoise* ».

141. Ex. : SCP d'avocats ou de médecins : l'occupation des lieux par un médecin ou un avocat seuls est compatible avec l'habitation bourgeoise. Au contraire, s'il s'agit d'une société professionnelle groupant un grand nombre de praticiens, impliquant donc le passage d'une clientèle nombreuse, la solution est différente : Cass. civ. 3e, 21 févr. 1995, *D.* 1998, somm. 263, obs. P. Capoulade ; n.p.B. (établissement d'enseignement).

142. Le changement d'affectation des pièces de l'appartement n'est pas une modification de l'usage. En revanche, l'installation d'un restaurant à la place d'une boutique, lorsque le règlement prévoit une destination de « boutique » ou « commerce de détail » est un changement important ; de même, l'aménagement d'un garage en boutique.

143. Cass. civ. 3e, 10 déc. 1986, *Bull. civ.* III, n° 180 ; *D.* 1987.147, n. Cl. Giverdon ; *JCP* G 1987.II.20801, n. B. Boccara ; *Defrénois* 1988, art. 34202, n° 22, obs. H. Souleau ; *RTD civ.* 1987.126, obs. Cl. Giverdon et P. Salvage-Gerest : la copropriétaire qui se contente d'équiper et d'aménager des locaux dénommés « greniers » dans l'état descriptif de division pour permettre leur habitation n'a « *pas porté atteinte à la destination de l'immeuble, affecté à usage principal d'habitation* ».

144. V. cep. Cass. civ. 3e, 17 déc. 2014, n° 13-25.134 : le refus par l'assemblée générale ne peut être annulé que lorsqu'il est contraire aux intérêts collectifs des copropriétaires ou a été pris dans le seul but de favoriser les intérêts personnels des copropriétaires majoritaires au détriment des copropriétaires minoritaires ; en l'espèce, refus du changement de l'usage professionnel en un usage d'habitation.

710. Restrictions. – S'il se conforme à la destination convenue, le copropriétaire est maître de l'usage et de la jouissance de son lot. Cependant, certaines restrictions peuvent lui être imposées par le règlement de copropriété, dans l'intérêt collectif. Elles ne sont efficaces que dans la mesure où elles sont justifiées par la destination de l'immeuble (art. 8, al. 2).

La clause de non-concurrence, interdisant l'exercice d'un commerce similaire à celui qui est déjà exercé dans la copropriété, a soulevé des difficultés. Après avoir hésité, la jurisprudence la considère aujourd'hui comme étrangère à la destination de l'immeuble : la clause doit donc être réputée non écrite[145], sauf lorsque la copropriété constitue un centre commercial dont la variété des commerces est une nécessité[146].

La libre jouissance des parties privatives implique la possibilité de les aménager à la guise du copropriétaire et d'y effectuer des travaux. Seuls les travaux affectant les parties communes (murs, canalisation commune...) nécessitent une autorisation de l'assemblée (art. 25 b).

711. Intangibilité. – La destination des parties privatives ou les modalités de leur jouissance ne peuvent être, à l'inverse, modifiées sans le consentement du copropriétaire intéressé (art. 26, al. 2)[147]. Ainsi, la suppression d'un équipement collectif, la transformation d'un jardin en parking, la suppression de boîtes aux lettres individuelles... Mais la loi du 31 décembre 1985 a fait reculer le principe de l'unanimité au profit de la majorité qualifiée, pour des travaux de sécurité permettant de fermer l'accès à l'immeuble (art. 26-1, et 26-2) ou dans les zones urbaines sensibles pour les parties communes dégradées (L *SRU* 31 déc. 2000). En outre, le maintien de la destination de l'immeuble pourrait justifier des aménagements imposés aux récalcitrants.

712. Destination de l'immeuble et droits des copropriétaires. – D'une manière générale, outre l'application du droit commun des rapports de voisinage[148], chaque copropriétaire doit, dans la jouissance de son lot, ne porter atteinte ni aux droits des autres copropriétaires, ni à la destination de l'immeuble (art. 9, al. 1).

---

145. Ex. : Cass. civ. 3ᵉ, 27 mai 1971, *Bull. civ.* III, n° 383 ; *Gaz. Pal.* 1971.II.128 : ces clauses sont « *étrangères à la destination de l'immeuble* » et « *n'ont pour objet que de protéger les intérêts d'un de ces copropriétaires* ».

146. Cass. civ. 3ᵉ, 14 déc. 1976, *Bull. civ.* III, n° 460 ; *JCP* N 1977.II.175, n. E. J. Guillot : « *Si l'obligation de maintenir l'affectation des commerces constitue une restriction aux droits des copropriétaires d'user comme bon leur semble du local pour lequel ils ont souscrit des parts, elle se justifie par la destination de l'immeuble constituant un centre commercial composé de commerces variés, par ses caractères qui consistent à assurer les besoins essentiels des habitants et à maintenir une variété relativement stable de commerces divers correspondant à ces besoins et par sa situation dans un quartier excentrique, éloigné de tous autres commerces permettant le ravitaillement normal de la population* ».

147. Jurisprudence souvent réitérée ; ex. : Cass. civ. 3ᵉ, 19 oct. 2011, n° 10-20.634 ; *Bull. civ.* III, n° 172 : *JCP* G 2011.1298, n° 10, obs. H. Périnet-Marquet ; *Dr. et patr.* juill. 2012. 119 : « *le règlement de copropriété ne peut être modifié en ses stipulations relatives à la destination de l'immeuble que par une décision de l'assemblée générale des copropriétaires prises à l'unanimité* ».

148. Cass. civ. 3ᵉ, 20 févr. 1973, *Bull. civ.* III, n° 138 : « *Le règlement de copropriété ne pouvait exonérer M. de sa responsabilité pour trouble anormal de voisinage* ». Comp. Cass. civ. 3ᵉ, 2 mars 1976, *Bull. civ.* III, n° 101 ; *RTD civ.* 1977.132, obs. G. Durry : distinction entre les troubles anormaux de voisinage et l'inexécution du règlement de copropriété ou d'une délibération de l'assemblée, qui n'implique aucun trouble excessif.

Certains modes d'utilisation, non expressément interdits par le règlement, peuvent être prohibés en raison de la destination, c'est-à-dire du standing de l'immeuble[149]. Même si la destination de l'immeuble n'est pas en cause, le principe d'égalité entre les copropriétaires[150] et l'usage[151] peuvent heurter les droits des autres copropriétaires à la paisible jouissance de leur lot.

Ainsi, le droit d'usage et de jouissance du copropriétaire a pour mesure principale la destination de l'immeuble : celle-ci peut... justifier l'autorisation judiciaire de faire des travaux à ses frais, donnée à un copropriétaire malgré l'opposition de l'assemblée[152]... s'opposer à un changement dans l'utilisation convenue du lot et restreindre le droit de jouissance. Cependant, la loi ne définit nulle part ce qu'est la destination de l'immeuble, qui relève du pouvoir souverain des juges du fond[153]. Celui-ci se fonde sur un faisceau d'éléments : par exemple, l'ensemble des clauses contractuelles, la destination des parties privatives et les caractéristiques de l'immeuble (matériaux, situation, surface...) ; les transformations d'un quartier peuvent donner à la destination de l'immeuble un caractère évolutif. Mais les copropriétaires ne peuvent la modifier qu'à l'unanimité : la destination de l'immeuble est donc une limite absolue au pouvoir de la volonté individuelle ou collective.

2) Droit de disposition

713. Liberté et restrictions. – Le copropriétaire peut, en principe, faire sur son lot tous les actes de disposition, puisqu'il en est propriétaire (art. 9, al. 1), même en l'absence de règlement de copropriété[154] et le règlement de copropriété ne peut restreindre ce droit[155]. Ces actes doivent respecter la destination de l'immeuble[156].

149. Ex. : transformation d'une boutique en restaurant ; transformation d'une boulangerie artisanale en entreprise industrielle : Cass. civ. 1re, 12 oct. 1967, *Bull. civ.* I, n° 293.

150. Cass. civ. 3e, 11 mai 2006, *Bull. civ.* III, n° 120 ; *JCP* G 2006.I.178, n° 11, obs. H. Périnet-Marquet ; en l'espèce, le nombre des parkings étant insuffisant, l'assemblée générale les avait répartis en tenant compte de critères objectifs (ex. : nombre de millièmes) ; la Cour de cassation casse l'arrêt d'appel qui avait approuvé cette résolution : « *cette décision entraînait une rupture d'égalité entre les copropriétaires dans la jouissance des parties communes sans contrepartie pour les copropriétaires lésés* ».

151. Cass. civ. 3e, 18 mai 1982, *D.* 1982, IR 440 : annexion des parties communes par un copropriétaire.

152. Cass. civ. 3e, 20 juill. 1999, *JCP* G 2000.II.10343, n. Ph. Laurent ; n.p.B. : « *Les travaux pour lesquels l'autorisation était sollicitée n'entraînaient pas une modification de l'usage et de la jouissance des parties communes affectées par leur réalisation et étaient conformes à la destination de l'immeuble* ».

153. Ils ne peuvent se contenter d'une affirmation générale, non circonstanciée : Cass. civ. 3e, 14 déc. 1976, *Bull. civ.* III, n° 461 ; *JCP* G 1977.II.18713, n. E. J. Guillot : pour annuler une décision d'autorisation, la cour d'appel « *a déclaré qu'il était normalement contraire à la destination d'un immeuble qui forme une entité matérielle et juridique complète et indépendante de communiquer avec un immeuble voisin* » ; cassation : la cour d'appel aurait dû « *rechercher les divers éléments de fait permettant de constater que la résolution de l'assemblée générale portait atteinte à la destination de l'immeuble telle qu'elle est définie par la loi* ».

154. Cass. civ. 3e, 17 nov. 2010, n° 10-11.287, *Bull. civ.* III, n° 205 ; *Defrénois* 2011.471, obs. Chr. Atias : « *l'absence de rédaction et de publication d'un règlement de copropriété ne fait pas obstacle à la vente de lots de copropriété dès lors qu'ils sont individualisés et qu'il n'en résulte aucune confusion avec les lots de l'autre copropriétaire* ».

155. Cass. civ. 3e, 4 nov. 2004, *Bull. civ.* III, n° 190 ; 2006.1856, obs. Chr. Atias ; *JCP* G 2005.I.119, n° 2, obs. H. Périnet-Marquet ; en l'espèce, des lots de copropriété avaient été affectés à la conciergerie ; l'acquéreur obtint de la cour d'appel l'expulsion des concierges-locataires, en se fondant sur le réglement de copropriété ; cassation : « *cette stipulation du réglement de copropriété ne pouvait avoir pour effet d'instituer des restrictions aux droits des copropriétaires sur leur lot* ».

156. Ex. : Cass. civ. 3e, 8 déc. 1976, *Bull. civ.* III, n° 454 ; *D.* 1977, IR 154, obs. Cl. Giverdon : il s'agissait d'une copropriété constituée par plusieurs villas de grand luxe ; jugé que l'un des

L'aliénation d'un lot de copropriété doit être signifiée au syndic par lettre recommandée avec demande d'avis de réception. À défaut, elle ne lui est pas opposable ; le cédant est alors seul convoqué aux assemblées, où il vote valablement. En outre, en cas de cession à titre onéreux, le syndic peut exercer sur le prix une opposition lui permettant d'obtenir le paiement des charges arriérées (art. 20)[157]. La loi *Carrez* du 18 décembre 1996 oblige, dans toute vente ou promesse de vente d'un lot, d'indiquer la superficie privative aliénée (L. 1965, art. 46) et la surface habitable (L. *Alur*, 24 mars 2014) ; pourquoi avoir cantonné cette règle à la copropriété ? Il serait utile de lui conférer une portée plus générale et de l'étendre à toutes les ventes de logement et de terrain à bâtir et aux baux d'habitation (comp., art. 1619) ; l'acquéreur et le locataire doivent, eux aussi, en être informés, malgré l'accroissement de coût qui en résulte. Le lot peut également faire l'objet d'une hypothèque : à tous égards, il est un immeuble ; il peut aussi être subdivisé par le propriétaire du lot, sans être autorisé par la copropriété[158].

En revanche, les parties communes indivises entre tous les copropriétaires ne peuvent être l'objet d'un acte de disposition, juridique ou matériel[159], par l'un d'eux, pas plus que d'un partage (art. 6). L'acte d'aliénation ne porte donc que sur la quote-part idéale des parties communes comprises dans le lot. Encore que pour des raisons de commodité, l'hypothèque constituée sur le lot est censée ne pas grever la quote-part des parties communes (art. 2429 ; L. 1965, art. 6-1).

B. Charges et travaux

714. Distinctions. – Les charges de copropriété sont la contribution pécuniaire du copropriétaire à l'usage, à l'entretien et au remplacement des parties et équipements communs. La loi de 1965 (art. 10) invite à distinguer deux types de charges communes.

Celles qui sont entraînées par les services collectifs et les éléments d'équipement communs. Ce sont des dépenses qui ne sont pas liées à la structure de l'immeuble, mais à l'agrément que procure sa jouissance : chauffage collectif, ascenseur, salaire du concierge, distribution de l'eau chaude[160].

---

copropriétaires ne pouvait diviser sa villa (son lot) en plusieurs petits appartements, car il aurait porté atteinte à la destination luxueuse de la copropriété, en doublant le nombre de copropriétaires.

157. Cette opposition est soumise à un formalisme légal qui, s'il n'est pas respecté, fait perdre à la créance son caractère privilégié : Cass. civ. 3e, 23 nov. 2013, n° 12-27.385 ; *JCP* N 2014.1051, n. St. Piedelièvre.

158. Cass. civ. 3e, 5 juill. 1989, *Bull. civ.* III, n° 154 ; *RTD civ.* 1992.146, obs. Fr. Zénati : « *La division d'un lot relève de la liberté du copropriétaire intéressé sauf en ce qui concerne la modification des charges et le syndicat ne peut s'opposer à cette division que si elle porte atteinte à la destination de l'immeuble* ».

159. Un copropriétaire ne peut donc modifier une partie commune, même à l'intérieur de ses parties privatives (canalisation commune ; percement d'un gros mur séparant deux appartements dont il est propriétaire...), sans l'autorisation de l'assemblée.

160. Cass. civ. 3e, 10 mars 1993, *Bull. civ.* III, n° 31 ; *Defrénois* 1993, art. 35578, n° 60, obs. I. Defrénois-Souleau : les charges de fonctionnement entraînées par les services de restauration et de soins d'une résidence avec services pour personnes âgées constituent des charges de copropriété qui sont dues même si le copropriétaire n'a jamais habité l'immeuble. Mais elles ne les sont plus à partir du moment où le copropriétaire a cessé de faire partie de l'association : Cass. civ. 3e, 20 déc. 2006, *Bull. civ.* III, n° 255 ; *JCP* G 2007.I.117, n° 8, obs. H. Périnet-Marquet : « *hormis les cas où la loi en décide autrement, nul n'est tenu d'adhérer à une association régie par la loi du 1er juillet 1901 ou y ayant adhéré, d'en demeurer membre* » ; en l'espèce, le copropriétaire d'une résidence-services « *avait cessé* [...] *de payer ses cotisations* » à l'association ; il avait donc cessé d'en être membre et ne pouvait être tenu de continuer à payer ces cotisations. Cass. civ. 3e, 1er avr. 1987, *Bull. civ.* III, n° 72 : en l'espèce, le lot de l'un des copropriétaires (supermarché) comportait un service de garde et d'entretien entièrement autonome ; la concierge et les personnes de service chargées du nettoyage et de l'entretien des parties communes n'apportant aucun service à ce copropriétaire, le règlement de copropriété pouvait le dispenser de contribuer à leur paiement.

Les charges relatives à la conservation, à l'entretien et à l'administration des parties communes sont les charges de la propriété, indépendantes de l'utilisation effective des parties communes (réparation et entretien de l'escalier, nettoyage d'un couloir commun[161], ravalement de la façade, honoraires du syndic, primes d'assurance de l'immeuble[162], frais d'un procès...).

En cas de vente d'un immeuble en construction, « *l'acquéreur n'est tenu des charges de copropriété qu'à partir de l'achèvement des lots acquis* »[163]. Il peut être demandé des provisions sur charges.

La loi *Alur* préc. impose la création d'un **fonds de travaux**, cinq ans après la réception des travaux ; il est alimenté par une cotisation annuelle obligatoire payée par les copropriétaires (L. 2014, art. 57).

715. Répartition impérative. – La répartition de ces deux catégories de charges ne s'opère pas de la même manière.

1° Les charges relatives aux **services collectifs et aux éléments d'équipement communs** sont réparties en fonction de l'utilité que ces services et éléments représentent pour chaque lot, quel que soit l'usage qu'en fait effectivement le copropriétaire. Le copropriétaire du rez-de-chaussée ne supporte pas les charges d'ascenseur. La répartition des charges du chauffage collectif, source de nombreux litiges, est également fonction de l'utilité du chauffage, c'est-à-dire du volume chauffé.

2° Les charges de **conservation, d'entretien et d'administration** des parties communes, liées à la qualité de propriétaire indivis[164], sont impérativement réparties proportionnellement à la valeur respective des parties privatives comprises dans le lot de chaque copropriétaire. Ce mode de calcul est aussi celui qui permet de déterminer le nombre de millièmes des parties communes attaché à chaque lot[165].

La répartition des charges est une source intarissable de procès, chaque copropriétaire estimant que son obligation est plus lourde que celle du voisin. La loi de 1965, à la différence de celle de 1938 qui avait échoué sur ce point, a voulu apurer ce contentieux. Elle décide que le mode de répartition prévu à l'article 10 s'impose à tous, ce qui a trois conséquences. **1°** Une répartition des charges communes entre les différents copropriétaires est obligatoire. Le règlement de copropriété ne pourrait dispenser certains copropriétaires de la participation aux charges[166]. **2°** Les différentes charges ne peuvent être groupées que dans les deux catégories établies par l'article 10 de la loi de 1965. **3°** Le mode de répartition des charges prévu par l'article 10 s'impose aux copropriétaires ; ils ne peuvent en adopter un autre, même s'ils sont

161. Cass. civ. 3e, 1er avr. 1987, *Bull. civ.* III, nos 71 et 73 : frais de nettoyage des couloirs communs et relatifs à la sortie des ordures ménagères entreposées dans les locaux communs ; Cass. civ. 3e, 20 déc. 2000, *Bull. civ.* III, n° 118 : digicode et vide-ordures.

162. Cass. civ. 3e, 1er avr. 1987, *Bull. civ.* III, n° 74 : honoraires du syndic, frais de gestion, primes d'assurances, travaux relatifs à l'égout qui dessert l'immeuble.

163. Cass. civ. 3e, 22 janv. 2014 ; *JCP* N 2014.1187, n° 9, obs. H. Périnet-Marquet ; *JCP* G 2014.467, n° 9, mêmes obs.

164. Même si le copropriétaire n'occupe ni ne loue son lot : Cass. civ. 3e, 14 janv. 1987, *RDI* 1987.276 ; n.p.B. : « *Les copropriétaires doivent participer aux charges générales même s'ils n'ont aucune utilisation des parties communes auxquelles elles sont afférentes* ».

165. *Supra*, n° 706.

166. Cass. civ. 3e, 10 oct. 1972, *Bull. civ.* III, n° 507 : « *Les dispositions d'un règlement de copropriété ayant pour effet de dispenser le propriétaire d'un lot de toute participation aux charges communes doivent être réputées non écrites* » ; Cass. civ. 3e, 24 mars 1981, *Bull. civ.* III, n° 69 (nullité de la clause prévoyant que seuls les lots vendus supporteront les charges).

d'accord[167]. **4°** Les coindivisaires d'un lot peuvent stipuler une solidarité pour le payement des charges[168].

716. Intervention judiciaire. – En principe, la répartition initiale des charges résulte du règlement de copropriété, qui implique l'unanimité, comme le serait une modification ultérieure (art. 11).

Lorsqu'elle est rendue nécessaire par des travaux décidés par l'assemblée générale, ou par une acquisition ou une aliénation de parties communes, ou par la subdivision d'un lot, la modification, qui n'est que la conséquence d'un autre acte, peut être votée à la majorité apte à décider de cet acte. À défaut, tout copropriétaire pourrait faire fixer judiciairement la nouvelle répartition (art. 11, al. 3)[169].

En dépit de l'unanimité des associés, les tribunaux ont le pouvoir de modifier la répartition des charges, ce que justifie le caractère impératif de la répartition. Ils exercent ce pouvoir de deux manières : une action en révision ou une action en nullité.

1° La loi de 1965 (art. 12) donne à chaque copropriétaire une **action en révision** de la répartition convenue, si la part correspondant à son lot est supérieure de plus d'un quart, ou celle des autres copropriétaires inférieur de plus d'un quart à celle qui résulterait de l'application de l'article 10. Cette action doit être exercée dans les cinq ans de la publication du règlement de copropriété au fichier immobilier, ou dans les deux ans de la première mutation à titre onéreux du lot. L'action ne peut être exercée qu'une seule fois : elle permet de rectifier un règlement de copropriété gravement illicite.

2° D'une manière plus générale, se fondant sur l'article 43 de la loi, qui répute non écrites toutes clauses contraires, la Cour de cassation ouvre à tout copropriétaire une **action en nullité** des clauses contraires à l'article 10, action aujourd'hui distincte de l'action en révision : elle n'est soumise ni aux conditions de l'article 12[170], ni à la prescription extinctive de dix ans imposée par l'article 42, al. 1[171].

La loi du 31 décembre 1985 a consacré cette jurisprudence et précisé que le juge qui annule une clause relative à la répartition des charges doit procéder à une nouvelle répartition (art. 43, al. 2).

167. Cass. civ. 3e, 6 nov. 2002, sol. impl., *Bull. civ.* III, n° 215 ; *JCP* G 2003.I.117, n° 13, obs. H. Périnet-Marquet.

168. Cass. civ. 3e, 1er déc. 2004, *Bull. civ.* IV, n° 221 ; *D.* 2005-IR.169 ; *JCP* G 2009 I 119, n° 9, obs. H. Périnet-Marquet ; *JCP* N 2005.1206, n. Djigo.

169. Lorsqu'un copropriétaire modifie l'usage de son lot, ce qu'il peut faire dans le respect de la destination de l'immeuble et des droits des autres copropriétaires (*supra*, nos 708 et 711 à 712), une nouvelle répartition des charges liées à la jouissance des services et équipements collectifs peut être décidée à la majorité des voix des copropriétaires (art. 25 e) ; ex. : un appartement devient affecté à l'exercice d'une profession libérale ; les clients emprunteront l'ascenseur plus souvent que les membres de la famille ; une modification de la répartition des charges d'ascenseur s'impose, même si le nouvel usage est prévu par le règlement de copropriété : Cass. civ. 3e, 1er octobre 2014, n° 13-21.745, *Bull. civ.* III n° 124.

170. Cass. civ. 3e, 24 mars 1981, *Bull. civ.* III, n° 69 : le syndic agit en nullité d'une clause dispensant certains lots des charges : « *L'action engagée par le syndic n'était pas une action en révision des charges soumise aux conditions d'exercice de l'article 12* ».

171. Jurisprudence souvent réitérée : ex. : Cass. civ. 3e, 7 mai 2008, n° 07-13.409, *Bull. civ.* III, n° 76 ; *D.* 2008.1413, obs. Rouquet, 2696, obs. P. Capoulade ; *Defrénois* 2008.1703, obs. Chr. Atias ; *JCP* G 2009.I.194, n° 14, obs. H. Périnet-Marquet : « *la prescription de l'art. 42 n'est pas applicable à l'action tendant à faire déclarer une clause non écrite en application de l'art. 43.* ». Même si cette clause résulte d'un vote de l'assemblée des copropriétaires, *infra*, n° 723.

717. Recouvrement des charges. – Afin de lutter contre les mauvais payeurs, dont la carence est supportée par les autres copropriétaires, la loi de 1965 a mis à la disposition du syndic, outre l'opposition qui peut être exercée sur le prix de vente du lot[172], quatre moyens énergiques.

1° Le syndicat dispose d'une **hypothèque légale** que le syndic peut faire inscrire sur le lot du récalcitrant, après mise en demeure restée infructueuse ; cette hypothèque garantit toutes les créances, notamment les charges exigibles depuis moins de cinq ans (art. 19, al. 1 à 4).

2° Ces créances bénéficient du **privilège du bailleur d'immeuble** ; les meubles garnissant les parties privatives, à condition qu'ils n'appartiennent pas à un locataire, sont affectés à leur paiement prioritaire (art. 19, al. 5). Si le lot est loué, le privilège s'applique aux loyers dus au copropriétaire débiteur (art. 19, al. 6).

3° Une loi du 21 juillet 1994 a créé, au profit du syndicat des copropriétaires, un **privilège** particulièrement énergique pour garantir le recouvrement des charges et des sommes dues en raison des travaux effectués par la copropriété. Ce privilège dispensé d'inscription s'est vu accorder un rang exceptionnel, puisqu'il prime celui du vendeur ou du prêteur de deniers pour l'année en cours et les deux dernières années échues, et vient en concours avec eux pour deux années supplémentaires. Il s'agit d'un privilège spécial qui ne grève que le lot pour lequel ces charges sont dues. Il s'exerce au moment de la vente au moyen de l'opposition prévue à l'article 20[173].

4° La loi *SRU* du 13 décembre 2000 a conféré au président du TGI le pouvoir de condamner en la forme des **référés** le copropriétaire qui ne paie pas les provisions prévues dans le budget prévisionnel (L. 1965, art. 19-2 nouv.).

5° Enfin, la Cour de cassation a admis la validité d'une **clause de solidarité** entre indivisaires stipulée dans le règlement de copropriété[174].

III. — Nature juridique

718. Une controverse dépassée ? – La nature juridique du droit de copropriété a suscité une controverse, qui avait semblé apaisée, mais reste vivante[175] ; elle a eu une renaissance d'abord avec l'usucapion abrégée, puis avec la question des servitudes.

Le droit progresse du connu à l'inconnu. On a d'abord voulu voir dans la copropriété, soit une indivision particulière, soit au contraire une propriété individuelle originale. Ces théories sont oubliées : le droit au partage est de l'essence de l'indivision ; or, il n'existe pas dans la copropriété des immeubles bâtis. À l'inverse, le copropriétaire ne peut être considéré comme propriétaire d'un étage, ou d'une partie de l'étage, alors que celui-ci n'existe et n'est desservi que par des éléments communs. Une conception dualiste a longtemps paru s'imposer : le droit du copropriétaire serait composé d'un droit de propriété ordinaire sur les parties privatives et d'un droit indivis sur les parties communes. C'est, au moins en apparence, celle de la loi du 10 juillet 1965 : « *Les parties privatives sont la propriété exclusive de chaque copropriétaire* » (L., art. 2, al. 2) ; « *Les parties communes sont l'objet d'une propriété indivise entre l'ensemble des copropriétaires ou certains d'entre eux seulement* » (art. 4).

Cependant, il n'y a peut-être là qu'inadvertance de rédaction[176]. Les droits du copropriétaire sur la partie privative de son lot constituent plutôt des droits sur un volume, un cube d'air délimité par les murs, planchers et plafonds – les parties communes – ; surtout ils sont inséparables

172. *Supra*, n° 713.

173. *Ib.*

174. Cass. civ. 3ᵉ, 1ᵉʳ déc. 2004, *Bull. civ.* III, n° 221 ; *JCP* G 2005.I.119, n° 9, obs. H. Périnet-Marquet : « *la clause de solidarité stipulée dans un réglement de copropriété n'est pas prohibée entre indivisaires conventionnels d'un lot, tenus de désigner un mandataire commun* ».

175. Fl. Bayard-Jammes, cité *supra,* note 103 ; selon cette auteur, la dualité de la copropriété immobilière résulterait de ses deux fonctions : forme d'appropriation et structure de gestion.

176. Fr. Terré et Ph. Simler, n° 658.

de la jouissance des parties communes ; les droits indivis sur celles-ci ne peuvent jamais être détachés de la partie privative du lot ; la jouissance de celle-ci doit tenir compte des intérêts de la collectivité, notamment de la destination de l'immeuble. En outre, l'immeuble en copropriété constitue une unité, qu'il est impossible de diviser effectivement, ce qui impliquerait la présence de deux droits dont l'assiette serait différente.

L'analyse aujourd'hui généralement admise est unitaire. Le « lot de copropriété », terme que la loi de 1965 utilise souvent, est un bien unique, immeuble par nature sur lequel s'exerce un droit de propriété[177]. Sans doute ne s'exerce-t-il pas de la même manière qu'un droit de propriété individuel sur l'immeuble. Mais ces particularités sont liées à l'originalité de l'assiette du droit : les prérogatives d'un propriétaire sur l'immeuble sont exercées par une collectivité, bénéficiant d'un démembrement. Sur l'immeuble, le copropriétaire n'a aucun droit individuel ; sur son lot, il a un droit de propriété exclusive.

La Cour de cassation en a déduit que les copropriétaires pouvaient acquérir par l'usucapion abrégée les parties communes[178] si la possession n'en était pas équivoque mais exclusive[179] et que le syndicat des copropriétaires pouvait ainsi usucaper un lot de copropriété, par exemple lorsque des parties privatives étaient affectées au service du syndicat[180] : la copropriété peut donc être acquise de la même manière que la propriété ordinaire. Elle a aussi décidé, après avoir jugé le contraire, qu'il était possible de constituer une servitude entre les parties privatives d'un lot de copropriété[181].

§ 2. L'ORGANISATION COLLECTIVE

L'existence de parties communes à tous les copropriétaires et l'absence de tout droit individuel sur l'immeuble conduisent à organiser les intérêts collectifs des copropriétaires. Cette organisation repose sur un contrat collectif : le règlement de copropriété (I) et implique l'existence d'organes (II).

177. Cass. civ. 3e, 15 nov. 1989, *Bull. civ.* III, n° 213 ; *D.* 1990.216, n. P. Capoulade et Cl. Giverdon : « *Le "lot privatif" du débiteur constituait un immeuble par nature pouvant faire l'objet d'une saisie immobilière* ».

178. **Biblio. :** St. Olivier, « Prescription acquisitive de parties communes de la copropriété. Réponses pratiques et formules », *Defrénois*, 2013, p. 298 et s. ; **jurisprudence :** Cass. civ. 3e, 30 avr. 2002, *Bull. civ.* III, n° 91 ; *D.* 2003.2047, obs. Bl. Mallet-Bricout ; *JCP* G 2003.I.172, n° 7, obs. H. Périnet-Marquet ; *Defrénois* 2003.1348, obs. Chr. Atias ; *AJDI*, 2003.768, obs. Cl. Giverdon ; *RTD civ.* 2003.523, obs. Th. Revet ; en l'espèce, la cour d'appel avait considéré que « *les copropriétaires n'ont pas chacun la propriété du sol de leur lot à titre privatif, de sorte que leur titre de propriété n'est pas un acte qui leur transfère la propriété du sol et ils ne peuvent l'avoir prescrit sur le fondement de l'article 2265* » ; cassation : « *les actes de vente de biens immobiliers, constitués par des lots de copropriété qui sont nécessairement composés de parties communes, peuvent être le juste titre qui permet à l'ensemble des copropriétaires de prescrire, selon les modalités de l'art. 2265, sur les parties communes de la copropriété les droits indivis de propriété qu'ils ont acquis accessoirement aux droits exclusifs qu'ils détiennent sur les parties privatives de leurs lots* ».

179. Cass. civ. 3e, 10 déc. 2015, n° 14-13.832, *Bull. civ.* III, à paraître ; *Defrénois* 2016.1105, obs. L. Tranchant : le copropriétaire avait la possession (d'une véranda) que permettait le règlement de copropriété ; sa possession ne contredisait pas la copropriété et ne permettait donc pas une usucapion.

180. Cass. civ. 3e, 8 oct. 2015, n° 14-16.071, Bull. civ. III ; à paraître ; CPG 2016.446, n° 12, obs. H. Périnet-Marquet ; *Defrénois* 2016.119, n. St. Benilsi : « *aucune disposition ne s'oppose à ce qu'un syndicat de copropriétaires acquière par prescription la propriété d'un lot.* » Il s'agissait d'un garage de vélos utilisé par l'ensemble des copropriétaires : jugé que le syndicat pouvait l'usucaper.

181. Jurisprudence souvent réitérée : Ex. : Cass. civ. 3e, 30 juin 2004, *Bull. civ.* III, n° 140 ; *D.* 2005.1134, n. crit. Cl. Giverdon et P. Capoulade ; *JCP* N 2004.I.171, n° 15, obs. H. Périnet-Marquet ; *RTD civ.* 2004.753, obs. Th. Revet : « *la division d'un immeuble en lots de copropriété n'est pas incompatible avec l'établissement de servitudes entre les parties privatives de deux lots, ces héritages appartenant à des propriétaires distincts* » ; en l'espèce, dans un immeuble en copropriété, le propriétaire d'un lot à usage de garage avait obtenu de la cour d'appel, appuyée par la Cour de cassation, que le propriétaire du lot voisin, avec la même affectation, lui libérât l'accès à son lot.

I. — Règlement de copropriété

719. Acte juridique collectif. – Depuis la loi du 10 juillet 1965, l'établissement d'un règlement de copropriété est obligatoire (art. 8). Il est élaboré de manière unilatérale, par le promoteur ou par le propriétaire qui divise son immeuble ; chaque copropriétaire y adhère en achetant son lot. Le règlement tire sa force obligatoire initiale de la convention des parties (art. 1103 nouv., 1134 anc.).

Lorsque dans un immeuble ancien, les copropriétaires auxquels s'applique la loi nouvelle ne parviennent pas à se mettre d'accord à la majorité prévue par l'article 26 b de la loi de 1965, le tribunal a le pouvoir d'imposer un règlement (D. 17 mars 1967, art. 3)[182].

Une fois accepté par tous les copropriétaires, le règlement devient la charte du groupement et le demeure, quels que soient les changements de copropriétaires. Cet acte collectif présente ainsi un caractère quasi réglementaire, dont la force obligatoire lie les parties[183] et ne peut être modifiée par la clause d'un acte d'acquisition d'un lot[184] et s'étend au-delà des contractants[185], notamment à leurs locataires ou à leurs ayants cause à titre particulier (acquéreur, créanciers hypothécaires...). Encore faut-il qu'ils en aient connaissance ; le règlement de copropriété, comme l'état descriptif de division, qui peut être matériellement distinct, doit être publié à la conservation des hypothèques (art. 13) ; à défaut, ils doivent avoir été insérés dans l'acte de vente : la simple référence dans l'acte que l'acquéreur en a eu connaissance et y adhère ne suffirait pas[186].

La modification du règlement de copropriété est un acte grave. Elle n'est possible, à la majorité des copropriétaires représentant au moins deux tiers des voix, que s'il s'agit de modifier la jouissance, l'usage et l'administration des parties communes (art. 26 b). Toute autre modification (destination de l'immeuble, usage des parties privatives...) doit être prise à l'unanimité, ou avec l'accord du copropriétaire intéressé (art. 26, al. 2).

182. Ex. : Cass. civ. 3e, 15 nov. 1989, *Bull. civ.* III, n° 214 ; *D.* 1990.195, n. P. Capoulade et Cl. Giverdon : « *À défaut d'accord entre les parties, le règlement de copropriété peut résulter d'un acte judiciaire constatant la division de l'immeuble dans les conditions fixées par la loi du 10 juillet 1965.* »

183. Ex. : Cass. civ. 3e, 8 juin 2006, *Les cabanes de la fête juive, Bull. civ.* III, n° 140 ; *D.* 2006.2887, n. crit. Chr. Atias ; *JCP* G 2007.I.178, n° 4, obs. H. Périnet-Marquet : « *la liberté religieuse, pour fondamentale qu'elle soit, ne pouvait avoir pour effet de rendre licites les violations des dispositions d'un règlement de copropriété* » ; en l'espèce, des copropriétaires juifs ; pour célébrer la fête juive des cabanes, avaient édifié en végétaux une cabane sur leur balcon pour une semaine. La cour d'Aix, approuvée par la Cour de cassation, en a ordonné le retrait par application du règlement de copropriété.

184. Aix-en-Provence, 13 avr. 2007, *Defrénois* 2007.1686.

185. Ex. : Cass. civ. 3e, 21 juin 2006, *Bull. civ.* III, n° 159 ; *JCP* G 2006.I.178, n° 9, obs. H. Périnet-Marquet ; *Defrénois* 2007.381, obs. Chr. Atias ; en l'espèce, le règlement de copropriété d'un immeuble en construction conférait à un des copropriétaires un droit de jouissance sur un jardin, partie commune ; la construction fut achevée sans jardin ; le copropriétaire fut dédommagé, mais ne fût pas pour autant modifié le règlement de copropriété ; l'acquéreur du lot, après revente, réclama le droit au jardin prévu par le règlement, que lui refusa la cour d'appel : « *le vendeur ne peut céder plus de droits qu'il n'en a* » ; cassation : « *le règlement de copropriété* [...] *mentionnait la jouissance privative d'un jardin* ».

186. Cass. civ. 3e, 2 juill. 2003, *D.* 2003.3003, obs. J.-R. Bouyeure ; n.p.B. ; cf. aussi C. urb., art. L. 111-05, L. *SRU* 13 décembre 2000) : « *la seule reproduction ou mention d'un document d'urbanisme ou d'un règlement de lotissement dans un cahier des charges, un acte ou une promesse de vente, ne confère pas à ce document ou règlement un caractère contractuel* » ; comp. *D.* 17 mars 1967, art. 3, al. 3 ; cf. aussi Cass. civ. 3e, 3 mars 2004, *Bull. civ.* III, n° 47 ; *Defrénois* 2004.1167, obs. Chr. Atias : si le locataire n'en a pas été informé, il ne peut « *se voir reprocher un quelconque manquement au règlement de copropriété* ».

720. Acte complexe. – Le règlement de copropriété comporte obligatoirement trois types de dispositions (art. 8) relatives à la destination des parties communes et privatives, l'administration des parties communes et la répartition des charges communes.

1° D'abord, la **destination des parties privatives et communes**, ainsi que les conditions de leur jouissance (clauses relatives à l'exercice d'une profession, à l'opposition de plaques, à l'utilisation des terrasses et balcons...). À cet égard, le règlement s'apparente à l'acte constitutif de servitudes ou d'obligations réelles.

2° Ensuite, les règles relatives à l'**administration des parties communes** : fonctionnement des organes, pouvoirs du syndic... À cet égard, il s'apparente aux statuts d'une société, même si l'essentiel est dans la loi, qui est impérative[187].

3° Enfin, la **répartition des charges communes** (art. 10, al. 3). Sur ce point encore, la liberté contractuelle est réduite[188], mais la convention peut imposer la solidarité aux copropriétaires[189] et même entre usufruitiers et nu-propriétaires[190]. Le règlement s'apparente à un contrat, convention créatrice d'une obligation envers le syndicat.

D'une manière générale, la liberté des parties est bridée par la destination de l'immeuble[191] : aucune clause restreignant les droits des copropriétaires ne peut être convenue, en dehors de celles qui seraient justifiées par la destination de l'immeuble, telle qu'elle est définie aux actes (art. 8, al. 2).

II. — Organes de la copropriété

Les deux organes essentiels sont le syndicat des copropriétaires (A) et le syndic (B) ; s'y ajoutent le juge et les autorités publiques, qui exercent ici une fonction régulatrice (C).

A. Syndicat des copropriétaires

Le rôle du syndicat (1) est exercé par l'assemblée générale des copropriétaires (2).

1) Rôle

721. Une personnalité morale fonctionnelle. – Le syndicat des copropriétaires est un groupement forcé, constitué par la collectivité des copropriétaires (art. 14) ; il est soumis, de plus en plus, à la loi de la majorité, mais doit aussi respecter les droits individuels des copropriétaires. Dès la naissance de la copropriété, c'est-à-

187. C'est ainsi que le règlement de copropriété ne peut permettre à un copropriétaire d'effectuer des travaux, l'autorisation relevant des seuls pouvoirs de l'assemblée générale (Cass. civ. 3e, 12 mars 1997, *Bull. civ.* III, n° 58) ; jugé, pour la même raison, qu'est nulle la clause autorisant « *tout commerce* » : Paris, 8 janv. 2004, *Defrénois* 2004.1166, obs. crit. Chr. Atias.

188. *Supra*, n° 715.

189. Jurisprudence plusieurs fois réitérée ; ex. : Cass. civ. 3e, 23 mai 2007, n° 06-13.459 ; *Bull. civ.* III, n° 82 ; *JCP* G 2007.I.197, obs. H. Périnet-Marquet ; *D.* 2007.1661 : « *si la solidarité ne s'attache de plein droit ni à la qualité d'indivisaire, ni à la circonstance que l'un deux ait agi comme mandataire des autres, la clause de solidarité stipulée dans un règlement de propriété n'est pas prohibée entre indivisaires d'un lot, quelle que soit l'origine de l'indivision.* »

190. Cass. civ. 3e, 14 avr. 2016, n° 15-12.545, *Bull. civ.* III, à paraître ; D. 2016.897 ; RTD civ. 2016.661, obs. W. Dross.

191. *Supra*, n° 712.

dire dès l'aliénation du premier lot, il est constitué, puis grossit de tous les copropriétaires suivants ; aucun acte de volonté spéciale n'est requis.

La loi a doté le syndicat de la personnalité morale. Celle-ci n'est pas mise au service d'un but commun : elle est une technique de représentation et de défense de l'intérêt collectif des copropriétaires. Or, cet intérêt collectif se distingue mal de l'intérêt individuel de chacun des propriétaires d'un lot. L'existence et la conservation des parties communes conditionnent leur droit sur les parties privatives. La personnalité morale du syndicat est donc un procédé de simplification : toutes les fois que l'intérêt de plusieurs copropriétaires est en cause, le syndicat a vocation à le défendre, sans, pour autant, priver chacun des membres de sa propre action.

Le syndicat est sujet de droits et d'obligations : il est créancier du paiement des charges communes et débiteur envers les tiers du paiement des prestations effectuées sur les parties communes. Il tend même à être le « *propriétaire actuel* » des biens en copropriété[192]. Il engage sa responsabilité délictuelle envers les victimes de dommages causés par l'immeuble (même par les vices cachés antérieurs à la mise en copropriété[193]) ou par ses organes. Encore convient-il de préciser que la personnalité morale est ici transparente : le syndicat n'est au fond qu'un relais ; les créanciers peuvent aussi poursuivre directement les copropriétaires.

Exceptionnellement, il peut disposer d'un véritable patrimoine, s'il acquiert des parties privatives, lesquelles conservent ce caractère (art. 16, al. 2) et peuvent ensuite être aliénées, dans les mêmes conditions que des parties privatives. Une telle acquisition doit être justifiée par l'intérêt collectif : installation d'un bureau d'accueil, ou éviter l'intrusion d'un indésirable. Le syndicat n'a pas vocation à s'enrichir.

Les attributions du syndicat tiennent en trois propositions : aucune en ce qui concerne la destination ou la jouissance des parties privatives (art. 26, al. 2) ; compétence étendue en ce qui concerne la conservation de l'immeuble et l'administration des parties communes (art. 14, al. 4)[194] ; responsabilité envers les copropriétaires ou les tiers des dommages causés par les parties communes. Afin de décentraliser la gestion des copropriétés comportant plusieurs bâtiments, la loi (art. 27) permet aux copropriétaires de créer un syndicat secondaire, également doté de la personnalité morale, chargé « *d'assurer la gestion, l'entretien et l'amélioration interne de ce ou ces bâtiments* ». Le syndicat principal, représenté par les syndicats secondaires, conserve le droit d'agir dans l'intérêt de l'ensemble des copropriétaires.

722. Actions en justice. – La distinction entre les parties communes et les parties privatives explique que deux types d'actions en justice peuvent être exercés : une action collective par le syndicat, des actions individuelles par chaque copropriétaire. L'interférence entre les parties communes et privatives explique l'interférence entre ces deux actions : l'action exercée par le syndicat et celle que peut intenter chaque propriétaire.

1° Les attributions du **syndicat des copropriétaires** le conduisent à exercer des actions en justice dans trois domaines. Ce régime complexe suscite un gros contentieux.

a) La sauvegarde des droits afférents à l'immeuble (art. 15, al. 1), laquelle s'entend de la sauvegarde juridique (protection possessoire, revendication et même,

192. Cass. civ. 3e, 11 mai 2000, *D.* 2001, somm. 3581, obs. crit. Chr. Atias ; n.p.B.

193. Cass. civ. 3e, 17 déc. 2015, n° 14-16.372, *Bull. civ.* III, à paraître, *JCP* G 2016.440, n° 10, obs H. Périnet-Marquet.

194. Contrairement à ce qu'avait jugé la Cour de cassation (Cass. civ. 3e, 10 mai 1993, *Bull. civ.* III, n° 31), la loi du 13 juill. 2006 a décidé qu'était incompatible le statut de la copropriété avec l'octroi de soin, d'aide et d'accompagnement (les « résidences de services »). L. 10 juill. 1905, art. 41.

protection de la vie privée des copropriétaires[195]...), ou matérielle : réparation des vices affectant la construction, exercice de la garantie des entrepreneurs... : il a le monopole de cette « action collective »[196].

Lorsque le syndicat défend les intérêts de l'immeuble, le fondement de cette action est ambigu. Longtemps, il paraissait exclu de la justifier en voyant dans le syndicat un propriétaire et on estimait qu'il représentait les intérêts collectifs des copropriétaires. Mais la Cour de cassation, aujourd'hui, le qualifie, un peu curieusement, de propriétaire[197], d'autant plus qu'il a le pouvoir d'aliéner certaines parties communes[198].

b) Le syndicat peut imposer le respect du règlement de copropriété et des conditions de jouissance convenues. Par exemple, il peut s'opposer à une utilisation des parties privatives contraire à la destination de l'immeuble, ou de nature à causer un dommage aux autres copropriétaires[199]. Si le trouble est occasionné par un tiers (trouble de voisinage), le syndicat est également compétent, pourvu que le dommage soit collectif.

Il n'a pas à cet égard une compétence exclusive ; les copropriétaires victimes peuvent se joindre à cette action, ou même exercer une action individuelle pour assurer le respect du règlement de copropriété « *à charge d'en informer le syndic* » (art. 15, al. 2), sans avoir à démontrer un préjudice différent de celui qu'a éprouvé la collectivité[200].

c) Il doit aussi assurer l'administration des parties communes : à ce titre, il peut poursuivre le paiement des charges communes et exiger l'exécution des contrats conclus avec les entrepreneurs et les fournisseurs. Au total, ses attributions et par conséquent son droit d'agir en justice, sont étendus[201].

---

195. Cass. civ. 3e, 11 mai 2011, n° 10-16.967, *Bull. civ.* III, n° 72 ; *Dr. et patr.* déc. 2011. 104, n. J.B. Seube ; en l'espèce, un copropriétaire avait sur sa partie privative installé une vidéosurveillance dirigée vers un chemin, partie commune de la copropriété, jugé qu'il y avait trouble manifestement illicite.

196. Ex. : Cass. civ. 3e, 11 janv. 2012, n° 10-24.413 ; *Bull. civ.* III, n° 7 ; *D.* 2012. 219, obs. Y. Rouquet ; *RTD civ.* 2012. 135, obs. Th. Revet ; en l'espèce, dans un immeuble soumis au statut de la copropriété, un des deux copropriétaires avait agi contre l'autre en payement de travaux intéressant une partie commune, se fondant sur l'absence de syndicat de copropriétaires, la cour d'appel avait jugé recevable cette action ; cassation : « *les copropriétaires sont obligatoirement et de plein droit groupés en un syndicat dès lors que la propriété est répartie entre plusieurs personnes en lots comprenant chacun des parties privatives et une quote-part de parties communes* ».

197. Cass. civ. 3e, 11 mai 2000, cité *supra*, note 192.

198. *Infra*, n° 724.

199. Ex. : transformation d'un commerce paisible en un restaurant ou une entreprise de spectacles ; exploitation bruyante ou malodorante...

200. Cass. civ. 3e, 22 mars 2000, *Bull. civ.* III, n° 64 ; *D.* 2001, somm. 345, obs. J.-R. Bouyeure et Chr. Atias ; *Defrénois* 2000, art. 37196, n° 51, obs. Chr. Atias : « *Le règlement de copropriété ayant la nature d'un contrat, chaque copropriétaire avait le droit d'en exiger le respect par les autres et l'action individuelle des consorts Caillis était recevable sans qu'ils soient astreints à démontrer qu'ils subissaient un préjudice personnel et spécial distinct de celui dont souffrait la collectivité des membres du syndicat, leur intérêt à agir trouvant sa source dans le respect du règlement de copropriété* ». Cass. civ. 3e, 26 nov. 2003, *Bull. civ.* III, n° 210 ; *JCP* G 2004.I.125, n° 9, obs. H. Périnet-Marquet ; en l'espèce, un copropriétaire s'était approprié un vide sanitaire ; jugé qu'un autre copropriétaire pouvait faire ordonner la remise en état.

201. Le syndicat peut demander la résiliation du bail irrégulièrement consenti par un copropriétaire, par la voie oblique : Cass. civ. 3e, 14 nov. 1985, *Bull. civ.* III, n° 143 ; en l'espèce, le locataire avait transformé un local à usage d'habitation en cuisine de restaurant sans autorisation du bailleur, nuisant ainsi à la tranquillité des copropriétaires : « *Après avoir relevé que la société* [locataire] *avait contrevenu aux obligations découlant de son bail et que ses agissements, qui causaient un préjudice aux autres copropriétaires, étaient en outre contraires au règlement de copropriété, l'arrêt qui retient que ce règlement déclare chaque copropriétaire responsable des agissements répréhensibles de ses*

2° La défense en justice de la propriété et de la jouissance d'un lot privatif relève de la compétence du **copropriétaire intéressé** et cette compétence est exclusive sauf pour la réparation des dommages ayant leur origine dans des parties communes[202]. Le copropriétaire peut également agir, à titre individuel, en cas d'atteinte aux parties communes, s'il établit qu'il a subi un préjudice individuel (et donc que le préjudice n'est pas exclusivement collectif) et que ce préjudice est nettement caractérisé[203].

Les actions personnelles entre copropriétaires ou entre copropriétaires et syndicat sont prescrites au bout de dix ans[204], non les actions réelles qui sont soumises à la prescription trentenaire (art. 2227)[205]. L'action en justice du syndicat, représenté par le syndic, doit être préalablement décidée par l'assemblée générale statuant à la majorité des voix en précisant l'objet et la cause de l'action[206], sauf s'il s'agit du recouvrement d'une créance, de la mise en œuvre de l'exécution forcée – non de l'astreinte[207] – de demandes relevant du juge des référés – en général, il y a urgence –, ou de mesures conservatoires (D. 17 mars 1967, art. 55). À défaut, la demande est irrecevable[208], sauf si l'assemblée couvre, même tardivement, l'initiative du syndic.

2) Assemblée des copropriétaires

723. Pouvoirs et contrepoids. – L'assemblée des copropriétaires se réunit au moins une fois par an. Elle a des pouvoirs exclusifs ; par exemple, elle seule peut autoriser des travaux effectués sur les parties communes, même si le règlement de propriété ou un accord entre les propriétaires les avait permis[209]. Ces pouvoirs ne sont limités que par les prérogatives individuelles du copropriétaire

locataires, en a exactement déduit qu'en raison de la carence [du copropriétaire bailleur], *le syndicat des copropriétaires avait le droit d'exercer l'action en résiliation du bail* ».

202. Jurisprudence constante ; ex. : Cass. civ. 3e, 22 sept. 2004, *Bull. civ.* III, n° 155 ; *JCP* G 2005.I.119, n° 6, obs. H. Périnet-Marquet ; *D.* 2004, IR 2547 : « *Le syndicat des copropriétaires peut seul agir afin d'assurer la sauvegarde afférente à l'immeuble lorsqu'un tiers à la copropriété porte atteinte aux parties communes sans causer de préjudice propre à un copropriétaire* ».

203. Cass. civ. 3e, 30 juin 1992, *Bull. civ.* III, n° 229 ; *Defrénois* 1993, art. 35673, n° 137, obs. J.-L. Aubert : un copropriétaire ne peut agir à titre individuel pour une atteinte portée aux parties communes que s'il justifie d'un « *intérêt légitime à agir en raison d'un préjudice personnel éprouvé dans la jouissance ou la propriété, soit des parties privatives comprises dans son lot, soit des parties communes* ».

204. Ex. : Cass. civ. 3e, 6 nov. 1991, *Bull. civ.* III, n° 265 ; *D.* 1992, somm., 142, obs. Cl. Giverdon : démolition demandée par un copropriétaire, d'une construction effectuée par un autre, en contravention au règlement de copropriété. ; 18 juin 2003, *Bull. civ.* III, n° 132 ; *D.* 2003, somm. 2099, obs. P. Capoulade : action d'un copropriétaire contestant une assemblée générale à laquelle il n'avait pas été convoqué.

205. Ex. : Cass. civ. 3e, 10 janv. 2001, *Bull. civ.* III, n° 4 ; *JCP* G 2001.I.358, n° 7, obs. H. Périnet-Marquet : « *L'action ayant pour but de restituer aux parties communes ce qu'un autre copropriétaire s'est indûment approprié n'est pas soumise à la prescription de l'article 42 de la L. 10 juillet 1965* ».

206. Par ex., la nature exacte des désordres : Cass. civ. 3e, 2 oct. 2002, *Bull. civ.* III, n° 200 ; *D.* 2003.513, n. crit. Chr. Atias.

207. Cass. civ. 3e, 20 déc. 2000, *Bull. civ.* III, n° 197 ; *Defrénois* 2001, art. 37341, n° 25, obs. Chr. Atias : « *L'action en liquidation d'astreinte ne constituait pas une mise en œuvre des voies d'exécution forcée permettant au syndic d'agir sans autorisation préalable* ».

208. Cass. Ass. plén., 15 mai 1992, *Bull. civ. Ass. plén.*, n° 5 ; *D.* 1992, IR 278, obs. P. Capoulade ; *Defrénois* 1993, art. 35578, n° 61, obs. J.-L. Aubert : « *Le défaut d'autorisation du syndic d'agir en justice au nom du syndicat des copropriétaires constitue, lorsqu'elle est exigée, une irrégularité de fond qui peut être invoquée par tout défendeur à l'action* ».

209. Cass. civ. 3e, 12 mars 1997, *Bull. civ.* III, n° 58 : est « *réputée non écrite la clause d'un règlement de copropriété autorisant un copropriétaire à effectuer sans autorisation de l'assemblée générale des travaux, même précisément définis, sur les parties communes de l'immeuble* ».

sur son lot et la destination de l'immeuble, lesquelles ne peuvent être modifiées qu'avec l'accord du copropriétaire intéressé ou à l'unanimité[210].

Le contrepoids à ces pouvoirs est l'ouverture au copropriétaire[211] opposant[212] ou défaillant d'une action en contestation ou en nullité[213] des décisions de l'assemblée[214] ; ou même d'une action en inopposabilité lorsqu'il s'agit de travaux d'amélioration jugés somptuaires (art. 34). Ces actions ne doivent pas paralyser la gestion collective : elles doivent donc être exercées dans les deux mois de la notification des décisions de l'assemblée, laquelle doit intervenir dans les deux mois de la tenue de l'assemblée (art. 42, al. 2)[215].

Dans un « *travail de déminage pragmatique* »[216], la Cour de cassation décide que ce délai ne s'impose pas si sont en cause des clauses du règlement de copropriété ou si le copropriétaire n'avait pas été régulièrement convoqué à une assemblée[217] : les décisions ainsi prises peuvent être contestées pendant dix ans. En outre, afin de lutter contre les abus de majorité, la loi limite le nombre de voix dont pourrait bénéficier un copropriétaire, qui aurait des droits sur plus de la moitié des parties communes. De même, elle limite le nombre de mandats susceptibles d'être remis à un copropriétaire, et interdit au syndic ou à un de ses proches de recevoir un mandat, et de présider l'assemblée (art. 22). En dépit de ces précautions, les assemblées sont souvent désertes, et l'influence exercée par le syndic et le conseil syndical prépondérante.

724. Majorités ou unanimité. – Chaque copropriétaire dispose d'un nombre de voix proportionnel à sa quote-part dans les parties communes. Comme dans les

210. *Supra*, n° 712.

211. Cass. civ. 3e, 18 févr. 2004, *Bull. civ.* III, n° 31 ; *Defrénois* 2004.1169, obs. Chr. Atias : l'acquéreur d'un lot de copropriété ne peut contester les décisions d'assemblées générales tenues avant son acquisition.

212. Cass. civ. 3e, 24 janv. 2001, *Bull. civ.* III, n° 7 ; *D.* 2002, somm. 1523, obs. Cl. Giverdon ; *JCP* G 2001.I.358, n° 8, obs. H. Périnet-Marquet : « *Possède la qualité d'opposant* [...] *le copropriétaire ayant voté pour une résolution non adoptée par l'assemblée générale à défaut de majorité requise...* » : Cass. civ. 3e, 7 sept. 2011, n° 10-18.312, *Bull. civ.* III, n° 139 ; *JCP* N 2011, act. art. 713 : la nullité ne peut être prononcée que si le copropriétaire ayant demandé l'annulation avait été opposant ou défaillant à l'assemblée des copropriétaires.

213. La nullité ayant un effet rétroactif, sont privées d'effet toutes les décisions prises par une assemblée de copropriétaires dont la constitution a été annulée, notamment la désignation du syndic, désormais sans pouvoirs ; jurisprudence presque constante ; ex. : Cass. civ. 3e, 7 avr. 2004, *Bull. civ.* III, n° 77 ; *JCP* G 2004.II.10127, concl. contr. O. Guérin : « *par l'effet de l'annulation intervenue, la sté* (le syndic) *n'avait plus la qualité de syndic lors de la convocation de la deuxième assemblée* » ; cette jurisprudence est source d'insécurité juridique. Lorsque le juge annule un règlement de copropriété fixant la répartition des charges, il doit « *remplacer les clauses réputées non écrites par de nouvelles stipulations conformes à la loi* » : Cass. civ. 3e, 22 juin 2005, *Bull. civ.* III, n° 139 ; *JCP* G 2005.IV.2798 ; *Defrénois* 2007.383, obs. Chr. Atias.

214. Cass. civ. 3e, 4 juill. 1990, *Bull. civ.* III, n° 166 ; *D.* 1991.523, n. Chr. Atias : le juge saisi de la demande d'un copropriétaire tendant à l'annulation de la délibération majoritaire qui lui avait refusé une autorisation a le « *pouvoir d'ordonner les mesures propres à lui permettre l'exercice de ses droits* ». En l'espèce, pour changer un local en boutique, un copropriétaire avait demandé l'autorisation d'accomplir les travaux nécessaires ; le juge a accordé l'autorisation que l'assemblée avait refusée : « *L'annulation d'une délibération faisant grief à un copropriétaire* (implique) *nécessairement pour le juge le pouvoir d'ordonner les mesures propres à lui permettre l'exercice de ses droits* ».

215. M. Burgard : « Évolution jurisprudentielle des actions en nullité des décisions prises par l'assemblée générale des copropriétaires », *JCP* N 2009.1261, n° 12 : si grave soit l'irrégularité de la décision prise par l'assemblée (absence ou irrégularité de la convocation, violation d'un texte d'ordre public), le délai est de deux mois à compter de la notification de cette décision, sauf si la notification n'a pas eu lieu (le délai est alors de dix ans).

216. H. Périnet-Marquet obs. *JCP* G 2014.467, n° 12, sous Cass. civ. 3e, 13 nov. 2013.

217. Ex. : Cass. civ. 3e, 18 juin 2003, *Bull. civ.* III, n° 132 ; *JCP* G 2004.I.125, n° 6, obs. H. Périnet-Marquet.

assemblées de sociétés, la majorité requise varie selon la gravité des décisions à prendre. Il existe trois majorités différentes ; parfois, l'unanimité est exigée.

1° Les délibérations **ordinaires** doivent être prises à la majorité simple des voix exprimées des copropriétaires présents ou représentés (art. 24) ; c'est la majorité requise, à défaut de disposition légale particulière (approbation des comptes, quitus au syndic, dépenses d'entretien ou de réparation dans les parties communes...) et même, depuis la loi *SRU* du 13 décembre 2000, les adaptations du règlement de copropriété rendues nécessaires par les modifications législatives.

2° Des décisions **plus graves** doivent être prises à la majorité des voix de tous les copropriétaires : désignation et révocation du syndic, autorisation de travaux donnée à un copropriétaire, modalités d'exécution des travaux imposés par la loi (ravalement, sécurité...), modification de la répartition des charges par suite d'un changement dans l'usage d'une partie privative, installation d'une antenne collective, de compteurs d'eau... (art. 25).

3° Les décisions **encore plus graves** sont prises à la double majorité des membres du syndicat et des 2/3 des voix (art. 26) : modification du règlement de copropriété, en ce qui concerne la jouissance et l'administration des parties communes ; acquisition ou aliénation de parties communes qui ne sont pas indispensables au respect de la destination de l'immeuble ; travaux d'amélioration, de transformation ou adjonction d'éléments nouveaux non visés à l'article 25 (art. 30-37).

Cette disposition, introduite par la loi de 1965, permet une gestion dynamique de l'immeuble (aménagement de locaux, installation d'un ascenseur, d'un système de chauffage...), ce qui rapproche la copropriété de la société.

4° Enfin, en raison de leur **extrême gravité**, doivent être prises à l'unanimité les décisions qui modifient la destination de l'immeuble[218], les modalités de la jouissance[219] et la répartition des charges[220].

B. Syndic

725. Cheville ouvrière. – Le syndic, nommé pour trois ans renouvelables (D. 17 mars 1967, art. 28)[221], est la personne physique ou morale sur laquelle repose effectivement l'administration de l'immeuble ; en général, l'assemblée ne se réunit qu'une fois l'an et l'absentéisme y est souvent de règle. Il est à la fois l'organe exécutif de la copropriété, chargé de faire appliquer le règlement de copropriété et les délibérations de l'assemblée, et le représentant du syndicat, en justice comme pour tout acte juridique (art. 18)[222] ; l'importance et la diversité des tâches confiées au syndic expliquent la professionnalisation croissante de cette activité ; il est rémunéré dans les conditions fixées par l'assemblée générale (D.,

218. *Supra*, n° 712.

219. Jurisprudence plusieurs fois réitérée. Ex. : Cass. civ. 3e, 7 oct. 1998, *Bull. civ.* III, n° 192 ; *JCP* G 1999.I.120, n° 19, obs. H. Périnet-Marquet : modification de la température de l'eau du chauffage collectif.

220. *Supra*, n° 715.

221. Cass. civ. 3e, 14 oct., 1987, *Bull. civ.* III, n° 172 ; cette durée expirée, le syndic n'a plus de pouvoir.

222. Il doit (D., art. 55) être autorisé par l'assemblée pour agir, à l'exception du recouvrement de créances, de la mise en œuvre des voies d'exécution sauf la saisie d'un lot, des mesures conservatoires, les actions en référé et de la défense à une action. Il ne peut donc, sans autorisation de l'assemblée, engager une procédure de redressement ou de liquidation judiciaire contre un des copropriétaires : Cass. com., 7 mars 2006, *Bull. civ.* IV, n° 58 ; *JCP* G 2006.I.178, n° 13, obs. H. Périnet-Marquet.

art. 29). Il peut être non professionnel, bénévole ou coopératif s'il est copropriétaire d'un ou plusieurs lots (loi *Alur* de 2014, art. 17-2).

Il n'est pas seulement l'exécutif du syndicat. Il a un devoir d'initiative et un pouvoir propre, pour tout ce qui a trait à l'administration courante, l'entretien et la conservation de l'immeuble. Ainsi, il doit assurer la sécurité des personnes au service de la copropriété[223]. De même, si la décision de faire exécuter des travaux relève de l'assemblée, il doit, de lui-même, en cas d'urgence, les faire réaliser lorsqu'ils sont nécessaires à la sauvegarde de l'immeuble ; mais il doit informer les copropriétaires et convoquer une assemblée générale[224].

En outre, il est chargé des tâches administratives (archives, documents divers, factures, liste des copropriétaires, réception des notifications, carnet d'entretien...) et de la comptabilité du syndicat. Il prépare le budget (et établit un budget prévisionnel), soumis à l'assemblée générale, et rend compte de son exécution ; il se charge d'alimenter la trésorerie du syndicat par des appels de provisions ; il ordonne et règle les dépenses. Il est tenu d'avoir un compte séparé au nom du syndicat (L., art. 18) et de prendre une assurance, pour lui et pour chacun des copropriétaires (art. 9-1).

Il répond de sa gestion, même envers les tiers avec lesquels il contracte[225]. Il en est même « *seul responsable* » et ne peut se substituer un tiers qu'« *à une fin déterminée* » et avec l'autorisation de l'assemblée générale (art. 18, al. 2)[226]. Comme tout mandataire, il est révocable, à la majorité prévue à l'article 25 ; cette révocation, possible à tout moment, n'engage la responsabilité du syndicat que si elle est fautive.

Il n'a pas le droit de faire des avances de fonds au syndicat et donc de se les faire rembourser, sauf « *nécessité impérieuse* »[227]. Avec l'autorisation de l'assemblée – demandée tous les trois ans – il doit faire ouvrir un compte au nom du syndicat (L. *SRU*, 2000, art. 18 modifié). Un administrateur provisoire doit, à la demande de tout intéressé, être désigné par le juge si le syndicat est dépourvu de syndic (D., art. 46 et 47).

726. Conseil syndical. – Ces différentes règles peuvent être écartées par la convention (art. 18-1 AA nouv.) si l'immeuble a une autre destination que

223. Cass. civ. 3e, 26 avr. 2006, *Bull.civ.* III, n° 105 ; *D.* 2006.IR.1330 ; *JCP* G 2006.I.178, n° 14, obs. H. Périnet-Marquet ; en l'espèce, la gardienne d'une copropriété avait été victime d'agressions physiques et verbales par des copropriétaires et des locataires ; jugé que « *le syndic, représentant légal du syndicat, seul responsable de sa gestion, est tenu, au titre de l'administration de l'immeuble de mettre en œuvre les mesures propres à assurer la sécurité des personnes au service de la copropriété* ».

224. Cass. civ. 3e, 20 janv. 1999, *Bull. civ.* III, n° 18 ; *JCP* G 1999.I.175, n° 19, obs. H. Périnet-Marquet.

225. Cass. civ. 3e, 16 mai 2001, *Bull. civ.* III, n° 65 ; *D.* 2001.2706, n. Chr. Atias : « *Si le cabinet Rinaldy* (le syndic) *n'était pas responsable de l'impécuniosité du syndicat, il avait commis une faute à l'égard de la sté Laurent et Fontis, en lui passant une commande d'un montant important, alors mêmes que connaissant la situation financière obérée de ce syndicat et l'ayant tue à la société, il avait passé cette commande sans avoir, au préalable, recueilli les fonds nécessaires* ».

226. Jurisprudence plusieurs fois réitérée, ex. : Cass. com., 30 mai 2000, n° 97-18.457, *Bull. civ.* IV, n° 113 ; *D.* 2000 AJ 321, obs. Buizard ; *JCP* N 2000. 1534, obs. A. Viandier ; *JCP* G 2000.II.10401, mêmes obs. : « *La loi du 10 juillet 1965, excluant toute substitution du syndic sans un vote explicite de l'assemblée générale des copropriétaires, ne permettait pas à la société CIG de dessaisir les copropriétaires de leur pouvoir exclusif de désignation du syndic par le moyen d'une opération de fusion-absorption ayant pour résultat, après disparition de la personnalité morale, de lui substituer une société SPGI, personne morale distincte* ».

227. Cass. civ. 3e, 9 janv. 2002, *Bull. civ.* III, n° 3 ; *JCP* G 2002.I.176, n° 15, obs. H. Périnet-Marquet : « *L'apport de cette somme ne se justifiait pas comme une nécessité impérieuse* [...] ; *il constituait pour le syndic une faute tant au regard de son contrat qu'au regard des dispositions de l'article 1999 et cette faute, même si elle ne s'accompagnait d'aucun préjudice au détriment du syndicat, le privait du droit au remboursement* ».

l'habitation, si le syndicat ne comprend que des personnes morales et si l'assemblée générale des copropriétaires le décide. L'assemblée générale se réunit épisodiquement ; sa lourdeur lui interdit souvent d'exercer réellement un contrôle sur les actes du syndic, lequel n'est pas présent quotidiennement dans l'immeuble. La loi de 1965 a donc prévu la possibilité pour les copropriétaires de constituer un conseil syndical, composé de quelques membres actifs et dévoués, relais entre l'assemblée, le syndic et les copropriétaires. La loi du 31 décembre 1985 a voulu généraliser cette institution : seule une décision spéciale de l'assemblée, prise à la double majorité de l'article 26, peut en dispenser la copropriété. Les membres du conseil syndical sont élus par l'assemblée générale, ou, à défaut, désignés par le tribunal, avec leur accord (art. 21).

Le conseil syndical n'a aucun pouvoir d'administration : il « *assiste le syndic et contrôle sa gestion* ». Sa consultation par le syndic est obligatoire pour tout contrat dépassant un montant fixé par l'assemblée générale. Il dispose d'un pouvoir de contrôle général sur la gestion du syndic et l'administration de la copropriété. Il donne, enfin, son avis à l'assemblée générale sur toutes les questions concernant le syndicat. Exceptionnellement, l'assemblée peut lui déléguer son pouvoir afin de prendre une décision déterminée, ou engager certaines dépenses dont le maximum est fixé par elle.

Cet échelon intermédiaire entre l'assemblée souveraine et cet exécutif doté de larges pouvoirs n'est pas sans rappeler l'organisation des sociétés, notamment la société anonyme avec directoire.

C. Juge et autorités publiques

727. Le juge, une autorité régulatrice. – Ici comme ailleurs, le juge a une fonction juridictionnelle pour régler les litiges ; ici, peut-être plus qu'ailleurs, il a aussi une fonction régulatrice, où il exerce souvent une justice gracieuse, par exemple, en contrôlant la répartition des charges[228], en établissant le règlement de copropriété en cas de carence[229], ou en appréciant l'opportunité de travaux d'amélioration somptuaire[230].

Lorsque l'équilibre financier de la copropriété est gravement compromis, ou lorsque le syndicat est dans l'impossibilité de pourvoir à la conservation de l'immeuble, une procédure judiciaire de redressement judiciaire a été organisée (art. 29-1 à 29-4) par la loi du 21 juillet 1994, souvent modifiée, en dernier lieu par la loi *SRU* du 13 décembre 2000. Cette procédure ressemble aux procédures collectives des entreprises en difficultés. La copropriété est alors soumise au contrôle du juge (le président du TGI) et devient un groupement collectif d'exploitation de biens plus qu'une appropriation d'immeubles à plusieurs. Peut être nommé un administrateur provisoire, qui se substitue au syndic, et en partie aux assemblées de copropriétaires. L'administrateur a pour mission d'apurer la situation ; il peut même ordonner la scission judiciaire de la copropriété : la copropriété est sous tutelle.

728. Autorités publiques et politique de sauvegarde. – Depuis la loi du 31 mai 1990 sur le droit au logement, souvent modifiée (art. 6), une politique de sauvegarde des immeubles dégradés ou insalubres a été mise en place par les pouvoirs publics qui prévoient des aides financières publiques, afin de permettre aux copropriétaires en difficulté de faire face aux payements de leurs charges. Il est même possible de transférer la copropriété à un office HLM, qui sera chargé de réhabiliter l'immeuble.

228. *Supra*, n° 716.
229. *Supra*, n° 719.
230. *Supra*, n° 724.

Section III
FONDS COMMUNS

729. Propriété collective, gestion unique. – La gestion d'un portefeuille de valeurs mobilières soulève des difficultés particulières ; chaque action ou chaque obligation est un bien distinct, mais le portefeuille constitue une unité, dont les composants doivent pouvoir être modifiés à tout moment, compte tenu de la situation boursière ; de plus, le portefeuille est d'autant plus rentable qu'il est étendu et diversifié, ce qui peut impliquer la réunion de plusieurs porteurs. En outre, la démocratisation de l'activité boursière conduit à multiplier les petits porteurs, que les impératifs d'une gestion avisée imposent de regrouper. Gestion unique et autonome, propriété collective, tels sont les deux aspects du fonds commun de placement, créé par une loi du 13 juillet 1979. Le succès de cette formule, et sa diversification, joints aux impératifs européens, ont conduit le législateur à reprendre entièrement la matière dans la loi du 23 décembre 1988 (C. mon. fin., art. L. 214-20 à 49).

730. Copropriété sans indivision. – **1°** Aux termes de l'article L. 214-20 du Code monétaire et financier, le **fonds commun de placement** est une copropriété de valeurs mobilières. Mais il n'est pas une indivision : les membres n'ont aucun droit sur les valeurs mobilières « détenues » par le fonds. Celui-ci n'en est pas davantage propriétaire, puisqu'il n'a pas la personnalité morale. Les droits des membres portent sur des parts, qui sont des valeurs mobilières, représentant une fraction de la valeur du fonds ; le prix de ces parts est égal à la valeur liquidative du fonds, augmentée ou diminuée de certains frais.

Ainsi, la « copropriété » des valeurs mobilières est une qualification sans conséquence, destinée seulement à pallier les conséquences de l'absence de personnalité morale. Les membres du fonds, qui ne peuvent jamais demander le partage des valeurs mobilières détenues par celui-ci (art. L. 214-22), n'ont de droit que sur les parts du fonds. Sur l'actif de celui-ci, ils n'en ont aucun. D'ailleurs, les dettes « *de la copropriété* » n'engagent jamais leurs biens propres (art. L. 214-23). Cette collectivité curieuse, non dotée de la personnalité morale, ne peut exister que par l'intermédiaire d'un gérant – une société de gestion – qui dispose à l'égard des tiers des pouvoirs les plus étendus et peut seule faire valoir en justice les droits des porteurs de parts.

Aussi, les prérogatives des membres du fonds se résument-elles en la détention d'une valeur, représentative d'un portefeuille sur lequel ils n'ont aucun droit.

2° Le même mécanisme est au cœur du **fonds commun de créances**, créé par la loi du 23 décembre 1988[231]. Il est « *une copropriété qui a pour objet d'acquérir des créances* » (art. L. 214-43, al. 1), alors qu'il n'a pas la personnalité morale (*ib.*, al. 3). Il émet également des parts représentatives de ces créances ; en achetant celles-ci, les épargnants financent les créances acquises : les créances bancaires sont refinancées par le public. Cet organisme innommé est représenté par une société de gestion aux pouvoirs étendus, qui n'assure pas, cependant, le recouvrement des créances (art. L. 214-46).

Comme à l'égard des congrégations non autorisées (sous le régime de la loi de 1901, aujourd'hui modifiée), le gérant est un véritable fiduciaire : s'il n'est pas juridiquement le propriétaire – mais qui l'est ? –, il en a les pouvoirs.

N°s 731-756. réservés.

231. Plusieurs textes se sont succédé pour assouplir le fonctionnement du fonds ; v. en dernier lieu, D. n° 97-919, 6 oct. 1997, *D.* 1997, L. 349 ; Ch. Le Hir, « Les évolutions du cadre juridique de la titrisation », *Banque et droit* 1997, n° 56, p. 3 et s.

CHAPITRE II

PROPRIÉTÉ FIDUCIAIRE

757. Le droit et le pouvoir. – La propriété fiduciaire est la conséquence d'un acte juridique par lequel une personne, appelée le fiduciant ou le constituant, transmet à une personne de confiance, appelée le fiduciaire, la propriété temporaire de certains biens, à charge pour elle d'en transmettre à son tour la propriété à un bénéficiaire, après en avoir fait dans l'intérêt de celui-ci, l'usage convenu[1].

1° Le fiduciaire est donc titulaire du **droit** de propriété. Mais le pouvoir qu'il exerce sur la chose n'est pas destiné à lui procurer l'utilité économique qu'un propriétaire pourrait tirer dans son intérêt personnel de l'exploitation. Les obligations qui s'imposent au fiduciaire dans l'intérêt d'autrui (le bénéficiaire) et surtout le caractère nécessairement temporaire de la fiducie limitent de manière importante l'exercice des prérogatives de propriétaire : pour le fiduciaire, le droit de propriété n'est pas absolu ; il lui est confié en considération d'un objectif déterminé. Aussi, les biens qui sont l'objet de la fiducie ne se mélangent-ils pas avec les autres biens du fiduciaire. Ils forment une masse particulière, le patrimoine fiduciaire[2].

2° Les **pouvoirs** du fiduciaire sont ceux d'un propriétaire : *usus, fructus* et *abusus*. Mais dans l'exercice de ces pouvoirs, le fiduciaire doit se montrer digne de la confiance[3] qu'a placée en lui le fiduciant : il doit faire du droit de propriété un usage conforme aux objectifs pour lesquels il a reçu la propriété. La fiducie aboutit donc à faire de la propriété un simple instrument au service d'une finalité particulière.

La fiducie a été pratiquée dans l'ancien droit romain. Certaines de ses applications étaient connues de l'Ancien droit. Le droit français moderne comportait depuis longtemps plusieurs applications spéciales du mécanisme ; mais aucune consécration générale, malgré plusieurs tentatives. C'est chose faite depuis la loi du 19 février 2007.

---

1. **Biblio. :** *La fiducie dans tous ses états,* Journée nationale de l'association Capitant/université Paris XII, 15 avr. 2010, 2012 ; Cl. Witz, *La fiducie en droit privé français,* th. Strasbourg, Economica, 1981, préf. D. Schmidt ; P. Crocq, *Propriété et garantie,* th. Paris II, LGDJ, 1995, préf. M. Gobert ; F.-X. Lucas, *Les transferts temporaires de valeurs mobilières, Pour une fiducie de valeurs mobilières,* th. Nantes, LGDJ, 1997, préf. L. Lorvellec ; G. Blanluet, *Essai sur la notion de propriété économique en droit privé français,* th. Paris II, LGDJ, 1999, préf. P. Catala et M. Cozian.
2. C. Kuhn, *Le patrimoine fiduciaire,* th. Paris I, 2003, Bibl. Dr. entreprise, 2007, préf. Th. Revet.
3. **Étymologie** de confiance : du latin : *fides, ei* = la confiance, qui est l'origine de fiducie (en latin : *fiducia, ae*).

758. Applications possibles : gestion et sûreté. – La possibilité d'utiliser le droit de propriété comme une technique au service d'un but déterminé, et par conséquent de limiter les prérogatives du propriétaire, ne serait-ce que dans le temps, peut rendre des services importants dans deux domaines distincts[4].

1° D'abord, celui de la gestion par autrui d'un bien ou d'une masse de biens (**fiducie-gestion**). Ainsi, le fiduciant peut confier à un tiers en qui il a confiance son entreprise, son portefeuille de valeurs mobilières, sa collection de tableaux..., afin qu'ils soient gérés par le fiduciaire, à charge par celui-ci d'en verser les fruits et d'en remettre la propriété, à l'issue d'une certaine période, soit au fiduciant lui-même, soit à un bénéficiaire désigné par celui-ci (fiducie-libéralité). Le fiduciaire, devenu propriétaire, a les pouvoirs de gestion les plus étendus, mais aussi obligation de transférer les biens ou leur représentation à l'issue de sa gestion, et d'abord de gérer dans l'intérêt du bénéficiaire ; l'institution permet de mieux gérer le patrimoine des personnes en difficulté[5].

2° Ensuite, celui des garanties (**fiducie-sûreté**). La fiducie confère au débiteur le droit de remettre à son créancier un bien ou une masse de biens, dont celui-ci devient propriétaire immédiatement, à charge pour lui de les retransférer au débiteur en cas de remboursement de la dette. Le créancier dispose sur ces biens du droit le plus fort, la propriété, et, avec elle, de la revendication. Mais il n'a pas tous les pouvoirs d'un propriétaire ; s'il accomplit sur eux certains actes, il ne le fait pas pour sa propre satisfaction.

759. Institutions voisines : mandat et prête-nom. – Avant la loi de 2007, le droit civil paraissait offrir des institutions permettant d'atteindre le but que se donne la fiducie. En réalité, ce n'était qu'une apparence : ni le mandat, ni le démembrement de propriété n'y parvenaient.

1° Le **mandat** permet de conclure un acte juridique pour le compte d'autrui. Il met en œuvre la représentation : lorsque le mandataire conclut un acte pour le compte du mandant, celui-ci est « présent », car il est « représenté » ; ses intérêts sont au cœur de l'acte conclu pour lui. De la même manière, dans la fiducie-gestion, le fiduciaire agit dans l'intérêt d'autrui. Mais le mandat comporte deux limites insurmontables. Il doit être limité à un acte déterminé, lorsqu'il confère au mandataire le pouvoir de disposer d'un bien du mandant (art. 1988) ; il est par essence révocable (art. 2004). Or, la gestion d'une entreprise, ou d'un portefeuille de valeurs mobilières... nécessite l'accomplissement fréquent d'actes de disposition, à la seule initiative du gérant. En outre, les tiers qui traitent avec le gérant ne doivent pas avoir de doutes sur l'existence et l'étendue de ses pouvoirs : la gestion avisée implique la sécurité, laquelle est difficilement compatible avec la révocabilité des pouvoirs du gérant. Au contraire, la fiducie confère au fiduciaire la plénitude des droits d'un propriétaire (*usus*, *fructus*, *abusus*) et n'est pas révocable *ad nutum*.

2° Variété de mandat, le **prête-nom** permet de réaliser une interposition de personnes. Un acquéreur apparent prête son nom à l'acquéreur réel, qui reste caché aux tiers. Dans les rapports avec ceux-ci, l'acquéreur apparent, le prête-nom, est devenu propriétaire du bien. Mais entre le prête-nom et celui pour le compte duquel il a acquis, une convention, qui a la nature d'un mandat, oblige le premier à agir pour le compte du véritable propriétaire.

4. Cl. Witz, cité *supra*, n°s 757 et s. V. aussi, *La fiducie et ses applications dans plusieurs pays européens*, Colloque 29 nov. 1990, *Bull. Joly Sociétés* 1991, n° 4 *bis*.

5. Fl. Fresnel-Mettetal, *La fiducie comme technique de protection des majeurs en difficulté*, th. Paris II, 1995, ronéo.

De la même manière, le fiduciaire agit dans l'intérêt d'autrui, mais les actes qu'il accomplit produisent leurs effets à son égard.

Il existe cependant des différences essentielles entre la fiducie et le prête-nom. D'abord, le fiduciaire acquiert du fiduciant un droit de propriété et cette aliénation n'est pas fictive. Ensuite et surtout, le fiduciaire est réellement propriétaire des biens sur lesquels il agit, alors que la convention de prête-nom constitue une simulation : le prête-nom est fictivement propriétaire. Et les tiers, si c'est leur intérêt, peuvent agir en déclaration de simulation, afin de rétablir la réalité et de poursuivre directement le mandant[6]. Enfin, la convention de prête-nom n'est pas destinée à confier à un tiers les pouvoirs de gestion les plus étendus, mais à masquer le véritable titulaire du droit acquis au moyen de l'acte. Les pouvoirs donnés au fiduciaire ont au contraire pour objet d'être effectivement exercés par lui ; le fiduciant les aliène réellement au profit du fiduciaire, afin de donner à celui-ci une autonomie complète.

Cependant, la jurisprudence ne distingue pas nettement les deux institutions, et traite souvent certaines opérations fiduciaires comme une interposition de personnes, sans rechercher si l'intention des parties était de créer une apparence ou de confier à un tiers les moyens d'une gestion autonome[7].

760. Usufruit ? – Le démembrement du droit de propriété entre nu-propriétaire et usufruitier présente certaines analogies avec la fiducie-gestion. Mais, d'une part, le fiduciaire est investi de la totalité des prérogatives du propriétaire, et notamment de l'*abusus* ; il ne peut être assimilé à un usufruitier. D'autre part, même lorsqu'il doit verser les produits de sa gestion au fiduciant ou à un bénéficiaire, il ne peut être considéré comme un simple nu-propriétaire ; lui seul a le droit réel d'*usus* et de *fructus* ; il peut aliéner la pleine propriété. Les bénéficiaires des fruits n'ont contre lui qu'un simple droit de créance ; sur le patrimoine fiduciaire, ils n'ont aucun droit.

761. Droit romain. – La fiducie a été couramment pratiquée en droit romain jusqu'au Bas-Empire, sous deux formes[8]. La *fiducia cum amico* était un pacte adjoint au transfert de propriété par lequel le nouveau propriétaire (parent, ami) s'obligeait à restituer. Les applications de cette institution étaient nombreuses ; elle permettait notamment de réaliser un dépôt ou un prêt à usage, à une époque où ces contrats étaient ignorés. La *fiducia cum creditore* : le débiteur remettait au créancier un bien en garantie du paiement de sa dette ; le créancier s'engageait à rétrocéder ce bien au débiteur à l'échéance, si la dette était remboursée.

La fiducie devait disparaître avec le recul de la solennité du transfert de la propriété et le développement du gage puis de l'hypothèque. Elle a survécu, sous une forme particulière, le

6. Cl. Witz, *op. cit.*, *supra*, note 1, n°s 232-235.

7. Ex. : Grenoble, 19 juill. 1905, *DP* 1906.II.137, maintenu par * Req., 31 juill. 1906, *congrégation des Chartreux*, *DP* 1907.I.478 ; *S.* 1908.1.185 : la congrégation des Chartreux était, jusqu'en 1905, un groupement de moines dépourvu de la personnalité morale, parce qu'elle n'avait pas été autorisée par les pouvoirs publics ; elle exploitait un fonds de commerce fabricant la fameuse liqueur ; le propriétaire du fonds et de la marque de fabrique était un moine, représentant le couvent ; au moment où il cessait ses fonctions, il cédait à son successeur les éléments nécessaires à l'exploitation, etc. La loi du 1er juillet 1901 prononça la dissolution des congrégations non autorisées et la liquidation de leurs biens, introduisant une présomption d'interposition de personnes en cas de vente consentie à un congréganiste ; jugé que le liquidateur de la congrégation pouvait revendiquer le fonds de commerce et la marque, car sa cession à l'un des congréganistes, le père Rey, « *acheteur apparent* » constituait un acte simulé. En revanche, plusieurs tribunaux étrangers avaient jugé que le père Rey était un propriétaire fiduciaire et l'ont reconnu titulaire des marques déposées à l'étranger. En l'espèce, l'acquisition de la propriété par le moine était bien une technique de gestion, destinée à pallier les conséquences de l'absence de personnalité juridique. Comme l'ordre des Chartreux ne pouvait être propriétaire, aucune déclaration de simulation n'aurait pu aboutir. La solution de la cour de Grenoble s'explique par la présomption spéciale instituée par la loi de 1901.

8. J.-Ph. Lévy et A. Castaldo, *op. cit.*, n° 476 ; R. Monier, *Manuel élémentaire de droit romain*, t. 2, p. 110 et s. ; P. Ourliac et J. de Malafosse, *Histoire du droit privé*, n°s 22 et 322.

fidéicommis, lié à un acte à cause de mort : une personne chargeait son héritier, *fidéicommis,* de remettre des biens après son décès au fidéicommissaire[9].

762. *Trust* anglo-américain. – Une institution voisine de la fiducie par ses résultats, mais qui ne doit rien au droit romain, s'est développée dans les pays de *Common Law,* où elle occupe une place centrale : le *trust*[10]. Le schéma d'ensemble est le suivant : le constituant du trust, *settlor of the trust,* décide que certains biens seront administrés par un *trustee,* dans lequel il place sa confiance, à charge pour celui-ci de leur donner une affectation convenue, déterminée dans l'acte constitutif, et généralement de faire bénéficier de sa gestion une ou plusieurs autres personnes, les *cestuis que trust.*

Le *trust* peut être employé à des fins diverses. Dans les relations de famille, il permet de protéger un incapable, de liquider une succession, ou de créer une fondation. Dans le monde des affaires, d'opérer sur le marché obligataire[11], de confier le droit de vote à un gérant, de créer des sûretés collectives, de « nettoyer » le bilan de certaines dettes[12], de réaliser une transmission de l'entreprise.

Les pouvoirs respectifs des trois parties intéressées au *trust* s'expliquent par la formation historique du droit anglais. À l'origine, la *Common Law* reconnaissait au *trustee* un véritable droit de propriété, alors que le *cestui que trust* n'avait aucune action pour faire valoir son droit. Ce fut lors des croisades, grâce à l'intervention du chancelier, que l'on a dû l'existence d'une action permettant de contraindre le *trustee* à respecter les engagements pris dans l'acte constitutif. L'*Equity* lui reconnaît un droit qui n'est pas seulement personnel, mais porte sur les biens ou leur représentation. Il est protégé contre les créanciers personnels du *trustee.* Le *trustee* est donc titulaire de la « *legal ownership* » tandis que le *cestui que trust* a une « *equitable ownership* ». En outre, le fonctionnement même du *trust* (pouvoir du *trustee,* révocabilité, durée...) dépend entièrement de l'acte constitutif.

Le *trust* repose sur un démembrement des attributs de la propriété, qui n'a pas d'équivalent dans les droits romanistes. Selon la plupart des auteurs, il ne peut être acclimaté dans ces droits[13], même s'ils reconnaissent les effets de *trusts* régulièrement constitués sous l'empire de la loi anglaise ou américaine.

763. Droits germaniques et autres. – Se conforment à la tradition romaine, plusieurs droits germaniques connaissent la fiducie, en ses deux applications traditionnelles : fiducie-sûreté et fiducie-libéralité.

9. Sur cette institution ; Cl. Witz, *op. cit., supra,* note 1, n°s 25-28.

10. D. Hayton, « The distinctive characteristics of the Trust in Anglo-Saxon Law », *in* Trust *et Fiducie,* Montchrestien, 2005 ; J.-P. Beraudo et J. M. Tirard, *Les* trusts *anglo-saxons et les pays de droit civil,* Académie et Finance, Genève, 2006 ; *Les grands systèmes de droit contemporain,* Dalloz, 12e éd., 2016, par R. David et C. Jauffret-Spinosi, n°s 258 et s. ; L. Maerten, *Le* trust *patrimonial anglo-américain en droit privé français,* th. Paris II, 1990. **Étymologie :** *Trust* = confiance.

11. Les sociétés qui émettent des obligations les placent par l'intermédiaire d'un *trustee,* qui joue le rôle d'un garant à l'égard des obligataires : Cl. Reymond, « Aspects fiduciaires de quelques opérations bancaires, principalement dans l'euromarché », *in Les opérations fiduciaires, colloque de Luxembourg,* sept. 1984, Feduci, LGDJ, 1985, préf. B. Oppetit, p. 13-28.

12. Opération dite de *defeasance* : un *trustee* prend la place d'une société qui a émis un emprunt obligataire, et assure à la place de celle-ci le remboursement de cet emprunt ; la société émettrice peut retirer cette dette de son bilan. Le *trustee* reçoit également un bien (par exemple un portefeuille de valeurs mobilières), grâce auquel il peut assurer le remboursement. Ce type de procédé, d'origine américaine, permet d'éviter les charges d'un remboursement anticipé : v. F. Saint-Geours, *La Defeasance française,* communication au colloque de l'IBC, déc. 1990.

13. H. Motulsky, « De l'impossibilité juridique de constituer un trust anglo-saxon sous l'empire de la loi française », *Rev. crit. DIP* 1948.451 ; R. David et C. Jauffret-Spinosi, *op. cit.* ; Cl. Witz, *op. cit., supra,* note 1, n° 8. *Contra,* F. Barrière, *La réception du* trust *au travers de la fiducie,* th. Paris II, Litec, 2004, préf. M. Grimaldi.

Tel est le droit allemand (*Treühand*) où certaines applications de la fiducie-gestion font l'objet de dispositions du BGB[14]. En droit suisse, elle est admise par la jurisprudence depuis 1905, et couramment pratiquée[15]. Le Luxembourg s'est doté d'une loi nouvelle sur les opérations fiduciaires le 27 juillet 2003. Comme le Code civil du Québec.

764. Droit français : quelles entraves ? – La tradition française, issue de 1789, a du mal à admettre que la propriété puisse être mise au service d'intérêts différents de ceux du propriétaire ; elle se méfie des conventions qui pourraient limiter l'absolutisme du droit de propriété et entraver ainsi la circulation des biens. Cependant, il n'existe aucun obstacle général à l'admission de la propriété fiduciaire.

D'une part, l'objection tirée d'un démembrement nouveau du droit de propriété, à la supposer insurmontable[16], ne peut valoir ici : la fiducie ne démembre pas la propriété, le fiduciaire est pleinement propriétaire, et le bénéficiaire ou le fiduciant n'ont sur le patrimoine fiduciaire aucun droit réel. D'autre part, il est admis que l'on peut par convention, limiter l'exercice des prérogatives que confère la propriété, pourvu qu'il s'agisse d'une situation temporaire et justifiée par un intérêt sérieux et légitime : l'efficacité de la clause d'inaliénabilité le montre[17] ; s'il est possible de supprimer le droit d'aliéner, il est *a fortiori* possible de le réglementer conventionnellement, ou de limiter l'exercice des autres attributs de la propriété (*usus*, *fructus*).

Avant la loi du 19 février 2007, on considérait généralement que les obstacles à l'admission de la fiducie-gestion étaient plutôt techniques, et fiscaux. Techniques, en ce que les biens reçus par le fiduciaire devaient former entre ses mains et à l'égard de ses créanciers personnels une masse distincte de ses biens personnels. Or, la seule volonté des parties paraissait incapable de créer sûrement une telle dissociation, en la rendant opposable aux tiers, opposabilité nécessitant en outre une publicité qui n'était pas organisée. Fiscales, en ce que l'ignorance de la notion de transfert fiduciaire exposait l'opération à une double taxation : au moment du transfert au fiduciaire, et au moment du retransfert du fiduciaire au bénéficiaire, ce qui la rendait excessivement onéreuse. En outre, un soupçon de fraude – n'allait-on pas par ce biais favoriser la création de patrimoines dont le propriétaire serait masqué par le fiduciaire ? – pesait sur l'institution.

Pourtant, la France avait signé en 1991 la Convention de La Haye du 1er juillet 1995 relative à la loi applicable au trust et à sa reconnaissance, qu'elle n'a cependant pas ratifiée. Les tribunaux français étaient souvent confrontés aux effets en France de trusts étrangers, dont ils admettaient l'efficacité, dès lors que celle-ci était admise par la loi les gouvernant. Progressivement, les esprits s'étaient ouverts à la notion de propriété fiduciaire ; et la pratique réclamait la possibilité de faire sous l'empire de la loi française ce que l'on faisait sans difficulté dans nombre de pays étrangers, non seulement de *Common Law* mais aussi de droit civil. Cependant, un projet de loi ambitieux déposé en 1992 devait échouer, notamment en raison de la résistance fiscale. Ce ne fut que le 19 février 2007 que, sur proposition de loi du sénateur Marini et sous de nombreuses restrictions, que fut introduite en droit français, de manière générale, la fiducie.

Selon un auteur isolé, la fiducie constituerait « *un ébranlement général des structures actuelles du droit français* »[18], et pour deux raisons : le transfert de propriété au fiduciaire, ni gratuit, ni onéreux, manquerait de cause ; et le fiduciaire ne serait pas véritablement propriétaire, en raison des limitations apportées à son droit ; mais plutôt titulaire d'un droit réel (sur la chose d'autrui) comportant l'*abusus*, ce qui serait singulier. Ces objections ne sont pas insurmontables. Où voit-on que le droit français exige que le transfert de propriété ait une cause, et que celle-ci ne puisse consister qu'en une contrepartie ou en un *animus donandi* ? Pourquoi le droit de propriété serait-il insusceptible d'une limitation convenue ? Et d'ailleurs, si le droit du fiduciaire n'est qu'un droit réel, quelle conséquence ? En fait d'ébranlement, il s'agit surtout d'une question de vocabulaire,

14. U. Blanrock et Cl. Witz, « Les opérations fiduciaires en droit allemand », *in Les opérations fiduciaires*, cité *supra*, p. 223-261.

15. Cl. Reynaud et J. Revadier, « Les opérations fiduciaires en droit suisse », *in Les opérations fiduciaires*, cité *supra*, p. 421-453.

16. *Supra*, nos 354 à 360.

17. *Supra*, no 34.

18. R. Libchaber, « Une fiducie française, inutile et incertaine... », *Mél. Ph. Malaurie*, Defrénois, 2005, p. 303 ; « Les aspects civils de la fiducie dans la loi du 19 février 2007 », *Defrénois* 2007, pp. 1094 et 1194 : selon cet auteur, si la fiducie est translative de propriété – ce dont il doute –, la loi « *aggravera une entreprise de désarticulation de la propriété exclusive* ».

inspirée par un légalisme bien rigide (le postulat étant que seule la loi pourrait autoriser un transfert de propriété, ou un aménagement du droit de propriété).

765. Fiducie-sûreté. – Les mêmes obstacles ne se rencontrent pas dans la fiducie-sûreté portant sur un meuble, spécialement un meuble incorporel, comme une créance ou une valeur mobilière. Le droit français connaît depuis longtemps, spécialement dans les relations entre banques, la cession fiduciaire de créances ou d'effets. La loi du 2 janvier 1981, modifiée par celle du 24 janvier 1984, tout en instituant un procédé simplifié de cession de créances professionnelles (*bordereau Dailly*), a consacré la cession fiduciaire de créance (art. 1er-1). Bien que cette analyse ait été contestée[19], elle institue un mécanisme de propriété-sûreté, mais sans en déterminer le régime.

De même, la clause de réserve de propriété, dès lors qu'elle peut circuler avec la créance du vendeur[20], est une application de la fiducie-sûreté. Le créancier-propriétaire ne dispose que du droit de revendiquer ; les autres attributs de la propriété, *abusus* compris, sont exercés par le débiteur.

Cependant, à l'égard des meubles corporels comme des immeubles, le développement de la fiducie-sûreté est freiné par la présence de sûretés voisines moins écrasantes (gage, hypothèque) et par l'impossibilité, ou l'insuffisance de la publicité (art. 2276 ; publicité foncière inadaptée...).

De plus, en matière de créances, la chambre commerciale de la Cour de cassation a refusé d'admettre la possibilité de réaliser une cession à titre de garantie en droit commun – i.e. en l'absence d'une loi l'autorisant spécialement –, qualifiant autoritairement une telle cession de nantissement[21].

766. Fiducie-gestion. – Les applications de la fiducie-gestion sont plus difficiles à déceler, en raison de la tendance naturelle en droit français à appliquer de manière extensive la qualification de prête-nom.

Cependant, avant même la loi de 2007, plusieurs lois avaient organisé la gestion fiduciaire de valeurs mobilières ou de créances, dans les fonds communs de placement ou de créances[22]. Malgré des encouragements doctrinaux[23], elle continue à être peu pratiquée.

767. Consécration : loi du 19 février 2007. – La loi du 19 février 2007 « *instituant la fiducie* » comporte des dispositions civiles, qui constituent le titre XIV du Livre III du Code civil (art. 2011 à 2031) et d'abondantes dispositions fiscales. En

---

19. D. Legeais, *Les garanties conventionnelles sur créances*, th. Poitiers, Economica, 1986, préf. J. Stoufflet et Ph. Rémy, n°s 451 et s.

20. Cl. Witz (thèse préc., *supra*, note 1, n° 153) estime que la clause de réserve de propriété n'est pas une application de la fiducie-sûreté, tout en admettant qu'elle fait aussi de la propriété une sûreté, parce qu'elle ne permet de garantir que la créance de prix du vendeur et constitue une modalité de la vente. Mais si les modes de constitution sont différents, la même limitation aux pouvoirs du propriétaire, dans le même but, peut être constatée.

21. Cass. com., 19 déc. 2006, *Bull. civ.* IV, n° 250 ; *D.* 2007, 344, n. Chr. Larroumet ; *RTD civ.* 2007, 160, obs. P. Crocq ; *Defrénois* 2007.448, obs. E. Savaux ; L. Aynès, « La cession de créance à titre de garantie : quel avenir ? », *D.* 2007.961.

22. *Supra*, n° 730.

23. *Les utilisations pratiques de la fiducie-gestion*, *Dr. et patr.* mars 2012.43, dir. S. Schiller : M. Blanck-Dap et Y. M. Ravet, « La fiducie comme mode d'organisation des opérations immobilières » ; H. Letellier, « La fiducie, outil de protection des personnes vulnérables » ; H. Fabre, « La fiducie comme alternative du mandat de protection future ou comme outil de transmission » ; S. Lerond et S. Nouleau, « Fiducie et société civile ; des outils complémentaires » ; N. Picarrougne et D. Hennequin, S. Schiller, « La fiducie : un excellent moyen de sécuriser les pactes d'actionnaires ».

général, les praticiens ont salué cette consécration, tout en regrettant les limitations dont elle était assortie[24] ; quelques auteurs ont été plus réservés[25].

La loi de 2007 a été modifiée à quatre reprises : celle du 4 août 2008 a voulu libéraliser le recours à la fiducie en l'ouvrant aux personnes physiques, en prévoyant que les avocats pouvaient être fiduciaires, en portant sa durée maximum à 99 ans et en simplifiant la cession de créance liée à la constitution du patrimoine fiduciaire. Puis une ordonnance du 18 décembre 2008 a réglé les rapports entre la fiducie-sûreté et les procédures collectives. Une ordonnance du 30 janvier 2009 modifie certaines règles générales et introduit la fiducie-sûreté mobilière (art. 2372-1 à 2372-6) et immobilière (art. 2488-1 à 2488-6) dans le Code civil[26]. Enfin, la loi du 12 mai 2009 modifie certaines dispositions sur la fiducie-sûreté constituée par une personne morale.

La fiducie est définie comme une « opération » à trois acteurs : le ou les constituants transfèrent « *des biens, des droits ou des sûretés* » ou un ensemble de biens, droits ou sûretés, à un ou plusieurs fiduciaires, lesquels agissent dans un but déterminé au profit d'un ou plusieurs bénéficiaires (art. 2011). Mais le constituant peut être le bénéficiaire (fiducie-gestion) ; le fiduciaire peut aussi être bénéficiaire (fiducie-sûreté) (art. 2016). La loi supprime le principal obstacle à la généralisation de la fiducie : bien que le fiduciaire soit à l'égard des tiers réputé disposer des pouvoirs les plus étendus sur les biens confiés (art. 2023), ceux-ci demeurent distincts des biens personnels du fiduciaire ; les biens ne peuvent être poursuivis que par ceux dont la créance est née de la conservation ou de la gestion des biens confiés (art. 2025 ; comp. art. 815-17). Ainsi est créé le « *patrimoine fiduciaire* » (art. 2021, 2023, 2024, 2025, 2030), masse autonome comportant à l'actif les biens initiaux ainsi que le produit de leur gestion, et au passif les dettes nées de la conservation et de la gestion de ces biens. Les créanciers personnels du constituant ou du bénéficiaire ne peuvent pas agir sur ces biens, sauf s'ils sont titulaires d'un droit de suite antérieur ou exercent l'action paulienne (art. 2025). Ce patrimoine doit être isolé publiquement du patrimoine propre du fiduciaire (art. 2011), ce qui implique une publicité (art. 2021, al. 2) et déclaration du fiduciaire lorsqu'il exerce son pouvoir sur ces biens (art. 2021, al. 1). Les créanciers fiduciaires agissent sur le patrimoine fiduciaire, et en cas d'insuffisance, sur les biens du constituant, sauf clause contraire mettant ce passif à la charge du fiduciaire ; ou au contraire excluant tout recours contre le constituant, efficace seulement à l'égard des créanciers qui l'auront expressément acceptée (art. 2025, al. 2 et 3).

Qui est propriétaire du patrimoine fiduciaire ? La loi n'affirme pas clairement que la fiducie transfère la propriété au fiduciaire. Elle emploie une formule neutre et imprécise : transfert de biens, droits ou sûretés. Cependant, selon la conception traditionnelle de la fiducie, le fiduciaire devient propriétaire, et rien dans la loi ne s'y oppose. Un auteur cependant estime que la loi pourrait avoir créé une fiducie non translative de propriété, laquelle serait conservée par le constituant ; et c'est bien l'analyse fiscale que retient le législateur[27]. Les intérêts pratiques de la discussion sont douteux, dès lors que les pouvoirs du fiduciaire sont à l'égard des tiers « *les*

24. *La réception de la fiducie par les praticiens*, *LPA* 2007, n° 54, p. 3 ; A. Delfosse et J.-F. Peniguel, « Premières vues sur la fiducie », *Defrénois* 2007, a. 38571 ; A.-N. Charvillat-Carrez, « Introduction de la fiducie à la française », *R. L. droit des affaires*, 2007, n° 15, p. 31 ; L. Kaczamarek, « Propriété fiduciaire et droits des intervenants à l'opération », *D.* 2009.1845, qui voit dans le patrimoine fiduciaire un simple isolement comptable (n° 9).

25. F. Barrière, P. Crocq, R. Dammann, S. Dorie, P. Fumenier, C. Larroumet, P. Marini, J. Hayden-Miller, G. Podeur, C. Nitz, « La fiducie », Dossier, *D.* 2007.1347 ; R. Libchaber, « Les aspects civils de la fiducie dans la loi du 19 février 2007 », cité *supra*, note 18 ; G. Blanluet et J.-P. Le Gall, « La fiducie, une œuvre inachevée », *JCP* G 2007.I.169 ; *Dr. et patr.* Dossier, juin 2008, p. 4 et s.

26. V. M. Grimaldi et R. Dammann, « La fiducie sur ordonnances », *D.* 2009, chr. 670.

27. R. Libchaber, *op. cit.*, n°s 25 et suiv.

plus étendus » (art. 2033), mais que le patrimoine fiduciaire est une masse distincte de son patrimoine propre.

La constitution de la fiducie est soumise à des conditions de forme strictes : détermination expresse – par écrit ? – des éléments essentiels (art. 2018), mentions informatives, publicité à peine de nullité lorsqu'elle porte sur des droits réels immobiliers, enregistrement dans le délai d'un mois, également à peine de nullité (art. 2019), inscription sur un registre national des fiducies (art. 2020)[28], acte notarié pour les époux mariés sous le régime de communauté (art. 2010, al. 2). Des conditions de fond, également : nullité des fiducies à fin de libéralité (art. 2013) ; restriction quant aux fiduciaires (établissements de crédit et assimilés et avocats) (art. 2014 et 2015). La fiducie-sûreté, avantageuse pour le créancier en cas de procédure collective du constituant[29], pourrait intéresser la pratique[30]. De même, la fiducie-gestion pourrait rencontrer un certain succès, surtout depuis que les avocats peuvent être fiduciaires. En attendant, le principal intérêt de la réforme de 2007 est dogmatique : le concept de fiducie, au cœur de la notion de « *patrimoine fiduciaire* », est entré en droit positif français. Le droit de propriété peut être affecté temporairement à un but déterminé.

N°s 768-799. réservés.

28. Créé par le décret du 2 mars 2010.
29. V. *Droit des sûretés,* coll. Droit civil.
30. Peu de fiducie-sûretés ont cependant, à ce jour, été constituées ; V. « Quel avenir pour la fiducie ? », *Dr. et patrimoine* mai 2010, Dossier, p. 51 et s.

TITRE III

USUFRUIT ET DROIT D'USAGE

800. Droits réels de jouissance et d'usage. – L'usufruit et les droits d'usage et d'habitation sont des droits réels qui permettent à une autre personne que le propriétaire de jouir et d'user de la chose selon des modalités diverses. D'autres institutions y parviennent aussi, de manières différentes. La plus importante et la plus vivante est le louage de choses, aujourd'hui appelé bail.

Ce qui caractérise l'usufruit et ses dérivés par opposition au bail est que les premiers constituent des droits réels et même des démembrements de la propriété, tandis que les seconds confèrent des droits personnels et n'établissent de liens qu'entre le bailleur et le locataire. De cette différence de principe découle un cortège de conséquences : opposabilité aux tiers et rigidité de l'usufruit, indépendance de l'usufruitier (pourtant souvent uni par des liens familiaux avec le nu-propriétaire) ; au contraire, inopposabilité et souplesse du bail, dépendance du locataire. Ces différences tendent à s'estomper.

CHAPITRE I

USUFRUIT

L'usufruit[1] est plus qu'une modalité de la propriété, il en est le démembrement : le droit d'usage et de jouissance est attribué à un usufruitier, le reste de la propriété appartenant à un nu-propriétaire[2].

801. Vices de l'usufruit ; plan. – Si vivante soit l'institution, elle présente de nombreux vices. D'abord, pour des causes historiques, qu'il suffit d'évoquer : l'usufruit nous vient, sans grands changements, du droit romain et porte lourdement le poids de l'histoire ; conçu pour une société agraire et pastorale, il s'adapte mal aux biens nouveaux de notre société industrielle et financière, à l'allongement de la vie humaine et, quand il est successoral, au développement des familles recomposées. Ce que montrent sa sociologie (Section I), sa notion (Section II), son domaine (Section III) et son régime juridique (Section IV).

Section I
SOCIOLOGIE

802. Institution de vieillards ? – Dans les faits, l'usufruit est traditionnellement une institution de vieillesse, ce qui explique son développement contemporain, puisque la France devient une société de vieux. On le voyait pratiqué surtout dans trois séries d'hypothèses, selon un esprit généralement familial et alimentaire. **1)** La vente d'un immeuble avec réserve d'usufruit, moyennant un prix qui est souvent une rente viagère ; ce qui est une opération qu'une personne fait généralement au tard de sa vie : l'usufruitier (le vendeur) est un vieillard qui veut maintenir son cadre de vie et transformer son capital en revenus (tant pis pour ses héritiers). Une constitution directe d'usufruit est beaucoup plus rare. **2)** La donation avec réserve d'usufruit, qui est généralement une opération familiale, faite par un ascendant, au soir de sa vie, à ses descendants. **3)** Surtout, l'usufruit du conjoint survivant, qu'accorde la loi successorale (art. 757) ; or, le conjoint survivant est, le plus souvent, une

1. **Étymologie :** du latin *ususfructus, us*, lui-même composé de *usus, us* = usage + *fructus, us* = fruit. **Histoire :** J.-Ph. Lévy et A. Castaldo, *op. cit.*, n°s 267 s.

2. V. pour une autre analyse, *infra*, n° 812.

veuve, plus précisément, une vieille dame[3] ; parfois, et de plus en plus, dans les « familles recomposées », il y a eu des secondes noces : l'usufruitier est une veuve du même âge que les enfants du premier lit : les conflits sont alors assez vifs. Lorsqu'elle a des enfants, elle est une usufruitière d'un genre particulier, car elle pense à l'avenir, au contraire des autres usufruitiers.

Aujourd'hui, l'usufruit est aussi souvent recherché à l'occasion de la transmission d'un patrimoine ou d'une partie importante de celui-ci (un portefeuille de valeurs mobilières) en raison de ses avantages fiscaux. Il est au cœur de montages souvent ingénieux, sur lesquels l'administration fiscale est vigilante. L'usufruit permet d'organiser en même temps une transmission et la conservation d'une gestion rationnelle des biens transmis. Un vin nouveau dans une vieille outre[4].

803. Inconvénient économique. – Ce qui met en lumière l'inconvénient économique majeur de l'usufruit. Habituellement, l'usufruitier ne songe qu'au présent, afin de tirer tout de suite le rendement maximum de la chose, sans craindre de l'épuiser, d'autant plus qu'il est dissuadé de l'améliorer. Inversement, le nu-propriétaire s'en désintéresse, d'autant plus qu'il n'a pas de revenus ; est alors aigu le problème des grosses réparations que personne, ni le nu-propriétaire, ni l'usufruitier, ni ne doit, ni ne veut, ni ne peut entreprendre.

Cependant, l'antagonisme n'existe pas toujours, car il arrive souvent qu'entre nu-propriétaire et usufruitier existent des relations familiales et affectueuses. L'usufruitier, en ces cas, pense à l'avenir (souvent ses enfants ou petits-enfants). On voit alors apparaître un équilibre de l'usufruit ; l'indépendance juridique des deux titulaires du droit sur la chose est corrigée par le fait qu'ils sont généralement unis par des rapports familiaux. La situation est au contraire très difficile lorsque l'usufruitier est jeune (la jeune veuve en secondes noces). La charge des grosses réparations pesant sur le nu-propriétaire devient insupportable. L'étendue des pouvoirs de l'usufruitier à l'égard de certains biens (valeurs mobilières, propriété intellectuelle...) est aussi une question très sensible.

804. Valeur. – Lorsqu'il est viager, sa valeur est difficile à estimer puisqu'elle dépend de la durée d'une vie humaine, ce qui la rend aléatoire. On peut s'inspirer des règles fiscales concernant l'assiette des droits de mutation qui sont dus en cas d'aliénation à titre gratuit (CGI, art. 669, L. 30 décembre 2003) ; ces règles mécaniques ne sont obligatoires qu'en matière fiscale ; en matière civile, elles peuvent être corrigées par le juge au moyen de données subjectives, notamment la santé de l'usufruitier et ses risques professionnels ou encore une évaluation fondée sur la capitalisation des fruits.

Âge de l'usufruitier	Valeur de l'usufruit		Valeur de la nue-propriété	
Moins de 21 ans	90 %	de la propriété entière	10 %	de la propriété entière
Moins de 31 ans	80 %		20 %	
Moins de 41 ans	70 %		30 %	
Moins de 51 ans	60 %		40 %	
Moins de 61 ans	50 %		50 %	
Moins de 71 ans	40 %		60 %	
Moins de 81 ans	30 %		70 %	
Moins de 91 ans	20 %		80 %	
Plus de 91 ans	10 %		90 %	

3. J. Carbonnier, n° 102, *Sociologie* : « *L'immense foule des vieilles dames usufruitières (puisque, le conjoint survivant, c'est statistiquement la femme) aux mains débiles et inexpertes* ».

4. V. notamment, L. Aynès, R. Gentilhomme, A. Pietrancosta, H. Lécuyer, C. Caron, « Aspects contemporains de l'usufruit », *Dr. et patr.* mai 2005. Sur ce renouveau, R. Libchaber, « Le Code civil », *1804-2004, Le livre du bicentenaire*, Dalloz 2004, p. 368, n° 64. V. Streiff, « L'usufruit est-il condamné à évoluer ? », *JCP* N 2017.640 (il faudrait rapprocher les durées maximums de l'usufruit et des baux réels immobiliers).

Section II
NOTION

L'article 578 définit l'usufruit ; on le comparera d'abord, texte contre texte, à la définition que l'article 544 donne de la propriété, ce qui apportera une première vue à la notion. Puis on en fera l'analyse.

Propriété et usufruit

Art. 544 : « *La propriété est le droit de jouir et de disposer des choses de la manière la plus absolue, pourvu qu'on n'en fasse pas* », etc.	**Art. 578 :** « *L'usufruit est le droit de jouir des choses dont un autre a la propriété comme le propriétaire lui-même, mais à la charge d'en conserver la substance.* »

La comparaison des deux textes montre : **1)** que l'usufruitier a les mêmes droits que le propriétaire, sauf celui de disposer ; **2)** qu'il doit conserver la substance de la chose ; **3)** que la propriété est démembrée.

Cette définition est reprise du droit romain : *jus alienis rebus utendi fruendi salva rerum substantia*[5] (le droit à l'usage et aux fruits de la chose d'autrui, à condition d'en conserver la substance). À cette définition, il manque deux éléments essentiels, car elle ne montre, ni que l'usufruit est un droit temporaire (§ 1), ni qu'il est un droit réel (§ 2). Elle évoque que l'usufruit est un démembrement de la propriété (§ 3).

§ 1. Droit temporaire

La première caractéristique essentielle de l'usufruit est d'être toujours temporaire[6]. S'il était perpétuel, il y aurait une dissociation permanente des attributs de la propriété, qui rappellerait la distinction féodale et révolue entre le domaine éminent et le domaine utile.

805. Durée. – Il faut distinguer les personnes humaines et les personnes morales.

1° Lorsque l'usufruit a été conféré à une **personne humaine**, il a pour terme extrême la mort de cette personne[7] : il est donc un droit viager, sauf si une durée plus brève avait été prévue.

Il est possible au nu-propriétaire de faire dès la constitution d'un usufruit des usufruits successifs : au décès du premier usufruitier, ce sera une autre personne qui sera usufruitière[8] ; ce qui est très pratiqué entre conjoints au moyen de la clause de réversion de l'usufruit du conjoint

5. Dig., VII, 1.1.

6. Par conséquent, un droit perpétuel ne peut être un usufruit ; ex. : Cass. civ. 3e, 18 janv. 1984, *Bull. civ.* III, n° 16 ; *D.* 1985.504, n. Fr. Zénati ; *JCP* G 1986.II.20547, n. crit. J.-F. Barbieri : ne constitue pas un usufruit le droit d'affichage sur le mur d'un immeuble, dès lors qu'il avait été stipulé que ce droit devait être perpétuel.

7. Ex. : Cass., ch. réunies, 16 juin 1933, *DH*, 1933.393 : « *Tout usufruit, fût-il constitué pour une durée fixe, s'éteint de plein droit par la mort de l'usufruitier* ». Antérieurement, plusieurs auteurs estimaient au contraire que le délai de 30 ans n'était qu'indicatif.

8. * Req., 15 mai 1865, *Hecquard, DP* 1865.I.431 : « *Le propriétaire d'un immeuble grevé d'un usufruit conserve la faculté d'en disposer librement, sous la seule condition de respecter le droit essentiellement temporaire ou viager de l'usufruitier ; rien ne s'oppose, par conséquent, à ce qu'il concède sur cet immeuble, soit à titre onéreux, soit à titre gratuit, un second usufruit ; seulement, la jouissance du second usufruitier ne pourra commencer qu'à l'époque où celle du premier aura pris fin* ».

prémourant sur la tête du survivant. Bien que la Cour de cassation ait décidé le contraire[9], il n'y a pas alors de transfert de l'usufruit du prémourant au survivant. En réalité, cet usufruit a, dès son origine, été constitué au profit de plusieurs usufruitiers par le nu-propriétaire. La constitution d'usufruits successifs n'est valable que si les différents usufruitiers existent lors de la constitution de l'usufruit (ou du décès du testateur, en cas de disposition testamentaire).

2° Lorsque l'usufruit est constitué au profit d'une **personne morale**, il ne doit pas dépasser trente ans (art. 619)[10] ; sinon, les personnes morales pouvant ne jamais mourir, ce genre d'usufruit aurait pu être perpétuel. En fait, la durée moyenne des usufruits est de vingt ans environ.

§ 2. Droit réel

806. Usufruit et bail. – La seconde caractéristique essentielle de l'usufruit est d'être un droit réel, ce qui le distingue du droit du locataire[11]. Tous deux ont le droit de jouir de la chose, l'un au titre d'un droit réel, un démembrement de la propriété, et l'autre au titre d'un droit personnel, une créance contre le bailleur. L'évolution contemporaine a fait disparaître ou atténué certaines différences entre les deux droits.

Usufruit et bail

Art. 578 : « *L'usufruit est le droit de jouir des choses dont un autre a la propriété* [...] »	**Art. 1709 :** « *Le louage des choses est un contrat par lequel l'une des parties s'oblige à faire jouir l'autre pendant un certain temps* [...] »

807. Opposabilité du droit. – Étant un droit réel, le droit de l'usufruitier est opposable aux tiers. Il est ainsi muni du droit de préférence[12], car il peut exercer son droit sur la chose en quelques mains où elle se trouve (art. 621)[13]. Tandis que le droit du locataire, étant un droit personnel (un droit de créance), est purement relatif ; cependant, l'article 1743 lui confère une opposabilité assez forte à l'encontre des acquéreurs successifs de la chose louée.

9. Cass. civ. 1re, 20 avr. 1983, *dame Simon, Bull. civ.* I, n° 124 ; *JCP* G 1984.II.20257 ; *D.* 1986.31, n. crit. M. Grimaldi ; *Defrénois* 1983, art. 33.158, n° 109, p. 1355, obs. G. Champenois ; *Jour. not.* 1984, art. 57638, n. crit. A. Raison ; *RTD civ.* 1984.349, obs. J. Patarin : « *La clause de réversibilité de l'usufruit au profit du conjoint survivant insérée dans l'acte de donation-partage du 24 mars 1975 s'analysait en une donation de biens à venir, l'usufruit faisant l'objet de la libéralité ne prenant effet qu'au décès du donateur* ».

10. Cette règle est d'ordre public : Cass. civ. 3e, 7 mars 2007, *Bull. civ.* III, n° 36 ; *JCP* G 2007.I.197, n° 11, obs. H. Périnet-Marquet ; I.179, n° 1, obs. Caussain, Fl. Deboissy et Wicker ; *JCP* N 2007.1219, n. H. Hovasse ; *D.* 2007.2084, n. Julienne, 2497, obs. N. Reboul-Maupin ; *Dr. et patr.* févr. 2009.96, obs. J.-B. Seube et Th. Revet : « *l'usufruit accordé à une personne morale ne peut excéder trente ans* », *contra*. Caen, 24 janv. 1995, *Defrénois* 1996, art. 36278, n° 24, obs. crit. Chr. Atias, admettant qu'une association qui se réserve l'usufruit en donnant la nue-propriété, peut calquer la durée de l'usufruit sur la sienne. Sur la durée du simple droit de jouissance ou d'occupation concédé à une personne morale : *supra*, n° 358.

11. **Biblio. :** R. Willmann, *Usufruit, droit au bail*, in *L'immeuble urbain à usage d'habitation*, ouvr. collectif, sous la direction de J. Carbonnier, LGDJ 1963.

12. Ex. : si les créanciers du nu-propriétaire saisissent le bien de leur débiteur, l'usufruitier leur opposera son droit.

13. Ex. : Cass. civ. 3e, 11 mars 1990, *Bull. civ.* III, n° 92 ; *D.* 1991, somm. 263 ; *RDI* 1990.469, obs. J.-L. Bergel ; *RTD civ.* 1991.564, obs. Fr. Zénati : « *La vente de la chose d'autrui est nulle ; la vente de la chose sujette à usufruit ne fait aucun changement dans le droit de l'usufruitier* » ; en l'espèce, le nu-propriétaire avait vendu sa chose, sans mentionner l'existence de l'usufruit ; jugé que l'usufruitier ne pouvait demander la nullité de la vente, puisque son droit était opposable à l'acquéreur.

Autrefois, en cas de troubles apportés à sa jouissance par un tiers, l'usufruitier pouvait invoquer la protection possessoire sans avoir besoin de faire intervenir le nu-propriétaire, tandis que le locataire, dépendant du bailleur, devait demander à celui-ci d'exercer les actions possessoires. Cette différence a en partie disparu, depuis que la loi du 9 juillet 1975 a accordé l'exercice de l'action possessoire aux détenteurs précaires (art. 2278, al. 2). En partie seulement, car si l'usufruitier peut exercer les actions possessoires contre le nu-propriétaire, le locataire ne peut agir contre le bailleur qu'à titre contractuel et se voit donc à cet égard refuser les actions possessoires[14]. La règle traduit l'indépendance de l'usufruitier.

808. Indépendance de l'usufruitier. – Une importante différence entre l'usufruit et le bail tient à ce que l'usufruitier n'a aucune relation avec le nu-propriétaire : leurs rapports sont dominés par l'indépendance et l'ignorance réciproques : pendant la durée de l'usufruit, n'existe entre eux aucun rapport, sauf celui, purement négative qu'a le nu-propriétaire de respecter l'usufruit et le droit qu'il a de faire sanctionner l'abus de jouissance commis par l'usufruitier au moyen de la déchéance judiciaire de l'usufruit (art. 618).

Au contraire, le locataire n'a pas de droit portant directement sur la chose, mais seulement celui d'en demander la jouissance paisible au bailleur (art. 1719) : il est dépendant de son contractant.

809. Sûretés, cessions, location. – Il existe d'autres différences, moins importantes, entre l'usufruitier et le bail. Le droit de l'usufruitier est mobilier ou immobilier, selon son objet (art. 526). Il peut être l'objet d'une sûreté réelle (gage ou hypothèque), puisqu'il est un droit réel[15], mais la pratique n'en est pas courante, car cette sûreté, s'éteignant avec le décès du bénéficiaire, est fragile. La législation sociale ne le connaît pas[16].

Il peut être librement cédé et, sous réserve de l'article 595, al. 4, le bien peut être loué par l'usufruitier. Ce qui constitue une importante différence avec le preneur où la cession de bail est souvent limitée par la convention ou par la loi ; la sous-location dépend de la convention conclue entre le bailleur et le preneur.

Il confère un droit réel étendu, puisqu'il aboutit à un démembrement de la propriété.

§ 3. Démembrement

Il est classique de voir dans l'usufruit un démembrement du droit de propriété (I) ; cependant, certaines conséquences qui découlent de cette analyse sont aujourd'hui limitées (II) ; aussi a-t-on proposé une autre manière de voir (III).

I. — Analyse classique

810. Une séparation désastreuse. – Dans l'analyse classique, les attributs de la propriété sont répartis entre l'usufruitier et le nu-propriétaire. Au premier, l'*usus* et le *fructus*. Au second, l'*abusus*, encore qu'il n'ait que le droit de disposer de la nue-propriété, non celui de détruire la chose ; son droit existe même si la chose est inaliénable.

14. *Supra*, n° 375.

15. Req., 6 mars 1861, *DP* 1861.I.417 : « *Le droit de superficie et le droit d'usufruit sont, comme l'emphytéose, des droits réels qui se détachent de l'immeuble lui-même, et constituent, au profit de celui auquel ils sont conférés, une véritable propriété dont il a la libre disposition* ».

16. Ex. : Cass. soc., 25 mai 1976, *Bull. civ.* IV, n° 322 : l'allocation logement de la Sécurité sociale est refusée au bénéficiaire d'un droit d'habitation en raison de sa « *durée exacte inconnue* ».

Il en résulte que les droits de chacun sont isolés de ceux de l'autre ; ce qui n'est pas sans inconvénients pratiques, puisqu'il est inévitable qu'une communauté d'intérêts et des rapports de fait s'établissent entre nu-propriétaire et usufruitier, surtout lorsque la durée de l'usufruit est longue.

Par exemple, lorsque l'usufruitier a loué l'immeuble, le nu-propriétaire ne peut, en cas d'incendie de la chose louée, agir en responsabilité contre le locataire et invoquer l'article 1733[17], ce qui est désastreux pour lui.

Inversement, l'usufruitier ne peut obliger le nu-propriétaire à faire les grosses réparations, ce qui, aussi bien pour l'usufruitier que pour le nu-propriétaire, est également désastreux[18].

II. — Limites

Depuis plus de soixante ans, diminue peu à peu l'isolement des deux droits, celui de l'usufruitier et celui du nu-propriétaire. Le rapprochement apparaît pour la conclusion de baux ruraux ou commerciaux[19] et dans le régime de l'indivision.

811. Indivision. – Il n'existe pas d'indivision entre nu-propriétaire et usufruitier, car leurs droits sont de natures différentes[20], ce qui est bien le signe de leur indépendance mutuelle. Par conséquent, il n'est pas possible de recourir au partage ni à la licitation[21], qui supposent une indivision[22]. De même, la chose soumise à usufruit peut être louée[23] ou saisie, alors que l'on ne peut saisir une chose indivise[24]. Mais s'il existe une indivision en jouissance[25], l'usufruitier peut en

17. Cass. civ., 16 nov. 1948, *D.* 1949.26 ; *RTD civ.* 1949.103, obs. H. Solus : « *Vu l'article 1733 ; le nu-propriétaire de l'immeuble que l'usufruitier a donné à bail en vertu des droits distincts qui lui sont propres, demeure étranger à cette convention ; elle ne lui devient éventuellement opposable, en raison de sa durée ou par application de l'article 595 qu'à la fin de l'usufruit ; il n'est pas jusque-là recevable à exercer directement contre le locataire l'action en responsabilité de l'incendie prévue par l'article 1733.* »

18. *Infra*, n° 832.

19. *Infra*, n° 822.

20. *Supra*, n° 666.

21. La licitation est une vente aux enchères. **Étymologie** de licitation : du verbe latin *licet, ere* = être mis à prix.

22. Ex. : Req., 27 juill. 1869, *DP* 1871.I.170 : « *il n'y a indivision qu'autant que les intéressés ont, sur la chose, des droits de même nature ; ainsi, entre le nu-propriétaire et l'usufruitier, il n'y a pas d'indivision qui puisse rendre nécessaire entre eux la licitation des immeubles dont l'un a la propriété, l'autre l'usufruit ; d'où il suit que si l'usufruit d'immeubles impartageables appartient à un seul et la nue-propriété à plusieurs, la licitation ne peut porter que sur la nue-propriété* ».

23. Cass. civ. 1re, 25 nov. 1986, *Bull. civ.* I, n° 282 ; *D.* 1987.141, n. G. Morin ; *Defrénois* 1987, art. 33887, m. n. « *Vu les articles 595 et 815-3 ; il résulte du premier de ces textes que l'usufruitier peut, sans le concours du nu-propriétaire, donner à bail un fonds de commerce ; le second, qui exige le consentement de tous pour la conclusion des baux, n'est applicable que dans les rapports entre indivisaires* » ; [...] (or), « *il n'existe pas d'indivision entre l'usufruitier et le nu-propriétaire dont les droits sont de nature différente* ».

24. Cass. civ. 2e, 18 oct. 1989, *Bull. civ.* II, n° 192 ; *D.* 1989, IR 288 ; *JCP* G 1989, IR 407 ; *RTD civ.* 1990.115, obs. Fr. Zénati ; en l'espèce, un usufruitier et un nu-propriétaire avaient ensemble vendu leur bien grevé d'usufruit pour un même prix ; jugé que le créancier de l'usufruitier pouvait saisir la part du prix revenant à son débiteur : « *Il n'y a pas d'indivision quant à la propriété entre l'usufruitier et le nu-propriétaire qui sont titulaires de droits différents et indépendants l'un de l'autre ; ainsi [...] l'usufruitier a, sur le prix total, un droit propre à la portion correspondant à la valeur de son usufruit* ».

25. Ex. : un des héritiers à la 1/2 en PP et 1/2 en NP ; l'autre à la 1/2 en U.

demander le partage; symétriquement, le nu-propriétaire peut également le demander pour une nue-propriété indivise[26].

La jurisprudence a même décidé que l'usufruitier pouvait exiger la licitation en pleine propriété du bien sur lequel portait son droit de jouissance indivis, lorsqu'il n'était possible ni de cantonner l'usufruit sur des biens déterminés, ni de le liciter dans des conditions avantageuses[27]. L'inverse n'est pas vrai (art. 815-5, al. 2, L. 6 juill. 1987) : le nu-propriétaire en indivision ne peut demander la licitation en pleine propriété : les enfants en indivision ne peuvent donc révoquer l'usufruit du conjoint survivant, ce qui souvent l'aurait privé de la jouissance du logement du défunt. La jurisprudence admet aussi le remboursement des charges de l'indivision en jouissance entre le propriétaire et l'usufruitier actuel[28]

De même, la loi de 1976 relative à l'indivision a permis la conclusion de conventions d'indivision entre nu-propriétaire et usufruitier. En outre, elle impose désormais le concours du nu-propriétaire pour la conclusion de baux ruraux ou commerciaux.

III. — Analyse moderne

812. Propriété des fruits ? – Aussi un auteur[29] a suggéré de voir dans l'usufruit non un démembrement, mais une limitation de la propriété dans ses attributs et sa durée : une propriété temporaire limitée aux fruits. Ce qui, peut-être, rendrait moins difficile l'établissement de rapports entre nu-propriétaire et usufruitier, et moins rigide l'exploitation de l'usufruit.

Cette analyse tendrait à faire du nu-propriétaire et de l'usufruitier des sortes d'égaux, alors qu'actuellement il n'y a qu'un seul propriétaire[30], le nu-propriétaire, parce qu'il a vocation à la perpétuité : le vrai maître de la chose, c'est, traditionnellement, le nu-propriétaire, parce que son droit s'exerce sur la longue durée. Au contraire, l'usufruit est une charge temporaire qui grève le droit de propriété. Mais peu à peu les natures de la nue-propriété et de l'usufruit se rapprochent. Un signe de cette évolution apparaît dans le droit successoral ; avant la loi du 3 décembre 2001, seuls les héritiers (nus-propriétaires) pouvaient demander la conversion de l'usufruit du conjoint survivant en une rente viagère (article 767 anc., al. 7), ce qui manifestait que la propriété résidait dans la nue-propriété. Aujourd'hui, cette faculté est réciproque (article 759 nouveau) ; à cet égard, nu-propriétaire et usufruitier tendent à devenir des égaux.

26. Cass. civ. 1re, 6 févr. 1996, *Bull. civ.* I, n° 64 ; *RTD civ.* 1996.683, obs. J. Patarin ; 1997.172, obs. crit. Fr. Zénati.

27. Ex. : Req., 20 juill. 1932, *DP* 1933.I.113, n. R. Savatier ; *S.* 1934.I.41, n. H. Vialleton : « *Lorsque le droit de l'usufruitier porte sur une quote-part des biens d'une succession, il y a indivision entre lui et l'héritier quant à la jouissance ; si, en principe, pour y mettre fin, il ne peut être procédé qu'à un partage de jouissance, il en est autrement lorsque la licitation de la pleine propriété apparaît comme nécessaire à l'assiette de l'usufruit et comme seule protectrice de l'intérêt des parties* ».

28. Cass.civ. 1re, 10 févr. 2016, n° 14-24.759, npB ; RTD civ. 2016.404, obs. W. Dross.

29. J. Carbonnier, n° 104, *Théorie juridique, rapports de l'usufruitier avec la chose.* V. aussi W. Dross, *Droit civil, Les choses*, n° 82 : « *l'usufruitier est le propriétaire actuel mais provisoire de la chose tandis que le nu-propriétaire est son propriétaire futur mais perpétuel* ».

30. Cf. art. 598 : « *L'usufruit est le droit de jouir des choses dont un autre a la propriété...* ».

Section III
DOMAINE

813. Biens corporels : usufruit et quasi-usufruit. – L'usufruit peut porter sur toute espèce de biens. Le Code civil a particulièrement songé aux immeubles[31].

Il a aussi prévu que l'usufruit porte sur des choses consomptibles (art. 587). Le mécanisme de l'usufruit se déforme, puisqu'on ne peut user de ces choses sans les détruire : l'*usus* se confond alors avec l'*abusus* ; l'usufruitier a le pouvoir de disposer de la chose à charge d'en restituer une semblable ou d'une valeur équivalente ; on parle de « quasi-usufruit »[32].

Le quasi-usufruit s'applique tout naturellement à l'argent, le bien consomptible par excellence. La jurisprudence admet aussi qu'il y a un quasi-usufruit « *par destination* », lorsqu'il porte sur des biens destinés à être vendus, tels que les marchandises d'un fonds de commerce[33]. Les difficultés apparaissent en cas de transformation d'un bien : lors de sa naissance, l'usufruit avait pour objet un bien qui ultérieurement est transformé en argent ; par exemple, il est vendu d'un commun accord entre l'usufruitier et le nu-propriétaire. S'agit-il d'un quasi-usufruit ? Non, a dit la Cour de cassation, d'abord dans une espèce où était en jeu le point de départ des intérêts dus à l'usufruitier[34], puis dans une autre où était en cause l'étendue d'un usufruit successoral[35].

Pratiquement, en cas de vente de la chose grevée d'usufruit avec l'accord de l'usufruitier, le prix global représente pour partie la valeur de l'usufruit qui s'éteint, et pour partie celle de la nue-propriété. L'usufruitier n'a droit qu'à la fraction représentant la valeur de l'usufruit. La « *ventilation* » du prix de vente entre l'usufruitier et le nu-propriétaire a des inconvénients : l'usufruitier dispose d'un capital, qui se trouvera dans sa succession ; en outre, l'évaluation de l'usufruit et de la nue-propriété peuvent être difficiles. Le quasi-usufruit n'est pas non plus une bonne solution, parce qu'il expose le nu-propriétaire à l'insolvabilité de l'usufruitier. Une troisième solution consiste à reporter le démembrement sur un nouveau bien acquis en remploi. Ce qui est possible conventionnellement ; le quasi-usufruit n'est qu'une conséquence de la consomptibilité ; or, celle-ci peut être écartée, si les parties s'obligent à employer la somme[36].

---

31. Les dispositions du C. civ. visent spécialement l'usufruit des taillis, des forêts, des bois et des arbres fruitiers (art. 590 à 594). Le principe est que l'usufruitier doit procéder aux coupes en se conformant à l'usage ; V. Delobel, « L'usufruit des propriétés boisées », *Jour. not.* 1981, art. 56341.

32. **Biblio. :** P. Sirinelli, « Le quasi-usufruit », *LPA*, 21 et 26 juill. 1993 ; Fr. Zénati, « La nature juridique du quasi-usufruit (ou la métempsychose de la valeur ») , in *Et. P. Catala*, Litec, 2001, p. 605.

33. Cass. com., 18 nov. 1968, *Bull. civ.* IV, n° 324 : « *Veuve Chataigneau, saisie de son usufruit et administrant les biens de ses enfants mineurs, avait sur les marchandises se trouvant dans le fonds* (de commerce) *et destinées, par leur nature, à être vendues, un quasi-usufruit lui permettant de les aliéner* ». Mais les titres au porteur ne sont pas consomptibles : Cass. com., 12 juill. 1993, *Bull. civ.* IV, n° 292 ; Cass. civ. 1re, 4 avr. 1991, *Bull. civ.* I, n° 129 ; *Rev. sociétés*, 1991.737, n. P. Didier.

34. Cass. civ. 1re, 19 févr. 1980, *Bull. civ.* I, n° 63 : « *dame Guido* (la veuve usufruitière) *ne pouvait demander les intérêts de sa créance que dans les conditions prévues pour les créanciers de sommes d'argent par l'article 1153* [auj. 1234-5] ».

35. Cass. civ. 1re, 7 juin 1988, *Bull. civ.* I, n° 181 ; *Defrénois* 1988, art. 34372, n. appr. G. Morin ; *D.* 1988, IR 192 : « *L'usufruit ne revêt la forme d'un quasi-usufruit que lorsqu'il porte sur les deniers qui existaient dans la succession au jour du décès et non lorsqu'il s'exerce sur d'autres biens qui ne sont pas consomptibles par le premier usage* ».

36. Ex. : Dijon, 27 janv. 1864, *DP* 1865.II.104 : les sommes placées par l'usufruitier en accord avec le nu-propriétaire n'entrent pas dans son patrimoine ; v. ég. art. 602, en cas de placement imposé à l'usufruitier ; *Adde* : A. Françon, art. cité *infra*, note 42.

De même et à l'inverse, les parties peuvent rendre consomptible un bien qui ne l'est pas naturellement et étendre conventionnellement le domaine du quasi-usufruit[37], notamment pour les valeurs mobilières.

814. Biens incorporels. – Bien que le Code ne l'ait pas prévu[38], le domaine de l'usufruit s'est étendu aux biens incorporels, tels que fonds de commerce[39], valeurs mobilières[40], propriétés intellectuelles[41], créances[42] ou sommes d'argent[43], etc. L'essentiel de l'usufruit subsiste : un droit sur des revenus, qui doit respecter la substance de la chose. Cet usufruit soulève cependant des difficultés. Il est en effet impossible d'appliquer le rigoureux cantonnement de l'usufruit et de la nue-propriété, tel que le conçoit le Code, car il est inévitable, plus encore que pour les autres biens, que des rapports s'établissent entre usufruitier et nu-propriétaire.

L'usufruitier peut disposer des objets compris dans le fonds de commerce, à charge d'employer le prix en remplacement de la chose aliénée qui intégrera l'usufruit par l'effet de la subrogation réelle ; pour l'usufruit d'un portefeuille de valeurs mobilières, la règle est la même : l'usufruitier peut aliéner les valeurs, à la condition d'en conserver la substance[44] à peine de déchéance et de rembourser la valeur[45] ; en outre, le nu-propriétaire est en droit d'être informé sur la valeur et la consistance du portefeuille[46].

37. P. Sirinelli, *op. cit., supra,* n°s 35 à 39 ; J. Le Calvez, « L'usufruit des valeurs mobilières de capitalisation... », *D.* 1994, chron. 125 ; Req., 30 mars 1926, *DH* 1927.217 (l'arrêt parle de « fongibilité », mais vise en réalité la consomptibilité). Pour cette extension conventionnelle à des valeurs mobilières : M. Grimaldi et J.-F. Roux, « La donation de valeurs mobilières avec réserve de quasi-usufruit », *Defrénois* 1994, art. 35677 ; pour une formule : M. Vion et T. Le Peux, *Defrénois* 1994, art. 35714.

38. Encore que l'article 588 envisage l'usufruit d'une rente viagère, c'est-à-dire d'une créance.

39. P. Chazal, « L'usufruit d'un fonds de commerce », *Defrénois* 2001, art. 37297.

40. J. Cocard, *L'usufruit des actions et des obligations*, th. Caen, 1938.

41. B. Dauchez et J.-P. Marguénaud, « L'usufruit des droits d'auteur », *Defrénois* 2003.1699. L'étude **1** distingue le conjoint de l'auteur du conjoint de l'ayant droit ; **2** expose que la valeur de l'usufruit d'un droit d'auteur peut ne pas diminuer avec l'écoulement du temps : une œuvre peut n'acquérir de renommée que tardivement ; **3** propose une imputation originale de l'usufruit sur la quotité disponible.

42. **Biblio. :** A. Françon, « L'usufruit des créances », *RTD civ.* 1957, 1 et s. Sur l'évaluation fiscale d'une sous-location en usufruit : Cass. com., 25 avr. 1974, *Bull. civ.* IV, n° 133 ; *D.* 1974.644, n. M. Cozian.

43. M. Grimaldi, « L'emploi des deniers grevés d'usufruit », *Defrénois* 1999, art. 36939.

44. Ex. : Cass. civ. 1re, 3 déc. 2002, *dame Malet, D.* 2003.2495, n. D. Fiorina ; n.p.B. ; *RTD civ.* 2003.118, obs. Th. Revet : « *Si l'usufruitier d'un portefeuille de valeurs mobilières, lesquelles ne sont pas consomptibles par le premier usage, est autorisé à gérer cette universalité en cédant des titres dans la mesure où ils sont remplacés, il n'en a pas moins la charge d'en conserver la substance et de le rendre* [...] ; *pour déterminer la substance conservée et la valeur du bien à partager, il est nécessaire que l'usufruitière puisse donner tous les éléments nécessaires pour déterminer si les seules valeurs subsistantes au jour du partage, représentent bien toute la substance de l'universalité qu'elle était chargée de conserver* ». **Biblio. :** R. Libchaber, « Le portefeuille de valeurs mobilières : bien unique ou pluralité de biens ? », *Defrénois* 1997, art. 34464 (hostile à l'universalité de fait) ; M. Grimaldi et J. Roux, « La donation de valeurs mobilières avec réserve de quasi-usufruit », *D.* 1994, chron. 219 ; également hostile : P. Didier, *Rev. sociétés,* 1991.737 (réservé) ; M. Storck, « La propriété d'un portefeuille de valeurs mobilières », in *Et. P. Catala*, Litec, 2001, p. 695 s ; (une forme spéciale d'appropriation, appliquée à des valeurs dématérialisées) ; D. R. Martin, « Du portefeuille de valeurs mobilières considéré comme une universalité de fait », *Vie judic.*, 1992, n° 2392 ; D. Fiorina, « L'usufruitier d'un portefeuille de valeurs mobilières », *RTD civ.* 1995.43 ; Fr. Zénati, RTD civ. *1994.381 ; J. Carbonnier, n° 66, c (ces quatre derniers, très favorables).*

45. Ex. Cass. civ. 1re, 16 juin 2011, n° 10-17.898 ; *RTD civ.* 2011. 568 et 571, obs. Th. Revet ; n.p.B. : « *l'usufruitière était tenue de rendre la valeur qui aurait été celle du portefeuille en l'absence de ces prélèvements* ».

46. Cass. civ. 1re, 3 déc. 2002, *JCP* 2003.II.10158, n. St. Piedelièvre ; n.p.B. : « *la cour de renvoi a, à bon droit, déclaré Mme veuve B. tenue de communiquer en sa qualité d'usufruitière à Mme M. nue-*

Lorsqu'un droit social (par ex. : une part sociale ou une action de société) est l'objet d'un usufruit, se présentent deux questions qui peuvent être résolues distinctement.

1° : Qui exerce le **droit de vote** ? La loi procède à une répartition : le nu-propriétaire est titulaire du droit de vote, sauf pour les décisions concernant l'affectation des bénéfices, où il est réservé à l'usufruitier (art. 1844, al. 3 ; comp., pour les SA, C. com., art. L. 225-110) ; la Cour de cassation en a déduit que l'usufruitier ne pouvait participer aux décisions n'ayant pas pour objet l'affectation des bénéfices[47]. Cette répartition n'est pas impérative ; les statuts peuvent y déroger dans certaines limites. D'une part, il est impossible de priver l'usufruitier du droit de voter les décisions relatives à l'affectation des bénéfices[48]. D'autre part, il est possible de donner à l'usufruitier le droit de voter les autres décisions, et donc de supprimer le droit de vote du nu-propriétaire, à condition que celui-ci conserve le droit de participer aux décisions collectives (en étant convoqué et informé)[49].

2° : Qui a la qualité d'**associé ?** Tout le monde admet que le nu-propriétaire l'est[50]. L'usufruitier l'est-il aussi ? Les auteurs sont en désaccord[51]. La solution consisterait à reconnaître à l'usufruitier et au nu-propriétaire la qualité d'associés à concurrence de leurs prérogatives respectives[52] ; ou encore à laisser les statuts déterminer l'attribution de cette qualité[53]. Mais la Cour de cassation semble considérer que cette qualité est exclusivement attachée à la nue-propriété[54] ; ce qui est regrettable, mais n'est sans doute pas définitif.

---

propriétaire, tous renseignements sur l'évolution du portefeuille de valeurs mobilières depuis l'ouverture de la succession de Jean B. jusqu'au jour du partage, pour ajouter la valeur et la substance dudit portefeuille en référence à sa substance et sa valeur au jour de l'ouverture de la succession ».

47. Cass. civ. 3e, 15 sept. 2016, n° 15-15.172, *Bull. civ.* III, à paraître ; D. 2016.2199, n. Fr. Danos ; l'usufruitier n'a pas à être convoqué ; des auteurs en ont déduit que l'usufruitier n'était pas un associer.

48. Cass. com., 31 mars 2004, *consorts Hénaux*, *Bull. civ.* IV, n° 70 ; *D.* 2004.1167, obs. A. Lienhard ; *RTD civ.* 2004.318, obs. Th. Revet : « *la clause litigieuse, en ne permettant pas à l'usufruitier de voter les décisions concernant les bénéfices, subordonnait à la seule volonté des nus-propriétaires le droit d'user de la chose grevée d'usufruit et d'en percevoir les fruits, alors que l'art. 578 attache à l'usufruit ces prérogatives essentielles* ».

49. Jurisprudence constante ; ex. : Cass. com., 2 déc. 2008, n° 08-13.185 ; *D.* 2009.12, obs. A. Lienhard ; *RTD civ.* 2009.137, obs. Th. Revet ; n.p.B. : « *Les statuts peuvent déroger à la règle selon laquelle si une part est grevée d'un usufuit le droit de vote appartient au nu-propriétaire, à la condition qu'il ne soit pas dérogé au droit du nu-propriétaire de participer aux décisions collectives* ».

50. Mais un associé insolite ; V. L. Godon, « Un associé insolite : le nu-propriétaire de droits sociaux », *Rev. Sociétés* 2010, p. 143.

51. **Biblio. :** A. Rabreau, *L'usufruit des droits sociaux*, Litec, Bibl. dr. de l'entr. 2000, préf. J.-C. Hallouin ; A. Viandier, *La notion d'associé*, th. Paris II, LGDJ 1978, préf. Fr. Terré, nos 20-21, 248-256 ; M. Cozian, A. Viandier et Fl. Deboissy, *Droit des sociétés*, Litec, 20e éd., 2016, nos 315-316, avouent leur désaccord ; J. Deruppé, « Un associé méconnu : l'usufruitier de parts ou actions », *Defrénois* 1994, art. 35894 ; « De l'ineptie de refuser à l'usufruitier la qualité d'associé », *Defrénois* 1997.3651.

52. A. Pietrancosta, « Usufruit et droit des sociétés », *Dr. et patr.* mai 2005, n° 137, p. 63.

53. P. Le Cannu, « Sociétés : l'associé qui cède la nue-propriété de ses parts perd-il la qualité d'associé ? », *Defrénois* 2007, p. 676.

54. Cass. civ. 3e, 29 nov. 2006, *Bull. civ.* III, n° 236 ; *Defrénois* 2007, a. 38582, obs. P. Le Cannu ; *RTD civ.* 2007, 153, obs. Th. Revet ; *Dr. soc.* févr. 2007, n° 25, n. crit. F.-X. Lucas : cession de nue-propriété de parts d'une SCEA ; le cédant perd la qualité d'associé – ce qui l'expose à la résiliation du bail rural – « *quelle que soit l'étendue du droit de vote accordé à l'usufruitier par les statuts* » ; mais la question précise de l'attribution de la qualité d'associé n'a été ni débattue ni discutée ; au *Bulletin*, cette question n'apparaît pas dans le sommaire ; ce qui incite à la prudence sur la portée de l'arrêt (v. obs. P. Le Cannu).

L'usufruitier d'une créance a seul le droit[55] – il en a même l'obligation – de se faire payer[56], ce qui dépasse la notion d'acte d'administration ; il doit restituer le capital reçu, à l'expiration de l'usufruit. *Pour l'usufruit d'un bail à ferme*[57].

815. Particulier et universel. – L'usufruit peut porter sur un bien particulier ou sur une universalité. L'exemple type d'usufruit sur une universalité est l'usufruit successoral du conjoint survivant (art. 757), de beaucoup le plus répandu.

Section IV
RÉGIME

Le régime de l'usufruit comprend trois périodes successives : sa naissance (sa constitution) (§ 1), sa vie (son fonctionnement) (§ 2), sa mort (son extinction) (§ 3).

§ 1. Constitution

816. Acte volontaire et loi. – « *L'usufruit est établi par la loi, ou par la volonté de l'homme* » (art. 579). Lorsqu'il est fait à titre particulier, c'est-à-dire lorsqu'il porte sur un bien déterminé, il ne peut résulter que d'un acte volontaire : un contrat – gratuit ou onéreux – ou un testament. Un usufruit universel ne peut jamais résulter d'un contrat car le patrimoine est inaliénable entre vifs. Seul le testament (auquel ressemble la donation entre époux de biens à venir) et la dévolution successorale légale (art. 757, L. 3 déc. 2001) peuvent le constituer, car le patrimoine est transmissible à cause de mort.

L'article 579 ne prévoit que deux sources de l'usufruit, la loi et la volonté ; on admet qu'il puisse être usucapé, ce qui est rare. En l'absence de disposition légale ou conventionnelle, le Juge ne peut accorder d'usufruit[58].

Deux formalités, l'inventaire et la caution, tendant à protéger le nu-propriétaire, doivent être prises lors de l'entrée en possession.

55. Cass. civ. 1re, 4 oct. 1989, *Bull. civ.* I, n° 308 ; *JCP* G 1990.II.21519, n. J.-F. Pillebout ; *RTD civ.* 1991.687, obs. Fr. Zénati : « *En sa qualité d'usufruitière, Mme Lor-Michel avait seule le droit d'agir en recouvrement de la créance de la communauté conjugale, ce qui impliquait qu'elle pouvait se prévaloir des sanctions stipulées pour le non-payement de cette créance* ».

56. Req., 21 mai 1930, *épx Vengeon, DP* 1932.I.111 ; *S.* 1930.I.286 : « *L'usufruitier étant tenu aux termes des articles 578 et 601 de veiller à la garde et à la conservation de la chose soumise à son usufruit et d'en jouir en bon père de famille, il lui incombe quand l'usufruit porte sur des créances de poursuivre leur recouvrement à l'échéance et d'en empêcher la prescription ; il doit, à la fin de l'usufruit, remettre au nu-propriétaire soit le montant des créances recouvrées, soit le titre demeuré valable qui les représente* ». En l'espèce, l'usufruitier avait une créance sur la ville de Paris qui ne fut pas réclamée et s'éteignit par l'effet de la prescription extinctive. À l'expiration de l'usufruit, jugé que le notaire devait mettre au débit du compte d'administration de l'usufruitier le montant de cette créance, puisque l'usufruitier était tenu de réparer la perte fautive du bien.

57. Req., 19 janv. 1857, *DP* 1859.I.279 : « *On doit attribuer à l'usufruitier tous les bénéfices obtenus par l'exploitation du bail à ferme pendant le cours de l'usufruit et reconnaître qu'il ne doit restituer à la fin de l'usufruit que le droit au bail à ferme, si ce bail existe encore* ».

58. Ex. : Cass. civ. 2e, 11 oct. 1989, *Bull. civ.* II, n° 177 ; *RTD civ.* 1991.768, obs. Fr. Zénati : « *Mme Borrel ne pouvait prétendre à l'usufruit d'un immeuble à titre de dommages-intérêts dans une procédure de séparation de corps dès lors que la possibilité d'un tel usufruit n'était prévue par aucun texte et que M. Borrel s'opposait à son admission* ».

817. Inventaire et caution. – **1°** Afin d'établir la consistance des biens, il faut dresser un **inventaire** (art. 600), sauf si le titre constitutif (la loi, le testament ou la convention), en dispense l'usufruitier, ce qui arrive souvent étant donné le caractère familial qu'a fréquemment l'usufruit. Lorsqu'il est obligatoire, son absence comporte deux sanctions : l'interdiction de l'entrée en jouissance, et la possibilité pour le nu-propriétaire, lors des restitutions, de prouver par tous moyens, même la commune renommée (« *on dit que...* »)[59] la consistance des biens soumis à usufruit.

2° Afin de garantir la restitution et l'exécution de ses autres obligations, l'usufruitier doit fournir une **caution** ou une garantie équivalente[60], sauf dispense du titre (art. 601). La caution est une personne qui s'engage à payer si le débiteur principal (en l'espèce, l'usufruitier) ne le fait pas.

§ 2. Fonctionnement

Pour décrire le fonctionnement de l'usufruit, il faut d'abord exposer la situation de l'usufruitier, ce qui est la méthode du Code civil (I), puis celle du nu-propriétaire (II).

I. — Situation de l'usufruitier

L'idée traditionnelle est que l'usufruitier et le nu-propriétaire s'ignorent. L'usufruitier administre la chose et en perçoit les fruits. Le nu-propriétaire ne fait rien : il attend l'extinction de l'usufruit. Sans doute a-t-il la charge des grosses réparations, mais l'usufruitier ne peut les lui réclamer. Il n'y avait, selon la tradition, qu'une exception à cette séparation : le nu-propriétaire pouvait surveiller l'usufruitier et sanctionner ses abus de jouissance. Cette vieille conception séparatiste a reculé : on le voit notamment dans le régime des baux, où maintenant l'usufruitier doit parfois obtenir le consentement du nu-propriétaire pour en conclure certains.

L'usufruitier a des droits (A), des pouvoirs (B) et des obligations (C).

A. Droits

818. Usage et jouissance. – L'usufruitier a l'*usus* et le *fructus*, c'est-à-dire qu'il peut, soit lui-même user de la chose (l'*usus*)[61], soit surtout en percevoir les fruits, s'il en a donné l'usage à une autre personne, par exemple en la louant : le *fructus* sera les loyers. Mais il n'a pas droit aux produits, qui touchent à la substance de la chose[62] qu'il doit sauvegarder.

59. Toutefois, des auteurs estiment douteuse la recevabilité de la preuve par commune renommée dans ce genre d'hypothèses : Ch. Aubry et Ch. Rau, t. II, 7e éd., 1961, par P. Esmein, n° 408, note 6 ; M. Planiol et G. Ripert, t. III, par M. Picard, n° 874. Dans une espèce, où l'inventaire n'avait pas été dressé lors de l'entrée en jouissance de l'usufruitier, la Cour de cassation a approuvé les juges du fond d'avoir refusé d'ordonner une enquête : Cass. civ. 1re, 11 févr. 1959, *Bull. civ.* I, n° 89.

60. Cass. civ. 3 févr. 1897, *DP* 1897.I.601 : « *Vu l'article 2041* (aujourd'hui 2288) *; aux termes de cet article, celui qui, étant tenu par la loi de fournir une caution, ne peut la trouver est reçu à donner à sa place un gage ou un nantissement suffisant ; cette règle, qui s'entend aussi de la faculté de constituer, le cas échéant, une hypothèque suffisante, s'applique à tous les cas où un texte spécial n'en a pas autrement ordonné ; il en est ainsi notamment pour l'usufruitier, la loi n'ayant édicté à son égard aucune disposition contraire* ».

61. Ex. : s'il s'agit d'une maison, l'usufruitier a le droit de l'habiter, de se servir des meubles meublants, de profiter des servitudes, etc.

62. Sur la différence entre fruits et produits, *supra*, nos 160 à 162.

819. Acquisition des fruits : civils, naturels, industriels. – Le Code prévoit un régime d'acquisition des fruits un peu archaïque. Il distingue les fruits civils et les fruits naturels et industriels. S'il s'agit de fruits **civils** (des loyers, par exemple), ils s'acquièrent au jour le jour, c'est-à-dire proportionnellement à la durée de la jouissance[63] (art. 586), peu importe la date de la perception et celle de l'échéance. S'il s'agit de fruits **naturels** (que donne la nature sans l'aide de l'homme)[64] et **industriels** (ceux qui résultent du travail de l'homme sur la chose)[65], ils s'acquièrent par perception (art. 585)[66].

Ce système forfaitaire a l'avantage d'être simple, mais peut être injuste : la récolte faite immédiatement après l'ouverture de l'usufruit appartient entièrement à l'usufruitier bien que ce soit le nu-propriétaire qui l'avait préparée ; inversement, la récolte faite immédiatement après l'extinction de l'usufruit appartient au nu-propriétaire bien que ce soit l'usufruitier qui l'a préparée. C'est une règle méthodologique presque constante : la simplicité d'un forfait a pour rançon une justice approximative.

B. Pouvoirs

Ayant la jouissance et l'usage de la chose, l'usufruitier a les pouvoirs qui en sont la conséquence, notamment celui d'administrer (1) ; devant en respecter la substance, il n'a pas celui d'en disposer, mais il peut céder son usufruit (2).

1) Actes d'administration

820. Pouvoirs et jouissance. – Les pouvoirs de l'usufruitier résultent de son droit de jouissance. Ainsi peut-il conférer à un tiers l'usufruit de son usufruit – une cession d'usufruit – ou même un droit d'usage[67] ; c'est en ce sens qu'il faut comprendre l'article 597 précisant qu'il jouit « *de tous les droits dont le propriétaire peut jouir* ». Surtout, il peut accomplir tous les actes d'administration qu'appelle la jouissance, notamment donner à bail.

821. Baux ; droit commun. – On raisonnera sur une des difficultés majeures, les baux, où les nécessités pratiques contemporaines écartent, mais partiellement, les exigences de la logique.

La logique consisterait ici en une série de raisonnements successifs, en cascades. Le point de départ se trouve dans un des aspects essentiels de l'usufruit : pour le nu-propriétaire, l'usufruitier est un tiers, puisque n'existent pas de relations entre eux, ce qui aurait dû avoir pour conséquences que le bail consenti par l'usufruitier serait valable, mais inopposable au nu-propriétaire. Solution qui eût présenté de graves inconvénients : à l'extinction de l'usufruit, le locataire aurait perdu ses droits et été expulsé par le nu-propriétaire.

Aussi, la loi (art. 595, al. 2 et 3) prévoit-elle que la conclusion ou le renouvellement[68] d'un bail consenti par l'usufruitier est opposable au nu-

63. Ex. : si un usufruit s'ouvre un 1er juillet : l'usufruitier a droit à la moitié des loyers (ou des intérêts) annuels.

64. Ex. : le produit et le croît des animaux.

65. Ex. : une récolte.

66. *Infra*, n° 825.

67. Cass. civ. 3e, 7 avr. 2004, *Bull. civ.* III, n° 86 ; *D.* 2004.2469, obs. N. Reboul-Maupin.

68. Cass. civ. 3e, 24 mars 1999, *Bull. civ.* III, n° 78 ; *D. Aff.* 1999.789, obs. Y. R. ; *JCP* G 1999.I.175, n° 23, obs. H. Périnet-Marquet : « *Le texte susvisé* (art. 595, al. 2) *ne comporte aucune distinction entre renouvellement et conclusion du bail initial* ».

propriétaire s'il est un acte d'administration[69], c'est-à-dire s'il n'a pas été conclu pour plus de neuf ans ; à l'expiration de l'usufruit, le nu-propriétaire ne pourra être tenu, au maximum, que pour une période de neuf ans[70]. La règle paraît assurer un équilibre satisfaisant entre les différents intérêts en jeu : ceux du nu-propriétaire, de l'usufruitier et du locataire.

La durée excessive du bail est réductible même lorsque le nu-propriétaire est l'héritier de l'usufruitier-bailleur[71], sauf si l'usufruitier avait garanti au locataire la longue durée de son bail, car cette obligation serait transmise au nu-propriétaire[72], héritier de l'usufruitier. Le texte ne s'applique pas aux conventions d'occupation précaire[73].

822. Baux ruraux et commerciaux. – Il existe aujourd'hui de nombreux baux qui confèrent aux locataires une stabilité plus grande que celle de l'usufruitier. Dans les baux commerciaux, les baux ruraux et les baux d'habitation encore soumis à la loi du 1er septembre 1948, le droit au renouvellement ou au maintien dans les lieux dont bénéficie le locataire rend illusoire le plafond de neuf ans imposé par l'article 595, al. 2. Aussi, depuis 1965, la loi a-t-elle exigé (art. 595, al. 4) le concours du nu-propriétaire à la conclusion des baux ruraux et commerciaux (elle ne parle pas des baux d'habitation) conclus par l'usufruitier, sauf autorisation judiciaire en cas de refus injustifié du nu-propriétaire[74]. La règle est remarquable car elle impose des relations entre nu-propriétaire et usufruitier qui, normalement, n'existent pas.

69. Ex. : Cass. civ. 1re, 23 nov. 1986, cité *supra*, note 23 ; la location-gérance d'un fonds de commerce (L. 20 mars 1956) ne confère pas au preneur de droit au renouvellement du bail : l'usufruitier peut donc la conclure sans le concours du nu-propriétaire.

70. Ex. : Cass. civ. 3e, 5 nov. 1949, *Bull. civ.* III, n° 1018 : « *Pour la durée excédant le maximum prévu par l'article 595, le bail passé par l'usufruitier n'est pas inexistant, mais nul d'une nullité relative invocable seulement par le nu-propriétaire* » ; ce qui veut dire qu'à l'expiration de l'usufruit, le nu-propriétaire (et nul autre) peut faire réduire la durée du bail, le preneur ayant alors seulement le droit d'achever la période de neuf ans en cours.

71. Req., 13 avr. 1897, *DP* 1898.I.76 : « *Le nu-propriétaire n'est pas tenu de respecter le bail consenti par l'usufruitier pour une durée de plus de neuf ans, et il en est ainsi, alors même que l'usufruit ayant pris fin par le décès de l'usufruitier, le nu-propriétaire est devenu l'héritier de celui-ci, car, les obligations de l'usufruitier cessant avec l'usufruit lui-même, il n'a pu transmettre à ses héritiers des obligations que l'extinction de l'usufruit avait fait disparaître* ».

72. Req., 18 avr. 1921, *DP* 1922.I.210 : « *Si, en principe, le nu-propriétaire, même devenu héritier de l'usufruitier, n'est pas tenu de respecter au-delà de la période de 9 ans, fixée par l'article 595, les baux consentis par celui-ci, il en est autrement lorsque l'usufruitier s'est présenté comme propriétaire de l'immeuble donné à bail ; dans ce cas, l'obligation résultant du bail ne s'est pas éteinte avec le décès de l'usufruitier, mais a été transmise avec sa succession ; le nu-propriétaire, devenu héritier du bailleur, ne peut évincer le preneur auquel il doit garantir la jouissance de l'immeuble pendant tout le temps fixé par le contrat de bail* ».

73. Ex. : Cass. civ. 3e, 29 nov. 1995, *Bull. civ.* III, n° 246 ; *D.* 1997, somm. 22, obs. A. Robert ; *JCP* G 1996.I.3921, n° 18, obs. H. Périnet-Marquet ; *RTD civ.* 1996.941, obs. Fr. Zénati : « *Les conventions d'occupation précaire prévues par l'article L. 411-2, C. rur., ne relevaient pas des dispositions de l'article 595* ».

74. Le juge a... **refusé** l'autorisation lorsque... : Cass. civ. 3e, 5 mars 1986, *Bull. civ.* III, n° 24 : « *Le bail envisagé ne sert pas les intérêts de Mme Léontine Sellier* (l'usufruitière) *mais porte atteinte aux intérêts de Mme Paule Sellier* (une des nues-propriétaires) *et tend à avantager les épx Van Den Bossche* (les locataires envisagés) *et les épx Lesage* (les autres nus-propriétaires, parents et beaux-parents des locataires) »... **accordé** l'autorisation lorsque : Cass. civ. 3e, 2 févr. 2005, *Bull. civ.* III, n° 30 ; *JCP* G 2005.I.181, n° 6, obs. H. Périnet-Marquet : « *le bail commercial envisagé obéissait à la nécessité d'adapter les activités agricoles à l'évolution économique et à la réglementation sur la protection de l'environnement, il ne dénaturait ni l'usage auquel les parcelles étaient destinées, ni leur vocation agricole, il était profitable à l'indivision, mais sans porter atteinte aux droits des nus-propriétaires dans la mesure où le preneur s'engageait en fin de bail à remettre les lieux dans leur état d'origine* ».

Le concours du nu-propriétaire ne s'impose que pour la conclusion ou le renouvellement de ces baux[75] ; à l'égard du reste, l'usufruitier a seul, pendant la durée de l'usufruit, la qualité de bailleur[76].

823. Nullité relative. – La Cour de cassation a décidé que la violation de cette règle était sanctionnée, non par l'inopposabilité du bail au nu-propriétaire ce qui eût paru rationnel, mais par la nullité[77] ; le nu-propriétaire peut ainsi agir immédiatement sans avoir à attendre l'extinction de l'usufruit. Cette nullité est certainement relative, puisqu'elle a pour raison d'être la protection d'un intérêt particulier. La personne qui l'invoque, la seule qui puisse le faire, est le nu-propriétaire, qui est un tiers, étranger au contrat de bail, alors que d'habitude on dit que seul le contractant protégé par la loi peut demander la nullité quand elle est relative.

La Cour de cassation précise que « *le bail est nul à l'égard du nu-propriétaire* », ce qui implique qu'il ne l'est pas entre les parties, c'est-à-dire à l'égard de l'usufruitier. Deux conséquences en découlent : **1** l'usufruitier ne peut demander la nullité du bail qu'il a irrégulièrement conclu[78] ; **2** si le bail est annulé, il devra indemniser le locataire évincé, en raison de la garantie à laquelle il est tenu (art. 1719).

824. Théorie de l'apparence. – La théorie de l'apparence rend valable le bail commercial ou le bail à ferme irrégulièrement passé par l'usufruitier seul lorsque le locataire a cru de bonne foi et sous l'empire de l'erreur commune que son bailleur était pleinement propriétaire[79]. La Cour de cassation exige que l'apparence soit caractérisée ; ainsi, serait insuffisant le seul fait que l'usufruitier ait perçu des loyers et mis les locaux à la disposition du locataire[80]. Il faut aussi que l'erreur soit légitime, condition que la Cour de cassation exige avec rigueur[81].

75. Cass. civ. 3e, 24 mars 1999, *Bull. civ.* III, n° 78 ; *JCP* G 1999.I.175, n° 23, obs. H. Périnet-Marquet : « *Le texte susvisé* (art. 595, al. 4) *ne comporte aucune distinction entre renouvellement et conclusion du bail initial* ».

76. **1er ex.** : l'usufruitier peut poursuivre seul la résiliation du bail : Cass. civ. 3e, 4 mai 1976, *Bull. civ.* III, n° 186 ; *D.* 1976, IR 235 ; *RTD civ.* 1976.801, obs. Cl. Giverdon ; *Defrénois* 1976, art. 31221, p. 1291, obs. M. Vion : « *Vu l'article 595 ; les dispositions du texte susvisé, si elles interdisent à l'usufruitier de donner à bail un fonds rural sans le concours du nu-propriétaire, ou à défaut, sans y être autorisé par justice, ne font pas obstacle à ce que l'usufruitier poursuive seul la résiliation du bail* ». **2e ex.** : le droit de reprise s'apprécie en sa personne : Cass. civ. 3e, 16 janv. 1979, *Bull. civ.* III, n° 18 : « *Veuve Arnauts qui avait seule en tant qu'usufruitière la qualité de bailleresse des terres et pâtures était fondée à exercer seule la reprise en faveur de son petit-fils* ».

77. * Cass. civ. 3e, 26 janv. 1972, *Boller*, *Bull. civ.* III, n° 69 ; *D.* 1975.22, n. J. Penneau ; *JCP* G 1972.II.17104, n. G. G. ; *Jour. not.* 1973.370 ; *Rev. loyers* 1972.203 ; *RTD civ.* 1972.619, obs. J.-D. Bredin : « *L'usufruitier ne peut, en vertu de l'article 595, al. 4, conclure de baux à usage commercial sans le concours du nu-propriétaire ; la cour d'appel a retenu à bon droit que l'infraction à cette règle impérative était de nature à entraîner la nullité du bail à l'égard du nu-propriétaire, qui pouvait invoquer celle-ci sans attendre la fin de l'usufruit* ».

78. * Cass. civ. 3e, 26 janv. 1972, *Boller*, cité *supra*.

79. Ex. : Cass. civ. 3e, 21 janv. 1981, *Bull. civ.* III, n° 17 ; *D.* 1983.36, n. crit. P. Diener : « *Vu l'article 1714 ; le bail consenti par le propriétaire apparent de la chose louée est opposable au véritable propriétaire, lorsque le locataire a traité de bonne foi, sous l'empire de l'erreur commune* ».

80. Ex. : Cass. civ. 3e, 18 janv. 1995, *Bull. civ.* III, n° 24 ; *JCP* G 1995.I.3878, n° 25, obs. H. Périnet-Marquet ; 4 févr. 1998, *Bull. civ.* III, n° 26 ; *JCP* G 1998.I.171, n° 19, obs. H. Périnet-Marquet.

81. Cass. civ. 3e, 5 avr. 1995, *Bull. civ. III*, n° 99 ; *Defrénois* 1995.1457, obs. Chr. Atias : par application de la théorie de l'apparence, la cour d'appel avait jugé valable le bail commercial consenti par l'usufruitier « *alors que les locataires avaient l'obligation de vérifier l'étendue des pouvoirs de la signataire dès lors qu'ils savaient qu'elle n'était pas la seule propriétaire* ». Cassation.

2) Actes de disposition

825. Aliénation de la chose soumise à l'usufruit et cession de l'usufruit. – Il faut distinguer entre l'aliénation de la chose soumise à l'usufruit et la cession de l'usufruit.

1° La doctrine enseigne en général que l'usufruitier ne peut **aliéner la chose** soumise à usufruit, à peine de nullité, qui est relative[82]. Le Code civil se borne à interdire à l'usufruitier de perdre « *la substance de la chose* » (art. 578), ce qui résulterait de l'aliénation d'un immeuble ou d'un meuble corporel. Mais lorsque la « substance » de la chose tient non à la chose, mais à sa valeur, l'aliénation peut être admise lorsque par exemple l'usufruit porte sur des instruments financiers, tels qu'un portefeuille d'actions. La Cour de cassation a décidé que l'usufruitier d'un portefeuille de valeurs mobilières « *est autorisé* [...] *à gérer en cédant des titres dans la mesure où ils sont remplacés* »[83].

2° Tout le monde s'accorde pour reconnaître à l'usufruitier le pouvoir de **céder son usufruit**. Le cessionnaire devient usufruitier à la place du cédant : il en a les droits et les obligations. La durée de l'usufruit ne change pas pour autant ; s'il est viager, la durée est mesurée sur la vie, non du cessionnaire, mais du cédant ; c'est donc au décès de celui-ci qu'il s'éteint. Il en est de même d'un usufruit d'une durée fixe, qui ne peut jamais se prolonger au-delà de la vie de l'usufruitier actuel. S'il en avait été autrement, la prohibition des usufruits perpétuels eût été facilement tournée : des cessions successives à des cessionnaires plus jeunes eussent indéfiniment prolongé l'usufruit.

La cession de l'usufruit ne détache donc pas complètement le droit cédé de la personne du cédant, puisqu'il continue à avoir pour durée la vie du cédant.

826. Acte aléatoire. – La cession d'un usufruit est un acte aléatoire, puisque la valeur du bien cédé dépend de la durée de la vie du cédant, qui est incertaine. Elle ne peut donc être rescindée pour cause de lésion, même lorsque l'usufruit cédé est immobilier, bien que, normalement, la vente d'immeuble soit rescindable pour cause de lésion. La règle est évidemment la même pour la cession d'une nue-propriété. Elle est cependant écartée lorsque le contrat n'est aléatoire qu'en apparence : par exemple, en raison de l'âge avancé ou de la santé de l'usufruitier s'il est, d'évidence, proche du tombeau.

C. Obligations

Pendant l'usufruit, l'usufruitier est tenu à trois obligations : payer les intérêts des dettes de son auteur s'il s'agit d'un usufruit universel (1), ne pas changer la destination de la chose (2), assurer son entretien (3).

1) Intérêts des dettes

827. Usufruit universel. – L'usufruitier à titre particulier n'a pas à contribuer aux dettes qui étaient à la charge du nu-propriétaire (art. 611), sauf, bien entendu, s'il y avait été obligé par le titre constitutif de l'usufruit. Au contraire, l'usufruitier universel ou à titre universel (essentiellement, le conjoint survivant) supporte une partie du passif successoral, celui qui est symétrique à l'actif reçu : il doit donc les intérêts de toutes les dettes successorales, ou seulement d'une fraction, selon que sa vocation successorale est universelle ou à titre universel ; il est également tenu

82. Ex. : Cass. civ. 3e, 21 mai 2002, *Bull. civ.* III, n° 106 ; *D.* 2003, somm. 2050, obs. Bl. Mallet-Bricout ; *Defrénois* 2002.1311, obs. Chr. Atias : « *l'échange d'un bien par l'usufruitier sans l'accord du nu-propriétaire est entaché d'une nullité relative dont seul le coéchangiste peut se prévaloir* (le coéchangiste qui avait acquis de l'usufruitière de l'autre bien la propriété de la parcelle échangée).

83. Cass. civ. 1re, 12 nov. 1998, *JCP* G 1999.120, n° 29, obs. H. Périnet-Marquet

de la rente viagère ou de la pension alimentaire à laquelle son auteur s'était engagé, non à celle qui résulte d'un jugement (art. 610)[84].

Si l'usufruitier ne paye pas, le nu-propriétaire ou ses créanciers peuvent faire vendre la totalité des biens – propriété et usufruit – à concurrence de la dette due par l'usufruitier –, malgré l'article 815-5 permettant à celui-ci de faire obstacle à la licitation du bien dont il a l'usufruit[85].

2) Ne pas changer la destination de la chose

828. ***Salva rerum substantia.*** – En raison même de la définition de son droit (art. 578), l'usufruitier ne doit pas modifier la « substance de la chose », il doit en jouir « *comme le propriétaire lui-même* ». Cette obligation est largement comprise : non seulement il ne doit pas détruire la chose, mais il ne peut non plus en changer la destination[86] en transformant par exemple son mode d'exploitation[87]. Les textes (art. 590, 591, 593, 597 et 598) modèlent le comportement de l'usufruitier sur « *l'usage des anciens propriétaires* ». Si la chose périt, il en est responsable envers le nu-propriétaire, sauf s'il démontre la force majeure[88]. Il ne peut non plus transformer matériellement la chose ; par exemple, s'il construit, il n'a droit, même en fin d'usufruit, à aucune indemnité (art. 599, al. 2). Les constructions lui appartiennent pendant la durée de l'usufruit, l'accession ne s'opérant qu'à la fin de celui-ci[89]. En outre, les constructions édifiées par l'usufruitier, même si elles ont trait à la structure de la chose, ne peuvent être assimilées à des grosses réparations incombant au nu-propriétaire[90].

La règle risque de paralyser la gestion des biens soumis à usufruit. L'inconvénient est particulièrement inopportun à cause de deux phénomènes contemporains : l'allongement de la vie

84. Jurisprudence plusieurs fois réitérée depuis Cass. civ. 1re, 8 juin 2004, *Bull. civ.* I, n° 168 ; *JCP* G 2004.II.10174, n. Fr. Sauvage ; 2005.I.187, n° 1, obs. R. Le Guidec ; *RJPF* 2004.38, obs. J. Casey ; *RTD civ.* 2004.720, obs. J. Hauser : « *l'art. 610 met à la charge du légataire universel de l'usufruit la seule rente viagère née de la volonté testamentaire du défunt* ». L'hypothèse la plus fréquente est celle de la rente ou de la pension à la charge du défunt imposée par un jugement de divorce : les héritiers peuvent en être tenus.

85. Ex. : Cass. civ. 1re, 6 mars 2001, *Bull. civ.* I, n° 64 ; *JCP* G 2001.I.358, n° 13, obs. H. Périnet-Marquet ; en l'espèce, une veuve avait reçu l'usufruit universel de la succession ; ses enfants, nu-propriétaires, étaient insolvables ; le liquidateur de l'entreprise qui faisait partie de la succession, avec l'autorisation du juge, a ordonné la licitation de la pleine propriété des biens de la succession, à concurrence des intérêts auxquels l'usufruitier était tenu, malgré l'article 815-5 : « *La valeur des biens dont la licitation avait été ordonnée ne dépassait pas le montant, en intérêts, des dettes successorales* ».

86. Sur la notion de *destination* dans l'usufruit, v. E. Dockès, « Essai sur la notion d'usufruit », *RTD civ.* 1995.479.

87. 1er ex. : Transformer des locaux d'habitation en locaux commerciaux : Cass. civ. 3e, 5 déc. 1968, *Bull. civ.* III, n° 532 ; *D.* 1969.274 : « *en consentant des baux commerciaux autorisant le locataire à créer ou à exploiter un fonds de commerce dans les locaux qui, jusqu'alors, étaient à usage d'habitation, en transformant une maison de plaisance en maison de commerce, veuve Dorel a changé la destination du bien dont elle était usufruitière* ». 2e ex. : il ne peut non plus transformer... des terres labourables en des vergers... un pré en un champ... un parc en un potager... un marais en un verger (ou, pour toutes ces hypothèses, inversement).

88. Ex. : Cass. civ., 3 juin 1991, *Bull. civ.* III, n° 198 ; *JCP* N 1992.II.404 ; *RTD civ.* 1993.168 : « *L'usufruitier d'un immeuble, qui a la charge de le conserver et de le rendre, est comptable de la perte éprouvée par le nu-propriétaire si l'immeuble, objet de l'usufruit, a péri dans un incendie, sauf à lui, comme tout débiteur de corps certain, de justifier que la chose a péri par cas fortuit* ».

89. Cass. 3e civ. 19 sept. 2012, n° 11-15.460, *Bull. civ.* III, n° 128 ; *D.* 2012, 2871, n. A. Tadros : « *la cour d'appel ayant retenu à bon droit qu'il n'existait aucun enrichissement pour la nue-propriétaire qui n'entrera en possession des constructions qu'à la fin de l'usufruit, l'accession n'a pas opéré immédiatement au profit du nu-propriétaire du sol* ».

90. *Infra*, n° 829 et 832.

humaine et les transformations incessantes de l'économie[91]. Aussi la jurisprudence l'a tempérée[92], maintenant plus que jamais[93].

3) Entretien

829. Réparations d'entretien; grosses réparations. – L'usufruitier doit supporter les charges normales de la jouissance. Par exemple, il doit assurer les **réparations d'entretien** (art. 605, al. 1)[94] et le nu-propriétaire peut exiger qu'il les fasse[95] ou en réclamer le remboursement s'il les a lui-même payées[96]. N'ayant pas la propriété, il n'est pas tenu des dépenses qui touchent à la substance de la chose, par exemple les **grosses réparations** (art. 605, al. 2) ou la reconstruction si la destruction de la chose n'est pas imputable à sa faute (art. 607)[97] ; cette règle n'est pas d'ordre public[98].

La loi énumère les grosses réparations (art. 606, al. 2 et 3) : les gros murs et les voûtes, les poutres et les couvertures entières, les digues et les murs de soutènement et de clôture ; la jurisprudence a légèrement étendu cette énumération[99]. Tout ce qui n'est pas grosse réparation est entretien (art. 606, al. 3) ou améliorations[100], c'est-à-dire des charges n'incombant pas au nu-propriétaire.

---

91. Chr. Atias, n° 117. *Cf.* aussi le principe de fixité... du droit d'usage : *infra*, n° 850... des servitudes conventionnelles, *infra*, n°s 1168 et s.

92. Ex. : Req., 8 avr. 1845, *DP* 1845.I.214 : « *Il appartenait à la cour royale d'apprécier les faits et les circonstances desquels elle a conclu que l'usufruitière, tout en cédant à l'impossibilité où elle s'est trouvée de continuer la jouissance de la maison en hôtellerie, a pu la louer sans en altérer la substance* ».

93. * Cass. com., 28 janv. 1980, *Bailly, Bull. civ.* IV, n° 41 ; *JCP* G 1980.II.19416, n. appr. Chr. Atias (qui estime qu'il s'agit d'un grand arrêt de principe) ; *RTD civ.* 1980.787, obs. crit. Cl. Giverdon (qui estime qu'il s'agit d'un mauvais arrêt, que tout au plus les circonstances de l'espèce expliquent) : « *Eu égard aux circonstances dans lesquelles a évolué le fonds de commerce litigieux* (l'évolution économique semblait, en l'espèce, le condamner à péricliter, puis à disparaître), *la cour d'appel a retenu qu'il ne pouvait être fait grief à Roger Bailly* (l'usufruitier) *d'avoir cessé son activité et d'avoir radié l'inscription du fonds du registre du commerce et du répertoire des métiers, puisque cette mesure s'imposait et était indépendante de la volonté de l'usufruitier ; elle a pu en déduire que Roger Bailly n'avait commis aucune faute* ». Rejet du pourvoi.

94. **Biblio. :** P. Courbe, « L'entretien de la chose soumise à usufruit », *JCP* G 1982.I.3070.

95. * Cass. civ., 27 juin 1825, *Lautour, Jur. gén., v° Usufruit*, n° 524 ; *S.* 1825.I.142 : « *il n'y a aucune loi qui autorise l'usufruitier à différer ou à suspendre l'exécution de l'obligation qui met à sa charge les réparations d'entretien, et le nu-propriétaire a un intérêt réel actuel à ce qu'elles soient faites sans délai, afin de conserver la substance de la chose et d'en prévenir le dépérissement ; il peut, par conséquent, contraindre l'usufruitier à les faire au moment où elles sont reconnues nécessaires* ».

96. Cass. civ. 1re, 21 mars 1962, *Bull. civ.* I, n° 175 ; *D.* 1962, somm. 102 ; *JCP* G 1963.II.13272, n. H. G. ; *Gaz. Pal.* 1962.I.193 ; *RTD civ.* 1962.727, obs. crit. H. Solus ; en l'espèce, il s'agissait de travaux de ravalement, que le nu-propriétaire avait payés.

97. M.-P. Lucas de Leyssac, « L'article 607 du Code civil », *RTD civ.* 1978.757.

98. Une jurisprudence constante permet à l'acte constitutif de l'usufruit d'imposer à l'usufruitier la charge des grosses réparations : en dernier lieu : Cass. civ. 3e, 23 janv. 2007, n° 06-16.062, *Bull. civ.* III, n° 41 ; *JCP* G 2007.I.197, n° 11, obs. H. Périnet-Marquet.

99. 1er ex. : Cass. civ. 1re, 2 févr. 1955, *Bull. civ.* I, n° 55 : « *Le renouvellement intégral des zingueries constitue une grosse réparation* » parce que « *la réfection envisagée affecte une partie importante de l'immeuble et nécessite une dépense exceptionnelle* ». 2e ex. : * Cass. civ., 17 juill. 1911, *de Gabriac*, cité *infra*, n° 832 : la reconstitution d'un vignoble ravagé par le phylloxéra ; en conséquence, si l'usufruitier y a procédé, il a droit à une indemnité à la fin de l'usufruit. *Droit civil illustré*, n° 117.

100. Cass. com., 12 juin 2012, n° 11-11.424, *D.* 2012, 2139, obs. Bl. Mallet-Bricout ; *JCP* G 2012, 1186, n° 5, obs. H. Périnet-Marquet ; *Dr. et patr.* 2012, n° 218, p. 32, n. F. Julienne : l'usufruitier avait fait des travaux de démolition, de reconstruction d'une habitation d'une superficie supérieure, de construction d'une piscine et d'aménagement du terrain ; jugé qu'il ne s'agissait pas de grosses réparations mais d'améliorations dont seul l'usufruitier peut déduire de son patrimoine la charge (ISF).

Dans le bail à loyer la question des réparations se présente autrement. La méthode est inverse : tout ce qui n'est pas « *réparations locatives ou de menu entretien* » est, sauf convention contraire[101], à la charge du bailleur[102]. Bien que l'usufruitier et le locataire jouissent tous deux de la chose, ils n'ont donc pas les mêmes obligations à l'égard de l'entretien et des réparations de la chose. Le locataire n'est tenu que des réparations locatives ; au contraire, l'usufruitier doit les réparations d'entretien[103], ce qui relève d'une compréhension plus étendue ; la situation de l'usufruitier est donc plus rigoureuse que celle du locataire (ce que l'on peut dire d'une autre manière : la situation du bailleur est plus rigoureuse que celle du nu-propriétaire).

Le principe est général : l'usufruitier supporte les charges corrélatives aux fruits (art. 608) : par exemple, les impôts ordinaires[104], non les impôts extraordinaires sur le capital. La loi fiscale a pourtant mis l'impôt sur la fortune à la charge de l'usufruitier, ce qui, économiquement, paraît injuste, mais s'explique parce que cet impôt est annuel ; la règle comporte de nombreuses exceptions (CGI, art. 885 G.).

II. — Situation du nu-propriétaire

Il y a une symétrie entre les droits et obligations du nu-propriétaire et ceux de l'usufruitier.

A. Droits

830. Une propriété limitée. – Le nu-propriétaire est le propriétaire parce qu'il a vocation à la perpétuité[105], mais son droit est limité puisqu'il ne peut ni jouir ni user de la chose ; les fruits ne sont pas pour lui, mais pour l'usufruitier. Il a seulement droit aux produits. Il ne peut aliéner la chose qu'en en réservant l'usufruit (art. 621)[106], ce qui s'explique parce que l'usufruit est un droit réel qui suit la chose en quelque main qu'elle se trouve.

En pratique, c'est la pleine propriété qui est généralement vendue, avec le consentement conjoint du nu-propriétaire et de l'usufruitier. Sauf stipulation particulière, le prix doit être ventilé entre le nu-propriétaire et l'usufruitier, selon la valeur respective de leurs droits. Cependant,

101. Souvent dans la pratique, les baux allègent les obligations du bailleur en ne mettant à sa charge que les obligations prévues par les articles 605 et 606.

102. Cass. civ. 3e, 28 juin 2006, *Bull. civ.* III, n° 165 ; *D.* 2007. 905, obs. Damas ; *JCP* G 2006.I.178, n° 15, obs. H. Périnet-Marquet : si l'usufruitier est en même temps bailleur, il est tenu de toutes les obligations pesant sur le bailleur (notamment, celle de l'art. 1719, 3° : « *entretenir la chose louée en état de servir à l'usage pour lequel elle a été louée* ») : il ne peut invoquer l'art. 605 dispensant l'usufruitier des grosses réparations « *à moins qu'elles n'étaient occasionnées par le défaut de réparation d'entretien depuis l'ouverture de l'usufruit* », car ce texte « *ne règle que les rapports entre l'usufruitier et le nu-propriétaire* ».

103. Ex. : Si la toiture est endommagée par le gel ou la grêle, dans l'usufruit, la réparation incombe à l'usufruitier, dans le bail au bailleur. *Cf.* Cass. civ. 1re, 21 mars 1962, cité *supra* note 96 : jugé que les dépenses de ravalement et de recrépissage étaient à la charge de l'usufruitier (alors que dans le bail, elles eûssent incombé au bailleur).

104. Ex. : Cass. com., 25 janv. 1965, *Bull. civ.* III, n° 68 : « *Après avoir rappelé que la cote mobilière est un impôt basé sur la jouissance personnelle de locaux d'habitation, la cour d'appel, constatant que pendant la période susvisée, les cons. de Penanster ont eu "la jouissance exclusive" du château de Sérigny, énonce à bon droit que la charge exclusive du payement leur incombe* ». Toutefois, la convention des parties peut mettre les impôts (taxes foncières) à la charge du nu-propriétaire : Cass. civ. 1re, 3 juin 1997, *Bull. civ.* I, n° 189.

105. *Supra*, n° 812.

106. Cass. civ. 3e, 28 mars 1990, *Bull. civ.* III, n° 92 : cassation de l'arrêt qui avait prononcé la nullité de la vente faite par le nu-propriétaire : « *La cour d'appel pouvait seulement constater l'inopposabilité de celle-ci* (la vente) *aux épx Davy-Poitevin* (les usufruitiers) ».

le nu-propriétaire et l'usufruitier peuvent avoir convenu que l'usufruit sera reporté sur le prix : l'usufruitier a alors la jouissance de la totalité du prix – un quasi-usufruit – qu'il devra restituer au nu-propriétaire à l'extinction de son droit. Ou encore, que la totalité du prix sera employée dans l'acquisition d'un nouveau bien, sur lequel se reportera le démembrement[107].

831. Droit isolé. – En outre, le droit du nu-propriétaire est un droit isolé de celui de l'usufruitier, avec lequel il n'entretient pas de rapports personnels, car un droit réel n'établit pas de rapports entre les personnes. Ainsi, à la différence du bailleur (art. 1722, al. 2), il n'est tenu ni de fournir la chose en bon état (art. 600), ni de l'entretenir, sauf convention contraire.

Cependant, dès 1804, le Code civil avait prévu des limites à cet isolement. Le nu-propriétaire a l'interdiction de troubler l'usufruitier. Inversement, il peut demander la déchéance de l'usufruit en cas d'abus de jouissance ; il a donc le droit et même l'obligation[108] de surveiller l'usufruitier.

B. Obligations

832. Grosses réparations. – Le nu-propriétaire est tenu d'effectuer les grosses réparations (art. 605) (non de reconstruire : art. 607)[109]. Mais c'est une règle imparfaite (au sens romain de la *lex imperfecta*[110]) car elle est sans sanction. Si le nu-propriétaire n'exécute pas spontanément ses obligations, l'usufruitier ne peut l'y contraindre. Il ne peut l'y obliger directement en agissant en justice[111], sauf si l'acte constitutif de l'usufruit l'avait prévu[112] ; il ne peut non plus le faire indirectement : si l'usufruitier fait les grosses réparations, spontanément ou obligé par son

107. Cass. civ. 1re, 20 oct. 1987, *Bull. civ.* I, n° 276 ; *D.* 1988.85, n. G. Morin ; *JCP* N 1988.II.165, n. Ph. Rémy : « *Si la chose vendue simultanément et pour un même prix appartient pour l'usufruit à l'un des vendeurs, pour la nue-propriété à l'autre, chacun d'eux a droit à une portion du prix total correspondant à la valeur comparative de l'usufruit avec la nue-propriété* ». V. aussi *supra*, n° 813.

108. * Cass. com., 28 janv. 1980, *Bailly*, cité *supra*, note 93 : « *Après avoir relevé que Bernard Bailly* (le nu-propriétaire) *resté en relation constante avec son père* (l'usufruitier) *de 1955 à 1962, n'ignorait rien de la marche de l'entreprise, la cour d'appel a constaté qu'il lui était possible d'obtenir toutes précisions sur les résultats de l'exploitation et, le cas échéant, de prendre avec sa famille, les mesures nécessaires pour enrayer la chute du fonds de commerce et pallier une évolution qu'il ne pouvait ignorer* ».

109. Cass. civ. 3e, 23 oct. 1979, *Bull. civ.* III, n° 187 ; *D.* 1980, IR 20 ; *RDI* 1980.143, obs. J.-L. Bergel : « *de ces constatations et énonciations, la cour d'appel* [...] *a pu déduire que l'immeuble avait été totalement détruit par le séisme et que les nu-propriétaires, qui, par application de l'article 607, n'étaient pas tenus de le reconstruire, n'avaient pas contrevenu à leurs obligations conventionnelles* (en l'espèce, le nu-propriétaire s'était engagé à entretenir l'immeuble) *ou légales en s'abstenant de le faire* ».

110. C'étaient des lois qui se bornaient à interdire ou à ordonner quelque chose, sans prononcer de sanction contre le contrevenant.

111. Jurisprudence plusieurs fois réitérée depuis. * Req., 10 déc. 1900, *Fourvel*, *DP* 1901.I.209, n. L. Guénée ; *S.* 1904.I.36 : « *De l'article 605 combiné avec les articles 600 et 607, il résulte que la loi n'autorise pas l'usufruitier à agir contre le nu-propriétaire pour le contraindre à exécuter les grosses réparations nécessaires à la conservation de l'immeuble soumis à l'usufruit ; cette solution résulte, d'ailleurs, de la nature même de l'usufruit qui n'impose au nu-propriétaire aucune obligation positive mais le force seulement à souffrir sur le fonds l'exercice du droit de l'usufruitier* ».

112. Ex. : Cass. civ. 3e, 9 oct. 1985, *Bull. civ.* III, n° 119 ; *JCP* N 1987.II.62, n. J.-F. Pillebout ; *Defrénois* 1986, art. 33825, n° 111, p. 1502, obs. H. Souleau : « *L'arrêt* (attaqué) *retient qu'aux termes de l'acte de vente du 30 janvier 1970, les acquéreurs s'obligeaient à faire effectuer, à leurs frais, toutes les réparations qui deviendraient nécessaires à la maison vendue ; ainsi la cour d'appel a relevé l'existence d'une clause dérogatoire à l'article 605, lequel n'autorise pas l'usufruitier à agir contre le nu-propriétaire, pour le contraindre à exécuter les grosses réparations nécessaires à la conservation de l'immeuble* ».

locataire[113], il ne peut en obtenir le remboursement pendant la durée de l'usufruit ; son seul droit sera d'obtenir à l'expiration de l'usufruit, lors du règlement des comptes, une somme du nu-propriétaire, qui ne pourra dépasser ni les dépenses engagées, ni la plus-value apportée à l'immeuble par les travaux[114]. De même,

113. Cass. soc., 20 mai 1949, *D.* 1949.424 ; *RTD civ.* 1950.199, obs. J. Carbonnier ; « *l'usufruitière, qui est tenue de respecter les baux passés par elle-même, a la charge d'assurer leur parfaite exécution* ».

114. * Cass. civ., 17 juill. 1911, *de Gabriac*, *DP* 1911.I.457 : « *L'arrêt attaqué déclare que de Fayolle, usufruitier de la terre de Chateaufort, a reconstitué de ses deniers un vignoble ravagé par le phylloxéra ;* [...] *l'arrêt décide à bon droit que le rétablissement de ce vignoble en son état primitif constitue, non une amélioration de la chose au sens de l'article 599, mais une grosse réparation dans les termes de l'article 606 et en conséquence la succession de de Fayolle était fondée à réclamer, pour la reconstitution du vignoble, la somme de 11 130 F, montant de la plus-value, lors de la cessation de l'usufruit* ». V. *Droit civil illustré*, n° 117.

il ne peut se prévaloir d'un trouble de jouissance causé par la carence du nu-propriétaire à effectuer les grosses réparations[115].

Le défaut de symétrie entre la condition de l'usufruitier et celle du nu-propriétaire paraît singulier : l'usufruitier est tenu d'une obligation d'entretien, le nu-propriétaire peut exiger qu'il l'accomplisse ; le nu-propriétaire est tenu des grosses réparations, l'usufruitier ne peut exiger qu'il les accomplisse. On peut justifier cette dissymétrie de trois manières. **1** Le nu-propriétaire est le propriétaire : il peut donc faire de sa chose ce qu'il veut ; s'il ne veut pas faire les grosses réparations, même nécessaires, c'est son affaire. **2** Il est tenu de laisser jouir l'usufruitier, non de le faire jouir, à la différence du bailleur. **3** Il a remis la chose à l'usufruitier dans l'état où elle était, même dégradée (à la différence du bailleur) ; il serait paradoxal de l'obliger à la remettre en état par la suite.

Ainsi, ni le nu-propriétaire, ni l'usufruitier ne sont tenus de faire les grosses réparations, ce qui est une règle qui n'incite pas à une bonne gestion. Telle est, semble-t-il, la conséquence inéluctable de l'usufruit : l'usufruitier n'a pas les ressources suffisantes pour faire face aux dépenses en capital qu'appellent les grosses réparations : il n'a que les revenus. Le nu-propriétaire n'a aucune ressource produite par la chose, car il est privé de ses revenus. À quoi la doctrine[116] réplique que le nu-propriétaire peut emprunter, surtout si l'on tient compte de la valeur vénale d'un immeuble bâti ; mais son crédit hypothécaire est médiocre, car les nues-propriétés s'hypothèquent aussi mal qu'elles se vendent.

§ 3. Extinction

Seront successivement exposés les causes (I) puis les effets (II) de l'extinction de l'usufruit.

I. — Causes

833. Mort, renonciation, déchéance, etc. – Les causes de l'extinction de l'usufruit découlent de ses trois caractères (art. 617).

La loi prévoit aussi que l'usufruit du conjoint survivant peut être converti en rente viagère, à la demande des autres héritiers ou du conjoint (art. 759 à 762), ce qui est une sorte d'extinction par transformation.

Du fait que l'usufruit est temporaire, il s'éteint par la mort de l'usufruitier et par l'arrivée du terme[117].

Du fait qu'il est un droit réel, il s'éteint par la perte de la chose, le non-usage trentenaire (c'est-à-dire la prescription extinctive) et la renonciation[118] qui permet à l'usufruitier d'échapper aux obligations qui lui incombent.

115. Cass. civ. 1re, 18 déc. 2013, n° 12-18.537, *Bull. civ.* I, n° 243 ; *JCP* G 2014.467, n° 4, obs. H. Périnet-Marquet ; *JCP* N 2014.1187, n° 4, mêmes obs. ; *D.* 2014.776 ; *RTD civ.* 2014.149, obs. W. Dross.

116. J. Carbonnier, n° 105, c.

117. V. *supra*, n° 805.

118. Ex. : Req., 16 mars 1870, *DP* 1870.I.329 : « *La renonciation de l'usufruitier à son droit de jouissance n'est soumise par la loi à aucune forme spéciale ; cette renonciation, quand elle est faite purement et simplement, sans indication, ni exclusion d'aucun des nu-propriétaires, ne constitue ni une convention synallagmatique, ni une donation entre vifs soumises pour leur validité à des règles particulières* ».

Du fait qu'il impose des obligations à l'usufruitier et notamment de conserver la substance de la chose, il s'éteint par la déchéance que les tribunaux prononcent à rencontre de l'usufruitier qui a commis des abus de jouissance (art. 618, al. 1)[119].

834. Consolidation, paralysie et mise en sommeil. – Enfin, du fait qu'il est un démembrement de la propriété, il s'éteint par la consolidation, c'est-à-dire la réunion sur la même tête des qualités d'usufruitier et de nu-propriétaire (art. 617).

1 Il n'y a **pas consolidation** lorsque l'usufruitier décède ou que le terme de l'usufruit est échu : l'usufruit est éteint et le nu-propriétaire n'acquiert rien de l'usufruitier. Il n'y a **consolidation** que lorsque l'usufruit n'est pas éteint et que le nu-propriétaire l'acquiert. Ce n'est pas une véritable extinction de l'usufruit, mais plutôt sa paralysie, sorte de mise en sommeil. **2** Une **paralysie** : la répartition des droits, des obligations et des pouvoirs entre le nu-propriétaire et l'usufruitier est désormais sans objet. Pas une extinction : à l'égard des tiers, l'usufruit demeure et par conséquent, les obligations qu'avait contractées l'usufruitier subsistent et sont à la charge du nu-propriétaire qui a acquis l'usufruit tel qu'il était[120]. **3** Une **mise en sommeil** : si l'acte qui avait causé la consolidation est annulé ou résolu, l'usufruit renaît.

II. — Effets

835. Restitution. – L'extinction de l'usufruit oblige l'usufruitier à restituer la chose sauf si elle a péri pour une cause de force majeure[121]. La restitution doit se faire en nature, sauf s'il s'agit d'un quasi-usufruit (portant sur des choses consomptibles) ou si la chose a été détruite par la faute de l'usufruitier ; dans ces cas, la restitution peut se faire en argent, la valeur de la chose étant appréciée à la date de la restitution (art. 587) : il s'agit d'une dette de valeur[122].

Le quasi-usufruitier a une option : il peut restituer l'équivalent soit en nature, soit en argent.

836. Comptes. – Comme toutes les restitutions, celle-ci s'accompagne d'un règlement de comptes dont la complexité s'accroît avec la durée de l'usufruit ; l'usufruitier a pu, en effet, pendant la durée de l'usufruit, acquérir des créances et des dettes contre le nu-propriétaire, dont le règlement est reporté à la cession de l'usufruit puisque, pendant l'usufruit, il n'existe aucun contact ou presque entre l'usufruitier et le nu-propriétaire.

---

119. Les juges ont un grand pouvoir (souverain ?) pour apprécier la gravité de l'abus de jouissance et l'opportunité de la déchéance : ex. : Cass. civ. 3e, 12 mars 1970, *Bull. civ.* III, n° 204 ; *D.* 1970.692 ; *RTD civ.* 1971.174, obs. J.-D. Bredin. En l'espèce, jugé que les juridictions du fond ont exercé leur pouvoir d'appréciation en décidant... que le fait pour l'usufruitier d'avoir loué une partie du bien soumis à l'usufruit, ... que les conduits de fumée étaient sales, ... que les planchers étaient un peu affaissés, ne justifiaient pas la déchéance de l'usufruit.

120. * Cass. civ. 3e, 26 janv. 1972, *Boller*, cité *supra*, n° 823 : « *Vu l'article 617 ; en vertu de ce texte, l'extinction de l'usufruit par consolidation suppose la réunion sur la même tête des deux qualités d'usufruitier et de nu-propriétaire ; à cet égard, le cessionnaire de l'usufruit ne saurait être assimilé à l'usufruitier.* » En l'espèce, un usufruitier avait conclu un bail commercial sans le concours du nu-propriétaire ; puis un tiers a acquis la nue-propriété et l'usufruit a demandé la nullité du bail ; la cour d'appel l'avait admis parce que l'usufruit était, selon elle, éteint par consolidation ; cassation : « *Les conditions d'extinction de l'usufruit n'étaient pas réunies, et du fait de la persistance de ce dernier, le cessionnaire de l'usufruitier était tenu à garantie à l'égard du preneur* ».

121. L'usufruitier n'est libéré que s'il prouve la force majeure ; ainsi dans le cas d'incendie : Cass. civ. 3e, 26 juin 1991, *Bull. civ.* III, n° 198 ; *JCP* G 1991.IV.348 : « *L'usufruitier d'un immeuble qui a la charge de le conserver et de le rendre est comptable de la perte éprouvée par le nu-propriétaire, si l'immeuble, objet de l'usufruit, a péri dans un incendie, sauf à lui, comme tout débiteur de corps certain, de justifier que la chose a péri par cas fortuit* ».

122. **Biblio. :** Marie Malaurie, *Les restitutions en droit civil*, th. Paris II, Cujas, 1991, préf. G. Cornu.

Dans les articles du compte figurent au débit de l'usufruitier les fruits qu'il a perçus après la cessation de l'usufruit, et les indemnités qu'il doit en raison de la dégradation de la chose, même pour celle qui résulte d'un usage normal de la chose[123], ce qui est une nouvelle différence d'avec le bail, où le bailleur supporte ce genre de détériorations ; mais il doit rendre la chose dans l'état où il l'avait reçue[124]. Figurent au crédit du compte les créances qui lui sont dues, par exemple en raison de la plus-value causée par les grosses réparations qu'il a payées[125].

837. Améliorations et constructions. – La loi (art. 599, al. 2) ne permet pas à l'usufruitier d'être indemnisé pour les améliorations qu'il a apportées à la chose ; la jurisprudence a étendu la règle aux constructions neuves[126].

Cette règle est critiquée à cause de son iniquité[127] ; des arrêts hétérodoxes ne l'appliquent pas lorsque l'usufruitier a ajouté une chose distincte au fonds[128]. En outre, dans des hypothèses assez voisines, de nombreuses personnes qui ont moins de droits que l'usufruitier sur la chose, sont mieux traitées, ce qui est paradoxal : ainsi, le fermier (C. rur., art. L. 411-69 à 411-78), le locataire à usage d'habitation (L. 12 juillet 1967), ou même le simple possesseur qui n'avait aucun droit sur la chose (art. 555)[129]. La règle a l'avantage de permettre des libéralités indirectes sans avoir à payer des droits de mutation[130] ni heurter les droits des réservataires[131].

N°s 838-848. réservés.

123. Sauf pour les « *choses qui, sans se consommer de suite, se détériorent peu à peu par l'usage, comme du linge, des meubles meublants* » (art. 587), ce qu'aujourd'hui, on appelle des biens de consommation, par exemple, une automobile.

124. Aix, 24 juin 1982, *RDI* 1983.323, obs. J.-L. Bergel. Voici le raisonnement de la cour : obliger l'usufruitier à restituer le bien entretenu à neuf aboutirait à enrichir injustement le nu-propriétaire lorsque ce bien se trouvait en mauvais état au début de l'usufruit.

125. *Supra*, n° 832.

126. Ex. : ** Req., 4 nov. 1885, aff. *Janson de Sailly*, *DP* 1886.I.361, rap. Almeras-Latour ; *S.* 1886.I.113 : [...] « *la dame Riaro Sforza* (veuve de Janson de Sailly), *en sa seule qualité d'usufruitière, a fait élever le bâtiment litigieux, situé en façade de la rue Royale* [...] *; ces changements et constructions sont de leur nature de véritables améliorations* ».

127. Fl. Deboissy, « Le sort des constructions nouvelles édifiées par l'usufruitier : retour sur une controverse ancienne », *Mélanges Simler*, 2006, p. 745.

128. Paris, 4 mars 1966, *Gaz. Pal.* 1966.II.6, n. Cabanac ; *RTD civ.* 1966.835, obs. J.-D. Bredin.

129. *Supra*, n°s 516 à 517.

130. Cass. civ. 3e, 19 sept. 2012, n° 11-15.460, *JCP* G 2012.1267, n. B. Travely et F. Collard ; *JCP* N 2013.1118, n° 5, obs. H. Périnet-Marquet ; *RTD civ.* 2012.751, obs. Th. Revet ; *D.* 2012.2821, n. A. Tadros ; *Dr. et patr.* 2012.97, obs. J.-B. Seube : « *il n'existe aucun enrichissement pour le nu-propriétaire qui n'entre en possession qu'à l'extinction de l'usufruit, l'accession n'ayant pas opéré immédiatement au profit du nu-propriétaire du sol* ».

131. Ph. Van Steenlandt, « Construction par l'usufruitier sur le terrain démembré : une efficacité confirmée », *JCP* N 2013.1011 : « *Dès lors que les constructions sont susceptibles de profiter à l'usufruitier, elles peuvent également profiter au nu-propriétaire sans risque pour celui-ci d'être contrarié par l'administration fiscale ou les héritiers réservataires évincés* » (conclusion).

CHAPITRE II

USAGE ET HABITATION

849. Une vitalité nouvelle. – Les droits d'usage et d'habitation sont des sortes d'usufruits à effets réduits, très marqués par l'*intuitus personae*. La volonté des parties peut en accroître les effets et diminuer leur *intuitus personae*. Comme pour l'usufruit, la jurisprudence récente en assouplit la rigidité.

La pratique et la législation contemporaines leur ont conféré une vitalité nouvelle, sans doute à cause de leur caractère alimentaire, individuel ou familial. Ainsi, la loi successorale du 3 décembre 2001 attribue au conjoint successible un droit d'habitation sur le logement appartenant aux époux qui l'occupaient lors du décès du conjoint prémourant et un droit d'usage sur le mobilier (art. 764). Ces droits s'apparentent à l'usufruit, parce que, sous certaines conditions, leur titulaire peut louer le bien qui en est l'objet, ce que ne permet pas normalement le droit d'habitation. De même, lors de la dernière réforme de l'autorité parentale, la loi du 4 mars 2002 a prévu qu'en cas de séparation des parents, la pension alimentaire due pour l'entretien des enfants pouvait prendre la forme d'un droit d'usage et d'habitation (art. 373-2-2), auquel la Cour de cassation refuse pourtant la qualité de droit réel[1].

850. 1° Droit d'usage. – Le droit d'usage (art. 625 à 631) est un dégradé de l'usufruit : il confère un droit réel[2] de même nature[3], mais inférieur en étendue. Malgré (ou à cause de) son aspect familial, alimentaire et souvent misérabiliste, il soulève un contentieux relativement abondant. C'est un « *petit usufruit* »[4], en ce qu'il ne donne que le droit d'user de la chose et d'en percevoir les fruits,

1. Cass. civ. 1re, 24 sept. 2008, n° 06-21.198, *Bull. civ.* I, n° 209 ; *Dr. et patr.* févr. 2009, p. 140, obs. crit. J.-B. Seube : « *la mise à disposition gratuite d'un logement en exécution du devoir de secours ne peut être assimilée à un droit réel d'usage et d'habitation, mais consiste en l'attribution de la jouissance gratuite du logement constitutive d'un droit personnel* ».

2. Ex. : Cass. civ. 3e, 23 juin 1981, *JCP* G 1983.II.19928, n. J.-Fr. Pillebout ; n.p.B. : « *L'arrêt* [...] *retient souverainement que la convention du 25 novembre 1970* [...] *comportait la qualification de droit d'usage et d'habitation et qu'elle conférait à dame Noël un droit réel immobilier qui n'ayant été ni publié ni mentionné dans l'acte de vente de l'immeuble aux épx Muller, était inopposable à ces derniers* ».

3. Toutefois, la règle de l'article 918, qui voit une libéralité dans la vente avec réserve d'usufruit faite à un successible, n'est pas *de plano* applicable à la vente faite à un successible comportant une réserve d'un droit d'usage et d'habitation : Cass. civ. 1re, 20 janv. 1987, *Bull. civ.* I, n° 20 ; *D.* 1987.357, n. G. Morin ; *Defrénois* 1987, art. 33949, m. n. : « *Un droit d'habitation limité dans le temps ne peut être assimilé à la réserve d'usufruit prévue par l'article 918* ».

4. M. Planiol et G. Ripert, t. III, 2e éd. par M. Picard, n° 880.

dans la limite des besoins du titulaire et ceux de sa famille (art. 630), sauf convention contraire (art. 628).

Il est soumis à toutes les règles de l'usufruit : pour la constitution[5], les obligations de l'usager[6] et l'extinction[7]. Il présente cependant deux différences majeures. **1)** Il est conféré *intuitu personae* à l'usager ou à sa famille et ne peut donc être, ni cédé, ni loué (art. 631)[8], sauf si le contrat ou la loi (art. 764) le permettent[9] ; il ne peut non plus être saisi[10]. **2)** Il doit[11] être utilisé en nature, uniquement dans les besoins de son titulaire.

Une jurisprudence prétorienne accorde au juge le droit de substituer une rente viagère au droit d'habitation lorsque les parties ne s'entendent pas[12] ; on doit aussi admettre cette faculté lorsque l'état de santé du bénéficiaire ou son âge ne lui permettent plus d'habiter les lieux et l'obligent d'aller dans une maison de retraite.

---

5. Il résulte rarement d'une concession faite par le propriétaire ; le plus souvent, il est la conséquence d'une vente faite avec réserve du droit d'usage ; il s'agit alors, comme pour la vente avec réserve d'usufruit, d'une vente aléatoire qui échappe à la rescision pour lésion : Cass. civ. 1re, 19 juill. 1983, *Bull. civ.* I, n° 212 : « *L'action en rescision n'était pas recevable en raison du caractère aléatoire de la vente* ».

6. Pour l'obligation d'entretien : Cass. civ. 3e, 12 juill. 1983, *Bull. civ.* III, n° 166 : « *L'arrêt* (attaqué) *constate que M. Charbis* (l'usager) *n'a pas entretenu l'immeuble normalement, ne remplaçant pas les vitres cassées, laissant envahir les ouvertures par la vigne-vierge et ne faisant pas vider les fosses d'aisance ; l'arrêt ajoute que M. Charbis n'a pas pris les précautions nécessaires pour empêcher le gel des radiateurs de chauffage central et qu'il en est résulté de graves dégradations pour l'immeuble ; en prononçant l'extinction du droit d'usage et d'habitation, la cour d'appel a souverainement apprécié les conséquences des abus de jouissance commis par M. Charbis* ».

7. Notamment, sa durée est, au maximum, viagère : ex. : Cass. civ. 1re, 29 janv. 1974, *D.* 1974.730 ; n.p.B. : « *Il ne peut être contesté que Bogavatz ne saurait trouver dans la succession un droit d'usage et d'habitation qui n'est pas transmissible héréditairement* ».

8. Cass. civ. 3e, 9 nov. 1988, *Bull. civ.* III, n° 158 ; *D.* 1990, somm. 90, obs. A. Robert ; *Defrénois* 1990, art. 34.686, obs. M. Vion ; *RTD civ.* 1990.309, obs. Fr. Zénati ; en l'espèce, le bénéficiaire d'un droit d'usage et d'habitation portant sur « *une chambre de service et un débarras* » avait permis à un étranger à la famille de l'occuper à titre gratuit ; la cour d'appel avait débouté le propriétaire de sa demande en déchéance ; cassation : « *À défaut de stipulation particulière dans l'acte du 22 juin 1979 sur l'étendue du droit conféré, celui-ci se restreignait à ce qui était nécessaire pour l'habitation de celui à qui il était concédé et de sa famille* ».

9. Cass. civ. 3e, 5 mars 1971, *Bull. civ.* III, n° 174 ; *D.* 1971, somm. 152 ; *RTD civ.* 1971.873, obs. J.-D. Bredin : « *Ces dispositions* (art. 631 et 634) *prohibitives sont de droit étroit et ne doivent pas recevoir application dans le cas où la substitution, réalisée conformément à l'intention commune manifestée par les parties dans l'acte constitutif, a été rendue nécessaire pour la satisfaction des besoins mêmes que le droit réservé devait assurer* ».

10. Cass. civ., 5 août 1878, *DP* 1879.I.75 : « *Les droits ainsi stipulés* (des droits d'habitation) *sont, par leur nature même et aussi à raison de la situation respective des parties contractantes, des droits exclusivement attachés à la personne du bénéficiaire ; ils ne sauraient, dès lors, ni être attribués en nature, ni être convertis en argent au profit d'un autre que celui pour lequel ils ont été constitués* ».

11. Le seul fait de ne pas utiliser le droit n'en entraîne pourtant pas l'extinction : Cass. civ. 1re, 10 juin 1981, *Bull. civ.* I, n° 201 ; *D.* 1981, IR 184, obs. A. Robert : « *L'article 618 prévoit que c'est l'abus de jouissance et non l'abandon des lieux par le titulaire du droit d'habitation qui peut entraîner l'extinction de son droit* ».

12. Cass. civ. 1re, 10 juin 1981, cité *supra* : « *La cour d'appel ayant constaté que la dégradation des relations entre les parties depuis l'ouverture du procès s'opposait à l'exécution en nature du droit d'habitation, a pu ordonner son exécution par équivalent en convertissant le droit en une rente viagère* ». Sur l'assouplissement de l'immutabilité... de l'usufruit : *supra*, n° 827... des servitudes : *infra*, nos 1171 à 1172. La jurisprudence admet aussi que, dans des circonstances semblables, le bail à nourriture soit converti par le juge en rente viagère (v. *Droit des contrats spéciaux*, coll. Droit civil).

851. 2° Droit d'habitation. – Le droit d'habitation est un droit d'usage limité à une habitation nécessaire[13] à son bénéficiaire et à sa famille[14] (art. 631 à 636) : un petit droit d'usage. Il en a le même régime.

Toutefois, lorsqu'un droit d'habitation est conféré par la loi au conjoint survivant et que le logement n'est plus adapté à ses besoins, par exemple parce qu'il va vivre dans une maison de retraite, le conjoint ou son représentant peut le louer à la condition que ce soit à un autre usage que commercial ou agricole, afin de trouver les ressources nécessaires au payement des sommes demandées par la maison de retraite (art. 764, al. 4).

852. Abus de jouissance. – Le titulaire d'un droit d'usage ou d'habitation abuse de son droit s'il dégrade ou n'entretient pas les lieux ou en confère la jouissance à un tiers. Cet abus a pour conséquence la déchéance de son droit[15], bien que les tribunaux, plus encore que pour l'usufruit[16], ne la prononcent que si les manquements sont importants en raison du caractère vital du droit ; ils décident notamment que l'abandon définitif des lieux n'entraîne pas, par lui-même, la perte de ces droits[17].

N°s 853-899. réservés.

13. Cass. civ. 3e, 12 juin 1991, *Bull. civ.* III, n° 173 ; *D.* 1991, IR 192 ; *JCP* N 1991.II.304, n. J.-Fr. Pillebout ; *Defrénois* 1991, art. 35097, n° 72, obs. H. Souleau : sauf disposition particulière, le droit d'habitation ne permet pas d'exploiter le domaine rural entourant l'habitation.

14. Cass. civ. 3e, 16 juill. 1974, *Bull. civ.* III, n° 305 : « *En donnant en location à des tiers pendant plusieurs années une partie de l'appartement sur lequel s'exerçait son droit d'habitation, dame Biascamano, qui modifiait par cet abus de jouissance la destination des lieux que l'article 633 limite à l'habitation du titulaire de ce droit et de sa famille, a violé tant les dispositions de l'article 634 que l'interdiction de sous-louer stipulée* ».

15. Cass. civ. 3e, 12 juill. 1983, cité *supra* note 6 ; Cass. civ. 3e, 16 juill. 1974, préc.

16. *Supra*, n° 832.

17. Cass. civ. 3e, 2 févr. 2011, n° 09-17.108 ; *Bull. civ.* III, n° 19 : *D.* 2011. 1950, n. Fl. Viaud ; *JCP* N 2011. 1201, n. A. Donnier ; *Dr. et patr.* juin 2011. 91, n. J. B. Seube ; *Defrénois* 2011, p. 285, obs. Y. Dagorne-Labbé : « *c'est l'abus de jouissance et non l'abandon des lieux par le titulaire du droit d'habitation qui peut entraîner l'extinction de son droit* », en l'espèce la bénéficiaire du droit d'habitation, atteinte de la maladie d'Alzheimer, avait quitté le logement sur lequel elle avait un droit d'habitation, pour vivre dans une maison de santé ; jugé qu'il n'y avait pas lieu de prononcer la déchéance de son droit.

TITRE IV

SUPERFICIE

900. ***Superficies non solo cedit.*** – La superficie[1] est le droit réel appartenant à une autre personne que le propriétaire du sol sur ce qui se trouve dessus (par exemple, des arbres ou des constructions) ou dessous (par exemple, un tunnel, une cave ou un garage en sous-sol).

Le titulaire du droit de superficie est appelé superficiaire ; le propriétaire du sol, tréfoncier[2]. Ces deux mots sont trompeurs : la superficie a pour objet, en droit, une hauteur ou une profondeur (la troisième dimension), alors que dans le langage commun, elle désigne une surface plane à deux dimensions. Le tréfonds a ici pour objet le sol, alors qu'habituellement il est relatif au sous-sol.

En droit commun, la règle est que les constructions, les plantations et le sous-sol appartiennent au propriétaire du sol (art. 552)[3] : *superficies solo cedit* (le sol – l'adage personnifie la chose – acquiert ce qui est au-dessus de lui). Cette règle n'est pas d'ordre public ; précisément, elle est écartée par le droit de superficie, qui dissocie le sol d'avec ce qui est dessus ou dessous.

Ce droit dédouble la propriété – une propriété de la surface, une autre du dessus ou du dessous – ; il se distingue donc des démembrements de la propriété, tels que l'usufruit ne conférant qu'une partie des prérogatives attachées à la propriété.

901. Une histoire cyclique : 1° de la vie au sommeil. – Le droit de superficie a une histoire tourmentée, avec des hauts et des bas. Dans l'Ancien droit, il était une institution vivante, qui, avec le choc révolutionnaire, était devenue presque morte ; ensuite, il a eu sa renaissance, d'abord par un semi-sommeil ; aujourd'hui, il connaît un développement rapide et une transformation, peut-être profonde.

---

1. **Étymologie :** du latin *superficies, ei* = ce qui est posé sur ; racine : *super* = sur + *facies* = la face. **Biblio.** : J.-P. Bertrel, « L'accession artificielle immobilière, contribution à la définition de la nature juridique du droit de superficie », *RTD civ.* 1994, 737-775 ; J-P. Marty, *La dissociation juridique de l'immeuble ; contribution à l'étude du droit de superficie*, th. Toulouse, LGDJ, 1979, préf. P. Hébraud ; E.-E. Frank, *Le droit de superficie*, Administrer, mai 1989, 4 ; Ch. Goyet, *Le louage et la propriété à l'épreuve du crédit-bail et du bail superficiaire*, th. Strasbourg, LGDJ, 1983, préf. D. Schmidt ; J.-Chr. Chaput et St. Rochegude, « De la notion de droit de superficie à celle de volume immobilier », *Defrénois* 2007.573.
2. **Étymologie :** du latin *trans* = au-delà de + fonds.
3. *Supra*, n° 442.

Il avait dans notre Ancien droit une importance considérable ; il était le type des propriétés simultanées, qui permettaient à plusieurs personnes d'avoir sur la même chose des droits de propriété de natures différentes[4]. Il fut ignoré par le Code civil, dominé par les principes de l'unité et de l'exclusivisme du droit de propriété[5].

Peu à peu, la jurisprudence du XIXe siècle le ressuscita[6], mais de manière somnolente, dans des hypothèses rurales et sylvestres, enracinées dans un lointain passé et mêlées à des terres pauvres.

Les étangs de la Bresse, périodiquement asséchés, étaient régis par des actes poussiéreux du XVe siècle : quand la terre était en eau, la propriété était pour les pêcheurs – les lacustres – ; devenue sèche, la propriété était pour les cultivateurs – les terriens. Le droit de superficie épousait ainsi le rythme du temps, de l'ancien temps, qui périodiquement changeait les propriétaires et l'objet de la propriété : il ne coupait pas la propriété dans l'espace, il la divisait dans le temps et dans son objet. Il en était de même de certaines forêts de sapins de l'Est de la France, qui n'étaient pas les plus riches : aux uns (les bûcherons), les arbres, aux autres (ceux qui étaient de la paroisse), le sol. Ainsi, lorsqu'une terre était pauvre, pour mieux la faire valoir, on en divisait dans le temps les modes d'exploitation et les propriétaires.

Initialement, la Cour de cassation y avait vu parfois une servitude, le plus souvent une indivision[7], bien qu'il se fût agi de droits de natures différentes, ce qui était incompatible avec la notion contemporaine d'indivision. En outre, la qualification était inopportune, car l'indivision est un état précaire qui appelle le partage ; ce genre d'exploitation implique au contraire la très longue durée, si ce n'est la perpétuité.

4. J.-Ph. Lévy et A. Castaldo, *op. cit.*, n° 273 ; *supra*, n° 354.

5. Treilhard, *in* Locré..., *Travaux préparatoires du C. civ.*, t. XI, p. 33 : « *Ou l'on a une propriété pleine et entière qui renferme également le droit de jouir et de disposer, ou l'on n'a qu'un simple droit de jouissance sans pouvoir disposer du fonds.* »

6. A.-M. Patault, « La propriété non exclusive du XIXe siècle, histoire d'une dissociation », *RHD*, 1983, p. 217-237 ; « La propriété absolue à l'épreuve du voisinage au XIXe siècle », in *Ét. J. Imbert*, PUF, 1989, 458 et s.

7. Ex. : l'évolage des étangs de Bresse : Cass. civ., 5 juill. 1848, *DP* 1848.I.137 ; *S.* 1848.I.198 : « *Vu l'article 815 ; l'arrêt attaqué constate que les étangs de la Bresse ont été créés originairement sur plusieurs propriétés contiguës ; d'après des usages invariables, à moins de stipulations contraires, le sol restait couvert pendant deux ans, ce qui, dans la contrée, s'appelait* l'évolage, *et demeurait desséché pendant la troisième année pour être livré à la culture, ce qui se nommait* l'assec ; [...] *de l'économie d'une semblable exploitation résultait nécessairement une espèce de communion, conséquemment l'état d'indivision, soit quant à la propriété, soit même quant à la possession entre les propriétaires de l'évolage et les propriétaires du sol.* »

902. Histoire, suite : 2° du sommeil à la renaissance. – En 1873, la Cour de cassation cessa d'y voir une copropriété et y vit des droits de propriété superposés[8] : l'institution sortait de son sommeil[9].

Sa souplesse lui a permis de s'appliquer à la construction moderne ; elle a ainsi acquis une nouvelle vitalité et sans doute un nouveau visage. Elle s'est même appliquée au domaine public[10]. Elle est la technique qui a permis la construction urbaine d'ensembles immobiliers complexes, à niveaux superposés[11].

Aujourd'hui, le droit de superficie ne divise plus la propriété dans le temps, mais dans l'espace. Il n'est plus une forme rurale d'appropriation des terres pauvres. Il est désormais urbain, permet des constructions considérables et devient l'objet de la spéculation. Il répond et s'adapte aux besoins de chaque époque : à la terre et à sa pauvreté de jadis, à la construction et à la rareté du sol urbain d'aujourd'hui. Cette actualité du droit de superficie est illustrée par les lois qui ont réglementé les constructions sur le domaine public (lois du 5 janv. 1988 et du 25 juill. 1994). La première permet aux collectivités territoriales de consentir à des personnes privées un bail emphytéotique sur leur domaine public, en vue de la réalisation d'une mission de service public ou d'une opération d'intérêt général. Comme tout bail de ce type, il comporte, au profit du preneur, un droit de superficie pendant sa durée. La loi de 1994 confère un droit réel – qui ne peut être qu'un droit de superficie – au bénéficiaire d'une autorisation d'occupation temporaire (70 ans) du domaine public en vue de la réalisation d'ouvrages, constructions et installations à caractère immobilier (C. dom. ét., art. L. 34-1). Dans les deux cas, le droit ainsi conféré peut être hypothéqué, uniquement pour garantir les emprunts destinés à financer les constructions[12].

8. ** Cass. civ., 16 déc. 1873, *Cart*, *DP* 1874.I.249 ; *S.* 1874.I.457, n. J.-E. Labbé : « *Vu l'article 815 ; le droit de superficie forme un droit de propriété distinct et séparé du fonds ; il porte exclusivement sur les constructions, et les bois ou autres produits du sol qui font l'objet du contrat par lequel il a été stipulé ; le concours d'un droit de superficie avec la propriété du tréfonds ne crée un état d'indivision, ni quant à la propriété du sol, ni quant à la jouissance* ». V. aussi : * Cass. civ. 3ᵉ, 23 mai 2012, *Le bois crû et à croître*, cité *supra*, n° 461, note 101 : « *attendu que les propriétés des consorts X et de M. Y. avaient une origine commune remontant à l'acte de partage du 12 juin 1837, qui avait attribué à Joseph-Marie Z., auteur de M. Y., un lot comprenant deux cantons de bois, crû et à croître à perpétuité, morts et vivants, pris sur le sol d'un lot réservé à Jean-Marie Z., auteur des consorts X, et que ce droit était invariablement mentionné dans tous les actes subséquents au profit des successions de Jean-Marie Z., la cour d'appel en a exactement déduit que la prérogative ainsi concédée sur la parcelle litigieuse était perpétuelle et ne pouvait s'éteindre par le non-usage centenaire* » ; bien que la Cour de cassation ne prononcât par le mot, il s'agissait d'une propriété.

9. Comp. une application curieuse, liée à notre histoire : Cass. civ. 3ᵉ, 6 mars 1991, *Varennes et la fidélité*, *Bull. civ.* III, n° 84 ; *JCP* G 1992.II.21890, n. P. Ourliac ; *RTD civ.* 1992.793 ; en 1792, à Sainte-Ménéhould, le comte de Dampierre voulut saluer le roi et s'approcha de la berline royale (la veille, Louis XVI avait été arrêté à Varennes) ; la foule s'empara de lui et le tua ; la nuit, les paysans, fidèles à leur seigneur, l'ensevelirent dans un champ que la famille de Dampierre, par reconnaissance, abandonna à la commune ; jugé qu'il s'agissait d'un droit de superficie.

10. Y. Gaudemet, « La superposition des propriétés privées et du domaine public », *D.* 1978, chron. 293 ; *Les constructions en volume sur le domaine public*, in 3ᵉ Journée R. Savatier, PUF, 1991, p. 135 et s., qui donne l'exemple de la dalle de la Défense à Neuilly et des constructions édifiées sur elle. Une loi du 12 mai 1825 prévoit aussi que les arbres bordant les routes nationales peuvent appartenir à des particuliers bien qu'ils soient plantés sur le domaine public : ex. : Cass. civ., 8 nov. 1880, *DP* 1881.I.28 : ces arbres « *peuvent donc être l'objet d'une possession annale et donner lieu à une action en complainte indépendante de la possession du fonds sur lequel ils existent* ».

11. Ex. : Dans la région parisienne (à la Défense), sous le même mètre carré de surface appartenant à un individu (ou au domaine public), il peut exister un tunnel pour le métro (concédé à la RATP), un garage privé (appartenant à un particulier ou à une société civile immobilière d'attribution), une voie publique (appartenant à la ville de Paris), couverte par un bâtiment, dont certains étages appartiennent à l'État, d'autres à des sociétés commerciales, d'autres à des personnes physiques. Il y a, littéralement, superpositions de propriétés privatives et publiques.

12. V. « Domaine public et activités économiques », *Cahiers jur. de l'électricité et du gaz* 1991, n° spécial, p. 68 et s. ; « Les titres constitutifs de droits réels sur le domaine public », *JCP* G 1996, n° spécial, p. 1231 et s. ; Y. Gaudemet, « L'occupant privatif du domaine public à l'épreuve de la loi », in *Ét. Braibant*, Dalloz, 1996, p. 309.

903. Établissement. – Le plus souvent, le droit de superficie résulte d'une convention. Par exemple une vente, qui prend fréquemment la forme d'une renonciation par le propriétaire du sol au bénéfice de l'accession[13] ; ou bien, plus directement, une cession du droit de construire et de planter. La superficie peut aussi avoir pour cause un bail, où le bailleur donne au preneur le droit de construire et renonce pendant le bail au bénéfice de l'accession[14] ; si le bail garde le silence, le preneur a, pendant la durée du bail, la propriété de la construction[15], ce qui établit une superficie temporaire ; il est, en effet, généralement stipulé qu'à la fin du bail, les constructions seront acquises au bailleur, soit gratuitement, soit contre une indemnité calculée d'après les mêmes règles que celles qui fondent l'article 555. Un droit de superficie temporaire apparaît aussi dans le bail emphytéotique[16] et le bail à construction[17].

La superficie est également acquise par usucapion[18], ce qui est, en fait, assez exceptionnel, parce qu'en général la prescription acquisitive porte sur tout l'immeuble – sol et hauteur.

904. Régime : constructions existantes. – Lorsque le droit de superficie porte sur des constructions ou des plantations existantes, aujourd'hui tout le monde s'accorde pour y voir un droit réel[19], bien que la loi ne le dise pas.

Autrefois, on avait voulu en faire un droit de nature spéciale, un démembrement de propriété qui eût constitué un droit réel innommé, malgré le *numerus clausus* auquel on a longtemps cru. Aujourd'hui, on décide qu'il constitue comme la propriété du fonds une propriété immobilière[20].

Il présente les caractères de la propriété : il ne se perd pas par le non-usage[21] et est un droit perpétuel[22], sauf si les parties avaient décidé de le rendre

13. Ex. : Cass. civ. 1re, 15 juin 1953, *D.* 1953.613 : « *En donnant à son frère Émile l'autorisation de bâtir, Armand a entendu renoncer à invoquer le bénéfice de l'accession* ».

14. Ex. : Cass. civ. 3e, 6 nov. 1970, *Bull. civ.* III, n° 592 ; *D.* 1971.395 : la cour d'appel devait « *rechercher, par une interprétation de la convention litigieuse si, dans la commune intention des parties, le propriétaire n'avait pas renoncé au bénéfice de l'accession pour l'ensemble des constructions qui étaient immeubles, rendant, dans ce cas, inapplicables, pour leur sort, les dispositions de l'article 555* ».

15. Cass. civ. 1re, 1er déc. 1964, *Bull. civ.* I, n° 535 ; *D.* 1965.473 ; *JCP* G 1965.II.14213, n. P. Esmein : « *Si, en l'absence d'accord des parties, le sort des constructions élevées par le preneur est réglé à l'expiration du bail par l'article 555, al. 1 et 2, le preneur reste propriétaire, pendant la durée de la location, des constructions qu'il a édifiées sur le terrain du bailleur* ».

16. *Supra*, nos 352 et 376.

17. *Supra*, n° 352.

18. La question s'est surtout posée pour les arbres bordant la voie publique (*supra*, note 10) : Cass. civ., 18 mai 1858, *motifs*, *DP* 1858.I.218 : « *Si cette propriété distincte* (celle des arbres) *peut être acquise par titres ou résulter de la loi, elle peut, par cela même être acquise par prescription à défaut de titres, l'office de la prescription étant de suppléer aux titres.* »

19. Cass. civ. 1re, 18 déc. 1963, *Bull. civ.* I, n° 564 : « *Le droit de superficie est un droit réel dont la preuve doit être rapportée suivant les règles du droit commun.* »

20. ** Cass. civ., 16 déc. 1873, *Cart*, préc. *supra*, note 8 ; *cf.* aussi Req., 27 avr. 1891, *DP* 1892.I.219 ; *S.* 1891.I.369, n. crit. J.-E. Labbé : « *Le superficiaire a, non un simple droit d'usufruit, mais un véritable droit de propriété* ».

21. *Supra*, n° 460.

22. Req., 5 nov. 1866, *DP* 1867.I.32 ; *S.* 1866.I.441 : « *Aux termes de l'acte de partage du 26 octobre 1660, il résulte que le droit acquis aux défendeurs sur la forêt de la Joux d'Orchamps était non pas un simple droit de servitude, d'usage ou d'usufruit, mais un droit de superficie constituant à leur profit la copropriété du sol ; sous l'empire des lois romaines interprétées par la jurisprudence du parlement de Besançon, et seules applicables à la cause, un semblable droit de propriété ne pouvait s'éteindre par le non-usage, quelque prolongé qu'il fût, et ne pouvait tomber que devant une prescription contraire acquise par des tiers, laquelle, en l'espèce, n'a jamais existé* ».

temporaire[23], ce qui arrive souvent, notamment lorsque le droit de construire résulte d'un bail. Le superficiaire a aussi les attributs de la propriété : l'*usus*, l'*abusus* et le *fructus* ; il est donc libre de modifier ou de détruire les plantations et les constructions : puisqu'il a un droit réel, il peut en faire ce qu'il veut, sauf convention contraire.

Il en résulte aussi que ce droit est susceptible d'hypothèque, sujet à la publicité foncière et échappe au partage des biens indivis.

905. Régime, suite : droit sur les volumes. – Longtemps, on a estimé que le droit du superficiaire ne pouvait avoir pour objet que des constructions, plantations et ouvrages existants. On admet aujourd'hui qu'il peut aussi porter, tout en conservant sa nature de droit réel, sur le simple droit de construire, avant même toute construction. Il est alors le droit au cube d'air susceptible d'être construit, ce que l'on appelle un droit sur les volumes[24]. Le droit de superficie est ainsi complètement dématérialisé, ce qui participe à l'évolution générale du droit des biens. Il ne deviendra un bien corporel que lorsque la construction sera achevée.

Il est, comme le droit de superficie portant sur une construction existante, susceptible d'hypothèque ; la loi le dit expressément (art. 2420, 3°), parce que les nécessités du crédit sont ici particulièrement pressantes. S'il est susceptible d'hypothèque, c'est qu'il constitue un droit réel immobilier[25] et cessible[26]. Il semble aussi qu'il soit soumis au droit de préemption urbain (DPU), bien que la pratique administrative soit contraire[27].

On discute la nature de ce droit. Quelques auteurs y voient une « propriété immobilière par anticipation »[28], ce qui serait une institution nouvelle puisqu'il n'existe pas d'immeubles par anticipation[29] ; d'autres y voient un démembrement de la propriété[30] qui pour certains se transformerait en propriété après l'achèvement de la construction[31] ; enfin, selon d'autres, il s'agirait d'une propriété immobilière indépendante de la propriété et de la jouissance du sol, ce qui donc n'est pas un lotissement[32]. C'est une propriété assez spéciale : son usage est seulement la possibilité de construire ; elle échappe à l'usucapion et est généralement éphémère. Mais elle confère l'exclusivisme, le droit de disposer et l'opposabilité aux tiers.

N°s 906-999. réservés.

---

23. Ex. : Cass. civ. 1re, 20 mai 1958, *Bull. civ.* I, n° 257 : « *La cour d'appel a pu, sans violer aucun texte de loi, limiter le droit de jouissance, subordonné à l'activité de ladite société* (titulaire du droit de superficie) *à la durée de celle-ci* ». Le pourvoi avait vainement soutenu « *que, par sa nature même, le droit de superficie est perpétuel* ».

24. **Biblio. :** R. Savatier, « La propriété des volumes dans l'espace et la technique juridique des grands ensembles immobiliers », *D.* 1976, chron. 103 ; G. Goubeaux, « Abstraction et réalisme dans la détermination de l'objet de la propriété immobilière », in *Ét. A. Weill*, Dalloz-Litec, 1983, p. 279 ; en droit administratif, Y. Gaudemet, « Les constructions en volume sur le domaine public », *Journ. R. Savatier*, 1990, PUF, p. 135.

25. Cass. civ. 3e, 15 nov. 1989, *Bull. civ.* III, n° 213 ; *D.* 1990.216, n. P. Capoulade et C. Giverdon ; *JCP* G 1990.IV.13 ; *RTD civ.* 1990.304, obs. Fr. Zénati : « *Chacun des lots* (d'une copropriété) [...] *comprenait* [...] *le droit exclusif d'utiliser une surface déterminée du sol pour y édifier des constructions...* (et) *constituait un immeuble par nature pouvant faire l'objet d'une saisie immobilière* ».

26. S. Pérignon, « Peut-on vendre des droits à construire ? », *Defrénois* 1993, art. 35486.

27. S. Pérignon, « La cession de volumes est-elle soumise au droit de préemption urbain ? », *Defrénois* 1989, art. 34619.

28. J.-P. Marty, *op. cit., supra*, n° 900, n° 152.

29. *Supra*, n° 133.

30. Fr. Terré et Ph. Simler, n° 875.

31. G. Marty et P. Raynaud, n° 177.

32. CE, 30 nov. 2007, *Ville de Strasbourg*, *Defrénois* 2008.2311, obs. Ph. Benoît Cattin.

TITRE V

VOISINAGE

1000. Charbonnier est maître chez soi. – La plénitude et l'exclusivité de la propriété sont accomplies dans la propriété immobilière : charbonnier est maître chez soi. Aussi est-ce là qu'apparaissent les conflits de voisinage[1], mêlant les petitesses des hommes et de grands intérêts[2]. Tout ce qui vient du voisin est matière à querelle : l'écoulement de l'eau (pure ou souillée), le passage, l'ombre sur le jardin, la brindille qui dépasse, le fruit du voisin qui tombe chez soi, le son de la trompette, les rires et les cris des enfants, l'odeur, le bruit, la pollution, etc. L'immeuble implique le voisinage, le voisinage suscite les conflits (et les amitiés). Aussi est-il nécessaire de délimiter la propriété (Sous-titre I) et de fixer les obligations découlant du voisinage (Sous-titre II). En outre, depuis très longtemps, la loi organise certains rapports entre particuliers, liés au voisinage, les servitudes, mêlant les droits et les obligations, qui permettent une meilleure utilisation du fonds (Sous-titre III).

L'ensemble de ces règles est techniquement assez composite. Les unes sont minutieusement fixées par la loi et passablement rigides : ce sont les règles traditionnelles, qui remontent au droit romain et à l'Ancien droit : le bornage, la clôture, la mitoyenneté, les jours, les vues, l'enclave et les servitudes. D'autres sont plus récentes, constituent un droit prétorien dépendant de l'environnement et du pouvoir d'appréciation des tribunaux ; c'est la théorie des troubles du voisinage. Diversité de règles qui s'explique sans doute par celle des rapports de voisinage, qui varient selon les temps, les lieux, les personnes et les circonstances. Si diverses qu'elles soient, leur esprit est constant : pacifier les rapports de voisinage et en essayant de les rendre fructueux.

N°s 1001-1009. réservés.

---

1. **Étymologie** de voisinage : du latin *vicinus*, lui même dérivé de *vicus* = bourg, quartier d'une ville.
2. J.-Fr. Fournel, *Traité du voisinage*, 1812, 2 vol. **Biblio. :** A. Robert, *Les relations de voisinage*, *Sirey*, 1991.

▪ SOUS-TITRE I ▪

LIMITES DU VOISINAGE

Il existe plusieurs manières de délimiter une propriété foncière : par des bornes ou des clôtures (Section I) ou par des murs, dont le plus répandu en France est le mur mitoyen (Section II). Les plantations, les « jours » et les « vues » limitrophes sont minutieusement réglementés (Section III). Toutes ces règles tendent à assurer la paix entre les voisins ; elles n'y parviennent pas toujours, car ces rapports sont souvent difficiles.

SECTION I
BORNAGE ET CLÔTURE

§ 1. BORNAGE

1010. Procès-verbal et bornes valent titre. – Le bornage[1] a pour objet de délimiter deux fonds. Il peut être fait à l'amiable par un procès-verbal d'abornement ; souvent dressé par des géomètres-experts[2], qui ont en fait un rôle conciliateur. À défaut, il résulte d'une décision rendue par le tribunal d'instance ; chacun a droit au bornage de son fonds et peut contraindre son voisin à y participer (art. 646)[3].

Matériellement, le bornage s'exécute sur le terrain au moyen de signes séparatifs, les bornes, généralement des pierres, qu'il est interdit de supprimer ou de modifier, sous sanction pénale

1. **Biblio. :** J.-P. GRIDEL, *Le signe et le droit*, th. Paris II, LGDJ, 1979, préf. J. Carbonnier, n°s 35-69.

2. Ex. : Cass. civ. 3e, 28 mai 1970, *Bull. civ.* III, n° 365 : « *Les bornes plantées en présence des parties aux endroits indiqués par elles, ainsi qu'en fait foi le procès-verbal signé d'elles et versé aux débats, ont fixé pour l'avenir les limites des héritages.* ».

3. Cass. civ. 3e, 27 avr. 2000, *Bull. civ.* III, n° 89 ; *D.* 2001, somm. 347, obs. P. Capoulade ; *JCP* G 2000.I.265, n° 4, obs. H. Périnet-Marquet ; *LPA*, 20 nov. 2000, n. Michel : l'action en bornage suppose que les deux fonds appartiennent à des propriétaires différents ; elle est donc irrecevable entre deux copropriétaires indivis.

(C. pén., art. 322-1)[4] ou action possessoire[5]. Le contentieux du bornage est abondant, comme tous les conflits de voisinage ; il est surtout rural ; son contenu est incertain[6], car il est souvent mêlé de débats sur l'étendue de la propriété, qu'il n'a pourtant pas pour objet[7] ; il n'est pas facile de délimiter le domaine de l'action pétitoire immobilière relevant de la compétence exclusive du TGI et celui de l'action en bornage relevant du tribunal d'instance. Le critère est, semble-t-il, le suivant : la demande ayant pour objet la revendication d'un bien déjà délimité échappe à la compétence du tribunal d'instance[8] ; il en est de même en cas de distorsions entre le titre et la réalité[9] : c'est une action pétitoire. Au contraire, une contestation relative à la délimitation d'une parcelle est une action en bornage et peut même connaître des moyens de défense impliquant « *l'examen d'une question de nature immobilière pétitoire* » (C. org. jud., art. R. 321-22, al. 2)[10]. Le bornage doit être contradictoire[11]. Le procès-verbal de bornage n'est ni un titre de propriété, ni un acte translatif et ne peut donc faire obstacle à une action pétitoire[12] ; jurisprudence approuvée par la CEDH[13]. La borne, comme toute frontière, traduit une limite, fatale pour tout fonds de terre : il n'existe pas de propriété infinie. Comme le bornage, la clôture délimite la propriété, mais de manière concrète en l'isolant physiquement.

4. Cass. crim., 8 juill. 1986, *Bull. crim.*, n° 231 : « *L'arrachage d'une borne constitue, au sens de l'article 434, C. pén.* (aujourd'hui 322-1), *une dégradation de l'immeuble foncier dont elle fixe les limites et non une détérioration légère* ».

5. Cass. civ. 3e, 24 avr. 1970, *Bull. civ.* III, n° 280 : « *L'action en revendication tend directement à la restitution d'une parcelle de terre dont le demandeur se prétend propriétaire* (elle est donc de la compétence exclusive du tribunal de grande instance) *et le "replacement de bornes" est l'objet d'une complainte possessoire qui implique l'idée d'un bornage préexistant* ».

6. V. Streif et C. Zommier, « Le bornage un droit aux contours incertains », *Dr. et patr.*, avr. 2016, p. 46, ex. : un accord sur l'implantation de bornes n'implique pas un accord sur l'étendue de la copropriété ; à l'inverse le demandeur d'une revendication ne peut fonder sa demande sur un bornage.

7. Jurisprudence plusieurs fois réitérée. Ex. : Cass. civ. 3e, 18 oct. 2006, *Bull. civ.* III, n° 202 ; *JCP* G 2007.I.117, n° 2, obs. H. Périnet-Marquet : « *Une action en bornage n'a pas le même objet qu'une action en revendication de propriété* » ; une décision sur le bornage n'empêche donc pas l'exercice d'une action en revendication : Cass. civ. 3e, 23 févr. 2005, *Bull. civ.* III, n° 46 ; *D.* 2005.2344, obs. Bl. Mallet-Bricout ; *JCP* G 2005.I.181, n° 2, obs. H. Périnet-Marquet : le juge du bornage peut examiner l'usucapion invoquée par une partie, v. aussi *supra*, n° 559.

8. Cass. civ. 3e, 4 janv. 1978, *Bull. civ.* III, n° 7 : le tribunal d'instance, saisi d'une action en bornage, ne peut connaître « *d'une question de nature immobilière pétitoire* ». En l'espèce, les demandeurs en bornage voulaient, à titre accessoire, que fût englobée « *dans leur fonds une bande de terrain qu'ils prétendaient se faire attribuer* », demande qui « *était étrangère à l'abornement lui-même* ». Cassation de la décision du juge d'instance qui s'était déclaré compétent.

9. Jurisprudence souvent réitérée. Ex. : Cass. civ. 3e, 10 juin 2015, n° 14-14.311, *Bull. civ.* III, à paraître ; *JCP* G 2015.1221, n° 3, obs. H. Périnet-Marquet ; *Defrénois* 2016, p. 1173, obs. L. Tranchant : « *un procès-verbal de bornage ne constitue pas un acte translatif de propriété.* »

10. Jurisprudence constante. Ex. Cass. civ. 3e, 7 janv. 2009, n° 07-19.917, *Bull. civ.* III, n° 6 ; *JCP* G 2009.I.127, n° 4, obs. H. Périnet-Marquet ; *Dr. et patr.* juin 2009.85, obs. J.-B. Seube : « *la cour d'appel a exactement retenu que le juge d'instance saisi d'une action en bornage était compétent pour statuer sur la revendication de propriété d'une parcelle opposée comme moyen de défense à l'action* ». Il peut ainsi connaître d'une constatation de l'usucapion ; jurisprudence plusieurs fois réitérée. Ex. : Cass. civ. 3e, 23 févr. 2005, *Bull. civ.* III, n° 46 ; *JCP* G 2005 *Act* 128.

11. Cass. civ. 3e, 11 mars 2003, *Bull. civ.* III, n° 72 ; *D.* 2003, somm. 2046, obs. N. Reboul-Maupin ; *JCP* G 2003.I.172, n° 3, obs. H. Périnet-Marquet ; en l'espèce, la cour d'appel avait homologué le rapport d'expertise constatant « *l'accord intervenu entre les parties* » ; la Cour de cassation casse, parce que cet accord n'avait pas été établi « *conformément au droit commun de la preuve* » : la seule constatation de l'expert ne pouvait faire la preuve de l'accord.

12. Cass. civ. 3e, 10 nov. 2009, 2 arrêts, nos 08-19.756 et 08-20.951, *JCP* G 2010. 336, n° 6, obs. H. Périnet-Marquet ; *JCP* N 2010. 1207, n° 6, mêmes obs. : « *la décision passée en force de chose jugée, qui avait statué sur une demande en bornage tendant exclusivement à la fixation de la ligne divisoire entre les fonds, n'avait pas eu à trancher la question de la propriété de la parcelle et ne faisait pas obstacle à l'action en revendication* ».

13. CEDH, 4 janv. 2012, *JCP* G 2012. 465, n° 1, obs. H. Périnet-Marquet ; *Dr. et patr.* jun 2093, obs. J. B. Seube.

§ 2. Clôture

1011. Chacun chez soi. – La clôture[14] caractérise l'esprit individualiste de la propriété immobilière française : chacun chez soi, chacun s'enferme dans sa propriété. Elle est un phénomène de civilisation, et ne se présente donc pas de la même manière dans les villes et dans les campagnes, pour des raisons qui tiennent à la fois à l'histoire et à la nature.

1° La **ville** française, comme les autres villes de l'Europe continentale, constitue un monde fermé : l'Européen continental n'est tranquille que dans des murs. Sans doute pour une cause historique, l'insécurité consécutive aux invasions du haut Moyen Âge. Au contraire, la ville anglaise ou américaine est une ville ouverte ; comparez les cottages et les jardins anglais ou américains avec l'univers pavillonnaire français ; deux types de civilisations s'opposent.

2° Deux types de civilisations s'opposent aussi dans les **campagnes** : comparez les champs ouverts du Nord et de l'Est et les champs clos de l'Ouest, du Centre et du Midi. Leur histoire est cyclique. Le bocage, champ clos de haies et d'arbres nains au Moyen Âge, a été une victoire de l'homme sur la nature ; puis le champ ouvert a été considéré comme un progrès, la victoire du tracteur ; enfin la sauvegarde de la nature, celle que l'homme a défaite, redonne de l'engouement pour le bocage[15] ; on revient au passé : les relations de l'homme avec la nature tournent en rond.

La clôture est à la fois un droit (I) et une obligation (II).

I. — Droit

1012. Fondement et limites. – Aux termes de l'article 647, « *tout propriétaire peut clore son héritage* ». Cette libre faculté n'intéresse que la campagne, puisque, dans les villes, la clôture est obligatoire. La règle a eu en 1804 une signification politique[16], en faisant disparaître le libre exercice seigneurial du droit de chasse que connaissait l'Ancien Régime et était devenu odieux.

Ce droit, pas plus qu'un autre, n'est absolu ; il comporte deux sortes de limites : les servitudes, et plus encore, la théorie de l'abus des droits.

Il peut exister des servitudes qui l'entravent. Par exemple, une servitude *non aedificandi*, ou de vue, ou d'écoulement des eaux[17] et surtout un droit de passage.

14. **Étymologie :** du latin *claudeo, ere* = clore ; de la même origine : *clavis, is* = clef. Ex. : un mur, une murette, une haie, une palissade, un treillage, un fil de fer, un fossé, un talus.

15. Marc Bloch, *Les caractères originaux de l'histoire rurale française*, Oslo, 1921, p. IX : Avant-propos : « *La France rurale est un grand pays complexe, qui réunit dans ses frontières et sous une même tonalité sociale les tenaces vestiges de civilisations agraires opposées. Longs champs sans clôtures autour des gros villages lorrains, enclos et hameaux bretons, villages provençaux, pareils à des acropoles antiques, parcelles irrégulières du Languedoc et du Berry, ces images si différentes, que chacun de nous, en fermant les yeux, peut voir se former devant le regard de la pensée, ne font qu'exprimer des contrastes humains très profonds...* », p. 251 : Conclusion : « *Quant au contraste fondamental des champs ouverts et allongés, des champs ouverts et irréguliers, des enclos, aux contrastes parallèles dans les mœurs qui, par exemple, ont imposé aux campagnes du Nord et de l'Est cette forte mentalité collective, que ne connaissent au même degré, semble-t-il, ni les villages du Midi ni les hameaux de l'Ouest, c'est à des épisodes de l'occupation du sol, à des caractères de structure sociale, perdus dans les brumes d'un passé sans documents écrits, que, s'il était possible, il en faudrait demander le secret* ». *Cf.* aussi J. Carbonnier, n° 141, II, *Histoire et géographie*.

16. *Dalloz, Jur. gén., v° Droits ruraux, D.* 28 sept.-6 oct. 1791, sect. 4, art. 4 : « *Le droit de clore et de déclore ses héritages résulte essentiellement de celui de propriété, et ne peut être contesté à aucun propriétaire. L'Assemblée nationale abroge toutes les lois et coutumes qui peuvent contrarier ce droit.* »

17. Ex. : Req., 24 juin 1867, *DP* 1867.I.503 : « *Aux termes de cette disposition* (art. 640, al. 2), *le propriétaire du fonds inférieur ne peut apporter aucun obstacle à l'écoulement des eaux provenant*

La conciliation entre ces deux contraires, le passage et la clôture, a toujours soulevé de nombreux et mesquins procès, typiques des querelles de voisinage : par exemple, la barrière doit-elle être légère, peut-elle avoir un cadenas ? etc. Si les parties ne parviennent pas à s'entendre, le juge prend les mesures qui concilient leurs droits respectifs : le principe est que le propriétaire a le droit de se clore, à la condition de ne pas rendre trop incommode le passage[18].

Si la clôture a été construite uniquement pour nuire au voisin[19], ou a constitué un trouble de voisinage[20], le juge en ordonne la destruction, ce qui est une application de l'abus des droits.

II. — Obligation

1013. Villes et faubourgs. – Dans les villes et faubourgs[21] mais non ailleurs, chaque propriétaire peut contraindre son voisin à se clore (art. 663) ; les frais en incombent au propriétaire actuel, en sa qualité de propriétaire : c'est une obligation réelle.

La portée de la règle dépend de son fondement, peut-être en cours d'évolution. La jurisprudence permet les accords des voisins en la matière[22] : la règle se justifie, non par des raisons de police (la sécurité), mais par un souci de bon voisinage[23]. Cependant, ce libéralisme est bousculé par la réglementation contemporaine de l'urbanisme, beaucoup plus contraignante et dominée par l'intérêt général.

La clôture peut être une propriété privative ; elle peut aussi être mitoyenne ; la question intéresse surtout les murs.

Section II
MURS

Plusieurs procédés permettent de délimiter une propriété foncière. Chacun traduit une certaine conception de la vie sociale et de la propriété. Celui du droit romain exprimait la souveraineté du *dominium* : un espace vide entre les fonds symbolisait l'indépendance du propriétaire et son absence de relations avec le

naturellement des fonds supérieurs ; d'où il résulte que s'il veut user du droit de se clore, il est tenu de laisser dans la clôture des ouvertures suffisantes pour le libre passage des eaux qui sont amenées sur son fonds par l'inclinaison naturelle des lieux » (art. 640 à 647).

18. Ex. : Cass. civ. 3e, 21 mars 1972, *Bull. civ.* III, n° 200 ; *D.* 1972, somm. 168 : « *Le propriétaire d'un fonds grevé d'une servitude de passage conserve le droit de se clore, à condition qu'il ne porte pas atteinte au droit de passage et n'en rende pas l'exercice plus incommode* ».

19. Ex. : Cass. civ. 3e, 30 oct. 1972, *Bull. civ.* III, n° 576 : Ces « *actes qui ne se justifient par aucune utilité appréciable, en vue de satisfaire un intérêt sérieux, ont été inspirés par une intention malveillante* ».

20. *Infra*, nos 1069 et s.

21. M. Prieur et G. Henriot, *Servitudes de droit public et de droit privé*, Éd. du Moniteur, 4e éd., 1979, n° 83 : « *L'article 663 ne cessera d'être applicable qu'à l'endroit où le faubourg rejoint la campagne* [...] *Ne peut* [...] *être considéré comme faubourg un quartier situé en dehors de toute agglomération et sur lequel ont été élevées quelques villas séparées les unes des autres et séparées de la ville par des jardins et des champs ; ces villas ne constituent alors qu'un hameau.* »

22. Ex. : Cass. civ. 3e, 4 juill. 1978, *D.* 1979, IR 59 ; n.p.B : « *L'article 663 étant un texte d'intérêt privé* [...], *la cour d'appel a pu décider que la contribution des parties pour la construction de la clôture, serait fixée selon les proportions prévues contractuellement aux divers actes conclus entre elles pour l'entretien du passage* ».

23. M. Fréjaville, « La clôture forcée », *DH* 1937, chron. 77.

voisin : *confinium*, à la campagne (une bande de terrain non cultivé, d'où « les confins »), *ambitus*, à la ville, entre les maisons. En France, ce sont les murs privatifs (§ 1), ou, plus souvent, mitoyens (§ 2).

§ 1. Mur de clôture privatif

1014. Propriété exclusive. – La clôture, notamment le mur de séparation entre deux propriétés contiguës, peut être privative, c'est-à-dire appartenir à titre exclusif à son propriétaire qui a donc sur lui tous les droits de propriété, sauf à respecter ceux du voisin, notamment les servitudes et ceux qui résultent de la prohibition des troubles du voisinage.

Le voisin n'a aucun droit sur lui ; notamment, il ne peut en faire l'appui d'aucun ouvrage, ni d'aucun remblai de terre (art. 657, *a contrario*)[24]. Toutefois, si l'appui qu'il a édifié a duré plus de trente ans, il a acquis la mitoyenneté par prescription. En outre, il peut contraindre le voisin à lui céder la mitoyenneté[25].

Réciproquement, il n'est tenu à aucune charge d'entretien, qui pèse exclusivement sur le propriétaire.

Une hypothèse fréquente de mur privatif est le mur de soutènement qui soutient un remblai[26]. Il est présumé appartenir, à titre privatif, au propriétaire du fonds du haut, qui en profite ; il n'est donc pas mitoyen et échappe à la faculté d'abandon[27]. Le mur de soutènement qui maintient une voie publique est présumé appartenir au domaine public[28] ; inversement, celui qui est en aplomb de la voie publique pour maintenir la terre d'une propriété privée située au-dessus est présumé appartenir au propriétaire de celle-ci[29].

§ 2. Mur mitoyen

1015. Définition ; un contentieux légendaire. – La mitoyenneté[30] est un mode de clôture (fossé, haie et surtout mur[31]) séparant deux fonds contigus appartenant

24. Ex. : Cass. civ. 3e, 9 juin 1982, *Gaz. Pal.* 1982.II, pan. 358, n. A. P. ; *RTD civ.*, 1983.560, obs. Cl. Giverdon ; *RDI* 1983.33, obs. J.-L. Bergel ; n.p.B.

25. *Infra*, n° 1021.

26. Req., 25 avr. 1888, *DP* 1889.I.262 ; *S.* 1888.I.380 : « *À raison de sa forme, de ses dimensions, de la pente du terrain et de l'état des lieux, il* (le mur litigieux) *présentait tous les caractères d'un simple mur de soutènement* [...] *; la cour d'appel a pu conclure de ces constatations que ce mur n'était pas un mur servant de séparation entre les deux jardins, auquel dût s'appliquer la présomption de mitoyenneté de l'article 653, et c'est à bon droit qu'elle l'a déclaré la propriété exclusive de la dame Bernard* ».

27. *Infra*, n° 1023.

28. Ex. : CE, 16 nov. 1960, *commune du Bugue, D.* 1961.173, concl. Henry : à défaut de titre privé contraire « *il est constant que le mur de soutènement du chemin* (en l'espèce, un chemin vicinal) *constitue une dépendance nécessaire de ce chemin public dont il est un accessoire indispensable* ».

29. CE, 6 oct. 1978, *synd. des copropriétaires de la résidence du Val-de-Sèvres, Quot. jur.*, 1979, n° 42 : « *Le mur qui surplombe la voie susmentionnée* (en l'espèce, une route nationale) *et a pour fonction de maintenir les terres du domaine dont le syndicat est propriétaire, n'a pas le caractère d'une dépendance de ladite voie* ».

30. **Étymologie :** du latin *medietas, atis* = moitié, milieu, lui-même dérivé de *medius, a, um* = qui se trouve au milieu. « Moi et toi » est une étymologie fantaisiste, mais suggestive. **Biblio. :** B. Boubli, *La mitoyenneté des murs et des clôtures autres que les murs*, Libr. journ. not. et avoc., 1986, préf. Ph. Malinvaud.

31. Cass. civ. 3e, 8 juin 1988, *Bull. civ.* III, n° 107 ; *D.* 1989, somm. 33, obs. A. Robert ; *Defrénois* 1989, art. 34470, n° 15, p. 360, obs. H. Souleau ; *RDI* 1989.189, obs. J.-L. Bergel ; *Jour. not.* 1989.7, décide que « *la présomption de mitoyenneté ne concerne que les murs séparatifs* ». En l'espèce, la

à deux propriétaires distincts et qui suit la ligne de séparation[32]. On ne traitera ici que du mur[33].

C'est une institution qui soulève un contentieux abondant et légendaire, ce qui peut s'expliquer par trois causes. D'abord, parce que le voisinage suscite souvent des conflits. Ensuite, parce que, dans son esprit, la mitoyenneté relève d'une conception communautaire, contraire à l'individualisme qui, en général, inspire le droit français de la propriété immobilière et la psychologie. Enfin, parce que, dans sa technique, elle s'adapte mal aux méthodes contemporaines de la construction sur piliers (en fer ou en béton armé)[34].

Seront successivement exposés le régime (I), l'acquisition et la perte (II), puis la preuve (III) de la mitoyenneté.

I. — Régime

Une fois dégagée la nature juridique de la mitoyenneté (A), pourront être analysés les droits respectifs des copropriétaires (B).

A. Nature juridique

1016. Copropriété. – Bien que les articles 653 et suivants soient placés par le Code civil dans le chapitre des servitudes légales, tout le monde est aujourd'hui d'accord pour reconnaître que la mitoyenneté est une copropriété[35]. Elle n'est pas une double propriété privative du mur, où chacun des copropriétaires serait propriétaire exclusif de la moitié située de son côté, avec des droits particuliers sur une partie quelconque du mur. Enfin, elle est plus qu'une indivision, car elle n'est pas temporaire, et surtout elle est affectée à une clôture. Les deux voisins ont des droits et des charges égaux et réciproques sur les deux moitiés du sol et du mur.

B. Droits des copropriétaires

Cette analyse permet de rendre compte des droits respectifs des copropriétaires dans l'usage normal du mur mitoyen, de son emploi à de gros ouvrages et des actes qui leur sont interdits. On mesure à cet égard la différence qui existe entre

---

cour d'appel avait jugé que « *le coût de réfection d'un plafond* [...] *doit être supporté par moitié* » par les propriétaires de l'appartement du dessus et de celui du dessous ; cassation.

32. Cass. civ., 3e, 5 nov. 2003, *Bull. civ.* III, n° 191 ; *Defrénois* 2004.1164, obs. Chr. Atias : « *Le mur qui ne suit pas la ligne divisoire des fonds, mais est implanté de manière très irrégulière, alternativement sur l'un et sur l'autre des deux fonds voisins, ne peut être qualifié mitoyen* ».

33. Art. 666 à 670. Comme les murs, les haies sont présumées mitoyennes, sauf preuve contraire. Trois particularités sont à relever. 1° **Les fruits, branches et émondes** produits par un arbre mitoyen sont communs et doivent être recueillis à frais communs (ex. : Cass. civ. 3e, 25 janv. 1972, *Bull. civ.* III, n° 54). 2° **L'arrachage :** selon l'article 670, al. 2 : « *Chaque propriétaire a le droit d'exiger que les arbres mitoyens soient arrachés* » ; cette règle est contraire aux exigences contemporaines de l'environnement et à l'attachement écologique que l'on porte aujourd'hui aux arbres. 3° **Les haies coupe-vent :** Cass. civ. 3e, 11 févr. 1976, *Bull. civ.* III, n° 65 : « *L'article 670 et notamment son al. 2 ne concernait que les arbres mitoyens isolés se trouvant dans une haie ou plantés sur la ligne séparative.* » Les haies de cyprès en Provence ou les fossés de hêtres dans le pays de Caux ne sont pas seulement des clôtures, mais aussi des coupe-vent.

34. H. Capitant, « La mitoyenneté et les nouveaux matériaux de construction », *DH*, 1929, chron. 81 ; G. Liet-Veaux, « Un anachronisme, la mitoyenneté des murs », *JCP* G 1966.I.1991 ; G. Goubeaux, n. sous Cass. civ. 3e, 8 mars 1972, *JCP* G 1972.II.17248.

35. Ex. : Cass. civ. 3e, 19 févr. 1985, *Bull. civ.* III, n° 37 ; *RDI* 1985.339, obs. J.-L. Bergel : « *La mitoyenneté constitue un droit de propriété indivise, lequel ne se perd pas par le non-usage ; la cour d'appel a écarté à bon droit l'application de l'article 706 qui ne concerne que les servitudes* ».

un mur mitoyen et un mur privatif, sur lequel seul son propriétaire a des droits, le voisin n'en ayant aucun[36].

1) Usage normal

1017. Usage et entretien. – Chacun des copropriétaires a l'usage exclusif de la face du mur qui est de son côté. Par exemple, il peut y apposer des espaliers (art. 671, al. 2)[37] et, s'il s'agit d'une haie frugifère, en partager les fruits.

En contrepartie, chacun doit supporter les charges de son entretien proportionnellement à son droit (art. 655 et 667), sauf pour un copropriétaire la possibilité d'y échapper en abandonnant le mur[38] (art. 667, al. 1). Cette dette se transmet avec l'immeuble, parce qu'elle constitue une obligation réelle[39].

Ces dépenses sont communes, sauf lorsqu'elles ont pour cause une faute imputable à l'un des copropriétaires[40] ou été faites dans l'intérêt exclusif de l'un d'eux[41].

1018. Exhaussements et adossements. – Chacun des copropriétaires peut aussi édifier des ouvrages appuyés sur le mur. Le Code en distingue deux variétés ; ou bien, une surélévation du mur, qu'il appelle un exhaussement ; ou bien, une construction adossée sur le mur, que l'on peut appeler un adossement. Les uns et les autres ne sont pas soumis au même régime.

1° La faculté de faire un **exhaussement** est unilatérale, c'est-à-dire qu'elle n'est pas subordonnée au consentement du voisin[42] (art. 658 à 660), peut même lui causer un préjudice[43] et son auteur n'a pas à s'en justifier[44]. La loi l'oblige

36. *Supra*, n° 1014.

37. Mais, dit le texte, « *ils ne pourront dépasser la crête du mur* ». Ex. : Rouen, 14 janv. 1899, *DP* 1899.II.334 : en l'espèce, un certain Delandre avait planté sur son côté du mur mitoyen un lierre ; le voisin en demanda l'enlèvement à cause de l'humidité qu'il apportait au mur. Non, dit la cour : « *La rédaction large et générale de l'article 671, al. 2 : "Les arbres, arbustes et arbrisseaux de toute espèce peuvent être plantés en espaliers" s'applique aisément à des arbustes, qui, comme le lierre, se disposent d'eux-mêmes en espaliers ; il reste au voisin* [...] *la ressource qu'il tire de l'article 671 de ne pas tolérer que les lierres existant du côté de Delandre dépassent la crête des murs et les limites du pignon* ». *Droit civil illustré*, n° 118.

38. *Infra*, n° 1023.

39. Ex. : Cass. civ. 3e, 17 juin 1981, *Administrer*, 1982, 36, 1re esp., n. J.-L. Costa ; n.p.B. : « *L'obligation de participer au coût de réfection d'un mur mitoyen, à laquelle sont tenus les copropriétaires, est une obligation réelle liée à la chose qui leur appartient et cette charge cesse lorsqu'ils ne sont plus copropriétaires* » ; jugé, en l'espèce, que celui qui a vendu son immeuble ne pouvait plus être tenu des charges afférant à la mitoyenneté.

40. Ex. : Cass. civ. 3e, 21 déc. 1988, *Bull. civ.* III, n° 188 ; *D.* 1989, IR 22 ; *JCP* G 1989.IV.70 : « *Le propriétaire d'un mur mitoyen devant supporter seul les frais de réparation de ce mur lorsque les réparations sont rendues nécessaires par son fait* ». L'espèce est relative à une réaction en chaîne ; un copropriétaire avait démoli son immeuble, ce qui avait entraîné une humidification du mur mitoyen, ce qui à son tour avait rendu l'habitation du voisin invivable ; jugé que le copropriétaire auteur de la destruction du bâtiment était responsable de tous ces dommages consécutifs.

41. Req., 19 mars 1872, *DP* 1872.I.106 : lorsqu'un mur mitoyen était suffisant pour les constructions existantes, le copropriétaire qui le fait démolir et reconstruire dans son intérêt exclusif doit en supporter seul les dépenses.

42. Ex. : Req., 18 avr. 1866, *DP* 1866.I.336 ; *S.* 1866.I.430 : « *Le propriétaire qui veut exhausser le mur mitoyen n'est tenu que des obligations que les articles 658 et 659 lui imposent, mais il n'est nullement obligé d'obtenir au préalable "le consentement du voisin", ou à son défaut de faire déterminer par experts les moyens nécessaires pour que les nouveaux ouvrages ne soient pas nuisibles aux droits de l'autre copropriétaire* (art. 662) ».

43. Req., 18 avr. 1866, préc. : « *L'article 658 confère au copropriétaire du mur mitoyen un droit absolu dont l'exercice est indépendant du préjudice qu'il peut entraîner pour le voisin* ».

44. * Cass. civ., 11 avr. 1864, *Thier*, *DP* 1864.I.219 ; *S.* 1864.I.165 : « *Vu l'article 638 ; cet article, en accordant à tout propriétaire la faculté de faire exhausser le mur mitoyen, ne lui impose d'autre*

seulement à une indemnisation[45]. La partie ainsi exhaussée est la propriété privative de son constructeur[46].

Cette faculté comporte la limite habituelle à tous les droits ; d'abord, l'abus des droits et elle ne peut donc être exercée dans la seule intention de nuire au voisin[47] ; puis, l'existence d'autres droits : par exemple, elle ne peut porter atteinte à une servitude[48].

2° Deux textes sont relatifs aux constructions **adossées** sur un mur mitoyen. L'un, l'article 657, en donne le droit au copropriétaire, sans prévoir de consentement du voisin ; l'autre, au contraire, l'article 662, exige son accord, ou, à défaut « *le règlement par expertise des moyens nécessaires pour que le nouvel ouvrage ne nuise pas aux droits du voisin* ». La règle est curieuse : lorsque l'accord du voisin est nécessaire, le propriétaire peut s'en passer en s'adressant à la justice ; le juge ne donne pas d'autorisation : il fixe un « règlement ».

La combinaison entre ces deux textes a soulevé des difficultés et plusieurs systèmes ont été envisagés afin de les concilier. **1** L'article 662 serait général et régirait tous les ouvrages s'appuyant sur un mur mitoyen, sans exception[49]. **2** Il serait général et régirait tous les ouvrages, sauf l'exhaussement[50]. **3** Il ne s'appliquerait qu'aux ouvrages importants, ceux qui transforment la fonction du mur ; au contraire, les articles 657 et 658 s'appliqueraient aux constructions légères[51]. **4** La jurisprudence dominante décide, par application des articles 657 et 658, que le copropriétaire a le libre pouvoir d'adosser une construction contre le mur mitoyen, s'il ne cause pas de préjudice au voisin ; sinon, l'article 662 s'applique[52], ce qui revient, à peu près, au système précédent.

1019. Sanction : les circonstances. – La sanction de ces règles est singulière. Lorsqu'un voisin construit irrégulièrement des ouvrages sur un mur mitoyen, le juge peut, selon les circonstances, le condamner, soit à des

condition que de payer seul la dépense de l'exhaussement, les réparations d'entretien au-dessus de la hauteur de la clôture commune, et en outre l'indemnité de la charge ; en l'absence de toute restriction spéciale, l'exercice de ce droit n'a d'autre limite que l'obligation, imposée par la loi commune, d'en user de manière à ne porter aucune atteinte aux droits que peuvent conférer au voisin l'usage réciproque de la mitoyenneté ou l'existence d'une servitude qui lui serait légitimement acquise ; ... celui qui use d'un droit que la loi lui accorde est seul juge de son intérêt ». V. A.-M. Pataut, « La propriété absolue à l'épreuve du voisinage au XIXe siècle », in *Ét. J. Imbert*, PUF, 1989.

45. Lorsqu'il s'agit d'un mur mitoyen, l'auteur de l'exhaussement doit en supporter seul la charge et « *les dépenses* » qu'il a rendues nécessaires (L. 17 mai 1960, art. 658) : ex. : la modification des cheminées du voisin devenues inutilisables par l'exhaussement : Cass. civ. 2e, 3 déc. 1964, *Bull. civ.* II, n° 782 ; *D.* 1965.321, n. P. Esmein.

46. Cass. civ. 3e, 22 mars 2006, *Bull. civ.* III, n° 81 ; *JCP* G 2006.IV.1878 ; par conséquent, le voisin ne peut faire unilatéralement un exhaussement sur l'exhaussement : exhaussement sur exhaussement ne vaut.

47. *Infra*, n° 1069.

48. Ex. : Cass. civ. 3e, 3 juill. 1973, *Bull. civ.* III, n° 458 (servitude de vue).

49. Ch. Aubry et Ch. Rau, t. II, n° 359, note 35. Cette opinion est isolée.

50. Cass. civ. 3e, 12 avr. 1972, *Bull. civ.* III, n° 217 ; *JCP* N 1972.5425 : « *S'agissant de l'exhaussement d'un mur mitoyen, c'est à bon droit que les juges d'appel ont déclaré l'article 662 inapplicable puisque cette opération est prévue par l'article 658* ».

51. C'est l'opinion doctrinale dominante : J. Carbonnier, n° 48 ; G. Marty, P. Raynaud et P. Jourdain, n° 272 ; M. Planiol et G. Ripert, t. III, par M. Picard, n° 304.

52. Ex. : Cass. civ. 3e, 4 janv. 1973, *Bull. civ.* III, n° 17 : le juge doit examiner si « *le nouvel ouvrage n'était pas nuisible aux droits du voisin* ».

dommages-intérêts[53], soit à la destruction[54], soit à la modification[55], soit à l'acquisition forcée de la mitoyenneté[56], soit même à rien du tout si l'ouvrage ne cause pas de préjudice au voisin[57]. Alors qu'en règle générale l'atteinte à un droit réel ne peut jamais se résoudre en dommages-intérêts et que le retour au *statu quo ante* doit toujours être ordonné[58].

2) Actes interdits

1020. Un mur sans jours. – Ce qui est interdit, ce sont les actes contraires à la destination du mur mitoyen, qui a pour but de clore deux propriétés ; par conséquent, il est interdit d'y percer des jours, même à verre dormant (art. 675)[59], sauf, bien entendu, s'il existe une servitude de vue.

II. — Acquisition et perte

A. Acquisition

Dans ses modes d'acquisition, la mitoyenneté échappe en partie au droit commun. Elle peut être acquise non seulement par convention ou par prescription[60], ce qui est le droit commun, mais aussi par décision judiciaire, soit pour céder la mitoyenneté (une cession forcée), soit aussi, mais plus difficilement, pour être obligé de l'acquérir (une acquisition forcée). Ce sont des règles un peu étranges : la mitoyenneté n'est pas une propriété comme les autres.

53. Ex. : Cass. civ. 3e, 3 oct. 1974, *Bull. civ.* III, n° 334 ; *D.* 1975.151 : « *Il appartient aux juges du fond d'apprécier souverainement s'il convient d'ordonner ou non la destruction des ouvrages, par application de l'article 662, ou de prononcer une autre mesure* ». En l'espèce, une dame avait fait des travaux de surélévation sur un mur mitoyen, qui empiétaient de 15 cm du côté des voisins, en diminuaient l'éclairement et la vue « *et augmentaient l'humidité de leur jardin* ». Les juges ont refusé d'en ordonner la destruction et se sont bornés à accorder des dommages-intérêts.

54. Ex. : Cass. civ. 3e, 19 juin 1973, *Bull. civ.* III, n° 426. En l'espèce, un des copropriétaires avait percé des ouvertures dans le mur mitoyen, installé un dispositif de ventilation et un compteur électrique. Jugé que ces travaux devaient être détruits.

55. Ex. : Req., 20 nov. 1876, *DP* 1878.I.416 : « *Pour la sanction des dispositions de la loi en cette matière* (art. 657 et 662), *le législateur s'en est rapporté à la sagesse des tribunaux ; il leur appartient d'examiner, suivant les cas, s'il y a lieu d'ordonner la destruction des travaux irréguliers ou leur modification, et de prendre toutes mesures propres à réparer le dommage causé et à prévenir les dommages futurs* ». Alors que l'article 662 prévoit que le « *règlement* » du juge (à défaut de l'accord du voisin) doit précéder les travaux, la jurisprudence admet qu'il puisse être fait après coup.

56. *Infra*, n° 1022.

57. Ex. : Cass. civ. 3e, 25 oct. 1972, *Bull. civ.* III, n° 559 : l'ouvrage n'était pas « *nuisible aux droits du voisin* ». *Cf.* aussi, Lyon, 28 avr. 1976, *D.* 1977.268 : « *Le mur sud de la salle de bains-W.-C. s'appuie sur la murette mitoyenne* » ; il n'y a pas de préjudice pour le copropriétaire.

58. *Cf. supra*, n° 449, pour les empiètements, mais *infra*, pour les servitudes, n° 1173. Comp. la sanction des troubles de voisinage, n° 1075.

59. *Infra*, n° 1028.

60. Ex. : Cass. civ. 3e, 8 déc. 1971, *Bull. civ.* III, n° 619 ; *Gaz. Pal.* 1972.II.492 ; *RTD civ.* 1972.618, obs. J.-D. Bredin : « *Le fait d'appuyer une construction contre un mur constitue un acte de possession caractérisé, car le propriétaire de ladite construction se comporte comme si le mur était sa propriété exclusive ou s'il était mitoyen ; le maintien de cette situation pendant trente ans peut donner lieu à acquisition de la mitoyenneté par prescription* ». Conformément au droit commun, il n'y a usucapion que si les actes de possession sont caractérisés, tel n'est pas le recrépissage du mur mitoyen et d'un petit débord de la toiture du bâtiment : Cass. civ. 3e, 13 mars 1984, *D.* 1984, IR 425, obs. A. Robert ; n.p.B.

1021. Cession forcée. – Le propriétaire[61] du terrain contigu[62] peut, évidemment à titre onéreux, obliger son voisin à lui céder la mitoyenneté du mur privatif qui sépare leur propriété, s'il le lui demande[63] (art. 661). Bien que ce droit soit absolu[64], il comporte, comme celui de se clore[65], une limite tenant aux droits d'autrui, notamment les servitudes de vue du voisin[66]. Une fois acquise, la mitoyenneté donne à son acquéreur tous les droits qui en découlent, notamment celui de demander la destruction des ouvrages qui lui seraient incompatibles[67].

Cette cession forcée est singulière et paraît contredire un principe fondamental de la propriété, sa libre disposition (art. 545 : « *Nul ne peut être contraint de céder sa propriété, si ce n'est pour cause d'utilité publique et moyennant une juste et préalable indemnité* »), d'autant

61. Même s'il est copropriétaire. Ex. : Cass. civ. 3e, 4 juin 1975, *Bull. civ.* III, n° 192 : « *La faculté d'acquérir la mitoyenneté d'un mur par un propriétaire qui le joint étant absolue, la cour d'appel a estimé justement que l'existence d'un droit indivis de propriété ne fait pas obstacle à l'établissement d'une mitoyenneté entre le terrain sur lequel il porte et le terrain voisin appartenant à un coindivisaire* ».

62. Mais non le propriétaire du mur privatif. Cass. civ. 3e, 25 oct. 1983, *Bull. civ.* III, n° 198 ; *D.* 1984, IR 47 : « *Le propriétaire d'un mur privatif ne peut contraindre son voisin, ni à acquérir la propriété de ce mur, ni à participer aux frais de sa reconstruction* ».

63. Par conséquent, le fait d'avoir commis une emprise sur le mur privatif ne permet pas l'acquisition de la mitoyenneté. Ex. : Cass. civ., 22 janv. 1900, *DP* 1900.I.351 : « *L'adossement d'une construction sur le mur du voisin, ne constitue en lui-même, qu'une simple emprise de fait, qui en dehors de toute convention, n'emporte nullement acquisition de la propriété* ». *Cf.* aussi Cass. civ. 1re, 30 juin 1965, *Bull. civ.* I, n° 439 : le propriétaire du mur peut exiger la destruction de la construction. Ce qui n'empêche pas l'auteur de la construction de demander alors l'acquisition de la mitoyenneté : Cass. civ. 3e, 28 oct. 1974, *Bull. civ.* III, n° 386 ; *D.* 1975, IR 24 ; Cass. civ. 1re, 3 juill. 1958, *Bull. civ.* I, n° 358 ; *D.* 1958.618 ; *RTD civ.* 1958.636, obs. H. Solus : « *La cession de la copropriété s'opère par l'effet de la demande d'acquisition et à sa date* » : ce n'est donc pas une vente, où le transfert de propriété s'opère au moment de l'échange des consentements.

64. Ex. : Cass. civ. 3e, 6 mars 1969, *Bull. civ.* III, n° 201 : « *La faculté d'acquérir la mitoyenneté d'un mur est absolue* ».

65. *Supra*, n° 1011.

66. Les juges du fond apprécient souverainement si la servitude de vue est incompatible avec la mitoyenneté. **1 Compatibilité.** Ex. : Req., 27 déc. 1933, *DH*, 1934.68 : « *Si le riverain qui veut obtenir la mitoyenneté d'un mur, ne peut acquérir ce mur que tel qu'il est, avec ses servitudes actives et passives, l'existence de ces servitudes ne peut, en règle générale, motiver de manière absolue le refus de cession de cette mitoyenneté ; ce refus ne saurait être sanctionné lorsque la servitude est de telle nature que son existence est parfaitement conciliable avec l'exercice des droits que confère l'acquisition de la mitoyenneté* ». **2 Incompatibilité.** Il y a incompatibilité lorsque la mitoyenneté aurait pour résultat de diminuer, rendre plus incommode ou supprimer la servitude. Ex. : Cass. civ. 3e, 10 juill. 1969, *Bull. civ.* III, n° 563 : « *"La fenêtre ouverte dans le mur privatif des époux Monceau est une servitude de jour et d'aspect acquise par eux par prescription trentenaire " ; la solution préconisée par l'expert, afin de permettre l'acquisition de la mitoyenneté aurait pour résultat "de diminuer l'usage* (de la servitude) *ou de le rendre plus incommode puisque la fenêtre ouvrant à vue directe se trouverait remplacée par un conduit d'aération et qu'une telle solution changerait les modalités d'exercice de la servitude en la restreignant au point de la faire pratiquement disparaître " ; en déduisant de ces constatations et énonciations souveraines que la servitude existante étant inconciliable avec la mitoyenneté, c'est le droit d'acquérir, lui-même, qui ne pouvait être exercé, la cour d'appel, loin de violer les textes visés par le moyen, en a fait, au contraire, une exacte application* » ; rejet du pourvoi.

67. Ex. : Cass. civ., 28 juill. 1936, *DH* 1936.492 ; *Gaz. Pal.* 1936.II.386 : « *L'acquéreur de la mitoyenneté a la faculté de demander la suppression de tous les ouvrages qui seraient incompatibles avec les droits que lui confère la mitoyenneté, notamment ceux qui impliquent l'exercice d'un droit exclusif de propriété, sans qu'il lui soit besoin de justifier d'un intérêt né et actuel, et spécialement du fait que les travaux exécutés seraient susceptibles de lui causer préjudice en compromettant la solidité et la sécurité du mur* » : peut ainsi être demandée la destruction de « *tous les faits* (en l'espèce, des cheminées) *de propriété exclusive qui, quoique exécutés par le vendeur avant l'acquisition de la mitoyenneté, n'en sont pas moins demeurés subordonnés à l'exercice possible du droit de mitoyenneté* ».

qu'elle constitue un droit absolu[68]. Elle n'est pas une vente[69], mais une sorte d'expropriation pour cause d'utilité privée. Cette curiosité est une des pièces maîtresses de la mitoyenneté ; elle permet de développer la mitoyenneté, à cause de ses avantages. Le Conseil constitutionnel l'a jugée conforme à la Constitution[70].

1022. Acquisition forcée. – Le constructeur d'un mur séparatif peut obliger son voisin à payer la moitié des frais de construction et acquérir la mitoyenneté. Les conditions sont plus strictes, car il est encore plus anormal d'obliger quelqu'un à devenir débiteur d'une indemnité et propriétaire d'un mur malgré lui. Cela ne peut arriver que dans trois séries d'hypothèses.

1° Soit lorsque la clôture est forcée, parce que la parcelle est située « ***dans les villes et faubourgs*** » (art. 663)[71]. L'acquisition forcée de la mitoyenneté n'est alors possible que lors de la construction ; après, il serait trop tard[72]. La raison d'être de cette règle est la faveur portée à la clôture, pour des raisons de sécurité urbaine. La jurisprudence admet que le voisin ainsi obligé de participer aux lourdes dépenses de la construction du mur mitoyen, peut y échapper en abandonnant, par application de l'article 656[73], la bande de terrain nécessaire à l'édification du mur[74].

2° Soit lorsque la construction du mur a été faite « **à cheval** », c'est-à-dire à cheval sur la ligne séparative, ce que l'on a appelé la « *mitoyenneté de naissance* », par opposition à la « *mitoyenneté d'acquisition* »[75].

Un arrêt a décidé que le prix de la cession ne devait pas être réévalué, qu'il ne fallait donc pas le fixer d'après ce qu'eussent coûté au constructeur les constructions au jour où a été achetée la mitoyenneté ; ce prix devait être égal à la moitié de la dépense faite, même pendant une période de dépréciation monétaire[76]. Ainsi, contrairement aux règles habituelles des indemnisations en matière de mitoyenneté, cette dette est soumise au nominalisme monétaire (un euro = un euro).

---

68. Ex. : Cass. civ., 3 juin 1850, *DP* 1850.I.185 ; *S.* 1850.I.585 : « *Les articles 660 et 661, en accordant au propriétaire joignant un mur qui ne lui appartient pas la faculté de le rendre mitoyen, n'impose à ce droit d'autre condition que celle de payer au maître du mur la moitié de sa valeur et moitié de la valeur du sol sur lequel le mur est bâti ; ledit* (sic) *article ne soumet l'exercice de ce droit à aucune autre condition, et n'en limite pas l'usage au cas où l'acquéreur de la mitoyenneté voudrait bâtir contre le mur mitoyen* ».

69. Par conséquent, la garantie des vices cachés incombant au vendeur ne s'applique pas : Cass. civ. 3e, 2 oct. 1980, *Bull. civ.* III, n° 143 ; *D.* 1981, IR 234, obs. A. Robert : « *Les dispositions des articles 1641 et s. ne sont pas applicables au cas où le propriétaire joignant un mur use de la faculté de le rendre mitoyen, ouverte à son profit par l'article 661 ; la cession de mitoyenneté étant imposée au propriétaire du mur par la seule manifestation de la volonté de son voisin, n'est régie que par les dispositions particulières des articles 653 et s.* ».

70. Cons. const., 12 nov. 2010, n° 2010-60 QPC : *RTD civ.* 2011.144, obs. crit. Th. Revet ; *Dr. et patr.* juin 2011. 83, n. J.B. Seube : « *l'accès forcé à la mitoyenneté* [...] *constitue un élément nécessaire (d'un) régime de clôture et de construction des immeubles ainsi que d'utilisation rationnelle de l'espace, tout en répartissant les droits des voisins sur les limites de leurs fonds* [...], *il répond à un motif d'intérêt général ; il est proportionné à l'objectif visé par le législateur* [...] *; compte tenu de la garantie de fond et de procédure. La restriction posée au droit de propriété par la disposition en cause n'a pas un caractère de gravité tel qu'elle dénature le sens et la portée de ce droit.* ». V. Ph. Jestaz, « Fantaisies sur un mur mitoyen », *in Mélanges J. L. Aubert*, Dalloz, 2005. 471.

71. *Supra*, n° 1013.

72. Req., 25 juill. 1928, *DP* 1929.I.29, n. crit. M. Fréjaville ; *S.* 1929.I.48 : « *L'article 663 est un texte exceptionnel ; dans le silence de cet article, un propriétaire ne saurait imposer au propriétaire d'un fonds contigu l'obligation de rembourser la moitié du prix d'un mur séparatif de leurs propriétés, mais déjà construit, c'est-à-dire de le forcer à en acheter la propriété* ».

73. *Infra*, n° 1023.

74. La règle a été posée par une série d'arrêts anciens. Ex. : Cass. civ., 3 déc. 1862, *DP* 1862.I.503 ; *S.* 1863.I.33.

75. J.-D. Bredin, obs. sous Paris, 5 déc. 1968, *RTD civ.* 1969.359.

76. Cass. civ. 3e, 7 janv. 1971, *Bull. civ.* III, n° 16 ; *JCP* G 1971.II.16696, n. G. Goubeaux : « *La cour d'appel* (a) [...] *constaté que le mur litigieux "édifié à cheval" sur la limite de deux héritages dans une ville, présentait le caractère d'un mur ayant eu, dès son origine, vocation à la mitoyenneté, a pu déclarer applicables, en l'espèce, les dispositions de l'article 663* ».

3° Soit, lorsque le voisin s'est servi du mur contigu qui ne lui appartenait pas, comme d'un **support** afin d'y apposer des constructions[77]. Au lieu d'obliger le voisin à ainsi acquérir la mitoyenneté, le propriétaire du mur pourrait, si le juge l'estime opportun, le contraindre à démolir les constructions irrégulières[78].

Cet adossement irrégulier ne peut obliger son auteur à une acquisition forcée ou à une destruction que si elle constitue une voie de fait, une emprise[79]. Emprise qui ne résulte que d'un adossement, non de la simple juxtaposition de murs, que permettent les procédés contemporains de construction[80]. La distinction entre l'adossement et la juxtaposition est, parfois, passablement subtile. Cette cause particulière d'acquisition de la mitoyenneté est extraordinaire et prétorienne. Le Code civil l'ignore et pour se justifier, la Cour de cassation se réfère à l'article 661, qui pourtant ne dit rien de tel. On ne saurait fonder cette acquisition forcée sur une prétendue demande tacite d'acquisition par le constructeur, qui serait une volonté artificielle : la Cour de cassation a condamné ce raisonnement[81]. Il s'agit plutôt d'une sanction de la voie de fait commise par l'auteur de l'emprise sur la propriété d'autrui.

Qu'il y ait cession ou acquisition forcée, le prix est celui de la valeur du mur et du sol au jour de l'acquisition de la mitoyenneté (art. 661) ; sauf le fer à cheval, c'est une dette de valeur : ou bien acquérir, ou bien démolir, ou bien indemniser.

B. Perte

1023. Déguerpissement. – Chaque copropriétaire du mur mitoyen a la faculté d'abandonner la mitoyenneté, c'est-à-dire de renoncer unilatéralement à sa part dans la propriété du mur et du sol. Il le fera afin d'échapper à son obligation de contribuer aux charges, qui peut être très lourde et disproportionnée aux avantages que le mur lui donne (art. 656 et 667).

Il a ainsi la faculté de « déguerpir », sauf dans deux cas. **1°** S'il bénéficiait d'avantages particuliers résultant de la mitoyenneté, par exemple en ayant adossé un bâtiment sur le mur (art. 656)[82]. **2°** Si la dégradation de l'immeuble était due à

77. Ex. : Req., 9 mai 1939, *DH*, 1939.388 ; *JCP* G 1939.II.1240 : « *Par le seul fait qu'il appuyait sa construction sur le mur séparatif de l'immeuble voisin, Germonty pouvait être contraint à payer le montant de sa part de mitoyenneté, en vertu des dispositions de l'article 663* ».

78. *Supra*, n° 1019.

79. **Étymologie** d'emprise : du verbe prendre. Le mot est surtout employé en droit administratif ; il y signifie une prise de possession par l'administration d'une propriété privée immobilière.

80. Cass. civ. 3e, 18 févr. 1987, *Bull. civ.* III, n° 32 ; *D.* 1988, somm. 17, obs. A. Robert. En l'espèce, la cour d'appel avait jugé « *que la seule juxtaposition des murs, séparés par un interstice de quelques centimètres dans lequel ont été glissées des plaques de polystyrène, constitue une emprise de mitoyenneté dès lors qu'elle procure aux murs nouveaux une isolation thermique et physique* » ; cassation : « *Sans relever autrement une atteinte au droit de propriété des époux Voss, la cour d'appel n'a pas donné de base légale à sa décision* ».

81. Cass. civ. 3e, 8 mars 1972, *Bull. civ.* III, n° 170 ; *D.* 1972, somm. 156 ; *JCP* G 1972.II.17248, n. G. Goubeaux : « *La société "la Perle du Bois"* [...] *n'a fait qu'user de son droit de propriété en élevant sur un terrain un mur juxtaposé au mur mitoyen exhaussé* (sans avoir fait) *soit une manifestation de volonté d'acquérir la mitoyenneté de l'exhaussement, soit une atteinte au droit de propriété de sa voisine* ».

82. Jurisprudence constante, élargissant les hypothèses où le déguerpissement est interdit. Ex. : Cass. civ. 3e, 25 sept. 2002, *Bull. civ.* III, n° 182 ; *D.* 2003, somm. 2046, obs. Bl. Mallet-Bricout ; *RDI* 2003.170, obs. M. B. ; *JCP* G 2003.I.117, n° 3, obs. H. Périnet-Marquet ; en l'espèce, le propriétaire du terrain situé en contrebas avait convenu avec son voisin que le mur de soutènement serait mitoyen ; ultérieurement, il construisit sur ce terrain des bâtiments ; vingt ans plus tard, il voulut abandonner le mur en raison de sa dégradation et du coût de la réfection ; les tribunaux le lui refusèrent : « *le syndicat des copropriétaires* (le constructeur des bâtiments qui voulait abandonner le mur) *retirait du mur séparatif un avantage particulier et il ne pouvait renoncer à son droit de propriété* (sur le mur) *pour se soustraire à d'éventuelles réparations rendues nécessaires non seulement par la vétusté de l'ouvrage mais aussi par son fait en raison de la modification de l'état initial du sol* ».

son fait et qu'il ne l'avait pas réparée[83]. La faculté de déguerpissement s'explique par le caractère d'obligation réelle conféré aux charges résultant de la mitoyenneté[84].

La mitoyenneté, pas plus qu'une propriété ou une copropriété, ne se perd par le non-usage[85] : elle échappe donc à la prescription extinctive. Elle laisse place à une indivision lorsque l'un des immeubles contigus disparaît[86].

III. — Preuve

1024. Titre ; prescription ; présomptions. – Il existe trois sortes de preuves de la mitoyenneté : le titre, la prescription et les présomptions.

1° S'il existe un **titre** émanant des deux voisins, la preuve est péremptoire ; sinon, il n'a valeur que de présomption[87].

2° S'il y a une **prescription trentenaire**, il existe également une preuve certaine. Soit qu'un voisin ait fait seul des actes possessoires (le mur est privatif[88]), soit, à l'inverse, qu'ils se soient tous deux comportés en copropriétaires (le mur est mitoyen).

3° À défaut, ce sont des **présomptions** tenant au détail de la construction ou à la configuration des fonds (art. 654)[89] ou à toute autre circonstance[90]. En leur

83. Ex. : Cass. civ. 1re, 4 nov. 1963, *Bull. civ.* I, n° 473. En l'espèce, un des copropriétaires du mur avait fait des travaux qui avaient exposé le mur aux intempéries : « *Bégaud n'ayant pris que des mesures de précautions sommaires pour la protection de l'ouvrage ainsi mis à découvert et les lieux étant demeurés en l'état pendant près de deux ans, des infiltrations ont amené de graves désordres dans le mur mitoyen qui s'est en partie éboulé* ». Pour ne pas avoir à payer les dépenses de réparation du mur, Bégaud avait déclaré qu'il « *renonçait à la mitoyenneté du mur* ». Les tribunaux le lui refusèrent : « *C'est seulement après qu'il a été pourvu, par qui de droit, au rétablissement du mur mitoyen en état que l'auteur de la démolition peut être dispensé, pour l'avenir, des charges de la mitoyenneté* ».

84. *Supra*, n° 1023.

85. Cass. civ. 3e, 19 févr. 1985, cité *supra*, note 35.

86. Cass. civ. 3e, 18 mai 1994, *Bull. civ.* III, n° 107. Il s'agissait d'une hypothèse dans laquelle l'un des immeubles contigus avait été détruit pour être ensuite reconstruit en recul ; la cour d'appel avait décidé que le mur en saillie était devenu la propriété exclusive des copropriétaires de l'immeuble voisin ; cassation : « *La mitoyenneté supposant l'existence de deux immeubles contigus, lorsque l'un d'eux disparaît, les effets attachés par la loi à la mitoyenneté cessent, laissant seuls subsister ceux résultant de l'indivision* ». L'enjeu était le droit d'installer une enseigne sur le mur.

87. Ex. : Cass. civ., 25 janv. 1859, *DP* 1859.I.85 ; *S.* 1859.I.466 : « *L'article 653 fait cesser devant un titre contraire la présomption de mitoyenneté qu'il établit ; cet article n'exige point que les titres, dont il appartient aux juges du fait d'interpréter le sens et la portée, soient communs aux deux propriétaires voisins* ». Le titre ne l'emporte pas seulement sur la présomption de mitoyenneté, mais aussi sur celle qui résulte de marques de non-mitoyenneté. Ex. : Cass. civ. 1re, 6 févr. 1967, *Bull. civ.* I, n° 45 ; *D.* 1967.430 ; *RTD civ.* 1967.662, obs. J.-D. Bredin : « *Ce signe de non-mitoyenneté ne saurait "suffire à combattre les marques matérielles contraires et les indications qui résultent des écrits"* ».

88. Ex. : Cass. civ., 8 nov. 1905, *DP* 1906.I.52 ; « *La prescription trentenaire, en vertu de laquelle l'un des voisins, indépendamment de tout titre, ou de toute marque de non-mitoyenneté, prétend avoir acquis la propriété exclusive du mur, fait disparaître la présomption légale de l'article 653 précité* ».

89. L'article 654 en donne des exemples pittoresques et vieillots : inclinaisons des sommets de mur, corbeaux et filets de pierre. Le corbeau est une pierre (ou un morceau de bois ou de métal) en saillie sur l'aplomb d'un parement. Comp. Coutume de Paris, art. 214 : « *Filets doivent être faits accompagnés de pierres, pour connaître que le mur est mitoyen, ou à un seul.* » En regardant attentivement les murs de la campagne française, on retrouve les corbeaux et les filets. V. Lyon, 27 janv. 1993, *D.* 1993, somm. 304, obs. A. Robert : « *Le chaperon arrondi fait présumer la mitoyenneté dès lors qu'il existe aucun titre et aucun acte contraires* ».

90. Cass. civ. 1re, 1er mars 1961, *Bull. civ.* I, n° 135 : « *Les énonciations de l'article 654 n'ont pas un caractère limitatif et les juges du fond jouissent d'un pouvoir souverain pour apprécier les signes caractéristiques de non-mitoyenneté* ».

absence, le mur est présumé mitoyen (art. 653), comme dans l'Ancien droit coutumier[91] ; cette présomption est simple (art. 666)[92].

La présomption de mitoyenneté ne s'applique, ni lorsqu'un seul des terrains est clos, ni au mur séparant un terrain non bâti d'une construction (le mur est alors présumé appartenir au propriétaire du bâtiment[93]), ni à un mur qui n'est pas un mur de clôture, mais un mur de soutènement[94], ce qui explique l'intérêt qu'il y a à les distinguer.

Les rapports entre voisins ne suscitent pas seulement le bornage, la clôture et la mitoyenneté, ils limitent dans des zones frontières leur droit de planter et de voir.

Section III
PLANTATIONS, JOURS ET VUES

Afin de pacifier les rapports entre voisins, la loi restreint le droit de planter à la limite de la propriété (§ 1) et celui d'avoir des jours et des vues sur le fonds voisin (§ 2). L'application de ces règles suscite souvent d'interminables et insignifiantes disputes entre voisins.

§ 1. Plantations

1025. Distance et hauteur. – Pour empêcher les empiétements sur le terrain d'autrui par ombrage, feuillages et humidité, sauf les espaliers qui peuvent s'appuyer sur le mur séparatif, les arbres, arbrisseaux et arbustes ne peuvent être plantés qu'à une certaine distance de la propriété voisine, distance qui est déterminée par les règlements (par exemple, les statuts des lotissements)[95], les conventions entre voisins, ou à défaut par les usages[96] ou à titre encore plus subsidiaire par la loi : 2 mètres pour les plantations dépassant 2 mètres (H = L : la hauteur doit être égale à la longueur), 0,50 mètre pour les autres (art. 671)[97]. La réglementation a, en cette

91. Coutume de Paris, art. 211 : « *Tous murs séparant cours et jardins sont réputés mitoyens, s'il n'y a titre du contraire...* ».

92. Bien que l'article 653 ne prévoit la preuve contraire que par « *titre ou marque du contraire* », la jurisprudence admet qu'elle peut être faite par tous moyens : ex. : Cass. civ., 24 oct. 1951, *D.* 1951.772 : « *vu l'article 653 ; à défaut de titre ou de marque de non-mitoyenneté, la présomption légale édictée par ce texte cesse de produire effet lorsque l'un des voisins prouve que son bâtiment a été construit avant celui de l'autre, et à une époque où le mur litigieux ne pouvait être considéré que comme sa propriété exclusive* ».

93. Cass. civ. 1re, 27 janv. 1959, *Bull. civ.* I, n° 56 ; « *s'agissant, en l'espèce, d'un mur séparant une cour, la présomption de mitoyenneté, édictée par l'article 653, ne pouvait recevoir son application* ».

94. Req., 13 févr. 1939, *Gaz. Pal.* 1939.I.709 : « *Le mur présentant tous les caractères d'un mur de soutènement* (en l'espèce, il soutenait les terres d'un fonds supérieur) *construit dans l'intérêt de la demoiselle Mellerio, n'était pas un mur de clôture et par conséquent ne pouvait être considéré comme un mur mitoyen* ».

95. Cass. civ. 3e, 27 mars 2013, n° 11-21.221 ; *JCP* N 2013.1248, n° 12, obs. H. Périnet-Marquet.

96. Les usages l'emportent sur la loi. Ex. : Cass. civ. 1re, 27 nov. 1963, *Bull. civ.* I, n° 521 ; *D.* 1964.102 ; *RTD civ.* 1964.350, obs. J.-D. Bredin : « *La règle posée par l'article 671 n'a qu'un caractère supplétif* ». En l'espèce, jugé qu'il existait à Deauville « *un usage local constant et reconnu permettant de planter les arbres sans qu'il y ait à observer quelque distance que ce soit* » ; notamment, la cour d'appel avait relevé « *que la coutume générale de Normandie ne prescrivait une distance pour les arbres de haute futaie que "dans les terres non closes "* ».

97. Ces hauteurs maximum s'appliquent en toutes saisons : Cass. civ. 3e, 19 mai 2004, *Bull. civ.* III, n° 106 ; *D.* 2004.2408, obs. N. Reboul-Maupin ; en l'espèce, le voisin avait taillé ses thuyas en février,

matière comme dans les autres, longtemps eu tendance à éloigner au maximum les arbres des terres de labour et à supprimer les haies ; l'écologie voudrait aujourd'hui renverser la tendance. Lorsqu'elle ne respecte pas la réglementation, la plantation doit être arrachée ou élaguée. Comme une servitude, cette action ne peut être exercée que par le propriétaire du fonds contre le propriétaire de fonds voisin[98].

La raison d'être de cette règle est surtout agricole : l'ombre, les racines, les branches, les feuilles, les fruits, les brindilles, tout dans l'arbre gêne la culture voisine et diminue son ensoleillement[99]. Mais l'arbre et les haies sont aussi de grands protecteurs de la terre et les écologistes contemporains ne jurent que par eux. La sanction de la règle dépend de la gravité de la faute. Si la plantation est à moins de 0,50 m de la ligne séparative, elle doit être arrachée ; si elle est plantée dans la zone comprise entre 0,50 et 2 mètres, elle doit être arrachée ou élaguée (« *réduite* » dans la langue de l'art. 672), au choix du propriétaire de l'arbre, dit la Cour de cassation, en interprétant le texte[100].

1026. Brindilles et branches. – Le propriétaire ou le titulaire d'un autre droit réel[101] chez lequel avancent les racines, les branches et les brindilles du voisin peut « *les couper lui-même à la limite de la ligne séparative* » (art. 673, al. 2), en n'allant pas sur le terrain du voisin[102] ; cette faculté ne lui retire ni le droit de l'exiger du voisin[103], ni d'obtenir la réparation du préjudice qu'il éprouve[104].

S'il s'agit de branches, il ne peut les couper lui-même, de crainte qu'il ne « déshonore » l'arbre ; il peut seulement exiger du voisin qu'il le fasse (art. 673, al. 1) ; ce droit est imprescriptible[105] ; le propriétaire de l'arbre peut lui opposer l'absence de trouble excédant les inconvénients normaux[106] ; du voisinage ou la sauvegarde de l'environnement la convention peut l'écarter[107].

§ 2. Jours et vues

1027. Non aux voisins indiscrets. – Comme dans la coutume de Paris, la loi réglemente minutieusement les jours et les vues, afin d'empêcher les conflits qui résultent des indiscrétions des voisins[108].

qui avaient repoussé au printemps ; jugé qu'ils devaient à nouveau être réduits. Ces distances se calculent à partir de l'axe médian du tronc, non de l'écorce : Cass. civ. 3e, 1er avr. 2009, n° 08-11.876, *Bull. civ.* III, n° 78 ; *JCP* N 2009.1305, n° 16, obs. H. Périnet-Marquet ; *D.* 2009.1087, obs. Chenu.

98. Cass. civ. 3e, 9 févr. 2014, n° 12-28.701 ; *Defrénois* 2014.492, n. L. Tranchant.

99. Comp. l'art. L. 411-28, C. rur. : « *Pendant la durée du bail* (à ferme) [...], *le preneur peut, pour réunir et grouper plusieurs parcelles attenantes, faire disparaître, dans les limites du fonds loué, les talus, haies, rigoles et arbres qui les séparent ou les morcellent, lorsque ces opérations ont pour conséquence d'améliorer les conditions de l'exploitation* ».

100. Ex. : Cass. civ. 3e, 17 juill. 1985, *Bull. civ.* III, n° 112 ; *D.* 1986, IR 203, obs. A. Robert.

101. Cass. civ. 3e, 5 juin 2013, n° 11-25.627 ; *Defrénois* 2014.844, obs. L. Tranchant : « *l'art. 673 ouvre l'exercice de l'action en élagage quelle que soit la nature du droit réel à protéger* » : en l'espèce une servitude de passage.

102. Cass. civ., 7 févr. 1928, *DH* 1928.182.

103. Cass. civ. 3e, 30 juin 2010, n° 09-16.257 ; *Bull. civ.* III, n° 137 ; *JCP* N 2010.1378, n° 22, obs. H. Périnet-Marquet.

104. Cass. civ. 1re, 6 avr. 1965, *Bull. civ.* I, n° 253 ; *D.* 1965.432 ; *JCP* G 1965.II.14244, « *Le propriétaire d'un arbre, même planté à la distance réglementaire, est responsable des dommages causés par les racines s'étendant sur les héritages voisins* ».

105. Cass. civ. 3e, 16 janv. 1991, *Bull. civ.* III, n° 25.

106. B. Grimonprez, « L'arbre ne fait pas partie de l'environnement », *RD rur.* 2004, n° 224.

107. Cass. civ. 3e, 13 juin 2012, n° 11-18.791, cité *supra*, n° 437.

108. G. Coquille, *Questions et réponses sur les articles des coutumes de France* (1644), question 277 : « *Pour prévenir les animosités et les fâcheries que la liberté d'ouvrir des murs de telles façons qu'il leur plairait pourrait occasionner entre les voisins* ».

Il ne s'agit pas de véritables servitudes[109] ; aussi, la Cour de cassation admet-elle que ces droits peuvent s'exercer sur un bien indivis[110], alors qu'elle est plus hésitante à l'égard d'une véritable servitude[111].

1028. 1° Les jours et la lumière. – Les jours ne gênent pas les voisins (art. 676-677). Ce sont des ouvertures qui laissent à travers le mur passer la lumière, sans permettre de voir ce qui se passe à côté. Il est interdit d'en pratiquer dans un mur mitoyen, sans le consentement du copropriétaire. Dans un mur privatif, ils sont permis s'ils remplissent trois conditions : être « à verre dormant » (c'est-à-dire qu'ils ne peuvent s'ouvrir ou sont opaques), « à fer maillé » et situés à plus de 2,60 m du sol au rez-de-chaussée et de 1,90 m du sol aux étages. Peu importe leur grandeur (par exemple, une baie) : il suffit qu'ils ne permettent ni de voir ni d'aérer.

Après avoir dit le contraire, la jurisprudence décide que sont conformes à cette réglementation les ouvertures garnies d'un treillis métallique sur lequel sont montés des matériaux translucides et opaques[112]. Elle adapte ainsi cahin-caha le droit civil foncier aux techniques contemporaines de la construction. Si les jours respectent la condition légale, le voisin ne peut en demander la suppression purement et simplement ; mais il peut y parvenir indirectement, soit en bâtissant contre le mur[113], soit en acquérant la mitoyenneté du mur et il pourra alors obstruer les jours. Si les jours ne remplissent pas les conditions légales (mitoyenneté du mur, hauteur ou opacité insuffisantes), ils ne peuvent être acquis par prescription ; les tribunaux disent en effet qu'ils n'ont été supportés par le voisin que par « tolérance »[114] ; or la tolérance, si prolongée soit-elle, ne fait ni perdre ni acquérir de droit. Le voisin peut donc en demander la suppression, purement et simplement, si anciens soient-ils. Il n'en est autrement que s'il s'agit d'une vue, en raison de la forme, de la dimension ou de l'endroit de la fenêtre, parce que la vue est une véritable atteinte à la propriété d'autrui, que le voisin ne l'a pas soufferte par simple tolérance ; elle est susceptible à ce titre d'être acquise par prescription.

1029. 2° Les vues et l'indiscrétion. – Les vues confèrent des droits plus importants que ceux qui résultent des jours (art. 678-679). Elles sont des ouvertures sur le fonds voisin[115] qui, comme leur nom l'implique, permettent de le voir[116] : par

---

109. *Contra* Fr. Terré et Ph. Simler, n° 258.

110. Cass. civ. 3e, 24 oct. 1990, sol. impl., *Bull. civ.* III, n° 207 ; *JCP* G 1990.IV.417 ; *Gaz. Pal.* 1991.417 ; *RTD civ.* 1992.798 ; jugé que des vues peuvent donner sur une cour commune, et qu'elles ne constituent pas des servitudes de vue.

111. *Infra*, n° 1106.

112. Cass. civ. 3e, 27 mai 2009, *Bull. civ.* III n° 127 ; *JCP* N 2009.1305, n° 15, obs. H. Périnet-Marquet.

113. Cass. civ. 3e, 7 avr. 2004, *Bull. civ.* III, n° 84 ; *D.* 2004.2466, obs. Bl. Mallet-Bricout ; *JCP* G 2004.II.10125, n. E. Pierraix ; en l'espèce, sur son mur privatif « *jouxtant la cour lui appartenant* », le propriétaire avait fait une « *ouverture* » ; le voisin, estimant qu'il s'agissait d'un « *jour de souffrance illégal* », avait construit des édifices l'obstruant : le propriétaire du mur privatif, auteur de l'ouverture sur la cour du voisin, obtint de la cour d'appel que ces édifices fûssent détruits. Cassation : « *le fait de pratiquer un jour dans un mur joignant immédiatement l'héritage d'autrui ne fait pas naître à la charge de cet héritage une servitude et n'entraîne pour son propriétaire aucune restriction à son droit de propriété* ».

114. Ce sont des « *jours de tolérance* » : Cass. civ. 1re, 31 janv. 1966, *Bull. civ.* I, n° 71 ; *D.* 1966.433 ; « *des jours de souffrance* » : Cass. civ. 1re, 16 juin 1966, *Bull. civ.* I, n° 373.

115. Les fonds ne sont voisins que s'ils sont contigus : Cass. civ. 3e, 22 mars 1989, *Bull. civ.* III, n° 74 : « *Les prescriptions relatives aux distances à respecter pour ouvrir des vues droites sur l'immeuble voisin ne concernent que les propriétés contiguës* ». Pourtant, le risque d'indiscrétion peut aussi exister lorsqu'il y a proximité, en l'absence de contiguïté.

116. Il y a vue lorsqu'une indiscrétion est possible. Ex. : Cass. civ. 1re, 6 déc. 1965, *Bull. civ.* I, n° 676 ; *D.* 1965.839, n. J. Voulet. En l'espèce, il s'agissait d'une fenêtre qui donnait, non sur une cour, un jardin ou une maison, mais sur le toit du voisin. La Cour de cassation a distingué selon que le toit était ou non aveugle.

exemple, des fenêtres, des balcons ou des terrasses[117]. Elles sont permises à des conditions plus strictes que les jours, variant selon la facilité de vue qu'elles donnent. La loi distingue entre les vues droites et les vues obliques. Celles qui sont les plus gênantes sont les vues droites, dont l'axe atteint le fonds voisin ; elles permettent à une personne assise chez elle de voir ce qui se passe chez son voisin sans se déranger ; elles ne peuvent être pratiquées qu'à une distance de 1,90 m[118]. Elles sont obliques quand elles ne permettent de voir chez le voisin qu'en se penchant ; elles peuvent être pratiquées à la distance de 0,60 m.

Lorsqu'une vue est irrégulière, parce qu'elle n'est pas conforme à la loi et ne peut se fonder sur une convention ou une destination par le père de famille, elle peut être acquise par prescription trentenaire, puisqu'elle constitue une servitude apparente et continue[119] : elle est en effet « *de nature à éveiller l'attention du propriétaire voisin* »[120]. Lorsqu'elle est usucapée, la servitude est acquise et le voisin ne peut plus en demander la suppression.

Du moment qu'une personne a droit à une vue sur la propriété de son voisin, elle peut interdire à son voisin d'y porter atteinte (une sorte de servitude *non aedificandi* ou *non altius tollendi* à l'intérieur de la distance légale) et obtenir la démolition des ouvrages qui y porteraient atteinte[121]. Si le droit à la vue résulte d'une servitude conventionnelle, elle entraîne une complète servitude *non aedificandi* ou *non altius tollendi* sur tout le fonds voisin[122]. Inversement, le voisin peut obtenir la suppression de la vue irrégulière[123], sauf si elle s'est prolongée pendant trente ans[124].

N°s 1030-1049. réservés.

117. Cass. civ. 3e, 29 nov. 1983, *Bull. civ.* III, n° 247 : « *Les termes de l'article 678 ne sont point limitatifs ; ils s'appliquent non seulement aux fenêtres et balcons, mais aussi aux terrasses, plates-formes ou autres exhaussements de terrain d'où l'on peut exercer une servitude de vue sur le fonds voisin* ».

118. Cass. civ. 3e, 14 janv. 2004, *Bull. civ.* III, n° 9 ; *D.* 2004, somm. 2409, obs. Bl. Mallet-Bricout : « *La distance légale pour l'établissement de vues droites se compte jusqu'à la limite du fonds sur lequel s'exerce la vue, même en présence de balcons et autres saillies s'avançant au-delà de cette limite* » ; en l'espèce, la cour d'appel avait calculé cette limite à partir de la *bow-window* (balcon clos) ; cassation.

119. *Infra*, n° 1135.

120. Ex. : Cass. civ. 3e, 14 mars 1972, *Bull. civ.* III, n° 179 : « *Les actes de prescription* (sic, pour possession) *sur lesquels peut se fonder l'acquisition d'une servitude de vue par prescription doivent être de nature à éveiller l'attention du propriétaire du fonds voisin et à provoquer au besoin sa contradiction* ». Jugé que les propriétaires du fonds prétendument servant n'avaient pu « *se rendre compte de la hauteur du mur séparatif* ». La décision est surprenante, sauf si les propriétaires avaient vécu pendant trente ans dans une nuit profonde (ou étaient aveugles) ; tout propriétaire qui ouvre ses yeux peut se rendre compte de la hauteur d'un mur séparatif.

121. La construction est interdite si **1** elle a été édifiée à moins de 1,90 m ; **2** si le point culminant de cette construction ne dépasse pas le bas de la fenêtre : Cass. civ. 1re, 12 oct. 1966, *Bull. civ.* I, n° 469 ; *D.* 1966.613, n. J. Voulet ; *JCP* G 1966.II.14892, n. G. Liet-Veaux ; *Defrénois* 1966, art. 28903, obs. J., *Defrénois*, « *Le propriétaire du fonds grevé d'une servitude de vue droite est seulement tenu de ne pas édifier la construction dans un rayon de 19 dm à partir du parement extérieur du mur où l'ouverture est faite* ».

122. E. Frank, « La vue sur l'horizon est-elle protégée par la loi ? », *D.* 1985, chron. 249 ; *Defrénois* 1985, art. 33591 ; v. *supra*, n° 556.

123. Ex. : Cass. civ. 3e, 3 juill. 1973, *Bull. civ.* III, n° 458 : « *Vu les articles 678 et 679 ; le propriétaire d'un fonds dominant, bénéficiaire d'une servitude, est en droit d'obtenir la démolition du mur édifié en deçà de la distance légale par rapport aux fenêtres par lesquelles s'exerce la servitude, pour maintenir, en faveur de son héritage la plénitude du droit réel qui s'y rattache* ».

124. Cass. civ. 3e, 12 nov. 1975, *Bull. civ.* III, n° 329 ; *JCP* G 1976.II.18400, n. crit. G. Goubeaux : jugé que l'action en suppression des vues irrégulières s'éteint par la prescription extinctive trentenaire. « *Vu l'article 2262* (ancien) *; après l'expiration du délai de trente ans, toutes les actions tant personnelles que réelles sont éteintes par prescription.* »

Sous-titre II

Obligations du voisinage

Une des obligations importante qui naît du voisinage est le passage, qui permet la communication, c'est-à-dire l'ouverture sur les autres, la source principale de l'activité humaine (et de ses conflits). Le passage est un droit en cas d'enclave (Section I). Il fait aussi, plus rarement, naître des indivisions forcées : venelles, ruelles, chemins d'exploitation, etc. (Section II). Une autre manière de régler les rapports entre les voisins est le lotissement (Section III) ou la convention (Section IV). Pour pacificateur qu'essaye d'être le droit, il n'empêche pas les troubles de voisinage, que la jurisprudence doit régler a *posteriori* (Section V).

Section I
ENCLAVE

1050. Droit de passage. – L'enclave[1] est l'état d'un fonds qui n'a pas d'accès à la voie publique ou n'a qu'un accès insuffisant. Le Code (art. 682 à 685) donne au propriétaire d'un fonds enclavé le droit, moyennant indemnité, de passer[2] sur un fonds voisin afin d'accéder à la voie publique.

1051. Tour d'échelle : non et oui. – En raison du silence délibéré du Code civil et au contraire de l'Ancien droit, la jurisprudence n'admet pas qu'existe une servitude légale de « tour d'échelle », qui permettrait au propriétaire d'un mur ou d'un bâtiment de passer pendant un temps déterminé chez le voisin afin d'effectuer les réparations indispensables ; cette servitude n'existe que si une convention l'a prévue[3]. Cependant, pour empêcher la ruine de nombreux bâtiments, les tribunaux, sur le fondement de l'abus des droits, accordent le passage lorsqu'il

1. **Étymologie** d'enclave : du latin *inclavo, are* = fermer avec une clef (*clavis*). **Biblio. :** J. Debeaurain, *Les droits de passage sur les fonds privés*, th. Aix, PUAM, 1978 ; D. Landreau, « L'enclave », *JCP* G 1963.I.1784.

2. **Étymologie** de passer : du latin *passus, us* = pas.

3. Cass. civ. 3e, 30 oct. 1978, *Bull. civ.* III, n° 326 ; *D.* 1979.654, n. J. Prévault : « *Vu l'article 691 ; en condamnant Bianco à rétablir à ses frais la porte du passage donnant accès sur sa propriété pour respecter le tour d'échelle de sa voisine, la cour d'appel en consacrant ainsi l'existence d'une servitude qui ne saurait avoir qu'un fondement contractuel, sans relever l'existence d'un titre l'établissant, n'a pas donné de base légale à sa décision* » ; cassation.

est absolument nécessaire aux travaux[4] urgents[5] et ne cause au propriétaire qu'un faible préjudice[6], ce qui est, indirectement, un retour à l'Ancien droit.

1052. Contentieux. – Le droit de passage soulève de nombreuses difficultés parce qu'il met en conflit deux intérêts contradictoires, celui du propriétaire du fonds enclavé qui entend avoir une utilisation normale de son bien et celui du fonds sur lequel se fait le passage qui ne veut pas subir d'empiètement à ses prérogatives. Il suscite encore aujourd'hui un contentieux important malgré la prolifération contemporaine des voies publiques. Sans doute, parce que le voisinage fait spontanément naître des disputes, que la propriété continue à être morcellée, qu'il y a de plus en plus de constructions liées à un lotissement et surtout que l'usage de l'automobile est devenu une source nouvelle de conflits entre voisins.

À son origine romaine, l'institution présentait un caractère sacré ; celui qui possédait un lieu affecté à une sépulture sans accès pour y parvenir pouvait contraindre ses voisins à lui céder un passage, moyennant indemnité[7]. Cette faculté a été généralisée à toutes les enclaves et s'est désacralisée.

1053. Évolution et fondements. – À la différence de l'Ancien droit, le Code civil ne l'avait admise qu'à regret, en raison des atteintes qu'elle apportait à la propriété. Depuis plus d'une centaine d'années, au contraire, elle s'étend par l'effet de l'interprétation judiciaire et des interventions législatives. Car elle correspond au souci de rendement qu'a notre époque : elle se fonde, non sur l'intérêt particulier de l'enclavé, mais sur l'intérêt général, en permettant une meilleure utilisation du sol, non seulement agricole, mais industrielle, commerciale et même maintenant la constructibilité, extensions qui révèlent les changements de notre société.

Avant d'examiner l'existence (§ 2), l'assiette (§ 3), l'acquisition et la perte (§ 4) du droit légal de passage, il faut en déterminer la nature (§ 1).

§ 1. Nature juridique

1054. Servitude légale. – La nature juridique des droits résultant de l'enclave est controversée, comme de tout ce qu'il est habituel d'appeler les « servitudes légales ».

Il s'agit certainement, à défaut de conventions conclues entre les voisins, d'un droit d'origine légale : la loi grève le fonds riverain de la voie publique d'une obligation de passage au profit du fonds enclavé (il peut aussi exister des droits de passage conventionnels qui, au contraire, sont de véritables servitudes). La loi y voit une sorte de servitude, puisque les règles qui y sont relatives figurent dans le Code civil au titre des servitudes. Cette qualification a été contestée pendant tout le XIXe siècle et encore aujourd'hui quelques auteurs[8] estiment qu'il n'y a de servitude que là où existe une charge à la fois exceptionnelle et consentie par le propriétaire, alors qu'il s'agit ici d'une charge générale, imposée à la propriété par la loi : une sorte d'expropriation

4. Ex. : Cass. civ. 3e, 15 févr. 2012, n° 10-22.899 ; *Bull. civ.* III, n° 32 ; *D.* 2012.1308, n. D. Thomassin ; *JCP* 2012. 465, n° 13, obs. H. Périnet-Marquet ; *RDI* 2012.272, obs. J.-L. Bergel ; *Defrénois* 2012. 516, obs. L. Tranchant : « *il n'existait aucun autre moyen pour réaliser ces travaux que de passer sur le terrain de Mme X ; la cour d'appel en a déduit que celle-ci ne pouvait, sous peine de commettre un abus de droit, s'opposer à l'installation d'un échafaudage en éventail ou sur pied dans la propriété voisine pour une durée de trois semaines* ».

5. Cass. civ. 2e, 8 janv. 1992, *Bull. civ.* III, n° 10 ; *D.* 1993, somm. 32, obs. A. Robert ; *RDI* 1993.196, obs. J.-L. Bergel ; *RTD civ.* 1993.855, obs. Fr. Zénati.

6. Cass. civ., 14 déc. 1955, *D.* 1955.283, n. Blanc : « *Il s'agissait de travaux peu importants ou de courte durée qui ne devaient causer à ce dernier* (le propriétaire) *qu'un préjudice léger* ».

7. Dig., XI, 7, *De religiosis et sumptibus funerum*, 12, *principium* (Ulpien) : « *Si quelqu'un a un tombeau sans avoir de chemin pour y accéder et qu'il lui soit interdit de passer par le voisinage, l'empereur Antonin et son père* (Hadrien) *ont dit qu'il devait avoir un chemin afin d'y aller et d'en repartir* ».

8. Ex. : Mazeaud-Chabas, n° 1382.

partielle pour cause de nécessité privée et d'utilité publique[9]. Au contraire, d'autres auteurs estiment que le fait d'être légale ne l'empêche pas d'être une servitude[10]. Les deux analyses sont exactes, mais doivent se compléter. Le droit de passage en cas d'enclave a une nature complexe : il comporte certains caractères de la servitude, notamment par son étendue, son assiette et sa protection possessoire, sans les avoir tous, notamment ses modes d'acquisition et de perte et sa soumission à la publicité foncière.

§ 2. Conditions

1055. Enclave et passage. – Le droit légal de passage n'est accordé que si trois conditions sont réunies. La première relève du droit des servitudes et ne présente aucun particularisme : que les deux fonds appartiennent à des propriétaires différents (art. 637)[11]. Les deux autres sont spéciales à la matière : il faut que le fonds soit enclavé et qu'un passage soit nécessaire à son exploitation (art. 682). Envers ces deux conditions, la jurisprudence a témoigné d'une grande souplesse.

Il a été aussi décidé que le droit de passage en cas d'enclave ne pouvait s'exercer sur un bien du domaine public en raison de l'inaliénabilité du domaine public[12].

1° Un fonds est **enclavé** s'il « *n'a sur la voie publique aucune issue ou qu'une issue insuffisante* ». Puisque l'utilisation d'un bien, quelle qu'elle soit, suppose une communication avec autrui, un bien sans issue ne servirait à rien, même lorsqu'existe une issue, mais insuffisante[13], ou qui ne conviendrait qu'en engageant des dépenses considérables, c'est-à-dire disproportionnées avec la valeur du fonds enclavé[14].

L'enclave ne confère pas de droit de passage lorsqu'elle a été volontaire[15] : on n'a pas le droit de causer délibérément une gêne à autrui. De même, il n'existe pas d'enclave conférant un droit de passage sur le fonds du voisin lorsqu'il est facile de la faire disparaître, par exemple au moyen

9. Cf. dans l'Ancien droit, l'analyse de Fr. Bourjon, *Droit commun de la France* (1747) : « *Le bien public, qui est la loi suprême, rend telle vente forcée* ».

10. Ex. : Ch. Demolombe, *Cours de Code Napoléon*, Hachette, t. XII, 1855, n° 636.

11. Ex. : Cass. civ. 1re, 18 juin 1986, *D.* 1987, somm. 16, obs. A. Robert ; n.p.B. : « *Les dispositions de l'article 682 n'ouvrent aucun droit de passage pour enclave au profit d'un fonds sur un autre fonds si tous les deux appartiennent au même propriétaire.* »

12. Cass. civ. 1re, 2 mars 1994, *Bull. civ.* I, n° 85 ; *D.* 1994, IR 73 : la cour d'appel avait conféré un passage « *sur des terrains longeant l'autoroute, "sans aucun usage particulier " et qu'il ne porte pas atteinte à la destination de l'ouvrage public "l'intégrité de l'autoroute étant préservée "* » ; cassation : « *Il résulte du principe de l'inaliénabilité des biens du domaine public qu'ils ne peuvent être grevés de servitudes légales de droit privé, et notamment d'un droit de passage en cas d'enclave* ».

13. Ex. : Cass. civ. 3e, 4 janv. 1973, *Bull. civ.* III, n° 19 : « *Un chemin complètement envahi par la végétation, arbres et maquis* » (en Corse) ; Cass. civ. 3e, 11 févr. 1975, *Bull. civ.* III, n° 56 : « *Un chemin d'une largeur de 1 m 70* » *(ib.)* ; Cass. civ. 3e, 3 juin 1975, *Bull. civ.* III, n° 85 : « *Sol rocailleux comportant des sortes de marches d'escalier* ».

14. Ex. : Cass. civ. 3e, 4 juin 1971, *Bull. civ.* III, n° 359 : « *Une remise en état doit être exclue en raison de la dépense excessive qu'elle entraînerait et qui serait hors de proportion avec l'usage qui en serait fait et la valeur de la propriété* ».

15. Jurisprudence constante : ex. : Cass. civ. 3e, 27 juin 1972, *Bull. civ.* III, n° 421 : « *S'étant enclavée de son fait et pour des raisons de commodité personnelle, elle* (la propriétaire qui avait construit une maison sur son fonds) *ne peut prétendre à une servitude légale sur les fonds riverains dont les propriétaires n'ont pas à supporter, à sa place, les inconvénients d'un passage qu'elle aurait pu aménager sur son propre fonds.* »

de travaux d'un coût modique[16], ou lorsque l'issue n'est qu'incommode[17], ou qu'il y a une tolérance du passage[18]. Encore moins n'existe-t-il d'enclave s'il y a un accès en voiture vers la voie publique à proximité immédiate[19] (est généralement en cause l'utilisation du fonds).

2° La loi précise que le **passage** doit être nécessaire « *soit pour l'exploitation agricole, industrielle ou commerciale de la propriété, soit pour la réalisation d'opérations de construction ou de lotissement* ». Dépassant la lettre du texte qui paraissait écarter un usage purement civil, la jurisprudence décide qu'il s'agit de toute utilisation *normale* du fonds enclavé[20], par exemple, l'habitation[21] ou une construction[22], en tenant compte des règles d'urbanisme lorsqu'elles rendent constructible un terrain agricole[23].

1056. Bagnoleville ? – Ce qui suscite une casuistique difficile. L'usage « normal » d'une habitation implique-t-il toujours l'emploi d'une automobile ? Depuis longtemps, on estime que tout est cas d'espèce, dépendant de la profession des habitants, de l'existence ou de l'absence de transports en commun, de l'éloignement de la voie publique, c'est-à-dire de tout ce qui permet de vérifier si, en la cause, l'usage de l'automobile est vraiment nécessaire au fonds enclavé[24].

1057. Adaptation du passage aux changements. – Les tribunaux admettent que si le mode de l'exploitation se modifie, le propriétaire du fonds dominant peut exiger une extension, une aggravation ou même un déplacement du droit de

16. Jurisprudence souvent réitérée ; ex. : Req., 13 juill. 1880, *DP* 1880.I.456 : « *S'il y a enclave dans le sens spécial de l'article 682, non seulement lorsque le propriétaire n'a aucune issue sur la voie publique, mais encore lorsqu'il n'a qu'une issue qui offre de graves difficultés, on ne peut considérer comme suffisants pour constituer l'enclave les inconvénients accidentels ou faciles à faire disparaître que présente une issue sur la voie publique* ».

17. Ex. : Cass. civ. 1re, 2 déc. 1963, *Bull. civ.* I, n° 526.

18. Ex. : Cass. civ. 3e, 16 juin 1981, *Bull. civ.* III, n° 126 ; *D.* 1982, IR 303, obs. crit. A. Robert, 1re esp. : « *Le fonds des épx Borner, qui bénéficie d'une tolérance de passage lui permettant un libre accès pour les besoins de son exploitation, n'était pas enclavé tant que cette tolérance était maintenue.* »

19. Ex. : Cass. civ. 1re, 2 mai 1961, *Bull. civ.* I, n° 220 : « *Le droit, pour le propriétaire d'une parcelle enclavée, de réclamer un passage sur les fonds de ses voisins, conformément aux dispositions de l'article 682, est fonction, non de l'existence d'une exploitation agricole ou industrielle* (c'était avant la L. du 30 déc. 1967), *au sens étroit de ces termes, mais de l'utilisation normale du fonds, quelle qu'en soit la destination.* »

20. Ex. : Cass. civ. 3e, 10 mars 1976, *D.* 1976, somm. 48 ; n.p.B.

21. Jurisprudence souvent réitérée ; ex. : Cass. civ. 1re, 11 mai 1960, *Bull. civ.* I, n° 254 ; *D.* 1960.572 ; *JCP* G 1960.II.11838 : « *Les juges du second degré déclarent, à juste titre, que l'article 682 [...] a englobé dans le terme d'exploitation "aussi bien l'habitation, que l'utilisation agricole, industrielle ou commerciale ", le passage devant s'entendre de tout ce qui est nécessaire pour assurer l'utilisation normale du fonds enclavé.* »

22. Cass. civ. 3e, 17 avr. 1991, *Bull. civ.* III, n° 125 ; une société (probablement de construction) avait acheté une parcelle, obtenu un permis de construire un bâtiment collectif, et se vit refuser un élargissement du passage par le propriétaire du fonds voisin, approuvé par les juges du fond : elle avait « *acquis en connaissance de cause* » ; cassation : les juges auraient dû « *rechercher si l'opération de construction projetée par le propriétaire constituait une utilisation normale de son fonds* ».

23. Cass. civ. 3e, 4 oct. 2000, *JCP* N 2001.242, obs. D. Sizaire ; *JCP* G 2001.I.305, n° 14, obs. H. Périnet-Marquet ; n.p.B.

24. Ex. : Cass. civ. 1re, 11 mai 1960, préc. *supra*, note 21 : les constatations « *"des conditions actuelles de la vie* [...] *de l'éloignement du domicile de Baltre par rapport au siège de son commerce, légitimant son besoin de garer* [...] *sur le terrain litigieux* [...] *l'automobile servant à ses déplacements professionnels ", la cour d'appel a pu estimer que l'utilisation normale du fonds dominant et de l'immeuble qui y est édifié nécessitait l'élargissement du passage initial* ».

passage pour qu'il s'adapte aux formes nouvelles de l'exploitation[25]. Bien entendu, il doit alors verser une indemnité.

Ils permettent aussi, dans ces hypothèses, un changement de la servitude conventionnelle de passage, mais moins facilement, à cause du butoir de la convention, qui doit être respectée[26] : la loi est moins rigide que la convention.

§ 3. Assiette

1058. Loi, convention, jugement. – Le droit de passage en cas d'enclave existe de plein droit par le seul effet de la loi. Son assiette, c'est-à-dire l'endroit où s'accomplit le passage, ne peut être établie que par une convention ou une décision judiciaire[27] ; lorsque le droit de passage est fixé par le juge, le propriétaire du fonds enclavé a intérêt à agir contre tous les propriétaires des fonds voisins, afin que le juge désigne le fonds débiteur[28]. En conséquence, si l'assiette du passage a été établie unilatéralement par le propriétaire du fonds enclavé, le propriétaire du bien qui a été irrégulièrement utilisé pour le passage peut exercer une action possessoire[29] et obtenir des dommages-intérêts s'il a subi un préjudice[30].

À défaut d'accord entre les parties, le juge fixe l'assiette du passage ; il recherche le trajet le plus commode causant le moins de dommages, même s'il est plus long (art. 683)[31]. Les tribunaux ont, ici aussi, largement interprété les textes ; bien que l'article 632 dispose que le passage doit être exercé « *sur* » le fonds du voisin, ils ont admis qu'il pouvait se faire au-dessus[32] ou

25. Cass. civ. 3e, 4 févr. 1987, *Bull. civ.* III, n° 21 ; *Defrénois* 1988, art. 34202, n° 18, p. 378, obs. H. Souleau ; *RTD civ.* 1990.117, obs. Fr. Zénati : « *Le passage sur le fonds de M. Laimant* (accédant à la voie publique) *étant devenu insuffisant du fait des progrès techniques dans les modes de transport, les épx Loizeau* (propriétaire du fonds enclavé) *sont en droit d'en obtenir l'élargissement pour la desserte de leur exploitation industrielle* ».

26. *Infra*, n° 1171.

27. Cass. civ., 15 mai 1950, *Bull. civ.* I, n° 118 ; *D.* 1950.482 : « *Si la servitude de passage existe de plein droit en faveur d'un fonds enclavé et grève tous les fonds qui l'entourent, il n'en est pas de même de l'assiette de ce passage, qui, à défaut d'entente entre les parties intéressées, ne peut être déterminée que par le juge et conformément aux prescriptions de l'article 683* ».

28. Cass. civ. 3e, 23 avr. 1992, *Bull. civ.* III, n° 142 ; *JCP* G 1993.I.3668, n° 12, obs. H. Périnet-Marquet ; *JCP* N 1993.II.196, m. n. : « *Les propriétaires intéressés étant en cause, le juge est tenu de déterminer l'assiette de la servitude* ».

29. Cass. civ., 15 mai 1950, préc.

30. Cass. civ. 3e, 3 juill. 1969, *Bull. civ.* III, n° 549 ; *D.* 1969.646.

31. Ex. : Req., 14 avr. 1904, *DP* 1904.I.247 : « *Lorsqu'il s'agit de déterminer l'assiette du passage légalement dû pour cause d'enclave, il appartient aux tribunaux de ne pas s'arrêter au trajet le plus court et d'indiquer celui qui leur paraît le moins dommageable, soit dans l'intérêt des héritages, soit même dans celui du fonds enclavé, si la situation des lieux ou des circonstances particulières l'exigent.* »

32. Ex. : Cass. civ., 24 févr. 1930, *DP* 1932.I.9, n. A. Besson ; *S.* 1930.I.297, n. Ch. Becquignon-Lagarde ; *RTD civ.* 1930.416, obs. H. Solus : « *La loi accorde au propriétaire d'un fonds enclavé ou n'ayant sur la voie publique aucune issue, ou qu'une issue insuffisante, dans l'intérêt de son exploitation, soit agricole, soit industrielle, le droit de réclamer un passage sur le fonds d'autrui ; ces mots, pris en eux-mêmes, n'excluent pas la faculté pour le juge de décider, conformément à la demande du propriétaire enclavé, que le droit de passage s'exercera au-dessus du sol par le moyen d'un câble aérien, dès l'instant, du moins, que ce mode d'exercice de la servitude apparaît tout à la fois, selon l'appréciation souveraine des juges du fait, comme le plus approprié, suivant les pratiques régionales, aux besoins de l'exploitation et le moins dommageable à la propriété assujettie* ».

au-dessous[33] et que le passage ne s'exerçait pas nécessairement sur un fonds contigu[34]. Ce qui importe, c'est que le passage soit indispensable à l'exploitation du fonds. Le juge doit tenir compte des règles d'urbanisme et d'environnement[35].

1059. Enclave et division d'un fonds. – Si l'enclave provient de la division du fonds, le passage ne peut être réclamé que sur les autres parcelles des fonds divisés ; c'est donc sur le fonds de celui qui a créé l'enclave que doit être pris le passage, non sur celui de ceux qui ont été étrangers à l'opération (art. 684, al. 1). Nul ne peut, en effet, imposer par son fait une servitude sur le fonds d'autrui. Mais bien que l'enclave ait alors une origine conventionnelle, il s'agit encore d'un droit légal (une « servitude légale », dit la Cour de cassation), auquel les parties ne peuvent renoncer[36]. Si le passage sur les fonds divisés est insuffisant, il peut être exercé sur les fonds étrangers (art. 684, al. 2)[37] ; un fond enclavé ne doit jamais être une prison sans issue.

§ 4. Acquisition, perte et possession

1060. Loi, convention et juge. – Le droit de passage est créé par la loi. Cependant, son assiette, ses modalités d'exercice et l'indemnité[38] due par le propriétaire du fonds enclavé peuvent être réglées amiablement par les intéressés. À défaut, le tribunal intervient. La possession exerce aussi un rôle. La convention, la décision judiciaire ou la possession n'ont pas pour objet de créer le droit de passage, qui existe de plein droit en vertu de la loi, mais seulement d'en fixer les modalités.

La situation est différente si la convention constituant le droit de passage n'a pas pour raison de mettre fin à une enclave : il s'agit alors d'une servitude conventionnelle. La différence est importante, parce qu'elle commande la perte du droit de passage.

1061. Perte. – Le droit légal de passage est subordonné à l'existence d'une enclave et s'éteint donc si celle-ci disparaît (L. 25 juin 1971, art. 685-1), même s'il a été possédé pendant plus de trente ans[39]. L'extinction de cette servitude

33. Ex. : Cass. civ., 22 nov. 1937, *DP* 1938.I.62, n. P. Voirin ; *JCP* G 1938.II.510 : « *Vu l'article 682 ; le droit de passage visé par ce texte doit s'entendre en ce sens que les mots "sur les fonds de ses voisins" ne visent pas seulement la surface du sol, mais peuvent aller jusqu'à comprendre "le dessous", afin d'assurer les communications strictement nécessaires à l'utilisation normale du fonds enclavé ; il s'applique ainsi aux canalisations souterraines indispensables à cet effet* ». La question se présente presque dans les mêmes termes lorsqu'il s'agit de servitudes conventionnelles : *infra*, n° 1153.

34. Cass. civ. 3e, 18 janv. 1989, *Bull. civ.* III, n° 17 ; *RTD civ.* 1991.365, obs. Fr. Zénati : « *La cessation de l'état d'enclave n'impliquant ni que l'assiette du passage se situe exclusivement sur les fonds contigus de celui enclavé ni qu'elle doive grever un seul fonds...* ».

35. Cass. civ. 3e, 5 sept. 2012, n° 11-22.276, *Bull. civ.* III, n° 115 ; *JCP* G 2012.1186, n° 10, obs. H. Périnet-Marquet : le juge doit éviter de situer le passage dans une zone de protection du patrimoine architectural, urbain et paysagé.

36. Jurisprudence plusieurs fois réitérée ; ex. : Cass. civ. 3e, 23 janv. 2008, *Bull. civ.* III, n° 13 ; *D.* 2008.2464, obs. N. Reboul-Maupin ; *RDI* 2008.330, obs. Gavin-Millan-Oosterlynck : « *L'acquéreur d'une parcelle enclavée ne peut se voir opposer la renonciation de l'auteur de la division antérieure au bénéfice de la servitude légale de passage conventionnellement aménagée.* »

37. Cass. civ. 3e, 28 juin 1983, *Bull. civ.* III, n° 149 : « *L'arrêt relève souverainement que la voie de désenclavement sur le fonds Le Mas St Pierre, issue du fonds divisé, ne pourrait avoir qu'une largeur insuffisante pour permettre le désenclavement de l'immeuble de la société civile immobilière Les Hauts de St François ; la cour d'appel en déduit exactement que l'assiette du passage doit être fixée par application des articles 682 et 683* ».

38. Elle doit être « *proportionnée au dommage* » (art. 682) ; ce qui n'est ni... Cass. civ. 3e, 9 févr. 1994, *Bull. civ.* III, n° 20 ; *D.* 1994, IR 62 ; *JCP* G 1994.IV.989 : la valeur vénale du terrain correspondant à l'assiette du passage... Cass. civ. 3e, 16 avr. 1973, *Bull. civ.* III, n° 302 ; *D.* 1973.501 : le profit procuré au fonds enclavé.

39. Ex. : Cass. civ. 3e, 12 mai 1975, *Bull. civ.* III, n° 168 ; *JCP* G 1976.II.18223, n. G. Goubeaux ; *Defrénois* 1975, art. 30946, p. 826, obs. E. Frank : « *En décidant qu'en l'absence de toute convention ou d'une décision judiciaire devenue irrévocable, l'article 685-1* [...] *permettait dorénavant d'accueillir*

justifie la suppression de tous les ouvrages qu'elle avait permis d'installer[40]. Afin d'empêcher le développement d'un contentieux tenant à l'incertitude, cette perte doit avoir été constatée par un accord ou par un jugement.

Pendant longtemps, la jurisprudence avait décidé le contraire, en jugeant que lorsque le propriétaire du fonds avait possédé un passage pendant trente ans, il le conservait par usucapion, même si l'enclave avait disparu[41]. La loi de 1971 a brisé cette jurisprudence parasitaire qui maintenait une charge foncière devenue inutile.

Cette perte du droit de passage n'intéresse que le droit légal, non celui qui résulterait d'une servitude du fait de l'homme : conventionnelle[42] ou destination du père de famille[43]. Ce qui montre bien qu'il s'agit d'institutions différentes. La distinction n'est pas toujours facile à faire. Il y a droit légal, caduc en cas de disparition de l'enclave, même s'il existe une convention, lorsque celle-ci n'avait pour objet que de fixer l'assiette et les modalités d'un fonds enclavé[44]. Il y a, au contraire, servitude conventionnelle, lorsque le passage promis n'avait pas pour objet un fonds enclavé, mais pour raison d'être la commodité dans l'usage d'un fonds[45].

Il est regrettable que soient ainsi maintenues un certain nombre de servitudes conventionnelles inutiles. La loi de 1971 a pourtant voulu empêcher que ne se perpétuât, au détriment d'un fonds, un droit de passage que ne justifiait plus l'exploitation du fonds ci-devant enclavé : un droit de passage sans cause.

1062. Possession. – La possession joue en la matière un rôle, aujourd'hui décroissant. Elle ne peut produire ses pleines conséquences habituelles, parce qu'il s'agit d'un droit discontinu et qui n'est généralement pas permanent, ce qui explique la faiblesse de ses effets lorsqu'est en cause une véritable servitude conventionnelle de passage. En cas d'enclave, le droit de passage est conféré par la loi pour des raisons de nécessités économiques. On comprend les régimes

une demande de suppression de la servitude légale de passage en cas d'enclave, après la cessation de cet état, bien que l'exercice de cette servitude se soit prolongé pendant plus de trente ans, la cour d'appel, loin de violer le nouveau texte, en a fait une exacte application ».

40. Cass. civ. 3e, 14 déc. 2005, *Bull. civ.* III, n° 251 ; *D.* 2006, Pan. 2371, obs. Bl. Mallet-Bricout ; *RDI* 2006.131, obs. J.-L. Bergel.

41. Ex. : Cass. civ., 26 août 1874, *DP* 1875.I.124 : « *Lorsque le propriétaire d'un fonds enclavé, auquel l'article 682 accorde, en raison de la nécessité, un droit de passage a, pendant trente ans, exercé ce droit suivant un mode et une assiette déterminés, sa possession équivaut à un titre d'acquisition de la servitude de passage ; la servitude ainsi acquise devient un accessoire du fonds au profit duquel elle se trouve constituée, et, en conséquence, persiste même après la cessation de l'enclave* ».

42. Ex. : Cass. civ. 3e, 27 févr. 1974, *Bull. civ.* III, n° 96 : « *L'article 685-1* (L. 25 juin 1971) *qui ne vise que l'extinction du titre légal fondant la servitude de passage pour cause d'enclave, laisse en dehors de son champ d'application les servitudes conventionnelles* ». *Supra*, n° 1054.

43. Jurisprudance constante ; ex. : Cass. civ. 3e, 22 mars 1977, *Bull. civ.* III, n° 142 ; *D.* 1977, IR 296 : « *C'est à bon droit que les juges d'appel ont dit que l'article 685-1 n'était pas applicable aux servitudes établies par destination du père de famille.*

44. Ex. : Cass. civ. 3e, 13 déc. 1983, *Bull. civ.* III, n° 260 : « *L'arrêt* (attaqué) *énonce justement que l'état d'enclave a été la cause déterminante de la clause qui en a fixé l'assiette et les modalités d'exercice, mais n'a pas eu pour effet d'en modifier le fondement légal* » ; en conséquence, la disparition de l'état d'enclave a fait disparaître le droit de passage, même si une convention en avait déterminé l'assiette.

45. Cass. civ. 3e, 27 mars 1979, *Bull. civ.* III, n° 78 : « *La clause n'avait pas eu pour objet l'aménagement d'une servitude légale d'enclave, résultant du partage ; l'intention des parties avait été de créer entre les deux lots une servitude générale et réciproque, servitude conventionnelle établie pour la commodité des copartageants* [...] *auxquels les dispositions de l'article 685-1 ne sont pas applicables* ».

un peu complexes de l'usucapion, de la prescription extinctive et des actions possessoires.

1° L'**usucapion** trentenaire fait acquérir l'assiette[46] et l'exercice du droit de passage (art. 685, al. 1)[47], non le droit qui, établi par la loi, n'existe que si est remplie la condition légale, c'est-à-dire l'enclave[48].

2° La **prescription extinctive** éteint non le droit de passage, qui existe tant qu'il y a enclave[49], mais le droit à indemnité s'il n'a pas été réclamé pendant trente ans (art. 685, al. 2)[50], ce qui constitue, là aussi, une différence avec les véritables servitudes ; la prescription extinctive peut aussi modifier l'assiette du passage.

3° Autre différence : le propriétaire enclavé peut faire protéger son droit de passage par des **actions possessoires**[51]. Non sans hésitations et repentirs[52], la Cour de cassation a admis que le titulaire d'un droit de passage pouvait exercer l'action en réintégration[53]. En revanche, elle a exclu toute action possessoire lorsque, après division d'un fonds, le propriétaire du fonds enclavé était passé sur un autre fonds que ceux issus de la division.

Section II
INDIVISIONS FORCÉES

L'indivision est habituellement temporaire. Dans plusieurs cas cependant, elle est perpétuelle ; le partage ne peut donc en être demandé parce qu'il porterait atteinte à la destination et à l'usage collectif auxquels elle est affectée[54] ; cette affectation ne peut être modifiée et la gestion doit en être commune. Il en est ainsi des parties communes dans la copropriété ; ou des rapports de voisinage qui entraînent un certain nombre d'autres indivisions forcées, les seules dont on

46. S'il s'agit d'une servitude conventionnelle, pas une nouvelle assiette : Cass. civ. 3e, 23 févr. 2005, *Bull. civ.* III, n° 43 ; *JCP* G 2005.I.181, n° 14, obs. H. Périnet-Marquet : « *Le propriétaire d'un fonds bénéficiant d'une servitude conventionnelle de passage ne peut prétendre avoir prescrit par une possession trentenaire une assiette différente de celle originairement convenue* ».

47. Ex. : Req., 17 févr. 1886, *DP* 1887.I.303 : « *Pour toute parcelle enclavée, le droit au passage constitue une servitude établie par la loi ; le droit de passer sur tel fonds contigu plutôt que sur tel autre, et le droit de passer sans qu'aucune indemnité puisse être exigée, peuvent être acquis par une prescription de trente ans* ».

48. Planiol et Ripert, t. III, 2e éd., 1952, par M. Picard, n° 936 : « *La servitude de passage en cas d'enclave résultant directement de la loi, il ne saurait être question de son acquisition par prescription* ».

49. Ex. : Cass. civ. 3e, 11 févr. 1975, *Bull. civ.* III, n° 56 : « *À la différence de l'assiette du passage, le droit découlant de la servitude de passage accordé par la loi en cas d'enclave ne s'éteint pas par non-usage* ». En l'espèce, le passage n'avait pas été utilisé pendant 44 ans ; jugé que le droit subsistait du moment qu'il y avait encore enclave.

50. Ex. : Cass. civ. 3e, 29 oct. 2013, n° 12-21.076 ; *RTD civ.* 2014.144, obs. W. Dross ; n.p.B. : « *la desserte de la parcelle s'était effectuée de façon habituelle et ininterrompue depuis 1970 par le chemin litigieux, en sorte que la demande* [en indemnité] *était en toute hypothèse prescrite* ».

51. Ex. : Cass. civ. 3e, 15 mai 1974, *Bull. civ.* III, n° 203 : « *Dame Berrehail a cité les épx Pignat pour se voir maintenir en possession d'un passage dont ceux-ci auraient entravé l'usage par l'implantation d'une borne et la construction d'un mur ; pour rejeter cette demande, l'arrêt attaqué retient que la complaignante ne pouvait prétendre agir contre ses voisins en trouble possessoire dès l'instant qu'elle n'a aucun titre établissant sa possession ;* [...] *en ne recherchant pas si le droit de passage invoqué reposait sur le titre légal de l'enclave, la cour d'appel n'a pas donné de base légale à sa décision.* » ; cassation.

52. Fr. Zénati, obs. *RTD civ.* 1995.925.

53. Cass. civ. 3e, 15 févr. 1995, *Bull. civ.* III, n° 45.

54. *Supra*, n° 661.

parlera ici. À cet égard, les chemins d'exploitation présentent une assez grande originalité.

Ce n'est plus une situation purement rurale : il existe aussi des allées, des voies et des cours communes dans les villes, qui présentent maintenant une importance considérable avec le développement contemporain de la construction urbaine.

1063. Venelles ; abreuvoirs ; antennes collectives. – Un certain nombre d'immeubles sont en copropriété forcée et perpétuelle entre des copropriétaires voisins, qui en ont l'usage commun : le sol : allées, venelles, ruelles, passages, couloirs, cours ; ou des constructions : puits, abreuvoirs, fosses d'aisance, canaux, et aujourd'hui antennes collectives de télévision.

Dans ces sortes d'indivisions, les copropriétaires jouissent de droits sensiblement plus étendus que dans la copropriété ordinaire ; ils peuvent même, de leur propre initiative, modifier ou transformer la chose, à la condition de respecter les droits des autres indivisaires et l'affectation de la chose[55]. Mais ils ne peuvent demander le partage : c'est une indivision perpétuelle.

Ce n'est pas une servitude puisqu'il n'existe pas de rapports entre un fonds dominant et un fonds servant ; par conséquent, ces droits ne s'éteignent pas par le non-usage[56] ; ils sont susceptibles d'une protection possessoire[57] et peuvent s'acquérir par prescription trentenaire[58].

1064. Chemins d'exploitation. – Les chemins d'exploitation[59] ont généralement un caractère rural[60] (C. rur., art. L. 162-1 à 162-5) : ils servent exclusivement « *à la communication entre divers héritages* »[61] et leur usage « *peut être interdit au public* ». Leur condition est curieuse ; chaque fois qu'ils ne résultent pas d'un titre, ils sont présumés appartenir pour moitié à chaque

55. Ex. de **modifications permises** : Req., 8 févr. 1897, *DP* 1897.I.104 : « *l'arrêt attaqué* [...] *a pu* [...] *déclarer que le défendeur éventuel avait eu le droit d'établir en bordure de la rue une grille qui ne gênait pas le passage et constituait, au contraire, une amélioration certaine.* » Ex. de **modifications interdites** : Req., 13 mars 1934, *DH* 1934.268 ; *S.* 1934.I.148 : « *Le copropriétaire d'un immeuble en état d'indivision perpétuelle ne peut se comporter vis-à-vis de cette chose commune comme s'il en était le propriétaire exclusif, qu'à la double condition de n'en pas changer la destination et de ne pas porter atteinte au droit égal et réciproque des autres communistes* ». En l'espèce, un des copropriétaires d'un couloir commun à deux immeubles avait voulu y placer un tuyau pour l'évacuation de son égout ; les juges le lui ont interdit : « *Le travail* [...] *aurait pour résultat de modifier la destination de la chose commune et de porter atteinte au droit égal de Depaule* (l'autre copropriétaire), *lequel "ne pourrait poser, tout comme Séguier* (l'homme du tuyau), *un tuyau semblable, sans rétrécir le couloir au point de lui enlever sa destination primitive "* ».

56. Ex. : Req., 25 avr. 1855, *DP* 1855.I.160 ; *S.* 1856.I.396 : « *L'arrêt attaqué* [...] *reconnaît qu'il ne s'agissait pas d'une servitude de passage sur le terrain du demandeur, mais d'un chemin existant avant l'acte de partage, ayant toujours existé depuis, et existant encore, en nature de chemin, lors de la naissance du litige ; c'est dès lors avec raison que cet arrêt a décidé que lors même que le défendeur éventuel n'aurait pas usé de ce chemin pendant trente ans, il aurait encore le droit d'en user à sa volonté, le demandeur n'ayant pu acquérir aucun droit de propriété sur ce chemin, qui n'avait changé ni de nature ni de destination, par suite du non-usage reproché à Eydoux* ».

57. Ex. : Req., 7 févr. 1883, *DP* 1884.I.128.

58. Ex. : Cass. civ., 18 juill. 1877, *DP* 1878.I.365 : « *Depuis de longues années, notamment depuis plus d'un an et plus avant le trouble, les dits défendeurs ou gens de leur part y ont exercé le passage* ».

59. **Biblio.** : J. DEBEAURAIN, *Les droits de passage sur les fonds privés*, th. Aix, PUAM, 1978, préf. Y. Lobin.

60. V. toutefois Versailles, 18 janv. 1988, *D.* 1989, somm. 35, obs. A. Robert : « *Un chemin d'exploitation n'est pas nécessairement à usage agricole et la modification de l'usage en cours des années n'en affecte pas la nature.* »

61. Cette définition est largement comprise. Ex. : Cass. civ. 3e, 24 oct. 1990, *Bull. civ.* III, n° 210 ; *D.* 1991, somm. 314, obs. A. Robert : peu importe que les fonds ne soient pas enclavés : « *Les chemins d'exploitation sont ceux qui, longeant divers héritages, enclavés ou non, ou y aboutissant, servent à la communication entre eux ou à leur exploitation* ». À d'autres égards, elle est étroitement interprétée. Ex. : Cass. civ. 3e, 20 nov. 1973, *Bull. civ.* III, n° 592 : il n'y a de chemin d'exploitation que « *si le*

riverain « *chacun en droit soi* »[62], mais leur usage est commun (art. L. 162-1). Chacun doit contribuer à son entretien « *dans la proportion de leur intérêt* » (art. L. 162-2), ce qui, pour la jurisprudence, prouve les droits qu'ont les intéressés sur le chemin[63] (la logique habituelle est renversée : une obligation n'est pas seulement la contrepartie d'un droit, ici elle en sert aussi de preuve). En outre, il ne peut y avoir chemin d'exploitation lorsque le passage ne présente aucun avantage pour les parcelles qui le bordent[64].

Un chemin d'exploitation ne peut être supprimé, ni son assiette modifiée, ni son utilisation entravée[65] que du consentement de tous ses riverains (art. L. 162-3). Chacun peut s'affranchir de la contribution en renonçant à la propriété ou à l'usage du chemin (art. L. 162-4). Ces chemins ne sont pas une servitude, ne s'éteignent donc pas par le non-usage[66] et bénéficient de la protection possessoire[67].

1065. Chemins ruraux. – Les chemins d'exploitation ne doivent pas être confondus avec les chemins ruraux, c'est-à-dire « *les chemins appartenant aux communes affectés à l'usage du public, qui n'ont pas été classés comme voies communales* » (C. rur., art. L. 161-1) qui à la différence des chemins d'exploitation, sont ouverts au public. Leur entretien incombe à « *l'autorité municipale* » (art. L. 161-5). La loi (art. L. 161-3) établit au profit de la commune une présomption de propriété susceptible de preuve contraire[68]. Ils ont un intérêt rural, servant au passage des engins agricoles. Ils constituent aussi pour beaucoup d'espèces animales un abri[69] et présentent ainsi un intérêt écologique. Faisant partie du domaine privé de la commune, ils sont prescriptibles et aliénables, à la différence des voies communales[70].

---

chemin litigieux servait à l'exploitation ou à la desserte des fonds riverains et s'il présentait un intérêt "pour" le riverain ».

62. C'est une présomption simple, qui peut donc être combattue. Un chemin qui fait l'objet d'une propriété privative peut être un chemin d'exploitation : Cass. civ. 3e, 9 mars 1977, *Bull. civ.* III, n° 116, puisque l'essentiel, c'est la communauté d'usage.

63. Ex. : Cass. civ. 3e, 28 juin 1977, *Bull. civ.* III, n° 291 : « *La cour d'appel a constaté qu'Etourneau et Boulidard empruntaient l'un et l'autre la charroyère dit chemin de la Harnière pour se rendre à leurs bâtiments de ferme et aux parcelles de terre qu'ils exploitaient ; elle a relevé qu'ils participaient à l'entretien dudit chemin ; en l'état de ces constatations et énonciations, elle a affirmé à bon droit et en termes non dubitatifs, le caractère de chemin d'exploitation du chemin litigieux* ».

64. Cass. civ. 3e, 6 mai 1970, préc. Contre-épreuve : Cass. civ. 3e, 11 déc. 1968, *Bull. civ.* III, n° 540 : le chemin est la seule issue possible, il est donc un chemin d'exploitation.

65. Cass. civ. 3e, 8 sept 2016, n° 15-18.180, Bull. civ. III, npB ; *RD rur.* 2017, p. 44, n. D. Louchouarn : le propriétaire d'une parcelle sur laquelle passait un chemin d'exploration y avait déposé une grosse pierre empêchant la circulation ; il est condamné à supprimer cette entrave et à payer des dommages-interets.

66. Mais jugé que le non-usage du chemin constitue une renonciation : Cass. civ. 1re, 8 mars 1967, *Bull. civ.* I, n° 94, ce qui permet de tourner la règle excluant la prescription extinctive.

67. Cass. civ. 3e, 12 oct. 1983, *Bull. civ.* III, n° 184 ; *D.* 1984, somm. 429, obs. A. Robert, 1re esp. : « *En sa qualité de propriétaire riverain d'un chemin d'exploitation, ayant, pour ce seul fait, le droit de l'utiliser pour l'exploitation de son terrain, l'association était fondée à en recouvrer par la voie d'une action en réintégrande, l'usage dont l'avait privé la construction de la clôture édifiée par la société Hygiaphone* ».

68. Ex. : Cass. civ. 3e, 3 juill. 2002, *Bull. civ.* III, n° 58 ; *D.* 2002.2449 : « *Même s'il a cessé d'être utilisé et entretenu* » ; la présomption s'applique.

69. J. de Malafosse, *Le droit à la nature*, Montchrestien, 1973, p. 196 et s.

70. J. Bon, « Retour sur les chemins ruraux », *Bull. Cridon de Paris*, 15 août 2012.

SECTION III
LOTISSEMENTS ET AMÉNAGEMENTS

1066. Urbanisme. – Afin d'accomplir une politique d'urbanisation et de moraliser les opérations de construction, les lotissements[71] font depuis la fin de la Première Guerre mondiale l'objet d'une réglementation minutieuse, relevant plus du droit de l'urbanisme que du droit civil. N'en sera donnée ici qu'une vue schématique.

1067. Définitions. – Le lotissement peut être défini de trois manières, plus ou moins étroites. **1** Au sens le plus **large**, il est le fait de diviser un fonds en plusieurs parcelles, afin, par exemple, d'aliéner chacune d'elles à un acquéreur différent, ou de les répartir entre les copartageants, ou de les louer à différents locataires. **2** En un sens plus **étroit**, le lotissement suppose que la division parcellaire ait été faite afin de construire des bâtiments et qu'elle ait donc pour objet un terrain non bâti[72]. **3** Dans un sens **encore plus étroit**, le lotissement suppose, en outre, que, malgré la division en parcelles, le terrain loti constitue un ensemble collectif, qui dispose des voies et des canalisations qui lui sont nécessaires[73].

Le droit de lotir faisait partie traditionnellement des attributs de la propriété[74]. Pendant longtemps, il n'avait donné lieu à aucune réglementation, ce qui, à partir de l'intense urbanisation consécutive à la fin de la Première Guerre mondiale, avait entraîné des abus : des spéculateurs avaient loti et construit des pavillons qu'ils avaient vendus sans les équipements collectifs nécessaires et donc inhabitables.

1068. Autorisation administrative et cahier des charges. – La loi (C. urb., art. L. et R. 442-1 à 442-14) soumet les lotissements à un contrôle administratif avant toute aliénation, location ou opération matérielle de division[75]. Le plus souvent un permis d'aménager ou une simple déclaration préalable, pour les lotissements peu importants (par ex. moins de deux lots), ou un lotissement n'impliquant pas la création de voies et d'équipement communs[76]). Comme l'a déclaré le Conseil d'État, « *le droit de propriété ne comporte pas le droit de procéder librement à un lotissement* »[77]. Les intérêts collectifs (de la nation, de l'environnement et des colotis) l'emportent sur l'intérêt privé (du lotisseur).

71. **Biblio. :** J.-L. BERGEL, *Les servitudes de lotissement à usage d'habitation*, th. Aix, LGDJ, 1973, préf. E. Bertrand.

72. C. urb., art. L. 442-1, L. 22 déc. 2011 : « *Constitue un lotissement la division en propriété ou en jouissance d'une unité foncière ou de plusieurs unités foncières contiguës ayant pour objet de créer un ou plusieurs lots destinés à être bâtis* ». V. D. DUTRIEUX, « Éléments sur la nouvelle définition et le nouveau régime du lotissement », *JCP* N 2011. 746.

73. Ex. : Cass. civ. 3e, 26 nov. 1970, *Bull. civ.* III, n° 643 : « *Vu l'article 82 de la loi du 15 juin 1943* [...] *; en vertu de ce texte, constitue un lotissement, même à défaut d'existence d'un cahier des charges, la division volontaire d'une propriété foncière, par des ventes ou des locations simultanées ou successives, effectuées en vue de la création d'habitations, de jardins, d'établissements industriels ou commerciaux, lorsque le fonds est appelé à conserver, malgré sa fragmentation, une véritable cohésion, dépendant d'un plan d'ensemble, préétabli, notamment par la création d'une voirie et de canalisations communes* ».

74. MARTY et RAYNAUD, n° 331.

75. Chr. PISANI, « La vente du lot de lotissement », *Defrénois* 2008.520.

76. J.-P. MAS et L. CALMELS, « La déclaration préalable de division foncière », *Defrénois* 2007.817 ; S. PERIGNON, « Le lotissement soumis à déclaration préalable », *Defrénois* 2007.747.

77. CE, 25 mars 1966, *épx Richet, Rec.* CE 233.

L'administration peut soumettre le lotissement à un règlement particulier (art. R. 315-29)[78]. Le lotisseur peut avoir prévu un cahier des charges[79] qui organise la vie collective des lotis en précisant leurs droits et obligations (par exemple, le style des constructions), droits et obligations qui prennent souvent la forme de servitudes, puisqu'ils restreignent leur droit de propriété[80]. Le lotissement établit ainsi des rapports réciproques et identiques entre les lots, chacun étant à la fois fonds dominant et fonds servant[81].

Souvent, pour assurer la gestion du lotissement, se constitue une association syndicale qui regroupe les colotis (L. 21 juin 1865 ; art. L. 322-1 et s.)[82] ; elle n'est obligatoire que lorsque des équipements communs sont prévus (art. R. 315-6), ce qui est courant.

Section IV
CONVENTIONS DE VOISINAGE

1069. Un aménagement conventionnel. – Sauf les servitudes conventionnelles et, peut-être, les droits de jouissance spéciale (« droit réels innommés ») résultant de la jurisprudence *Maison de Poésie*[83], aucune convention ne peut porter d'atteinte perpétuelle à la propriété[84]. Ainsi sont interdites les conventions... d'usufruit perpétuel (art. 617 et 619) ... de privation perpétuelle de l'usage et de la jouissance d'un bien... de modification perpétuelle à l'usage d'un bien, sauf par des servitudes conventionnelles, qui, au contraire, relèvent de l'autonomie de la volonté (art. 686)[85]. Mais récemment la Cour de cassation a décidé qu'il pouvait être dérogé à l'article 673 et interdit à un voisin, par une stipulation du cahier des charges d'un lotissement,

78. La nature de ce règlement est complexe : il est un acte administratif ayant souvent un caractère contractuel. **1)** Il est un **acte administratif** : Cass. civ. 1re, 8 oct. 1986, *Bull. civ.* I, n° 238 ; *D.* 1986.573, rapp. Sargos ; *RDI* 1987.35, obs. J.-L. Bergel : « *Le règlement d'un lotissement approuvé par l'autorité administrative est un acte administratif réglementaire auquel le permis de construire ne peut déroger.* » Sur la compétence respective des juridictions administratives et judiciaires pour sanctionner la méconnaissance du cahier des charges pour le permis de construire. V. C. urb., art. L. 480-13 et Cass. civ. 3e, 20 déc. 1989, cité *infra*). **2)** Ayant un **caractère contractuel s'il est joint à des actes contractuels**. Ex. : Cass. civ. 3e, 20 nov. 1974, *Bull. civ.* III, n° 423 ; *JCP* G 1975.II.18060, n. G. G. : « *Une servitude de lotissement créée par l'arrêté préfectoral d'autorisation de division d'un fonds et figurant au cahier des charges d'un lotissement, dans les règlements de copropriété des lots, ainsi que dans les actes des acquéreurs s'impose à titre contractuel au lotisseur et à tous les propriétaires et copropriétaires des lots du lotissement* ». **3)** Mais il n'a **pas de caractère contractuel s'il n'a pas été joint à des documents contractuels** : Cass. civ. 3e, 18 mai 1983, *Bull. civ.* III, n° 117 ; *RDI* 1984.287, obs. J.-L. Bergel.

79. Bien que le cahier des charges ait un caractère contractuel, le préfet peut le modifier, même après l'approbation du lotissement, aux conditions prévues par les articles L. 442-1 et 442-10, C. urb., ce qui constitue une curieuse atteinte à la force obligatoire du contrat (C. civ., art. 1134, al. 1, auj. 1103) ; ex. : Cass. civ. 3e, 16 oct. 1984, *Bull. civ.* III, n° 169 ; *D.* 1985.393, n. E. Frank ; *Defrénois* 1985, art. 33502, m. n. ; *JCP* G 1985.II.20418, 2e esp., n. F. Bouyssou ; *RDI* 1985.229, obs. J.-L. Bergel : « *Vu l'article L. 315-3, C. urb. ; lorsque les 2/3 des propriétaires détenant ensemble les 3/4 au moins de la superficie d'un lotissement, ou les 3/4 des propriétaires détenant au moins les 2/3 de ladite superficie, le demandent ou l'acceptent, l'autorité administrative peut prononcer la modification de tout ou partie des documents, et notamment du cahier des charges, lorsque cette modification est compatible avec la réglementation d'urbanisme applicable au secteur où se trouve situé le terrain.* »

80. Cass. civ. 3e, 20 déc. 1989, *Bull. civ.* III, n° 248 ; *RDI* 1990.192, obs. J.-L. Bergel ; *RTD civ.* 1990.689, obs. Fr. Zénati : « *Les stipulations du cahier des charges d'un lotissement et les restrictions au droit de propriété grevant les lots ayant un caractère réel et s'imposant aux colotis et aux acquéreurs de lots, même dans le silence des actes de vente...* ». V. *infra*, nos 1117 et s.

81. J.-L. Bergel, *op. cit.*, n° 229.

82. Cass. civ. 3e, 28 nov. 1972, *Bull. civ.* III, n° 635 ; *D.* 1973.377, n. E. Frank : lorsque le cahier des charges stipule que la qualité de copropriétaire implique l'adhésion de plein droit à une association syndicale, cette adhésion est acquise du seul fait de la signature des actes de vente.

83. **Cass. civ. 3e, 31 oct. 2012 et 8 sept. 2016, *Maison de Poésie*, *Supra* n° 360.

84. E. Meiller, n. sous Cass. civ. 3e, 13 juin 2012, cité *supra*, nos 437 et 1026.

85. *Infra*, n° 1151.

l'élagage des branches dépassant sur son fonds : dans les rapports de voisinage, tout n'est pas d'ordre public[86].

SECTION V
TROUBLES DE VOISINAGE

En plus de ces limites légales, la jurisprudence a soumis les troubles de voisinage à des règles particulières relevant de la responsabilité civile[87]. Ce qui a limité d'abord les prérogatives attachées à la propriété immobilière, puis tous les droits dans la mesure où ils ont fait naître des rapports de voisinage. Le principe est qu'il est licite, parce qu'inévitable, que l'exercice de la propriété cause un préjudice aux voisins ; chacun doit supporter les inconvénients normaux du voisinage sans pouvoir en être indemnisé[88]. Mais le dommage anormal parce qu'excessif doit être réparé. La responsabilité tenant aux troubles de voisinage est depuis longtemps admise ; en raison du développement de l'industrie et des dommages qu'elle cause, elle s'est étendue dans son fondement (§ 1) et son domaine (§ 2) ; sa sanction est variable (§ 3).

§ 1. FONDEMENTS

La responsabilité tenant au voisinage n'est plus fondée sur la faute (I) mais sur le dommage anormal (II) et le domaine (III).

I. — Faute

Initialement, le trouble de voisinage avait été une application, sans doute la plus remarquable, de la théorie de l'abus des droits ; il s'en est détaché.

1070. Abus des droits. – La théorie des troubles de voisinage trouve ses origines dans celle de l'abus des droits, autrefois simple application de la responsabilité délictuelle fondée sur la faute : l'usage d'une propriété immobilière dans le dessein exclusif de nuire à son voisin engage la responsabilité du propriétaire[89].

86. Cass. civ. 3e, 13 juin 2012, cité note 83.

87. **Biblio. :** Fr. CABALLERO, *Essai sur la notion juridique de nuisance*, th. Paris, LGDJ 1981, préf. J. Rivéro, nos 141-231 ; F. HAUMONT, « La notion de trouble de voisinage à la croisée du droit privé et du droit public », *in Ét. G. Farjat*, Éd. Frison-Roche, 1999.175 ; R. LIBCHABER, « Le droit de propriété, un modèle pour la réparation de troubles de voisinage », *in Ét. Chr. Mouly*, Litec, 1998, t. I, p. 421 et s. ; G. VINEY et P. JOURDAIN, *Les conditions de la responsabilité*, 3e éd., 2006, nos 938-960, *in Traité de droit civil*, dir. J. Ghestin.

88. Ex. : Cass. civ. 3e, 11 mars 1975, *Bull. civ.* III, no 96 : « *Le stationnement épisodique sur le chemin d'un camion-citerne alimentant en mazout l'installation de chauffage de Gravilov constitue un inconvénient normal de voisinage.* »

89. 1er ex. : * Colmar, 2 mai 1855, *Doërr*, *DP* 1856.II.9 : « *C'est méchamment que l'appelant, sans utilité pour lui, et dans l'unique but de nuire à son voisin, a élevé, en face et presque contre la fenêtre de l'intimé, dont une partie se trouve déjà masquée par sa construction nouvelle, une fausse cheminée* [...], *qui enlève la presque totalité du jour qui reste à sa fenêtre* ». 2e ex. : ** Req., 3 août 1915, *aff. Clément-Bayard*, *DP* 1917.I.79 ; *S.* 1920.I.300 ; en l'espèce, le voisin d'un hangar de dirigeables avait érigé sur son champ des piques de fer acérées afin de faire crever les ballons qui voulaient prendre l'air ou aterrir : « *L'arrêt* (attaqué) *a pu apprécier qu'il y avait eu par Coquerel* (l'ennemi des dirigeables) *abus de son droit, et, d'une part, le condamner à la réparation du dommage causé à un*

1071. Règle autonome. – Puis, la jurisprudence a fait de la responsabilité pour troubles de voisinage un rameau autonome, détaché de l'abus des droits, permettant de l'engager même si aucune faute n'avait été commise[90] ou si les conditions de la responsabilité sans faute découlant des articles 1242, al. 1 (anc. 1384, al. 1), et 1244 (anc. 1386) n'étaient pas réunies[91]. La Cour de cassation se fonde désormais sur « *le principe de la responsabilité pour troubles de voisinage* » sans se référer à un texte quelconque[92].

Ainsi en est-il de l'industriel qui exploite une usine polluante et bruyante après avoir obtenu l'autorisation administrative nécessaire ; il ne commet aucune faute ; néanmoins, il doit indemniser les voisins du préjudice anormal qui dépasse ce que le voisinage permet[93]. Certains y voient une limite indirecte de la propriété[94], qui ne porterait pas atteinte à la Convention européenne des droits de l'homme[95]. Mais la théorie des troubles de voisinage dépasse le droit de propriété et intéresse plusieurs autres règles de droit : la propriété – c'est à ce titre qu'elle est ici étudiée – la responsabilité et l'abus des droits, sans compter les droits spéciaux résultant du contrat de bail, du contrat d'entreprise, des droits de la construction, de l'urbanisme, du droit aérien, du droit maritime et surtout du droit de l'environnement[96] (bien que les écologistes trouvent insuffisantes ces règles[97]), du droit administratif et de la procédure civile.

---

ballon dirigeable de Clément-Bayard, d'autre part, ordonner l'enlèvement des tiges de fer surmontant les carcasses en bois ». V. *Droit civil illustré*, n° 8.

90. Ex. : ** Cass. civ. 3e, 16 nov. 1977, *Bull. civ.* III, n° 395 : « *Les juges du deuxième degré, qui n'étaient pas tenus* [...] *de constater l'existence d'une faute à la charge de Livet, ont exactement déduit que celui-ci est seul responsable du trouble, excédant les inconvénients normaux du voisinage, subis par dame Bardolle et dame Baillargea.* »

91. Ex. : Cass. civ. 2e, 18 juill. 1984, *Bull. civ.* II, n° 136 : « *La cour d'appel a statué en faisant application de la responsabilité pour troubles anormaux de voisinage ; le grief tiré de la violation des articles 1384, al. 1, et 1386* [auj. 1242 et 1244] *est donc inopérant.* »

92. Ex. : Cass. civ. 2e, 19 déc. 1986, *Bull. civ.* II, n° 172 : « *Vu le principe selon lequel nul ne doit causer à autrui un trouble anormal de voisinage* ».

93. Ex. : Cass. civ. 2e, 27 oct. 1964, *JCP* G 1965.II.14288, n. P. Esmein ; n.p.B. : « *La responsabilité du propriétaire qui a accompli des actes nuisibles aux voisins était engagée même si ces actes avaient été autorisés par l'administration* ».

94. J. Ghestin, G. Goubeaux et M. Fabre-Magnan, *in Traité de droit civil,* t. I, *Introduction générale*, LGDJ, 4e éd., 1994, n° 772. Au contraire, si l'on se place du côté de la victime, la théorie des troubles de voisinage est protectrice de la propriété, autant que du propriétaire : « *Un propriétaire, même s'il ne réside pas sur son fonds, est recevable à demander qu'il soit mis fin aux troubles anormaux de voisinage provenant d'un fonds voisin* » : Cass. civ. 2e, 28 juin 1995, *Bull. civ.* II, n° 222 ; *RTD civ.* 1996.179, obs. P. Jourdain ; *JCP* G 1996.I.3921, n° 4, obs. H. Périnet-Marquet.

95. Cass. civ. 2e, 23 oct. 2003, *Bull. civ.* II, n° 318 ; *D.* 2004.2467, obs. Bl. Mallet-Bricout ; *JCP* G 2004.I.125, n° 2, obs. H. Périnet-Marquet ; *RTD civ.* 2004.315, obs. crit. Th. Revet : « *le droit de propriété* [...] *est limité par le principe selon lequel nul ne doit causer à autrui aucun trouble anormal de voisinage ; cette restriction ne constitue pas une atteinte disproportionnée au droit* (de propriété) *protégé par la convention précitée* (Conv. EDH) ».

96. Ex. : une décision sanctionnant la « transformation de l'environnement » : Cass. civ. 2e, 29 nov. 1995, *Bull. civ.* II, n° 298 ; en l'espèce, l'exploitant d'une carrière avait bouleversé le sol à proximité d'une habitation « *située en pleine campagne et ayant une vocation de résidence secondaire* » ; la cour d'appel l'avait condamné à des dommages-intérêts pour troubles de voisinage ; le pourvoi avait fait valoir que l'atteinte à « *l'esthétique de l'environnement* » ne pouvait fonder une responsabilité pour troubles de voisinage ; rejet du pourvoi : « *Cette transformation de l'environnement* (résultant de l'atteinte à l'harmonie de la ligne de crête et des champs) *affecte les conditions d'habitabilité de la maison* » ; Cass. civ. 3e, 9 mai 2001, *AJDI*, 2001.733 ; *JCP* G 2002.I.126, n° 4, obs. H. Périnet-Marquet ; de même, n.p.B. : dégradation du paysage et de l'environnement résultant de la construction de 72 logements.

97. Ex. : Fr. Caballero, *D.* 1978.435 ; v. aussi pour une « autonomie du préjudice écologique » : L. Fonbaustier, *JCP* G 2013.1006.

II. — Dommage anormal

1072. Les voisinages difficiles. – Le principe est désormais acquis que nul ne doit causer à autrui un trouble anormal de voisinage. Un préjudice est anormal lorsqu'il est important[98], durable[99], répétitif[100], inhabituel et dépasse un seuil de tolérance, qui s'apprécie en fonction des circonstances, du moment et du lieu[101]. Du moment : par exemple, un bruit nocturne est moins habituel qu'un bruit diurne. Du lieu : par exemple, une nuisance que cause une usine est plus normale dans une zone industrielle que dans un quartier résidentiel ; mais aujourd'hui, une nuisance peut facilement se propager : aussi le domaine des troubles de voisinage s'est-il élargi[102]. Il peut résulter d'un simple danger[103], d'un trouble esthétique[104] et même des odeurs résultant de la putréfaction d'un cadavre[105].

Les dommages résultant de la nature, même anormaux, ne constituent pas un trouble de voisinage, qui suppose « *la main de l'homme* »[106]. Ceux qui proviennent de la communication d'un incendie ne relèvent pas non plus des troubles du voisinage, parce qu'ils sont régis par une règle spéciale (art. 1242 nous., 1384, al. 2 anc.), imposant l'exigence de la faute[107]. Il avait été un moment jugé, en se fondant sur le principe de précaution, qu'un dommage incertain tel celui qui résulte des antennes-relais pouvait constituer un trouble de

98. Cass. civ. 2e, 19 févr. 1992, *Bull. civ.* II, n° 60 ; *D.* 1993, somm. 300, obs. A. Robert : « *Nuisances excédant les inconvénients normaux de voisinage* ».

99. Ex. : Cass. civ. 2e, 5 févr. 2004, *Bull. civ.* II, n° 49 ; *D.* 2004.2521, n. S. Beaugendre, 2468, obs. N. Reboul-Maupin ; à la suite de la tempête de fin 1999, de nombreux arbres étaient tombés sur le fonds voisin, et d'autres menaçaient d'en faire autant ; jugé que le propriétaire qui ne les avait pas enlevés avait causé un trouble anormal : « *les troubles qui, en raison de leur durée, ne résultaient plus d'un cas de force majeure, excédaient les inconvénients normaux du voisinage* ».

100. Ex. : le défaut d'ensoleillement, la privation d'une jolie vue, le bruit, l'impossibilité de recevoir des émissions de télévision, ou d'utiliser convenablement sa cheminée, ou d'accueillir des clients... constituent des troubles de voisinage normaux s'ils sont de courte durée et épisodiques, anormaux s'ils sont fréquents et durables.

101. Ex. : Cass. civ. 2e, 22 janv. 1969, *Bull. civ.* II, n° 25 : « *Une telle gêne* (le bruit) *n'excéderait les inconvénients normaux du voisinage que si elle se produisait dans un endroit où les personnes particulièrement sensibles seraient en droit de trouver un repos et un calme exceptionnels* » ; tel n'était pas le cas en l'espèce où la maison et l'atelier du demandeur « *se trouvaient, non pas dans un quartier résidentiel, mais sur un port de commerce et de plaisance à la vie duquel ils participaient avec le bruit et l'activité que celle-ci comporte* » ; Cass. civ. 3e, 3 nov. 1977, *Bull. civ.* III, n° 367 ; *D.* 1978.434, n. Fr. Caballero : les juges du fond doivent former leur appréciation « *en fonction des circonstances de temps et de lieu* ».

102. *Infra*, n° 1073.

103. Cass. civ. 2e, 24 févr. 2005, *Bull. civ.* II, n° 50 ; *JCP* G 2005.II.10100, n. Fr. G. Trébulle ; I.181, n° 5, obs. H. Périnet-Marquet : « *le stockage de paille ou de foin,* [...] *est bien de nature à faire courir un risque, dès qu'il était effectué en limite de propriété et à proximité immédiate d'un immeuble d'habitation* ».

104. Même arrêt : « *dépôt de machines usagées, caravanes, camions et autres matériels divers entreposés par Mme B. en limite de la propriété des époux D.* ».

105. Paris, 28 janv. 2009, *D.* 2009.1804, n. D. Bert, 2302, n. NRM.

106. Ex. : **Écoulement des eaux** : Cass. civ. 3e, 2 févr. 2000, *Bull. civ.* III, n° 25 ; *JCP* G 2000.I.265, n° 5, obs. H. Périnet-Marquet ; en l'espèce, un propriétaire éprouvait un dommage du fait d'une servitude d'écoulement des eaux de pluie ; la cour d'appel décida que cet écoulement excédait les inconvénients normaux de voisinage ; cassation : « *La main de l'homme n'avait pas contribué à l'écoulement des eaux de pluie* » ; v. *infra*, n° 1135. **Pullulement de lapins sauvages** : Cass. civ., 6 janv. 1948, *D.* 1948.126 : « *Le détenteur d'un droit de chasse n'est responsable des dommages causés aux récoltes des fonds voisins par les lapins se trouvant à l'état sauvage sur la chasse que s'il est justifié que, par sa faute ou sa négligence, il en a favorisé l'accroissement excessif* ».

107. Cass. civ. 3e, 15 nov. 1978, *Bull. civ.* III, n° 345 ; *D.* 1979, IR, 437, obs. Chr. Larroumet ; *RTD civ.* 1979.802, obs. G. Durry : « *La notion de trouble de voisinage ne pouvait être étendue au cas de communication d'incendie entre immeubles voisins* ».

voisinage[108], ce qui élargit sensiblement la causalité. Mais, ultérieurement, la Cour de cassation[109] puis le Conseil d'État[110] ont, l'un et l'autre, décidé que le principe de précaution n'était pas ici en cause.

1073. Préoccupation ; exonération. – La loi refuse toute indemnité pour troubles de voisinage à celui qui s'installe dans une zone où existait déjà une « *activité agricole, industrielle, artisanale ou commerciale* » (CCH, art. L. 112-16). La jurisprudence interprète restrictivement cette immunité[111] ; par exemple, elle a été écartée si la « préoccupation » était illicite[112]. Cependant, l'industriel doit une indemnité s'il a augmenté les nuisances de son activité industrielle après l'installation de son voisin[113].

III. — Domaine

Le domaine du trouble de voisinage s'est élargi à deux égards. D'une part, la notion de voisinage dépasse maintenant celle de contiguïté ; d'autre part, la responsabilité ne limite plus seulement les prérogatives du propriétaire mais aussi celles de tous ceux qui usent de la chose, notamment le locataire et l'entrepreneur.

1074. Voisinage et proximité. – Pendant longtemps, le voisinage impliquait la contiguïté. Aujourd'hui, la propagation des nuisances a amené à se contenter d'une simple proximité. Par exemple, l'exploitant d'un aérodrome doit réparer

108. Jurisprudence souvent reitérée par les cours d'appel ; ex. : Montpellier, 15 sept. 2011, *D.* 2012. 267, n. crit. B. Parance.

109. Cass. civ. 3e, 18 mai 2011, n° 10-17.645, *Bull. civ.* III, n° 80 ; *D.* 2011.2089, n. M. Boutonnet : « *la Charte de l'environnement et le principe de précaution ne remettraient pas en cause les règles selon lesquelles il appartenait à celui qui sollicitait l'indemnisation du dommage à l'encontre du titulaire de la servitude d'établir que ce préjudice était la conséquence directe et certaine de celui-ci et que cette démonstration, sans exiger une preuve scientifique, pouvait résulter de présomptions graves, précises, fiables et concordantes. En l'espèce, un éleveur de bovins prétendait qu'une ligne électrique à très haute tension, ayant une servitude sur ses pâturages, causait un dommage à ses troupeaux ; les certitudes scientifiques manquaient pour le démontrer : l'éleveur a vainement invoqué la Charte de l'environnement et le principe de précaution en prétendant qu'ils assouplissaient la preuve du lien de causalité.* ».

110. CE ass., 26 oct. 2011, *AJDA* 2011.2219, chr. J.-H. Stahl et X. Domino ; *RDI* 2012. 153, n. A. Van Lang : « *le maire [...] ne saurait, sans porter atteinte aux pouvoirs de police spéciale conférés aux autorités de l'État, adopter sur le territoire de la commune une réglementation portant sur l'implantation des antennes-relais de téléphonie mobile [...] ; le principe de précaution [...] ne saurait avoir pour objet ni pour effet de permettre à une autorité publique d'excéder son champ de compétence et d'intervenir en dehors de ses domaines d'attributions* ».

111. La règle ne s'applique pas aux autres activités : ex. : aérodrome militaire : Cass. civ. 3e, 3 juill. 1992, *Bull. civ.* III, n° 245 ; *JCP* G 1992.IV.2647 : « *L'État français ne peut s'en prévaloir pour l'évolution des appareils militaires* » ; il est donc tenu de réparer les troubles anormaux, même à l'égard des personnes qui se sont installées après l'établissement de l'aérodrome ; CE, 20 nov. 1992, *JCP* G 1993.I.3707, n° 4, obs. H. Périnet-Marquet.

112. Ex. : Cass. crim., 20 oct. 1987, *Bull. crim.*, n° 368 : « *L'exception résultant de l'article L. 122-16, CCH* [...] *est inapplicable en la cause, l'activité litigieuse s'étant exercée en méconnaissance des dispositions législatives en vigueur* » ; en l'espèce, une fumière s'était implantée trop près de la voie publique ; jugé que même les voisins qui s'étaient installés après que la fumière eût commencé ses activités pouvaient lui réclamer une indemnité pour troubles de voisinage.

113. Ex. : Cass. civ. 2e, 17 juill. 1991, *Bull. civ.* II, n° 234 ; *JCP* G 1991.IV.356 : « *Postérieurement à la demande de permis de construire des épx Calderan* (les voisins), *M. Gandia* (l'industriel) *avait notablement aggravé les nuisances causées par l'activité antérieure de concassage et de criblage des pierres de l'entreprise...* » ; d'où il résulte que M. Gandia ne pouvait se « *prévaloir du texte* (CCH, art. L. 112-16) *qu'il invoque* ».

les troubles de voisinage qu'il cause aux habitants même si leurs maisons ne lui sont pas contiguës[114].

1075. Locataire et entrepreneur. – La victime peut agir directement contre l'auteur du trouble même si ce dernier n'est pas le propriétaire, mais locataire[115] ou entrepreneur[116] ; ou contre le propriétaire, même s'il n'est pas l'auteur du trouble, car il répond du locataire ou de l'entrepreneur[117] : le propriétaire, le locataire et l'entrepreneur sont solidairement responsables.

L'inverse n'est pas vrai : le locataire ne peut agir en troubles de voisinage contre son bailleur, car il dispose contre lui d'une action contractuelle[118] et il est interdit de cumuler les responsabilités délictuelle et contractuelle.

La diversité des troubles de voisinage explique la variabilité de leur sanction.

§ 2. Sanctions

Les sanctions civiles du trouble de voisinage relèvent d'un principe, cantonné par une exception.

1076. Principe et exception. – En général, le droit commun de la responsabilité civile détermine la manière de réparer les inconvénients anormaux de voisinage :

114. Cass. civ. 2e, 8 mai 1968, *aff. De l'aéroport Nice-Côte d'Azur, Bull. civ.* II, n° 122 ; *D.* 1968.609 ; *JCP* G 1968.II.15595, n. M. de Juglart et E. du Pontavice : « *L'arrêt attaqué énonce justement que* [...] *l'article 36 qui institue une responsabilité de plein droit à la charge de l'exploitant pour les dommages causés par l'évolution des aéronefs aux personnes et aux biens situés à la surface, s'applique indépendamment de toute notion de faute, d'abus ou d'usage anormal du droit de survol et qu'il importe peu, dès lors, que les appareils exploités par* Air-France *aient reçu l'agrément de l'autorité de contrôle et respecté les procédures réglementaires pour l'atterrissage et le décollage de l'aéroport en cause* ».

115. Ex. : Cass. civ. 1re, 18 juill. 1961, *Bull. civ.* I, n° 411 ; *JCP* G 1961.II.12301, n. P. Esmein : « *Les obligations contractuelles auxquelles le preneur est tenu envers le bailleur ne l'exonèrent pas de la responsabilité qu'il peut encourir envers des colocataires d'autres appartements de l'immeuble alors même que la faute commise serait en rapport étroit avec l'exécution du bail ; la décision attaquée a admis à bon droit qu'en excédant les limites qu'imposent les obligations de voisinage, la dame Mehl avait commis une véritable voie de fait ouvrant droit contre elle à une action directe de la part de la victime du trouble* ».

116. Ex. : Cass. civ. 3e, 30 juin 1998, *Bull. civ.* III, n° 144 : la cour d'appel qui relève que des travaux réalisés par un entrepreneur ont causé des dommages chez des voisins, peut en déduire, sans être tenue de caractériser sa faute, que cet entrepreneur est responsable d'un trouble excédant les inconvénients normaux du voisinage.

117. **1° Locataire et bailleur** : Ex. : Cass. civ. 2e, 31 mai 2000, *Bull. civ.* II, n° 94. Recevabilité de l'action exercée par le voisin contre le propriétaire qui avait loué son terrain à un parc d'attractions particulièrement bruyant : avaient en effet été relevées « *des nuisances sonores largement supérieures à la moyenne autorisée* [...] ; *indépendamment de toute faute de leur part, les propriétaires étaient tenus d'en réparer les conséquences dommageables subies par un tiers* » ; v. Fr. Archer, « La responsabilité civile du propriétaire bailleur pour le trouble de voisinage causé par son locataire », *Defrénois* 2001, art. 37355. **2° Entrepreneur et propriétaire** : Ex. : Cass. civ. 3e, 11 mai 2000, *Bull. civ.* III, n° 106 ; *JCP* G 2000.I.265, n° 7, obs. H. Périnet-Marquet : « *Le syndicat des copropriétaires, propriétaire actuel des biens, et la sté Stefs, auteur des travaux à l'origine des dommages étaient responsables de plein droit des troubles excédant les inconvénients normaux du voisinage constatés dans le fonds voisin* ». **Biblio. :** M.-C. Lambert-Piéri, *Construction immobilière et dommages aux voisins*, th. Paris II, Economica, 1982, préf. Ph. Malinvaud.Le propriétaire n'est pas responsable des dommages subis par ses voisins en conséquence indirecte des actes de terrorisme qui le visaient : TGI Paris, réf., 3 mai 1982, *D.* 1983, IR, 371, obs. A. Robert, 2e esp.

118. Cass. civ. 3e, 10 nov. 1998, *Bull. civ.* III, n° 211 ; *JCP* G 1999.I.120, n° 14, obs. H. Périnet-Marquet.

le juge a un grand pouvoir en la matière. Par exemple, et c'est ce qu'il fait le plus souvent, il peut accorder des dommages-intérêts afin de réparer le dommage accompli[119] ; il peut aussi ordonner la suppression de sa cause[120].

Selon une jurisprudence traditionnelle, le pouvoir des juges du fond est souverain sauf, a dit la Cour de cassation (ses arrêts ne sont pas limpides), lorsque le trouble de voisinage anormal résulte d'une construction édifiée en méconnaissance des règles d'urbanisme : le juge doit alors en ordonner la destruction[121]. Une autre limite à ce pouvoir résulte des nuisances causées par les établissements dangereux, insalubres ou incommodes dont l'activité a été autorisée par l'administration (L. 19 juill. 1976). La séparation des pouvoirs empêche le juge judiciaire d'interdire une activité, même préjudiciable aux voisins, que l'administration a permise ; mais il peut ordonner des travaux d'aménagement et la fermeture provisoire de l'établissement jusqu'à l'achèvement de ces travaux[122]. Il peut aussi condamner à des dommages-intérêts l'auteur du trouble anormal[123]. Le juge administratif peut annuler l'autorisation administrative si elle est irrégulière.

N°s 1077-1099. réservés.

119. Jurisprudence abondante. Ex. : Cass. civ. 3e, 28 janv. 1975, *Bull. civ.* III, n° 30 ; *D.* 1976.221, 1re esp. : évaluation du préjudice réparant la dépréciation d'un immeuble, en raison du bruit causé par l'exploitation de la carrière voisine.

120. Ex. : Cass. civ. 2e, 30 mai 1969, *Bull. civ.* II, n° 170 ; *JCP* G 1969.II.16069, n. L. Mourgeon, 2e esp. : interdiction, sous astreinte, de l'exploitation nocturne d'un laboratoire de pharmacie dont le bruit cause des insomnies aux voisins ; Cass. civ. 2e, 3 mars 1966, *Bull. civ.* II, n° 299 : obligation pour une entreprise de faire insonoriser ses ateliers bruyants.

121. Cass. civ. 3e, 30 sept. 1998, *Bull. civ.* III, n° 165 ; *D.* 1999.374, n. F. Kenderian ; en l'espèce, la cour d'appel « *à cause des inconvénients sociaux* » avait refusé d'ordonner la destruction d'une construction causant de graves dommages de voisinage et faite en méconnaissance des règles d'urbanisme ; elle avait préféré accorder des dommages-intérêts ; cassation. Mais Cass. civ. 3e, 11 févr. 1998, *Bull. civ.* III, n° 34 ; *D.* 1999.529, n. S. Beaugendre : les juges doivent, pour ordonner la destruction, « *rechercher s'il existait une relation directe de cause à effet entre l'infraction à une règle d'urbanisme et le préjudice personnel* ».

122. Ex. : Cass. civ. 2e, 30 oct. 1976, *Bull. civ.* II, n° 280 ; décision ordonnant la fermeture d'une porcherie nauséabonde, pourtant autorisée par l'administration aussi longtemps que n'auraient pas été effectués les travaux prescrits par le juge.

123. * Cass. civ. 1re, 15 mai 2001, *Divenac'h.*, *Bull. civ.* I, n° 135 ; *JCP* G 2002.I.126, n° 5, obs. H. Périnet-Marquet : « *La compétence exclusive du préfet en matière d'installations classées ne fait pas obstacle à la mise en jeu de la responsabilité de l'exploitant pour trouble de voisinage devant le juge judiciaire* ».

TITRE VI

SERVITUDES

PREMIÈRES VUES SUR LES SERVITUDES

1100. Caractères fondamentaux. – La définition du Code civil (art. 637) est, pour une fois, excellente[1]. La servitude[2] est une charge imposée à un immeuble (que l'on appelle le fonds servant) au profit d'un autre immeuble (que l'on appelle le fonds dominant). Deux exemples peuvent en être donnés, l'un d'une servitude positive, l'autre d'une servitude négative.

Premier exemple : la servitude conventionnelle de passage, qui doit être distinguée du droit légal de passage en cas d'enclave[3]. Le fonds A et le fonds B donnent chacun sur la voie publique, mais une voie publique différente : il n'y a donc ni enclave, ni, par conséquent, droit légal de passage. Mais le fonds A est divisé en deux lots (la maison et le jardin), qui sont séparés par le fonds B. Il serait commode pour le propriétaire du fonds A (fonds dominant) d'avoir un droit de passage sur le fonds B (fonds servant), qui lui permettrait d'aller de sa maison à son jardin, en traversant le fonds de son voisin, sans avoir à faire un long détour par la voie publique. Cette servitude porte atteinte à l'exclusivité du fonds B, mais permet une utilisation rationnelle du fonds A. Elle ne se fonde pas sur la loi, mais résulte de la convention. C'est une servitude positive, qui permet à son bénéficiaire d'utiliser le fonds d'autrui pour y passer.

Deuxième exemple : la servitude de vue et la servitude *non ædificandi* (de ne pas bâtir). Le fonds B se trouve entre la mer et le fonds A. Du fait des attributs attachés à leur droit, chacun des propriétaires peut construire sur son fonds. Mais la propriété du fonds B (fonds servant) peut être grevée d'une servitude *non ædificandi* au profit du fonds A, pour que celui-ci jouisse d'une servitude de vue : l'une de ces propriétés se trouve considérablement dépréciée, l'autre considérablement valorisée. C'est une servitude négative, qui impose au propriétaire du fonds B (fonds servant) de s'abstenir de bâtir.

Ces deux exemples font apparaître plusieurs des traits fondamentaux de la servitude. Elle est un droit réel, et par conséquent un droit à opposabilité absolue : si le propriétaire du fonds servant l'aliène, la servitude est opposable à l'acquéreur ; inversement, si le propriétaire du fonds dominant l'aliène, la servitude peut être invoquée par l'acquéreur. En outre, elle est un droit qui peut être perpétuel, alors qu'un droit de créance ne peut jamais l'être.

---

1. **Biblio. :** E. Kornprobst, *Essai sur la notion de servitude en droit privé français contemporain*, th. Strasbourg, 1936 ; D. Ferru, *La notion de servitude en droit privé*, th. Paris, LGDJ, 1973 ; E. Meiller, *La notion de servitude*, th. Lyon III, LGDJ, 2012, préf. Fr. Zenati-Castaing ; ce dernier ouvrage, comme S. Ginossar (*supra*, n° 364), nie la distinction du droit réel et du droit personnel ; selon lui, la servitude n'est pas un droit subjectif, mais un bien (ou une charge) incorporel, une affectation imposée à un fonds.
2. **Étymologie** de servitude : du latin *servitudo, inis*, lui-même dérivé de *servio, ire* = être esclave.
3. *Supra*, n°s 1050 et s.

Elle apparaît généralement dans les rapports de voisinage[4] ou, pour le moins, de proximité[5] ; elle établit des rapports de droit privé qui multiplient l'utilité économique d'un bien en l'affectant au service de plusieurs. Enfin, elle est surtout campagnarde, par exemple : passage, pacage[6], puisage (art. 688)[7] et pâturage.

1101. Histoire : de la nature à l'industrie. – L'histoire des servitudes est parallèle à celle de l'exploitation des choses par l'homme[8]. Très longtemps agraire (surtout l'utilisation de l'eau), elle a été au XIXe siècle, liée au développement de l'industrie (les barrages et les canaux).

Les servitudes sont nées en droit romain[9] : en superposant plusieurs droits de natures différentes sur un même bien, elles en augmentaient les possibilités d'exploitation. Elles ont été « rustiques » (on dirait aujourd'hui rurales) avant de devenir urbaines. Les plus importantes furent celles qui étaient relatives à l'eau (aqueduc[10], puisage, prise d'eau, abreuvoir, égout) : l'Italie est un pays sec, ce qui explique que la servitude devait être un droit perpétuel et réel, afin de ne pas être, à la différence du droit personnel, soumise à l'incertitude et à l'éphémère de l'activité humaine ; comme tout droit réel, elle était inséparable du fonds : *ambulat cum dominio*. L'Ancien droit, à partir du XVIe siècle, a repris la règle romaine[11] ; il a ajouté des droits seigneuriaux (essentiellement les corvées, les banalités et les dîmes[12]) qui se distinguaient difficilement des servitudes réelles : c'étaient des servitudes personnelles. La nuit du 4 août abrogea les droits féodaux[13], mais ne toucha pas aux servitudes réelles : on en revenait presque au droit romain.

1102. Recul des servitudes. – Bien qu'elles continuent à jouer un rôle important et à susciter un contentieux abondant, les servitudes sont en recul et présentent parfois un anachronisme, malgré les efforts d'adaptation jurisprudentiels. À

---

4. Pas nécessairement. Ex. : Cass. civ., 7 juill. 1937, *DH*, 1937.469 : « *La contiguïté des fonds n'est pas une condition indispensable à l'établissement des servitudes par la destination du père de famille* ».

5. Pas toujours : les fonds dominant et servant peuvent être relativement éloignés l'un de l'autre. Ex. : les servitudes de puisage, d'extraction de matériaux ou de transmission d'énergie.

6. Du latin *pecoris pascendi* = le pacage du bétail.

7. Du latin *aquae haustus* = action de puiser de l'eau.

8. J.-Ph. Lévy et A. Castaldo, *op. cit.*, n°s 261 s.

9. J. Gaudemet, *Droit privé romain*, Montchrestien, 3e éd., 2009, p. 245 et s.

10. **Définition :** le droit de faire couler l'eau à travers le fonds d'autrui afin de la conduire sur sa propre terre. **Étymologie** d'aqueduc : du latin *aqua, ae* = eau + *duco, ere* = conduire.

11. Ce qui n'est pleinement exact que pour les pays de droit écrit ; dans les pays de coutumes, le droit romain n'a influencé que les servitudes conventionnelles.Une historienne a opposé la conception romaine de l'exclusivité de la propriété et celle du droit coutumier des « propriétés simultanées », où un « *même immeuble supporte une pluralité de propriétés différentes* » (A.-M. Patault, *Introduction historique au droit des biens*, PUF, 1989, n° 1). Elle estime que cette dualité a, pendant tout un temps, marqué la théorie des servitudes après 1804 ; n° 132 : « [...] *La construction doctrinale de la servitude, au XIXe siècle, restera marquée par l'affrontement des concepts coutumier et romain. Il en résultera une certaine confusion dans l'analyse* [...]. *Droit sur la chose d'autrui ou participation à la propriété corporelle du fonds ? C'est toujours le malentendu doctrinal qui témoigne de la difficulté éprouvée par les civilistes de la première moitié du XIXe siècle à passer d'une famille de pensée à l'autre.* »

12. Les corvées étaient des charges pesant sur des roturiers, les obligeant à exécuter au profit du seigneur dont relevait leur terre, un certain nombre de journées de travail. Les banalités étaient des droits appartenant au seigneur qui obligeaient les habitants de la seigneurie à se servir, à titre onéreux, du moulin, du four ou du pressoir du seigneur. Les dîmes étaient des redevances dues par les roturiers à des églises et consistant en une part de leurs récoltes. **Biblio. :** M. Garaud, *La Révolution et la propriété foncière*, Sirey, 1959, p. 42-52.

13. D. 4-11 août 1789, art. 1, *Jur. gén.*, v° *Propriété féodale*, n° 45 : « *L'Assemblée nationale détruit entièrement le régime féodal et décrète que tous les droits et devoirs tant féodaux que censuels, ceux qui tiennent à la mainmorte réelle ou personnelle et à la servitude personnelle de ceux qui les représentent, sont abolis sans indemnité ; tous les autres sont déclarés rachetables et les prix et le mode de rachat seront fixés par l'Assemblée nationale. Ceux desdits droits qui ne sont pas supprimés continueront néanmoins à être perçus jusqu'au remboursement.* »

cause du recul des campagnes[14], à cause surtout de l'intervention de l'État[15], la puissance publique impose à la propriété des limitations auxquelles on donne parfois le nom de servitudes administratives : servitudes d'urbanisme, militaires, aéronautiques, etc., « servitudes » qui remplissent souvent le rôle qu'assuraient précédemment des servitudes d'intérêt privé. Il ne s'agit pas de véritables servitudes ; s'il y a bien un fonds servant (la propriété à laquelle la charge réelle est imposée), il n'existe pas de fonds dominant : elles sont faites dans l'intérêt général, non dans celui d'un fonds particulier[16].

Sur les servitudes, les dispositions du Code sont minutieuses, en raison de l'importance qu'avaient en 1804 la propriété immobilière et la vie rurale. Elles sont presque demeurées inchangées, ce qui explique l'importance de l'interprétation jurisprudentielle qui a dû adapter des textes anciens à des réalités économiques nouvelles.

1103. Antinomies des servitudes. – Les servitudes sont remplies d'antinomies qui ne se recoupent pas : entre la plénitude de la propriété qu'elles entravent, la meilleure exploitation du bien qu'elles permettent ; entre la fixité et le transformisme, la perpétuité et l'éphémère, le passé et le présent, la campagne et la ville, le privé et le public, la loi et la convention, les personnes et les choses, les deux effets du temps, acquisitif et extinctif, les contradictions de l'écologie (la servitude protège la nature, mais aussi la dessert en développant l'industrie). Il ne faut pas s'étonner que le droit soit complexe pour résoudre ces contradictions, et le contentieux abondant.

On étudiera successivement les caractères généraux des servitudes (Chapitre I) et leur régime juridique (Chapitre II) ; on examinera enfin, mais schématiquement, les « servitudes administratives », qui ne sont pas de véritables servitudes (Chapitre III).

14. Ex. : sont en voie de disparition : les servitudes d'abreuvage (*pecoris ad aquam adpulsus*), de pressurage, de bief, de moulin, etc.

15. Ex. : la réglementation administrative... de l'adduction d'eau remplace souvent la servitude d'aqueduc... de la hauteur des maisons remplace souvent la servitude *non altius tollendi*... des eaux usées (C. communes, art. L. 372-1 et s.) remplace souvent la servitude d'égout (*jus cloacae immittandae*).

16. J.-B. Auby, H. Périnet-Marquet et R. Noguellou, *Droit de l'urbanisme et de la construction*, Montchrestien, 9e éd., 2011, n° 391.

CHAPITRE I

CARACTÈRES GÉNÉRAUX DES SERVITUDES

1104. Réalité. – Le caractère essentiel de la servitude, qu'évoque la définition de l'article 637, est d'établir un rapport entre deux fonds, ce que l'on appelle la réalité des servitudes ; ce caractère réel se retrouve dans tous ses aspects : ses éléments constitutifs (Section I), ses caractères distinctifs et sa nature (Section II), malgré sa diversité, qui appelle une classification (Section III).

SECTION I
ÉLÉMENTS CONSTITUTIFS

Étant un droit réel immobilier, la servitude implique l'existence d'un fonds (§ 1) ; établissant un rapport entre deux fonds, elle suppose deux propriétés distinctes (§ 2), dont l'une est affectée au service de l'autre (§ 3).

§ 1. UN FONDS

1105. Immeuble par nature. – Supposant des actes matériels d'usage, la servitude ne peut porter que sur des immeubles par nature (fonds de terre, bâtiments). C'est pour cela qu'on l'appelait jadis une servitude « prédiale »[1] (le mot est vieilli). Elle ne peut donc porter sur des immeubles par destination. Il a même autrefois été jugé qu'elle ne pouvait porter sur des arbres[2], pourtant immeubles par nature.

---

1. **Étymologie** de prédiale : du latin *praedium, ii* = immeuble (généralement situé à la campagne), d'où le sens originaire de *praedium* = garantie en immeuble demandée par l'État créancier aux *praedes* (*praedes* = caution).

2. Ex. : Req., 6 avr. 1841, *Jur. gén.*, *v° Action possessoire*, n° 436 ; *S.* 1841.I.414. En l'espèce, jugé que la suspension d'une barrière à un arbre ne pouvait constituer une servitude grevant ce dernier ; la cour d'appel l'avait ainsi justifié : « *Si un arbre pouvait être l'objet d'une servitude, ce ne serait que pendant son existence et le propriétaire ne pourrait être contraint de le remplacer par des travaux, parce que les servitudes cessent lorsque les choses se trouvent en tel état qu'on ne peut plus en user* » ; rejet du pourvoi : « *Servitude essentiellement périssable avec l'objet, que la main des hommes ne pourrait ni réparer, ni perpétuer ; et, dès lors, le tribunal de Valognes a pu considérer, en fait, cette servitude comme de pure tolérance* ».

Mais on tend aujourd'hui à admettre une servitude de non-concurrence entre deux fonds de commerce, c'est-à-dire deux biens mobiliers[3].

Jusqu'à l'ordonnance du 21 avril 2006 portant Code général de la propriété des personnes publiques, elle ne pouvait non plus porter sur des immeubles faisant partie du domaine public, parce qu'ils n'étaient pas susceptibles d'appropriation privée, désormais permise (CGPP, art. L. 2122-4)[4].

§ 2. Des propriétés distinctes

1106. *Nemini res sua servit.* – La servitude suppose l'existence de deux propriétés distinctes, dont l'une est appelée le fonds dominant et l'autre le fonds servant. Il faut que les deux appartiennent à des propriétaires distincts (art. 705). Par conséquent, si une personne possède les deux fonds, il ne peut y avoir de servitude entre eux : *nemini res sua servit* (personne n'a de servitude sur sa propre chose). Sans doute, il peut arriver qu'un propriétaire fasse sur son fonds des actes correspondant en fait à l'exercice d'une servitude (ex. : traversée d'un aqueduc sur sa propre terre pour apporter de l'eau d'un endroit à un autre) : cette situation ne constitue pas une servitude ; la servitude ne sera créée que si ultérieurement les deux fonds sont divisés et appartiennent à deux propriétaires distincts, ce que l'on appelle la servitude par destination du père de famille.

La règle est souvent gênante, et la Cour de cassation ne l'applique pas aux servitudes légales d'utilité publique, parce qu'elles ne sont pas de vraies servitudes[5]. Une servitude conventionnelle ne peut donc être constituée que par le propriétaire du fonds qui doit la subir et de celui qui doit en profiter, encore que dans ce cas, il puisse y avoir stipulation pour autrui[6], gestion d'affaires ou mandat. Généralement, ces deux fonds sont voisins et même contigus, ce qui facilite l'affectation de l'un au service de l'autre.

C'est par l'effet de cette règle que la Cour de cassation n'admet pas la constitution d'une servitude entre les parties d'une indivision[7] : l'exigence de deux propriétés distinctes relève du bon sens : la servitude n'a aucune raison d'être si une même personne a sur les deux fonds un droit d'usage et de jouissance exclusif. En revanche, elle retrouve sa légitimité si, sur l'un des fonds, elle a un droit de jouissance et d'usage non-exclusif (copropriétaire, sur les parties communes ; indivisaire...) : la servitude permet alors de lui donner, pour un usage déterminé

3. *Infra*, n° 1115.

4. N. Foulquier, « Les servitudes sur le domaine public », *Dr. et patr.* mars 2009.69.

5. Ex. : Cass. civ. 1re, 9 juin 1959, *Bull. civ.* I, n° 291 : « *L'existence d'un fonds dominant et d'un fonds servant n'est pas essentielle à l'existence d'une servitude lorsque celle-ci est créée par la loi ; le bénéfice des obligations dont cette dernière grève certains fonds dans un but d'utilité publique ne saurait être limité aux seules collectivités publiques* » et « *on ne peut interdire aux particuliers intéressés de faire cesser le trouble que leur causent personnellement les violations d'une servitude légale résultant des règlements régulièrement pris* ». En l'espèce, il s'agissait d'une servitude *non altius tollendi* imposée par un plan d'aménagement communal. V. aussi *infra*, n° 1137.

6. Ex. : Cass. civ. 3e, 31 janv. 1969, *Bull. civ.* III, n° 108 ; *JCP* G 1969.II.15982, 2e esp., n. R. L. : « *Vu l'article 1121 ; en application de ce texte, l'acquéreur d'une parcelle qui s'engage envers le vendeur d'un domaine immobilier ou envers ses ayants cause, au profit de tous les bénéficiaires précisés à l'acte, à respecter des clauses concernant notamment la limitation de hauteur des habitations à édifier ou sa parcelle et qui bénéficie, en vertu de son acte d'acquisition, des mêmes stipulations imposées aux autres acquéreurs et acceptées par eux, possède contre ceux-ci ou leurs ayants cause, une action directe pour les contraindre au respect des engagements pris.* »

7. Jurisprudence plusieurs fois réitérée ; ex. : Cass. civ. 3e, 27 mai 2009, n° 08-14376, *Bull. civ.* III, n° 125 ; *D.* 2009.2307, obs. B. M.-B. : il n'est pas possible de « *reconnaître à des propriétaires indivis d'un fonds un droit de passage sur ce même fonds* ».

qui constitue son objet (non pour un usage indéterminé, ce qui reviendrait à transférer la propriété du fonds servant), un droit exclusif.

§ 3. Affectation d'un fonds à un autre

1107. L'utilité réelle. – Enfin, il n'y a de servitude que si un fonds est affecté au profit d'un autre. Cette condition, caractéristique des servitudes en droit français[8], est subtile. L'article 637 dispose que la charge imposée au fonds servant doit être constituée « *pour l'usage et l'utilité d'un autre* ». La règle est rappelée par l'article 686 qui, après avoir énoncé la liberté de constitution des servitudes, précise « *pourvu néanmoins que les services ne soient imposés ni à la personne, ni en faveur de la personne, mais seulement à un fonds et pour un fonds* »[9].

1108. Sentinelle de la Révolution. – L'article 686 se comprend par son origine historique et politique. La nuit du 4 août avait libéré la propriété de toutes les charges féodales[10]. Le Code civil a entendu empêcher le rétablissement d'un ordre social devenu abhorré, en posant ici une « sentinelle de la Révolution ». Cette restriction à la liberté des servitudes paraît aujourd'hui gênante et excessive : il est peu probable que la féodalité se rétablisse dans la propriété foncière et les féodalités économiques contemporaines n'ont pas besoin des servitudes : la « position dominante » que connaît le droit de la concurrence ne ressemble que de façon très lointaine aux pouvoirs féodaux.

1109. Chose créancière ? – Les termes de la loi personnalisent les choses : un anthropomorphisme[11], le fonds servant serait débiteur de la servitude, le fonds dominant serait créancier de la servitude, ce qui est généralement critiqué. Il est incorrect de dire qu'une dette est imposée à la chose[12] ; lorsqu'on dit qu'un terrain est grevé d'une servitude de passage, ce n'est qu'une façon de parler ; en réalité, on veut dire par là que le propriétaire du terrain est tenu de laisser passer. Il est encore plus incorrect de dire que le fonds dominant est créancier : les droits profitent aux personnes, non aux choses.

Pour interpréter le texte, il faut distinguer ses éléments. Il signifie que les servitudes doivent être utiles à un fonds (I), qu'elles ne doivent pas être imposées à la personne, mais seulement à un fonds (II) et qu'elles ne doivent pas profiter à la personne, mais seulement à un fonds (III). Quelques exemples montreront comment s'applique la règle (IV).

---

8. Comme à Rome : Dig., VIII, 4, 1, *Ulpien* : « *C'est pourquoi on appelle prédiales les servitudes, parce qu'elles ne peuvent exister sans fonds. Nul ne peut en effet acquérir ou devoir une servitude prédiale, rustique ou urbaine, s'il n'est propriétaire d'un fonds.* »

9. **Biblio. :** J. Jouvent, *L'article 686 du Code civil*, th. Grenoble, 1935.

10. L. 28 sept.-6 oct. 1791 (titre I, art. 1) *Jur. gén.*, *v° Droit rural*, n° 10 : « *Le territoire de France dans toute son étendue est libre comme les personnes qui l'habitent ; ainsi toute propriété territoriale ne peut être sujette envers les particuliers qu'aux redevances et aux charges dont la convention n'est pas défendue par la loi* ». *Cf.* aussi Berlier, *Présentation au corps législatif du titre relatif aux servitudes*, in Fenet, *Recueil complet des travaux préparatoires du Code civil*, t. XI, 1836, p. 304 : « *Il ne s'agit point ici de ces prééminences d'un fonds sur l'autre, qui prirent naissance dans le régime à jamais aboli des fiefs* ».La distinction entre droits féodaux (désormais illicites) et servitudes prédiales (licites) a suscité de nombreuses difficultés qui, deux cents ans après, nourrissent encore un contentieux (mais faible). Ex. : Cass. civ. 3e, 26 mai 1982, *Bull. civ.* III, n° 132 ; v. A.-M. Patault, « Un conflit entre la Cour de cassation et le Conseil d'État », *RHD* 1978, p. 427-444.

11. J. Carbonnier, « Métaphysique du droit, Les choses inanimées ont-elles donc une âme ? », *Flexible droit*, LGDJ, 10e éd., 2001, p. 362 et s.

12. V. toutefois J. Carbonnier, n° 56, p. 248 : « *Il ne serait pas impossible de faire apparaître dans l'immeuble, unité économique, communauté domaniale, une personne morale ayant des intérêts distincts, par leur permanence, de ceux du propriétaire foncier. La servitude ne serait alors que la créance ou la dette d'une personne morale envers une autre [...] Et peut-être aussi déduire de là des conséquences en faveur de la validité des servitudes* in faciendo... »

I. — Utilité d'un fonds

1110. L'utile et l'agréable. – La jurisprudence a largement compris les termes d'usage et d'utilité dont use la loi, en y comprenant le simple agrément du propriétaire du fonds, pourvu que cet agrément ne soit pas seulement celui de la personne, mais profite au fonds, dans la mesure où il en augmente la valeur économique. La question s'est surtout posée pour les clauses d'habitation et de construction bourgeoises[13].

II. — Imposée au fonds, non à la personne

1111. Obligation de ne pas faire. – L'objet de la servitude ne peut être une obligation personnelle, qui serait la reconstitution des anciennes corvées. Elle ne peut jamais consister en une obligation de faire, mais seulement en une obligation de ne pas faire ; ce qui se dit en latin : *servitus in faciendo non potest* (une servitude ne peut obliger à faire quelque chose)[14]. Le propriétaire du fonds servant est tenu de souffrir sur son fonds les actes d'usage faits par le propriétaire du fonds dominant, non de faire quelque chose.

La règle est parfois gênante ; par exemple, lorsque dans un lotissement sont prévues des obligations imposant aux acquéreurs de construire dans un style déterminé[15]. Telle qu'elle est rédigée, la clause crée une servitude avec une obligation de faire, ce qu'interdit l'article 686. Pour que la clause soit valable, il faut la rédiger au négatif : interdiction de construire avec tels matériaux, dans tels styles. Que la validité d'un acte dépende de telles vétilles rédactionnelles n'est pas raisonnable.

Le propriétaire du fonds servant peut néanmoins être obligé d'exécuter certaines prestations personnelles si elles sont l'accessoire de la servitude ; par exemple, le propriétaire d'un fonds grevé d'une servitude de passage peut être tenu à des travaux d'entretien[16]. Cette obligation accessoire fait corps avec la servitude dont elle emprunte les caractères. Curieux cas de droit personnel à opposabilité absolue ; il montre combien est peu tranchée la distinction entre le droit réel et le droit personnel[17].

---

13. *Infra*, n°s 1117 à 1121.

14. Ex. : Une personne s'engage à labourer la terre d'autrui ; c'est une obligation de faire, valable si elle n'est pas perpétuelle. Cette même personne ne pourrait grever son propre fonds d'une prétendue servitude de labourage en faveur de la terre de son voisin, car il y aurait un service imposé à perpétuité à une personne, que la loi prohibe (art. 1780, al. 1).

15. *Infra*, n°s 1117 à 1121.

16. Req., 22 févr. 1881, *DP* 1881.I.407 ; *S.* 1882.I.111 : « *Les ouvrages mis par la convention à la charge des usiniers* (en l'espèce, les propriétaires du fonds servant) *étaient les ouvrages nécessaires à l'exercice et au maintien de la servitude, qui, aux termes de l'article 698, peuvent être imposés au propriétaire du fonds servant ; ils sont donc, pour ce fonds, une charge réelle, accessoire de la servitude et en leur attribuant ce caractère, l'arrêt attaqué n'a pas violé les articles visés par le pourvoi* » (les art. 637 et 698). En l'espèce, une convention conclue en 1769 entre la ville de Moret et des « *usiniers* » permettait à ces derniers « *d'élargir le barrage construit par eux dans la rivière du Loing à charge pour eux d'établir un lavoir public pour la ville de Moret ; à cet effet, ils se sont obligés, pour eux et leurs successeurs [...] à prendre toutes les mesures nécessaires pour que, jour et nuit, le lavoir soit pourvu d'une quantité d'eau claire suffisante pour ses besoins* » Jugé que cette clause était licite.

17. *Supra*, n° 368.

III. — Profiter au fonds, non à la personne

1112. Les besoins du fonds. – La règle exigeant que le service profite au fonds et non à la personne est, à première vue, un peu obscure, car, comme il a été dit, une chose, telle qu'un fonds, ne peut être créancière. Elle signifie que le propriétaire du fonds dominant doit profiter de la servitude en qualité de propriétaire, qu'il doit y avoir un rapport entre la servitude et les besoins du fonds et que le service doit présenter beaucoup plus d'intérêt pour le possesseur de ce fonds que pour toute autre personne[18].

IV. — Applications

Quatre exemples montreront comment cette double règle s'applique : les droits de chasse et de pêche (A), le droit d'obtenir une prestation (B), l'obligation de non-concurrence (C) et les « servitudes collectives » (D)[19].

A. Chasse et pêche

1113. Le plaisir de la chasse. – Les tribunaux décident que ne constitue pas une servitude la concession d'un droit de chasse et de pêche sur un fonds, car la chasse et la pêche sont devenues un plaisir pour la plupart de ceux qui s'y livrent, non un avantage pour le fonds sur lequel elles s'exercent.

Si le fonds ne sert qu'à la chasse ou qu'à la pêche, par exemple, une réserve de chasse ou un étang poissonneux, les droits de chasse et de pêche constituent le mode d'utilisation normale de ces fonds, dont ils augmentent l'utilité. Ils devraient donc être qualifiés de servitude ; ce n'est pourtant pas ce que décide la Cour de cassation[20]. La Cour européenne des droits de l'homme, pour condamner la France qui avait adopté la loi *Verdeille*[21], a constaté que « *la chasse ne vise aujourd'hui, pour l'essentiel, qu'à procurer plaisir et détente à ceux qui la pratiquent dans le respect des traditions* [...] ; *contraindre de par la loi un individu* (un propriétaire de petites parcelles cynégétiques) *à une adhésion* (céder son droit de chasse à une association communale

18. Ex. : le droit de prendre du bois de chauffage dans une propriété (le fonds servant). **1°** S'il s'agit de **chauffer une maison** déterminée (qui serait le fonds dominant), quels qu'en soient les propriétaires, il s'agit d'une servitude. Ex. : Cass. civ. 3e, 18 juill. 1979, *Bull. civ.* III, n° 161 : « *Par une interprétation nécessaire, exclusive de dénaturation des clauses complexes de l'acte du 3 novembre 1622* (relatif "*à un droit d'usage de bois et à un droit de passage dans les bois et forêts de la seigneurie de Châlons* "), *la cour d'appel* [...] *a souverainement décidé que les parties avaient entendu consacrer par une affectation à une habitation et un élevage le caractère réel et la nature de servitude des droits concédés dont cet acte constituait le titre* ». **2°** S'il s'agit, au contraire, de **chauffer une personne**, en quelque lieu où elle se trouve, ce n'est pas une servitude et l'obligation est nulle si elle est perpétuelle. *Droit civil illustré*, n° 119.

19. Ex. : un contrat stipule que l'acquéreur aura l'obligation d'édifier une clôture autour de son terrain. Généralement, il s'agit d'une obligation personnelle, qui ne pèse donc pas sur le sous-acquéreur, sauf s'il s'y était engagé. Mais il s'agit d'une servitude, si cette obligation est faite dans l'intérêt du fonds : Req., 24 oct. 1939, *DH*, 1940.30.

20. Ex. : ** Cass. civ. 3e, 22 juin 1976, *épx Léaud*, *Bull. civ.* III, n° 280 ; *Defrénois* 1977, art. 31.297, n. E. Frank : « *La concession du droit de chasse ne saurait avoir le caractère d'une servitude réelle, le fonds en faveur duquel il est accordé n'en recueillant aucune utilité et le profit ou l'agrément que ce droit peut amener ne concernant que la personne du propriétaire du fonds et non le fonds lui-même.* » Cass. civ. 3°, 9 déc. 2009, n° 09-11.333, *Bull. civ.* III, n° 274 ; *D.* 2010.94, obs. G. Forest ; *RTD civ.* 2010.133, obs. crit. Th. Revet.

21. V. *supra*, n° 411.

agréée) *profondément contraire à ses convictions, constitue une violation de l'article 11 de la Convention* (liberté d'association) »[22].

B. Droit d'obtenir des prestations

1114. Mine et scierie. – Au contraire, est une servitude le droit d'extraire des matériaux d'un fonds au bénéfice d'une exploitation industrielle. Par exemple, le droit pour une verrerie de recevoir le charbon d'une mine[23] ; l'exploitant de la mine est pourtant obligé de faire les travaux d'extraction du minerai. Cette obligation de faire n'est pas incompatible avec la servitude, parce que, malgré son importance, elle n'est que l'accessoire d'une servitude : le principal est en effet ici l'affectation d'un fonds à un autre fonds.

Mais n'est pas une servitude, et donc nulle si elle est perpétuelle, l'obligation qui pèse sur l'acquéreur d'une scierie de faire fonctionner celle-ci pour les besoins des habitants d'un village, parce que, pour qu'il y ait servitude, le service doit être au profit d'un fonds et non de la (ou des) personne(s)[24]. N'est pas non plus constitutive d'une servitude la convention par laquelle le propriétaire d'un fonds donne à bail à l'EDF une parcelle pour qu'elle édifie un transformateur et l'utilise pendant trente ans, puisqu'il n'y a pas de fonds dominant (le réseau électrique n'est pas un fonds)[25].

C. Obligation de non-concurrence

1115. Profit du commerçant ou de l'immeuble ? – L'obligation de non-concurrence est l'engagement pris par une personne de ne pas exercer une activité (généralement commerciale) rivale de celle d'une autre personne (le plus souvent, un commerçant) qui serait susceptible de lui retirer de la clientèle. Elle apparaît généralement à l'occasion de la cession d'un fonds de commerce : le cédant

22. * CEDH, 29 avr. 1999, *Chassagnou c. France*, *JCP* G 1999.II.10172, n. J. de Malafosse, I 175, n° 3, obs. H. Périnet-Marquet, 2000.I.203, n°s 28 et 32, obs. Fr. Sudre ; *RTD civ.* 2000.360, obs. Th. Revet, 913, obs. J.-P. Marguénaud ; GA CEDH, 7e éd., 2015, n° 69 ; G. Charollois, « Le protecteur de la nature, le droit et le chasseur », *D.* 1999, chron. 389 ; en application de la décision de la CEDH, la loi du 26 juillet 2000 a ultérieurement reconnu le droit d'un propriétaire à s'opposer à la pratique de la chasse sur ses terres, soit à raison de convictions hostiles à la chasse, ce qu'on a appelé « l'opposition éthique » (C. envir., art. L. 422-10, 5°), soit, au contraire, pour les terrains de grande superficie, afin de s'en réserver le monopole (art. L. 422-10, 3°), dispositions qui suscitent un nouveau contentieux mais léger (CE, 25 juin 2012, *JCP* N 2012. 718 : pour pouvoir bénéficier de cette faculté, les terrains en cause doivent être d'un seul tenant).

23. La CEDH, Gde Ch., 4 oct. 2012, *JCP* G 2012.1351, n. H. Surrel a jugé que cette loi était conforme à la Convention EDH. * Cass. civ., 9 janv. 1901, *aff. des mines de Graissessac*, *DP* 1901.I.451, 1re esp. ; *S.* 1901.I.169 : « *Le droit litigieux* [...] *consiste dans la faculté attribuée à la verrerie du Bousquet de prendre dans les mines exploitées actuellement par la compagnie de Graissessac, le charbon nécessaire à son fonctionnement, au prix de 0 fr. 50 les cent kg, ladite faculté étant toutefois restreinte à la consommation de 3 jours ;* [...] *le droit en litige a été établi sans limitation de durée ; il a été créé au profit non de la personne des propriétaires de la verrerie, mais en faveur de l'usine elle-même* ».

24. * Req., 18 avr. 1921, *commune de Sapois*, *S.* 1922.I.76 : « *Par acte du 31 octobre 1846, la commune de Sapois a vendu à l'auteur des établissements Flageolet une scierie de bois, sous la condition de la maintenir en activité pour l'usage et les besoins de ses habitants, bénéficiaires d'un prix de faveur pour les tailles ;* [...] *en contractant, la commune n'a recherché que le profit des habitants et n'a jamais envisagé un profit économique quelconque dont pourraient éventuellement bénéficier les forêts communales ou privées, et les habitations particulières situées sur son territoire ;* [...] *en décidant que ces actes n'ont fait naître qu'une obligation imposée à des personnes au profit de personnes, et non une charge réelle, la cour d'appel s'est fondée sur une interprétation souveraine* ». Jugé que l'obligation prise par la scierie était nulle.

25. Cass. civ. 3e, 13 juin 2012, n° 10-21.788, *Bull. civ.* III, n° 95 ; *JCP* G 2012.1186, n° 9, obs. H. Périnet-Marquet ; v. aussi *supra* n° 360, *Cass. civ. 3e, 28 déc. 2015, ERDF.

s'engage à ne pas faire concurrence au cessionnaire. Elle est licite si elle est justifiée par un intérêt légitime et laisse à son débiteur la possibilité d'exercer une activité professionnelle normale.

Longtemps, la doctrine[26] et la jurisprudence[27] y ont vu une obligation personnelle, qui, si elle avait été perpétuelle, eût été nulle[28] : le véritable bénéficiaire de la clause paraissait être le commerçant, cessionnaire du fonds de commerce et non l'immeuble, ce qui est la condition pour qu'il y ait une servitude valable. Cependant, la jurisprudence évolue. D'abord, elle a admis que l'obligation de non-concurrence pouvait constituer une servitude et être valable même si elle était perpétuelle lorsqu'elle grevait un immeuble en faveur d'un autre immeuble[29]. Elle décide maintenant que cette servitude peut résulter d'une obligation personnelle[30].

Ces dernières décisions ont été rendues à propos de garages, c'est-à-dire d'immeubles aménagés en vue d'une activité déterminée (cuves de carburant, piste, etc.) : la servitude de non-concurrence serait directement profitable au fonds à raison de cet aménagement. Une telle circonstance de fait pourrait donc limiter la portée des arrêts de la Cour de cassation. À défaut d'aménagement spécial du bien, la stipulation de non-concurrence profiterait, conformément à l'analyse classique, au commerçant et non à l'immeuble et ne pourrait donc constituer une servitude.

D. Servitudes collectives

1116. Lotissements. – Ce que l'on a appelé une servitude collective[31] crée des obligations réciproques entre des propriétaires constituant un groupe. Elle est souvent stipulée dans une opération immobilière importante telle qu'un lotissement :

26. M. Picard, *in* Planiol et Ripert, t. III, n° 946.
27. Ex. : Req., 8 juill. 1851, *DP* 1851.I.188 ; *S.* 1851.I.599.
28. * Cass. civ. 3e, 18 mars 1987, *sté Rivière Distribution, Bull. civ.* III, n° 59 ; *D.* 1988, somm. 177, obs. Y. Serra, 3e esp. : « *Après avoir relevé que la clause avait pour objet de protéger l'activité commerciale exercée par M. Mayoux dans un immeuble situé à proximité du terrain vendu, de la concurrence que l'exercice d'un commerce similaire, sur ce terrain, était susceptible de lui apporter, l'arrêt retient à bon droit qu'une telle clause, qui met à la charge de la société Prétabail Sicomi et de ses ayants droit une obligation personnelle dont la durée ne comporte aucune limite, est nulle.* »
29. ** Cass. com., 15 juill. 1987, *épx Brusquand, Bull. civ.* IV, n° 184 ; *D.* 1988.360, n. Chr. Atias et Chr. Mouly ; *D.* 1988, somm. 177, obs. Y. Serra, 4e esp. ; *RDI* 1988.81, obs. J.-L. Bergel : « *L'interdiction faite à l'acquéreur d'un fonds de l'affecter à un usage déterminé peut revêtir le caractère d'une servitude établie par le fait de l'homme, attachée au fonds dans l'intérêt d'un autre fonds et est valable pourvu que ce service n'ait rien de contraire à l'ordre public et une convention restreignant sans limitation de temps l'exercice d'une activité commerciale définie est licite si elle est restreinte à un lieu déterminé.* » En l'espèce, le vendeur d'un immeuble qui comportait un fonds de commerce (de garage) s'était engagé à ce qu'aucun commerce similaire ne s'installerait dans un immeuble contigu qui lui appartenait. La cour d'appel avait annulé cette clause : « *Une telle stipulation qui a pour effet d'interdire définitivement une activité commerciale déterminée dans l'immeuble litigieux est contraire à l'ordre public et illicite comme portant atteinte à la liberté du commerce.* » ; cassation.
30. * Cass. civ. 3e, 4 juill. 2001, *cons. Roux, Bull. civ.* III, n° 94 ; *D.* 2002.433, n. R. Libchaber ; 2513, obs. N. Reboul Maupin ; *JCP* G 2002.I.126, n° 17, obs. H. Périnet-Marquet ; *RTD civ.* 2002.125, obs. Th. Revet ; en l'espèce « *pour le respect de la mémoire de M. Léon Roux* », une clause de la vente d'un terrain interdisait aux commerçants s'installant sur le terrain de fabriquer ou de vendre du pain et de la pâtisserie ; chacune des reventes successives comportait la clause ; mais le dernier acquéreur (le terrain ayant été entre temps construit) mit le bien en location-gérance sans en avoir fait mention ; l'exploitant fabriqua et vendit du pain et de la pâtisserie ; les juges du fond déboutèrent le vendeur initial, car cette clause ne pouvait constituer une servitude, faute de fonds dominant ; cassation : « *L'interdiction faite à l'acquéreur d'un fonds immobilier de l'affecter à un usage déterminé peut revêtir le caractère d'une obligation personnelle* ». Comp. les critiques de J.-Fr. Astruc, « La clause de non-concurrence accessoire au contrat de cession d'un bien immobilier », *D.* 2002.908 et de F. Collard et B. Travely, « Servitude interdisant d'affecter un fonds à un *usage déterminé*. Une figure juridique encore trop méconnue », *JCP* N 2014.1145.
31. **Biblio. :** J.-L. Bergel, *Les servitudes de lotissement à usage d'habitation*, th. Aix, LGDJ 1973, préf. E. Bertrand ; J. Hansenne, *op. cit., infra*, n° 1129 ; v. *supra*, nos 1066 et s.

afin de conférer un caractère harmonieux à l'ensemble des constructions, une clause contractuelle impose aux propriétaires de chaque lotissement l'obligation de respecter un certain style ou de ne pas construire au-delà d'une certaine hauteur (servitude *non altius tollendi*) ou de ne pas construire (servitude *non aedificandi*)[32]. Elle est une charge ou un service qui est imposé ou profite à une collectivité privée et est liée à des immeubles individuellement appropriés. Ainsi, des servitudes de droit privé peuvent-elles parvenir à des résultats comparables à ceux qu'auraient permis des servitudes de droit public, au service de la collectivité.

1117. Servitudes bourgeoises. – Les cas les plus connus sont les clauses de « construction bourgeoise » et d'« habitation ou d'occupation bourgeoise », souvent insérées dans les cahiers des charges établis lors du lotissement d'un terrain. Elles interdisent d'édifier des constructions qui ne seraient pas conformes à un type généralement désigné par le terme de « villa », « maison de campagne et d'agrément » ou d'exercer une profession libérale, commerciale ou industrielle dans des bâtiments lotis.

Elles ont soulevé quatre difficultés : de principe, d'interprétation, de sanction et d'opposabilité.

1118. 1° Difficultés de principe. – Deux sortes de griefs relevant de principes ont été adressées à ce genre de clauses ; jusqu'ici, ils ont été sans conséquences. D'une part, ces clauses figent pour toujours l'usage d'un immeuble, ce qui n'est pas sans inconvénients dans une époque de changements économiques et sociaux ; elles sont en effet dominées par le principe de la fixité des servitudes[33]. On leur a aussi reproché un esprit de classe : elles permettent d'établir des immeubles « bourgeois », dans des quartiers « bourgeois » où il faut être « bourgeois » dans son genre de vie et dans la construction où l'on demeure.

1119. 2° Difficultés d'interprétation. – Qu'est-ce qu'être « bourgeois » ? Le mot recouvre des réalités diverses : se pose donc une difficulté d'interprétation pour distinguer les clauses « d'habitation (ou d'occupation) bourgeoise » et les « clauses de construction bourgeoise ».

La clause d'**habitation ou d'occupation bourgeoise** est en général comprise de manière sévère : les juges décident qu'elle interdit l'exercice de toute profession : libérale, commerciale ou industrielle, même s'il n'y a pas de réception de clientèle ou de manipulation de marchandises susceptibles de troubler la paix des habitants[34]. Il existe davantage de flottements lorsqu'il

---

32. Saint-Alary, *Droit de la construction*, PUF 1977, p. 218 et s. Ex. : l'harmonie de la rue de Rivoli résulte de clauses insérées dans les contrats de vente stipulés au début du XIXe siècle et qui avaient pour objet des terrains appartenant à la ville de Paris. V. aussi *infra*, n° 1151, pour les immeubles donnant sur les jardins du Palais-Royal.

33. *Infra*, n°s 1168 et s.

34. **1)** Pour qu'il y ait servitude et donc transmission de plein droit avec le fonds, il faut qu'elle soit une charge imposée au fonds servant et profite au fonds dominant : Ex. : Cass. civ., 30 juin 1936, *aff. du lotissement Pereire, DP* 1938.I.65, n. A. Besson ; *S.* 1937.I.161, n. H. Vialleton ; *RTD civ.* 1936.883, obs. H. Solus : « [...] *l'arrêt* (attaqué) *déclare que la ville de Paris et Pereire, aussi bien que Pereire et ses sous-acquéreurs, en prohibant en termes absolus, dans l'acte de vente originaire et dans les reventes successives, toute affectation des terrains vendus à un autre usage que l'habitation bourgeoise, ont entendu, par une stipulation aussi généralement faite, non pas engager personnellement les seuls contractants, mais affecter les fonds eux-mêmes d'une servitude réelle, et ce non pas uniquement au profit du domaine public, mais à la charge et au profit de chacun des fonds intéressés vis-à-vis des autres...* » **2)** Sinon, l'obligation est personnelle. Ex. : Cass. civ., 29 mars 1933, cité *infra*, n° 1121 ou lorsque la clause est stipulée dans un bail.

s'agit de la clause de **construction bourgeoise**. Le plus souvent, les tribunaux ont estimé qu'elle interdisait la construction d'immeubles collectifs ou de rapport[35]. Cependant, dans un cas, la Cour de cassation a jugé que cette interprétation dénaturait la clause[36].

1120. 3° Sanction. – Les tribunaux sanctionnent avec rigueur les violations de la clause. Par exemple, en cas d'infraction à la clause d'habitation bourgeoise, ils imposent la fermeture du fonds de commerce ; en cas d'infraction à la clause de construction bourgeoise, ils ordonnent la destruction de l'édifice. Peu importe que la méconnaissance de la clause n'ait pas causé de préjudice à celui qui s'en prévaut, ce qui est précisément le régime du droit réel[37].

1121. 4° Opposabilité : servitude ou obligation personnelle ? – Ces obligations ne sont efficaces que si elles ont une opposabilité absolue, qui suppose réunies deux conditions. D'une part, elles doivent être réciproques : chaque lot doit être à la fois servant et dominant, c'est-à-dire qu'il doit respecter la clause et peut la faire respecter par les autres lots. D'autre part, elles se transmettent avec le fonds lui-même : c'est à quoi répond l'idée de servitude[38].

Parfois, il est jugé, beaucoup plus rarement, que le cahier des charges ne crée pas de véritables servitudes, mais se borne à imposer au propriétaire du fonds loti des obligations personnelles, qui ne se transmettent donc pas avec le fonds[39].

La question de savoir si une clause d'habitation ou de construction bourgeoise établit une servitude ou une obligation personnelle n'est pas toujours facile. Pour certains auteurs, il faut chercher si elle est établie dans l'intérêt du fonds : elle constitue alors une servitude ; ou si elle n'a été contractée que dans le seul intérêt du propriétaire stipulant : il ne s'agit alors que d'une obligation personnelle[40].

---

35. Ex. : * Cass. civ., 30 juin 1964, *aff. du hameau Boileau*, *Bull. civ.* I, n° 353 ; *D.* 1964.589 ; *JCP* G 1965.II.14162 ; *RTD civ.* 1965.153, obs. crit. J.-D. Bredin : « *Cette clause énonce un principe général en se référant à la destination spéciale des maisons du quartier qui sont exclusivement des maisons de campagne et d'agrément ; Lemercier* (le vendeur initial, auteur du lotissement et du cahier des charges) *dont l'idée était de "créer une oasis de paix et de calme " n'a pas craint de rappeler cette prescription à deux reprises différentes ; ramener la stipulation dont s'agit à une simple obligation d'habitation bourgeoise, comme le voudrait la société, serait l'amputer de sa partie essentielle* ».

36. Cass. civ. 3e, 21 mars 1979, *aff. de la tour Cikhara à La Baule*, *Bull. civ.* III, n° 75 : « *Le cahier des charges, loi commune des parties, ne définit pas avec précision la nature des immeubles à construire et n'exclut pas les immeubles collectifs ; l'article* 6 [...] *ne contient aucune limitation de hauteur, ni de dimension pour les immeubles en général* » ; cassation de l'arrêt de la cour d'appel qui avait ordonné la démolition d'une tour construite dans un lotissement, en se fondant sur une prétendue violation du cahier des charges. *Droit civil illustré*, n° 120.

37. *Supra*, n° 368.

38. Ex. : Cass. civ., 12 juin 1934, *DH*, 1934.410 : « *Ces vendeurs ont imposé à tous les acheteurs les conditions d'un cahier des charges préalablement dressé par notaire et qui portait notamment interdiction d'élever sur les parcelles désormais divisées dudit terrain, des constructions de plus d'un étage sur rez-de-chaussée : [...] la cour d'appel a jugé que les vendeurs avaient entendu, d'accord avec tous les acheteurs, constituer sur chacun des lots, une véritable servitude réelle au profit de tous les autres lots* ».

39. Cass. civ., 29 mars 1933, *aff. du lotissement de la Muette*, *DH* 1933.282 ; *S.* 1933.I.206 ; *Gaz. Pal.* 1933.I.42 ; *RTD civ.* 1933.904, obs. H. Solus : « [...] *dans les actes de vente intervenus entre les consorts de Franqueville, d'une part, et les dames Reifemberg et Baconnier, d'autre part, il n'a été stipulé au profit d'un fonds voisin aucune servitude réelle ; si parmi les charges imposées à la dame Baconnier par les vendeurs figure l'interdiction "au besoin à titre de servitude " de ne jamais édifier sur son terrain un immeuble qui ne fût pas à destination d'habitation bourgeoise, cette obligation, à défaut d'être expressément instituée pour l'usage ou l'utilité des héritages voisins, ne saurait conférer à leur propriétaire aucun droit réel et ne constitue qu'un engagement personnel pris envers les vendeurs et que ceux-ci avaient seuls qualité pour faire respecter* ».

40. Marty, Raynaud et Jourdain, n° 140.

Lorsqu'elle est relative à un lotissement, la jurisprudence y voit une servitude si elle a pour objet de faire respecter l'harmonie de l'ensemble immobilier[41].

La découverte de cet intérêt est passablement arbitraire et souvent tout dépend de l'habileté avec laquelle la clause a été rédigée. Au gré de la volonté des parties, une même charge peut être imposée comme une servitude ou comme une obligation personnelle[42]. (*Cf.* la question analogue de la compatibilité de la servitude avec le droit d'obtenir des prestations personnelles[43].)

L'énergie de la servitude tient à ses caractères et à sa nature.

Section II
CARACTÈRES ET NATURE

La servitude est un droit réel immobilier, ce qui lui confère ses sept caractères distinctifs : immobilier, accessoire, normalement perpétuel, indivisible, opposable aux tiers et susceptible d'abandon. Ces caractères expliquent que sa nature soit complexe.

1122. 1º Droit immobilier. – Elle est toujours immobilière : elle ne peut être imposée que sur un immeuble, au profit d'un autre immeuble, parce qu'il n'y a que les immeubles qui soient fixes et donc susceptibles de contiguïté ou de voisinage.

1123. 2º Accessoire d'un fonds. – Elle est toujours l'accessoire du fonds qu'elle intéresse ; elle ne peut en être détachée ni activement ni passivement : l'usufruitier ou le créancier hypothécaire du fonds dominant en profite, l'usufruitier ou le créancier hypothécaire du fonds servant en est tenu ; elle ne peut être vendue ou saisie séparément ; elle suit le fonds entre les mains de ses propriétaires successifs.

Elle ne peut exclure la propriété d'autrui[44].

1124. 3º Droit perpétuel. – Parce qu'elle est un accessoire du fonds, elle doit normalement durer autant que lui. Elle peut être perpétuelle[45], ce qui la distingue des autres démembrements de la propriété, tels que l'usufruit ou le droit d'usage, toujours temporaires. Ce caractère n'est pas essentiel : la convention peut lui attribuer un caractère temporaire[46], et surtout, à la différence du droit de propriété, elle s'éteint par un non-usage trentenaire (art. 706).

41. Cass. civ., 30 juin 1936, *aff. du lotissement Pereire*, cité *supra*, nº 1119 : « [...] *affecter les fonds eux-mêmes d'une servitude réelle à la charge et au profit de chacun des fonds intéressés vis-à-vis des autres* ».

42. H. Vialleton, n. *S.* 1931.I.161, p. 161, *in fine*, et 162 ; A. Besson, n. *D.* 1938.I.65, p. 66, *in fine* et 67.

43. *Supra*, nº 1114.

44. Jurisprudence plusieurs fois réitérée, ex. : Cass. civ. 3e, 24 mai 2000, *Bull. civ.* III, nº 113 ; *D.* 2001.151, n. R. Libchaber ; 27 juin 2001, *Bull. civ.* III, nº 87 ; *JCP* G 2002.I.126, nº 18, obs. H. Périnet-Marquet : « *une servitude ne peut conférer le droit d'empiéter sur la propriété d'autrui* ».

45. Cass. civ., 5 mai 1919, *DP* 1923.I.230 ; *Gaz. Pal.* 1918-19.I.813, va jusqu'à dire : « *La perpétuité étant de l'essence des services fonciers* ».

46. Cass. civ. 3e, 22 mars 1989, *Bull. civ.* III, nº 73 ; *D.* 1990, somm. 90, obs. A. Robert ; *RDI* 1989.447, obs. J.-L. Bergel : « *La stipulation d'une servitude temporaire est licite* ».

1125. 4° Droit indivisible. – Elle est en principe un droit indivisible (art. 700, 709 et 710), qui toujours s'exerce pour le tout et jamais ne disparaît en partie. Ainsi, si le fonds dominant ou le fonds servant est en copropriété, chaque copropriétaire du fonds dominant a un droit entier à la servitude[47]. De même, si l'immeuble dominant est partagé ou divisé, chaque lot du fonds dominant a droit à l'entière servitude[48], à moins que la servitude n'ait une assiette déterminée (ex. : passage). Récemment, la Cour de Cassation a décidé que l'indivisibilité de la servitude n'était pas applicable au morcellement du fonds et qu'il y a donc autant de servitude que de fonds servant[49].

1126. 5° Opposabilité et sanction. – Étant un droit réel, elle est **opposable** aux acquéreurs successifs du fonds servant ; elle suit le fonds en quelque main qu'il se trouve[50] mais elle ne lie que les acquéreurs du fonds servant et non ses locataires. C'est un des caractères qui la distingue le plus nettement de l'obligation personnelle, qui ne lie que ceux qui l'ont voulue et leurs héritiers et ne se transmet pas de plein droit avec la propriété du bien, même si elle est relative à la chose (art. 1199 nouv., 1165 anc.)[51].

Le titre constitutif de la servitude doit-il être publié à la **publicité foncière** pour être opposable aux tiers ? Non, s'il s'agit d'une servitude légale : on ne publie pas la loi à la publicité foncière. Oui, s'il s'agit du règlement conventionnel ou judiciaire en en réglant l'assiette ou l'exercice. Oui aussi, s'il s'agit d'une servitude conventionnelle[52] ; si elle n'a pas été publiée, elle est néanmoins opposable à l'acquéreur qui en a eu connaissance[53]. La servitude est même opposable à l'administration : un permis de construire n'est accordé que « sous réserve des droits des tiers » ; par exemple, une servitude *non aedificandi* le priverait d'effets.

La violation d'une servitude entraîne, comme toute méconnaissance d'un droit réel, une exécution en nature qui permet d'en assurer le respect[54].

1127. 6° Nommées. – Généralement, les servitudes sont nommées (ex. : passage, puisage, pâturage, prise d'eau, évacuation des eaux usées, etc.), qui ont chacune leur régime, un peu

47. Ex. : Cass. civ. 1re, 15 juin 1967, *Bull. civ.* I, n° 220 : jugé que l'acquéreur d'une parcelle faisant partie d'un fonds au profit duquel avait été constituée une servitude de passage en était bénéficiaire.

48. Cass. Ass. plén., 23 mars 2001, *Bull. civ. Ass. plén.*, n° 7 ; *D.* 2002.1109, n. J. Perrouin.

49. Cass. civ. 3e, 8 sept. 2016, n° 15-20.371, *Bull. civ.* III, à paraître ; D. 2016.2387, n. E. Dos-Reis ; *JCP* N 2016, obs. H. Périnet-Marquet ; *JCP* G 2016.2068, obs. H. Périnet-Marquet ; RTD civ. 2016.898, obs. W. Dross.

50. Ex. : Cass. civ. 3e, 10 oct. 1990, *Bull. civ.* III, n° 125 ; *D.* 1991, somm. 311, obs. A. Robert ; *RTD civ.* 1992.599 : « *Le propriétaire d'un fonds peut se prévaloir pour établir l'existence ou la consistance de la servitude dont bénéficie son héritage du titre du fonds servant, même si le titulaire du fonds dominant n'y a pas été partie* » ; en l'espèce, l'acte de vente d'une parcelle (n° 2) stipulait que l'acquéreur bénéficiait d'une servitude de passage sur une parcelle (n° 1) demeurée la propriété du vendeur ; celui-ci vendit cette parcelle ; jugé que le propriétaire actuel de la parcelle n° 2 pouvait opposer sa servitude à l'acquéreur de la parcelle n° 1.

51. Ex. : pour une obligation de non-concurrence : Cass. com., 1er avr. 1997, *Bull. civ.* IV, n° 89 ; *D.* 1998, somm. 111, obs. R. Libchaber, 214, obs. Serra ; *RTD civ.* 1999.659, obs. Fr. Zénati : une « *clause interdisant aux personnes exploitant deux fonds de commerce voisins de se concurrencer entre elles* » n'est opposable à un cessionnaire d'un des deux fonds que si elle avait été insérée dans l'acte de cession et acceptée par le cessionnaire ; v. aussi *supra*, n° 1115.

52. Jurisprudence constante, souvent réitérée, ex. ; * Cass. civ. 3e, 27 oct. 1993, n° 91-19.874 ; *Bull. civ.* III, n° 132 ; *D.* 1994. 165, obs. A. Robert ; *RDI* 1994. 218, obs. J.-L. Bergel et 1995. 143, obs. Ph. Delebecque et Ph. Simler.

53. Jurisprudence constante, souvent réitérée, ex. : Cass. civ., 17 juill. 1918, *DP* 1918.I.71 : le défaut de transcription d'un acte constitutif d'une servitude ne peut être opposé par l'acquéreur de l'immeuble grevé de cette servitude, alors que dans un acte d'acquisition, l'acte constitutif de la servitude avait été reproduit et donc accepté par l'acquéreur.

54. Jurisprudence constante. Ex. : Cass. civ. 3e, 4 oct. 1989, *Bull. civ.* III, n° 183 ; *D.* 1991, somm. 26, obs. A. Robert ; *Defrénois* 1990, art. 34837, n° 102 ; *RTD civ.* 1991.682, obs. Fr. Zénati : « *La démolition est la sanction d'un droit réel transgressé* » ; en l'espèce, des propriétaires avaient édifié une construction en contravention à une servitude *non altius tollendi* ; la cour d'appel « *énonce qu'en pareille situation, le juge a le choix d'ordonner la destruction ou d'allouer des dommages-intérêts* » ; cassation.

de la même manière qu'il existe des contrats spéciaux ayant chacun leur économie, modifiant la théorie générale des obligations[55]. Mais le droit des contrats est beaucoup plus élaboré que ne l'est celui des biens, aussi bien dans ses règles générales que spéciales. Il est d'ailleurs exceptionnel que le statut d'une servitude nommée soit déterminé par la loi, au contraire de ce qui existe pour les contrats.

1128. 7° Abandon. – Comme tout droit réel, elle est susceptible d'abandon. Notamment le propriétaire du fonds servant peut s'en affranchir en déguerpissant (art. 699)[56].

Le déguerpissement est un acte unilatéral, qui n'a pas besoin d'être accepté par le propriétaire du fonds dominant[57]. La jurisprudence décide qu'il est nul si son auteur a commis une faute lourde, qui consiste généralement à ne pas avoir exécuté les obligations (notamment d'entretien) auxquelles le propriétaire du fonds servant était tenu[58].

1129. Nature juridique. – Au fur et à mesure de son histoire, la nature de la servitude est devenue de plus en plus complexe et abstraite. Initialement, on y voyait simplement une qualité du fonds[59] ; puis, un démembrement de la propriété : un élément de la propriété du fonds servant s'en serait détaché afin d'être attribué à la propriété du fonds dominant[60] ; on a ensuite souligné qu'il y avait aussi des relations entre les propriétaires des fonds servant et dominant : des obligations réelles[61] ou des prestations foncières[62]. On y a enfin vu une « *redéfinition du droit de propriété dans une perspective économique* »[63].

Section III
CLASSIFICATIONS

Les servitudes sont nombreuses et diverses ; aussi, est-il utile de les classer pour en déterminer le régime. On peut le faire de diverses manières ; ne seront retenues ici que les deux classifications les plus utiles : d'après leurs modes d'exercice (§ 1) et leurs sources (§ 2).

55. J. Carbonnier, n° 55 : « *Une étude concrète – un droit spécial des servitudes – pourrait avoir plus d'utilité que la théorie générale à laquelle on s'en tient ordinairement* ».

56. Comp. A. Breton, « Théorie générale de la renonciation aux droits réels », *RTD civ.* 1928.261.

57. Req., 11 mai 1908, *DP* 1908.I.365 : « *L'arrêt* (attaqué) *constate [...] que les droits concédés par Lamotte* (le propriétaire du fonds servant) [...] *étaient non des obligations personnelles, mais des servitudes réelles ; il en déduit, à bon droit, que les épx Bauer, ayants cause du sieur Lamotte, conformément à l'article 699, étaient autorisés à abandonner le terrain grevé, alors même qu'ils auraient été tenus de faire les travaux nécessaires à l'usage de la servitude, et que l'abandon de propriété étant un acte purement unilatéral, n'a pas besoin d'être accepté par le propriétaire du fonds dominant et qu'il n'est, par suite, pas nécessaire de solliciter leur consentement* ».

58. Cass. civ. 1re, 1er déc. 1958, *Bull. civ.* I, n° 528 : « *Les juges d'appel qui ont déclaré Jamet* (le propriétaire du fonds servant) *"en état de faute lourde " en raison des désordres qu'il a laissé s'accumuler dans la portion du canal dépendant de son fonds, ont pu déduire de ces constatations qu'elles suffisaient à le priver du droit d'abandon dont il se prévaut* » ; sur cet arrêt, v. aussi *infra*, n° 1151.

59. Dig., L, 16, 86, Celse : « *Ces droits sur les fonds ne sont pas autre chose que leurs qualités : la bonne qualité, le bon état, la bonne proportion* ».

60. Terré et Simler, n° 806.

61. H. Aberkane, *Essai d'une théorie générale de l'obligation* propter rem *en droit positif français*, th. Paris, 1957, p. 115 et s. ; comp. M. de Juglart, *Obligation réelle et servitude en droit français*, th. Bordeaux, 1937, p. 353 et s., qui distingue l'obligation *propter rem* de la servitude.

62. J. Hansenne, *La servitude collective*, th. Liège, M. Nijhoft, La Haye, 1969, nos 58-63 ; spéc., n° 62 : « Obligation foncière, service foncier, obligation réelle *ne sont que l'expression d'une même réalité : celle de l'obligation déterminée liée à la détention de la chose.* »

63. W. Dross, *Droit civil, Les choses*, n° 382.

§ 1. Modes d'exercice

En s'attachant au mode d'exercice de la servitude, on peut distinguer, d'une part, les servitudes continues et discontinues (A) ; d'autre part, les servitudes apparentes et non apparentes (B). Un intérêt pratique important résulte de la combinaison entre ces deux classifications (C).

A. Servitudes continues et discontinues

1130. L'intervention humaine. – La définition que l'article 688 donne des servitudes continues est assez abstraite : celles dont l'usage n'a pas besoin du « *fait actuel de l'homme* », c'est-à-dire qui s'exercent sans qu'il soit nécessaire que le propriétaire du fonds dominant fasse des actes successifs et répétés. Par exemple, une servitude de vue, qui résulte de l'état naturel, ou une servitude d'aqueduc, qui résulte bien d'un travail initial de l'homme, mais l'une et l'autre s'exercent seules, sans l'intervention « actuelle » du propriétaire. Au contraire, la servitude discontinue implique une intervention humaine exercée par le propriétaire du fonds dominant : ainsi en est-il du passage, du pacage ou de l'extraction de matériaux, dont l'exercice suppose un acte positif et actuel du propriétaire. Par conséquent, la continuité ou la discontinuité de la servitude tient à l'inutilité ou à la nécessité d'une intervention de l'homme pour son exercice.

Le critère ne tient pas, malgré ce que les mots pourraient laisser croire, au caractère permanent (pour les servitudes continues)[64] ni intermittent (pour les servitudes discontinues), mais uniquement au fait de l'homme. Il n'est pas facile à appliquer parce que la manière qu'a l'homme de maîtriser la nature peut être plus ou moins importante, selon les choses et les circonstances. Si l'exercice de la servitude implique nécessairement une activité humaine et que la servitude ne peut se renouveler sans son intervention, la servitude est discontinue, même si elle comporte des ouvrages extérieurs et permanents[65]. Au contraire, si l'activité humaine, bien que nécessaire à l'exercice de la servitude, est secondaire, la servitude est continue et ne peut être usucapée[66].

64. Ex., servitude de **vue** : Cass. civ. 1re, 22 févr. 1965, *Bull. civ.* I, n° 146 ; *D.* 1965, somm. 66 : « *Vu les articles 678 et 688 ; aux termes du dernier de ces textes, les servitudes continues sont celles dont l'usage est ou peut être continuel sans avoir besoin du fait actuel de l'homme et telles sont les vues ;* [...] *l'arrêt attaqué a considéré* [...] *que la fenêtre "ouvrante " d'où s'exerce la vue, est garnie de verre cathédrale* [...] *qu'elle n'est pratiquement jamais ouverte et que la vue n'existe qu'au moment de l'ouverture, c'est-à-dire de façon discontinue* (et ne pouvait donc être acquise par prescription) ; *en décidant ainsi, alors qu'il s'agit d'une servitude continue et apparente qui existe du fait même de la présence de l'ouverture donnant sur l'héritage d'autrui et dont la possession subsiste tant qu'il n'y est pas matériellement contredit, la cour d'appel a violé les textes susvisés* » ; cassation. De même, une servitude d'écoulement d'eaux pluviales est continue, bien qu'elle soit intermittente.

65. Ex. : servitude d'**eaux usées** : Cass. civ. 3e, 11 mai 1976, *Bull. civ.* III, n° 198. En l'espèce, M. Bonnet, avait, pour évacuer le trop-plein de ses latrines, utilisé pendant trente ans une canalisation souterraine qui traversait le fonds de ses voisins Lacaze. La cour d'appel avait jugé qu'il l'avait acquise par usucapion puisqu'il s'agissait « *d'une servitude s'exerçant par elle-même de façon continue au moyen d'ouvrages permanents et apparents, encore que son usage intermittent comporte pour son interruption ou sa reprise le fait de l'homme* » ; cassation : « *Fût-elle apparente, cette servitude d'égout d'eaux usées, dont l'exercice exige le fait de l'homme et ne peut se perpétuer sans son intervention renouvelée, avait un caractère discontinu ne permettant pas son acquisition par prescription* ».

66. **1** : servitude de **prise d'eau** : Cass. civ. 3e, 23 juin 1981, *Bull. civ.* III, n° 133 ; *D.* 1983, IR, 19, obs. A. Robert ; *JCP* G 1981.IV.331 ; *RDI* 1982.57, obs. J.-L. Bergel : « *Une servitude n'est discontinue que lorsque c'est dans le fait même de l'homme que réside son exercice, et ne saurait être considérée comme telle celle qui peut s'exercer d'elle-même de façon continue, au moyen d'ouvrages permanents, aménagés à cet effet, encore que l'usage n'en soit qu'intermittent et comporte, pour sa suspension ou sa reprise, l'intervention de l'homme* ». En l'espèce, il s'agissait d'un droit sur l'usage de l'eau d'un étang, qui supposait, d'une part une vanne et un aqueduc (ce n'était pas des « *faits actuels de l'homme* »), d'autre part, l'ouverture intermittente par l'homme d'une bonde, ce qui constituait « un

B. Servitudes apparentes et non apparentes

1131. Ouvrage extérieur. – Les servitudes apparentes sont, comme le dit l'article 689, al. 2, « *celles qui s'annoncent par des ouvrages extérieurs*[67], *tels qu'une porte, une fenêtre, un aqueduc* », ou bien, un chemin tracé, une barrière, une fenêtre. La servitude est ainsi révélée au propriétaire du fonds servant[68]. Au contraire, la servitude non apparente n'a pas de signes extérieurs, par exemple la servitude de ne pas bâtir, « *ou de ne bâtir qu'à une hauteur déterminée* »[69].

L'apparence d'une servitude ne tient donc pas à sa nature, mais à un fait de l'homme. Par exemple, une servitude de passage est apparente si elle se manifeste extérieurement par une porte ou par un chemin tracé[70].

C. Combinaisons

1132. Les quatre espèces de servitudes. – Ces deux classifications peuvent se combiner deux à deux, ce qui donne quatre espèces de servitudes.

1. Les servitudes continues et apparentes, telle que la servitude de vue s'exerçant par une fenêtre. Peuvent être usucapées.

2. Les servitudes discontinues et apparentes, telle que la servitude de passage lorsqu'un chemin est tracé. Ne peuvent être usucapées.

3. Les servitudes continues et non apparentes, telle que la servitude de ne pas bâtir. Ne peuvent être usucapées.

4. Les servitudes discontinues et non apparentes, telle que la servitude de pacage. Ne peuvent être usucapées.

---

fait actuel de l'homme », mais secondaire. La servitude était donc continue et apparente et pouvait, ainsi, être usucapée. **2°** : servitude d'**aqueduc** : Cass. civ. 3e, 29 juin 1983, *Bull. civ.* III, n° 154 ; *D.* 1984, IR, 428, obs. A. Robert. En l'espèce, « *les épx Guyot ont supprimé sur leur fonds un canal à ciel ouvert destiné à l'irrigation d'un immeuble appartenant à Mme Maïssa ; pour débouter Mme Maïssa d'une action en complainte tendant au rétablissement d'une servitude d'aqueduc sur le fonds des épx Guyot, l'arrêt* (attaqué) *retient que Mme Maïssa, qui n'avait pas utilisé l'eau du canal au cours de l'année ayant précédé le trouble, n'avait pas accompli d'actes de possession durant cette période ; en statuant ainsi, alors qu'il s'agit d'une servitude continue et apparente, dont la possession, acquise du fait même de la présence d'ouvrages permettant l'écoulement des eaux, subsiste tant qu'il n'y est pas matériellement contredit, la cour d'appel a violé le texte susvisé* (art. 688) » ; cassation ; sur cet arrêt, v. également *infra*, n° 1175.

67. Il n'est pas toujours facile de savoir quand un ouvrage est extérieur. Comp. deux décisions relatives à des servitudes de puisage et d'aqueduc ; **1°** Cass. civ. 3e, 12 mai 1975, *Bull. civ.* III, n° 164 : « *L'eau était captée au moyen d'un ouvrage en maçonnerie visible et permanent qui, bien que la tuyauterie fût enterrée, suffisait à conférer à la servitude un caractère apparent, et la prise d'eau, ayant été établie au plus tard en 1932, avait une existence plus que trentenaire* » et donc été acquise par usucapion. **2°** Cass. civ. 3e, 21 oct. 1975, *Bull. civ.* III, n° 304 ; en l'espèce, il s'agissait de canalisations souterraines, dont l'entrée sous la terre et la sortie étaient visibles et constituaient des ouvrages apparents. Jugé pourtant que la servitude n'était pas apparente et n'était donc pas susceptible d'être acquise par destination du père de famille.

68. Ex. : Cass. civ. 1re, 20 déc. 1955, *D.* 1956.214 : « *Le jugement, après avoir justement énoncé qu'il n'est pas nécessaire que la servitude, pour être apparente, se révèle ostensiblement à l'attention de tous et qu'il suffit qu'elle se manifeste sans équivoque à celle du propriétaire du fonds servant* » ; en l'espèce, il s'agissait d'une servitude d'aqueduc constituée par un conduit en ciment situé à l'intérieur d'un puisard ; la cour d'appel avait relevé que l'orifice du conduit était visible pour la propriétaire du fonds servant ; rejet du pourvoi. Comp. Cass. civ. 3e, 21 oct. 1975, cité *supra*.

69. Ex. : Cass. civ. 3e, 9 mai 1978, *Bull. civ.* III, n° 199 ; *D.* 1978, IR, 489 : « *La servitude de ne pas bâtir, à quelque distance que ce soit, sur un fonds, constitue une servitude non apparente, qui ne peut résulter que d'un titre établissant formellement à la fois son existence et son étendue.* »

70. Cass. civ., 23 févr. 1948, *JCP* G 1948.IV.62.

1133. Possession et destination du père de famille. – L'intérêt de la combinaison est d'expliquer le régime particulier auquel sont soumises les servitudes du premier groupe (continues et apparentes), qui seules sont susceptibles de possession et qui seules par conséquent peuvent être acquises par prescription (art. 690)[71] et faire l'objet d'une protection possessoire[72]. Seules les servitudes apparentes peuvent être acquises par destination du père de famille[73]. Quant aux autres, seul un titre peut les établir (art. 691), dans les deux sens du terme, acquérir et prouver[74].

§ 2. Sources

1134. Nature, loi et convention. – On peut aussi classer les servitudes d'après leurs sources, c'est-à-dire le titre qui les institue, en distinguant, comme le fait le Code civil (art. 639), les servitudes qui dérivent ou de la situation des lieux, que l'on appelle souvent les servitudes naturelles, ou des obligations imposées par la loi que l'on appelle généralement les servitudes légales, ou des conventions entre les propriétaires, c'est-à-dire les servitudes conventionnelles.

1135. Écoulement des eaux. – Parmi les servitudes naturelles, le Code civil donne une importance particulière à celles qui intéressent l'eau, et plus particulièrement l'écoulement des eaux[75] ; notre droit, à cet égard, a été influencé par le droit romain, droit d'un pays méditerranéen, sec et orageux. Il s'intéresse surtout aux eaux « *qui s'écoulent naturellement sans que la main de l'homme y ait contribué* » (art. 640, al. 1) Il énonce des règles de bon sens, qui rappellent les lois de la nature : le propriétaire du fonds inférieur ne peut rien faire qui empêche l'écoulement des eaux (art. 640, al. 2) ; celui du fonds supérieur ne peut rien faire qui aggrave la servitude (art. 640, al. 3) ; le propriétaire d'un fonds a le droit d'user et de disposer des eaux qui tombent sur lui (la pluie) ou en jaillissent (les sources) (art. 641). Puisqu'elles résultent d'une nécessité naturelle, elles ne peuvent donner lieu à indemnité[76], à la différence des servitudes légales et conventionnelles : l'homme n'est pas responsable de la nature. Aujourd'hui, avec l'intérêt que l'écologie porte à la pollution, l'accent est mis sur les eaux usées[77].

1136. Garantie légale du vendeur d'immeuble. – L'intérêt pratique attaché à la classification des servitudes, naturelles, légales et conventionnelles apparaît surtout à l'égard de la garantie du vendeur d'immeuble où elle se combine avec la distinction des servitudes apparentes et non apparentes. Le vendeur est responsable envers l'acheteur des servitudes non apparentes qu'il n'a pas déclarées (art. 1638)[78] parce que l'acheteur, par définition, les ignorait, mais non des servitudes apparentes, que l'acheteur aurait connues, s'il avait regardé ; on n'achète pas un immeuble les yeux fermés[79]. Le cas échéant, l'acquéreur pourra

71. *Infra*, n° 1153.

72. *Infra*, n°s 1174 à 1175.

73. *Infra*, n° 1164.

74. *Infra*, n° 1152.

75. **Biblio. :** J.-L. Gazzaniga et J.-P. Ourliac, *Le droit de l'eau* ; J. de Malafosse, *Le droit à la nature*, Montchrestien, 1973, p. 229 et s.

76. Ex. : Cass. civ. 3e, 14 déc. 1983, *Bull. civ.* III, n° 264 : « *Les servitudes naturelles ne donnent lieu à aucun règlement entre les propriétaires respectifs des fonds servant et dominant.* » En l'espèce, jugé que n'étaient pas réparables les dommages causés au bâtiment du propriétaire du fonds inférieur par le ruissellement des eaux de pluie ; Cass. civ. 3e, 2 févr. 2000, *Bull. civ.* III, n° 25 ; *JCP* G 2000.I.265, n° 5, obs. H. Périnet-Marquet ; même si l'écoulement excède les inconvénients normaux du voisinage ; v. *supra*, n° 1071.

77. *Supra*, n° 1130, *infra*, n° 1152.

78. Mais ce n'est pas un vice caché : Cass. civ. 3e, 27 févr. 2013, n° 11-28.783 ; *JCP* N 2013.1151, n. E. Meiller : « *une servitude non apparente ne constitue pas un vice caché, mais relève des dispositions de l'art. 1638* ».

79. Ex. : Req., 21 avr. 1874, *DP* 1875.I.183 : « *En droit,* [...] *la garantie dont le vendeur est tenu envers l'acquéreur, à raison des charges non déclarées sur l'objet vendu, cesse toutes les fois que ce*

engager la responsabilité du notaire qui a omis de mentionner l'existence de la servitude[80].

La jurisprudence a longtemps décidé que le vendeur ne devait pas non plus garantir les servitudes légales non déclarées, l'acheteur étant présumé les connaître, puisque nul n'est censé ignorer la loi. Mais la loi est devenue si complexe que seuls les spécialistes la connaissent (au moins, en partie) ; la jurisprudence a, depuis 1954, étendu l'obligation du vendeur.

1137. Charges exceptionnelles ou que ne révèlent pas les lieux. – L'idée générale qui depuis 1954 anime la jurisprudence est la suivante : le vendeur est dispensé de déclarer ou de garantir les servitudes légales lorsque l'acheteur pouvait raisonnablement les connaître ; les servitudes légales que l'acheteur est présumé ignorer sont celles qui sont exceptionnelles ou que l'état des lieux ne révèle pas.

Par exemple, un droit légal de passage pour enclave n'a pas à être déclaré, parce que l'état des lieux le laisse soupçonner[81] : au contraire, le vendeur doit déclarer une servitude *non aedificandi* résultant d'un plan d'urbanisme, parce qu'elle est une charge de propriété que l'état des lieux ne révèle pas[82]. La distinction n'est pas toujours facile à appliquer : une servitude légale *non aedificandi* frappant un terrain situé à proximité d'une autoroute existante paraît révélée par l'état des lieux et, pourtant, la jurisprudence oblige le vendeur à la déclarer, à peine de voir sa garantie engagée[83].

Apparaît ainsi la nature hybride de la servitude légale ; elle n'est pas une vraie servitude puisqu'il n'existe pas de fonds dominant[84] ; mais certaines sont soumises à plusieurs des règles qui constituent le régime juridique des servitudes.

N°s 1138-1149. réservés.

dernier a connu, avant son acquisition, l'existence de ces charges [...] *; en fait, il résulte de l'arrêt attaqué ;* [...] 2) *que l'existence du barrage supérieur, révélée par des travaux apparents et par l'aspect même des terrains arrosés, ne pouvait être ignorée de Pastré* (l'acquéreur) ; [...] *dès lors, c'est à bon droit que les héritiers du vendeur ont été affranchis de toute garantie pour défaut de déclaration de l'existence du barrage supérieur* ».

80. Cass. civ. 1re, 3 janv. 1996, *Bull. civ.* I, n° 7.

81. Cass. civ. 1re, 13 oct. 1963, *Bull. civ.* I, n° 435 ; *D.* 1963.715 : « *Si le vendeur doit informer l'acheteur de l'existence des servitudes occultes, les servitudes légales qui dérivent du régime ordinaire de la propriété, étant réputées connues, n'ont pas à être déclarées* ».

82. Cass. civ. 1re, 13 juill. 1954, *Bull. civ.* I, n° 211 ; *JCP* N 1955.II.8784 : « *Une limitation occulte, non déclarée à la propriétaire d'un immeuble, résultant d'un acte administratif, oblige à garantie le vendeur...* (quand cette limitation résultant de nouveaux alignements fixés par arrêté préfectoral) *n'est pas une conséquence normale de la nature et de la situation de l'immeuble* » ; v. aussi Cass. civ. 1re, 21 févr. 1956, *Bull. civ.* I, n° 87 ; *D.* 1956.285 ; *JCP* G 1956.II.9200, n. H. Blin ; *RTD civ.* 1956.549, obs. J. Carbonnier.

83. Rouen, 3 mars 1970, *D.* 1971.715, n. Ph. Bihr : « *De telles servitudes, qu'il s'agisse du plan d'aménagement ou de la servitude* non aedificandi, *devaient être nécessairement déclarées dans la vente, alors que l'état des lieux ne pouvait permettre à la dame Saint-Arroman d'en soupçonner l'existence* ».

84. *Supra*, n° 1106, et *infra*, n° 1190.

CHAPITRE II

RÉGIME JURIDIQUE DES SERVITUDES

Pour décrire le régime juridique des servitudes, seront successivement étudiés ses modes d'acquisition (Section I), son exercice (Section II) et son extinction (Section III).

SECTION I
MODES D'ACQUISITION

Sans parler des servitudes légales telles que le droit de passage en cas d'enclave[1], les servitudes peuvent être acquises, ou par titre (§ 1) ou par usucapion (§ 2) ou par destination du père de famille (§ 3).

§ 1. TITRE

1150. Un mot à sens multiples. – Le mot titre a en droit plusieurs sens différents. Généralement, il désigne un écrit constatant un acte juridique, qui n'est pourtant pas indispensable lorsqu'il s'agit de servitudes. Dans le droit des servitudes, il est également susceptible de plusieurs sens : ou bien, le fondement de la servitude (la situation des lieux, la loi ou le fait de l'homme) ; à cet égard, il n'y a pas de servitude sans titre. Ou bien, seulement le fait de l'homme, ce qui signifie la convention et, pour les servitudes continues et apparentes, la destination du père de famille (art. 692).

1151. Autonomie de la volonté. – Dans un sens encore plus restreint, le titre est l'acte juridique volontaire[2] (contrat, testament, partage) en vertu duquel a été constituée une servitude.

---

1. *Supra*, n°s 1050 et s.

2. Il faut un acte volontaire. Une décision judiciaire ne suffirait pas, sauf si elle constituait un contrat judiciaire parce qu'elle constaterait un accord des parties. Ex. : Cass. civ. 3e, 8 nov. 1976, *Bull. civ.* III, n° 389 : « *La cour d'appel a pu ainsi considérer que le procès-verbal de conciliation* (établi par le juge d'instance) *constituait un acte qui, par sa nature, était propre à établir le droit de servitude et représentait le titre dont l'examen est nécessaire pour corroborer la possession, et pouvant servir de base à l'action possessoire* ». Un acte administratif ne suffirait pas non plus : Cass. civ. 2e, 9 mai 1956, *Bull. civ.* II, n° 242 : « *Le permis de construire, acte essentiellement administratif, destiné à vérifier si les immeubles dont l'édification est projetée sont conformes aux dispositions législatives et réglementaires relatives aux constructions immobilières, n'a pas pour objet de protéger des intérêts particuliers et ne saurait être considéré comme formant le titre constitutif d'une servitude* ».

Il n'est pas nécessairement écrit[3], il peut être implicite et résulter par exemple de la combinaison de plusieurs actes[4]. Le principe est l'autonomie de la volonté, comme le rappelle l'article 686 : « *Il est permis aux propriétaires d'établir sur leurs propriétés ou en faveur de leurs propriétés telles servitudes que bon leur semble* », avec la limite habituelle de l'ordre public[5] et l'exigence particulière aux servitudes d'un rapport entre deux fonds[6]. Par conséquent, on peut constituer une servitude qui n'entre pas dans un des types expressément prévus par la loi. Ce qui est un moyen d'assouplir la liste des droits réels, pour ceux qui pensent qu'elle est limitative[7].

La Cour de cassation a ajouté une autre restriction à la liberté de constituer des servitudes conventionnelles, en décidant qu'« *une servitude ne peut être constituée par un droit exclusif interdisant au propriétaire du fonds servant toute jouissance de sa propriété* »[8]. La servitude ne peut donc complètement exclure la propriété. Pendant longtemps, il en avait été déduit qu'un empiétement sur le fonds d'autrui ne pouvait être qualifié de servitude[9], mais la jurisprudence admet maintenant la validité d'une servitude de surplomb[10].

1152. Preuve : écrit ; aveu ; témoignage ; titre recognitif. – La preuve des servitudes continues et apparentes résulte du seul état des lieux, qui résulte de l'objet même de la servitude. Celle des servitudes constituées par titre est soumise au droit commun des actes juridiques (art. 1359 et s. nouv., 1341-1348 anc.). C'est-à-dire qu'elle doit être administrée par écrit si la valeur de la servitude excède

3. V. *infra*, n° 1152.

4. Ex. : Cass. civ., 24 févr. 1931, *aff. du jardin du Palais-Royal*, *DP* 1931.I.105, rap. Beudant ; *S.* 1932.I.20, n. Fr. Gény. En l'espèce, Blanchet, propriétaire d'une maison donnant sur le jardin du Palais-Royal (à Paris), prétendait avoir une servitude de prospect et à ce titre obtenir la destruction d'un pavillon construit par l'État dans le jardin ; la cour d'appel le lui avait refusé parce que l'acte de vente « *du 23 juin 1787* (consenti par Louis-Philippe d'Orléans, le futur Philippe-Égalité) *confère à la servitude litigieuse le caractère et l'étendue d'une simple servitude de vue droite, à laquelle aucune atteinte n'est portée en l'espèce* » ; cassation : « *Il résulte de l'acte précité du 23 juin 1787, ainsi que du règlement de police du 3 mai 1782 et des lettres patentes du 13 août 1784, visées par ledit acte que le duc d'Orléans, en transformant à la fin du XVIIIe siècle le jardin du Palais-Royal et les édifices qui l'entourent, a entendu créer un ensemble monumental et assurer la conservation de cet ensemble au moyen de servitudes, soit à la charge, soit au profit des héritages en bordure, ayant pour objet de garantir le maintien tant de l'aspect architectural des édifices que de la perspective ouverte devant les fenêtres des dits édifices* ».

5. À l'égard des servitudes de droit privé, la jurisprudence interprète extensivement l'ordre public. Jugé que des servitudes conventionnelles peuvent licitement être contraires aux exigences de l'environnement : Cass. civ. 1re, 1er déc. 1958, cité *supra*, n° 1128 : « *À tort encore le pourvoi soutient que la servitude consistant à laisser passer des eaux polluées sur un fonds serait nulle comme contraire à la salubrité et à l'ordre public, alors que la loi autorise le propriétaire qui veut assainir des fonds à conduire les eaux à travers les propriétés séparant son terrain d'un cours d'eau* ». Pour l'ordre public et les servitudes administratives, *infra*, n° 1190.

6. *Supra*, n° 1106.

7. *Supra*, n°s 355 et s. Ex. : pour un droit de construction, qualifié de renonciation à la servitude de ne pas construire : Cass. civ. 3e, 6 mai 1980, *Bull. civ.* III, n° 90 ; *Defrénois* 1981, art. 32.608, n° 25, p. 454, obs. J.-L. Aubert : « *En renonçant par la dérogation consentie aux acquéreurs des lots 9 et 10 à la servitude de ne pas construire au-delà de la hauteur fixée au cahier des charges, les lotisseurs leur reconnaissaient le droit réel de construire un immeuble de gabarit différent et une telle disposition doit être obligatoirement publiée, conformément à l'article 28-1 du décret du 4 janvier 1955* ».

8. Cass. civ. 3e, 24 mai 2000, *supra*, n° 1123.

9. *Supra*, n° 450.

10. Cass. civ. 3e, 12 mars 2008, n° 07-10.164, *Bull. civ.* III, n° 47 ; *JCP* G 2008.I.194, n° 15, obs. H. Périnet-Marquet ; II.10161, n. D. Dechenaud ; *Dr. et patr.* juill. 2008, obs. J.-B. Seube ; *RDI* 2008.202, obs. Bergel ; *RTD civ.* 2009.142, obs. crit. Th. Revet ; en l'espèce, la corniche d'un immeuble surplombait le fonds voisin ; jugé que son propriétaire l'avait acquise par prescription ; le pourvoi avait pourtant fait valoir « *qu'une servitude ne peut conférer le droit d'empiéter sur la propriété d'autrui* ». Rejet du pourvoi.

1 500 €, ou par aveu ou par serment. Une « *possession même immémoriale ne suffit pas pour les établir* » (art. 691, al. 2)[11].

Cependant par l'interprétation qu'elle a donnée de deux dispositions légales, relevant du droit commun de la preuve, la jurisprudence a tempéré la rigidité légale. **1°** Par application de l'article 1362 (1347 anc.), elle a admis que le témoignage pouvait être accueilli s'il complétait un commencement de preuve par écrit[12] ; mais, en l'absence de cet écrit, une présomption ne suffit pas à prouver une servitude[13]. **2°** L'article 695 dispose qu'à défaut de titre constitutif, les servitudes qui ne peuvent s'acquérir par prescription ne peuvent être prouvées que par un « *titre récognitif* »[14], c'est-à-dire un titre qui n'établit pas la servitude, mais en reconnaît l'existence[15] ; la jurisprudence décide que le titre récognitif ne peut être constitué par un aveu du propriétaire du fonds servant résultant de son comportement[16] et « *doit faire référence au titre constitutif* »[17]. *Sur l'opposabilité du titre aux tiers*[18].

§ 2. Usucapion

À l'égard des servitudes, le domaine de l'usucapion est étroitement limité par des raisons historiques. La rigueur légale (I) n'a pas empêché les palliatifs jurisprudentiels (II).

I. — Rigueur légale

1153. Continues et apparentes. – Au contraire du droit romain qui admettait ici largement l'usucapion, mais conformément au droit coutumier[19], le Code civil a

11. Par conséquent, pour établir une servitude de passage, je perds mon temps si je me borne à dire : « je suis passé ici pendant plus de trente ans ; laissez-moi passer ».

12. Ex. : pour une servitude de passage : Cass. civ. 1re, 17 juill. 1965, *Bull. civ.* I, n° 483 : « *Il peut être suppléé par témoins ou présomptions à l'insuffisance de l'acte invoqué comme titre d'une servitude lorsqu'il existe un commencement de preuve par écrit* ».

13. Ex. : Cass. civ. 3e, 3 juill. 1969, *Bull. civ.* III, n° 550 ; *Gaz. Pal.* 1969.II.367 : « *Une servitude de passage s'établit soit par titre, soit par témoins lorsqu'il existe un commencement de preuve par écrit* ». En l'espèce, la cour d'appel avait retenu « *que l'existence d'un terrain inculte faisant penser à un passage "constaté par le juge de paix ", constitue "une présomption " qui doit permettre aux épx Barbe de prouver par témoins qu'il s'agit, en l'espèce, d'une servitude de passage* » ; cassation, car la cour d'appel n'avait relevé « *aucun commencement de preuve par écrit* ». *Cf.* aussi Cass. civ. 3e, 4 janv. 1984, *Rev. huissiers just.*, sept. 1984, p. 536 : un constat d'huissier faisant état de traces de roues sur le chemin litigieux ne suffit pas à établir une servitude de passage.

14. **Étymologie** de récognitif : du verbe latin *recognosco, ere* = reconnaître.

15. Ex. : Cass. civ. 3e, 9 déc. 1987, *D.* 1989, somm. 34, obs. A. Robert ; n.p.B. : « *Une servitude de passage a été reconnue de manière explicite dans un contrat de bail passé entre les propriétaires des fonds servant et dominant* ».

16. Cass. civ. 3e, 15 déc. 1993, *Bull. civ.* III, n° 173 ; *D.* 1994, somm. 165, obs. A. Robert ; *JCP* G 1994.IV.491 : *RTD civ.* 1994.647, obs. Fr. Zenati ; cassation pour violation de l'article 695, de l'arrêt qui, pour constater l'existence d'une servitude de passage, retient qu'une telle servitude peut être établie par un titre récognitif émanant du propriétaire du fonds asservi et résulter, en particulier, d'un aveu non équivoque par celui-ci de l'existence de la servitude, se fondant ainsi sur l'aveu d'un droit et non sur l'existence d'un titre récognitif.

17. Cass. civ. 3e, 30 avr. 2003, n° 00-21.710, *Bull. civ.* III, n° 93 ; *D.* 2003.1605 ; *JCP* G 2004.I.125, n° 12, obs. H. Périnet-Marquet : 13 mai 2009, *Bull. civ.* III, n° 108 ; N. Randoux, « Feu le titre recognitif de servitude ? », *JCP* N 2010.1192.

18. *Supra*, n° 1126.

19. Ex. : Coutume de Paris, art. 186 : « *Droit de servitude ne s'acquierd pas par idoyne jouissance quelle qu'elle soit, sans titre...* » Comp. Guyot, Rép. *v° Servitude* : « *La familiarité qui subsiste entre voisins leur fait si souvent tolérer des choses... qu'il n'est pas étonnant que dans un si grand nombre de pays on ait rejeté la prescription des servitudes.* » Au contraire, les coutumes du Midi (Provence)

craint qu'au moyen de la prescription acquisitive ne se reconstituassent trop des servitudes féodales que la nuit du 4 août venait de supprimer. Aussi a-t-il restreint l'usucapion aux servitudes non occultes ou bien déterminées. Les articles 690 et 691 prévoient que seules les servitudes continues et apparentes sont susceptibles d'être usucapées. Les signes extérieurs par lesquels le possesseur exerce sa servitude sont en effet de nature à attirer l'attention du propriétaire, qui est ainsi en mesure de se défendre effectivement[20], ce qui n'est pas le cas des servitudes non apparentes[21].

Ainsi, lorsqu'il n'existe pas de titre, la loi présume que c'est par tolérance qu'un propriétaire laisse s'accomplir sur son fonds des actes qui correspondent à des servitudes discontinues ou non apparentes, par exemple, des actes de passage[22]. Les rapports de bon voisinage sont de cette manière encouragés, puisque le service rendu à un voisin ne se retourne pas contre son auteur.

Les auteurs critiquent la double condition d'apparence et de continuité, imposée pour l'usucapion des servitudes[23].

1154. Applications. – Ainsi, on peut acquérir par prescription une servitude de vue résultant de l'ouverture d'une fenêtre sur le fonds d'autrui, parce qu'il s'agit d'une servitude continue et apparente[24], mais non lorsqu'il s'agit d'un jour, qui n'est pas une servitude apparente[25]. De même, une servitude de passage ne peut être acquise par une prescription trentenaire, même si des signes extérieurs la révèlent (elle est apparente), car elle est discontinue[26]. De même une servitude continue et non apparente, comme l'est la servitude *non ædificandi*, ne peut être

admettaient l'usucapion : la servitude continue par trente ans, la servitude discontinue par possession immémoriale.

20. Ex. : Cass. civ. 3e, 14 mars 1972, *Bull. civ.* III, n° 179 : « *Les actes de prescription* (sic) *sur lesquels peut se fonder l'acquisition d'une servitude de vue par prescription doivent être de nature à éveiller l'attention du propriétaire du fonds et à provoquer au besoin sa contradiction.* » Jugé que « *le fonds des épx More ne bénéficiait pas d'une servitude de vue droite sur celui des épx Mascle, au motif que les propriétaires du fonds servant ne pouvaient se rendre compte de la hauteur du mur séparatif* ». Sur cet arrêt, v. également *supra*, n° 1028.

21. Berlier, « Exposé des motifs de la loi relative aux servitudes ou services fonciers », *Jur. gén.* *v° Servitude*, n° 14, 17 ; Locré, *La législation civile, commerciale et criminelle de la France*, t. VIII, p. 376. « *Dans ce dernier cas, rien n'assure, rien ne peut même faire légalement présumer que le propriétaire voisin ait une suffisante connaissance d'actes souvent équivoques, et dont la preuve est dès lors inadmissible.* »

22. Ex. : Cass. civ. 3e, 30 janv. 1973, *aff. de la chapelle romane Ste Roseline, Bull. civ.* III, n° 88 : « *Le fait de la part des propriétaires et de leurs auteurs d'avoir pendant une longue période laisser passer* [...] *les habitants de la commune des Arcs, les pélerins et les visiteurs sur la petite parcelle de terrain dont ils sont propriétaires qui constitue la voie d'accès à la chapelle et au château, ne peut, à défaut de tout autre élément marquant une intention plus précise de leur part,* [...] *être considérée que comme un acte de tolérance.* » Jugé « *que la possession exercée par la commune des Arcs et l'association diocésaine ne pouvait servir de fondement légal à la possession* ».

23. Ex. : M. Picard, *in* Planiol et Ripert, t. III, n° 956, *in fine* : « *Il aurait bien mieux valu laisser la prescription des servitudes sous l'empire des principes généraux ; leur acquisition eût été possible par cette voie toutes les fois que l'exercice aurait été public et suffisamment fréquent pour constituer une possession continue et le fait de les exercer par tolérance, quand il eût été démontré, en eût empêché à tout jamais la prescription. Du reste, c'est à peu près à ce résultat qu'on en est arrivé, grâce à la jurisprudence* ».

24. Ex. : Cass. civ. 3e, 10 avr. 1975, *Bull. civ.* III, n° 117 : « *l'ouverture pratiquée dans un mur mitoyen, contrairement à la prohibition édictée par l'article 675, est susceptible d'être acquise par prescription lorsqu'elle ne constitue pas un simple jour mais une servitude de vue* ».

25. Cass. civ. 3e, 10 avr. 1975, cité *supra*.

26. Ex. : Cass. civ. 1re, 8 nov. 1961, *Bull. civ.* I, n° 514 : « *S'agissant d'une servitude discontinue* (en l'espèce, un passage et un stationnement), *son mode ne pouvait pas plus que le droit lui-même, faire l'objet d'une prescription acquisitive* ». Dans le même sens, pour une servitude d'écoulement d'eaux usées (discontinue) bien qu'elle se manifestât par des ouvrages apparents : jurisprudence constante, souvent réitérée : ex. : Cass. civ. 3e, 15 févr. 1995, *Bull. civ.* III, n° 54.

usucapée (en outre, elle est fondée sur des actes de pure faculté qui sont, par définition, incompatibles avec la notion de possession[27]).

1155. Possession trentenaire et utile. – Pour qu'il y ait usucapion d'une servitude continue et apparente, il faut, bien entendu, qu'il y ait eu possession, qui doit toujours être trentenaire : il n'existe pas ici d'usucapion abrégée, ce qui révèle la défaveur que le Code civil porte à l'usucapion en la matière[28]. Il faut aussi que la possession soit utile, c'est-à-dire qu'elle ne soit pas viciée. Le vice qui paralyse souvent la prescription est la précarité, lorsque le propriétaire a laissé s'accomplir des actes sur son fonds par simple tolérance[29].

II. — Palliatifs jurisprudentiels

1156. Paradoxe de la protection. – Les motifs anciens de la rigueur légale ont aujourd'hui disparu. L'exclusion de la prescription acquisitive des servitudes non apparentes et surtout des servitudes discontinues est gênante, particulièrement lorsqu'il s'agit de droits de passage dont le titre ne se retrouve pas. La prescription est redevenue une donnée qui s'impose ; qu'à la puissance du temps pour créer ou pour détruire est presque sans limite. Mais la rigueur légale a eu un résultat paradoxal : la protection du propriétaire s'est retournée contre lui.

Puisque les servitudes ne peuvent être acquises par prescription, c'est la propriété du fonds lui-même qu'acquerra le possesseur, par le jeu de l'usucapion (A) ; pendant longtemps, la jurisprudence avait admis que la prohibition de l'usucapion de certaines servitudes pouvait être tournée par des règles de preuve, mais cette jurisprudence est abandonnée (B).

A. Usucapion

1157. Passage et sentier. – L'usucapion, qui ne peut faire acquérir une servitude discontinue ou non apparente, peut néanmoins faire acquérir son mode d'exercice[30] et son assiette, et surtout la propriété du fonds servant[31] à la condition que cette acquisition se manifeste par des actes indépendants du simple exercice de la servitude.

Ainsi, des passages répétés pendant trente ans ne peuvent faire acquérir une servitude de passage, mais peuvent faire acquérir la propriété du terrain comme sentier. On constate ici un

27. *Supra*, n° 556.

28. Ex. : Cass. civ. 3e, 21 mai 1979, *Bull. civ.* III, n° 111 : « *La seule prescription applicable aux servitudes continues et apparentes, telle une servitude de vue, est la prescription trentenaire, ainsi qu'il résulte de l'article 690* ».

29. Ex. : Req., 8 nov. 1909, *aff. du canal du Midi*, *DP* 1911.I.193 ; *S.* 1912.I.521, n. A. Mestre : « *Il résulte de ce qui précède que les exposants ou leurs auteurs n'ont pu, à quelque époque et dans quelque mesure que ce soit, user des eaux qui coulent dans la partie litigieuse du Laudot* (une rivière incorporée au canal du Midi) *qu'à titre de pure tolérance ; la cour d'appel déclare que cette possession aurait eu un caractère essentiellement équivoque...* ». Jugé, en conséquence, « *qu'il n'avait pu être acquis par usucapion aucune servitude de prise d'eau* » dans le Laudot.

30. Ex. : Cass. civ. 1re, 5 janv. 1954, *D.* 1954.184 : « *Tout en reconnaissant que les servitudes discontinues ne peuvent être acquises que par titre et non par prescription, l'arrêt* (attaqué) *a décidé que la possession peut cependant être prise en considération lorsque la servitude résulte de titres formels et qu'il ne s'agit que de fixer les limites de son exercice, la possession constituant alors un moyen non d'acquérir mais d'assurer l'exécution exacte et régulière des conventions qui en sont la cause* ».

31. Ex. : Cass. civ. 3e, 4 oct. 2000, *Bull. civ.* III, n° 159 ; *JCP* G 2001.I.305, n° 3, obs. H. Périnet-Marquet : « *L'existence d'une servitude de passage n'était pas de nature à exclure l'acquisition par prescription du sol du fonds servant* ».

paradoxe : parce que le Code civil a entendu cantonner l'usucapion des servitudes, l'usucapion produit des effets plus puissants en portant sur la propriété du fonds.

B. Preuve

1158. Aveu. – Pendant longtemps, la jurisprudence avait utilisé les règles de preuve afin de tourner la prohibition légale. Elle estimait que le propriétaire qui laissait pendant un temps prolongé un voisin passer sur son fonds avouait l'existence d'une servitude antérieurement constituée par un titre que l'on ne retrouvait plus[32]. Cette jurisprudence est abandonnée[33].

§ 3. Destination du père de famille

1159. Une servitude apparente plus deux parcelles. – Sous le nom vieillot de destination du père de famille que le Code civil a emprunté à l'Ancien droit, les articles 692 à 694 désignent la constitution volontaire d'une servitude par la séparation de deux immeubles réunis d'abord dans une même main ; l'établissement de la servitude s'opère donc en deux temps.

Dans un premier temps, un propriétaire crée entre deux parcelles qui lui appartiennent un état de fait qui eût été une servitude s'il s'était agi de deux immeubles appartenant à deux propriétaires différents : par exemple, une servitude d'aqueduc. Il n'y a pas alors de servitude, laquelle suppose des propriétés distinctes[34].

Dans un deuxième temps, ces deux parcelles sont transmises à des propriétaires distincts, par l'effet, par exemple, d'une vente, d'une donation ou d'un partage d'ascendant. On peut présumer, comme l'implique l'article 692[35], que les intéressés ont eu la volonté de maintenir l'état de fait et de le transformer en servitude ; la loi sous-entend une constitution conventionnelle de servitude dans l'acte qui opère la division de la propriété. Cette servitude entremêle donc deux données, l'une de fait, l'aménagement pratique de deux parcelles, l'autre de droit, la volonté probable de constituer une servitude.

Toutes les servitudes ne sont pas susceptibles d'être établies par la destination du père de famille. Il ne peut s'agir que d'une servitude apparente[36] (art. 692 et 694). Mais la destination du père de famille ne joue pas exactement de la même manière, selon que la servitude est continue ou discontinue. Une fois déterminé le domaine de ce mode d'établissement de la servitude (I), son existence suppose deux conditions : l'une intéresse des données de fait (II), l'autre est relative à une donnée de droit, l'acte juridique volontaire de séparation (III). Elles s'expliquent de la même manière, par la présomption que les intéressés ont entendu établir une servitude.

I. — Domaine d'application

1160. Apparentes et discontinues ? – Pour savoir si la servitude par destination du père de famille peut s'appliquer aux servitudes apparentes et discontinues, deux textes sont, à première vue, contradictoires. L'article 692 semble limiter la constitution de servitude par destination du père de famille aux seules servitudes à la fois continues et apparentes ; au contraire, l'article 694 paraît l'admettre pour toutes les servitudes apparentes, même discontinues.

---

32. Ex. : Cass. civ. 1re, 5 janv. 1954, cité *supra*, note 30.
33. *Supra*, n° 1152.
34. *Supra*, n° 1106.
35. « *La destination du père de famille vaut titre...* »
36. La servitude résulte d'un « *signe apparent* » (art. 694), qui doit exister lors de la division du fonds (Cass. civ. 3e, 10 janv. 1996, *Bull. civ.* III, n° 11). Telle n'est pas la servitude *non altius tollendi* ou *non aedificandi* : Req., 5 août 1862, *DP* 1862.I.539 ; sur la définition du signe apparent, *infra*, n° 1162.

La jurisprudence a concilié ces deux dispositions en s'attachant à la raison d'être de la présomption attachée à la destination du père de famille et en plaçant la question sur le terrain de la preuve. Si l'ouvrage aménagé par le père de famille présente les caractères d'une servitude continue et apparente, la présomption que les intéressés ont voulu la constituer et la maintenir est très forte ; aussi, celui qui l'invoque est dispensé de produire le titre de séparation des deux fonds[37], et c'est l'adversaire qui devra démontrer que le titre écarte la servitude. Si, au contraire, était en jeu une servitude discontinue et apparente, la présomption est moins forte et celui qui l'invoque doit produire l'acte de division afin de démontrer que cet acte ne comporte rien qui écarte la servitude[38].

II. — État de fait

L'état de fait créé par le propriétaire doit manifester l'existence de la servitude lors de la division de la parcelle[39]. Ce qui suppose qu'il ait été l'œuvre du propriétaire (A), qu'il soit matériellement évident (B) et antérieur à la division (C).

A. Propriétaire

1161. Ni locataire, ni indivisaire. – L'état de fait doit avoir été créé ou au moins maintenu par le propriétaire. Ce n'est qu'à cette première condition que l'on peut présumer que les intéressés ont véritablement voulu établir une servitude. Aussi, l'état de fait qui vient du locataire[40] ou d'un fermier ou d'un indivisaire est-il sans effet[41].

B. Matériellement évident

1162. Nécessité d'un signe de la servitude. – Cet état de fait créé par le « *père de famille* » ne résulte pas d'un acte écrit[42], à la différence des servitudes conventionnelles. Le « *père de famille* » doit manifester la servitude par un « *ouvrage extérieur* » (art. 689), un signe, un aménagement suffisamment permanent pour

37. Ex. : Req., 28 mars 1904, *DP* 1905.I.162 ; *S.* 1904.I.317.

38. Ex. : Req., 1er août 1887, *DP* 1888.I.112 ; *S.* 1890.I.479 : « *En droit, celui qui réclame une servitude de passage* (c'est-à-dire une servitude discontinue) *par destination du père de famille, en invoquant l'existence d'un signe apparent doit :* 1) *établir que ce signe est non équivoque et caractéristique de cette servitude ;* 2) *justifier par la production de l'acte ayant fait cesser l'indivision, qu'aucune des clauses dudit acte n'implique contradiction de la servitude revendiquée.* »

39. Ex. : Cass. civ. 1re, 12 févr. 1962, *Bull. civ.* I, n° 93 : « *Les juges du fond ont ainsi souverainement apprécié, au vu de l'aménagement des lieux effectué en 1932 par l'auteur commun des parties, la volonté de celui-ci d'assujettir, de manière définitive et permanente, l'un des fonds ayant fait l'objet de la division, envers l'autre.* »

40. Ex. : Cass. civ. 3e, 26 juin 1979, *aff.* de *l'immeuble Marignan, Bull. civ.* III, n° 141 : « *L'arrêt* (attaqué) *énonce justement que la Foncière des Champs-Élysées, qui n'avait pas la propriété des terrains sur lesquels l'immeuble Marignan a été édifié, n'avait eu sur l'édifice qu'elle avait construit qu'un droit temporaire et qu'ainsi elle n'avait jamais été l'unique propriétaire des divers fonds dominants et servants ; par ce seul motif, la cour d'appel a légalement justifié sa décision d'écarter l'existence d'une servitude par destination du père de famille.* »

41. Cass. civ. 3e, 6 juin 2007, n° 06-15.0441, *Bull. civ.* III, n° 101 ; *D.* 2007.2851, n. Boffa ; *JCP* G 2007.I.197, n° 14, obs. H. Périnet-Marquet ; *Defrénois* 2009.1682, obs. Chr. Atias : « *des propriétaires indivis ne peuvent constituer une servitude par destination du père de famille* ».

42. Cass. civ. 3e, 11 juin 1992, *Bull. civ.* III, n° 201 ; *D.* 1993, somm. 39, obs. A. Robert : cassation pour manque de base légale de l'arrêt de cour d'appel qui pour refuser l'existence d'une servitude par destination du père de famille s'était contenté de constater « *qu'un plan annexé à l'acte de vente ne faisait état d'aucun signe apparent de servitude* ».

révéler l'intention définitive du constituant[43] ; en d'autres termes, la servitude doit être apparente (art. 692)[44] ; sinon, il s'agirait d'actes de tolérance.

Aussi, les servitudes non apparentes ne sont-elles jamais constituées par destination du père de famille parce qu'elles ne comportent pas de signes extérieurs[45]. En outre, le propriétaire doit avoir créé cet état de fait dans l'intérêt du fonds, non dans son intérêt personnel[46].

C. Antérieur à la division

1163. L'aménagement devient une servitude. – Cet aménagement pratiqué entre deux parcelles doit avoir été constitué par le propriétaire (le « père de famille ») avant la division du fonds[47] et subsister à ce moment[48]. C'est seulement alors que ce qui n'était qu'un aménagement pratique et un état de fait devient une servitude par destination du père de famille.

43. Ex. Cass. civ. 3e, 28 mai 2003, *Bull. civ.* III, n° 117 ; *JCP* G 2004.I.125, n° 13, obs. H. Périnet-Marquet ; en l'espèce, l'acquéreur d'un immeuble issu de la division d'un fonds unique dont le vendeur avait conservé une partie, estimait avoir, par destination du père de famille, une servitude de passage et de vue sur le fonds de son voisin-vendeur puisqu'il avait une porte ouvrant sur celui-ci ; la cour d'appel le lui refusa pour le motif que l'acte de vente ne le mentionnait pas ; cassation ; « *une porte existait lors de la vente consentie par l'auteur commun* ».

44. Ex. : une servitude de vue (qui, si elle est constituée par destination du père de famille, n'entraîne d'interdiction de construire qu'à l'intérieur de la distance légale : *supra*, n° 1028) ne peut entraîner aucune interdiction de construire, en général, puisqu'une interdiction de construire est une servitude non apparente : Cass. civ., 29 juin 1921, *DP* 1925.I.31 ; *S.* 1922.I.134 : « *si le juge peut ordonner des mesures pour le maintien d'une servitude de vue créée par destination du père de famille, son pouvoir ne va pas jusqu'à la dénaturer, pour en faire dériver, sans titre conventionnel, une servitude de ne pas bâtir ou de ne pas élever, au préjudice du droit qui appartient au propriétaire du fonds sujet au droit de vue, de bâtir sur ce fonds aux distances déterminées par les articles 678 et 679.* »

45. Ex. : une servitude *non altius tollendi* : Req., 5 août 1862, *DP* 1862.I.539 ; *S.* 1863.I.134 : « *La servitude* non altius tollendi *ne peut résulter que d'une convention et une servitude de cette nature n'est pas apparente ; la destination du père de famille ne vaut titre, aux termes de l'article 692 qu'à l'égard des servitudes continues et apparentes, et c'est, dès lors, à bon droit, que l'arrêt attaqué a refusé de reconnaître, en faveur des demandeurs, la servitude par eux prétendue* ».

46. Ex. : Cass. civ. 3e, 25 janv. 1972, *Bull. civ.* III, n° 55 : « *La cour d'appel, ayant relevé "que le fait que Garreau, propriétaire originaire des deux fonds contigus, ait établi une porte de communication dans le mur existant, uniquement dans son intérêt personnel pour bénéficier d'une libre communication entre eux, suivant ses convenances, ne permet pas d'en déduire qu'il a ainsi créé, pendant que les fonds étaient entre ses mains, un état de choses permanent constitutif d'une servitude ", a ainsi légalement justifié sa décision* », de ne pas reconnaître l'existence d'une servitude par destination du père de famille.

47. Ex. : Cass. civ. 1re, 12 févr. 1962, *Bull. civ.* I, n° 93 : « *Les juges du fond ont ainsi souverainement apprécié, au vu de l'aménagement des lieux effectué en 1932 par l'auteur commun des parties, la volonté de celui-ci d'assujettir, de manière définitive et permanente, l'un des fonds ayant fait l'objet de la division, envers l'autre.* » En l'espèce, le propriétaire de deux parcelles avait créé sur l'une d'elles un passage et une vue au profit de l'autre ; les juges du fond ont établi qu'il n'avait pas fait une convention provisoire entre deux locataires, mais avait, au contraire, procédé à « *un aménagement des lieux permanent et définitif* ».

48. Cass. civ. 3e, 19 nov. 1986, *Bull. civ.* III, n° 164 ; *D.* 1988, somm. 16, obs. A. Robert, 2e esp. : « *La destination du père de famille ne pouvait être invoquée comme titre d'établissement d'une servitude que si l'état des lieux d'où résulterait la servitude subsistait encore lors de la division des fonds.* » En l'espèce, le propriétaire commun des deux parcelles avait fait une ouverture dans le mur les séparant ; lors de la division des parcelles (résultant d'un « acte de division », probablement des ventes), cette ouverture avait été bouchée ; jugé qu'il n'y avait pas de servitude par destination du père de famille.

III. — Acte de séparation

1164. Une présomption qui n'est pas contredite. – Il faut ensuite que les fonds soient divisés et que la volonté d'établir une servitude ne soit pas contredite par l'acte juridique de séparation ; sinon, la présomption de volonté d'établir une servitude tomberait (art. 694). Il serait ainsi démontré que les aménagements effectués par le père de famille n'étaient dans son intention que provisoires[49].

La servitude est présumée si l'acte de division reste silencieux[50]. Au contraire, la volonté de faire disparaître l'aménagement antérieur et d'empêcher la servitude doit être certaine, sans pour autant être expresse[51].

SECTION II
EXERCICE

L'exercice des servitudes est commandé par deux principes : leur étendue dépend du titre (§ 1) et de la fixité des servitudes (§ 2). Il est garanti par une protection judiciaire (§ 3).

§ 1. ÉTENDUE

1165. Interprétation. – Le propriétaire du fonds dominant peut librement user de la servitude. C'est le titre de la servitude qui en détermine la portée (« *l'usage et l'étendue* », dit l'art. 686, al. 2). Lorsqu'il s'agit d'une convention, elle doit être interprétée lorsqu'elle est obscure. Ainsi, une servitude de vue a-t-elle généralement pour conséquence une double interdiction de bâtir et de laisser stationner des véhicules de manière prolongée, afin d'empêcher que des bâtiments et des automobiles ne coupent la vue[52].

On dit parfois qu'en matière de servitude l'interprétation restrictive s'impose et que tout est de droit étroit, parce que la servitude constitue une atteinte à la propriété d'autrui. En réalité, ce sont

49. Ex. : Cass. civ. 1re, 3 févr. 1964, *Bull. civ.* I, n° 64 : en l'espèce, « *dans l'acte séparatif des fonds,* [...] *il avait été convenu que "les ouvertures permettant l'accès " entre les deux immeubles ne seraient maintenues qu'à titre temporaire* ». Les juges du fond ont souverainement retenu que cette clause s'opposait à la servitude par destination du père de famille.

50. Ex. : Cass. civ. 3e, 14 mars 1977, *Bull. civ.* III, n° 135 : la cour d'appel avait décidé qu'il n'y avait pas de servitude de père de famille, bien que ses conditions fûssent réunies (il s'agissait d'une servitude de passage) parce que l'acte de division (en l'espèce, une donation-partage) n'en faisait pas mention et « *si les parties avaient entendu établir des servitudes, elles auraient pris soin de les préciser dans l'acte* » ; cassation : « *L'existence d'une servitude par destination du père de famille, lorsqu'il existe des signes apparents de servitude, ne peut être écartée que par des dispositions contraires de l'acte de division [...] ; il résulte des propres constatations de l'arrêt* (attaqué) *que l'acte de division n'avait rien prévu relativement à la servitude, la cour d'appel a violé le texte susvisé* » (art. 694).

51. Ex. : Cass. civ. 3e, 4 mai 1988, *D.* 1989.446, n. G.-M. Fauré ; n.p.B. : « *Ayant souverainement retenu que l'acte de vente de la parcelle voisine de celle des épx Rorato contient manifestement des dispositions contraires au maintien de la vue dont disposait la terrasse avant la vente consécutive à la division, la cour d'appel a* [...] *justement écarté l'existence d'une servitude de vue par destination du père de famille* ».

52. Ex. : Cass. civ. 3e, 3 juill. 1973, *Bull. civ.* III, n° 458 : « *Le propriétaire d'un fonds dominant, bénéficiaire d'une servitude, est en droit d'obtenir la démolition du mur édifié en deçà de la distance légale par rapport aux fenêtres par lesquelles s'exerce la servitude, pour maintenir, en faveur de son héritage, la plénitude du droit réel qui s'y rattache* ».

les règles générales gouvernant l'interprétation des conventions et de la loi qui s'appliquent ici, essentiellement la recherche de la commune intention des parties et de l'objet de la servitude[53].

Lorsque le titre est une prescription acquisitive, c'est la possession qui en mesure l'étendue.

1166. Accessoires, aménagements. – La servitude peut produire des conséquences accessoires en conférant des droits annexes (art. 696)[54] et, surtout, imposant des obligations (art. 697-698). Par exemple, l'exercice d'une servitude de passage peut obliger à installer, empierrer et entretenir un chemin ou édifier[55] ou détruire[56] une murette ; une servitude d'aqueduc peut obliger à creuser un canal ou à poser des tuyaux, etc. Si aucune convention n'a été conclue sur ce point, les différents travaux sont à la charge du propriétaire du fonds dominant (art. 698), parce qu'il profite de la servitude[57] : *ubi emolumentum ibi onus* (là où est le profit doit se trouver la charge). Une convention particulière peut les mettre à la charge du propriétaire du fonds servant. Cette obligation personnelle peut avoir pour objet l'installation des ouvrages, ou leur entretien, ou l'un et l'autre ; elle n'est pas prohibée par l'article 666 qui interdit d'imposer des services à la personne, parce qu'elle est l'accessoire de la servitude[58].

1167. Obligation réelle. – Les obligations résultant d'une servitude sont des obligations réelles, c'est-à-dire que le débiteur en est tenu *propter rem*[59] : celui qui les doit est le propriétaire actuel du fonds servant, même s'il est acquéreur à titre particulier, alors que normalement l'acquéreur à titre particulier n'est pas tenu des obligations que son auteur avait contractées, même à l'occasion de la chose aliénée, par application de la relativité des conventions[60]. Par conséquent aussi, il peut s'affranchir de ces obligations en déguerpissant, c'est-à-dire en abandonnant la propriété sur laquelle s'exerce la servitude.

---

53. Ex. : Cass. civ., 5 nov. 1856, *DP* 1856.I.392 : « *Les actes constitutifs des servitudes sont comme tous les autres actes soumis à cette règle générale : qu'on doit, dans les conventions, rechercher quelle a été la commune intention des parties, plutôt que de s'attacher au sens littéral des termes* ».

54. Ex. : Cass. civ. 3e, 15 févr. 1972, *aff. de la sonnette*, *Bull. civ.* III, n° 104 : « *Les juges d'appel* [...] *relèvent* [...] *que la servitude créée par l'acte du 14 juin 1972* (une servitude de passage) *est destinée à servir un immeuble à usage d'habitation situé en ville* [...] *que l'existence de plaques souligne le nom de la villa* ("Le cottage") *et de ses occupants et que l'existence d'une boîte aux lettres et d'une sonnette sont des accessoires indispensables à la servitude de passage...* ». Plaider devant la Cour de cassation pour une boîte aux lettres et une sonnette ! Les rapports de voisinage sont souvent difficiles.

55. Ex. : Cass. civ. 3e, 20 déc. 1971, *Bull. civ.* III, n° 651 : « *Les premiers juges ont dit que la murette qui devait être construite... dans la cour* [...] *devait être percée d'une porte, dont ce dernier aurait seul la clef, ce qui lui permettrait d'exercer son droit de passage...* ».

56. Cass. civ. 3e, 12 mars 2014, n° 12-28.152 ; *JCP* G 2014.467, n° 15, obs. H. Périnet-Marquet ; *JCP* N 2014.1187, n° 15, mêmes obs.

57. Et non, sauf convention contraire, le propriétaire du fonds servant : Cass. civ. 3e, 5 déc. 1972, *Bull. civ.* III, n° 658 : « *Le propriétaire, dont le fonds est grevé d'une servitude de passage, n'est pas tenu d'améliorer ou d'entretenir l'assiette de la servitude mais seulement d'observer une attitude purement passive, en ne faisant rien qui tende à diminuer l'usage de la servitude ou à la rendre plus incommode ; ce propriétaire ne peut dès lors être condamné à réparation qu'en cas d'infraction à cette obligation de ne pas faire* ».

58. *Supra*, n° 1114.

59. *Supra*, n° 378.

60. Cass. civ. 3e, 16 nov. 1988, cité *supra*, n° 1126.

§ 2. Fixité

1168. Fixité et évolution. – Pour deux raisons plus pressantes encore que celles qui empêchent la révision judiciaire des contrats pour cause d'imprévision[61], la loi impose une fixité aux servitudes : parce qu'elles sont perpétuelles et parce qu'elles portent atteinte à la liberté de la propriété. Aussi l'article 701, al. 1, interdit-il au propriétaire du fonds servant de ne « *rien faire qui tende à en diminuer l'usage ou à le rendre plus incommode* » ; l'article 702 interdit au propriétaire du fonds dominant, s'il n'a pas l'accord du propriétaire du fonds servant, de modifier la servitude et, surtout, d'aggraver la situation du fonds servant. La règle se justifie aisément, mais est devenue plus gênante que ne l'était l'ancienne la condamnation de la théorie de l'imprévision. Beaucoup de servitudes ont été constituées il y a très longtemps, souvent même sous l'Ancien Régime, au XIVe ou au XVIe siècle ; depuis cette époque, les circonstances économiques ont pu profondément changer, notamment dans l'agriculture.

Un auteur a proposé de renverser les analyses traditionnelles et estimé que la jurisprudence aurait posé un principe de la « mutabilité raisonnable » des servitudes[62].

La rigueur légale (I) est aménagée par la jurisprudence qui assouplit soit la notion d'aggravation de la servitude, soit la sanction de l'atteinte à la fixité (II). Cette dialectique entre la rigueur légale et la souplesse jurisprudentielle donne lieu à de nombreuses et délicates difficultés. Il s'agit de savoir si le « changement » de la servitude s'avère conforme à son titre.

I. — Rigueur légale

1169. Principe : pas de changement. – Il est interdit au propriétaire du fonds dominant, sans l'accord du propriétaire du fonds servant, d'aggraver la servitude ou d'en changer la nature[63], le mode d'usage et a *fortiori* l'emplacement. Ainsi,

61. **Condamnation de l'imprévision.** Le juge ne peut modifier les stipulations d'un contrat pour le motif que son exécution devient plus onéreuse pour les parties que lorsqu'elles l'avaient conclu. Par exemple, il avait été stipulé au XVIe siècle qu'une redevance de trois sols devait être payée pour l'entretien d'un canal d'irrigation ; cette convention demeure obligatoire, et le juge ne peut la réviser bien qu'elle soit devenue déséquilibrée : Cass. civ., 6 mars 1876, *aff. du canal de Craponne, DP* 1876.I.193. La réforme du droit des obligations (O., 10 févr. 2016 ; C. civ., art 1195 nouv.) a condamné cette règle et admis une prise en compte de l'imprécision avec un pourvoi ultime de révision par les juges : in *Droit des obligations*, coll. Droit civil.

62. Chr. Atias, « La mutabilité des servitudes conventionnelles », *RTD civ.* 1979.245-275 ; l'auteur s'oppose au « prétendu principe » de la fixité des servitudes : la « *mutabilité des servitudes, dans la limite des besoins suscités par l'exploitation normale des fonds, voilà le principe que consacre notre droit positif* » (n° 63).

63. Cass. civ. 1re, 29 févr. 1960, *Bull. civ.* I, n° 133 : « *Le propriétaire du fonds dominant est tenu de n'user de la servitude que pour les besoins en vue desquels elle a été conventionnellement établie et de s'abstenir de tout changement de nature à transformer le caractère juridique du droit litigieux, notamment en substituant une servitude continue à une servitude discontinue* ». En l'espèce, le propriétaire d'une servitude de passage « *pour gens, charrettes et bêtes* » avait construit sous le fonds servant une canalisation d'adduction d'eau. Les juges du fond avaient refusé d'en ordonner la destruction ; cassation : « *En se fondant ainsi exclusivement sur un prétendu défaut d'aggravation de la situation du fonds servant, alors que les travaux effectués entraînaient la transformation d'une servitude discontinue de passage en une servitude continue de conduite d'eau, le tribunal a violé le texte ci-dessus visé* » (art. 702).

est-il interdit, en principe, de déplacer l'assiette du passage en situant la voie d'accès au fonds dominant sur un autre endroit du fonds servant[64].

1170. Exception : le changement avantageux. – Cette dernière règle comporte une importante exception, qui révèle le particularisme des servitudes (art. 701, al. 3). Le propriétaire du fonds servant, et lui seul, peut, unilatéralement[65], imposer un autre endroit au bénéficiaire de la servitude pour qu'il exerce ses droits si deux conditions sont réunies[66] : la servitude est devenue « *plus onéreuse* » ou l'empêche d'effectuer « *des réparations avantageuses* »[67] et le nouvel endroit est « *aussi commode pour l'exercice de ses droits* »[68]. C'est surtout à l'égard de la servitude de passage que cette faculté est utilisée[69]. Cette possibilité de changer unilatéralement une servitude même conventionnelle est singulière dans notre droit, où une convention ne peut être modifiée que du « *consentement mutuel* » des parties (art. 1193 nouv., 1134, al. 2 anc.). Elle est en harmonie, en revanche, avec l'esprit des servitudes : la meilleure utilisation de la propriété.

II. — Assouplissements jurisprudentiels

La jurisprudence a assoupli la rigoureuse fixité qu'impose la loi, soit en interprétant le titre constituant la servitude (A), soit en nuançant sa sanction (B).

A. Interprétation

1171. Changements compatibles avec le titre. – La jurisprudence admet les changements compatibles avec l'interprétation du titre.

La question s'est surtout posée pour la servitude de passage, afin de l'adapter aux progrès techniques[70]. La jurisprudence a admis qu'une servitude de passage... *à voitures attelées...*

64. Cass. civ. 3e, 21 janv. 1947, cité *supra*, n° 1154 ; pour une servitude d'égout : Cass. civ. 3e, 26 avr. 1979, *Bull. civ.* III, n° 89.

65. Ex. : Cass. civ. 3e, 18 mars 1987, *Bull. civ.* III, n° 57 ; *JCP* G 1988.II.21127, n. A. Benet ; *RDI* 1987.433, obs. J.-L. Bergel. En l'espèce, la cour d'appel avait jugé que la modification prévue par l'article 701, al. 3, supposait l'accord entre le propriétaire du fonds dominant et celui du fonds servant, sans doute parce qu'il s'agissait d'une servitude de passage à cause d'enclave acquise par prescription ; cassation : « *Les dispositions de l'article 701, al. 3, de portée générale, n'exigent pas un tel accord* ».

66. Ces deux conditions sont cumulatives. Ex. : Cass. civ. 3e, 24 mars 1982, *Bull. civ.* III, n° 83 ; *RDI* 1984.34, obs. J.-L. Bergel : « *La cour d'appel qui retient souverainement [...] que le nouveau passage proposé présenterait une largeur moindre et une pente plus raide que le passage actuel et serait "plus difficile" a, par ce seul motif, justifié sa décision, sans avoir à rechercher si le passage actuel était ou non devenu plus onéreux pour le propriétaire du fonds assujetti* ».

67. La jurisprudence comprend extensivement ces termes : ainsi, le propriétaire du fonds servant peut modifier l'assiette d'une servitude de passage uniquement afin d'améliorer sa propre situation à condition de ne pas causer de préjudice au bénéficiaire de la servitude. Ex. : Req., 31 oct. 1904, *aff. de l'hôtel du parc impérial de Nice*, *DP* 1908.I.516 : « *L'article 701 déclare en termes généraux et sans faire de distinction, que si l'assignation primitive donnée à la servitude est devenue plus onéreuse pour le propriétaire du fonds assujetti, ou si elle empêche de faire des réparations avantageuses, ledit propriétaire peut offrir à celui du fonds dominant un endroit aussi commode pour l'exercice de ses droits, que celui-ci ne peut refuser* ».

68. Ex. : d'un cas où le juge a refusé la modification du tracé d'une servitude de passage : Cass. civ. 3e, 24 mars 1982, *Bull. civ.* III, n° 83 : le nouveau passage proposé « *serait "plus difficile"* ».

69. Ce texte permet aussi le déplacement du passage en cas d'enclave (servitude légale), même lorsque l'assiette et l'exercice de celui-ci ont été acquis par usucapion trentenaire : Cass. civ. 3e, 10 mars 1993, cité *supra*, n° 1062.

70. Ex. : Cass. civ. 3e, 4 févr. 1987, *Bull. civ.* III, n° 21 : « *L'arrêt* (attaqué) *retient exactement que le passage sur le fonds de M. Lalmant étant devenu insuffisant du fait des progrès techniques réalisés dans les modes de transport, les épx Laizeau sont en droit d'en obtenir l'élargissement pour la desserte de leur exploitation industrielle* ». En l'espèce, la cour d'appel avait « *décidé que la largeur de la servitude de passage [...] devait être portée de trois à six mètres* » ; rejet du pourvoi.

comprenait l'usage d'un tracteur[71]... et n'était pas modifiée par l'agrandissement de l'immeuble[72]. (*Cf. aussi pour l'usage des jours*[73].) Dans tous ces cas, les tribunaux estiment qu'il n'y a ni changement ni aggravation de la servitude.

Cette adaptation de la servitude conventionnelle de passage aux besoins de l'exploitation reste cependant plus limitée que ne l'est celle du droit légal de passage en cas d'enclave[74], car elle doit être conforme à la convention ; les ressources de l'interprétation ne sont pas illimitées. Ainsi, une servitude conventionnelle de passage ne permet pas, sauf stipulations particulières, la pose de canalisations[75]. En outre, l'adaptation d'une servitude ne permet jamais un changement de son assiette, sans l'accord du propriétaire du fonds servant[76]. Dans la pratique, cependant, la souplesse du droit légal de passage en cas d'enclave permet beaucoup de pressions : « Si vous ne m'accordez pas le changement de ma servitude conventionnelle, j'exigerai mon droit légal fondé sur l'enclave ».

B. Sanctions

1172. Remise en l'état et dommages-intérêts. – Quand il y a une atteinte à la fixité des servitudes, la Cour de cassation décide que la servitude ne s'éteint pas[77], elle admet que les tribunaux ne sont pas obligés de prescrire le rétablissement des

71. Ex. : * Cass. civ. 1re, 17 nov. 1953, *Devillard, D.* 1954.660 ; *S.* 1954.I.126 ; *JCP* G 1954.II.7952, n. E. Becqué ; *Gaz. Pal.* 1954.I.107 : « *l'arrêt ne pouvait prétendre que l'usage d'un tracteur mécanique constituait une aggravation de la servitude en faisant état de la dimension considérable que peuvent atteindre certains de ces engins et leurs remorques ainsi que des dommages qui résulteraient du défaut de bandages pneumatiques, des bruits, des fumées qu'ils dégagent et des risques d'incendies ; en ne retenant ainsi que des éléments sans rapports nécessaires avec l'usage d'engins évitant de tels inconvénients, et sans préciser si le tracteur mis en service les présentait à un point qui aurait rendu sensible la prétendue aggravation, l'arrêt attaqué se fonde sur des motifs hypothétiques* » ; cassation. *Droit civil illustré*, n° 121.

72. Cass. civ. 1re, 12 nov. 1963, *Bull. civ.* I, n° 490. En l'espèce, une servitude de passage avait été constituée en 1926 ; elle permettait l'accès à un jardin ; en 1955, sur le terrain qui constituait ce jardin furent construits « *deux hôtels, dont les clients empruntent pour rejoindre la voie publique le chemin établi par Latapie* (le propriétaire initial du fonds servant) ; *les filles de ce dernier ayant prétendu leur interdire cette utilisation du passage qui constituerait, d'après elles, une aggravation de la servitude originaire, l'arrêt infirmatif attaqué les a déboutées de leur action.* » Sur le pourvoi des filles, la Cour de cassation répond « *les juges du fait retiennent que l'acte constitutif n'indique aucune limitation du passage en raison d'une destination particulière du fonds dominant qui devait être maintenue* » ; rejet du pourvoi. Il en eût été autrement si le changement de la servitude n'avait pas été conforme au titre : Ex. : Cass. civ. 1re, 1er févr. 1965, *Bull. civ.* I, n° 87 : « *Les juges du fait ont, à juste titre, fait application de l'article 702, dès lors qu'ils constataient que le propriétaire du fonds dominant n'usait plus de la servitude suivant son titre* ». En l'espèce, dans l'acte constitutif, le fonds dominant était un petit bâtiment enclavé ; à la date de travaux faits par son propriétaire, ce bâtiment a formé un tout avec la construction en façade sur la rue ; jugé que la servitude de passage était éteinte parce qu'elle avait été aggravée.

73. *Supra*, n° 1027.

74. *Supra*, nos 1055 et s.

75. Jurisprudence constante ; ex. : Cass. civ. 3e, 8 avr. 2010, n° 09-65.261 ; *Bull. civ.* III, n° 80 ; *D.* 2010. 2195, obs. N. Reboul-Maupin ; *Dr. et patr.* janv. 2011.77, n. J. B. Seube : « *une servitude de passage ne confère le droit de faire passer des canalisations dans le sous-sol de l'assiette de la servitude que si le ttire instituant cette servitude le prévoit* ». ; il en est autrement de la servitude légale de passage en cas d'enclave : Cass. civ., 22 nov. 1937, *DP* 1938.I.62, n. P. Voirin : « *Vu l'article 682 ; le droit de passage visé par ce texte doit s'entendre en ce sens que les mots "sur les fonds de ses voisins" ne visent pas seulement la surface du sol, mais peuvent aller jusqu'à comprendre "le dessous", afin d'assurer les communications strictement nécessaires à l'utilisation normale du fonds enclavé ; il s'applique ainsi aux canalisations souterraines indispensables à cet effet.* »

76. Cass. civ. 3e, 26 avr. 1979, *Bull. civ.* III, n° 89 ; *D.* 1979, IR, 488 ; *Rev. loyers* 1979.347 : « *Un changement dans l'assiette d'une servitude affecte la servitude et non seulement son exercice ; en conséquence, le propriétaire du fonds dominant ne saurait y procéder sans autorisation du propriétaire assujetti, ni justifier un tel changement en alléguant l'absence d'aggravation* ».

77. Cass. civ. 3e, 7 nov. 1990, *Bull. civ.* III, n° 227 ; *D.* 1991, somm. 313, obs. crit. A. Robert : « *L'aggravation de la condition du fonds servant n'est pas une cause d'extinction de la servitude* ».

choses en l'état : ils peuvent mesurer la sanction aux circonstances et se borner à une allocation de dommages-intérêts. Solution souple qui contraste avec la rigueur de la sanction de l'empiètement[78] et des autres atteintes aux droits réels.

Ce qui paraît l'emporter est la considération du préjudice, même lorsqu'il y a changement dans les éléments de la servitude ; on en arrive presque à l'idée que l'aggravation de la servitude peut ne pas être interdite, mais être permise moyennant indemnité.

§ 3. Protection judiciaire

La servitude comporte les modes classiques de protection des droits réels : une protection au fond du droit au moyen d'une action pétitoire (I) et une protection possessoire (II).

I. — Action pétitoire

1173. Négatoire ; confessoire ; dommages-intérêts. – **1°** Le propriétaire du fonds servant peut contester l'existence de la servitude au moyen d'une action **négatoire**[79]. **2°** À l'inverse, le propriétaire du fonds dominant peut demander à faire reconnaître l'existence de la servitude au moyen d'une action **confessoire** ; par exemple, le titulaire d'une servitude *non aedificandi* (ne pas bâtir) ou *non altius tollendi* (ne pas bâtir au-delà d'une certaine hauteur) peut, sans avoir à justifier d'un préjudice (ce que justifie l'opposabilité absolue du droit réel[80]), obtenir la démolition du bâtiment qui porte atteinte à son droit, même si la contravention à la servitude est légère[81] ; le juge ne pourrait substituer à cette démolition une condamnation à des dommages-intérêts[82].

3° Toutefois, s'il y a simplement eu aggravation de la servitude sans violation de son titre, le juge peut, s'il l'estime opportun, n'accorder que des **dommages-intérêts**[83].

---

78. *Supra*, n° 449.

79. L'action négatoire n'est recevable que si le défendeur avait prétendu exercer une servitude. Ex. : Cass. civ., 23 juin 1890, *DP* 1890.I.289 ; *S.* 1893.I.519. En l'espèce, les consorts Milhaud avaient déclaré qu'ils ne s'opposaient pas à la surélévation de leur immeuble par Roux, mais que cet immeuble était grevé d'une servitude *non altius tollendi « et qu'ils faisaient des réserves formelles de faire valoir, en temps et lieu, leur droit de servitude [...] ;* ... (ils) *ne se sont pas bornés à de simples réserves mais ont fait tous les actes présentant tous les caractères d'un trouble juridique aux droits de leur voisin ; celui-ci avait un intérêt manifeste à mettre un terme à ces contestations* ». Jugé que l'action négatoire était recevable.

80. *Supra*, n° 363.

81. *Supra*, n° 1126.

82. Ex. : Cass. civ. 3e, 4 oct. 1989, *Bull. civ.* III, n° 183 ; *D.* 1989, IR, 265 : cassation de l'arrêt qui, pour rejeter la demande en démolition de la partie d'une construction édifiée en contravention à une servitude *non altius tollendi* et accorder des dommages-intérêts à titre de substitution, énonce qu'en pareille situation, le juge a le droit ou d'ordonner la destruction ou d'allouer des dommages-intérêts, alors que « *la démolition est la sanction d'un droit réel transgressé* ».

83. Ex. : Cass. civ. 3e, 11 juin 1974, *Bull. civ.* III, n° 247 ; *JCP* G 1975.II.17902, n. G. Goubeaux : « *Les juges du second degré ont souverainement estimé que les bénéficiaires de ces servitudes devaient seulement compenser les conséquences de ces aggravations moyennant une indemnité* ». En l'espèce, « *les épx André prétendant que Lapouge avait aggravé les servitudes de vue et d'écoulement des eaux frappant leur immeuble, l'ont assigné en suppression des causes de cette aggravation* ». Approuvés par la Cour de cassation, les juges du fond ont rejeté cette demande et seulement alloué des dommages-intérêts.

II. — Action possessoire

L'exercice de l'action possessoire soulève plus de difficultés, non tellement dans son objet, mais surtout dans son domaine.

1174. 1º Objet. – L'action possessoire peut être exercée contre un tiers ou contre les propriétaires intéressés. Le propriétaire du fonds dominant réclamera le maintien de sa servitude si elle est troublée ; le propriétaire du fonds sur lequel des actes irréguliers de servitude sont commis réclamera la libération de son fonds ou le cantonnement de la servitude dans ses limites, afin d'éviter la prescription acquisitive, dans la mesure où elle peut s'accomplir.

1175. 2º Domaine. – Ce qui soulève plus de difficultés est le domaine de l'action possessoire ; une distinction doit être faite entre les servitudes continues et apparentes et celles qui sont discontinues ou non apparentes.

1 En principe, seules les servitudes **continues et apparentes** sont susceptibles de vraies possessions ; elles seules peuvent être acquises par usucapion[84] et donner ouverture à la protection possessoire[85] ; ainsi en serait-il si des dégradations avaient été commises à une servitude d'aqueduc[86] ou à une servitude de vue[87].

2 Au contraire, les servitudes **discontinues ou non apparentes** ne peuvent, en principe, donner lieu à protection possessoire, pas plus qu'elles ne peuvent être acquises par usucapion, parce qu'elles sont présumées être exercées à titre de simple tolérance[88].

De la même manière que la jurisprudence a admis des palliatifs pour l'usucapion[89], elle a tempéré ici la rigueur de la loi. Ainsi, si celui qui exerce les actes de passage prétend être propriétaire du chemin, il bénéficiera des actions possessoires[90] ; surtout, si celui qui exerce les actes de servitude discontinue ou non apparente a un titre, la présomption de précarité et de

84. *Supra*, nº 1153.

85. *Supra*, nº 1156.

86. Ex. : Cass. civ. 3e, 29 juin 1983, cité *supra*, nº 1130 : « *Selon l'arrêt attaqué, les épx Guyot ont supprimé sur leur fonds un canal à ciel ouvert destiné à l'irrigation d'un immeuble appartenant à Mme Maïssa ; pour débouter Mme Maïssa d'une action en complainte tendant au rétablissement d'une servitude d'aqueduc sur le fonds des épx Guyot, l'arrêt retient que Mme Maïssa, qui n'avait pas utilisé l'eau du canal au cours de l'année ayant précédé le trouble, n'avait pas accompli d'actes de possession durant cette période ; en statuant ainsi, alors qu'il s'agit d'une servitude continue et apparente dont la possession, acquise du fait même de la présence d'ouvrage permettant l'écoulement des eaux subsiste tant qu'il n'y est matériellement contredit, la cour d'appel a violé le texte susvisé.* »

87. Ex. : Cass. civ., 28 déc. 1863, *aff. du jardin pyrénéen de Sempé*, *DP* 1864.I.163 : « *Le jugement attaqué constate, en fait, qu'à l'extrémité sud du jardin de Sempé existe une plate-forme d'où la vue s'étend notamment sur le jardin inférieur de Pedeucoig, et à laquelle on arrive à la suite d'une autre terrasse édifiée sur le même modèle* [...] *qu'enfin la nature n'a contribué à cette plate-forme que pour la beauté du site et que tout le reste est l'œuvre de Sempé ou de ses auteurs ; des faits ainsi constatés, le jugement a pu conclure que la vue, prise dans ces conditions, par Sempé sur le jardin de Pedeucoig, avait tous les caractères d'une servitude continue et apparente susceptible de s'acquérir par la prescription* ».

88. Ex. : Cass. civ. 1re, 5 juill. 1961, *Bull. civ.* I, nº 372 : « *Les juges d'appel ont, à bon droit, déduit qu'une telle servitude* (conventionnelle de passage) *qui ne confère pas à son titulaire la détention du fonds sur lequel elle s'exerce ne peut être protégée par la réintégrande* ».

89. *Supra*, nº 1156.

90. Ex. : Cass. civ., 12 déc. 1853, *DP* 1854.I.346 : « *Le jugement attaqué déclare, en fait* [...], *qu'il s'agissait dans la cause, non d'une servitude de passage, mais de la jouissance d'un chemin rural d'exploitation ; l'existence de ces sortes de chemins résulte de la convention présumée des propriétaires riverains et peut être établie par prescription* ».

tolérance tombe et la protection possessoire peut être accordée. Ainsi en est-il de la servitude de passage quand il existe un titre légal (enclave) ou conventionnel[91].

Des arrêts admettent la réintégration (ancienne réintégrande), lorsqu'une voie de fait a empêché l'exercice d'une servitude discontinue[92].

Section III
EXTINCTION

Bien que perpétuelles, les servitudes peuvent s'éteindre. Double trait qui les distingue et de la propriété qui ne peut s'éteindre sauf par la perte de son objet[93], et des autres droits réels qui, en général, ne sont pas perpétuels. Le régime de l'extinction des servitudes est aussi tourmenté que celui de leur acquisition ou de leur exercice. Car la servitude est à la fois une limite à la liberté de la propriété ce qui explique une tendance à faciliter son extinction et un droit utile à l'exploitation des choses, ce qui explique aussi une tendance à n'en pas faciliter l'extinction. Il existe cinq causes d'extinction des servitudes : l'impossibilité d'usage, la prescription extinctive, la confusion, la renonciation et la perte de la chose[94], mais non son aggravation.

1176. 1° Impossibilité d'usage. – Les servitudes s'éteignent par impossibilité d'usage (art. 703)[95], sauf lorsque celle-ci est due au fait illicite du propriétaire du fonds servant[96]. Lorsque l'impossibilité disparaît, la servitude revit (art. 704)[97] ; plus qu'un mode d'extinction, il y a donc, selon le mot d'un auteur[98], de simples « *obstacles de fait à l'exercice de la servitude* ».

91. Ex. : Cass. civ. 3e, 18 janv. 1983, *Bull. civ.* III, n° 13 : « *Lorsque l'action possessoire porte sur une servitude discontinue, le juge du possessoire a le devoir de rechercher si la possession alléguée par le demandeur a pour base un titre d'où il résulterait que celui-ci a entendu exercer un droit et non une simple tolérance* ».

92. Ex. : Cass. civ. 3e, 12 nov. 1980, *Bull. civ.* III, n° 172 ; *D.* 1981, IR, 509, obs. A. Robert : « *L'arrêt* (attaqué) *relève souverainement que les épx Pioch avaient édifié des ouvrages obstruant complètement le passage et que dame Grenier se trouvait dans l'impossibilité de vaincre l'obstacle matériel lui en interdisant l'entrée ; de ces motifs qui caractérisent une dépossession par voie de fait, la cour d'appel a justement déduit que l'action possessoire* (la réintégrande) *était recevable et fondée* ».

93. *Supra*, nos 458 à 460. La mitoyenneté et le droit de superficie sont des formes de propriété.

94. V. aussi le déguerpissement, *supra*, n° 1128.

95. Ex. : Si un puits se tarit, la servitude de puisage est éteinte. Sur l'impossibilité matérielle d'exercer une servitude de passage après une modification matérielle des lieux, v. Cass. civ. 3e, 3 avr. 1996, *Bull. civ.* III, n° 99 : « *La configuration des lieux du fait de la création d'un trottoir sur le fonds dominant rendait impossible l'usage d'un droit de passage ; la cour d'appel a pu en déduire l'extinction de la servitude* ».

96. Ex. : Versailles, 13 janv. 1988, *Defrénois* 1988, art. 34315, p. 1083, obs. G. Goubeaux ; *RTD civ.* 1991.118, obs. Fr. Zénati ; *RDI* 1988.435, obs. J.-L. Bergel.

97. Req., 21 mai 1851, *DP* 1851.I.273 ; *S.* 1851.I.406 : « *Il n'est pas exact de prétendre, comme l'a fait le pourvoi, que ces dispositions* (art. 703, 704, 707) *supposent que les choses soient rétablies dans leur état primitif [...] ; il suffit, au contraire, que les choses soient rétablies non identiquement telles qu'elles existaient avant la destruction, mais de telle manière qu'on puisse en user pour que la servitude revive* ».

98. J. Carbonnier, n° 155.

La Cour de cassation décide que le défaut d'utilité d'une servitude ne suffit pas à en entraîner l'extinction si elle conserve une utilité résiduelle[99], mais qu'elle disparaît si elle a perdu tout intérêt[100].

1177. 2° Prescription extinctive. – Toutes[101] les servitudes s'éteignent par un non-usage trentenaire (art. 706), alors que l'usucapion n'intéresse que les servitudes continues et apparentes. La servitude n'a en effet de sens que si elle est utile ; si elle est inutilisée pendant une longue période de temps, elle est inutile : elle doit s'éteindre.

La servitude n'est pas une propriété superposée à une autre (à la différence du droit de superficie), puisque la propriété ne s'éteint pas par le non-usage. Elle est un droit réel sur le fonds d'autrui, un « asservissement » du fonds, qui doit disparaître s'il n'est pas utilisé.

La règle ne s'applique pas de la même manière aux servitudes discontinues et aux servitudes continues.

1 S'il s'agit d'une servitude **discontinue** (par exemple, une servitude de passage), la prescription joue sans trop de difficultés : le délai trentenaire commence à courir à compter du dernier acte d'exercice de la servitude (art. 707).

Sans trop de difficultés : il y en a pourtant quelques-unes : savoir s'il s'agit d'une servitude... continue (il faut une situation naturelle ou un ouvrage permanent) ... ou discontinue (elle implique l'intervention de l'homme)[102]... s'il y a eu un acte de possession interrompant la prescription ou de pure tolérance qui ne l'interrompt pas[103]... quel est le dernier acte d'exercice[104].

99. Ex. : Cass. civ. 3e, 25 oct. 2011, n° 10-25.906, n.p.B. ; *JCP* N 2012.1154, n. E. Meiller : « *constitue une cause d'extinction l'impossibilité d'user de la servitude et non son inutilité, la cour d'appel qui a constaté que le passage grevé de la servitude demeurait inutilisable, a, par ces seuls motifs, légalement justifié sa décision* ». En l'espèce, une servitude avait été constituée en 1921 conférant un droit de passage jusqu'à un escalier en pierre, seul accès à un grenier (devenu gîte rural) qui fut ultérieurement détruit et remplacé par un escalier en bois intérieur ; dix ans plus tard lors de la reconstruction de l'escalier en pierre ; jugé que la servitude de passage devait être respectée.

100. Ex. : Cass. civ. 3e, 3 nov. 2005, *Bull. civ.* III, n° 211 ; *JCP* G 2005.IV.3548 ; extinction d'une servitude de passage « par chars et bœufs » parce qu'elle ne répondait plus aux besoins actuels.

101. Les servitudes légales ont un régime complexe. En principe, elles ne s'éteignent pas par le non-usage. Ainsi en est-il de la servitude... d'écoulement des eaux : Cass. civ. 3e, 18 déc. 2002, *Bull. civ.* III, n° 272 ; *D.* 2003, somm. 2048, obs. N. Reboul-Maupin ; *JCP* G 2003.I.172, n° 14, obs. H. Périnet-Marquet : « *les servitudes imposées par l'autorité administrative lors de la division d'un fonds, poursuivent un intérêt général et ayant un caractère d'ordre public, ne sont pas éteintes par leur non-usage pendant trente ans* »... de passage pour enclave : Cass. civ. 3e, 11 févr. 1975, cité *supra*, n° 1062. *Contra* : Cass. civ. 3e, 12 nov. 1975, *Bull. civ.* III, n° 329, *JCP* G 1976.II.18400, n. crit. G. Goubeaux (pour le régime des vues).

102. Ex. : Cass. civ. 3e, 10 mai 1984, *D.* 1984, IR, 428 ; n.p.B. ; il s'agissait, en l'espèce, de l'usage d'une source : « *Après avoir constaté qu'il n'existait pas d'ouvrage permanent de captage au profit de la commune concédante et que l'usage de la source n'était, depuis longtemps, plus nécessaire aux habitants de cette commune, la cour d'appel énonce à bon droit que la servitude, étant discontinue, pouvait s'éteindre par non-usage par application de l'article 707* ». V. *supra*, n° 1130.

103. Ex. : pour une servitude de passage : Cass. civ. 1re, 5 févr. 1964, *Bull. civ.* I, n° 69 : les passages épisodiques, mais certains, sur le chemin constituaient des actes de possession, non de tolérance ; ce fut donc à partir du moment où ces passages ont cessé que coururent les trente ans de la prescription extinctive.

104. Ex. : Cass. civ. 3e, 11 janv. 2006, *Bull. civ.* III, n° 14 ; *D.* 2006, Pan. 2370, obs. Bl. Mallet-Bricout ; *JCP* G 2006.IV.1216 ; en l'espèce, le passage n'avait plus été utilisé depuis plus de 30 ans mais les traces du chemin en étaient demeurées le « signe apparent » ; cassation de l'arrêt qui avait reconnu l'existence de la servitude : selon la critique d'un auteur, « *une servitude ne mérite pas de perdurer dès lors qu'aucun individu n'en a eu l'usage pendant trois décennies* » (Bl. Mallet-Bricout, obs. préc.).

Ces actes de possession, interruptifs de la prescription extinctive, doivent être prouvés par celui qui réclame la servitude s'il n'en a pas la possession actuelle[105].

2 La prescription extinctive s'applique plus difficilement lorsqu'il s'agit d'une servitude **continue**, parce que celle-ci s'exerce d'elle-même, sans qu'il soit nécessaire que son bénéficiaire ait accompli un acte positif quelconque. Aussi le délai de trente ans ne commence à courir que lorsqu'« *il a été fait un acte contraire à la servitude* » (art. 707)[106] par le propriétaire du fonds servant.

1178. 3° Confusion. – La servitude s'éteint aussi par confusion (art. 703), c'est-à-dire quand il y a réunion « *dans la même main*[107] » du fonds servant et du fonds dominant[108]. L'extinction n'est pas alors définitive : la servitude revit lorsque les deux fonds sont à nouveau séparés.

1179. Inexécution de la contrepartie. – Souvent une servitude – notamment une servitude du fait de l'homme –, a été constituée en contrepartie d'un avantage – par exemple, l'engagement de payer une somme d'argent – ou d'une obligation de faire. La Cour de cassation décide que la servitude ne s'éteint pas du fait que la contrepartie n'a pas été exécutée ou n'existe plus : ne peuvent donc être invoquées ni la résolution pour cause d'inexécution[109], ni même l'exception d'inexécution[110].

1180. 4° Renonciation. – La servitude disparaît si le propriétaire du fonds dominant y renonce ; la renonciation doit être sans équivoque, ce qui implique qu'un simple comportement ne suffirait pas[111]. Comme tout acte juridique, elle doit être

105. Ex. : Cass. civ. 3e, 7 nov. 1984, *Bull. civ.* III, n° 186 : « *Il incombe* [...] *à celui qui réclame le maintien d'une servitude de passage pour enclave, dont il n'a pas la possession actuelle, de prouver qu'il a exercé depuis moins de trente ans la servitude sur cette assiette, de manière à en empêcher l'extinction par non-usage* ».

106. Pour une servitude *non aedificandi* : Cass. civ. 3e, 16 déc. 1970, *Bull. civ.* III, n° 714 : « *Vu les articles 706 et 707 ; en vertu de ces textes, une servitude continue, comme la servitude* non aedificandi, *est éteinte par le non-usage pendant trente ans, à compter du jour où il a été fait un acte contraire à la servitude, spécialement à partir du commencement des travaux effectués au mépris de la servitude* ». Pour une servitude de vue : la prescription court à compter du jour où les fenêtres ont été bouchées.

107. La confusion ne joue que si les deux fonds appartiennent à la même personne en toute propriété : Cass. civ. 3e, 17 avr. 1996, *Bull. civ.* III, n° 109 ; *JCP* G 1997.I.4010, n° 19, obs. H. Périnet-Marquet : « *L'extinction des servitudes par confusion, prévue par l'article 705, imposant la réunion dans la même main, de la pleine propriété des deux fonds, la cour d'appel a exactement retenu que la servitude grevant les parcelles 2815 et 2819 au profit de la parcelle 2818 n'était pas éteinte à la suite de l'acquisition par les épx Mardirossian, propriétaires des fonds servants, de la seule nue-propriété du fonds dominant* ».

108. Ex. : Cass. civ., 26 janv. 1914, *DP* 1917.I.175 ; *S.* 1917.I.127. En l'espèce, le propriétaire d'un terrain en avait aliéné une partie ; il avait stipulé qu'un passage serait ouvert sur sa totalité ; puis l'aliénation fut résolue, parce que l'acquéreur n'avait pas exécuté ses engagements ; le vendeur reprit donc possession du terrain vendu ; jugé que la servitude de passage était éteinte par la réunion des deux propriétés dans la même main.

109. Cass. civ. 3e, 10 mars 1999, *Bull. civ.* III, n° 64 ; *JCP* G 2000.I.211, n° 22, obs. H. Périnet-Marquet ; en l'espèce, le bénéficiaire d'une servitude conventionnelle de passage avait méconnu ses obligations (non-entretien du fonds servant, empiètement sur le fonds dominant, constructions irrégulières) ; la cour d'appel avait décidé la résolution de la servitude ; cassation.

110. Cass. civ. 3e, 21 janv. 1998, *Bull. civ.* III, n° 18 ; *D.* 1999.571, n. B. Mallet-Bricourt : « *S'il existait une contrepartie à cette servitude, l'absence de contrepartie ne pouvait être invoquée pour décider unilatéralement de s'affranchir de la servitude conventionnelle* ».

111. Ex. : Cass. civ., 6 nov. 1889, *DP* 1889.I.473 ; *S.* 1892.I.65, n. E. Chavegrin : « *Vu les articles 706 et 1347 ; l'établissement de travaux contraires à une servitude continue n'en fait légalement présumer l'extinction qu'autant que celui à qui elle est due a cessé d'en jouir pendant trente années à partir de la confection de ces travaux ; si le propriétaire du fonds dominant a lui-même modifié l'état des lieux de manière à mettre temporairement obstacle à l'exercice de la servitude, il n'est pas permis de voir dans*

prouvée par écrit si la valeur de la servitude excède 1 500 €, sauf s'il y avait un commencement de preuve par écrit[112]. Ce qui fait que la renonciation doit, en général, être expresse[113].

1181. 5° Perte de la chose. – La servitude disparaît aussi si, soit le fonds dominant, soit le fonds servant disparaît. La destruction matérielle du fonds, c'est-à-dire un immeuble, est exceptionnelle, presque une hypothèse d'école. Le seul cas pratique est celui de l'annexion du fonds servant au domaine public, qui ne peut être grevé d'une servitude : ce serait une expropriation de la servitude pour cause d'utilité publique (Ord. 23 oct. 1958, art. 7).

N°s 1182-1189. réservés.

ce fait une renonciation à son droit puisqu'il est toujours maître de rétablir les choses dans leur état primitif tant que la prescription ne lui est pas opposable ».

112. Ex. : Cass. civ., 6 nov. 1889, cité *supra* : « *Au cas où il serait allégué que les changements opérés ont eu lieu en vertu d'un accord intervenu entre les parties, cette convention serait soumise aux principes généraux en matière de preuve et ne pourrait, en conséquence, en l'absence de titre ou d'aveu, être prouvée qu'à l'aide de présomptions graves, précises et concordantes, appuyées conformément à l'article 1347, d'un commencement de preuve par écrit* ».

113. V. toutefois Cass. civ. 3e, 16 juill. 1987, *D.* 1989, somm. 33 ; n.p.B. : d'un certain nombre de circonstances « *la cour d'appel a pu déduire de ces constatations la manifestation sans équivoque de la volonté du propriétaire du fonds dominant de renoncer à la servitude* ».

■ CHAPITRE III ■

SERVITUDES ADMINISTRATIVES

1190. Objet, nature et caractères. – Une réglementation abondante et diverse impose à la propriété immobilière des limites fondées sur l'utilité publique (art. 650), ce que l'on appelle souvent des servitudes administratives[1] : par exemple, les servitudes dans l'intérêt des communications, de la défense nationale, de l'urbanisme, de la protection de l'environnement et du patrimoine artistique, etc. Ce ne sont pas de vraies servitudes puisqu'elles sont faites dans un intérêt général, non pour servir un fonds dominant auquel elles peuvent sans doute profiter, mais uniquement à titre médiat et accessoire[2] ; elles ne sont pas soumises aux règles régissant les servitudes de droit privé[3].

Comme le montre la servitude de cour commune, ayant pour raison d'être l'utilité publique, elles intéressent l'ordre public : l'administration ne peut y déroger et, inversement, les particuliers qui y trouveraient un avantage ne peuvent y renoncer[4], à la différence des servitudes qui relèvent du droit privé[5] ; en outre, elles sont perpétuelles[6]. Afin de concilier les droits du

---

1. **Biblio. :** P. Subra de Bieusses, *Les servitudes administratives*, Berger-Levrault, 1979 ; M. Prieur et G.-C. Henriot, *Servitudes de droit public et de droit privé*, Éd. du Moniteur, 4e éd., 1979 ; J.-B. Auby, H. Périnet-Marquet et R. Noguellou, *Droit de l'urbanisme et de la construction*, Montchrestien, 9e éd., 2011, n°s 377 et s.

2. Ex. : Cass. civ. 1re, 8 mai 1963, *Bull. civ.* I, n° 254 ; *JCP* G 1963.II.13314 : « *La servitude administrative n'a pour effet que de contraindre à l'observation de règles d'utilité générale et non de servir un fonds dominant* [...] *auquel le bénéfice de la servitude n'est accordé qu'accessoirement, comme conséquence de l'intérêt public.* » En l'espèce, un hangar avait été construit en méconnaissant les règles de l'urbanisme (il n'avait pas respecté le « reculement » prescrit) ; jugé que le voisin ne pouvait obtenir sa démolition parce qu'il n'avait pas subi de préjudice.

3. * Cass. civ. 3e, 7 mars 2007, *dame Courrèges c. EDF*, n° 05-18.057, *Bull. civ.* III, n° 35 ; *D.* 2007.866, obs. Bigot de la Touanne ; *JCP* G 2007.I.197, n° 12, obs. H. Périnet-Marquet ; *Dr. et patr.* févr. 2008.87, obs. J.-B. Seube ; en l'espèce, un propriétaire avait « *assigné EDF en contestation de la légitimité d'une ligne électrique surplombant sa propriété* » ; la cour d'appel le débouta car malgré son absence de titre, EDF avait paisiblement possédé cette ligne et donc usucapée ; cassation : les règles de droit privé ne s'appliquent pas aux servitudes administratives.

4. Cass. civ. 3e, 3 févr. 1982, *aff. de l'avenue Rapp*, *Bull. civ.* III, n° 36 : « *Les servitudes imposées par l'autorité administrative lors de la division d'un fonds dans un but d'intérêt général ont un caractère d'ordre public interdisant aux particuliers d'y déroger unilatéralement.* »

5. *Supra*, n° 1180.

6. Cass. civ. 3e, 15 déc. 1999, *Bull. civ.* III, n° 250 ; *Defrénois* 2000, art. 37112, n° 17, obs. crit. Chr. Atias : « *La "servitude de cour commune " avait été créée pour satisfaire aux prescriptions des règlements, elle ne profitait pas à un fonds dominant et avait un caractère perpétuel* [...] ; *instituée dans l'intérêt de la collectivité, l'obligation de maintenir cours et courettes libres de toute construction*

propriétaire avec les prérogatives du bénéficiaire de la servitude administrative, la jurisprudence pose trois principes, le troisième étant fortement contesté : **1** Ces servitudes n'entraînent aucune dépossession du propriétaire – ce qui est un peu irréaliste – qui n'a donc, en général, droit à aucune indemnité[7] ; de même, l'administration n'a pas, en règle générale, à indemniser le propriétaire lorsqu'elle établit une servitude d'urbanisme[8]. **2** Elles ne font pas « *obstacle au droit du propriétaire d'opérer des modifications de la propriété conformes à son utilisation normale* »[9]. **3** Elles ne peuvent porter atteinte aux droits de l'homme, notamment lorsque le domicile est en cause[10].

1191. Autorisations d'urbanisme. – Le permis de construire est, plus que les autres autorisations d'utilisation des sols, l'acte administratif le plus important du droit de l'urbanisme. En principe, toute construction suppose un permis (C. urb., art. L. 421-1). Or, la méconnaissance des règles d'urbanisme entraîne un cortège de sanctions : des sanctions pénales simplement indiquées pour mémoire et des sanctions civiles : nullité de la vente qui les méconnaît[11], devoir de conseil pesant sur le professionnel de la construction[12], dommages-intérêts fondés sur la responsabilité civile[13], ou même destruction à la demande de l'administration ou d'un

---

s'analysait comme une charge grevant à perpétuité le fonds de l'immeuble du 114, bd Raspail, et s'imposait au syndicat des copropriétaires ».

7. Cass. civ. 3e, 16 janv. 1979, *Bull. civ.* III, n° 17 : « *l'implantation des supports de lignes électriques et le survol des propriétés par lesdites lignes sont par principe précaires et ne portent nullement atteinte au droit de propriété* » ; elle ne cause donc aucun préjudice au propriétaire.

8. Le Conseil constitutionnel (16 déc. 2011, QPC, n° 2011-2075, *RDI* 2012. 235, n. crit. P. Soler-Couteaux et B. Cerejo) a décidé que « *les dispositions contestées ne portent pas aux conditions d'exercice du droit de propriété une atteinte disproportionnée au but recherché* ».

9. Cass. civ. 3e, 19 juin 2002, *Bull. civ.* III, n° 147 ; *D.* 2003.587, n. B. de Bertier-Lestrade.

10. Cass. civ. 3e, 17 déc. 2015, n° 14-22.095, *Bull. civ.* III, à paraître ; D. 2016.72 ; RD 2016.100 ; obs. P. Soler-Couteaux ; *JCP* G 2016.337, n. P. Y. Gautier et 333, n. O. Bailly ; des propriétaires d'un terrain classé le PLU.en zone naturelle boisée l'avaient défriché afin d'y installer plusieurs caravanes, cabanes et cuisines ; la commune obtint du juge du fond la destruction de ces constructions illégales.Cassation ; au vu de l'art. 8 de la Conv. EDH : il appartenait à la Cour de rechercher comme il le lui était demandé de « *recherché les mesures étaient proportionnées au regard du droit au respect de la vie privée et familiale et du domicile des consorts O. [les propriétaires]* » la recherche de cette « proportionnalité » relève des circonstances dans certains cas fondée l'ordre de détruire ces constructions illégales : Cass. civ. 3e, 22 octobre 2015, n° 14-11.776 et 14-21.515, Bull. civ. III, à paraître : « *ces campements ne disposaient ni de sanitaires, ni d'eau courante, ni d'électricité, que l'éclairage se faisait à la bougie et le chauffage au bois dans des cabanes et que deux agents municipaux venus effectuer des réparations sur la voirie avaient été agressés par des chiens appartenant aux occupants* ».

11. Cass. civ. 3e, 12 mars 2003, *Bull. civ.* III, n° 63 ; *Defrénois* 2004.516, n. B. Gelot ; en l'espèce, le permis de construire n'avait pas été accordé pour transformer des caves en local d'habitation ; jugé que l'acquéreur des caves qui l'avait vue pouvait demander la nullité de la vente pour erreur sur la substance.

12. Cass. civ. 3e, 14 févr. 1973, *Bull. civ.* III, n° 126 : « *Le devoir de conseil de l'architecte s'étend à la recherche et au respect de la législation d'urbanisme susceptible de s'opposer à la réalisation du projet demandé par le client* ».

13. Cass. civ. 3e, 20 nov. 1973, *Bull. civ.* III, n° 591 : « *Si le permis de construire régit les rapports du constructeur envers l'administration qui ne délivre les autorisations, en fonction des dispositions législatives et réglementaires applicables, que sous réserve du droit des tiers, la violation de ces dispositions revêt le caractère d'une faute, non seulement à l'égard de l'administration, mais aussi en raison des circonstances relevées par la cour d'appel, envers ceux des voisins sur les fonds desquels les constructions irrégulières élevées auront des répercussions, par une diminution des possibilités d'utilisation ultérieure des sols, causant ainsi un préjudice personnel à des particuliers* ».

particulier s'il est victime d'un préjudice[14]. Un permis de construire est toujours délivré « sous réserve des droits des tiers », ce qui ne va pas sans difficultés[15].

Si un permis de construire a été irrégulièrement accordé, un tribunal judiciaire ne peut sanctionner la méconnaissance des règles d'urbanisme par une construction irrégulière tant que le permis n'a pas été annulé par une juridiction administrative (C. urb., art. L. 480-13, L. 31 déc. 1976). Cette complication procédurale est imposée par la séparation des pouvoirs.

1192. Monuments historiques, domaines nationaux. – **1°** La loi du 31 décembre 1913 (codifiée dans le Code du patrimoine, art. L. 621-1 s.) « *sur les **monuments** historiques* »[16], souvent modifiée, protège le patrimoine culturel national, c'est-à-dire (art. L. 621-1) les biens « *dont la conservation présente au point de vue de l'histoire ou de l'art un intérêt public* ».[17]

L'instrument principal de cette protection est le classement[18], qui est un acte administratif, arrêté du ministre ou décret en Conseil d'État, selon que le propriétaire y consent ou non (L. 621-6). Une procédure moins lourde est « *l'inscription au titre des monuments historiques* » (art. L. 621-25), décidée par le préfet. Le classement et l'inscription doivent être publiés, dans des conditions différentes, selon qu'il s'agit d'un immeuble ou d'un meuble.

Les biens classés ne peuvent être détruits ou réparés qu'avec l'autorisation et sous le contrôle de l'administration ; s'il s'agit de biens inscrits, il suffit d'une information adressée à l'autorité publique. L'aliénation doit être notifiée à l'administration (art. L. 621-22). Lorsqu'il s'agit d'un meuble (ex. : un tableau), l'exportation est interdite, sauf autorisation administrative (art. L. 622-18). Des avantages fiscaux sont accordés au propriétaire, mais les moins-values résultant d'une interdiction d'exportation sont tellement élevées que les décisions de classement suscitent un contentieux important. Le Conseil constitutionnel a estimé que n'était pas inconstitutionnelle l'absence d'indemnisation du préjudice résultant de ce classement[19].

---

14. Ex. : Cass. civ. 3ᵉ, 18 févr. 1981, *Bull. civ.* III, n° 38 ; en l'espèce, un voisin avait demandé la démolition d'un étage construit en violation d'un règlement d'urbanisme ; la cour d'appel l'avait refusé et n'avait accordé que des dommages-intérêts ; cassation : « *Tout en constatant que la surélévation de l'immeuble des cons. Petrou avait été réalisée dans des conditions irrégulières et causait un préjudice personnel à Abrioux* (le voisin), *la cour d'appel a violé le texte susvisé* » (art. 1222, anc. 1143).

15. Ex. intéressant la combinaison du plan d'occupation des sols avec une servitude de passage : CE, 9 mai 2012, *JCP* N 2012, act. 576, n. Ch. A. Dubreuil : « *le permis a pour seul objet d'assurer la conformité des travaux qu'il autorise avec la règlementation d'urbanisme ; l'administration est tenue de s'assurer que les dispositions d'un plan d'occupation des sols* (le POS) *prévoyant les caractéristiques des voies publiques et privées ouvertes à la circulation publique permettant de relier un terrain sur lequel une construction est prévue sont bien respectées ; en revanche, il ne lui revient pas de s'interroger sur la régularité d'une servitude ou sur l'existence d'un titre permettant l'utilisation de la voie qu'elle dessert, si elle est privée, dès lors que celle-ci est ouverte à la circulation publique ; en conséquence l'administration ne peut se prévaloir de l'absence de valeur juridique d'une servitude de passage accordée sur une voie privée, dès lors que cette voie est ouverte à la circulation publique* ».

16. **Étymologie** de monument : du latin *monumentum, i* = tombeau, lui-même dérivé de *moneo, ere* = faire penser, souvenir. Le monument rappelle le souvenir d'un homme ou d'un événement. **Biblio. :** J.-P. Bady, *Les monuments historiques en France*, PUF, Que sais-je ?, 1985 ; R. Brichet, *Le régime des monuments historiques en France*, Litec, 1952 ; J. et F. Chatelain, *Œuvres d'art et objets de collection en droit français*, Berger-Levrault, 2ᵉ éd., 1990, p. 51 et s.

17. Cf. Théodore Reinach, rapport séance Chambre des députés, 14 juin 1912 : « *Les œuvres visées ne sont pas des œuvres d'art quelconques mais à peu près exclusivement celles qui, nées sur notre sol ou liées par quelque circonstance à notre histoire nationale, offrent à côté de leur valeur artistique un intérêt particulièrement français, un intérêt public* ».

18. L'origine du mot vient d'une très ancienne circulaire du ministre de l'Intérieur (10 août 1837) prescrivant aux préfets de « *classer les anciens monuments dans leur ordre d'importance* ».

19. Cons. const., 16 déc. 2011, n° 2011-207, QPC ; *JCP* N 2012 act. 135.

2° La loi du 7 juillet 2016 a créé une nouvelle catégorie d'immeubles protégés, les « **domaines** nationaux » : « des ensembles immobiliers présentant un lien exceptionnel avec l'histoire de la nation ». Ils sont soumis au régime des monuments historiques.

1193. « Patrimoine naturel » et sites. – Le Code du patrimoine (art. L. 1) donne une définition large du patrimoine protégé : « *l'ensemble des biens, immobiliers ou mobiliers, relevant de la propriété publique ou privée, qui présentent un intérêt historique, artistique, archéologique, esthétique, scientifique ou technique* ». Ainsi, une loi du 2 mai 1930 (C. env., art. L. 341-1, al. 1) a protégé les « *monuments naturels* » et les « *sites dont la conservation ou la préservation présente, aux points de vue artistiques, historiques, scientifiques, légendaire ou pittoresque, un intérêt général* ». Il en est de même des sites remarquables : les villes, villages, quartiers, espaces ruraux ayant « du point de vue historique, architectural, archéologique, paysager, un intérêt public » (L. 7 juill. 2016).

La Cour européenne des droits de l'homme estime que le respect de l'environnement est une règle qui l'emporte sur le respect de la propriété[20].

20. CEDH, 27 nov. 2007, *Hamer c. Belgique, D.* 2008.884, n. J.-P. Marguénaud ; 3469, obs. N. Reboul-Maupin : « *L'environnement constitue une valeur dont la défense suscite dans l'opinion publique et par conséquent auprès des pouvoirs publics un intérêt constant et soutenu. Des impératifs économiques et même certains droits fondamentaux comme le droit de propriété, ne devraient pas se voir accorder la primauté face à des considérations relatives à la protection de l'environnement, en particulier lorsque l'État légifère en la matière* ». En l'espèce, les tribunaux belges avaient ordonné la destruction d'une petite maison construite vingt ans auparavant dans une zone forestière inconstructible. Jugé que l'État belge n'avait pas commis une atteinte aux droits de l'homme.

INDEX DES ADAGES[1]

1. Les chiffres envoient aux numéros, non aux pages. Ceux qui sont en caractères gras indiquent le siège principal de la matière.

INDEX DES ARTICLES DU CODE CIVIL[1]

1. Les numéros des articles envoient à l'ouvrage. Ceux qui sont en gras indiquent le siège principal de la matière.

Articles	N^os
630	850
631	850
631-636	850
632	1058
637	1055, 1100, 1104, 1107
639	1134
640	1135
641	1135
644	168
645	168
646	1010
647	1012
650	1190
653	1016, 1024
654	1024
655	379, 1017
656	379, 1023
657	1014, 1018
658	1018
658 à 660	1018
661	1021, 1022
662	1018
663	379, 1013
666	1024
667	1017, 1023
671	1017, 1025
672	1025
673	**437**, 438, **1026**, 1069
675	1020
676-677	1028
678-679	1029
682 à 685	1050
682	1055
683	1058
684	1059
685	1062
685-1	1061
686	1069, **1151**, 1165
688	1130
689	1131, 1162
690	1153

Articles	N^os
691	1152, 1153
692	1150, 1159, 1160, 1162
694	1164
695	1152
694	1159, 1164
695	1152
696	1166
697-698	1166
699	1128
700	1125
701	1168, 1170
702	1168
703	1176, 1178
704	1176
705	1106
706	1124, 1177
707	1177
709	1125
710	1125
711	551
712	551, 555
713	164, 462, 464, 590
714	12, 164, 165
716	593, 594
757	802, 815, 816
759	812
759 à 762	833
764	849, 850, 851
815 à 815-18	674
815	676
815-1	676
815-2	684
815-3	**678**, 679, **681**, 683, 767
815-4	814
815-5	683, **689**, 811, 827
815-5-1	678
815-6	690
815-9	500, **668**, 675
815-10	667, **668**, 669, 670
815-11	667, 677, 680, 686
815-12	500, 668, **669**

INDEX DES PRINCIPALES DÉCISIONS JUDICIAIRES[1]

a) Index alphabétique

A

B

C

D

E

F

G

H

1. Les chiffres envoient aux numéros, non aux pages. Ceux qui sont en caractère gras indiquent le siège principal de la décision. Les décisions les plus importantes sont précédées de deux astérisques.

b) Index chronologique

c) Index thématique

Chapitre II. – La possession

SOUS-TITRE II. – ACQUISITION ET PREUVE DE LA PROPRIÉTÉ

Chapitre I. – Acquisition de la propriété

Chapitre II. – Preuve de la propriété

SOUS-TITRE III. – PROPRIÉTÉS SPÉCIALES

TITRE III. – USUFRUIT ET DROIT D'USAGE

Chapitre I. – Usufruit

TITRE IV. – SUPERFICIE

TITRE V. – VOISINAGE

SOUS-TITRE I. – LIMITES DU VOISINAGE

SOUS-TITRE II. – OBLIGATIONS DU VOISINAGE

TITRE VI. – SERVITUDES

INDEX ALPHABÉTIQUE DES MATIÈRES[1]

A

1. Les chiffres envoient aux numéros, non aux pages. Ceux qui sont en caractère gras indiquent le siège principal de la matière.

D

G

H

I

J

K

L

Q

R

TABLE DES MATIÈRES

Imprimé en France - JOUVE, 1, rue du Docteur Sauvé, 53100 MAYENNE
N° 2606277G - Dépôt légal : août 2017